21世纪应用型本科金融系列规划教材

U0791844

# 金　融　学

徐立平　主编

东北财经大学出版社
Dongbei University of Finance & Economics Press

大　连

图书在版编目(CIP)数据

金融学 / 徐立平主编. —大连：东北财经大学出版社，2015.9
（21世纪应用型本科金融系列规划教材）
ISBN 978-7-5654-2060-3

Ⅰ. 金… Ⅱ. 徐… Ⅲ. 金融学-高等学校-教材 Ⅳ. F830

中国版本图书馆CIP数据核字(2015)第179147号

东北财经大学出版社出版
(大连市黑石礁尖山街217号 邮政编码 116025)
教学支持：（0411）84710309
营 销 部：（0411）84710711
总 编 室：（0411）84710523
网 址：http：//www.dufep.cn
读者信箱：dufep@dufe.edu.cn

大连东泰彩印技术开发有限公司印刷 东北财经大学出版社发行

幅面尺寸：170mm×240mm 字数：746千字 印张：35 3/4

2015年9月第1版 2015年9月第1次印刷

责任编辑：田玉海 吴 焕 郭海雷 责任校对：齐 心
封面设计：张智波 版式设计：钟福建

定价：58.00元

本书由

浙江财经大学金融工程专业——浙江省新兴特色专业建设项目资助

# 前　言

金融是一国经济的核心，金融学是国内高校金融专业开设的必修课，是经济类专业的核心课。在当前国内外强调宏观经济调控的现实背景下，学习金融学具有重要的现实意义。

本书应东北财经大学出版社之约，整合了目前市场上《金融学》和《货币金融学》等教材的理论体系，结合当前形势，力求体系完整、简明扼要、与时俱进。

本书共分为五篇、二十一章。其中，第一篇为货币与信用篇，包括第一章货币与货币制度、第二章信用与信用体系、第三章利息与利率、第四章汇率与汇率制度、第五章国际收支与国际储备；第二篇为金融机构体系与金融市场篇，包括第六章金融机构体系、第七章金融市场、第八章货币市场、第九章资本市场；第三篇为商业银行及金融机构篇，包括第十章存款类金融机构、第十一章非存款类金融机构、第十二章金融衍生工具与定价理论、第十三章中央银行；第四篇为货币政策篇，包括第十四章货币需求、第十五章货币供给、第十六章货币供求与经济均衡、第十七章通货膨胀、第十八章通货紧缩、第十九章货币政策；第五篇为金融监管篇，包括第二十章金融抑制与金融创新、第二十一章金融风险与金融监管。

本书由浙江财经大学金融学院徐立平教授和其指导的研究生共同撰写完成。参加编写工作的研究生有：姜亦羊、施娴勤、董文绩、朱华青、苏敏、赵华、陈文俊、田林锋、张勇、鲍一鸣等。本书由徐立平教授撰写大纲并总纂全书。另外，对田玉海副编审的有益建议表示感谢！

本书可作为高等院校经济学科教材，还可作为其他从事经济管理人士的参考读物。

由于作者编写水平及时间有限，如有不当之处，敬请批评指正。

编者

2015年5月

# 目 录

## 第一篇 货币与信用篇

## 第二篇　金融机构体系与金融市场篇

## 第四篇　货币政策篇

# 第一篇　货币与信用篇

## 第一章

## 货币与货币制度

> **引例**
>
> 为纪念布雷顿森林体系建立70周年，2014年5月17、18日举办的2014年度“中美欧经济学家学术交流会”特设置议题“布雷顿森林体系七十年：回顾与展望”，与会嘉宾就布雷顿森林体系的经验与启示、货币、货币制度及国际货币体系改革、区域货币金融合作，以及人民币国际化等问题进行了深入讨论。
>
> 在布雷顿森林体系下，美元通过“双挂钩”机制成为国际货币秩序的核心货币。布雷顿森林体系解体后，美国综合国力虽然较第二次世界大战初期显著下降，但由于市场选择和路径依赖，美元仍是现代国际货币体系的支柱，也是当前国际货币体系的最大争议点。
>
> 现行国际货币体系的非公平性在危机中暴露无遗。“我的美元，你的问题”——通货膨胀和美元贬值成为美国运用美元特权减少美国债务负担，向外转嫁危机的重要手段。当然，这不只是美国的特权，2008年国际金融危机以来，主要发达经济体QE政策无论是推出还是退出均产生巨大的溢出效应，新兴市场被反复“剪羊毛”。

在日常生活中，每个人都会使用货币，但是，经济学家却致力于认识货币的基本特征与构成，以及货币的过去、现在和未来。货币金融学的学习正是从重新认识人们都熟悉的“货币”开始的。那么，什么是货币？货币是如何产生的？货币在一国经济中发挥什么作用？一国货币如何在世界经济中扮演重要的角色？它应该具备什么条件？本章分别阐述货币的含义、职能及货币层次的划分问题，并考察货币形式和货币制度的发展与演变。

## 第一节　货币的含义

### 一、货币的定义

货币是现代金融理论和经济学中最常见、最重要的概念，也是最容易引起混淆、最难以理解的一个概念。

（一）什么是货币

货币在日常生活中运用非常广泛，然而，要给货币下一个精确的定义却相当困难。大多数西方经济学家根据货币的功能来下定义。在经济学家看来，货币是指在购买商品和劳务或清偿债务时被普遍接受的任何物体或东西。通货，包括纸币和硬币，都符合这个定义，因而是货币的一种，大多数人所说的货币是指通货。支票在购物付款时也被普遍接受，所以，支票账户存款也被看成是货币。此外，还有旅行支票或储蓄存款等信用工具，也能迅速方便地转变为通货或支票存款，用来支付货款，发挥货币的功能。由此可见，货币定义包含一系列资产，而不只是某一种特定的资产。这样的看法为大多数普通人和经济学家所接受。

（二）货币材料的必要条件

那么，一个物体怎样才能被称为货币呢？一般而言，作为货币的理想材料应具有如下特性：

1.价值稳定性

任何物体要充当货币，其本身的价值必须是相对稳定的，具有价值稳定的特性。正如用于丈量布匹长度的尺子，尺子本身的刻度必须是稳定的；用于称鸡蛋重量的秤，秤本身的刻度也必须是稳定的。历史上曾以牛、羊等牲畜作为货币来使用，由于其价值不稳定，必然在后来失去充当货币的资格。

2.普遍接受性

普遍接受性，是指货币在购买商品和劳务以及债务清偿时能够被人们认可且接受。任何物体只要具备了这一特点，就可以在一定范围内充当交换的媒介。如在乘坐出租车时，乘客可以向司机支付纸币但是不能将购买的蔬菜作为货币支付，其原因是人们不认可蔬菜是一种普遍可接受的货币形式。与之相反，在第二次世界大战期间，香烟曾以其普遍接受性成为当时流通于纳粹战俘集中营里的特殊“货币”。

3.可分割性

可分割性，是指货币材料必须能分割成不同的等份，以满足不同规模、不同层次的商品和劳务交换。随着商品交换规模的发展，要求充当货币的物体必须是均质的、易于分割成标准化的等份，以实现不同规模的商品交换，并且分割不会导致价值下降。

4.易于辨认与携带

充当货币的材料必须易于辨别真伪，不容易被人仿制，同时，随着商品生产向广度和深度发展，货币材料也必须易于运输与携带。因此，随着商品交换范围的扩大和商品经济的复杂性，那些笨重的、易仿制的货币材料就逐步让位于轻便易携、易辨真伪的材料。

5.供给富有弹性

一种优良的货币，其货币材料的供给必须富有弹性，以随时满足商品生产和交换增减变动的需要。金银货币之所以最终退出历史舞台，主要原因是资源本身的有限性使其供给缺乏弹性，不能满足经济发展的需要。

## 二、货币与其他相关概念的区别

货币一词经常出现在人们的日常交流中，在不同场合，人们赋予它不同的含义。为了更清楚地理解货币的定义，有必要澄清经济学家所用的货币一词与人们日常用法中的一些类似概念的区别。

（一）货币与通货

通货是指处于流通中的现实货币，包括纸币和硬币，俗称“现钞”。显然，它符合经济学家给出的货币定义，是货币的一种。大多数人在谈及“货币”时，所说的就是通货。例如，当某人靠近你说“要钱还是要命”时，你会迅速地将你身上带的现钞拿出来交给他，而不会问：“你说的‘钱’具体是什么意思?”

但是，如果将货币仅仅定义为“通货”，就将经济学家定义的货币范围大大缩小了。如前所述，支票和旅行支票或储蓄存款等信用工具，也能迅速方便地转变为通货或支票存款，用来偿还债务、支付货款，发挥货币的功能。所以，经济学家所说的货币，并不仅仅指通货，而是指一个更广泛的系列。

（二）货币与财富

财富是由各种资产所构成的，包括实物资产和金融资产。其中，金融资产又包括货币性金融资产和非货币性金融资产，前者如通货、支票存款等，后者如国库券、股票等。但是，更为复杂的情况是，货币一词常常被用作财富的同义词。当某人说“张三很富有——他有很多钱!”时，他可能说的是张三不仅有大量的现钞、银行存款，还有股票、债券、汽车、别墅和游艇等。在这里，货币“钱”被用作了财富的同义词。

作为货币的定义，使用“通货”固然太狭窄，然而使用“财富”却又太宽泛了。财富不仅包括货币，而且包括债券、股票、艺术品、土地、家具和房屋等有价资产，用“财富”定义“货币”扩大了经济学家定义的货币范畴。如果把部分夸大为整体甚至变成“唯一”，就会导出货币乃是社会唯一的追逐目标这种极其荒谬的结论，沉沦为“金钱万能”的“拜金主义”。

（三）货币与收入

人们也常常将货币一词作为收入的同义词。常听到这样的话：他有一份好工作，能挣好多钱。这里的“钱”其实指的是收入。

实际上，收入与货币是有区别的。首先，不可否认的是，在商品经济时代，人们的收入大多表现为货币。但是，在特殊情况下，也存在其他形式的收入。例如，股份制企业会发放股权对员工进行激励，发放的股权即可视为一种收入。其次，收入是某一时间单位的货币额，是货币的流量概念，如月薪、年薪等；而货币是存量意义上的概念，即某一时点上一个确定的金额，如第一季度末的货币余额。

（四）货币与流动性

进入21世纪以来，在报纸、杂志和人们的日常用语中，常出现另一个替代货币的名词，即流动性。所谓“流动性”，泛指一种资产在不损失价值的前提下转换为现实购买力的能力，它由变现的便利程度和交易成本所决定。变现越便利或交易成本越低，则流动性越强；反之，流动性越弱。由于货币不需要转换为别的资产就可以直接用于支付或清偿，因此，货币被认为是流动性最强的资产。所以，在一般的宏观经济分析中，流动性常常用来分析货币现象，也就是说，用“流动性”来代替“货币”。人们常把流动性直接理解为不同统计口径的货币信贷总量，即通常所说的流通中的现金（M0）、狭义货币供应量（M1）、广义货币供应量（M2）等。

通常所说的“流动性过剩”，简单地说，就是货币当局货币发行过多、货币量增长过快，银行机构资金来源充沛，居民储蓄增加迅速的一种现象。在宏观经济上，它表现为货币增长率超过GDP增长率；就银行系统而言，则表现为存款增速大大快于贷款增速。反之，则是“流动性不足”。

当然，流动性资产不仅包括银行的存款负债，而且还包括范围广泛的其他金融中介机构的短期负债，在金融机构和金融工具不断创新的大背景下，流动性的含义远大于货币的含义。

## 第二节　货币的职能

在现代经济中，货币一般被认为具有四个职能：价值尺度、流通手段、价值储藏和支付手段。其中，价值尺度和流通手段是货币最基本的职能。

### 一、价值尺度

价值尺度，是指货币是衡量和表现其他一切商品和劳务价值大小的工具。价值尺度是货币最基本、最重要的职能。当货币出现以后，人们用货币测量商品和劳务的价值，就如同用秤来称重量一样。正是由于货币具有价值尺度功能，使所有商品的价格都可以用特定数量的货币单位来表示，而无须确定每两种商品之间交易时的交换比例，即交换价格。

（一）价值尺度的作用

1.减少了商品交换中的价格数目，提高了交换的效率

如果没有货币，一种商品的价值只能通过它所交换到的另一种商品的数量相对地表示出来，即要用这两种商品之间的交换比率或交换价格来表示。随着参加交易的商品数量的增多，所需要讨价还价确定的相对价格会增加得更多。

2.使商品内在价值外在地表现为价格

商品价值，本来是由凝结在该商品中的社会必要劳动时间来测量的。商品中包含的社会必要劳动时间越多，它的价值就越大。但是，由于商品价值是内在的，只有生产企业才能判断其生产的商品价值的大小，所以，必须通过某一工具将其外在地表现出来，才能顺利实现交换，这一工具就是货币。因此，劳动时间是商品的内在价值尺度，而货币则是商品的外在价值尺度。商品价值的货币表现就是价格。

有了商品价格的定义，就可以引入另一个非常重要的概念，即货币的购买力，它是指价格的倒数。价格高，则货币购买力低；反之，货币购买力高。但是，必须注意，货币购买力是对所有商品而言的，它不是某一商品价格的倒数，而是所有商品价格的倒数，即商品价格指数的倒数。

（二）货币执行价值尺度的特点

1.货币执行价值尺度时不需要现实的货币

当货币执行价值尺度这一职能时，只需要以想象中的或是观念上的形式存在就可以了，然而，它的单位必须依赖于现实中流通的货币。

2.执行价值尺度的货币必须具有完全的排他性

在一定的地域范围内，如一个国家，只能存在一种商品充当价值尺度，只有这样才符合货币一般等价物的特性，商品的价值也才能得到统一的表现。试想，如果一国存在两种商品充当货币，则这两种货币价值的变化必然会造成市场价格的混乱。这也是欧元区国家必须放弃本国原有货币的根本原因。

3.价值尺度职能的技术规定——价格标准

为了用货币来衡量和比较各种商品的价值，货币自身必须能够计量。为此，在技术上就需要规定一种固定的货币计量单位，即价格标准。所谓价格标准，是指人为规定的货币单位名称及所包含（或代表）的价值量。

最初的货币单位与衡量货币商品使用价值的自然单位是相同的，如头、匹、斤、两等是统一的，例如，中国秦代铸造过“半两”铜钱，汉代铸造过“五铢”铜钱，上面分别铸有“半两”、“五铢”字样。史书说，这些铜钱“重如其文”，即含铜重量与钱面上的文字相符。后来，货币单位与自然单位逐渐分离。现代社会的货币单位主要有两种表示方法：一种是货币单位名称与其自然单位名称完全脱节，采取了另外的名称。一般以“元”表示货币单位，在货币单位“元”前面加上“国名”即得到该国货币的名称，如“美元”、“新加坡元”、“加拿大元”等。另一种是货币单位名称仍然采用重量单位，但实际含义已与名称完全脱节。如早在1816年，英国正式采用金本位制时就规定，每盎司黄金合金币3.89375镑，而从重量上

说，12盎司为1磅，即1磅重量的黄金相当于金币46.725（12×3.89375）镑。现在，英国的货币价格“镑”仍然保留了重量单位的痕迹。

## 二、流通手段

流通手段，也称交易媒介，是指货币充当商品交换的中介或媒介的职能。即在交易中，人们首先将自己的产品转换成货币，再用货币去换取自己需要的别人的产品。货币成为产品交易的桥梁或中介。

### （一）流通手段的作用

1.克服了物物交换下“需求的双重巧合”难题，提高了经济效率

如果没有货币作为交易媒介，那么，就需要两种商品直接相互交换，即进行物物交换或以货易货。如果刚好两种商品的所有者相互需要对方的商品，则双方皆大欢喜，否则，交易就无法立刻达成。双方将会开始寻找合适的交易伙伴，这种寻找过程可能是漫长的。让我们看看物物交易的情况吧。假如，王老师是经济学教授，他的专长是讲授非常精彩的经济学课程。当他需要食品时，他必须找到这样一个农场主：不仅生产他需要的食品，而且也渴望听经济学课程。可以想象，这样的寻找过程是多么费时和艰难。结果可能是：王老师不得不放弃经济学演讲而去自己种植农作物，或者被饥饿折磨至死。这就是物物交换条件下“需求的双重巧合”问题。

通常，把花费在商品和劳务交易过程中的时间称为交易成本。上述描述表明，物物交换的交易成本非常高，而引入货币后就可以大大降低交易成本，因为货币可以帮助人们节约时间，无须再费力去刻意追求双重巧合的实现。即王老师可以向任何愿意支付货币听课的人讲经济学课程，然后去市场用讲课得来的收入购买他所需要的任何食品。由于节约了交易时间，王老师也可以专心从事他所专长的经济学教学，从而提高了工作效率。因此，因为货币可以节约交易时间而给当事人带来效用，可使人们专门从事自己最擅长的工作，促进了专业化和社会分工，从而提高了经济效率。

2.使简单的物物交换发展成为商品交换

货币作为交易媒介，是“用商品换货币，用货币换商品”，商品所有者先把自己的商品换成货币，然后再用货币去交换其他的商品。这种使用货币作为媒介的交换就是商品交换，不同于“用商品换商品”的物物交易。在这里，商品和货币同时出现在交易的两端，属于“一手交钱，一手交货”的交易模式。

3.隐含了经济危机的可能性

由物物交换过渡到商品交换，意味着商品经济的内在矛盾有了进一步的发展。在这里，“买”与“卖”被分成了两个独立的过程：一个是卖，取得货币；另一个是买，用货币换回商品。如果卖出商品的人不立刻去购买其他商品，就会导致另一些人的商品卖不出去。也就是说，货币作为流通手段的职能，就已经包含了经济危机的可能性。

（二）货币执行流通手段职能的特点

1.必须是现实的货币

在几乎所有的经济交易中，货币都以通货或支票的形式充当交易的媒介，用来对商品和劳务进行支付。可见，作为交易媒介不能是观念上的货币，而必须是实实在在的货币。任何一个商家都不会允许有人凭一句空话拿走他的商品。

2.不需要是足值的货币，可以是货币符号

货币作为流通手段，其目的不是用于贮藏，而是用以购买其他商品。在这里，货币在人们手中只是一个转瞬即逝的东西，它马上又要被别的商品所替代。既然如此，现实流通的货币并不非得是黄金、白银等贵金属货币，也可以由包括纸币在内的价值符号所替代。货币符号是指不足值的铸币和纸币，也正是这一特点促使了纸币的产生和发展。

### 三、价值储藏

所谓价值储藏，是指货币暂时退出流通领域处于相对静止状态，而被人们保存、收藏时所执行的职能。这一职能是从货币的流通手段职能中延伸而来的。弗里德曼说过：货币是“能够使购买行为从售卖行为中分离出来的购买力的暂栖所”。货币具有这一职能是因为，在人们的售卖行为和购买行为之间，或者说在人们获得收入与支出之间，一般总是存在时间间隔的，在这段时间内，货币就作为价值储藏手段而存在。

（一）价值储藏的形式

货币并不是唯一的价值储藏手段，其他任何资产，不管是股票、债券、土地、房屋、艺术品，还是珠宝等，都可以作为储藏价值的手段。用上述资产作为价值储藏手段的优点在于：①它们能以利息、利润和租金等形式给持有者带来一定的收入；②在货币贬值时，这些非货币资产的价格一般会上升，从而比持有货币更为合算；③实物（如房地产）还可以提供一定的服务（如邮票可供欣赏）。但是，另一方面，它们作为价值的储藏手段也有一定的缺陷：①储藏时需要支付一定的保管费用；②它们以货币计算的价值可能下跌；③它们存在不同程度的流动性缺陷，不像货币那样具有普遍接受性，将它们换成其他商品或变换成货币都要花费一定的成本。因此，即使从收益的角度来讲，货币也不是最好的价值储藏手段，但人们习惯上仍然会选择货币作为价值储藏的一个手段。

（二）货币作为价值储藏手段的发展过程

由于货币是价值的代表，储藏货币就是储存财富，更重要的是储存购买力。因此，货币储藏有两个目的：一是储存财富；二是储存购买力。凡是货币，无论是足值的贵金属货币还是不足值的纸币，都具有价值储藏的功能。但前者更多的是储存财富，后者更多的是储存购买力。

货币储藏也经历了一定的发展过程：①朴素的货币储藏，即把金银埋藏在地下；②作为艺术品的货币储藏，即将金银制成艺术品摆放起来；③存款的货币储藏，银行产生以后，货币所有者把储藏的货币以银行存款的形式储藏起来。这样，分散的货币储藏就变为集中的货币储藏。

## 四、支付手段

所谓支付手段，是指在以延期付款形式买卖商品的情况下，货币作为独立的价值形式单方面运动时所执行的职能。

### （一）支付手段职能产生的前提条件与范围

支付手段职能产生于赊买赊卖的商品交换中，是与商业信用联系在一起的。由于一些商品生产过程存在季节性和地域上的差别，在客观上要求商品的出售与商品价值的实现在时间上相分离，从而出现了延期付款的现象。当货币用来偿还赊买商品的货款时，它已不再作为交易媒介，而是充当支付手段发挥作用。因此，商业信用是货币支付手段职能的前提条件。

随着商品生产的发展，货币支付手段的职能已超出了单一的赊销范围，扩大到商品流通领域之外，包括：①大宗交易，这是支付手段的主要场所；②财政收支、银行信贷；③工资、佣金、房租、地租、水电费等领域。

### （二）货币作为支付手段的特点

与流通手段相比，货币执行支付手段职能时具有以下特点：

1.货币在执行支付手段职能时，商品和货币不再同时出现在交换过程的两端，货币作为价值独立存在，单方面发生转移；而货币作为交易媒介时是货币和商品的双向运动，一手交钱，一手交货。

2.作为支付手段的货币不是交换的媒介物。它虽然仍反映交易双方的买卖经济关系，但更多地反映了他们之间的债权债务关系，即信用关系。

3.货币作为支付手段使商品生产者的活动余地更大，它可以先买后卖，即购买别人的商品（以信用方式）可以先于售卖自己的商品；但货币作为交易媒介时只能是先卖后买，即先出售自己的商品换得货币，然后再购买他人的商品。

4.货币执行支付手段职能时，潜藏着使社会再生产过程发生中断的可能性。在正常情况下，企业间由于信用方式而引起的大部分支付是可以相互抵消的。在这里，货币并不是现实的，而只是观念上的——以价值尺度和计算货币的形态出现。然而，不能以相互抵消方式偿还的那部分支付，必须以货币的形态进行实际支付。这种从观念货币到现实货币的转化，并不是在任何时候都能顺利进行的。当商品生产者没有按照自己预计的价值出售商品甚至商品滞销时，商品生产者就无力支付，于是，债务链条一个环节的脱节就会引起整个链条的中断，使正常的经济运行受到干扰。

以上四种职能各有自己的内涵和作用，同时相互之间又紧密相连。其中，价值尺度和流通手段是货币的基本职能，具有货币质的规定性。也就是说，当这两个最基本的职能可以同时由一种商品来满足时，这种商品就取得了货币的资格。而价值储藏和支付手段则是货币的派生职能，不能作为货币质的规定。

## 第三节 货币支付体系的演变

历史上许多物品都充当过货币，不同的经济交易或不同的历史时期使用过不同的支付手段。根据货币支付体系的演变，经济学家对这些形式各异的货币通常沿着如下线索展开分析：

实物货币→金属货币→纸币→支票货币→电子货币

其中，金属货币阶段大约开始于公元前2000年，又分为最初的称量货币阶段和后来的铸币阶段。18世纪后期进入纸币阶段，又分为可兑换等值金属货币的代用货币阶段和不可兑现的信用货币阶段。支票货币可以看成是另一种纸质货币（如纸质的支票簿形式），但它的出现并未使原来的纸币消失。电子货币则意味着一种全新的、无须纸张作为载体的货币形式，但它是否会最终取代纸币还是一个未定论的课题。

### 一、实物货币

实物货币，是指以自然界存在的某种物品或人们生产出来的某种物品的自然形态来充当货币的一种货币形式。实物货币的显著特点是，其作为非货币用途的价值，与其作为货币用途的价值是相等的。在人类历史上，各种商品，如米、布、木材、贝壳、家畜等，都曾在不同时期扮演过货币的角色。在我国古代，龟壳、海贝、蚌珠、皮革、齿角、猎器、米粟、布帛、农具等均曾充当过交易媒介。

但这些实物货币都有其缺点，主要表现在：①质量不一，不易分割成较小的单位；②体积笨重，值小量大，携带运输极其不便；③容易磨损，容易变质，不易作为价值储藏的手段；④供给不稳定，导致价值不稳定。所以，实物货币无法充当理想的交易媒介。随着经济的发展和时代的演变，实物货币也就逐渐被金属货币所代替。

### 二、金属货币

金属货币，是指以金属尤其是贵金属为币材的货币形式。和其他实物货币相比，金银等都能更有效地发挥货币的性能。因此，马克思曾说过一句经典名言："金银天然不是货币，但货币天然是金银。"

金属货币经历了由称量货币向铸币演变的过程。

（一）称量货币

称量货币，也称"重量货币"，是以金属条块形状出现、按金属的实际价值充当货币价值的货币形式。金属材料充当货币流通的初期，没有铸造成一定的形状与重量，必须通过成色鉴定和称量以定价额，故称做"称量货币"。如我国古时的金银锭、金银锞以及商周时期的铜块、铜饼等。这种自然形态的金属货币在流通中需要称重量、鉴定成色，很不方便。而且，在交易过程中的自然磨损和人为磨损，并不影响金属货币充当交易媒介。由此，产生了铸币。

（二）铸币

铸币，是指由国家铸造的具有一定形状、成色、重量和面值的金属货币。铸币是用金、银、铜等贵重金属或它们的合金作为材料，经熔炼成为液态后，倒入做好的模具中，冷却成型后，即成为“铸币”。由于它使用的材料是金银等贵金属，具有实际价值，因此，不易随通货膨胀而贬值。现代的机器冲压硬币虽然也是金属币，并经常被称为“铸币”，但多采用铝、钢等便宜的材料制成，其原材料的价值一般远低于其面值，因此，不是严格意义上的“铸币”，而被称为“辅币”。

随着经济的进一步发展，金属货币同样显示出使用上的不方便。在大额交易中需要使用大量的金属货币，其重量和体积都令人感到烦恼。金属货币在使用中还会出现磨损的问题，据不完全统计，自从人类使用黄金作为货币以来，已经有超过2万吨的黄金在铸币厂里或者在人们的手中、钱袋中和衣物口袋中磨损掉。于是，作为金属货币象征符号的纸币出现了。

**三、纸币**

纸币，是指以纸张为币材印制而成的一定形状、标明一定面额的货币，它也是由国家发行的强制流通的价值符号。纸币的发行权为政府或政府授权的金融机构所专有，发行机关多数是中央银行、财政部或政府成立的专门货币管理机构。纸币经历了兑现纸币和不兑现纸币的发展过程。

（一）兑现纸币

兑现纸币，又称为代用货币，主要是指政府或银行发行的、代替金属货币执行流通手段和支付手段职能的纸质货币。代用货币本身的商品价值低于其货币价值。在金融史上，代用货币通常是政府或银行所发行的纸币，其所代表的是金属货币。换言之，纸币虽在市面流通，为交易媒介，但都有十足的金银准备，而且也可自由向发行机关兑换金条、银条或金币、银币。

由于代用货币是代表金属货币在市场上流通，且具有携带便利、避免磨损、节省金银等优点，因此，代用货币比金属货币更具优越性。代用货币最早出现在英国。中世纪之后，英国的金匠为顾客保管金银货币，他们开出的本票形式的收据，可以在流通领域进行流通；在顾客需要时，这些收据随时可以得到兑换。这是原始的代用货币（也是银行券的雏形）。

典型的代用货币形式是银行券。银行券是由银行发行的可以随时兑现的代用货币，它是作为代替贵金属货币流通与支付的信用工具。银行券的发行必须具有发行保证，一般分为黄金保证和信用保证。由于银行券有严格的发行准备规定，保证随时兑现，因此，具有较好的稳定性。

货币作为流通手段的特性是充当交换媒介，是交换的手段而不是交换的目的。

对于交易者来说，他们所关心的并不是流通手段本身有无价值或价值量的大小，而是能否起到媒介作用。因此，代用货币逐渐被不兑现的信用货币所替代。

（二）不兑现纸币

不兑现纸币是代用货币进一步发展的产物，而且也是目前世界上几乎所有国家采用的货币类型。20世纪30年代，由于世界性的经济危机和金融危机接踵而至，各主要国家先后被迫放弃金本位和银本位，所发行的纸币不能再兑换金属货币，因此，不兑现纸币便应运而生。

不兑现纸币，是指不能兑换成铸币或金银条块的纸币，它本身的价值不但低于其货币价值，而且也和代用货币不同，不再代表任何贵金属，但有国家信用做担保。

从范围上讲，不兑现纸币还包括劣金属铸币，也称辅币，多以贱金属铸造，其本身所含金属价值低于其货币价值，铸币权由政府独占。其功能是担任小额或零星交易的支付手段。目前，世界各国的铸币权几乎毫无例外地完全由政府独占。我国的铸币是由财政部下属的铸币厂专门铸造的。

### 四、支票货币

支票货币，又称存款货币，是指可以签发支票的活期存款。所谓支票，是指银行存款客户向银行签发的无条件付款命令书。由于活期存款可以随时开出支票在市场上转移或流通，充当交易媒介或支付工具，因而扮演货币的角色，并具有以下优点：①可以避免容易丢失和损坏的风险；②运送便利，减少运输成本；③实收实支，免去找换零钱的麻烦；④支票经收款人收讫以后可以在一定范围内流通。

但是，与纸币不一样的是，支票不具有政府担保特性，它只是银行的存款客户命令银行将资金从其账户转移到其指定人的账户中的一种支付工具。因此，当你向某人签发支票以换取后者的商品或劳务时，支票并不是最后的支付手段。这表明，支票本身并不是货币，只是出票人向银行发出并要求银行付款的票据，支票存款才是货币。

通常，将不兑现的纸币、辅币和支票货币统称为信用货币，是指以信用作为保证，通过信用程序发行的货币。信用货币本身并不代表任何贵金属，基本是以国家或银行的信誉为保证而流通的。

### 五、电子货币

电子货币出现的历史较短，目前还没有在全社会范围内形成统一规范的具体形式。因此，关于电子货币的概念，目前还没有任何一个国家的法律对其做出过比较完整的定义。

（一）电子货币的定义

巴塞尔委员会于1998年发布了关于电子货币的定义。电子货币，是指在零售支付机制中，通过销售终端、不同的电子设备之间以及在互联网络上执行支付的

“储值”和“预付支付机制”。所谓“储值”是指保存在物理介质（硬件或卡介质）中可用来支付的价值，这种介质亦被称为“电子钱包”，当其储存的价值被使用后，可以通过特定设备向其续储价值。而“预付支付机制”则是指存在于特定软件或网络中的一组可以传输并可用于支付的电子数据，通常被称为“数字现金”。作为支付手段，大多数电子货币不能脱离现金或存款，只是用电子化方法传递、转移，以清偿债务、实现结算。

（二）电子货币的种类

根据上述定义，目前可被划归为电子货币的电子支付工具有很多，为了更好地认识这些工具，我们可以按不同的标准将它们分为几类。

1.“卡基”电子货币和“数基”电子货币

按照载体不同，可以将电子货币分为“卡基”电子货币和“数基”电子货币。顾名思义，“卡基”电子货币的载体是各种物理卡片，包括智能卡、电话卡、礼金卡等。消费者在使用这种电子货币时，必须携带特定的卡介质，电子货币的金额需要预先储存在卡中。“卡基”电子货币是目前电子货币的主要形式。发行“卡基”电子货币的机构包括银行、信用卡公司、电信公司、大型商户和各类俱乐部等。“数基”电子货币完全基于数字的特殊编排，依赖软件的识别与传递，不需特殊的物理介质。只要能连接上网，电子货币的持有者就可以随时随地通过特定的数字指令完成支付。

2.“单一用途”电子货币和“多用途”电子货币

按被接受的程度，可以将电子货币分为“单一用途”电子货币和“多用途”电子货币。“单一用途”电子货币往往由特定的发行者发行，只能用于购买特定的一种产品或服务，或被单一商家所接受，其典型代表就是各类电话卡。“多用途”电子货币的典型代表是智能卡系统，这种智能卡根据其发行者与其他商家签订协议的范围的扩大被多家商户所接受，它可购买的产品与服务也不仅限于一种。有时它还可以储存使用多种货币。

电子货币区别于纸币之处在于：它的流通不需要借助任何有形的实物，而是依靠光波、电波进行信息传递和处理。随着卫星和大规模集成电路电子计算机的发展，电子货币将造就全球一体化的金融市场，未来的货币将是以光电技术为特征的无形货币。

## 第四节　货币的计量

货币计量是指通过对货币资产进行层次的划分从而对货币供给量进行统计分析。所谓“货币供给量”，是指在一个经济体中，在某一个时点流通中的货币存量，它主要包括机关团体、企事业单位和城乡居民所拥有的现金和金融机构的存款等各种金融资产。如前所述，随着经济的发展，除了金银、纸币，很多新的金融工具都发挥着货币的职能，使得货币流通的范围不断扩大，货币的形式也变得多种多样，因此，有必要对货币资产进行层次划分，以便政府决策者能够通过控制关键货币来执行国家的宏观经济政策。

## 一、划分货币层次的依据

一种资产之所以成为货币，是因为人们相信，用它进行支付能够为别人所接受，即代表了现实的购买力。这就促使许多经济学家根据金融资产的流动性来定义货币，并以此为依据划分货币供应量的层次。所谓金融资产的流动性，也称为“货币性”，是指一种资产在不损失价值的前提下转换为现实购买力的能力，也称为变现能力。流动性的大小取决于：第一，将其转换为现实购买力所需要的时间或难易程度，也就是转换的便利程度；第二，买卖资产的交易成本，交易成本越大，资产的流动性就越小。

流动性程度不同的货币在流通中转手的次数不同，形成的购买力不同，对商品流通和其他经济活动的影响程度也不同。所以，货币层次的划分，为货币当局进行货币供应量调控提供了依据。

## 二、货币层次的划分情况

### （一）货币层次的一般划分

根据流动性这一标准，人们将多种货币资产划分为不同的层次，货币供应量也就相应有了多重口径。归纳起来，货币供应量一般划分为以下几个层次：

1.第一层次：狭义货币 M1=C+D

上式中，C表示通货，即流通中的货币，包括纸币和硬币，是指存款货币银行体系以外的现金，也就是公众手中的现金。D表示活期存款，是指可以签发支票的存款类别。M1是狭义货币供应量，它代表了现实购买力，反映了居民和企业资金松紧变化，是经济周期波动的先行指标。所以，M1是一国中央银行调控的主要目标之一。

2.第二层次：广义货币 M2=M1+S+T

上式中，S表示银行储蓄存款；T表示定期存款。广义货币M2扩大了货币的范围，不仅反映现实购买力，还反映潜在购买力。M2流动性偏弱，但反映的是社会总需求的变化和未来通货膨胀的压力状况。因此，它也成为一国中央银行关注的目标之一。

广义货币与狭义货币之差，即储蓄存款和定期存款，相对于现金和支票存款而言，其流动性较差，但经过一段时间也能转化为现金或支票存款，可看作一种潜在的购买力，因此，国际货币基金组织（IMF）称其为“准货币”。

3.第三层次：M3=M2+Dn

上式中，Dn表示非银行金融机构的存款。在现代货币经济社会中，商业银行之外还存在着各种专业银行和接受存款的其他金融机构，如信用合作社、邮政储蓄机构等，这些非银行性金融机构不能接受活期存款，但能接受储蓄存款和定期存款，这些金融机构的存款与商业银行的定期存款和储蓄存款没有本质的区别，它们都具有较高的货币性，只是流动性更差些，货币供应量因此扩大为M3。

4.第四层次：M4=M3+L

上式中，L表示银行与非银行金融机构以外的所有短期信用工具。在金融市场高度发达的情况下，各种短期的流动资产，如国库券、人寿保险公司保单、承兑票据等，在金融市场上贴现和变现的机会很多，都具有相当程度的流动性，与M1只有程度的区别，没有本质的区别。因此，也应纳入货币供应量之中，由此得到M4。

迄今为止，关于货币供应量的层次划分并无定论，但根据资产的流动性来划分货币供应量层次，已为大多数国家的政府所普遍接受。各国政府对货币供应量的监控重点也逐渐由M1转向M2或更高层次的范围。

（二）中国货币层次的划分

1949—1978年，我国的货币流通研究工作一直局限于现金流通方面，即货币供应量就是流通中的现金量，一般称为：M0=C。1979年经济体制改革后，货币流通范围逐渐扩大，不仅现金、转账存款算作货币流通范围，甚至还出现了一些新的货币流通形式。为了更有效地实施金融宏观调控，合理地控制货币供应量，中国人民银行于1994年第三季度开始按季公布我国的货币供应量指标。1994年后，随着我国经济的发展，货币供应量的划分也在逐步完善。2001年6月，央行第一次修订货币供应量指标，将证券公司客户保证金计入M2；2002年年初，央行第二次修订，将在中国的外资银行、合资银行、外国银行分行、外资财务公司以及外资企业集团财务公司有关的人民币存款业务，分别计入不同层次的货币供应量；2011年10月，央行又将住房公积金中心存款和非存款类金融机构在存款类金融机构的存款纳入了M2的统计范畴。现阶段的划分如下：

M0=流通中的现金；

M1=M0+企业活期存款+机关团体存款+农村存款+个人持有的信用类存款；

M2=M1+城乡居民储蓄存款+企业存款中具有定期性质的存款+外币存款+信托类存款+证券客户保证金+住房公积金中心存款+非存款类金融机构在存款类金融机构的存款；

M3=M2+金融债券+商业票据+大额可转让存单等。

我国习惯将M0称为流通中现金，即居民手中的现钞和企业单位的备用金，不包括商业银行的库存现金。这部分货币可随时作为交易媒介，具有最强的购买力。与国际通用表述一样，这里的M1是通常所说的狭义货币，流动性最强；M2是广义货币，M2和M1的差额是准货币；M3是考虑到金融的现状而设立的，目前暂不测算。

## 第五节 货币制度

货币制度是针对货币的有关要素、货币流通的组织与管理等内容以国家法律的形式或国际协议的形式加以规定所形成的制度，简称币制。其目的是保证货币和货币流通的稳定，使之能够正常地发挥各种职能。货币制度最早是伴随着国家统一铸造金属货币产生的。16世纪以后，随着工业革命和资本主义生产方式的确立，以国家为主体的货币制度日益明确和健全，各国货币制度的构成也基本上趋于一致。随着贸易国际化、生产国际化和经济全球化的发展，国际货币制度和区域性货币制度也逐渐形成并得到发展。

从货币制度的形成方式和适用范围上看，它可分为三类：国家货币制度、国际货币制度和区域性货币制度，下面分别进行讨论。

### 一、国家货币制度的内容及演变

（一）国家货币制度的内容

国家货币制度是指一国政府以法令形式对本国货币的有关要素、货币流通的组织与调节等加以规定所形成的体系。国家货币制度是一国货币主权的一种体现，由本国政府或司法机构独立制定实施，其有效范围一般仅限于国内。

国家货币制度是伴随着国家统一铸造货币开始的，从历史上看，早期的货币制度较为杂乱，各国间的差异也很大。16世纪以后，随着资产阶级国家政权和资本主义制度的确立，国家货币制度才逐步完善并相对规范与统一。国家货币制度从其存在的具体形式看，大致可分为金属货币制度和信用货币制度两大类。

金属货币制度和不兑现信用货币制度的主要差别表现在币材和发行方面，从总体上看，两类货币制度的内容与构成大同小异，大体包括以下基本内容：

1.规定货币材料

确定不同的货币材料就构成了不同的货币本位，确定用黄金充当币材就构成金本位，用白银充当币材就构成银本位。目前，世界各国都实行不兑现的货币制度，不再对币材作出规定。

2.规定货币单位

货币单位是指货币计量单位。货币单位的规定主要有两个方面：

（1）规定货币单位的名称。货币单位的名称最早与商品货币的自然单位或重量单位相一致，如两、磅。后来，由于铸造和兑现等原因，货币单位与自然单位、重量单位逐渐相脱离，有的沿用旧名，有的重立新名。按国际惯例，往往加上该国简称，如美元、英镑、日元等。

（2）规定货币单位的值。在金属货币条件下，货币单位的值就是每一货币单位所包含的金属重量和成色；在不兑现的信用货币尚未完全脱离金属货币制度时，确定货币单位的值主要是确定每单位货币的含金量；当黄金非货币化后，纯粹信用货币制度一般不再硬性规定单位货币的值，货币单位的值主要体现在为维持本国货币币值稳定而采用的一些措施上，如规定中央银行对币值稳定的责任与权力等。

3.规定流通中的货币种类

规定货币种类主要是指规定主币和辅币。

（1）主币就是本位币，是一个国家流通中的基本通货，一般作为该国法定的价格标准。主币的最小规格通常是1个货币单位。在金属货币制度下，主币是指用金属材料按照国家规定的货币单位铸造的货币；在信用货币制度下，主币的发行权集中于中央银行或政府指定的发行银行。

（2）辅币是本位货币单位以下的小面额货币，它是本位币的等分，主要解决商品流通中不足1个货币单位的小额货币支付问题。在金属货币流通条件下，为节约流通费用，辅币多由贱金属铸造，是一种不足值的货币，故铸造权由国家垄断并强制流通，但铸造数量一般都有限制，铸造收益归国家所有。由于辅币的实际价值低于名义价值，国家以法律形式规定其按名义价值流通，并规定其与主币的兑换比例。当金属货币退出流通后，辅币制度仍然保存下来，在当代不兑现的信用货币制度下，辅币的发行权一般都集中于中央银行或政府机构。

4.规定货币的法定支付能力

货币的支付偿还能力有两种：无限法偿和有限法偿。

（1）无限法偿是指不论支付数额多大，不论属于何种性质的支付（买东西、还账、缴税等），对方都不能拒绝接受。在金属货币制度下，本位币通常具有无限法偿的能力；在不兑现的信用货币流通下，中央银行发行的纸质货币具有无限法偿能力，而流通中的存款货币，在经济生活中是被普遍接受的，但大多数国家并未明确做出其是否具有无限法偿能力的规定。

（2）有限法偿是指在一次支付中若超过规定的数额，收款人有权拒收，但在法定限额内不能拒收。在金属货币制度下，不足值辅币通常为有限法偿，但是信用货币制度下则没有明确的规定。例如，我国目前仍然实行现金管理，国家对现金和非现金流通规定了适用范围和数量，但对本位币人民币“元”和辅币“角”、“分”未作明确的无限法偿或有限法偿的区分，只是规定它们都是法定货币，都具有法偿能力。

5.规定货币铸造发行的流通程序

（1）自由铸造与限制铸造。这种规定是金属货币制度的内容之一。自由铸造即公民有权把法令规定的金属币材送到国家造币厂铸成金属货币，公民也有权把铸币熔化，还原为金属。限制铸造是指只能由国家来铸造金属货币，特别是不足值的辅币必须由国家铸造，其他机构和个人不得铸造。

（2）分散发行与垄断发行。信用货币出现后货币制度必须对发行权作出规定。分散发行是指允许私人部门按照规定的条件发行信用货币；垄断发行是指信用货币只能由中央银行或指定机构发行。例如，早期的银行券允许各商业银行分散发行，但后来为了解决银行券分散发行带来的混乱问题，各国逐渐通过法律把银行券的发行权收归中央银行。在当代不兑现的信用货币制度下，各国信用货币的发行权都集中在中央银行或指定机构。

6.规定货币发行准备制度

货币发行准备制度是指发行者必须以某种金属或某几种形式的资产作为其发行货币的准备，从而使货币的发行与某种金属或某些资产建立起联系和制约关系。在金属货币制度下，法律规定以金或银作为货币发行准备，早期各国一般都采用百分之百的贵金属准备，后期各国采用部分贵金属准备制度以适应货币发行日益增加的需要，货币发行准备金的比例主要通过货币的含金量加以确定。在货币制度演化过程中，这个比例逐步递减，直至金属货币制度的崩溃。在纯粹的信用货币制度下，货币发行的准备制度已经与贵金属脱钩，多数国家主要以外汇资产做准备，有的国家也以物资做准备，还有些国家的货币发行采取与某个国家的货币直接挂钩的方式，如钉住美元或英镑等。各国在准备比例和准备制度上也有差别。目前，各国货币发行准备的构成一般有两大类：一是现金准备，包括黄金、外汇等具有极强流动性的资产；二是证券准备，包括短期商业票据、财政短期国库券、政府公债券等在金融市场上流通的证券。

（二）国家货币制度的演变

古代的货币制度，前文从不同的侧面已有涉及，其详细的研究属货币史的范畴。近代的货币制度从资本主义发展初期开始，经历了从金属货币制度发展为不兑现的信用货币制度的演变过程，大致的演变顺序是：银本位制→金银复本位制→金本位制→不兑现的信用货币制度。

1.银本位制

早在中世纪，许多国家就采用过银本位货币制度。银本位制的基本内容包括：以白银作为本位币币材，银币作为无限法偿货币，具有强制流通的能力；本位币的名义价值与本位币所含的一定成色、重量的白银相等，银币可以自由铸造、自由熔化；银行券可以自由兑现银币或等量白银；白银和银币可以自由输出输入。银本位制在16世纪以后开始盛行，至19世纪末期被大部分国家放弃。

我国使用白银作为货币的时间很长，唐宋时期白银已普遍流通，宋仁宗景佑年间（1034—1037年）银锭正式取得货币地位。金、元、明时期确立了银两制度，白银是法定的主币。清宣统二年（1910年）4月，政府颁布了《币制则例》，宣布实行银本位制，实际是银元和银两并行。

1933年4月，国民党政府废两改元，颁布《银本位铸造条例》，1935年11月实行法币改革，在我国废止了银本位制。

2.金银复本位制

金银复本位制是金、银两种铸币同时作为本位币的货币制度，流行于16—18世纪资本主义发展初期的西欧各国。其基本特征是：金银两种金属同时作为法定币材，一般情况下，大额批发交易用黄金，小额零星交易用白银。金银铸币都可以自由铸造、自由输出入国境，都有无限法偿能力。金币和银币之间、金币银币与货币符号之间都可以自由兑换。

金银复本位制是一种不稳定的“平行本位”货币制度，当金银铸币各按其自身所包含的价值并行流通时，市场上的商品就出现了金价、银价两种价格，容易引起价格混乱，给商品流通带来许多困难。而用法律规定金和银的比价，又会出现“劣币驱逐良币”的现象，即两种实际价值不同而法定价格相同的货币同时流通时，市场价格偏高的货币（良币）就会被市场价格偏低的货币（劣币）所排斥。在价值规律的作用下，良币退出流通进入贮藏，而劣币充斥市场，这种劣币驱逐良币的规律又称为格雷欣法则。随着资本主义经济的进一步发展，这种货币制度越来越不能适应客观要求，于是改行单本位制成为必然。

3.金本位制

从18世纪末到19世纪初，主要资本主义国家先后从金银复本位制过渡到金本位制，最早实行金本位制的是英国。金本位制主要包括金币本位制、金块本位制和金汇兑本位制三种形态。

金本位制的典型是金币本位制。其基本特点是：只有金币可以自由铸造，有无限法偿能力；辅币和银行券与金币同时流通，并可按其面值自由兑换为金币；黄金可以自由输出输入；货币发行准备全部是黄金。金币本位制被认为是一种稳定有效的货币制度，因为它保证了本位币的名义价值与实际价值相一致，国内价值与国际价值相一致，价值符号所代表的价值与本位币价值相一致，并具有货币流通的自动调节机制，曾经对资本主义经济发展和国际贸易的发展起到了积极的促进作用。但是后来，随着资本主义经济的发展，特别是帝国主义列强矛盾加剧所导致的战争，使金币流通的基础不断削弱，第一次世界大战期间，各国停止了金币流通、自由兑换和黄金的自由输出输入，战后也难以恢复金币流通，只能改行残缺不全的金本位制——金块本位制和金汇兑本位制。

金块本位制，又称生金本位制，是不铸造、不流通金币，银行券只有达到一定数量后才能兑换金块的货币制度。

金汇兑本位制又称虚金本位制，本国货币虽然仍有含金量，但国内不铸造也不使用金币，而是流通银币或银行券，但它们不能在国内兑换黄金，只能兑换本国在该国存有黄金并与其货币保持固定比价国家的外汇，然后用外汇到该国兑换黄金。实行金汇兑本位制的多为殖民地、半殖民地国家。

4.不兑现的信用货币制度

20世纪70年代布雷顿森林体系彻底崩溃后，各国货币与黄金既无直接联系，亦无间接挂钩关系，意味着金属货币制度已经完全退出历史舞台，取而代之的是不兑现的信用货币制度。这种货币制度有三个特点：一是现实经济中的货币都是信用货币，主要由现金和银行存款构成；二是现实中的货币都是通过金融机构的业务投入到流通中去的；三是国家对信用货币的管理调控成为经济正常发展的必要条件。大多数国家都由中央银行来管理信用货币的发行与流通，运用货币政策来调控信用货币的供求总量与均衡。

（三）我国现行的货币制度

我国现行的货币制度较为特殊。由于我国目前实行“一国两制”的方针，1997年、1999年香港和澳门分别回归祖国以后，继续维持原有的货币金融体制，从而形成了“一国多币”的特殊货币制度。目前，不同地区各有自己的法定货币：人民币是内地的法定货币，港元是香港地区的法定货币，澳门元是澳门地区的法定货币，新台币是台湾地区的法定货币。各种货币各限于在本地区流通，人民币与港元、澳门元之间按以市场供求为基础决定的汇价进行兑换，澳门元与港元直接挂钩，新台币主要与美元挂钩。

人民币是我国内地的法定货币，由中国人民银行于1948年12月1日开始发行。人民币主币的“元”是我国经济生活中法定计价、结算的货币单位，目前流通中的人民币主币有1元、2元、5元、10元、20元、50元、100元7种券别；辅币的货币单位有“分”和“角”两种，有1分、2分、5分和1角、2角、5角6种券别。分、角、元均为10进制。人民币的符号为“¥”，取人民币单位“元”字的汉语拼音“Yuan”的第一字母Y加两横，读音同“元”。

人民币不规定含金量，是不兑现的信用货币。人民币以现金和存款货币两种形式存在，现金由中国人民银行统一发行，存款货币由银行体系通过业务活动进入流通领域，中国人民银行依法实施货币政策，对人民币总量和结构进行管理和调控。

## 二、国际货币制度及其演变

（一）国际货币制度的内容

国际货币制度亦称国际货币体系，是支配各国货币关系的规则以及各国间进行各种交易支付所依据的一套安排和惯例。国际货币制度通常是由参与的各国政府磋商而定，一旦商定，各参与国都应自觉遵守。

国际货币制度一般包括三个方面的内容：一是确定国际储备资产，即使用何种货币作为国际支付货币，哪些资产可用作国际储备资产；二是安排汇率制度，即采用何种汇率制度，是固定汇率制还是浮动汇率制；三是选择国际收支的调节方式，即出现国际收支不平衡时，各国政府应采取什么方法进行弥补，各国之间的政策措施如何协调等。理想的国际货币制度应该能够促进国际贸易和国际经济活动的发展，主要体现在国际货币秩序的稳定、能够提供足够的国际清偿能力并保持国际储备资产的信心、保证国际收支的失衡能够得到有效的调节。迄今为止，国际货币制度经历了从国际金本位制到布雷顿森林体系再到牙买加体系的演变过程。

（二）国际金本位制

国际金本位制是指黄金充当国际货币，各国货币之间的汇率由它们各自的含金量比例即金平价决定，黄金可以在各国间自由输出输入，在“黄金输送点”的作用下，汇率相对平稳，国际收支具有自动调节的机制。1880—1914年的35年间是国际金本位制的黄金时代。由于1914年第一次世界大战的爆发，各参战国纷纷禁止黄金输出，停止纸币兑换黄金，国际金本位制受到严重削弱。之后，虽改行金块本位制或金汇兑本位制，但因其自身的不稳定性都未能持久。在1929—1933年的经济大危机的冲击下，国际金本位制终于瓦解，随后，国际货币制度一片混乱，直至1944年重建新的国际货币制度——布雷顿森林体系。

（三）布雷顿森林体系

布雷顿森林体系是第二次世界大战以后实行的以美元为中心的国际货币制度。1944年7月，在美国新罕布什尔州的布雷顿森林召开了由44国参加的“联合国联盟国家国际货币金融会议”，建立了以美元为中心的国际货币制度。其主要内容是：①以黄金作为基础，以美元作为最主要的国际储备货币，实行“双挂钩”的国际货币体系，即美元与黄金直接挂钩，其他国家的货币与美元挂钩。美元与黄金挂钩是指，美国政府保证以1934年1月规定的35美元等于1盎司的黄金官价兑付其他国家政府或中央银行持有的美元。其他国家货币与美元挂钩是指，根据35美元等于1盎司黄金的价格确立美元的含金量，其他国家也以法律形式规定各自货币的含金量，而后通过含金量的比例，确定各国货币与美元的兑换比例。②实行固定汇率制。各国货币兑美元的汇率一般只能在平价上下1%的幅度内浮动，各国政府有义务在外汇市场上进行干预，以维持外汇行市的稳定。国际收支不平衡则采用多种方式调节。这个货币体系实际上是美元—黄金本位制，也是一个变相的国际金汇兑本位制。

布雷顿森林体系对第二次世界大战后资本主义经济的发展起过积极作用。但是布雷顿森林体系自身具有不可克服的矛盾，又被称为“特里芬难题”。这一难题指美元若要满足国际储备的需求就会造成美国国际收支逆差，必然影响美元的信用，引起美元危机；若要保持美国的国际收支平衡，稳定美元，则又会断绝国际储备的来源，引起国际清偿能力的不足。布雷顿森林体系实施的早期，这个矛盾并未完全显现。20世纪60年代以后，美国政治、经济地位逐渐下降，特别是外汇收支逆差大量出现，使黄金储备大量外流，到60年代末出现黄金储备不足抵补短期外债的状况，导致美元危机不断发生，各国在国际金融市场大量抛售美元，抢购黄金，或用美元向美国挤兑黄金。进入70年代，美元危机更加严重。1971年8月15日，美国公开放弃金本位，各国也随后纷纷宣布放弃固定汇率，实行浮动汇率，不再承担维持美元汇率的义务。1974年4月1日起，国际协定正式解除货币与黄金的固定关系，以美元为中心的布雷顿森林体系彻底瓦解，取而代之的是牙买加体系。

（四）牙买加体系

1976年1月，国际货币基金组织在牙买加签署了“牙买加协定”，形成了新的国际货币制系——牙买加体系。其主要内容包括：

1.国际储备货币多元化。黄金完全非货币化，各国可自行选择国际储备货币。美元仍作为主要的国际货币，日元、德国马克等货币则随着本国经济实力的增强而成为重要的国际货币。

2.汇率安排多样化。出现了以浮动汇率为主，钉住汇率并存的混合体系，亦称

“无体制的体制”，各国可自行安排汇率。

3.多种渠道调节国际收支。一是运用国内经济政策，通过改变国内的供求关系和经济现况，消除国际收支失衡；二是运用汇率政策影响本币币值，通过增强本国出口商品的国际竞争力减少经常项目的逆差；三是通过国际融资平衡国际收支；四是通过加强国际协调来解决国际收支平衡问题；五是通过外汇储备的增减来调节国际收支失衡。

牙买加体系的实行，对维持国际经济运转和推动世界经济发展发挥了积极的作用。

多元化国际储备货币的结构为国际经济提供了多种清偿货币，摆脱了布雷顿森林体系下对一国货币——美元的过分依赖；多样化的汇率安排适应了多样化的、不同发展程度国家的需要，为各国维持经济发展提供了灵活性与独立性；灵活多样的调节机制，使国际收支的调节更为有效与及时。

需要指出的是，牙买加体系并非理想的国际货币制度，仍然存在一些缺陷，其中，较突出的有三点：第一，以国家主权货币作为国际储备货币，发行国可以享受“铸币税”等多种好处，但不承担稳定国际储备货币及其所致风险的责任。第二，以浮动汇率制为主体，汇率经常出现大起大落，变化不定，加大了外汇风险，在一定程度上抑制了国际贸易活动，同时又极易导致国际金融投机的猖獗，对发展中国家而言，这种负面影响更为突出。第三，目前的国际收支调节机制并不健全，各种调节渠道都有各自的局限性，全球性的国际收支失衡问题并没有得到根本的改善。因此，国际货币制度仍有待进一步改革和完善。

### 三、区域性货币制度

区域性货币制度是指由某个区域内的有关国家（地区）通过协调形成一个货币区，由联合组建的一家中央银行来发行与管理区域内的统一货币的制度。利用区域性货币制度可以使成员国在货币区内通过协调的货币、财政和汇率政策，实现经济增长、充分就业、物价稳定和国际收支平衡。

区域性货币制度的理论依据是20世纪60年代西方经济学家蒙代尔率先提出的“最适度货币区”理论。他认为要使浮动汇率更好地发挥作用，必须放弃各国的国家货币制度而实行区域性货币制度。“区域”是指有特定含义的最适度货币区，由一些彼此间商品、劳动力、资本等生产要素可以自由流动，经济发展水平和通货膨胀率比较接近，经济政策比较协调的国家（地区）组成的一个独立货币区，在货币区内通过协调货币、财政和汇率政策，实现充分就业、物价稳定和国际收支平衡。

在现实中，区域性货币制度一般与区域内多国经济的相对一致性和货币联盟体制相对应。20世纪60年代以后，一些地域相邻的欠发达国家首先建立了货币联盟，并在联盟内成立了由参加国共同组建的中央银行，如1962年建立的西非货币联盟制度、1973年建立的中非货币联盟制度和1965年建立的东加勒比货币联盟制度等。

欧洲货币制度则是区域性货币制度的一个典范。欧洲货币制度从起源到完全实施经历了一个较长的阶段。1950年，欧洲经济合作组织建立了欧洲支付同盟，启动了欧洲货币联合的进程。1957年欧共体建立之后，正式提出建立欧洲经济和货币联盟的设想并设计了时间表。

1991年，欧共体更名为欧盟，规定最迟在1999年1月1日之前建立经济货币联盟，统一货币进程加快。1994年成立了欧洲货币局，1995年12月正式决定欧洲统一货币的名称为欧元（EURO）。1998年7月1日欧洲中央银行成立，1999年1月1日欧元正式启动，法国、德国、卢森堡、比利时、荷兰、意大利、西班牙、葡萄牙、芬兰、奥地利、爱尔兰11个国家为首批欧元国，希腊于2001年加入欧元区。2002年1月1日起，欧元的钞票和硬币开始流通，欧元的钞票由欧洲中央银行统一设计，由各国中央银行负责印刷发行；而欧元硬币的设计和发行由各国完成。2002年7月1日，各国原有的国家主权货币停止流通，与此同时，欧元正式成为各成员国统一的法定货币。2007年，斯洛文尼亚加入欧元区；2008年，塞浦路斯和马耳他加入欧元区；2009年，斯洛伐克加入欧元区；2011年，爱沙尼亚加入欧元区。目前，欧元区共有17个成员国，此外，还有9个国家和地区采用欧元作为当地的单一货币。

欧洲货币制度的建立和欧元的实施，标志着现代货币制度又有了新的内容并进入了一个新的发展阶段，也为世界其他地区货币制度的发展提供了一个示范。但是，欧洲货币制度的实施也存在诸多问题，如欧元区国家货币政策与财政政策的协调问题、成员国经济发展不平衡与生产要素自由流动的问题等，直接影响了欧洲货币制度的稳定。2009年爆发的欧债危机就先后涉及希腊、葡萄牙、意大利、爱尔兰、西班牙等欧元区国家，德国和法国也受到影响。2012年10月8日，欧洲稳定机制正式启动，规模为5 000亿欧元的永久性救援基金首先向陷入债务危机的欧元区主权国家提供救助贷款，用于稳定欧洲货币制度。然而，欧洲货币制度与生俱来的缺陷使得其能否发挥预期功能充满了悬念。

**课堂小讨论**

我国人民币制度的内容有哪些？

## 本章小结

1.经济学意义上的货币是指一种普遍被接受的、可以用来购买商品并且可以用来清偿债务的物品。上述概念包含两层含义：①“普遍可接受性”，即当使用货币的时候，大家都愿意接受；②用于媒介商品交换并能支付债务。货币是商品，货币的本质是商品交换的媒介和手段；但货币又不是普通的商品，而是固定充当一般等价物的特殊商品。

2.在现代经济中，货币一般被认为具有四个职能：价值尺度、流通手段、价值储藏和支付手段。其中，价值尺度和流通手段是货币最基本的职能。

3.货币在形态上的发展为“实物货币→金属货币→纸币→支票货币→电子

货币”。

4.市场经济是交易的经济，货币的作用是降低交易成本，货币的数量与交易的数量相当就可以，货币供应量过多或过少都会对经济造成影响。货币当局在制定货币政策时需要准确计算流通中的货币供应量，从而不至于发生太大的偏差。世界上大多数国家的货币当局在计算货币供应量时，基本上按照流通性将货币划分为不同的层次，从而在不同层次上对货币数量进行统计与计算。由于各个国家金融市场发展与金融工具运用不同，各国货币层次的具体划分就存在差异。

5.我国于1994年10月份开始，正式向社会公布货币供应量的统计情况。目前，我国货币供应量分为三个层次：即M0、M1、M2。其中，M0是指流通中的现金；M1是指狭义的货币供应量；M2是指广义的货币供应量。随着我国金融市场的不断发展和金融体系的不断完善，愈来愈多的金融产品被开发应用，在统计广义货币供应量时一些新的问题随之而来。进一步划分我国货币供应的层次，不断完善我国货币供应量的统计与计算是一个需要认真探讨的课题。

6.货币制度，又称为“币制”，是指一个国家或地区以法律的形式确立的货币流通结构、体系及其组织形式。根据货币存在的形态，货币制度经历了金属货币到现代信用货币的转变过程。金属货币制度分为银本位制、金银复本位制与金本位制。在现代信用货币制度下，金属货币完全退出了流通领域，流通中的货币由纸币、硬辅币与银行存款构成。这一货币制度下货币供应的弹性大，不受贵金属产量的限制，为货币当局调节宏观经济提供了有利条件。

## 关键概念

货币　价值尺度　流通手段　价值贮藏　支付手段　实物货币　金属货币　称量货币　铸币　纸币　兑现纸币　支票货币　电子货币　货币计量　货币制度　主币　辅币　有限法偿　货币发行准备制度　国际货币制度　国际金本位制

## 综合训练

一、单项选择题

1.下列资产中流动性最好的是（　　）。

A.房产　B.债券　C.股票　D.定期存单

2.劣币驱逐良币产生在（　　）。

A.金本位制　B.银本位制　C.金银复本位制　D.现代信用货币制

3.最早实行金本位制的国家是（　　）。

A.美国　B.西班牙　C.英国　D.荷兰

4.货币币值上升，物价总水平（　　）。

A.不变　B.上升　C.下降　D.无法确定

5.（　　）认为通货膨胀归根结底是一种货币现象。

A.亚当·斯密　B.费雪　C.弗里德曼　D.凯恩斯

## 二、多项选择题

1．下列货币中，(　　) 充当着世界货币的职能。

A．美元　　B．日元　　C．人民币　　D．韩元

2．货币制度的发展经历了（　　）阶段。

A．银本位制　　B．金银复本位制

C．金本位制　　D．信用货币制

3．M2增长与（　　）因素有关。

A．经济增长　　B．物价水平　　C．经济规模　　D．进出口

4．下列资产中，(　　) 包含在M1中。

A．单位活期存款　　B．定期存款　　C．现金　　D．证券公司保证金

5．下列资产中，(　　) 包含在M2中。

A．单位活期存款　　B．定期存款　　C．现金　　D．证券公司保证金

## 三、思考题

1．什么是信用货币？其基本特征是什么？

2．什么是狭义货币与广义货币？

3．在信用货币制度条件下，为什么各国中央银行在统计和分析货币量时首先要划分货币层次？划分的依据是什么？

4．你是如何看待电子货币的？你对未来货币形式的演变有何看法？

5．M0、M1、M2发生变化意味着什么？

6．最近几年，我国货币投放量与经济总量相比一直处于较大的状态，反映在CPI上有较大的相关性。结合美国货币供应的情况，谈谈自己对这个问题的看法。

# 第二章

# 信用与信用体系

**引例**

近年来，信用卡纠纷案件数量上升速度很快。据北京市西城区法院发布的《个人消费贷款审判白皮书》的统计数据显示，该院2005年信用卡纠纷案的数量是78件，2009年是523件，年均增长率高达142%，而2011年更是达到5 558件。信用卡纠纷案件占商事案件的比例也由2005年的2.6%上升到2011年的62.3%，并且透支信用卡消费的总体标的额逐渐走高，有的标的额甚至超过百万元。北京市西城区法院民三庭庭长王珊介绍，2007年该院信用卡纠纷案件收案标的额在10万元以上的有4起，2010年增至145起，2011年虽有所回落，但是也达到了51起。

某银行起诉称：董某于2010年11月向该行申请办理信用卡一张。董某使用该卡后未履行全部还款义务，截至2011年11月1日，董某共透支人民币本息合计103万元。根据信用卡领用合约，持卡人应当在每月25日之前还清最低还款额，但董某多次违约。银行对其催收多次，但一直拖欠至今。故银行诉至法院，请求判令被告董某返还信用卡透支款及上述欠款自2011年11月2日起至实际还款日产生的利息、滞纳金和超限费，并承担本案的诉讼费用。经询，董某认可信用卡的欠款事实及金额。西城法院审理查明相关事实后，支持了该行的诉讼请求，依法判令董某偿还所欠信用卡透支款及相应利息、滞纳金和超限费。

北京市西城区法院民三庭法官陈睿指出，银行针对少量客户人群（如知名人士、企业家等）提供更为“优质”（主要体现在信用额度巨大，提供更多服务类型）的信用卡服务，并冠以白金卡、至尊卡等称谓。由于信用额度巨大，实质上已具备个人无担保贷款的性质，且无须经过银行的放贷审批。一旦持卡人经济状况恶化，就有可能无力偿还巨额透支款项。

以上讲述的就是典型的信用违约事件，那么信用的含义是什么？为什么说信用在经济学上的意义就是借贷行为？如何定义信用风险？信用体系又如何构建？本章将对这些内容进行相应的阐述。

# 第一节　信用概述

## 一、信用及其基本形态

### （一）信用的含义

信用一词，在现代社会中具有极高的使用频率。而各种与信用相关的词汇，诸如各类信用形式、信用管理体系、信用缺失、信用危机等，也在各类媒体中较为常见。信用对于现代经济的重要性是不言而喻的。不难想象，一家企业如果失去了信用，其经营会受到怎样的影响。某人若被贴上“不守信用”的标签，其未来的生活和发展也会有诸多不便。而对于像银行、证券、保险公司这类以信用为生命线的金融机构，丧失信用的后果就更加难以想象。在以上各种语境中，虽然讲的都是信用，但其内涵却是有所差异的。大体上可以将其区分为两个相对独立但又密切联系的信用范畴：道德范畴的信用和经济范畴的信用。

1.道德范畴的信用

道德范畴的信用主要是指诚信，即通过诚实履行自己的承诺而取得他人的信任。古人曰：“言必信，行必果。”这个“信”指的就是诚信。在日常生活中评论某个人是否守信，也是指这个人是否能说到做到，能否言出必践。在英文中，信用也具有相信、信任和信誉的内涵。

古往今来，人们将诚实守信视为最基本的道德规范和行为准则。在我国古代，孔子曾有“民无信而不立”之说，荀子则认为“诚信生神，夸诞生惑”。良好的信用环境不仅是个人之间正常交往的基础，而且是个人与机构、机构与机构乃至国与国之间相互交往的基础。

与诚信和守信相对立的是失信和欺诈行为。在日常生活中，个人和机构也都面临着这类行为的威胁和困扰。如果一个社会失信和欺诈行为盛行，我们就说这是一个信用缺失的社会，这时正常的人际交往和经济交易都会因为诚信问题而受到极大的干扰，生活在这样的环境中，无疑会有诸多的痛苦和无奈。

2.经济范畴的信用

经济范畴的信用是指以还本付息为条件的借贷活动，也就是说，信用这种经济行为是以收回本金并获得利息为条件的贷出，或以偿还本金并支付利息为前提的借入，它代表着一种债权债务关系。在借贷行为中，无须支付利息的情况也并不少见，比如亲友之间的借贷、友好国家间的无息贷款等，它们在一定程度上体现了亲友之间以及友好国家之间的互助关系，不妨将其理解为一种略显特殊的信用关系——信用关系外加“贷方向借方的利息赠与”。西方国家的商业银行一般也无须对企业活期存款支付利息，在这种信用关系中，商业银行其实是通过对存款企业减免服务收费的方式来冲抵其本应向企业支付的利息。

3.两种信用范畴之间的关系

经济范畴的信用是以还本付息为条件的价值单方面让渡，与“一手交钱，一手交货”的商品买卖具有本质区别。正是这种价值单方面让渡与未来还本付息承诺的组合，使得我们不得不关注借款人的诚信问题，这必然涉及道德范畴的信用。因为对于借款人而言，未来能否兑现还本付息的承诺，除去借款人不可控的风险因素，在很大程度上要取决于其是否具有信守承诺的意愿。

当然，如果将诚信理解为允诺者愿意承担并在未来兑现某种义务，且将其类比为借贷关系中借款者要承担将来还本付息的义务，似乎又在“承担并兑现义务”这一本源意义上找到了经济范畴信用与道德范畴信用之间的内在联系。因为在一定意义上，债本来就意味着一种义务，义务就是一笔尚未偿还的债。

（二）信用的基本形态

借贷活动自产生以来一直呈现两种基本形态：一种是实物借贷，另一种是货币借贷。但随着经济发展和社会分工的专业化，货币借贷逐渐成为居于主导地位的信用形式。

1.实物借贷与货币借贷

实物借贷是以实物为标的进行的借贷活动，即贷者将一定数量的实物贷给借者，借者在约定时间内以多于初始借入数量的实物归还，其中多出部分为实物借贷的利息。《管子》中记载当时借贷的形式分为“粟”和“钱”两种，其中的“粟”就是指实物借贷。在旧中国的农村，“春借一斗，秋还三斗”描述的就是当时粮食借贷的情形。即使是改革开放以后，实物借贷在广大农村地区也是常见的。在商品货币关系尚未普及、自然经济占主导地位的时期，生产力相对落后，社会分工不充分，产品种类非常有限，实物借贷双方在生产和生活方式上具有很大的雷同性，亲属和邻里之间通过实物借贷方式调剂生产和生活中的余缺，也就成为非常平常的事情。随着经济发展和社会分工的专业化，商品种类变得极为丰富，人们的需求范围也不断扩大，要想通过实物借贷方式满足自身需求并用自产物品加以偿还，已经变得不那么容易。在通过货币购买所需商品已成为常态的情况下，货币借贷也就逐渐成了调剂余缺的主要方式。此时，实物借贷尽管仍然存在，但无论就其存在范围还是规模而言，都在逐渐缩减并变得微不足道。

2.货币借贷成为信用的主导形态

货币借贷是以货币为标的进行的借贷活动，即贷者将一定数额的货币贷放给借者，借者到期用货币归还本金和利息。货币借贷之所以会逐步成为信用的主导形态，不仅在于货币借贷和实物借贷相比，解决了以上提到的专业化分工使得需求和自产物品的错位问题，能够更加灵活地适应借贷双方的要求，给予借贷双方更多的选择，还在于货币借贷更加简便，不存在实物借贷中鉴定相关实物品质时可能出现的纠纷。当然，在某些特殊的情况下，尤其是在严重的通货膨胀时期，当货币剧烈贬值导致其币值不稳时，会迫使一部分借贷转而采取实物借贷的方式。

## 二、信用的产生与发展

### （一）私有制与信用

#### 1.私有制是信用产生的基础

从逻辑上讲，私有财产的出现是借贷关系赖以存在的前提条件。在公有制度下，要么是根据需要取用属于公有的财产，要么是按照某种既定的计划对公有财产进行分配。无论采取哪一种公有财产的使用模式，其本质都是无偿的：付出不必要求偿还，取用也无须考虑归还，更不会涉及与利息相关的超额偿还问题。只有在财产与其所有者利益息息相关的私有财产制度下，借贷作为一种经济行为才具有存在的必要性，因为它解决了以不损害所有者利益为前提在不同所有者之间进行财富调剂的问题。

#### 2.产权制度与信用的发展

产权制度的逐步建立与完善，为信用的良性发展奠定了坚实基础。产权作为信用体系和信用秩序的基础，在于追求产权必须以诚实履行信用并遵守市场秩序为前提，履行信用的能力也在很大程度上受制于是否拥有产权。对产权的清晰界定、顺畅流转和严格保护，也是增强生产经营动力、稳定投资预期、规范投资和经营行为的基础条件。而在我国现实生活中普遍存在的制假售假、逃废债务和违约等失信行为，也恰恰与没有形成良好的产权制度密切相关。因此，只有逐步完善现代产权制度，才能推动我国信用的良性发展。

### （二）信用、货币与金融范畴的形成

信用和货币是两个不同的经济范畴。信用是一种借贷行为，它在不同所有者之间财富余缺的调剂中扮演着非常重要的角色。货币是一般等价物，是不同所有者之间进行商品交换的媒介。尽管如此，在信用与货币之间一直存在密切的联系。而随着金属货币退出流通和不兑现信用货币制度的建立，这种联系变得愈发密切。

#### 1.古代相对独立的货币与信用范畴

如前所述，信用与货币的产生都与私有制以及不同所有者之间财富的调剂和转移密切相关。在货币范畴和信用范畴的发展之间，一直存在相互促进和推动的关系。一方面，货币借贷拓展了信用的范围，扩大了信用的规模；另一方面，信用拓展了货币的形态及其流通的领域。

尽管货币范畴与信用范畴有着如此密切的联系，但在现代市场经济出现之前，这两个范畴的发展却一直保持着相对独立的状态。当货币以实物和金属货币形态存在时，它是以其内在价值与各种有价物交换，货币本身与信用没有任何必然的联

系，实物和金属货币体制也无须依赖于信用范畴而存在。与之相对应，在前资本主义社会，信用一直以实物借贷和货币借贷两种形式并存，信用关系的建立和发展也没有完全借助或依赖于货币。即使是那些随着货币借贷发展而出现的信用流通工具，在当时也不是流通中货币的主要形态。

2.现代银行的出现与金融范畴的形成

随着现代银行的出现，有了银行券和存款货币。随着金属货币逐步退出流通，银行券和存款货币逐渐变得不可兑现，并在19世纪末20世纪初完全占领流通领域而成为货币的主要形态。此时，任何货币的运动都是以信用为基础的，任何货币，无论是银行券还是存款货币，其本身就是信用的产物，都意味着相应的债权债务关系，几乎难以设想任何独立于信用的货币制度。与此同时，实物信用在整个信用规模中的比重已经变得微不足道，信用活动几乎指的都是货币的运动，信用的扩张与紧缩意味着对货币供给与流通的调整，微观主体的信用活动意味着货币在不同主体之间的流动。此时的货币运动与信用活动融为一体，二者相互渗透、不可分割，不存在独立于信用的货币和货币制度，也不存在不依赖于货币的信用体系。

当货币流通与信用活动变成了上述同一个过程时，我们就说在经济生活中又增添了一个由货币范畴与信用范畴相互渗透、相互融合而形成的新范畴——金融。“金融”一词，其本意就是“资金的融通”，即“以货币为载体的借贷活动”，而这正好与以上新范畴的外延相吻合。只是在金融范畴出现以后，货币和信用作为两个重要的范畴，仍然会存在于经济和社会生活之中。

## 三、最古老的信用——高利贷

信用的历史，可以追溯至私有制出现的远古时代。高利贷作为最古老的信用形式，无论在东方还是西方，或是在前资本主义社会以自然经济和小生产为主导的旧生产方式中，都一直是居于主导地位的信用形式。

（一）高利贷的特点

高利贷是以极高的利率为基本特征的借贷活动。例如，旧时盛行于广东一带的“大耳窿”，放贷有“九出十三归”之说，即借款100元，借款者实得90元，而在1个月后需要还本及息130元。再如，旧中国华北一带流行的“驴打滚”，多在高利贷者与农民之间进行，借贷期一般为1个月，月息4～5分，到期不还则利息翻番，并将利息计入下月本金，这使得本金逐月增加、利息成倍增长，就像驴打滚一样。此外，“印子钱”、“羊羔息”、“坐地抽一”等都是旧中国常见的高利贷形式。

高利贷始于原始社会末期，在奴隶社会和封建社会则成了最基本的信用形式。历史上高利贷名目繁多，最初主要采取实物借贷的形式，如在中国历史上曾经出现的谷利、油利、牛利、猪利、布利、盐利、青苗利等，就是以实物方式开展的高利贷活动。但随着分工的深入以及商品货币关系的发展，高利贷也逐渐转向货币借贷的形式。

高利贷除了具有利率极高的特征之外，利率不稳定且差异极大则是其另外一个重要的特征。高利贷者确定的利率水平，往往会因借款人的偿还能力、与其关系的亲疏远近而有很大的差异。此外，地区差异和时间季节因素也是影响贷款利息的重要因素。由于借款人通常居于弱势地位，高利贷者在确定利息时不仅具有绝对的话语权，往往还具有很大的随意性。

（二）高利贷之“高利”的原因

高利贷之所以具有极高的利率，是由以下几个方面的因素决定的：

1.借贷资金的供求状况

供求关系决定价格的基本经济学规律，也同样适用于高利贷这一古老的信用形式。高利贷盛行时期的一个典型特征，就是自然经济占主导地位，生产力水平低下，商品货币关系不甚发达。在这样的经济环境中，绝大多数普通民众都不会有多少积蓄以备不时之需，其抗风险能力非常差，在遭遇自然灾害或意外变故时，他们不得不通过借款来解决再生产乃至生存的问题。这也使得借贷需求非常普遍且具有极大的刚性，而能够用于借贷的实物和货币数量则非常短缺，借贷资财严重供不应求，必然导致极高的利率。

2.贷者的垄断地位

经济学在对市场结构的分析中，有这样一个结论：“卖方垄断通常会导致高的价格，而买方垄断则会导致低的价格。”在高利贷盛行时期，借贷供求具有如下显著特征：就需求而言，不仅借贷需求非常旺盛，而且借款者高度分散；而借贷资财的供给不仅数量有限，经营借贷业务的主体还高度集中，他们要么是少数巨富，要么就是与宗教相关的机构，如寺院、庙宇、教堂、修道院等。受制于交通不便和信息传递的闭塞，再加上贷方对风险的顾虑，借贷双方的空间距离通常不可能太远，借贷行为具有很强的地域性，而这也进一步增强了贷方所处的垄断地位。因此，在这样一个典型的卖方垄断市场中，贷方具有绝对的话语权和定价权，而借方则处于毫无议价能力的弱势地位，极高的借贷利率也就成了非常自然的事情。

3.风险与成本的补偿

在当时，高利贷市场的借方大体可以分为两类：一类是农民和小手工业者，另一类是奴隶主和封建主。对于前者，选择高利贷主要是由于伤病和婚丧嫁娶，不借钱就无法办事，或者遇到天灾兵乱，不借钱就无法维持简单再生产及家庭成员的生存。此时，明知债息极高、负担沉重也不得不借。而对于后者，借钱要么是为了维持其统治的需要，如汉初长安的列侯封君向无盐氏借款3个月、本利合计高达10倍的高利借贷，就关系到其生死存亡，再高的利息也得借；要么是为了挥霍享受，借钱时根本没有考虑成本以及将来偿还的问题。

无论是上述哪一种情况，贷方都要面临极高的本金无法偿还的风险，只有高利率才能补偿这种风险损失并有所盈利。同样由于这种高利率和高风险，高利贷者在收回债务本息时需要具有极强的威慑能力，他们通常需要出钱豢养众多彪悍的逼债人员，而这会大大增加高利贷者的经营成本，而这一成本也会通过增加利息的方式转嫁给借款者。因此，高风险和高运营成本也是高利贷“高利”的重要原因之一。

（三）历史上反对高利贷的斗争

1.中外关于“高利贷”的不同观点

自高利贷产生以来，就存在诸多关于“高利贷”的不同观点。

在中国古代，对高利贷主要存在两种态度。一类是将高利贷视为一种正常的经营行为，因而无可厚非。其代表者如司马迁，他认为应将放债与冶铁、煮盐、种田、畜牧、酿造、经商等同等看待。包括以上提到的向列侯封君放贷的无盐氏，都不是靠做官或犯法致富，而是善于审时度势，甘冒高风险以获取高额利润。另一类则是揭批高利贷的压榨行为，但也并不主张将其取缔。如西汉景帝时期的御史大夫晁错的言论就极具代表性。他说农民勤苦而负担很重，遇灾害和重税则只能低价卖粮，无粮则不得不借“取一偿二”的高利贷，最后有些人落到了卖田地、房子，甚至累及子孙来偿还债务的地步。

在古代的西方国家，由于受宗教教义的影响，不仅对高利率，甚至对利息本身都有彻底否定的倾向。其主流观点是在道德上视利息为罪恶，在政策上加以取缔。如圣经《旧约·利未记》中就有“借给人钱，不可取利；借人以粮，不可多要”的表述。在伊斯兰教和婆罗门教的教义中，也有不得向同胞兄弟收取利息的禁律。尽管如此，这些禁律也未能改变这些国家高利贷长期存在甚至盛行于古代的事实。

极具讽刺意味的是，尽管古代教会通常将反高利贷作为一项重要的宗教主张，其自身却是高利贷的主要贷放者之一。虔诚的教徒会将大量的贵金属器皿捐献给寺院，而寺院则将这些器皿熔化后向造币厂兑换铸币用于贷放。中国的寺庙庵观也会用施主布施的银钱放债取息。

2.资产阶级的反高利贷斗争

在奴隶社会和封建社会时期，自然经济占统治地位的旧生产方式，决定了借贷资金严重供不应求的局面无法改变，高利贷活动一直具有存在和发展的坚实基础。高利贷的残酷剥削，尽管也招致了民众的强烈反抗，但却无法改变其在信用活动领域的统治地位。只有在资本主义生产方式确立之后，高利贷才逐步失去了在信用活动中的统治地位。

在封建社会向资本主义社会过渡期间，高利贷的作用具有两面性。一方面，高利贷者通过高利借贷活动积累了大量的货币财富，有可能将其投资于产业领域，成为资本原始积累的重要来源之一。同时，高利贷也导致广大农民和手工业者破产，使其成为资本主义发展的产业后备军。因此，高利贷对资本主义发展的促进作用，在于它能够为资本主义生产方式提供原始资本积累和雇佣工人队伍。另一方面，资本主义生产方式的发展，又会侵蚀高利贷赖以存在的经济基础，即自然经济和小生产占优势的旧生产方式。而这种生产方式，恰恰是高利贷者要极力加以维护的，这也必然决定了高利贷具有阻碍高利贷资本向生产资本转化的保守性。此外，高额利息也制约了资本主义的发展，资本家通过高息借贷方式发展实业基本上是无利可图的。

随着资本主义的发展，最早是在17世纪的荷兰，随后是在18世纪的整个欧洲，新兴资产阶级展开了反对高利贷的斗争。在这场斗争中，资产阶级并不反对一般的借贷关系，他们所反对的是超出产业资本承受能力的高利率。他们需要将利率降到产业资本家所能承受的范围之内，让生息资本能够为资本主义生产方式服务。在资产阶级夺取政权以后，他们开始通过包括教会力量、国家权力以及法律在内的多种方式惩罚和限制高利贷。但总体而言，在资本主义生产方式确立之前，这些做法没能动摇高利贷的垄断地位，只是使高利贷活动从地上转入地下。各种限制和惩罚还增加了高利贷的运营成本，在某种程度上反而加剧了借贷资金的供求矛盾。

真正动摇高利贷垄断地位的，则是资本主义生产方式的确立以及现代银行和信用货币体系的建立。资本主义生产方式确立后，商品货币关系得到了极大的发展。专业化分工和社会化大生产，极大地推动了生产力的发展，财富创造和积累的速度空前提高，人民变得富裕，借贷资本的供给也变得相对充裕。而现代银行体系和信用货币制度的建立，其意义不仅在于其具有聚集闲余资金的强大能力，而且在于其创造的信用流通工具本身就具有货币特性并被逐步纳入货币统计口径。这也使得整个货币体系逐步突破了金属货币制度下货币供给数量的限制，借贷资本的供给能力空前提高，供给主体也随银行业的扩张而快速增加。此时，高利贷赖以存在的基础条件——借贷资本不足以及贷者的垄断地位都变得不复存在，高利贷的垄断地位也就随之被彻底摧毁。

需要说明的是，高利贷垄断地位的丧失并不意味着这种信用形式将不复存在。相反，不仅在落后的国度或一国的落后地区，高利贷活动仍十分猖獗，即使是在发达国家或发达地区，在特定时期和特定领域，高利贷活动仍会由于资金供给趋紧而死灰复燃。甚至在当今世界上金融业极其发达的金融之都纽约和东京，高利贷暴力逼债甚至逼死债务人的事件也时有发生。

3.中国的高利贷问题

中国封建社会的基本经济制度是地主制经济，与之相适应的是以佃农、自耕农为主体的小生产方式，该生产方式具有自给性和商品性的双重特征。随着商品货币经济的发展，生产资金问题变得日益突出，而在当时资金供给极其短缺的情况下，高利贷资本在解决其资金困难方面通常扮演着非常重要的角色。小生产方式的特殊性，也决定了其借贷需求到底属于生产性需求还是生活性需求通常是不明确的。当小生产者的生活或生产出现困难时，他们通常会被迫求助于高利贷者以解燃眉之急。当时，高利贷活动广泛存在于城乡社会经济生活中，地主和商人由于聚集了可观的财富，通常是发放高利贷的主体，而小农和小生产者则是借贷资金的主要需求者。

在20世纪中国第二次国内革命战争以及此后的抗日战争时期，中国共产党曾在农村发起了“分田废债”和限制高利贷的运动。新中国成立前后的土地改革时期，政府在明确提出废除劳动农民所欠地主、富农和高利贷者债务的同时，对劳动农民之间的债权债务关系没有简单加以限制，而是采取了“借贷自由、利息由双方协商、政府不加干涉”等保护和鼓励措施。

## 四、现代信用活动的基础与特征

### （一）赤字、盈余与债权债务关系

信用是一种借贷活动，是债权债务关系的体现，而债权债务关系的发生是由收支状况决定的：如果收入小于支出，即出现赤字，就需要借入资金，从而形成债务；如果收入大于支出，即出现盈余，利用盈余放贷会形成债权，以货币形式持有盈余，同样意味着对银行体系的债权——持有现金意味着对中央银行的债权，持有存款则意味着对商业银行的债权。当然，如果收入和支出正好相等，即收支平衡，就没有必要进行借贷，也就不必形成债权债务关系，但这种状况往往只是极其偶然的事情。

在现代经济生活中，各经济主体往往既有借入又有贷出，即扮演着债务人和债权人的双重角色，而不管其收支总体上表现为盈余、赤字还是平衡。从这一意义上讲，债权债务关系的形成，尽管与经济主体的赤字和盈余密切相关，但并不必然依赖于赤字和盈余。也就是说，盈余单位可能拥有债务，而赤字单位也可能拥有债权。真正与赤字、盈余密切相关的，是经济主体债权债务的净差额。因此，以上关于“赤字形成债务、盈余形成债权”的表述，其更准确的说法应该是：“赤字形成净债务、盈余形成净债权”。

### （二）五部门经济中的信用关系

按照经济主体的基本特征，可以将宏观经济划分为以下五大部门：居民、企业、政府、金融机构和国外部门。

#### 1.信用关系中的居民

居民主要是指有货币收入的自然人。就单个居民而言，既可能因收大于支形成结余，也可能因收不抵支而需要借入资金。但一般来说，居民支出主要依靠其收入，由于在生命周期中个人能够取得收入的时间要短于其生存的时间，为了能够在没有收入时保持一定的生活水准，居民不可能将当期收入全部花光，他们通常会有所结余。因此，如果将所有居民作为一个整体来看，其总体上会是一个盈余部门，并因此对其他部门拥有净的债权。

#### 2.信用关系中的企业

企业在信用关系中是至关重要的一环。企业既是资金的主要供给者，又是资金的主要需求者。现代经济中企业是最基本的生产单位，为了实现其未来的发展目标，它们通常都具有明显的扩张性。企业扩张需要以增加资金投入为基础，如果完全依靠企业自身的积累，不仅速度十分缓慢，而且筹资规模会受到严重制约，许多大额投资也就无法适时完成，通过信用方式借入资金也就成了解决问题的最有效途径。就单个企业而言，既可能因盈余而拥有净债权，也可能因赤字而需要借入资金。但是企业作为一个整体，却是国民经济五个部门中最大的赤字部门，并因此对外承担净的债务。

3.信用关系中的政府

政府在信用关系中的地位是由政府的财政收支状况决定的。财政收入主要来自于税收，税收通常比较稳定，大部分税收都有一个固定的税率和缴纳时间，相比较而言，财政支出则由于经济社会等环境的变化而显得不太稳定。如果是收大于支，会形成财政结余；如果是收不抵支，则会形成财政赤字。综观世界各国的财政运行状况会发现：尽管财政收大于支的情况并不少见，但财政收不抵支而出现财政赤字则是一种常态。政府弥补财政赤字最常用的手段就是举债，即政府作为债务人，以发行国债的方式向其他部门借款，从而与本国居民、企业、金融机构以及国外部门建立信用关系，成为这些部门的债务人。

4.充当信用中介的金融机构

金融机构的主要功能就是充当信用中介或信用媒介。作为信用媒介，金融机构一方面从社会各个部门吸收和聚集资金，另一方面通过贷款、投资等活动将所筹集的资金运用出去。吸收资金形成金融机构的负债，运用资金形成金融机构的债权，因此，金融机构的日常经营活动本身就是信用活动。即便在那些赤字方发行各种证券融入资金，盈余方通过购买有价证券直接进行投资的活动中，金融机构也会为投融资活动提供专业化的服务。

5.信用关系中的国外部门

如果将除本国之外的所有经济体视为一个整体，则形成了与国内部门相对应的国外部门。国内部门与国外部门之间的商品和服务交易、资金流动以及由此形成的债权债务关系，其流量体现为一国的国际收支状况，可以用国际收支平衡表来显示，其存量变化体现为该国国际投资头寸的变化，通常用国际投资头寸报表加以反映。国际收支是指某一国家或地区在一定时期内与其他国家或地区之间进行的全部经济交易的系统记录。国际收支盈余则表现为顺差，顺差意味着向国外部门提供了相应规模的信用并增加对外债权（或减少对外债务），逆差则意味着从国外部门借入相应规模的资金并增加对外债务（或减少对外债权）。国际投资头寸表反映了因上述流量引起的对外资产和负债存量以及对外资产负债净值的变化。如果国际头寸表为对外净资产，则意味着对外拥有净的债权，反之则意味着需对外承担净的债务。

（三）直接融资与间接融资

在资金供求者之间的信用活动中，存在着两种基本的融资形式：直接融资和间接融资。

直接融资是盈余方直接把资金贷给赤字方使用，即赤字方通过发行所有权凭证或债权债务凭证融入资金，而盈余部门则通过购买这些凭证向赤字方提供资金。与银行作为中介的间接融资相对应，证券市场的投融资活动通常被视为直接融资的典型代表。在证券市场的投融资活动中，尽管也会有金融中介参与其中，但其职责却是为盈余方和赤字方牵线搭桥，通过为证券发行和流通提供相关服务来赚取佣金和其他服务收入。尽管在证券市场的投融资活动中，金融中介也会作为债权人参与证券投资活动，或者作为债务人为筹集资金而发行证券，但这并不能改变证券投融资的直接融资特性，因为此时的金融中介并不是以中介身份，而是以盈余方或赤字方的身份来参与证券市场的投融资活动。

间接融资是盈余方和赤字方以金融机构为中介而进行的融资活动。在间接融资活动中，金融机构首先需要与盈余方建立债权债务关系，从盈余方那里融入资金，然后再与赤字方建立债权债务关系，向赤字方提供资金。在各种信用形式中，银行信用通常被视为间接融资的典型代表。银行作为资金最终提供者（盈余方）与资金最终使用者（赤字方）之间的媒介，一方面以债务人身份与盈余方（主要是存款人）建立信用关系，另一方面以债权人身份与赤字方（主要是贷款人）建立信用关系。在间接融资活动中，金融机构需要同时扮演着债权人和债务人的双重角色：通过债务人身份获得资金来源以实现资金集中，通过债权人身份运用资金以实现资金分配。

简言之，我们可以将融资过程分为有中介参与和无中介参与两大类。如果在融资过程中没有中介参与，而是在盈余方与赤字方之间直接达成协议并建立信用关系，则毫无疑问属于直接融资的范畴。如果在融资过程中有中介参与，则要看中介在融资过程中所扮演的角色：如果中介仅仅是牵线搭桥并提供相关的服务，并没有在其中扮演债务人和债权人的双重角色，则依然属于直接融资。只有当中介像银行那样在融资过程中同时扮演着债务人和债权人的双重角色时，才将其列入间接融资的范畴。

此外，研究者还将融资过程中“是否必须发生金融工具的替换”作为区分直接融资和间接融资的重要依据。在资金由盈余方向赤字方流动的融资过程中，如果只需要一种金融工具就可以完成融资活动，即便有金融中介参与其中，只要金融中介的参与并没有改变该金融工具的特性，我们就可以称其为直接融资。比如在股票和债券发行的直接融资活动中，尽管有金融中介参与其中并提供了大量的服务，但在融资活动中并没有出现金融工具的替换，金融工具的特性也没有因为金融中介的参与而发生任何改变。相反，如果在资金由盈余方流向赤字方的过程中，至少需要借助两种或两种以上的金融工具（即必须发生金融工具的替换）才能实现，我们就称之为间接融资。在以银行为金融中介的存贷款业务中，银行一方面通过存款协议（表现为存单或存折）与存款人建立债权债务关系，另一方面通过贷款协议与贷款人建立信用关系。银行的每一笔存贷款业务，都必须借助两种或两种以上特性完全不同的金融工具——存款协议和贷款协议，才能够实现资金由资金最终提供者（盈余方）向资金最终使用者（赤字方）的流动。

直接融资和间接融资各具优点，也各有局限。

直接融资的优点在于：①资金供求双方之间构成直接的债权债务关系，将债务人的资金使用状况与债权人的利益紧密联系起来；②由于剔除了间接融资活动中金融中介的价差收益，在盈余方获得更高回报的同时，赤字方可能以更低的成本融入资金；③资金供求双方可根据各自不同的融资要求或条件，尤其是可以在筹资规模和风险承担方面进行灵活组合，以满足不同投资者的风险偏好与收益要求，有利于对高风险、创新性投资项目提供资金支持，实现资金和资源的优化配置。但直接融资也具有其局限性，主要表现为：①直接融资的便利程度及其融资工具的流动性会受到金融市场发达程度的制约；②在直接融资活动中赤字方凭借自己的信用度筹集资金，当筹资者的信用等级不高时，资金供给者通常需要承担较大的风险；③在以债券和股票公开发行方式筹集资金的直接融资活动中，公开信息披露通常会与筹资方保守商业秘密的要求相冲突。

与直接融资相比，间接融资的优点表现为：①由于间接融资的风险主要由金融机构承担，且金融机构可通过多样化的投资组合来分散风险，因而社会公众具有更高的资金安全性；②在间接融资活动中，以银行为代表的金融机构提供的资金可以在数量和期限方面具有很大的灵活性，筹资者的资金需求可以更加方便及时地得到满足；③融资活动不需要赤字方进行公开信息披露，有利于保护筹资方的商业秘密。间接融资同样也具有一定的局限性，主要表现为：①割断了资金供求双方的直接联系，减少了投资者对资金使用状况的关注和压力，资金运用和资源配置的效率更多依赖于金融中介的素质；②金融中介要从经营服务中获取包括服务收费和利差在内的收益，这会增加筹资者的成本并降低投资者的收益；③对间接融资中介的监管通常会比较严格保守，其资金运用很难满足新兴产业和高风险项目的融资要求，不利于对创新性企业的发展提供资金支持。

在金融发展史上，直接融资活动是先于间接融资活动存在的。在信用发展之初，由于信息不对称和信息获取成本过高，直接融资通常只会在空间距离较近、资金供求双方了解程度较高的情况下出现，且规模相对有限。以银行为代表的间接融资中介的出现，在很大程度上缓解了融资活动中的信息不对称问题。银行在为企业和个人提供资金结算服务的过程中，可以低成本获取资金需求方的真实信息，从而更加有利于融资活动中的风险控制，这也使得银行通过存贷款业务实现的储蓄投资转化规模快速增长，成为推动经济发展最重要的力量。但随着市场环境趋于完善、法律法规对投资者保护力度加大、外部审计和监管制约的强化，尤其是信息技术的快速发展，极大地降低了信息不对称和信息获取成本，这也使得直接融资在整个融资规模中的比重不断上升，并成为与间接融资并行发展、相互促进，为经济发展提供金融支持的另一支重要力量。在现代经济发展的过程中，直接融资和间接融资各有特色，在充分发挥各自优点的同时，也在相互弥补对方的缺陷，并有通过产品和组织机构创新而相互交叉发展甚至逐步融合的趋势。

（四）现代经济是信用经济

在现代社会，各经济主体之间都存在着错综复杂的信用关系。债务关系无所不在、相互交织，形成了一个覆盖整个经济生活的庞大网络。只要生活于其中，就不可能与信用撇清关系。在各主体都要使用货币，并需要以货币或各类金融资产持有其盈余的货币经济中，赤字必然意味着资金流入并形成债务，盈余也同时意味着资金流出并拥有相应的债权。即使是收支平衡的主体，也并不意味着他们没有任何债权或者债务，只不过是其债权、债务正好相等而已。只要经济主体使用货币，就必然会与信用扯上关系，因为货币本身就意味着持有者的债权与发行者的负债。因此，除非一个人隐居山林，或者过着鲁滨逊式的生活，否则他就不能不被覆盖在信用关系的大网之下。

此外，各类经济活动的开展，都需要有信用作为支撑，个人与企业的商业活动、金融市场的各类投融资活动、金融机构的正常运营等，都需要以良好的信用为基础。经济的扩张与收缩以及针对经济波动的宏观调控政策，本身就与信用的扩张与收缩密切相关，而就信用本身而言，也已经成为经济活动的重要组成部分。

正因为如此，才有了“现代经济是信用经济”的说法。不理解信用的内涵，也就无法真正理解现代经济运行的内在规律。

（五）信用风险

信用风险是指借款人因各种原因未能及时、足额偿还债务而出现违约的可能性。在现代经济中，由于信用关系无处不在，债务人违约的信用风险也就变得非常普遍。当出现违约事件时，债权人会因为未能得到预期收益而出现财务上的损失。在债权人同时拥有债务的情况下，其债权无法回收，自然会影响其债务的偿还，并因此导致违约事件的连锁发生。在2007年开始由次贷危机引发的席卷全球的金融海啸中，人们已经深刻体会到信用风险沿债务链传导所带来的严重后果，并使得人们不得不对信用风险给予足够的重视。

具体而言，违约事件出现无非包括债务人刻意违约和债务人不得不违约两种情况。

债务人刻意违约，一定是其违约收益远远高于其失信成本，这需要通过制度设计来加大违约的惩罚力度、增加违约的成本，从而减少刻意违约事件的发生。

债务人不得不违约，通常会涉及两个方面的原因：一是经济运行的周期性。在经济扩张期，信用风险会明显降低，因为较强的盈利能力会使总体违约率下降；而在经济紧缩期，信用风险则会明显增加，因为盈利情况的总体恶化，也会导致借款人不能及时足额还款的可能性增加。二是发生了对公司经营有负面影响的特殊事件。这种特殊事件通常与经济运行周期无关，但会对公司经营产生负面影响。如由三鹿奶粉引发的“三聚氰胺事件”，使得中国所有涉及这一问题的牛奶企业都受到了沉重打击，并直接导致了三鹿集团的倒闭破产，而这也大大增加了相关企业违约的可能性。

**课堂小讨论**

谈谈你过去对信用这个经济范畴是怎样理解的？应该怎样界定信用比较好？

## 第二节　信用形式

### 一、商业信用

（一）商业信用及其特征

商业信用是指在工商企业之间买卖商品时，卖方以商品形式向买方提供的信用。赊销是商业信用中最典型的形式。作为在工商企业间经常采用的一种延期付款的销售方式，它在促进商品销售和生产方面都扮演了极其重要的角色。

在典型的商业信用中，实际上包含着两种同时发生的经济行为：商品买卖与货币借贷。它等同于商品买卖完成的同时，买方因无法实时支付货款而对卖方承担了相应的债务。在买卖完成的同时，商品的所有权由卖方转移给了买方，就如同现款交易一样。而在此之后，就如同买方向卖方借款一样，买卖双方只存在相应货币金额的债权债务关系，而且这种关系并不会因为买方通过赊销方式购入的商品能否顺利销售而有任何变化。

商业信用的良性发展，对商品流通和经济发展起着重要的促进作用。在企业之间建立稳定顺畅的联系，是商品生产正常进行的必然要求，也是经济发展的内在要求。但在现实经济运行的过程中，这种联系往往会由于种种原因而受到影响。比如说，产品具有良好销售前景的企业可能因为缺少现款而不能购买原材料，具有强大销售能力的商业企业也可能由于缺少现款而无法购进适销的商品。没有商业信用，上下游企业之间的这种联系就会中断，原材料企业无法出售原材料，商品生产企业无法开工，销售企业无法购进适销商品，消费者的福利也因此受到损失。而商业信用的介入，则能够使以上中断的商业链条重新连接起来，促进生产和流通的顺畅进行。

尽管如此，商业信用也存在一定的局限性。首先，商业信用在规模上存在局限性。商业信用以商品买卖为基础，其规模会受到商品买卖数量的限制，而且生产企业也不可能超出所售商品量向对方提供商业信用，这也决定了商业信用在规模上的界限。其次，商业信用存在方向上的局限性。商业信用通常是由卖方提供给买方，由生产原材料的上游企业提供给需要原材料的下游企业，一般很难逆向提供；而在那些相互之间没有买卖关系的生产企业之间，则更不容易发生商业信用。最后，商业信用在期限上也存在局限性，其期限一般较短，会受到企业生产周转时间的限制，通常只能用来解决短期资金融通的需要。商业信用的以上局限性，也同时决定了其流通范围的局限性，而且每张商业票据在支付金额、支付期限以及债务人的信用等级上存在的巨大差异，也使得其作为支付凭证时会受到一定的限制。

（二）商业票据

商业票据是在商业信用中被广泛使用的表明买卖双方债权债务关系的凭证，是商业信用中卖方为保证自己对买方拥有债务索取权而保有的书面凭证。

商业票据可以经债权人背书后转让流通，从而使其具有流通手段和支付手段的职能。从这一意义上讲，在商业票据的背书转让过程中，事实上其发挥着货币的职能。也正因为如此，人们通常也将商业票据称为商业货币，并将其纳入到广义信用货币的范畴之内。在商业票据转让流通的过程中，背书是必须要履行的手续。所谓背书，即商业票据的债权人在转让票据时在其背面签字以承担连带责任的行为。从这一意义上讲，一张商业票据的背书人信用等级越高，参与背书的人数越多，该商业票据接收方所面临的信用风险也就越低。因为所有背书人都要对该商业票据承担连带责任，而任何一位背书人因受到追索而偿还了债务，他也同时拥有了向其前面的任一背书人进行追索的权利。

（三）商业信用在我国的发展

解放初期，商业信用在我国企业融资活动中占有相当大的比重。据统计，1953—1954年，我国商业信用的规模占企业流动资金的10%～20%。但在“一五”期间，随着国家大规模经济建设的推进，提出了资金集中管理和计划分配的要求，国家决定取消商业信用，集中信用于国家银行。规定国营商业企业的商品销售货款和资金往来，一律通过中国人民银行办理结算，并取消了国营工业企业之间以及国营企业与其他国营企业之间的商业信用，其货款往来也必须通过银行办理结算。由于当时中国几乎是清一色的国有经济，上述规定等于封杀了商业信用的发展空间，我国商业信用的发展也因此出现了停滞和断层。

改革开放后，我国商业信用逐步得到恢复，银行也开始对商业信用的发展给予支持。1982年，上海市首先恢复票据贴现业务，此后人民银行于1984年发布了《商业票据承兑贴现暂行办法》，决定于1985年4月在全国推广允许银行之间办理转贴现，人民银行办理再贴现。1995年《中华人民共和国票据法》（简称《票据法》）的颁布，为商业信用发展提供了法律依据。商业信用的发展，对加速我国企业资金周转、减少资金占用发挥了积极作用。但相对而言，由于历史原因导致的商业信用断层，再加上我国社会信用环境欠佳等原因，目前，我国商业信用依然存在规模偏小、范围狭窄、规范性弱、失信欺诈严重、管理效率低下等问题。

在我国的很多场合，不规范的商业信用通常会使之沦为“代销”，将销售和降价风险转嫁给了卖方。通常，以“挂账”形式存在的商业信用，使得债权债务凭证的流动性丧失，更谈不上背书转让的问题。以上这些问题，都大大降低了卖方提供商业信用的积极性，使得商业信用的发展相对迟缓。但随着我国社会信用环境的改善和市场化程度的提高，相信商业信用在我国将会有广阔的发展空间。

## 二、银行信用

（一）银行信用及其特征

银行信用是银行或其他金融机构以货币形态提供的信用。银行信用是伴随着现代资本主义银行的产生，在商业信用的基础上发展起来的。与作为直接融资范畴的商业信用不同，银行信用属于间接融资的范畴，银行在其中扮演着信用中介的角色。

与其他信用形式相比，银行信用具有三个突出特点：第一，银行信用的资金来源于社会各部门暂时闲置的资金，银行通过吸收存款的方式将其积聚为巨额的可贷资金，银行的资金贷放因而可以达到非常大的规模。第二，银行信用是以货币形态提供的，因此，它可以独立于商品买卖活动，具有广泛的授信对象。第三，作为银行信用的存贷款在数量和期限上都具有相对的灵活性，可以满足存贷款人在数量和期限上的多样化需求。

（二）银行信用与商业信用

商业信用的出现虽然先于银行信用，但其局限性使其难以满足资本主义社会化大生产的需要。银行信用及其内在特性，使其克服了商业信用的局限性。首先，在资金提供规模方面，银行通过吸收存款汇集成的巨额货币资金，不仅能够满足小额资金的需求，而且能够满足大额信贷资金的需要。其次，在信贷资金提供的方向性问题上，所有拥有闲余资金的主体都能够将其存入银行，所有需要资金的企业，只要符合信贷条件都可以获得银行的贷款支持。以银行为中介，资金供求双方被联系起来，他们完全不必受商业信用中上下游关系的限制，可以是毫不相干的企业或个人。最后，就银行信用的期限而言，银行吸收的存款可以是短期的也可以是长期的，贷款也是如此，既有长期贷款又有短期贷款。由于银行在存续期内储户不可能同时提取存款，再加上银行具有吸收短期存款、发放长期贷款的“续短为长”的功能，也使得银行信用克服了商业信用在期限上的局限性。由于银行信用在资金提供规模、资金流向与范围、借贷期限三个方面都克服了商业信用的固有局限，因而也就成为现代经济中最基本、占主导地位的信用形式。

尽管相对于商业信用而言，银行信用具有诸多优势，但银行信用的发展却不会排斥商业信用。恰恰相反，银行信用通常与商业信用有着极密切的联系，前者通常是在后者的基础上产生和发展起来的。在银行信用发展的初期，银行通常是通过办理商业票据贴现和抵押贷款、为商业汇票提供承兑服务等业务介入到商业信用领域的，此举不仅促进了商业信用的发展，也为银行信用的良性发展奠定了坚实的基础。即使是银行信贷业务独立发展且规模日趋庞大的今天，上述与商业信用密切相关的银行信用也仍然是银行最重要的核心业务之一。

在资本主义发展的早期，银行信用的意义主要在于它能够突破商业信用的诸多局限，为企业提供更加灵活多样的融资形式。在现代经济中，尽管金融市场十分发达，融资工具品种极为丰富，各种原生和衍生金融工具为企业融资提供了广阔的选择空间，但银行信用仍然是最重要的融资形式。即便是金融市场和直接融资最发达的美国，1970—1985年的统计数据显示，在企业外源融资的资金来源中，金融机构（主要是银行）提供的贷款占比最大，高达61.9%，发行债券融资的比例为29.8%，股票融资的比例为2.1%，其他贷款（包括政府贷款和国外贷款）的比例为6.2%。其他经济发达国家如英国、法国、德国、日本的融资结构也呈现出类似的态势。

（三）我国经济中的银行信用

在我国，银行信用一直居于主导地位。在高度集中的计划经济时期，我国为集中资金的支配权，曾经取消了其他信用形式，将信用集中于银行，银行信用也就成为经济社会中唯一的信用形式。改革开放以后，随着金融市场的恢复与发展，各种信用形式都得到了不同程度的发展，但总体而言，银行信用仍然是我国最主要的信用形式。

### 三、国家信用

（一）国家信用的含义

国家信用是指政府作为一方的借贷活动，即政府作为债权人或者债务人的信用活动。

政府信用是一种很古老的信用形式。在我国历史上就有过许多关于政府借贷活动的记载。如《史记》记载，汉景帝三年国内爆发“七国之乱”，因缺乏经费，长安将领在出征平乱时向子钱家（放债取息者）借款，因战局成败未定无人肯借，唯有无盐氏果断贷出了大笔钱款，但收取10倍利息。3个月后“七国之乱”即告平定，无盐氏一年中竟收息10倍，一下子成为关中巨贾。

在历史上，政府除作为债务人从民间借款外，也会作为债权人发放贷款。如《周礼》中记载的泉府，就曾办理一种期限随用途而定的赊贷业务：如借款用作祭礼，只准借款10天；如果用作丧事，则能赊借3个月。政府放贷收取的利息，可以用作政府的开支。以后的历代统治者也都曾举办过类似的政府贷款。

在现代经济活动中，政府信用主要表现为政府作为债务人而形成的负债。这是因为政府在现代经济中的职能得到了空前强化，政府本身不仅作为最重要的经济部门参与经济活动，而且作为宏观经济的调控者对经济进行干预。在政府履行经济职能的过程中，当财政收入无法满足财政支出的需要时，就需要借助政府信用来筹集资金，特别是当政府通过财政政策干预经济时，它通常会主动利用政府信用筹集资金，以增强政府干预经济的力量。

（二）国家信用的形式

在现代经济中，政府信用的形式主要有内债和外债两种。内债是对国内的负债，外债则是对其他国家的负债。在现代社会，政府信用主要包括中央政府债券、地方政府债券和政府担保债券三种形式。

中央政府债券亦称国债，是一国中央政府为弥补财政赤字或筹措建设资金而发行的债券。根据期限的不同，国债可被区分为短期国债和中长期国债。以美国为例，短期国债又称国库券，是指期限在1年或者1年以下的国债，这类国债一般采取贴现的方式发行。中央政府发行国库券的主要目的，是调节年度内的财政收支不平衡。中长期国债是指期限超过1年的国债，其中期限在10年或者10年以下的国债通常被称为中期国债，又称国库票据；而期限在10年以上的国债则被称为长期国债，亦称国库债券。中长期国债一般按照固定的面值发行，在市场利率波动较大时，也可以溢价或折价发行。中长期国债一般附有固定的息票，每半年付息一次。中央政府发行中长期国债的目的，是缓解长期财政赤字的压力，或者是为了公共建设的需要而筹集资金。

地方政府债券是由地方政府发行的债券，在美国也被称为市政债券。地方政府债券又被分为一般义务债券和收益债券。一般义务债券是以地方政府的税收、行政规费等各项收益为偿还来源，期限非常广泛，1~30年不等。收益债券则是以某一特定工程或某种特定业务的收入为偿还来源的债券，其期限通常与特定工程项目或者业务的期限密切相关。由于购买市政债券的利息所得通常会享有免缴地方所得税的优惠，这使得市政债券对那些边际税率较高的投资者而言，通常会具有很大的吸引力，即使它所提供的利率相对较低，也仍会受到这类投资者的欢迎。

政府担保债券是指政府作为担保人而由其他主体发行的债券。政府担保的主体通常是政府所属的企业或者那些与政府相关的部门。政府担保债券的信用等级仅次于中央政府债券，因为其发行人一旦失去了偿还能力，则由中央政府代其偿还债券的本息。其利率水平一般与市政债券相当，但不享受利息免税的优惠。在美国，政府机构债券就属于政府担保债券。如美国联邦国民抵押协会（又称房利美）、政府国民抵押协会（又称吉利美）、联邦住房抵押贷款公司（Freddie Mac，又称房地美）3个中介机构发行的债券就属于政府机构债券而享有中央政府的担保。在2007年爆发的美国次贷危机中，政府接管抵押贷款巨头房利美和房地美（简称“两房”）后，投资者持有的“两房”债券由于拥有中央政府的全额担保，也因此转变成了政府担保债券。

（三）我国国家信用的发展

新中国成立之后，我国充分运用了政府信用的形式。我国的国债发行可分为三个阶段：第一阶段是新中国刚刚成立的1950年，发行了“人民胜利折实公债”等，主要用于恢复国民经济。第二阶段是1954—1958年，发行了“国家经济建设公债”等（1959—1979年停止发行公债）。第三阶段是1981年开始，每年发行国债，至2011年年底未偿付的国债余额为7.77万亿元人民币。国家信用已经成为财政政策的重要工具，对调节我国的经济总量与经济结构发挥了重要作用。

## 四、消费信用

（一）消费信用及其主要形式

消费信用，又称消费者信用，是工商企业、银行和其他金融机构提供给消费者用于消费支出的一种信用形式。随着生产力快速发展和人民生活水平的提高，市场消费品的供给结构在不断发生变化，大量价格昂贵的耐用消费品逐步进入到居民生活必需品的行列。对那些当前财富积累水平或收入水平不高的居民和家庭而言，往往很难在短期内靠自身的收入满足用于购买耐用消费品的资金需要，而对兼有投资品和消费品双重属性的住房而言则更是如此。如果仅依靠居民当前的收入和财富积累水平全款购买，则只会有很少一部分居民和家庭具有购买能力，整个社会的购买力会大幅下降。为提高居民部门对高价格耐用消费品的购买能力以及对住房的消费和投资能力，消费信贷应运而生，并已经发展成为提高居民部门当期消费能力的重要手段。

目前，消费信用主要包括如下几种形式：

1.赊销

赊销是工商企业对消费者提供的短期信用，即以延期付款的方式进行销售，到期后一次付清货款。

2.分期付款

分期付款是指消费者购买消费品或享受相关服务时，只需支付一部分货款，然后按合同条款分期支付其余货款的本金和利息。一般来说，分期付款方式多用于购买房屋、汽车或各种高档耐用消费品，属中长期消费信用。

3.消费贷款

消费贷款是银行及其他金融机构采用信用放款或抵押放款方式对消费者发放的贷款。消费贷款的期限一般比较长，最长可达30年，属于长期消费信用。按照接受贷款的对象不同，消费贷款又可以区分为买方信贷和卖方信贷两种方式。买方信贷是指对购买消费品的消费者直接发放的贷款；卖方信贷则是以分期付款单作抵押，对销售消费品的工商企业发放贷款，或者由银行与以信用方式出售消费品的企业签订合同，将货款直接支付给企业，再由购买商品的消费者逐步向银行还款。

在西方发达国家，一般的消费信用多通过信用卡发放，即由银行或其他信用卡发行机构向其客户发行信用卡，消费者可凭信用卡在信用额度内购买商品或进行其他支付，也可以在一定额度内提现。向客户提供商品或者服务的商户在每天营业终了时向发卡机构索偿款项，发卡机构再与持卡人定期结算清偿。

（二）消费信用的作用

消费信用的发展，能在很大程度上有效解决耐用消费品供给快速增加与居民当期购买能力相对不足的矛盾。这对促进耐用消费品生产、帮助居民提前实现较高的生活水准、促进现代科技发展和生产力水平的提高、促进产品更新换代等，都具有非常重要的作用。在宏观层面，消费信用的重要意义集中体现在其对宏观经济的调节作用；在微观层面，消费信用则是帮助个人实现生命周期内财务安排的最有效途径。

1.消费信用与宏观经济调节

消费信用是扩大有效需求、促进商品销售的一种有效手段，通过调整消费信用的规模和投向，能够在一定程度上调节消费需求的总量和结构，有利于市场供求在总量和结构上的平衡。在总需求不足、经济面临滑坡的情况下，可以适当增加消费信用的规模，通过鼓励消费信贷、降低利率和首付比率、延长还款期限等措施，降低消费信贷的进入门槛，减轻消费者的负担，从而增加有效需求，促进总供求的平衡。而在经济过热、消费品价格涨幅过快、消费品供不应求的情况下，则可以适当控制消费信贷的投放，如通过限制消费信贷的发放规模、提高利率和首付比重、缩短还款期限等措施，抑制消费者通过消费信贷购买商品的积极性，从而起到抑制经济过热、缓解供求矛盾的效果。

消费信贷除了能够调节总供求外，还能针对某些领域和部门进行结构上的调节，从而起到促进或者限制某些领域或经济部门发展的作用。如在经济总量大致平衡但结构性矛盾突出的情况下，可以限制对过热部门的消费信贷规模，提高其进入门槛，而对相对疲软且需要鼓励发展的部门而言，则可适当增加消费信贷的投放规模，降低其进入门槛。

消费信贷在总量和结构层次上对宏观经济进行调节的作用，在近些年我国经济发展中表现得尤为突出。如次贷危机之前针对房地产市场过热的表现，我国连续出台了一系列限制房地产消费信贷的措施，而在2007年开始的美国次贷危机导致全球金融危机的背景下，为了缓解经济下滑的压力，我国又出台了一系列大力促进消费信贷的措施，并对房地产和汽车领域的消费信贷进行了力度较大的支持。

2.消费信用与生命周期内的财务安排

金融学所要解决的核心问题，是研究人们在不确定的环境中如何进行资源的时间配置。对个人及为家庭提供财务保障的核心成员而言，都会面临着这样的问题，即在生命周期内如何有效地进行财务安排。一般来说，人们可以通过储蓄为未来储备一笔资金，以应对未来支出的不确定性，亦即将当期收入延迟消费、满足未来消费的资金需求。但人们也同样会面临着这样的问题，在当前财富积累水平不足、收入水平不高的情况下，暂时无法承担大额消费支出，如果等到财富积累和收入水平足够高时才去消费，则生活质量将会受到严重影响，甚至会失去最佳的时机。此时，消费信用的介入恰恰提供了将未来的预期收入用于当前消费的有效途径，为人们在生命周期内进行财务安排提供了可能。

在这个问题上，中美老太太购房的故事曾是一个广为流传的经典案例。其大意如下：一个中国老太太攒了一辈子的钱，在临死前终于攒够钱买了一栋房子，但还没来得及住上漂亮的新房子就去世了。而一个美国老太太在年轻时就贷款买了一栋房子，住进去后每天工作还贷，在去世前她还清了所有的贷款。这个故事的缘起无从得知，但它确实让国人开始反思我们传统所持有的不该欠债的观念。观念的转变对我国近几年消费信用的发展起到了较积极的推动作用。除了住房和高价格耐用消费品外，近些年针对大学生开展的高校助学贷款，也为诸多家庭条件欠佳的大学生提供了将未来收入用于当前学习费用的有效途径。

3.消费信用可能导致的负面影响

需要说明的是，尽管消费信用具有诸多好处和便利，但其发展也需要遵循信贷的基本规律，如果盲目发展，也会给正常的经济生活带来不利影响。

其一，消费信用的过度发展，会倾向于掩盖消费品的供求矛盾，容易导致虚假需求，向生产者传递错误信息，导致某些消费品的生产盲目发展，严重时可能导致产能过剩和产品的大量积压。

其二，过量发展消费信用很容易导致信用膨胀。由于消费信贷是基于未来的收入预期，是将未来的收入拿到当前来集中消费，如果对消费信贷发放的规模和节奏控制不当，很容易导致某一时期信贷投放规模过大，从而导致通货膨胀的压力，这在经济繁荣时期尤其如此。

其三，由于消费信用是对未来购买力的预支，如果消费信贷的借款人对未来预期收入产生严重误判，则会使得借款人的债务负担过重，甚至会导致其生活水平下降，从而增加社会的不稳定因素。当前，人们所普遍关注的房奴和卡奴问题，正是这一问题的真实写照。

## 五、国际信用

### （一）国际信用的含义

国际信用是指一切跨国的借贷关系和借贷活动。国际信用体现的是国与国之间的债权和债务关系，直接表现为资本在各国间的流动，是国际经济联系的一个重要方面。对债权国来说，国际信用意味着资本的流出；而对债务国而言，国际信用则意味着资本的流入，流入的资本被称为“外资”，由此形成的对外债务则被称为“外债”。一般来说，西方发达国家在国际信用中往往扮演着债权国的角色，而发展中国家往往是引进外资的债务国。但随着某些发展中国家经济的快速发展，它们在大量利用外资的同时，也拥有了大量的对外债权，某些发展中国家甚至出现了对外的净债权。例如中国，近些年随着出口竞争力的增强，出口创汇能力大幅提高，中国外汇储备和对外债权的总规模已经远远高于其对外债务的总规模，即已由过去的净债务国转化为净债权国。

### （二）国际信用的主要形式

国际信用大体上可以划分为两大类：国外借贷和国际直接投资。

1.国外借贷

国外借贷是指一国与该国之外的经济主体之间进行的借贷活动，其基本特征是在国内经济主体与国外经济主体之间形成债权债务关系。国外借贷主要包括：出口信贷、国际商业银行贷款、外国政府贷款、国际金融机构贷款、国际资本市场融资、国际融资租赁等。

（1）出口信贷。

出口信贷是出口国政府为支持和扩大本国产品的出口，提高产品的国际竞争力，通过提供利息补贴和信贷担保的方式，鼓励本国银行向本国出口商或购买本国商品的外国进口商提供中长期信贷。出口信贷包括卖方信贷和买方信贷两种具体方式。卖方信贷是指出口方银行向本国出口商（卖方）提供贷款，出口商得到了银行贷款后向进口商提供延期付款的信用。买方信贷则是出口方银行向国外进口商或进口方银行提供贷款，国外进口商用该笔款项购买出口方银行所在国的出口商提供的商品。

（2）国际商业银行贷款。

国际商业银行贷款是指一些大商业银行向外国政府及其所属部门、私营工商企业或者银行提供的中长期贷款。这种贷款利率较高，一般在伦敦银行同业拆放利率之上另加一定的附加利率，期限大多为3~5年。这种贷款通常没有采购限制，也不限定用途。国际商业银行贷款的主要方式有独家银行贷款和银团贷款两种。银团贷款也称辛迪加贷款，是指一家银行牵头，由多家银行组成贷款银团，共同向特定客户发放的贷款。

（3）外国政府贷款。

外国政府贷款是他国政府利用国库资金向本国政府提供的贷款，这种贷款一般带有援助的性质，具有利率低、期限长的特征，但通常要附加一定的采购限制或指定用途。外国政府贷款的利率水平通常要远远低于国际商业银行贷款利率，平均为2.5%～3%，最高一般不超过4%，有时甚至为无息贷款，通常还会包含无偿赠与的部分。其平均偿还期限为30年，最长可达50年。政府贷款在提供上述优惠贷款条件的同时，一般都会要求接受贷款的国家必须将贷款的一部分或者全部用于购买贷款发放国的设备和物资。

（4）国际金融机构贷款。

国际金融机构贷款是国际金融机构对成员国政府提供的贷款，主要包括国际货币基金组织、世界银行及其附属机构以及一些地区性国际金融机构提供的贷款。这些机构提供的贷款大多条件优惠，主要目的是改善成员国的国际收支状况并促进经济长期健康发展。

（5）国际资本市场融资。

国际资本市场融资主要是指在国际资本市场上通过发行债券、股票及其他有价证券的方式向外国投资者筹集资金。

（6）国际融资租赁。

根据《国际融资租赁公约》的规定，融资租赁交易是指出租人根据承租人的规格要求及其所同意的条件同供货人缔结一项供货协议，据此，出租人取得工厂、资本货物或其他设备，并同承租人缔结一项租赁协议，授予承租人使用该设备的权利，以补偿其所付的租金。在出租合同到期后，出租人可以根据合同条款将设备赠与承租人，或者以一个象征性的低价将设备所有权转让给承租人。由此可见，融资租赁实质上是一种以承租物为载体，以“融物”形式进行的中长期融资活动。在国际融资租赁中，参与融资租赁活动的出租人和承租人必须为不同国家的经济主体。

2.国际直接投资

国际直接投资也称对外直接投资，是指一国居民、企业等直接对另一个国家的企业进行生产性投资，并由此获得对投资企业的管理与控制权。

国际直接投资主要采取以下几种方式：①在国外开办独资企业，包括设立分支机构、子公司等；②收购或合并国外企业，包括建立附属机构；③与东道国企业合资开办企业；④对国外企业进行一定比例的股权投资；⑤利用直接投资的利润在当地进行再投资。

（三）我国利用国际信用的情况

我国在改革开放之前，一直实行计划经济和封闭经济。除银行信用以外，禁止一切形式的信用活动，在“既无内债、又无外债”方针的指导下，实行严格的资本管制，禁止任何形式的国际资本流动。改革开放以后，我国逐渐将利用外资作为发展经济、促进技术进步的重要手段之一，对国际信用也从先前的全盘否定，转变为适度发展和合理利用。这主要表现在对不同形态的国际信用进行区别对待和分类管理上：在严格控制外债规模和结构的同时，对国际直接投资采取鼓励的态度；对资本市场的对外开放也一直秉承审慎的态度，通过积极有序地推进资本市场的对外开放，有效地防范了国际资本流动可能对我国经济产生的冲击。近些年，随着出口竞争力的增强，我国已经由过去的净债务国转变为净债权国，且对外净债权的规模出现了快速增长。由中国国际投资头寸报表可知，我国的对外净债权由2004年年末的2 764亿美元快速增加到2011年年末的17 747亿美元。

**课堂小讨论**

谈一谈生活中的消费信用。

## 第三节 信用体系

### 一、市场经济与信用秩序

市场经济是以自由缔约和自由交易为基础的经济。在交易过程中，信用活动如影随形，成为市场经济的重要组成部分。信用活动在作为经济交易媒介、促进资金合理有序流动、推动经济增长和社会发展等方面，扮演着极其重要的角色。尽管信用活动属于虚拟经济的范畴，但在市场经济高度发达的今天，其重要性逐步上升到与实体经济同等重要的地位，并成为发展市场经济的基础性要素。

（一）信用秩序与市场运行成本

作为借贷行为的信用，自然会涉及守信与失信的问题。守信是借贷双方彼此遵守用以规范信用行为的契约，失信则是指借贷双方或者任一方不遵守该契约。当然，失信并不等于蓄意赖账，除去蓄意赖账以外，还可能因为种种原因导致失信行为的出现。

守信是支撑信用关系良性发展的前提条件。良好的信用秩序，可以降低市场运行的成本，也是经济良性运转的基础性保障；而失信行为的出现，无论是蓄意赖账，还是由于出现意外而迫不得已的行为，都会影响信用关系的良性发展。当失信行为超过一定规模和范围时，则会导致信用秩序的混乱；失信行为持续、大量地存在，会大幅提高市场乃至整个社会的运行成本，正常的信用关系无法建立，正常的商业行为也因此受到阻滞。因此，从市场经济发展的角度来看，维护信用的制度基础就变得至关重要。

（二）信用状况与市场空间拓展

在商业交易和市场空间拓展的过程中，完全依赖“钱货两清”的交易方式，往往会使得诸多交易无法进行。各类信用形式的介入，会有助于商业交易的完成和推进，而这必然会产生债权债务关系。在信用秩序良好的社会环境中，人们都将诚信视为最大的美德，并将蓄意赖账视为最大的耻辱，商业交易中的卖方就能够放心地向买方提供信用，资金盈余方也敢于向资金短缺者出让资金，从而有利于商业交易的进行，也有利于市场范围和空间的拓展。而在一个信用秩序不佳、恶意赖账盛行的社会环境中，除非确有把握，卖方不敢向买方提供信用，资金盈余方也不敢贸然出借资金，商业交易的范围和活动空间将会非常狭小，甚至只能局限在相互熟知的狭小圈子或者狭小区域里，极大阻碍了对市场空间的拓展。

## 二、我国经济发展中的信用秩序

（一）诚信的冲击：信息经济学视角的分析

目前，在社会上存在这样一种比较普遍的看法：随着改革开放和市场经济的推进，我国商业交易中的欺诈问题日益严重，并在一定程度上导致了信用秩序的混乱，更有甚者，还出现了“不以欠债不还为耻”的现象。中国自古以来就视“诚实守信”为最大的美德，“欠债还钱”、“人死债不烂”等朴实的理念也深入人心。为什么短短几十年的市场发展，就动摇了国人几千年来一直视为美德和道德信条的理念？难道市场经济真的就是信用的摧毁者和掘墓人？若果真如此，市场经济良性发展需要良好的信用秩序作为基础性平台，这对尖锐的矛盾又如何去化解呢？在这里，不妨从信息经济学的视角来加以分析。

在自然经济为主的农耕社会，交通不甚发达，人口迁移和流动的概率相对较低，人们需要祖祖辈辈生活在相对狭小的地域之内。在这样一个“方圆之内皆邻居”的环境中，信息的传递是相对充分的，邻里之间的流言蜚语本身就很好地起到了传递信息的作用。某人“不守信用、欠债不还”的事情，很快就会传遍他赖以生存的这个小区域。当然，这也就意味着他会因此经常遭人鄙视，从此再也无法得到他人的帮助，甚至还会殃及其子女的婚配等。由于无法离开这片他赖以生存的土地，这样的惩罚对失信者来说应该是非常残酷的，失信的成本也就变得极其高昂，除非万不得已，人们是不愿意落上不守信的坏名声的。这也是乡土社会人们珍视信用的重要原因之一。

随着改革开放的推进，人们的生存和活动空间急剧拓展，人口流动逐渐成为普遍现象。

出生地、现时的生活和工作之地，都不再是人们赖以生存和安身立命的唯一场所。市场空间的拓展，也必然意味着人们需要同越来越多的陌生人打交道。在交易过程中，能否对违约和失信行为进行有效的惩罚，不仅取决于法律制度是否完善，而且取决于当事人的违约信息能否被很好地传递出去，从而对其未来的发展造成巨大的负面影响。但现实的情况是，在市场空间急剧扩展的初期，由于信息传递效率很低，某人在一地进行欺诈的信息，很难传递到其他地方，再加上司法诉讼的高成本和法律执行方面存在的严重缺陷，这就使得违约和欺诈行为很难得到有效的惩罚，也使得当事人在违约或欺诈即能获得巨大利益时，具有很强的违约和欺诈的冲动。对比我国改革开放后的信用状况，不难得到这样的启示：要降低违约和欺诈现象，不仅要建立一套对违约和欺诈行为予以严惩的机制，而且需要一个能够将违约和欺诈事件进行公示的、高效的信息传递机制。

（二）产权制度与信用关系

经济学意义上的信用，究其本质是债权债务关系。而从信用关系发展的历史沿革来看，它又与私有产权制度密不可分。甚至可以这样说，没有私有产权制度，也就不会出现经济学意义上的信用，也就不会产生债权债务关系。因此，要保持良好的信用秩序，最根本的问题就是要建立一整套严格保护债权人利益的制度。而建立这样的制度，不仅要对私有产权明晰化，而且要激励产权所有者关心并保护自身的合法利益，还要通过包括法律和社会舆论在内的多种手段对侵犯产权人利益的行为加以严惩。这正是产权制度建设的核心内容，这也从一个侧面说明了我国当前改革和完善产权制度的迫切性和重要性。

（三）计划经济对信用关系的影响

计划经济作为我国特定历史时期的产物，曾对我国国民经济体系的构建和发展做出过一定的贡献，但其对信用关系的发展具有相当大的负面影响。首先，计划经济时期禁止一切形式的商业信用，使得我国商业信用的发展事实上被人为割断，历史上商业信用的发展在实行计划经济的几十年里，出现了一段相当长时期的断层。改革开放后，商业信用发展的基础自然十分薄弱，要抵御计划经济观念的干扰，重新与我国历史上曾经建立的良好商业信用传统对接，无疑需要一个相对较长的时间。其次，当时存在的最重要的信用形式——银行信用，就其本质而言，并不能算是严格意义上的信用。在计划经济体制下，银行根据计划部门的指令将资金调拨给国有企业，而国有企业“负盈不负亏”，很难说这样的资金流动还具有信用关系的本质特征。正因为如此，作为债务人的国有企业认为，向银行贷款是国家将钱“从左口袋放到右口袋”，因而不必严格遵守信用规则，甚至逃废银行债务。而这种逃废债务的行为产生了极坏的示范效应，对整个信用秩序的发展造成不良影响。

（四）建立并维护良好的信用秩序

人们通常认为，守信的社会基础是道德规范。良好的社会道德风尚，将会极大地降低主观失信的概率。以上分析还阐释了这样一个道理：作为一个重要的经济范畴，守信机制的核心是经济行为主体对经济利益的权衡。当失信的收益远远高于需要承担的成本时，将会对经济行为主体的失信行为造成正向激励；反之，如果对失信行为施以严厉惩罚，使失信成本变得极为高昂，经济行为主体就会在主观上降低失信的动机。因此，在信用制度的设计中，除了需要倡导诚实守信的道德风尚，还需要建立并完善违约和欺诈信息的公示系统，建立诚信黑名单制度，并通过法律和各种合理手段对恶意失信和欺诈行为进行严惩。需要通过大幅增加失信的成本来有效遏制失信行为，逐步建立良好的信用秩序。但与此同时，应该清醒地认识到：在我国建立良好的信用秩序，是一个渐进的过程，任重而道远。

## 三、现代信用体系的构建

### （一）信用制度

信用制度是规范和约束社会信用活动和信用关系的行为规则。信用制度是构建信用体系的重要制度保障，有狭义和广义之分。狭义的信用制度是指国家管理信用活动的规章制度和行为规范。广义的信用制度则是由相互联系、相互制约的信用形式，信用工具及其流通方式，信用机构和信用管理体制形成的有机统一体。从层次上看，信用制度既有对信用活动本身的规范和约束，如对各种经济主体能够从事的借贷活动的规定，也有为保证信用安全和秩序而进行的制度安排，如对违约失信的惩罚等。从形式上看，信用制度安排既有正式的法律法规，又有非正式的约定俗成的道德规范。

信用制度是保证信用活动正常进行的基本条件。在不同的社会经济发展阶段，信用制度的形式和内容也有很大的差别。现代经济是信用经济，信用关系错综复杂，信用在经济中发挥着举足轻重的作用。信用缺失、信用危机会直接危及社会经济乃至政治的稳定与发展，信用制度是否完善影响巨大。同时，现代经济也是法治经济，在自然经济中起重要作用的约定俗成的道德规范已经无法适应现代经济错综复杂的信用关系的需要，具有强制力的法律法规成为现代信用制度的主要构成形式。从各国社会经济发展来看，以法律为主体的、完善的信用制度是信用活动健康发展的重要基石。

### （二）信用体系构建的基础性保障

前面的分析表明，在信用体系构建的过程中，至少应该在三个层面上加以考虑：

1.道德规范仍然是信用体系构建的重要基础

道德规范对抑制失信行为而言，并不具有任何强制力。但道德规范在信用秩序形成的过程中具有成本最低廉的特征，良好的道德风尚可以向那些不诚实守信的市场参与者施加强大的舆论压力，从而大大降低其主观违约和欺诈的可能性。因此，道德规范在促进良好信用秩序形成的过程中，由于其低成本或无成本特征而具有无可比拟的优势。

2.高效快捷的社会征信系统，是防止同一主体多次出现失信行为的利器

社会征信系统通过信用调查，建立信用档案，进行信用评估，建立并完善信用查询和失信公示系统，能够在相当程度上降低识别和避免信用欺诈的难度。其中，信用查询和失信公示系统的建立，能够极大地缓解市场交易中的信用信息不对称问

题，有助于降低市场参与者甄别失信和欺诈行为的成本。

3.法律规范对失信行为的严厉制裁，是完善信用体系的终极制度保障

一方面，由于法律具有强制力，在秩序形成和重建的过程中往往具有无可比拟的优势，也是信用体系建设的终极制度保障。但另一方面，由于法律在制定和实施过程中，需要投入大量的人力、物力，因而具有极高昂的成本。因此，对于任何一项法律而言，最理想的状态应该是存在并具有强大的威慑力，以至于人们慑于法律的威严而不敢去尝试不利于社会的违法行为。关于惩罚失信行为的法律精神和导向，只要不违背最基本的道德内涵，本身也有利于引导并形成关于守信问题的道德风尚。当然，在信用秩序的规范中，不仅需要严厉的法律条文，更需要在信用违法行为出现时，能够切实将法律条文付诸实施的能力。

现代信用体系的构建和完善，在以上三个方面得到了较充分的体现。其中，守信氛围和道德风尚的形成，需要顺应社会的主流价值观，在舆论上加以引导和宣传。而与规范信用关系及保护产权相关的法律，散见于一国的民法、商法以及经济法等法律文本之中，也有一些国家专门针对信用违约行为进行了立法。而真正将这些精神付诸实施，则需要建立与之相配套的信用机构体系和社会征信系统。

（三）信用机构体系

在现代信用活动中，由于交易者数量众多并且分散，不同交易者的交易规模差异很大，存在严重的信息不对称，交易成本很大，严重影响甚至阻碍信用活动的顺利进行。对于大多数交易者而言，由于自身实力的限制，不得不求助于各种中介机构，通过它们以较低的成本获取交易信息，降低交易风险。信用机构在现代信用活动中发挥了重要的作用。信用机构主要包括以下几种类型：

1.信用中介机构

信用中介机构是指为资金融通直接提供服务的机构，通常简称金融机构。在不同的国家，信用中介机构的形式和名称有比较大的差别，这些金融机构不仅能为资金融通提供相关服务市场参与者的信用信息，在监督违约行为、预防失信行为中也扮演着重要角色。

2.信用服务机构

信用服务机构是指提供信息咨询和征信服务的机构，主要包括信息咨询公司、投资咨询公司、征信公司、信用评估机构等。除了专业的信用服务机构外，律师事务所、会计师事务所等机构也可以在一定程度上起到信用服务机构的作用。

3.信用管理机构

信用管理机构主要是指对各种信用中介机构和信用服务机构实施管理的机构，可以分为政府设立的监管机构和行业自律型管理机构。政府设立的监管机构主要包括中央银行和其他专业监管机构。我国由政府设立的信用中介管理机构主要包括中国人民银行、中国银行业监督管理委员会（简称银监会）、中国证券监督管理委员

会（简称证监会）和中国保险监督管理委员会（简称保监会）。2003年9月底，中国人民银行成立征信管理局，负责管理信贷征信业。目前，中国人民银行建立的信贷登记系统已经形成了全国性的网络。行业自律型管理机构主要有中国银行业协会、中国证券业协会、中国保险业协会等。

（四）社会征信系统

征信一词源于《左传》“君子之言，信而有征，故怨远于身”。其现代含义是指，对法人或自然人的信用信息进行系统调查和评估。信用征信主要包括两大系统：一是以企业、公司为主体的法人组织的信用征信系统；二是与公民个人的经济和社会活动相关的信用征信系统。

根据征信数据库的形成、使用过程，征信系统分为以下五个子系统：

1.信用档案系统

信用档案是指法人和自然人信用活动中信用状况的原始记录。信用档案系统中包括个人信用档案和企业信用档案，是整个征信系统的基础。

个人信用档案的资料分散于金融机构、商家、司法机关、税务机关、工商机关、医院、公用事业单位等各个部门。征信机构征集的个人信用信息主要限于可能影响个人信用状况的下列信息：第一，个人身份情况，包括姓名、性别、出生日期、身份证号、户籍所在地、居所、婚姻状况、家庭成员状况、收入状况、工作单位、职业、学历等。第二，商业信用记录，包括在各商业银行的个人贷款及偿还记录、个人信用卡使用等有关记录，在金融机构发生的其他信用行为记录以及个人与其他商业机构发生的信用交易记录。第三，社会公共信息记录，包括个人纳税、参加社会保险、个人财产状况及变动等记录。第四，特别记录，包括有可能影响个人信用状况的涉及民事、刑事、行政诉讼和行政处罚的记录。

征信机构征集的企业信用信息的内容主要限于可能影响企业信用状况的下列信息：第一，企业进入与退出市场的资料。第二，企业接受行政处罚的资料。第三，工商部门行政监管的资料。第四，企业被投诉举报的资料。第五，企业被认证褒奖的资料。

2.信用调查系统

信用调查是了解征信档案的事实真相，借以作为市场决策的重要参考依据。信用调查的内容主要包括贷款信用调查、融资信用调查、合资合作信用调查、贸易伙伴信用调查等几个方面。

3.信用评估系统

信用评估是对企业、金融机构、社会组织和个人履行各类经济承诺的能力及可信程度的评价，主要是偿还债务的能力及其可偿债程度的综合评价，信用评估的结果通常采用特定的等级符号来表示。

对个人进行信用评估的重点是对影响个人及其家庭的内在的和外在的主客观环境进行综合考察；对企业的信用评估则是从企业信用记录、企业素质、经营水平、外部环境、财务状况、发展前景以及可能出现的各种风险等各方面进行客观、科学、公正的分析研究。信用评估运用科学的指标体系，采用定量分析和定性分析相结合的方法，对个人和企业的信用能力进行综合评价，能够比较客观地反映个人和企业的真实信用状况，因此，信用评估的等级对个人和企业的各种经济活动都有重要的影响。

4.信用查询系统

信用查询系统是指在社会征信系统数据库建立起来后，可供商业机构和个人查询相关企业以及个人信用状况的系统。根据查询对象不同，可将信用查询体系分为个人信用查询系统和企业信用查询系统。个人信用查询系统是提供个人信用信息查询服务的数据库系统，该系统的服务内容主要包括个人信用报告与个人信用评分。个人信用信息查询的主要客户有消费信贷的授权方、商业银行、保险公司、雇主、司法部门、消费者本人等。企业信用查询系统是提供企业信用信息查询服务的数据库系统，该系统的服务内容主要是企业信用报告与企业信用评级。企业信用信息查询的主要客户有国内外往来企业、商业银行、担保机构、保险公司等。

信用查询系统可采取无偿自助、有偿档案两种方式查询。属于国家信息资源且可供查询的企业信用信息采取有偿档案查询。属政府部门监管的社会公共和政务范畴的企业信用信息可无偿自助查询。个人信用信息的使用一般采用有偿档案查询的方式。

目前，我国很多省市已经开始逐步建立企业信用查询系统，上海、深圳已经初步建立了个人信用查询系统。2006年1月，全国集中统一的个人征信系统——个人信用信息基础数据库正式投入运行，供商业银行和有关方面查询使用。该系统已经为5亿自然人建立了信用档案，其中约5 000万人拥有信贷记录，包括房贷、车贷、学贷、信用卡透支及为他人提供贷款担保等信息。平均日查询量达到了16万笔，最高日查询量已超过26万笔。

5.失信公示系统

失信公示系统是征信机构依法、及时、客观地将有不良信用记录的个人和企业的名单以及对其处罚意见在某一范围内进行公布，让失信记录在特定范围内有效传播，以警示与其有联系的机构、企业或个人的系统。失信公示是对失信者的一种惩罚，它将征信服务与社会监督、法律制裁的作用有机地结合起来，形成合理的失信约束惩罚机制。有失信记录的个人和企业的各种活动将遇到极大的障碍，有些个人和企业可能被市场淘汰出局。

公示的失信行为记录依照法律要保留多年，时间的长度由法律规定，从而使失信者在一定期限内付出惨痛代价。例如，美国的《公平信用报告法》规定，消费者个人的不良信用记录允许保留7年，而不是简单地随着个人的破产而消失；再比如，在破产记录保留的7～10年内，消费者个人不可能得到新的贷款。

在我国，失信公示系统已经初步建立，但大多是区域性的，全国性的公示系统尚未形成。例如，1999年，上海个人信用“黑名单”开始启动。2003年3月，全国规模最大的企业信用档案系统——北京市企业不良行为警示系统在北京市工商行政管理局正式开通，首批有严重违法、失信行为的412户企业以及59名自然人上了“黑名单”，被纳入警示系统。

## 第四节 信用工具

信用工具是资金供应者和需求者之间进行资金融通时，以书面形式发行和流通，借以保证债权人或投资人权利的凭证，用来证明债权的各种合法凭证。按信用形式划分，可分为：商业信用工具，如各种商业票据等；银行信用工具，如银行券和银行票据等；国家信用工具，如国库券等各种政府债券；证券投资信用工具，如债券、股票等。按期限划分，可分为长期、短期和不定期信用工具，一般一年以上的为长期信用工具，一年以下的为短期信用工具，不定期信用工具主要指银行券和多数的民间借贷凭证。

### 一、商业票据

商业票据指金融公司或某些信用较高的企业开出的、为满足流动资金需求所发行的可流通转让的债务工具。票据的关系人包括出票人、付款人、收款人、持票人、背书人和保证人等，不同性质的票据包含的关系人有所不同。商业票据的可靠程度依赖于发行企业的信用程度，可以背书转让，但一般不能向银行贴现。商业票据主要包括商业本票和商业汇票。

商业本票又称一般本票，指债务人向债权人签发的，承诺在一定时间内对持票人或收款人支付一定金额的无条件书面承诺，可分为交易性商业本票与融资性商业本票。交易性商业本票指由实际交易行为所产生的票据；融资性商业本票指依法登记的公司组织与政府事业机构为筹集资金所发行的票据，一般企业发行融资性商业本票需要经金融机构保证。

商业汇票指由出票人签发的，委托付款人在指定日期无条件支付一定金额给持票人或收款人的票据，不仅适用于同城结算，也适用于异地结算。汇票一般需要付款人承兑才能生效，承兑是指付款人接到出票人或持票人向其提示承兑的汇票时，向出票人或持票人签发收到汇票的回单，记明汇票提示承兑日期并签章，付款人应当在收到提示承兑的汇票之日起3日内承兑或者拒绝承兑。根据承兑人的不同，商业汇票可分为商业承兑汇票和银行承兑汇票。

### 二、银行票据

银行票据是在银行信用的基础上产生的，由银行签发或由银行承担付款义务的票据，主要包括银行本票和银行汇票等。

银行本票是银行签发的，承诺自己在见票时无条件支付确定的金额给收款人或者持票人的票据。银行本票使用方便灵活，单位、个体经济户和个人不管其是否在银行开户，在同城范围内的所有商品交易、劳务供应以及其他款项的结算都可以使用银行本票，申请人只需将款项交存银行，银行本票由银行负责签发，所以其信誉度很高，在指定到期日签发银行见票即付，一般不存在无法正常支付的问题。收款单位和个人持银行本票可以办理转账结算，也可以支取现金，也可以背书转让。银行本票按照其金额是否固定可分为不定额银行本票和定额银行本票，定额银行本票指凭证上预先印有固定面额的银行本票，由中国人民银行发行，各大国有商业银行代理签发；不定额银行本票指凭证上金额栏空白，签发时根据实际需要填写金额（起点金额为5 000元），并用压数机压印金额的银行本票，由各大国有商业银行签发。

银行汇票是汇款人将款项交存当地出票银行，由出票银行签发，在见票时，兑付银行作为付款人按照实际结算金额无条件支付给收款人或持票人的票据。银行汇票多用于办理异地转账结算和支取现金，适用于先收款后发货或者钱货两清的商品交易。单位和个人的各种款项结算都可以使用银行汇票。

### 三、支票

支票指由出票人签发，委托办理支票存款业务的银行或者其他金融机构在见票时无条件支付一定金额给收款人或持票人的票据。根据支票上是否记载收款人的姓名，支票可分为记名支票和不记名支票，凭记名支票取款时，必须由收款人签章才能支取；凭不记名支票取款时，持票人无须在支票背后签章即可支取。

普通支票可以用于支取现金，也可以用于转账，如果在普通支票左上角划两条平行线则为划线支票，划线支票只能用于转账，不得支取现金，这种支票的安全性高于普通支票，以防支票遗失被冒领。

### 四、股票

股票是股份证书的简称，是股份公司为筹集资金而发行给股东作为持股凭证并借以取得股息和红利的一种有价证券。股份公司即股份有限公司，指将全部资本划分为等额股份，股东以其认购的股份为限对公司承担责任，公司以全部财产对公司债务承担责任的法人。股票是股份公司资本的构成部分，可以转让、买卖或作价抵押，是资本市场的主要长期信用工具。股票代表着股东对股份公司的所有权，这种所有权表现为一种综合权利，如参加股东大会、投票表决、参与公司的重大决策、收取股息或分享红利等，但也要承担公司运作错误所带来的风险。

### 五、债券

债券是一种有价证券，是社会各类经济主体为筹集资金而向债券投资者出具的、承诺按一定利率定期支付利息并到期偿还本金的债权债务凭证。债券种类繁多，在其历史发展过程中出现过的不同品种的债券共同构成了一个完整的债券体系，但各种债券在票面上都要包含以下四个基本要素：

1.债券的票面价值

债券的票面价值是债券票面标明的货币价值，是债券发行人承诺在债券到期日偿还给债券持有人的金额。票面金额大小不同，可以适应不同的投资对象，同时也会产生不同的发行成本。票面金额定得较小，适合小额投资者购买，持有者分布面广，但债券本身的印刷及发行工作量大，发行成本可能较高；票面金额定得较大，适合少数大额投资者认购，且印刷费用等也会相应减少，但使小额投资者无法参与。

2.债券的到期期限

债券到期期限是指债券从发行之日起至偿清本息之日止的时间，也是债券发行人承诺履行合同义务的全部时间。根据偿还期限的长短，债券可分为短期债券、中期债券和长期债券。发行人在确定债券期限时，要考虑资金使用方向、市场利率变化和债券的变现能力等多方面的影响因素。

3.债券的票面利率

债券票面利率又称名义利率，是债券年利息与债券票面价值的比率，通常年利率用百分数表示。债券利率受多方面的因素影响，比如当借贷资金市场利率水平较高时，债券的票面利率也相应较高，否则，投资者会选择其他金融资产投资而舍弃债券；反之，当市场利率较低时，债券的票面利率也相应较低。如果债券发行人的资信状况好，债券信用等级高，投资者的风险小，债券票面利率就可以定得比其他条件相同的债券低一些；如果债券发行人的资信状况差，债券信用等级低，投资者的风险大，债券票面利率就需要定得比其他条件相同的债券高一些，这样的利率差异反映了信用风险的大小，高利率是对高风险的补偿。

4.债券发行者名称

债券发行者名称指明了债券的债务主体，既明确了债券发行人应履行对债权人偿还本息的义务，也为债权人到期追索本金和利息提供了依据。

## 第五节　衍生金融工具

衍生金融工具又称派生金融工具、金融衍生产品等，顾名思义，是与原生金融工具相对应的一个概念，它是在原生金融工具诸如即期交易的商品合约、债券、股票、外汇等基础上派生出来的，其价值依赖于标的资产价值变动的合约。这种合约可以是标准化的，也可以是非标准化的。标准化合约是指其标的资产（基础资产）的交易价格、交易时间、资产特征、交易方式等都是事先标准化的，因此，此类合约大多在交易所上市交易，如期货。非标准化合约是指以上各项由交易双方自行约定，因此，具有很强的灵活性，如远期合约。

## 一、期货

期货一般指期货合约，是指由期货交易所统一制定的、规定在将来某一特定的时间和地点交割一定数量标的物的标准化合约。这个标的物又称基础资产，对期货合约所对应的现货，可以是某种商品，如铜或原油，也可以是某个金融工具，如外汇、债券，还可以是某个金融指标，如3个月同业拆借利率或股票指数。期货合约的买方，如果将合约持有到期，那么，其有义务买入期货合约对应的标的物；而期货合约的卖方，如果将合约持有到期，那么，其有义务卖出期货合约对应的标的物（有些期货合约在到期时不是进行实物交割而是结算差价，如股指期货到期就是按照现货指数的平均值来对在手的期货合约进行最后结算）。期货合约的持有者也可以选择在合约到期前进行反向买卖来冲销这种义务。

最初的期货交易是从现货远期交易发展而来，最初的现货远期交易是双方口头承诺在某一时间交收一定数量的商品，后来随着交易范围的扩大，口头承诺逐渐被买卖契约代替。这种契约行为日益复杂化，需要有中间人担保，以便监督买卖双方按期交货和付款，于是便出现了1571年伦敦开设的世界第一家商品远期合同交易所——皇家交易所。为了适应商品经济的不断发展，1848年，82位商人发起组织了芝加哥期货交易所（CBOT），目的是改进运输与储存条件，为会员提供信息；1851年，芝加哥期货交易所引进远期合同；1865年，芝加哥谷物交易所推出了一种被称为“期货台约”的标准化协议，取代原先沿用的远期合同。使用这种标准化合约，允许合约转手买卖，并逐步完善了保证金制度，于是一种专门买卖标准化合约的期货市场形成了，期货成为投资者的一种投资理财工具。1882年，芝加哥期货交易所允许以对冲方式免除履约责任，增加了期货交易的流动性。

### （一）期货的分类

期货可以大致分为两大类，商品期货与金融期货。商品期货中主要品种可以分为农产品期货、金属期货（包括基础金属与贵金属期货）、能源期货三大类；金融期货中主要品种可以分为外汇期货、利率期货、股指期货和国债期货。以下简单介绍几种金融期货。

#### 1.外汇期货

外汇期货是指以汇率为标的物的期货合约，可以用来回避汇率风险。它是金融期货中最早出现的品种。目前，外汇期货交易的主要品种有美元、英镑、欧元、日元、加拿大元、澳大利亚元等。1972年5月，芝加哥商业交易所正式成立国际货币市场分部，推出了7种外汇期货合约，从而揭开了期权市场创新发展的序幕。从世界范围看，外汇期货的主要市场在美国，基本上集中在芝加哥商业交易所的国际货币市场（IMM）和费城期货交易所（PBT）。

#### 2.利率期货

利率期货是指以债券类证券为标的物的期货合约，可以回避银行利率波动所引起的证券价格变动的风险。利率期货的种类繁多，分类方法也有多种。通常，按照合约标的的期限，利率期货可分为短期利率期货和长期利率期货两大类。利率期货合约最早于1975年10月由芝加哥期货交易所推出，在此之后利率期货交易得到迅速发展。

3.股指期货

股指期货的全称是股票价格指数期货，也可称为股价指数期货、期指，是指以股价指数为标的物的标准化期货合约，双方约定在未来的某个特定日期，可以按照事先确定的股价指数的大小，进行标的指数的买卖。

4.国债期货

国债期货是指通过有组织的交易场所预先确定买卖价格并于未来特定时间内进行钱券交割的国债派生交易方式。它是在20世纪70年代美国金融市场不稳定的背景下，为满足投资者规避利率风险的需求而产生的。

（二）金融期货的基本特征

1.合约的标的物是金融商品

金融期货交易对象大多是无形的、虚拟化了的证券，它不包括实际存在的实物商品。

2.金融期货是标准化的合约

作为交易对象的金融商品，其收益率和数量都具有同质性、不变性和标准性，如对货币币别、交易金额、清算日期、交易时间等都作了标准化规定，唯一不确定的是成交价格。

3.交割期限的规格化

金融期货合约的交割期限大多是3个月、6个月、9个月或12个月，最长的是2年，交割期限内的交割时间随交易对象而定。

（三）金融期货交易与金融现货交易的区别

金融现货如债券、股票是对某些特别标的物具有产权，而金融期货是金融现货的衍生品。现货交易的发展和完善为金融期货交易打下了基础。同时，金融期货交易也是现货交易的延伸和补充。两者的差异主要表现在以下方面：

1.交易目的不同

金融现货买卖属于产权转移，而期货交易则着眼于风险转移和获取合理或超额利润，大部分金融期货交易的目的不在于实际获取现货。

2.价格决定不同

现货交易一般采用一对一谈判决定成交价格，而期货交易必须集中在交易所里以公开拍卖竞价的方式决定成交价格。

3.交易制度不同

现货可以长期持有，而期货则有期限限制；期货交易可以买空卖空，而现货交易只能先买后卖；现货交易是足额交易，而期货交易是保证金交易，因而风险较高，另外，期货交易价格波动受每日最大涨跌幅的限制。

4.交易的组织化程度不同

现货交易的地点和时间没有严格规定，期货交易严格限制在交易大厅内进行，现货交易信息分散，透明度低。而期货交易比较集中，信息公开，透明度高；期货交易有严格的交易程序和规则，具有比现货市场更强的抗风险能力。

（四）中国的金融期货

金融期货是金融市场的重要风险管理工具。随着我国金融领域不断深化改革和扩大对外开放，发展金融期货及其衍生品等风险管理市场，对于完善金融市场功能、优化资源配置、扩大金融现货市场规模、丰富交易品种、改善市场结构、健全金融市场体系、加快金融体制改革具有重要意义。经国务院同意，中国证监会批准，2006年9月8日，中国金融期货交易所（简称“中金所”）在上海成立。2010年4月16日，中国金融期货交易所推出沪深300股指期货。

## 二、期权

期权又称选择权，是在期货的基础上产生的一种衍生性金融工具，是买方向卖方支付一定数量的金额后拥有的在未来一段时间内或某一特定日期以事先规定好的价格向卖方购买或出售一定数量的特定标的物的权利。从其本质上讲，期权实质上是在金融领域中将权利和义务分开进行定价，使得权利的受让人在规定时间内有权选择是否进行交易。若买方决定行使其权利，义务方必须履行。在期权交易时，购买期权的一方称为买方，而出售期权的一方称为卖方；买方即是权利的受让人，而卖方则是必须履行买方所要求行使权利的义务人。

（一）期权分类

1.买方期权

买方期权又称买进期权、看涨期权、买权、延买期权，就是指赋予持有人在一个特定时期以某一固定价格购进一种资产（股票、外汇、商品、利率等）的权利。如股票买方期权的价值取决于到期日标的股票的价值。如果到期日的股票价格高于执行价格，那么买方期权处于实值，持有者会执行期权，获得收益；如果到期日的股票价格低于执行价格，那么买方期权处于虚值，持有者不会执行期权，此时买方期权的价值就是“0”。

2.卖方期权

卖方期权又称卖出期权、看跌期权、卖权、延卖期权，是指期权的购买者拥有在期权合约有效期内按执行价格卖出一定数量标的物的权利，但不负必须卖出的义务。

卖方期权给予投资者在某一特定日期或在此日期之前以特定的执行价格出售某种资产的权利。例如，一份执行价格为85美元的某股票期权，10月份到期，卖方期权给予其所有者在10月份期满或到期之前以85美元的价格出售该股票的权利，甚至就算当时该股票的市场价格低于85美元。当资产价值下跌的时候，卖方期权的利润才会增长。只有当其持有者确定资产当前价格比执行价格低时，卖方期权才会被执行。

（二）期权合约

期权合约是指期权买方向期权卖方支付了一定数额的权利金后，即获得该标的在规定的期限内按事先约定的敲定价格买进或卖出一定数量标的物（实物商品、证券或期货合约）的权利的一种标准化合约，买方也可以根据需要放弃行使这一权利。期权合约的构成要素主要有以下几个：买方、卖方、权利金、敲定价格、通知日和到期日等。

1.期权履约

期权的履约有三种情况：①买卖双方都可以通过对冲的方式实施履约。②买方也可以将期权转换为期货合约的方式履约（在期权合约规定的敲定价格水平上获得一个相应的期货部位）。③任何期权到期不用，自动失效。如果期权是虚值，期权买方就不会行使期权，直至到期权失效。这样，期权买方最多损失所交的权利金。

2.期权权利金

期权权利金就是购买或售出期权合约的价格。对于期权买方来说，为了换取期权赋予买方一定的权利，他必须支付一笔权利金给期权卖方；对于期权的卖方来说，他卖出期权而承担了必须履行期权合约的义务，为此，他收取一笔权利金作为报酬。由于权利金是由买方负担的，是买方在出现最不利的变动时所需承担的最高损失金额，因此，权利金也称作保险金。

此外，期权合约包括四个特别的项目：标的资产、期权行使价、数量和行使时限。

（1）标的资产。

每一期权合约都有一个标的资产，标的资产可以是众多的金融产品中的任何一种，如普通股票、股价指数、期货合约、债券、外汇等。通常，把标的资产为股票的期权称为股票期权，以此类推。所以，期权有股票期权、股票指数期权、外汇期权、利率期权、期货期权等，它们通常在证券交易所、期权交易所、期货交易所挂牌交易，当然也有场外交易。

（2）期权行使价。

在行使期权时，用于买卖标的资产的价格。在大部分交易的期权中，标的资产价格接近期权的行使价。行使价格在期权合约中都有明确的规定，通常是由交易所按一定标准以减增的形式给出，故同一标的的期权有若干个不同价格。一般来说，在某种期权刚开始交易时，每一种期权合约都会按照一定的间距给出几个不同的执行价格，然后根据标的资产的变动适时增加。至于每一种期权有多少个执行价格，取决于该标的资产价格波动的情况。投资者在买卖期权时，对执行价格选择的一般原则是：选择在标的资产价格附近交易活跃的执行价格。

（3）数量。

期权合约明确规定合约持有人有权买入或卖出标的资产的数量。例如，一张标准的期权合约所买卖股票的数量为100股，但在一些交易所亦有例外，如在中国香港交易所交易的期权合约，其标的股票的数量等于该股票每手的买卖数量。

（4）行使时限（到期日）。

每一期权合约具有有效的行使期限，如果超过这一期限，期权合约即失效。一般来说，期权的行使时限为1～3个月、6个月、9个月不等，单个股票的期权合约的有效期间至多为9个月。场外交易期权的到期日根据买卖双方的需要量身定制。但在期权交易场所内，任何一只股票都要归入一个特定的有效周期，有效周期可分为这样几种：①1月、4月、7月、10月。②2月、5月、8月和11月。③3月、6月、9月和12月。它们分别称为1月周期、2月周期和3月周期。

根据期权执行时间的不同，期权可分为美式期权、欧式期权和修正的美式期权。美式期权是指可以在成交后有效期内任何一天被执行的期权。欧式期权是指买入期权的一方必须在期权到期日当天才能行使的期权。修正的美式期权又称百慕大期权或大西洋期权，是指可以在期权到期日之前的一系列规定日期执行的期权。

（三）期权与期货的区别

1.标的物不同

期货交易的标的物是标准的期货合约；而期权交易的标的物则是一种买卖的权利。期权的买方在买入权利后，便取得了选择权。在约定的期限内既可以行使权利买入或卖出标的资产，也可以放弃行使权利；当买方选择行使权利时，卖方必须履约。

2.投资者权利与义务的对称性不同

期权是单向合约，期权的买方在支付权利金后即取得履行或不履行买卖期权合约的权利，而不必承担义务；期货合同则是双向合约，交易双方都要承担期货合约到期交割的义务。如果不愿实际交割，则必须在有效期内对冲。

3.履约保证不同

在期权交易中，买方最大的风险限于已经支付的权利金，故不需要支付履约保证金；而卖方面临较大风险，因而必须缴纳保证金作为履约担保。而在期货交易中，期货合约的买卖双方都要缴纳一定比例的保证金。

4.盈亏特点不同

期权交易是非线性盈亏状态，买方的收益随市场价格的波动而波动，其最大的亏损只限于购买期权的权利金；卖方的亏损随着市场价格的波动而波动，最大收益（即买方的最大损失）是权利金。期货的交易是线性的盈亏状态，交易双方则都面临着无限的盈利和无止境的亏损。

5.套期保值的作用与效果不同

期货的套期保值不是对期货而是对期货合约标的金融工具的实物（现货）进行保值，由于期货和现货价格的运动方向会最终趋同，故套期保值能收到保护现货价格和边际利润的效果。期权也能套期保值，对买方来说，即使放弃履约，也只损失保险费，可对其购买资金保值；对卖方来说，要么按原价出售商品，要么得到保险费也同样保值。

## 三、远期

远期是相对简单的一种金融衍生工具，合约双方约定在未来某一时刻按约定的价格买卖约定数量的金融资产。远期合约使资产的买卖双方能够消除未来资产交易的不确定性。

远期合约是20世纪80年代初兴起的一种保值工具，它是一种交易双方约定在未来的某一确定时间，以确定的价格买卖一定数量的某种金融资产的合约。合约中要规定交易的标的物、有效期和交割时的执行价格等内容。

### （一）远期合约的基本特点

远期合约指明买卖的金融工具种类、价格及交割结算的日期。远期合约是必须履行的协议，不同于可选择不行使权利（即放弃交割）的期权。远期合约亦与期货不同，其合约条件是为买卖双方量身定制的，通过场外交易（OTC）达成，而期货则是在交易所买卖的标准化合约。远期合约规定了将来交换的资产、交换的日期、交换的价格和数量，合约条款因合约双方的需要不同而不同。远期合约主要有远期利率协议、远期外汇合约、远期股票合约。

远期合约是现金交易，买方和卖方达成协议在未来的某一特定日期交割一定质量和数量的商品。价格可以预先确定或在交割时确定。

远期合约是场外交易，如同即期交易一样，交易双方都存在风险。因此，远期合约通常不在交易所内交易。伦敦金属交易所中的标准金属合约是远期合约，它们在交易所大厅中交易。

### （二）金融远期合约交易与金融期货交易的联系和区别

金融期货交易是在金融远期合约交易的基础上发展起来的。两者最大的共同点是均采用先成交、后交割的交易方式，但两者也有很大的区别：

1.交易所

远期市场组织较为松散，没有交易所，也没有集中交易地点，交易方式也不是集中式的。期货在指定的交易所内交易，交易所必须能提供一个特定集中的场地。交易所也必须能规范客户的订单在公平合理的交易价格下完成。期货合约在交易厅内公开交易，交易所还必须保证让当时的买卖价格能及时并广泛传播出去，使得期货从交易的透明化中享受到交易的优点。

2.合约标准化

远期合约中交易商品的品质、数量、交割日期等，均由交易双方自行决定，没有固定的规格和标准；金融期货合约是符合交易所规定的标准化合约，对交易的金融商品的品质、数量及到期日、交易时间、交割等级等都有严格而详细的规定。

3.保证金与逐日结算

远期合约交易通常不交纳保证金，合约到期后才结算盈亏。期货交易则不同，必须在交易前交纳合约金额一定比例的保证金，并由清算公司进行逐日结算，如有盈余，可以支取，如有损失且账面保证金低于维持水平时，必须及时补足，这是避免交易所信用危机的一项极为重要的安全措施。

4.头寸的结束

远期交易由于是交易双方依各自的需要而达成的协议，因此，价格、数量、期限均无规格，倘若一方中途违约，通常不易找到第三者能无条件接替承受该权利和义务，因此，违约一方只有提供额外的优惠条件要求解约或找到第三者接替承受原有的权利和义务。结束期货头寸的方法有三种：第一，由对冲或反向操作结束原有头寸，即买卖与原头寸数量相等、方向相反的期货合约；第二，采用现金或现货交割；第三，实行期货转现货交易。在期货转现货交易中，两位交易人承诺彼此交换现货和以该现货为标的的期货合约。

5.交易的参与者

远期合约的参与者大多是专业化生产商、贸易商和金融机构，而期货交易更具有大众意义，市场的流动性和效率都很高。参与交易的可以是银行、公司、财务机构、个人等。

**四、掉期**

掉期是一种由交易双方签订的在未来某一时期相互交换某种资产的合约。交换的具体对象可以是不同种类的货币、债券，也可以是不同种类的利率、汇率、价格指数等。较为常见的是利率掉期合约和货币掉期合约。掉期合约中规定的交换货币是同种货币，则为利率掉期；是异种货币，则为货币掉期。

掉期合约、期货合约和期权合约不同的是，掉期合约一般都是非标准化的，因此，不能像期货合约和期权合约那样上市交易。

（一）掉期合约的分类

1.利率掉期合约

利率掉期合约是双方交换一系列现金流的合约，不交换名义本金，双方按合约规定，一方定期向另一方支付名义本金的固定利息，而后者则定期向前者支付名义本金的浮动利息。

2.货币掉期合约

货币掉期合约是指两笔金额相同、期限相同、计算利率方法相同，但货币不同的债务资金之间的调换，同时，也进行不同利息额货币调换的协议。

3.商品掉期合约

商品掉期合约是指把所有同一种商品或商品指数相关的收益与另一种商品或商品指数进行收益互换的协议。

（二）掉期交易

掉期交易是指交易双方约定在未来某一时期相互交换某种资产的交易形式。掉期交易与期货、期权交易一样，是近年来发展迅猛的金融衍生产品之一，成为国际金融机构规避汇率风险和利率风险的重要工具。

掉期交易作为一种灵活、有效的避险和资产负债综合管理的衍生工具，越来越受到国际金融界的重视，用途日益广泛，交易量急速增加。近年来，这种交易形式已逐步扩展到商品、股票、期货及汇率、利率以外的领域。由于掉期合约内容复杂，多采取由交易双方一对一进行直接交易的形式，缺少活跃的二级市场和交易的公开性，具有较大的信用风险和市场风险。因此，从事掉期交易者多为实力雄厚、风险控制能力强的国际性金融机构，掉期交易市场基本上是银行同业市场。国际清算银行（BIS）和掉期交易商的国际性自律组织国际掉期交易商协会（ISA），近年来，先后制定了一系列指引和准则来规范掉期交易，其风险管理越来越受到交易者和监管者的重视。

（三）掉期交易的类型

1.即期对远期的掉期交易

即期对远期的掉期交易，是指买进或卖出某种即期外汇的同时，卖出或买进同种货币的远期外汇。它是掉期交易里最常见的一种形式。

这种交易形式按参加者不同又可分为两种：一种是纯粹的掉期交易，指交易只涉及两方，即所有外汇买卖都发生于银行与另一家银行或公司客户之间；另一种是分散的掉期交易，指交易涉及三个参加者，即银行与一方进行即期交易的同时与另一方进行远期交易。但无论怎样，银行实际上仍然同时进行即期和远期交易，符合掉期交易的特征。进行这种交易的目的就在于为了避免风险，并从汇率的变动中获利。

在掉期交易中，决定交易规模和性质的因素是掉期率或兑换率。掉期率就是换汇率。掉期率本身并不是外汇交易所适用的汇率，而即期汇率与远期汇率或远期汇率与即期汇率之间的差额，即远期贴水或升水。掉期率与掉期交割的关系是：如果远期升（贴）水值过大，则不会发生掉期交易。因为这时交易的成本往往大于交易所能得到的益处。掉期率有买价掉期率与卖价掉期率之分。

2.一天掉期交易

一天掉期又可分为今日掉明日、明日掉后日和即期掉次日。今日掉明日掉期的第一个到期日在今天，第二个掉期日在明天；明日掉后日掉期的第一个到期日在明天，第二个到期日在后天；即期掉次日掉期的第一个到期日在即期外汇买卖起息日（即后天），第二个到期日是将来的某一天（如即期掉1个月远期，远期到期日是即期交割日之后的第30天）。

3.远期对远期的掉期交易

远期对远期的掉期交易是指买进并卖出两笔同种货币不同交割期的远期外汇。该交易有两种方式：一是买进较短交割期的远期外汇（如30天），卖出较长交割期的远期外汇（如90天）；二是买进期限较长的远期外汇，而卖出期限较短的远期外汇。假如一个交易者在卖出100万30天远期美元的同时，又买进100万90天远期美元，这个交易方式即远期对远期的掉期交易。由于这一形式可以使银行及时利用较为有利的汇率时机，并在汇率的变动中获利，因此，越来越多地被重视与使用。

（四）掉期交易的作用

由于掉期交易是运用不同的交割期限来进行的，可以避免因时间不一造成的汇率变动的风险，对国际贸易与国际投资发挥了积极的作用。具体表现在以下方面：

1.有利于进出口商进行套期保值

例如，英国出口商与美国进口商签订合同，规定4个月后以美元付款。这意味着英国出口商在4个月以后将收入一笔即期美元。在这期间，如果美元汇率下跌，该出口商要承担风险。为了使这笔贷款保值，该出口商可以在成交后马上卖出等量的4个月远期美元，以保证4个月后该出口商用本币计值的出口收入不因汇率变动而遭受损失。除了进出口商外，跨国公司也经常利用套期保值，使公司资产负债表上外币资产和债券的国内价值保持不变。

实质上，套期保值与掉期交易并没有差异。因为在套期保值中，两笔交易的交割期限不同，而这正是掉期交易的确切含义所在。凡利用掉期交易同样可获得套期保值的利益。但在操作上，掉期交易与套期保值仍有所区别，即在套期保值中，两笔交易的时间和金额可以不同。

2.有利于证券投资者进行货币转换，避开汇率变动风险

掉期交易可以使投资者将闲置的货币转换为所需要的货币，并得以运用，从中获取利益。在现实中，许多公司和银行及其他金融机构就利用这项新的投资工具，进行短期的对外投资；在进行这种短期对外投资的时候，它们必须将本币兑换为另一国的货币，然后调往投资国或地区，但在资金回收时，有可能发生外币汇率下跌使投资者蒙受损失的情况，为此，就得利用掉期交易避开这种风险。

3.有利于银行消除与客户单独进行远期交易承受的汇率风险

掉期交易可使银行消除与客户进行单独远期交易所承受的汇率风险，平衡即期交易与远期交易的交割日结构，使银行资产结构合理化。

**课堂小讨论**

谈一谈金融衍生工具的利弊。

## 本章小结

1．借贷活动自产生以来一直采取两种基本形态：一种是实物借贷，另一种是货币借贷。但随着经济发展和社会分工的专业化，货币借贷逐渐成为居于主导地位的信用形式。

2．高利贷是以极高的利率为基本特征的借贷活动。高利贷之“高利”的原因：借贷资金的供求状况、贷者的垄断地位、风险与成本的补偿。

3．直接融资与间接融资：直接融资是盈余方直接把资金贷给赤字方使用，即赤字方通过发行所有权凭证或债权债务凭证融入资金，而盈余部门则通过购买这些凭证向赤字方提供资金。间接融资是盈余方和赤字方以金融机构为中介而进行的融资活动。直接融资和间接融资各具优点，也各有局限。

4．信用风险是指借款人因各种原因未能及时、足额偿还债务而出现违约的可

能性。

5.信用形式包括商业信用、商业票据、银行信用、国家信用、消费信用、国际信用。

6.信用工具是资金供应者和需求者之间进行资金融通时，以书面形式发行和流通，借以保证债权人或投资人权利的凭证，用来证明债权的各种合法凭证。信用工具包括商业票据、银行票据、支票、债券等。

7.衍生金融工具又称派生金融工具、金融衍生产品等，顾名思义，是与原生金融工具相对应的一个概念，它是在原生金融工具诸如即期交易的商品合约、债券、股票、外汇等基础上派生出来的，其价值依赖于标的资产价值变动的合约。衍生金融工具包括期货、期权、远期合约、掉期合约。

## 关键概念

信用　间接融资　直接融资　商业信用　银行信用　国家信用　消费信用　国际信用　市场经济　信用制度　信用工具　商业票据　银行票据　支票　债券　衍生金融工具　期货　期权　远期　掉期

## 综合训练

一、单项选择题

1.（　　）是指债务人向债权人签发的，承诺在一定时间内对持票人或收款人支付一定金额的无条件书面承诺。

A.商业票据　B.商业本票　C.商业汇票　D.银行票据

2.1848年，82位商人发起组织了（　　）。

A.皇家交易所　B.芝加哥期货交易所

C.芝加哥谷物交易所　D.费城期货交易所

3.2010年4月16日，我国（　　）推出沪深300股指期货。

A.郑州商品期货交易所　B.大连商品期货交易所

C.中国金融期货交易所　D.上海期货交易所

4.如果到期日的股票价格高于执行价格，那么买方期权处于（　　）。

A.实值　B.虚值　C.平值　D.无法判断

5.当借贷资金市场利率水平较高时，在其他因素水平不变的情况下，债券的票面利率（　　）。

A.较高　B.较低　C.没有影响　D.无法判断

二、多项选择题

1.信用工具按信用形式可分为（　　）。

A.商业信用工具　B.银行信用工具

C.国家信用工具　D.证券投资信用工具

2.以下属于非标准化合约的是（　　）。

A.远期合约　　B.期货合约　　C.期权合约　　D.掉期合约

3.信用的基本形态有（　）。

A.实物借贷　　B.信用互换　　C.货币借贷　　D.权证转让

4.以下属于国际直接投资的是（　）。

A.在国外开办独资企业

B.出口信贷

C.收购或合并国外企业

D.对国外企业进行一定比例的股权投资

5.消费信用主要包括（　）几种形式。

A.赊销　　B.分期付款　　C.商业票据　　D.消费贷款

三、思考题

1.简述直接融资和间接融资的优点和局限性。

2.简述信用机构的几种主要类型及其作用。

3.比较银行信用与商业信用，二者之间有怎样的联系？在金融市场十分发达的今天，为什么银行信用仍是世界各国主要的信用形式？

4.什么是消费信用？为什么我国从1997年以来要大力发展消费信用？

5.近年来多起“老板跑路”的新闻占据了各大报纸的头版头条，这些案件大多数是由民间借贷引起的，资金链断裂导致无法偿还债务就走上了“跑路”这一条不归路。对此，请谈谈你对民间借贷的看法，并对当局如何监管民间借贷提出自己的建议。

# 第三章

# 利息与利率

**引例**

2015年3月6日晚间，美国公布的非农就业数据远超预期，显示美国劳动力市场“十分健康”，国际投行对美联储6月加息的预期升温。数据公布后，美元指数再攀新高，飙升至11年高位97.75。

7月17日，亚洲汇市早盘，美元指数交投于97.65附近水平，上一交易日美元继续上扬一度触及97.76的两个月高位，主要因日内公布的初请失业金数据巩固了市场对美国年内升息的预期，而这一周美元走势可谓顺风顺水，美联储主席耶伦的鹰派证词为加息打开了大门，再加上PPI、初请等数据的良好表现美元涨势得到强劲支撑。

美联储加息预期铸就了美元强势地位。16日，美元指数延续上涨势头，美联储主席耶伦在参议院作证时重复了之前的言论，就业市场好转以及经济愈发强劲使得美联储有可能今年晚些时候加息。她补充道，美联储有关加息时间的决定仍将取决于数据。而当日美国公布的一系列经济数据总体表现不错，巩固了美联储9月升息的预期。

随着美联储加息脚步越来越近，而欧洲央行还在强调维持超宽松货币政策，这使得欧美货币政策差异愈加显著。7月16日，欧洲央行决议宣布维持利率不变，符合市场预期，同时行长德拉吉还发表了鸽派言论，力挺QE政策，欧元/美元受压触及七周低位，目前徘徊于1.0875附近。除了通胀和经济之外，德拉吉还重点谈到了希腊问题，他透露，欧洲央行上调了对于希腊银行业的ELA（紧急流动性援助）9亿欧元。他认为，新的希腊协议已经改变了希腊问题的局势。他说道：“新的希腊协议恢复了ELA的条件，央行根据希腊留在欧元区的假设而采取行动。”

人们为什么这么关注利率呢？因为，在市场经济中，利率起着极为重要的作用。那么，什么是利息，它的本质是什么？利率又有哪些种类，它的具体作用有哪些？本章将进行相应的阐述。

## 第一节 利息的本质与利率种类

### 一、利息的本质

利息是信用行为的产物，只要信用关系存在，利息就必然存在。在信用关系中，货币资本使用权的让渡者必然会要求货币资本的使用者给自己一定的补偿，以弥补其因放弃一定时期内货币资本使用权而丧失的经济利益。于是，利息随之产生，它是信用关系中债务人支付给债权人的报酬，同时又是信用存在和发展的必要条件。

对于利息本质问题的研究，即利息从何而来以及利息体现了什么样的生产关系，经济学家们有着不同的看法。

马克思对此问题有过深刻的剖析。他认为利息直接来源于利润，是剩余价值的转化形式，但利息又只是利润的一部分，而不是全部。在资本借贷的过程中，借者要么将借入资本作为产业资本从事生产，要么将它作为商业资本从事流通，其最终结果都能产出利润；其中一部分而非全部利润将支付给贷出方，作为使用资本的报酬。之所以是一部分，是因为对于借入者来说，借贷资本的使用价值就在于它会产生利润；另一方面，利润也不能全归借入者，不然的话，对于这种使用价值的让渡他什么也不支付，贷出者也就没有必要让渡使用权了。

西方其他经济学家也对利息本质进行过深入的研究，形成了不同的答案。有的将利息看成是因暂时放弃货币的使用权而获得的报酬，因为当贷者贷出货币后，在约定的时期内，不论自己如何迫切地需要货币，也不能使用他自己的货币，这就会给他带来某种损失，因而需要补偿。有的将利息看作是因为贷款人承担了风险而获得的报酬；也有学者认为，利息是人们在一定时期内，放弃货币的周转灵活性的报酬，即利息是放弃流动性偏好的报酬；还有学者认为，利息来源于资本的边际生产力。

### 二、利率与利率体系

（一）利率及其表示方法

利率是利息率的简称，是借贷期内利息额同本金额的比率，它是计量借贷资本增值程度的数量指标。用公式表示为：

利率=利息 / 本金

通常，利率可表示为年利率、月利率和日利率三种形式。

年利率是以年为单位计算利息，通常以本金的百分之几表示；月利率是以月为单位计算利息，通常以本金的千分之几表示；日利率，习惯称“拆息”，是以日为单位计息，一般以本金的万分之几表示。三者之间的换算关系是：

年利率=月利率×12=日利率×365

（二）利率体系

在一个国家或地区，利率是以多种形式表现出来的，如中央银行利率、商业银行利率、存款利率、贷款利率、银行同业拆借利率等，它们共同构成了一个国家和地区的利率体系。利率体系，也称利率系统，是指某经济体内部所存在的，相互联系、相互影响、相互制约的各种利率的集合，主要包括利率结构和各种利率间的传导机制。

## 三、利率的种类

按照不同的标准，利率有着多种不同的分类，经济生活中常见的分类方法有：

（一）基准利率

基准利率也称为中心利率，它是在多种利率并存的条件下，或者在利率体系中起决定作用的利率，它反映全社会的一般利率水平。这里所谓的起决定作用是指，该利率的变动影响和决定着体系内其他利率的变动。在西方国家，基准利率一般是指中央银行的再贴现率。在美国，基准利率一般是指联邦基金利率，我们经常说的美国联邦储备委员会下调利率，指的就是这个利率。英国的基准利率为英国伦敦银行同业拆借利率（LIBOR），也往往是国际借贷的一个基准利率。在我国，理论界对基准利率的表述存在不同的认识，但一般认为是中国人民银行对商业银行的再贷款利率。当然，由于我国目前对利率实行管制，由国家直接制定银行的存贷款利率，因此，有人认为中国人民银行确定的存贷款利率就是我国的基准利率。

（二）按照在借贷期内是否调整，利率可分为固定利率和浮动利率

固定利率是指在借贷业务发生时，由借贷双方确定的利率，在整个借贷期内，利率不因资金供求状况或其他因素的变化而变化。所谓浮动利率，是指在借贷期内可定期进行调整的利率。浮动利率一般是根据市场短期利率的变化，每3个月或6个月调整一次。

固定利率与浮动利率二者各有长短。固定利率因其利率固定，有利于借贷双方准确计算成本和收益，在借款期限较短或市场利率变化不大时可采用。但如存在严重的通货膨胀或通货紧缩趋势时，固定利率的采用将使借方或贷方承担较大的利率风险，在借贷期长的情况下更是如此，因而在越来越多的借贷中开始采用浮动利率。浮动利率可以减少市场变化的风险，但不便于借贷双方计算收益和成本。在国际金融市场上，因为资金来源的利率经常发生波动，所以贷款的利率也要随之浮动；在我国，外汇贷款的利率一般采取浮动利率，就是因为这个原因。对于人民币贷款，我国现行利率管理制度规定，存款利率为固定利率，即存款日那天的利率在

存款期限内将不再变动，但贷款利率则为浮动利率，一年一定，如中国人民银行调整贷款利率，生效期为次年的1月1日。

（三）按照计算方法的不同，利率分为单利和复利两种

单利是只按本金计算利息，利息不再计人本金重新计算利息，其计算公式为：

$$I=P\cdot i\cdot n$$

$$S=P(1+i\cdot n)$$

式中，I代表利息额，P代表本金，i代表利率，n代表时间，S代表本利和。

例如，某人从商业银行贷款100万元，贷款期限为3年，贷款的年利率为5%，则到期时该借款人按单利计算应支付的利息和本利和为：

$$I=1\,000\,000\times5\%\times3=150\,000(元)$$

$$S=1\,000\,000(1+5\%\times3)=1\,150\,000(元)$$

复利则是指计算利息时按照一定的期限，将利息加入本金，作为下一期计算利息的基础，俗称“利滚利”，其计算公式为：

$$I=P(1+i)^n-P=P\left[(1+i)^n-1\right]$$

$$S=P(1+i)^n$$

式中：S代表本利和，n代表期数，P代表本金，i代表利率。

假如上例用复利计算，则应付利息和本利和为：

$$I=1\,000\,000\left[(1+5\%)^3-1\right]=157\,625(元)$$

$$S=1\,000\,000(1+5\%)^3=1\,157\,625(元)$$

我国有段时间不承认复利的存在，认为那是一种剥削。但实际上，无论是单利还是复利，都只是一种利息的计算方式。其实，承认了单利的存在也就等于承认了复利的存在。很明显，1年期的存款到期后将本息取出来再重新存1年期，这其实就是一种复利。所以，在确定3年期单利时，必须要保证利息收入要比1次存1年、存3次所得的利息多，否则就不会有人存长期存款了。

从货币的时间价值角度考虑，这里的S也被称为终值，P被称为现值。终值一般指的是按复利计算，现在的一笔投资在未来某一时间能够获得的货币总额。

现值是与终值相对的概念，它指的是为了在将来获得一定量的货币总额，现在需要投资多少货币，或者是说现在投资多少货币才能在未来某一时间获得一定量的货币总额。很明显，现值的计算实际上就是终值的逆运算。因此：

$$P=\frac{S}{(1+i)^n}$$

式中：$1/(1+i)^n$称为现值系数。

现值和终值是我们进行投资决策非常重要的工具。

（四）按照是否涵盖通货膨胀的因素，利率又可分为名义利率和实际利率

现实中的银行挂牌利率和票面利率就是名义利率。理论上，名义利率是指包含

着通货膨胀因素的利率；与此相对，实际利率则是指物价不变，从而货币购买力不变条件下的利息率，它是名义利率扣除通货膨胀率之后的差，用公式可表示为：

实际利率 = 名义利率 − 通货膨胀率

例如，假定某年度物价没有变化，A从B处取得1年期的10万元贷款，年利息额8 000元，实际利率就是8%。如果某一年的通货膨胀率为5%，B为了避免通货膨胀给本金带来的损失，假设仍然要取得8%的利息，那么粗略地计算，B必须把贷款利率提高到13%，这样，才能保证得到相当于实际利率的回报。

（五）根据是否按市场供求变化，可将利率分为市场利率、法定利率和公定利率

市场利率是指随市场变动而自由变动的利率。市场利率的变化调节着资金供求，最终会使资金供求趋于平衡，货币资金供求处于均衡状态下的利率即为均衡利率。

法定利率又称"官定利率"，是指政府或货币管理当局所确定的利率。法定利率主要包括两类：一类是中央银行对商业银行等金融机构的再融资利率，这又包括再贴现利率和再贷款利率；另一类是中央银行对商业银行等金融机构的存贷款利率进行直接管制和对直接金融市场上债券利率的直接管制。

还有一种介于法定利率与市场利率之间的利率，即公定利率，它是由非政府部门的金融行业自律性组织，如银行公会等所确定的利率。公定利率对该公会会员银行有约束力。

我国目前以法定利率为主。绝大多数利率仍是由中国人民银行制定、报国务院批准后执行。市场利率范围有限，主要是在同业拆借等领域。公定利率范围也有限，目前主要是在外币存贷款领域。

（六）按照信用行为期限的长短，利率可分为长期利率和短期利率

一年期以下的融资行为称为短期信用，其对应的利率就是短期利率；一年期以上的信用行为称为长期信用，相应的利率就是长期利率。一般来说，长期利率通常高于短期利率，这是因为：第一，长期融资的风险较短期大，期限越长，市场变化的可能性越大，借款者的经营风险越大，从而贷出者遭受损失的可能性越大；第二，融资的时间越长，借款者使用借入资金经营取得的利润越大，贷出者得到的利息也相应增加；第三，融资时间越长，通货膨胀的风险越大，只有较高的利率才能使贷出者减少通货膨胀带来的损失。

## 第二节　利率的功能及其所需要的条件

### 一、利率的功能

利率是一个国家重要的经济杠杆，发挥的是经济调节的功能。从动态角度来

看，利率变动首先会影响微观经济主体的行为，改变他们的储蓄及投资决策，最终引起宏观经济变量的变动，这便是利率微观调节功能发挥作用的过程。正是因为利率变动和微观经济主体的行为之间存在着密切的联系，所以政府宏观调控部门可以通过变动利率来影响宏观经济运行，从而使利率发挥宏观调节的功能。

（一）利率的微观调节功能

利率的微观调节功能发挥作用的过程就是利率变动影响微观经济主体行为的过程，利率变动对微观经济主体行为的影响主要表现为对其储蓄行为和投资行为的影响。

1.利率对微观经济主体储蓄行为的影响

聚集和积累资金是利率最主要的功能。在市场经济条件下，资金闲置者和资金短缺者经济利益不一致，所以对闲置资金的应用就必须有偿进行，这种有偿的手段就是利率。利息收入的诱惑，就可以促使资金闲置者主动让渡资金的使用权，从而聚集更多的资金。

利率对储蓄的影响是替代效应和收入效应相互作用的结果。人们在利率水平提高的情况下，愿意增加未来的储蓄来替代当前的消费，这就是利率的替代效应。它反映了人们有较强的增加利息收入从而增加财富积累的偏好。而利率的收入效应则是人们在利率水平提高时，希望增加当前消费，从而减少储蓄，它反映了人们在收入水平由于利率提高而提高时，希望进一步改善生活水准的愿望。因此，利率的提高，可能使储蓄增加，也可能使储蓄减少，这取决于两种效应力量的对比。在通常情况下，储蓄是利率的增函数，较高的利率会促进储蓄总量的增加，特别是对储蓄存款的促进作用更加明显。

利率的高低不仅影响储蓄的总量，而且影响储蓄的结构。利率对储蓄结构的影响，主要表现为影响储蓄者是选择金融资产储蓄还是选择实物储蓄，是选择存款还是选择购买股票、债券等。当利率提高时，人们会愿意选择金融资产储蓄；当利率降低时，存款已不再有利可图，人们就会选择保值的实物资产来储蓄。在金融资产中，当利率提高时，人们会选择储蓄，能够得到更多的利息收入；当利率降低时，利息收入降低，而这时证券资产的价格会变高，投资证券获利更多，人们就会选择购买股票债券等。

2.利率对微观经济主体投资行为的影响

利率对投资的影响也反映在投资的规模和投资的结构两个方面。

第一，利率的高低与投资规模呈反向变化。一般理论认为，低利率对投资有刺激作用，高利率则不利于投资规模的扩大，这是因为在其他条件不变的情况下，低利率减少了企业生产成本中的利息支出，从而增加了企业盈利，企业更加有利可图，于是刺激企业扩大投资。

第二，利率有利于调整投资方向，促进全社会生产要素的优化配置。利率的提高，使成本相应增加，作为利润的一个抵消因素，由此产生的利益约束将迫使那些经济效益较差的借款人减少借款，使有限的资金流向效益好的行业和企业，从而实现资源的优化配置。

（二）利率的宏观调节功能

利率的宏观调节功能发挥作用的过程是微观经济主体储蓄和投资行为的改变影响宏观经济变量变动的过程，是货币当局依据微观经济主体行为与宏观经济变量变动之间的关系，通过调整利率来影响宏观经济运行的过程。

1.利率与通货膨胀

通常，利率会受到人们对通货膨胀预期的影响，通货膨胀预期越高，则利率会越高；反过来，利率作为一个经济杠杆，也反作用于物价水平，起到稳定物价、抑制通货膨胀的作用。这一作用是通过以下两条途径实现的：

（1）利率可以调节货币供应量。

一方面，当流通中的货币量超过货币需求量，出现物价上涨时，调高利率可以抑制信贷需求，缩小信贷规模；另一方面，利率的提高也可以扩大资金的来源，从而使货币需求与货币供给相等；同时，对持续通货膨胀的预期也会减少货币供应量，最终促使物价稳定。

（2）利率可以调节社会总供给和总需求。

调高利率可以使更多的社会闲散资金以存款的方式集中到银行。一方面推迟了购买力，减少了社会总需求；另一方面，银行得以聚集更多的资金，用以支持适销对路的商品，增加有效供给，从而使社会总供给和总需求趋于平衡，达到稳定物价的目的。

2.利率与货币流通

利率对货币流通的调节作用主要表现在：

（1）存款利率的高低直接影响着存款规模和人们对即期消费还是未来消费的选择，从而对实现社会购买力与商品可供量的平衡有调节作用。

（2）贷款利率的高低直接影响银行的贷款规模和货币供应量，对币值稳定有重要影响。

（3）利率的高低直接影响企业的投资生产规模和经营成本，从而影响社会商品的供给总量和结构，对货币流通正常与否有重要影响。

3.利率与经济结构

利息支出是利润的抵减因素，经济利益的约束必将使经济效益较差的借款人减少借款，从而使有限的资金流向利润率较高的部门，实现社会资源的优化配置。正是由于利率具有这一调节功能，国家可以自觉地运用差别利率政策，对国家急需发展的行业以及有关的企业和产品，适当降低贷款利率，大力支持它们的发展；对需要限制的行业，适当提高对其贷款的利率，限制其发展，从而优化产业结构，实现经济结构合理化。

4.利率与国际收支

利率与国际经济的关系也非常密切。当国际收支不平衡时，可以通过利率杠杆进行调节。如当国际收支逆差比较严重时，可以将本国的利率调到高于其他国家的程度，这样一方面可以阻止本国资金流向利率较高的其他国家，另一方面还可以吸引国外资本流入本国。在国际收支顺差时，则可以降低利率，资金会流向国外，从而恢复国际收支的平衡。

## 二、利率发挥调节功能所需要的客观经济条件

经济的理论与实践都表明，在宏观经济与微观经济运行中，并不是有了利率的存在，利率杠杆的功能就必然能很好地发挥出来。要使利率杠杆的能量释放出来，必须具备如下条件：

（一）稳定的货币和金融环境

一个稳定的货币和金融环境是利率正常发挥作用的前提。如果货币不稳定，出现了恶性的通货膨胀，利率杠杆就很难起作用，即使有一定作用，也将遭到严重扭曲。只有在货币稳定、金融稳定、市场稳定的前提下，利率杠杆的作用才能有效地发挥出来。

（二）微观经济主体必须有自我约束机制

向中央银行借款的金融机构和向金融机构借款的非金融企业都必须是以利润为直接经营目标的企业，都必须是独立核算、自主经营、自负盈亏的企业。只有这样，企业才会真正关心其利润，才会对利率的变动敏感，才会根据对成本、利润的预期作出增加或减少借款的选择。

这一点在市场经济国家一般都不成问题。但在我国，因为历史和体制上的原因，很多银行和企业的经营决定不是从企业利润的最大化出发的，这时利率不管多高，往往都遏制不了企业的投资冲动，利率对投资规模的调整作用受到了很大的限制。但目前，这种状况有所改观，随着现代企业制度的建立，利率越来越成为经济中重要的一个杠杆。

（三）企业在资金上与银行的联系程度较高

在企业投入社会再生产经营的资金总量中，从银行借入的资金应该占一定的比重；只有当企业在资金上对银行有比较强的联系程度时，银行动用利率杠杆才能较成功地调整企业的行为。

（四）合适的利率水平

要发挥利率的杠杆作用，利率水平本身必须合适。就贷款利率而论，既不能高得让所有的借款人都望而却步，也不能低得让所有的借款人都无动于衷，而必须将利率定在有人敢借、有人不敢借的位置上，这时候调整利率才会对资金需求产生影响。在正常情况下，贷款利率水平与借款人的资金需求之间存在非常明显的负相关关系。

（五）有效的利率管理体制与恰当的利率政策

利率杠杆的功能发挥得如何，与国家的利率管理体制和利率政策高度相关。建立一套合适的、灵活的集权与分权相结合的有效的利率管理体制会对一国制定正确的利率政策有着非常重要的作用。

**课堂小讨论**

谈谈在日常生活中，计算哪些利率时用到单利，哪些利率又是用复利计算的，请举例说明。

## 第三节 利率决定理论

利率水平的确定必须遵循客观经济规律，综合考虑决定和影响利率水平的各种因素，并根据经济发展战略和资金供求状况灵活调整。因此，利率水平是怎样决定的，又受哪些因素的影响，就成为货币金融理论中一个重要的课题。

### 一、马克思的利率决定理论

马克思认为，利息是贷出资本家从借入资本家那里分割来的一部分剩余价值，也是剩余价值的转化形式。把利息的性质确认为剩余价值的转化形式具有重要的意义，它肯定了利息的来源是劳动者创造的价值，明确了利息与利润之间的量的关系，即利息量的多少取决于利润总额，利润成了利息的最高界限。但是，马克思这里所说的利润不是个别部门、个别企业的利润，而是指平均利润，所以，确切地说，利息是平均利润的一部分，平均利润率是利息率的最高界限。利率的最低界限取决于职能资本家与借贷资本家之间的竞争，但不管怎样，不会等于零，因为等于零，利息就不存在了，借贷资本家就无利可图了。需要指出的是，马克思对利息率高低的理论界限的分析，仅限于借贷资本家与职能资本家之间的借贷关系。

在平均利润率与零之间，利息率的高低主要取决于借贷资本家与职能资本家之间的竞争，即取决于借贷资本市场上资本的供求关系。当借贷资本市场上资本的供求大体平衡时，习惯和法律传统等对利息率也会发生作用。

### 二、西方利率决定理论

#### （一）古典利率理论

古典利率理论是对19世纪末至20世纪30年代西方国家各种不同利率理论的一种总称。它认为，利率水平是由资本的供求即储蓄和投资来决定的，并从不同的角度探求了这种作用机制。

从供给方面来看，资本供给主要来自社会储蓄，它是延期享乐或等待的结果。资本供给者为了将来的享乐而进行储蓄，因而牺牲了现在的享乐，为此，他们必须取得一定报酬，即取得利息。利息的多少或利率的高低就是资本供给的支配性因素，储蓄是利率的递增函数。

从需求方面来看，资本的需求来自于投资，支配资本需求的因素是资本的收益性和生产力。只要借入资本能获得收益，企业家就会继续扩大对资本的需求，直到资本的边际收益率与借贷资本的利率相等为止。因此，资本的需求是利率的递减函数。

当投资大于储蓄时，资本供不应求，利率就会上升；反之，则利率下降。因此，储蓄与投资这两大因素的交互作用与均衡，决定了利率的水平。经济学家马歇尔说：“利息即为任何市场上使用资本的代价，故利息常趋于一均衡点，使得该市场在该利率下对资本的需求总量恰等于在该利率下即将来到的资本的总供给量。”这就是说，利率是使储蓄与投资二者趋于均衡的因素；利率取决于储蓄与投资的均衡点。将资本供给函数与资本需求函数在同一个直角坐标系内加以表示，就可以得到一个利率决定机制的直观认识。

（二）凯恩斯货币利率理论

与古典利率理论强调储蓄、投资等因素决定利率的观点相反，英国经济学家凯恩斯（1883—1946）则从货币因素出发讨论利率决定，从而创立了货币利率理论。

凯恩斯认为，利息完全是一种货币现象，利率的高低应由货币供求所决定。在他看来，货币是财富的真正代表，就如同人们以债券、股票等资产的形式持有财富一样。但与这些金融资产相比，货币具有最小的风险和最大的流动性，因为货币为整个社会所接受，可随时转化为其他商品。正是由于货币的这一特点，人们在选择持有财富的形式时，对货币的流动性有一种偏好。但是，在一定时期内，货币生产的弹性很小，货币供给量有限，人们为取得货币就必须支付一定报酬，这个报酬就是利息。由此，凯恩斯得出，利率是由货币数量和流动偏好这两个因素所决定的，即利率决定于货币的供求。

凯恩斯认为，在一定时期内，一个国家货币的供给基本上是由货币当局所控制的；而货币需求则取决于人们对货币流动性的偏好，取决于交易动机、预防动机和投机动机。其中，出于前两种动机的货币需求为收入的递增函数，与利率没有直接的关系；出于后一种动机的货币需求为利率的递减函数，其大小根据人们权衡手持货币所得的效用（流动性）与放弃货币所得的效用（利息）而定。一般来说，利率越高，人们的流动偏好就越小，货币需求就越少；反之也成立。因此，货币总需求与利率反方向变化，表现为一条下降的曲线。

（三）新古典学派的可贷资金利率论

可贷资金利率论认为，利率决定于可贷资金的供给与需求的均衡点。可贷资金的供给主要来自：（1）当前储蓄；（2）出售固定资产的收入；（3）窖藏现金的启用；（4）银行体系新创造的货币量。在可贷资金的来源中，出售固定资产的收入是过去储蓄的转化，而窖藏现金的启用，则直接增加了市场上可贷资金的供给量。由于可贷资金的供给一部分来自当前储蓄和过去储蓄，另一部分来自银行信贷收支净差额和个人窖藏的变化，所以较高的利率会吸引更多的可贷资金供给，较低的利率将减少可贷资金的供给，可贷资金总供给与利率呈同方向变动关系。

可贷资金的需求主要来自于：（1）当前投资；（2）固定资产的重置与更新；（3）新增的窖藏现金量。在对可贷资金的需求中，不仅限于当前投资，而且还包括固定资产的重置这类对过去投资的补充。不但如此，由于货币不只作为交换手段，还可以作为财富的积累手段，因此，新增加的现金窖藏量也构成对可贷资金的需求。

新古典学派的可贷资金利率论认为，利率决定于可贷资金供给与需求的相互作用。在其他条件不变时，储蓄或货币供给增加，利率便会下跌；投资需求及货币贮藏增加时，利率便会上升。

## 三、影响利率变动的因素

前面两部分内容简单介绍了利率是由什么因素来决定的。利率决定在一个水平上并不是一成不变的，而它的变动又会受到什么因素的影响呢？实际上，作为经济运行中的一个重要经济杠杆，作为资本的价格，影响货币供求的因素都会影响到利率的变动。

### （一）社会平均利润率

马克思认为，利息是利润的一部分，是对剩余价值的分割，利息率要受平均利润率的约束。平均利润率是决定利率的基本因素，平均利润率的变动会影响到利率的变动。

### （二）资金供求状况

利率作为资金的“价格”，在成熟的市场经济条件下，其水平主要由资金的供求状况决定。当资金供不应求时，利率会上升；反之，利率下浮。由此可见，利率水平的高低反映了资金供求关系；反过来，它也调节着资金的供求关系，在利率上升时，就会抑制资金的需求，刺激资金的供给；相反，在利率下跌时，会刺激资金的需求而抑制资金的供给，这样会最终使利率恢复到一个均衡的水平。所以，国家通常利用利率政策来调节资金供求。

### （三）国家经济政策

利率政策是国家整个经济政策的一个组成部分。调低利率，借贷的成本就会降低，投资收益率就会相应提高，可刺激对利率敏感的项目如房地产、固定资产投资的支出，有利于经济的恢复；反之，通过利率的调高，投资收益率就会相应降低，则能抑制企业的投资。家庭也会更愿意去储蓄而不是即期消费，从而减少社会的需求，防止经济过热。所以，利率政策应当与其他经济政策协调配合，以国家经济政策和经济发展战略作为制定利率的重要依据。

### （四）物价水平

利率与物价水平之间有着密切的关系。一方面，物价持续上涨，货币就会贬值，资金供给者将会因本金的实际价值减少而遭受损失。为避免这一损失，资金供给者会面临两种选择：一是仍然将资金贷出，但他会充分考虑到物价的预期上涨而要求更高的利率作为补偿，这会直接提高利率。另外一种选择就是把资金转换成黄金、不动产等受通货膨胀影响较小的货币存放形式，从而使可贷资金的供给减少，也会引起利率的上升。另一方面，预期物价水平的持续上涨，会刺激借款的意愿和投资的增加，从而对资金的需求增加。这两方面共同作用的结果，使得资金供不应求，导致利率上升。

### （五）经济周期

利率的波动表现出很强的周期性，在经济扩张期利率上升，而在经济衰退期利率下降。在经济扩张期，随着企业和消费者借款的增加，资金的需求会迅速上升，而且中央银行可能会采取某些限制措施以抵制经济增长可能产生的通货膨胀，这会提高利率水平。在经济衰退期，随着企业和消费者缩减支出，资金的需求下降，通货膨胀压力减轻；中央银行也开始增加可贷资金的供给，这又会降低利率水平。

（六）借款期限和风险

利息率随着借贷期限的长短不同而不同。通常，借贷期限愈长，利率愈高；反之则愈低。从存款方面看，存款期限愈长，资金就愈稳定，银行愈能有效地加以应用，赚的利润就愈多，银行可以也应该付给存款人更高的利息。从贷款方面看，借贷期限愈长，所冒风险愈大，银行所受到的机会成本损失也就愈大，银行理应按更高的利率收取更多的利息。同时，借贷资金的贷出是以偿还为条件的暂时让渡，资金从投放到收回需要一定时间，在借贷资金的运动过程中，由于各种不测因素的出现，可能存在有多种风险，如因借款人破产、逃走，从而使借贷资金收不回或不可能完全收回的风险；因物价上涨而使资金贬值的风险；当更有利的投资机会出现，而已贷放出去的资金又收不回来时，贷款人要承受机会成本损失风险等。贷出者需要得到更高的利息回报去弥补这些潜在风险。一般来讲，风险越大，利率越高。

（七）银行成本

银行作为吸收存款、发放贷款、办理结算等业务的企业法人，直接以利润最大化为经营目标。要赚取利润，就必然要求其成本通过其收益得到补偿。银行的成本主要包括吸收存款所支付的利息，以及为开展业务所必需的固定资产支出、人工成本和必要的费用支出等。而银行的收入来源，除去中间业务收入以外，很大一部分是发放贷款取得的利息收入。所以，银行成本是银行在制定利率水平时要给予足够考虑的因素。只有保持合理的存贷款利差，银行才有利润可赚。

（八）国际利率水平

在国家间经济联系日益密切的时代，国际利率水平及其变动趋势对一国的利率水平具有很强的示范效应。国际利率水平对国内利率水平的影响主要是通过资金在国际间的流动实现的。在资本自由流动的条件下，当国内利率水平高于国际利率水平时，外国货币资本就会向国内市场流动，从而使可贷资金的供给增加；当这种资本的增加达到一定程度，导致国内货币资金市场上供过于求时，利率就会下降，其最终的结果将使得国内利率趋同于国际利率。反之，当国内利率水平低于国际利率水平时，外国货币资本和本国资本都会流向利率较高的国际市场，从而减少国内市场上资金的供给，拉动国内利率上升。

此外，在一国的经济非常时期或在经济不发达的国家中，利率管制也是直接影响利率水平的重要因素。另外，还有国际协议、习惯和法律传统等都可能影响利率。

## 第四节 利率管理体制

利率作为一个重要的经济杠杆，对宏观经济运行与微观经济运行都有着极其重要的调节作用。而利率杠杆的功能能否发挥出来，发挥得怎么样，在很大程度上取决于利率管理体制。

### 一、利率管理体制的概念

利率管理体制是一国经济管理体制的重要组成部分，它规定了金融管理当局或中央银行的利率管理权限、范围和程度。

各国采取的利率管理体制大致可以分为三种类型：（1）国家集中管理。（2）市场自由决定。（3）国家管理与市场决定相结合。大多数国家在相当长的时间内采取了最后一种利率管理体制，即国家管理与市场决定相结合的利率管理体制，但国家管理的程度和方式各有不同。从20世纪70年代开始，西方大多数国家逐步放松了利率管制，金融市场的利率更多地由市场决定，呈现出一种利率自由化的趋势。

### 二、我国利率市场化改革

利率市场化是指货币当局控制基准利率，其他利率基本放开，由市场决定，即由资金供求关系确定。根据我国经济进一步发展的要求，利率市场化已成为我国利率管理体制改革的中心内容。近年来，虽然我国金融企业制度改革进程加快，例如，取消了商业银行贷款规模限额控制，存款准备金制度的改革和完善，中央银行管理体制的改革，全国同业拆借市场的建立，取消贷款利率浮动上限等；但从总体来看，对国家控制的利率体系触动较小，这是因为尽管利率市场化是我国利率管理体制改革的方向，有其必要性，但同时利率市场化的改革也存在一定的风险，必须具备一定的条件。

（一）利率市场化的作用和意义

1.利率市场化可以使稀缺的社会资源通过市场调节机制得到最有效的配置。优化资金配置是利率主要的功能。过去，由于我国实行严格的利率管制，不能很好地反映资金供求，丧失了价格信号的功能。而利率市场化使利率真正成为信贷资金的价格，从而引导资金由效益低的部门流向效益高的部门，实现资金资源的合理配置，最终促进经济的发展。

2.利率市场化是完善利率体系、顺利实施货币政策目标的内在要求。中央银行货币政策工具与最终目标之间需要一个中介目标，而市场化的利率则是中央银行货币政策中介目标的理想选择。我国目前是以再贷款利率作为基准利率的，由于再贷款利率的确定并非以市场利率作为基础，因而不能反映资金供求的真实状况，中央银行货币政策的效果也就相应地受到限制。而利率市场化后，中央银行根据市场化的利率确定基准利率，并通过变动基准利率或公开市场业务进行调控。此时，中央银行的调控工具将具有更大的作用空间。

3.利率市场化有利于国有商业银行改革的顺利进行。利率市场化以后，激烈的市场竞争和盈利的动机，将迫使商业银行在经营过程中不得不考虑市场风险，关注利率的变动对其资产的流动性、安全性和盈利性的影响，从而使商业银行成为名副其实的商业银行。

（二）我国利率市场化的进程

我国利率市场化改革从目标的提出到逐步实施，大体上经过了这样几个阶段：

1.1993年底到1995年：利率市场化改革目标提出和改革的准备阶段。1993年11月中共十四届三中全会的《关于建立社会主义市场经济体制若干问题的决定》指出："中央银行按照资金供求状况及时调整基准利率，并允许商业银行存贷利率在规定的幅度内自由浮动"；1993年12月的《国务院关于金融体制改革的决定》明确提出："中国人民银行制定存、贷款利率上下限，并进一步理顺存款利率、贷款利率和有价证券利率之间的关系；各类利率要反映期限、成本、风险的区别，保持合理利差，逐步形成以中央银行利率为基础的市场利率体系。"由此可以看到，利率改革的方向是：进一步加快利率市场化进程，改革利率管理体制，加大利率市场化部分，并逐步形成更多的市场利率行为的主体，建立以资金供求为基础的，以中央银行存、贷款利率为基准利率，以同业拆借利率为金融市场基础利率，各种利率保持合理利差和分层次传导的利率体系，并为逐步实现整个利率体系的市场化奠定基础。

《国务院关于金融体制改革的决定》的发布是我国开始新一轮金融体制改革的标志。利率市场化改革在这一轮改革中作出了规划，但并未在随后1994年初的一系列配套改革措施中实施。对于利率市场化改革的步骤和风险各方面还存在着不同的判断，利率市场化改革还处于准备阶段。

在利率改革的外部环境方面，我国于1994年在金融、投资、财政、税收、外汇五大领域的改革取得重大进展。新成立了三家政策性银行，把专业银行的政策性贷款同商业性贷款分离，促进了专业银行向商业银行的转化。财税改革使我国财政收入稳定增长，外汇改革使汇率成为宏观经济政策中的有效工具。1995年全国人大通过了《中国人民银行法》、《票据法》和《商业银行法》，我国金融领域内的法制建设也取得了重大进展。

这一时期利率政策的变化有：1993年取消了8年期储蓄存款利率档次，规定了定活两便存款利率，规范了存款利率的计息规则。1994年，中国人民银行决定重新授予专业银行和各金融机构利率浮动权，规定流动资金贷款利率上浮幅度为20%，下浮幅度为10%。1995年中央银行首次调整利率时，主要通过启动中央银行基准利率关系，不同时调整再贷款利率和金融机构的存款利率，中央银行利率起到调节商业银行经营成本，进而影响信用扩大程度的作用，同时把其他利率如同业拆借利率最高限额和贷款利率与中央银行基准利率挂钩，改善了中央银行基准利率体系。

2.1996年：利率市场化改革推进阶段。我国利率市场化改革随着1996年初我国统一的银行间拆借市场的建立而进入实施阶段。在此阶段，利率市场化改革采取了以下措施：

（1）放开同业拆借市场利率。

1996年1月3日，15家商业银行总行之间的同业拆借市场开始试运行。3月1日之后，35个城市的各家商业银行分行及其他非银行金融机构通过当地的融资中心参与全国同业拆借业务。于是两级同业拆借市场的构架基本形成：一级网络由15家商业银行总行和35家融资中心组成，35个城市的各商业银行分行及其他非银行金融机构参与二级网络的交易。全国银行同业拆借市场统一联网运行，使资金在全国范围内自由流动，在全国范围内形成了一个统一的同业拆借利率。最初国家对同业拆借利率设定最高限，即以同档次利率加2.88个百分点为最高限。6月1日取消了该利率的最高限，其高低由拆借双方根据市场资金供求状况自主确定，中央银行只间接调控市场利率。从同业拆借市场成立一年里同业拆借利率的运行情况看，放开同业拆借利率，并没有出现利率混乱，而是随着两次利率的下调逐步降低。同业拆借利率按市场机制形成，表明利率市场化改革的第一步基本上是成功的。

（2）中央银行公开市场操作的利率实现了市场化。

1990年4月9日，中国人民银行首次向14家商业银行总行买进2.9亿元国债，表明了我国中央银行的公开市场业务正式启动。中央银行的公开市场业务以回购为主要形式，其回购方式实行市场招标，利率由市场决定。虽然这一利率还不能像再贷款基准利率那样引导市场利率变化，但其形成是商业银行根据资金供求自主决定的，能够在一定程度上起到间接调节商业银行对基础货币需求的作用。这一利率形成机制，是深化利率市场化改革的条件。

（3）国债发行利率市场化。

1996年国债发行在1995年8月试验的基础上正式引入了价格竞争的招标方式，一年期以内的国债实行发行利率市场招标，改变了过去国债发行利率计划制定的局面，走出了国债发行利率市场化的第一步。尽管国债招标利率市场化了，但还存在一定问题：国债由于具有安全性最高、流动性最好的特点，其收益率应是最低，但1996年国债市场招标利率与同期银行贷款利率相同，而且随着利率下调其收益率不断提高。尽管如此，国债发行利率市场化是利率市场化改革的重要方面。

在推进利率市场化改革的过程中，中央银行还加大了用利率手段调控宏观经济的力度。从1996年5月到1999年，中央银行频繁运用利率手段，共进行了7次降低利率的调整，利率调整在发挥货币政策手段作用的同时，也提高了人们对利率变动的适应性及敏感性，这为今后利率市场化改革的深入做好了进一步的准备。

3.2000年：实质性进展阶段。2000年9月21日，中国人民银行宣布开始改革我国外币存贷款利率管理体制，即放开外币贷款利率：大额外币存款利率由金融机构和客户协商确定；小额外币存款利率由银行业协会统一制定，各金融机构统一执行。此次外币利率管理体制改革的具体内容为：

（1）外币贷款利率、单笔300万（含300万）美元以上或等值的其他6种主要外币的大额外币定期存款利率、以上7种主要外币以外的外币存款利率（不分金额），由金融机构自主确定。

（2）7种主要外币的小额存款利率由银行业协会统一制定，各金融机构统一执行。

2002年3月，将境内外资金融机构对中国居民的小额外币存款纳入中国人民银行现行小额外币存款利率的管理范围，实现中外资金融机构在外币利率政策上的公平待遇。

2003年8月，扩大农村信用社利率改革试点范围，进一步扩大农村信用社利率浮动幅度，贷款利率上浮不超过基准利率的2倍；统一中外资外币利率管理政策。

2003年11月，小额外币存款利率下限放开。

2004年1月1日，中国人民银行将商业银行、城市信用社的人民币贷款利率上浮上限提高到基准利率的1.7倍，下限为0.9倍。

2004年10月29日，中国人民银行决定不再设定金融机构（城市信用社除外）人民币贷款利率上限。城市信用社上限为基准利率的2.3倍。

至此，我国金融机构人民币贷款利率已基本过渡到上限放开、实行下限管理的阶段。

（三）利率市场化的制约因素

1.微观经济主体缺乏利益的约束机制。一方面，国有企业仍然具有“预算软约束”的特征，资金需求弹性很小，不怕利率高，只怕借不到钱，国有企业连本金都可以不还，利息的约束自然就很小了。另一方面，我国利率市场化后，贷款利率必然有较大幅度的上升，必然会有相当一部分国有企业出现亏损甚至破产，这使国家、银行以及国有企业职工难以承受。

2.金融市场特别是货币市场发展不完善。金融市场的发展，金融体制的完善是进行利率改革的基础。利率作为资金的价格，其高低变化反映着资金市场的供求，因此，没有一个发达和完善的金融市场就不可能存在一个价格形成的市场机制，利率市场化就不可能真正地实现。

我国的金融市场虽已初步形成以同业拆借为主的短期资金市场、以各种有价证券发行和交易为主的长期资金市场，但从总体而言，我国的资金市场还不够统一和规范，货币市场发展相对滞后，各市场均处于起步阶段，市场的效率和管理、经济主体的行为、市场的规模等都有待进一步提高。这些都不利于市场利率的最终形成，同时还影响着利率调节的有效性和准确性。

3.金融机构对利率的调控、反应不灵敏。金融机构特别是国有商业银行还不是真正自主经营、自担风险、自负盈亏、自我约束的金融企业，对利率信号反应不灵敏，利率市场化缺乏一个良好的微观金融制度基础。

4.中央银行宏观调控手段不健全。中央银行对经济的宏观调控应该通过间接的货币工具来进行，通常是以市场利率和货币供应量为中间目标，采取利率政策或公开市场业务操作实施对经济的干预。而我国中央银行过去主要运用直接的、行政的手段来进行宏观调控，近年来逐渐摸索着使用间接的、经济的宏观调控手段，但还不成熟。如公开市场业务开办时间还不长，再贴现业务量还不是很大，存款准备金手段在我国的作用还不太突出等，这些都可能制约着利率市场化的推进。

（四）当前推进利率市场化的主要思路

利率市场化最终要放开对普通存贷款利率的管制。西方发达国家实现利率市场化的一般步骤是：先实现货币市场利率的市场化，然后将已完成利率市场化的货币市场与普通存贷款市场进行对接。由于我国目前货币市场发展尚不成熟，要按照这种一般模式可能需要很长一段时间。从目前我国利率管理体制和政策的实际情形看，应该按照以下思路去推进利率市场化：

1.放松对商业银行的利率管制与培育货币市场并举，提高货币市场上形成的利率信号的导向作用；

2.在放松商业银行不同货币的利率管制中，应当先放松对外币利率的管制，后放松对人民币利率的管制；

3.对商业银行的不同业务品种，应当依据不同市场主体对利率信号的敏感程度，遵循先批发后零售的顺序，先放开贷款后放开存款；

4.对于存款，先放开大额存款后放开小额存款；

5.在放松贷款利率管制的进程中，及时扩大利率浮动幅度，逐步简化利率种类；

6.在贷款利率制定权安排方面，先由各商业银行总行根据企业信用评级确定全行统一的利率标准，等条件成熟后，再将贷款利率制定权逐级下放；

7.在银行利率的安排上，先放开国有商业银行以外银行的利率，再放开国有商业银行的利率。

**课堂小讨论**

在利率市场化进程中，中国当前的主要问题有哪些？

## 本章小结

1.利息的本质：利息是信用关系中债务人支付给债权人的报酬，同时又是信用存在和发展的必要条件。马克思认为，利息直接来源于利润，是剩余价值的转化形式，但利息又只是利润的一部分，而不是全部。

2.利率的分类：利率是利息率的简称，是借贷期内利息额同本金额的比率，它是计量借贷资本增值程度的数量指标。用公式表示为：利率=利息 / 本金。(1) 基准利率也称为中心利率，它是在多种利率并存的条件下，或者在利率体系中起决定作用的利率，它反映全社会的一般利率水平；(2) 按照在借贷期内是否调整，利率可分为固定利率和浮动利率；(3) 按照计算方法的不同，利率分为单利和复利；(4) 按照是否涵盖通货膨胀的因素，利率又可分为名义利率和实际利率；

(5) 根据是否按市场供求变化，可将利率分为市场利率、法定利率和公定利率。

3.利率的微观调节功能：利率对微观经济主体储蓄行为的影响；利率对微观经济主体投资行为的影响。利率的宏观调节功能：利率与通货膨胀；利率与货币流通；利率与经济结构；利率与国际收支。

4.利率发挥调节功能所需要的客观经济条件：(1) 稳定的货币和金融环境；(2) 微观经济主体必须有自我约束机制；(3) 企业在资金上与银行的联系程度较高；(4) 合适的利率水平；(5) 有效的利率管理体制与恰当的利率政策。

5.利率决定理论：一、马克思的利率决定理论。马克思认为，利息是贷出资本家从借入资本的资本家那里分割出来的一部分剩余价值，也是剩余价值的转化形式。二、西方利率决定理论。(1) 古典利率理论，它认为，利率水平是由资本的供求即储蓄和投资来决定的，并从不同的角度探求了这种作用机制。(2) 凯恩斯货币利率理论，凯恩斯认为，利息完全是一种货币现象，利率的高低应由货币供求所决定。(3) 新古典学派的可贷资金利率论，可贷资金理论认为，利率决定于可贷资金的供给与需求的均衡点。

6.影响利率变动的因素：(1) 社会平均利润率；(2) 资金供求状况；(3) 国家经济政策；(4) 物价水平；(5) 经济周期；(6) 借款期限和风险；(7) 银行成本；(8) 国际利率水平。此外，在一国的经济非常时期或在经济不发达的国家中，利率管制也是直接影响利率水平的重要因素。另外，还有国际协议、习惯和法律传统等都可能影响利率。

7.利率管理体制是一国经济管理体制的重要组成部分，它规定了金融管理当局或中央银行的利率管理权限、范围和程度。各国采取的利率管理体制大致可以分为三种类型：(1) 国家集中管理；(2) 市场自由决定；(3) 国家管理与市场决定相结合。

8.利率市场化的作用和意义：(1) 利率市场化可以使稀缺的社会资源通过市场调节机制得到最有效的配置；(2) 利率市场化是完善利率体系、顺利实施货币政策目标的内在要求；(3) 利率市场化有利于国有商业银行改革的顺利进行。

9.我国利率市场化的进程：(1) 1993年底到1995年：利率市场化改革目标提出和改革的准备阶段；(2) 1996年：利率市场化改革推进阶段，放开同业拆借市场利率，中央银行公开市场操作的利率实现了市场化，国债发行利率市场化；(3) 2000年：实质性进展阶段，外币贷款利率、单笔300万（含300万）美元以上或等值的其他6种主要外币的大额外币定期存款利率、以上7种主要外币以外的外币存款利率（不分金额）由金融机构自主确定，7种主要外币的小额存款利率由银行业协会统一制定，各金融机构统一执行。

10.利率市场化的制约因素：(1) 微观经济主体缺乏利益的约束机制；(2) 金融市场特别是货币市场发展不完善；(3) 金融机构对利率的调控、反应不灵敏；(4) 中央银行宏观调控手段不健全。

11.当前推进利率市场化的主要思路：(1) 放松对商业银行的利率管制与培

育货币市场并举，提高货币市场上形成的利率信号的导向作用；(2) 在放松商业银行不同货币的利率管制中，应当先放松对外币利率的管制，后放松对人民币利率的管制；(3) 对商业银行的不同业务品种，应当依据不同市场主体对利率信号的敏感程度，遵循先批发后零售的顺序，先放开贷款后放开存款；(4) 对于存款，先放开大额存款后放开小额存款；(5) 在放松贷款利率管制的进程中，及时扩大利率浮动幅度，逐步简化利率种类；(6) 在贷款利率制定权安排方面，先由各商业银行总行根据企业信用评级确定全行统一的利率标准，等条件成熟后，再将贷款利率制定权逐级下放；(7) 在银行利率的安排上，先放开国有商业银行以外银行的利率，再放开国有商业银行的利率。

## 关键概念

利息　基准利率　固定利率　浮动利率　单利　复利　市场利率　法定利率　利率管理体制　利率市场化

## 综合训练

一、单项选择题

1. 利率的高低与投资规模呈（　　）变化。

A. 正向　　B. 反向　　C. 无影响　　D. 无法确定

2（　　）是决定利率的基本因素。

A. 国际利率水平　　B. 物价水平　　C. 资金供求状况　　D. 平均利润率

3.（　　）是在多种利率并存条件下在利率体系中起决定作用的利率，反映全社会的一般利率水平。

A. 实际利率　　B. 基准利率　　C. 市场利率　　D. 固定利率

4. 认为利率水平是由资本的供求即储蓄和投资来决定的是什么利率决定理论（　　）。

A. 马克思的利率决定理论　　B. 古典利率理论

C. 凯恩斯货币利率理论　　D. 新古典学派的可贷资金利率论

5. 我国目前以（　　）为主。

A. 浮动利率　　B. 市场利率　　C. 公定利率　　D. 官定利率

二、多项选择题

1. 按6％的年利率计算，本金为10 000元，7年后按单利计算的本利和是（　　）元，按复利计算的本利和是（　　）元。

A. 13 500　　B. 13 246　　C. 15 036　　D. 14 200

2. 按照在借贷期内是否调整，利率可分为（　　）和（　　）。

A. 固定利率　　B. 基准利率　　C. 实际利率　　D. 浮动利率

3. 利率管理体制的三种类型分别是（　　）。

A. 国家集中管理　　B. 市场自由决定

C.国家管理与市场决定相结合　　　　D.国家决定与市场管理相结合

4.利率对通货膨胀的影响通过以下两条途径实现（　　）和（　　）。

A.利率可以调节货币供应量

B.存款利率的高低直接影响着存款规模

C.利率有利于调整投资方向

D.利率可以调节社会总供给和总需求

5.1996年是我国利率市场化改革的推进阶段，主要采取的措施有（　　）。

A.放开同业拆借市场利率

B.国债发行利率市场化

C.中央银行公开市场操作的利率实现了市场化

D.新成立了三家政策性银行，把专业银行的政策性贷款同商业性贷款分离，促进了专业银行向商业银行的转化

三、思考题

1.请简述西方几种主要的利率决定理论。

2.试述名义利率和实际利率的关系，什么时候实际利率会出现负值？

3.我国目前正在对利率实行市场化改革，试述利率市场化的利弊，并对我国如何实行利率市场化改革提出自己的建议。

# 第四章

# 汇率与汇率制度

**引例**

汇率指的是两国货币之间的相对价格，它的变动不仅会影响国际收支，还会影响收入、物价、就业等一系列变量，其在国际金融学中是一个非常重要的变量。传说在美国和墨西哥的边境住着一个好吃懒做却精于算计的农民。别人都以种地维持生计，他却另辟蹊径，依靠自己仅有的10美元积蓄，便享受着“不劳而获”的小康生活。每天早晨，他会在美国这边的酒店花1美元买一大杯啤酒和一盘牛排，吃完后，他拿着剩下的9美元，徒步越过国界，来到墨西哥的一个小镇。这时已经是中午了，他在当地银行按1∶3的汇率，将9美元换成27比索，然后拿出3比索，在当地饭店继续喝一大杯啤酒，吃一盘牛排。酒足饭饱之后，他拿着剩余的24比索回到美国这边，再到当地银行按比索对美元2.4∶1的汇率，将手中的比索换成10美元。这样，一天下来他等于一分钱也没有花，便白白享用了两顿啤酒和牛排。第二天，他再次重复这个行程。

那么汇率如何决定，其定价原理是怎么样的，本章先对外汇、汇率等相关基础知识进行介绍，随后讨论汇率决定的原理与原则。

## 第一节 外 汇

国际间货币收支关系的发展必然会导致用于清算这种货币收支的国际支付手段的产生。同国内交易一样，国际交易起初也是由黄金作为主要支付手段的，但后来外汇取代了黄金成为主要的国际支付手段，进而推动了外汇交易的出现和兴盛。

## 一、外汇的定义

外汇是国际汇兑的简称。准确把握外汇的含义，需要从动态和静态两个方面入手：动态含义上的外汇是指国际间为清偿债权债务，将一国货币兑换成另一国货币的过程；静态含义上的外汇是指国际间为清偿债权债务进行的汇兑活动所凭借的手段或工具，也可以说是用于国际汇兑活动的支付手段和支付工具。

国际金融学主要研究静态含义的外汇，又有广义与狭义之分。广义的静态外汇泛指一国拥有的以外国货币表示的资产或证券，如以外国货币表示的纸币和铸币、存款凭证、定期存款、股票、政府公债、国库券、公司债券和息票等。中国《外汇管理条例》中规定外汇的具体范围包括：外国货币，包括纸币、铸币；外币支付凭证，包括票据、银行存款凭证、邮政储蓄凭证等；外币有价证券，包括政府债券、公司债券、股票等；特别提款权；其他外汇资产。狭义的外汇是指以外国货币为载体的一般等价物，或以外国货币表示的、用于清偿国际间债权债务的支付手段，其主体是在国外银行的外币存款，以及包括银行汇票、支票等在内的外币票据。

显然，本国货币及本币存款等本币资产不是外汇，因为它们不是对外资产，把它们支付给外国人，外国人成了债权人，仍不能清偿对外债务。例如，美国债务人（如进口商）将美元支付给德国债权人（如出口商）后，两国的债权债务关系并未解除，只不过由美国的货币发行当局即美国联邦储备银行充当了新的债务人，这一对外债务将来还需要进行清偿。

外汇持有人可能是官方也可能是私人。一国货币当局持有的外币资产，称为外汇储备。例如，国际货币基金组织（IMF）对一国“国际清偿力”项下的外汇，即外汇储备所下的定义是：“外汇是货币行政当局（中央银行、货币管理机构、外汇平准基金及财政部）以银行存款、财政部库券、长短期政府证券等形式保有的、在国际收支逆差时可以使用的债权。”

狭义的外汇是指以外币表示的可以直接用于国际债权债务关系清算的支付手段。它具有以下几个特征：①国际性，即必须是以外币表示的金融资产，而不能是本币表示的金融资产；②可兑换性，即持有人能够不受限制地将它们兑换为其他外币支付手段；③可偿性，即可以在另一国直接作为支付手段无条件使用。按照这一定义，以外币表示的有价证券，由于不能直接用于国际支付，不能视为外汇。严格地说，外币现钞也不能算作狭义外汇，因为只有将现钞运回发行国并存入银行形成银行存款后才能成为外汇。在这个意义上，只有在国外的银行存款以及索取这些存款的外币凭证和外币票据（如汇票、本票、支票、汇款凭证等），才是狭义外汇。

## 二、外汇的特征

在国际汇兑中一国的货币并非可以兑换任何他国的货币，而只能兑换成各国都能接受的某种支付手段和信用工具，如外国货币、外币有价证券、外币支付凭证等。因此，国际货币基金组织（IMF）规定：外汇是货币行政当局以银行存款、财政部证券、长短期政府证券等形式所持有的国际收支逆差时可以使用的债权。所以，外汇具有以下三个特性：第一，普遍接受性，即该货币在国际经济往来中被各国普遍接受和使用；第二，可偿付性，即该货币是由外国政府或货币当局发行并可以保证得到偿付；第三，自由兑换性，即该货币必须能够自由地兑换成其他国家的货币或购买其他信用工具以进行多边支付。国际货币基金组织按照货币的可兑换程度，把各国货币大体分类为：可兑换货币、有限制的可兑换货币、不可兑换货币。严格意义上的外汇应是可兑换货币。

### 三、外汇的种类

依据外汇的来源、兑换条件、交割期限的不同，可对外汇作如下分类：

依据来源不同，外汇可分为贸易外汇和非贸易外汇。贸易外汇是指通过贸易出口而取得的外汇；非贸易外汇则是通过对外提供服务（劳务、运输、保险、旅游等）、投资（利息、股息、利润等）和侨汇等方式取得的外汇。对个别国家而言，非贸易外汇是其外汇收入的主要来源。

依据是否可以自由兑换，外汇可分为自由外汇和记账外汇。

自由外汇是指不须经过货币发行国批准就可随时兑换成其他国家货币的支付手段。自由外汇的根本特征是可兑换货币。目前世界上有50多种货币是可兑换货币，如美元、英镑、瑞士法郎等。这些国家基本上取消了外汇管制或外汇管制较轻，满足国际货币基金组织的第八条规定，是所谓的国际货币基金组织的第八条款国，即持有自由外汇，可以兑换成其他国家的货币，或向第三国支付。自由外汇是世界各国都能接受的支付手段。

记账外汇是指必须经过货币发行国的同意，才能兑换成其他国家货币的支付手段。记账外汇一般是在双边贸易支付结算协议的安排下，由贸易双方设立专用账户，记载彼此间的债权和债务，并在年度终了时，对账面余额进行轧差。由于记账双方协定开立的专用账户用于贸易清算，故记账外汇也可称为协定外汇或清算外汇。例如，两个友好国家政府为了节省自由外汇的使用，签订了一个用于双边贸易结算的双边支付协定，然后开设账户来结算彼此间的债权和债务，并在一定时期（如年终）集中冲销，从而结出贸易差额。它是支付协定的产物，只能用于协定国之间，不能兑换成其他货币，也不能向第三方支付。

依据交割期限不同，外汇可分为即期外汇和远期外汇。即期外汇是指外汇买卖成交后，在2个营业日内办理交割的外汇，又称为现汇；远期外汇是指外汇买卖双方按照约定，在未来某一日期办理交割的外汇，又称为期汇。

# 第二节 汇 率

## 一、汇率的定义

各个国家使用的货币是不同的，当一种商品或劳务参与国际交换时，就需要把一国的商品和劳务以该国本币表示的价格换算成以外币表示的国际价格，从而产生了换算比率——汇率。汇率又称汇价或外汇行市，就是两种货币的兑换比率，或者说是一国货币以另一国货币表示的相对价格。

## 二、汇率的标价方法

折算两种货币的兑换比率，首先要确定以哪一国货币作为标准，即是以本国货币表示外国货币的价格，还是以外国货币表示本国货币的价格，这就是汇率的标价方法。常见的汇率标价方法有直接标价法、间接标价法和美元标价法。

（一）直接标价法和间接标价法

1.直接标价法

直接标价法是指以一定单位（1个或100，10 000，100 000个单位等）的外国货币作为标准，折成若干数量的本国货币来表示汇率的方法。也就是说，在直接标价法下，是以本国货币表示外国货币的价格。目前，世界上除英国和美国外，各国都采用直接标价法。

在直接标价法下，一定单位的外国货币折算的本国货币的数额增大，说明外国货币币值上升，或本国货币币值下降，称为外币升值，或称本币贬值；反之，一定单位外币折算的本国货币的数额减少，称为外币贬值，或称为本币升值。因此，在直接标价法下，外币币值的上升或下跌的方向和汇率值的增加或减少的方向正好相同。

例如，我国人民币市场汇率为：

2010年6月18日公布的外汇牌价中基准价格：USD100 = CNY 682.75

2010年10月18日公布的外汇牌价中基准价格：USD100 = CNY 665.53

说明：2010年6月19日，中国人民银行宣布汇改后，人民币币值出现了一定程度的上升，美元币值出现了一定程度的下跌。

2.间接标价法

间接标价法是指以一定单位的本国货币为标准，折算成若干数额的外国货币来表示汇率的方法。也就是说，在间接标价法下，以外国货币间接表示本国货币的价格。目前，世界上只有英国和美国采用间接标价法。英国一直沿用此法，美国在1978年以前采用直接标价法，1978年后除了美元兑英镑的汇率同时用直接和间接标价法以外，美元兑其他货币的汇率都改用间接标价法。

在间接标价法下，一定单位的本国货币折算的外国货币数量增多，称为外币贬值，或本币升值；反之，一定单位的本国货币折算的外国货币数量减少，称为外币升值，或本币贬值。因此，在间接标价法下，外币币值的上升或下跌的方向和汇率值的增加或减少的方向相反。

当某货币持续升值时，我们习惯称之为“趋于坚挺”，称该货币为“硬通货”；反之则习惯称之为“趋于疲软”和“软通货”。

（二）美元标价法

美元标价法是指以一定单位的美元折成若干数量的各国货币来表示各国货币汇率的方法。第二次世界大战以后，由于纽约外汇市场外汇交易量的迅速扩大和美元国际货币地位的确定，西方各国银行在报出各种货币买卖价格时大多都采用了美元标价法，目的是简化报价并广泛地比较各种货币的汇价。

例如，某日瑞士苏黎世某银行面对其他银行的询价，报出的各种货币汇价为：

USD = EUR 0.718 7

USD = CHF 0.960 7

USD = CAD 1.019 6

在习惯上，人们将各种标价法下数量固定不变的货币叫做基准货币，把数量变化的货币叫做标价货币。显然，在直接标价法下，基准货币为外币，标价货币为本币；在间接标价法下，基准货币为本币，标价货币为外币；在美元标价法下，基准货币是美元，标价货币是其他各国货币。三种标价方法仅仅是形式不同。包括本书在内的许多论著在进行汇率分析时，如不进行特别说明，常常在无意中使用直接标价法，即汇率值的上升表示本币贬值。

## 三、汇率的种类

一般来说，汇率可简单地分成两大类：一是由政府制定的官方汇率，它通常是由政府根据国内外经济形势及本国经济政策的需要确定的，一般不轻易改变。银行在从事外汇交易的时候，只能采用官方汇率，或仅能以官方汇率为中心作小幅的变动，此种汇率通常在有外汇管制的国家普遍存在。二是由外汇市场供求因素决定的市场汇率，也称汇价。从外汇交易的角度看，汇率还有以下六种分类：

（一）基础汇率和套算汇率

基础汇率是指一国所制定的本国货币与基准货币之间的汇率。一国在对外提供自己的外汇报价时，应首先挑选出具有代表性的某一外国货币（关键货币或代表货币），然后计算本国货币与该外国货币的汇率，由此形成的汇率即为基础汇率（又可称为中心汇率或关键汇率），该汇率是本币与其他各种货币之间汇率套算的基础。关键货币往往是在国际贸易、国际结算和国际储备中主要使用的货币，并且与本国的国际收支活动密切相关。二战以后，美元成为重要的国际支付手段，故许多国家把本国货币对美元的汇率作为基准汇率。

套算汇率是指在基础汇率的基础上套算出的本币与非关键货币之间的汇率。如果本币与美元之间的汇率是基础汇率，那么本币与非美元货币之间的汇率即为套算汇率。在国际金融市场上，一国货币与其他外国货币的汇率可根据基准汇率推算出来。由于主要外币之间的交易十分频繁，这些外币与关键货币之间的汇率均可随时直接获得，因此，根据主要货币与关键货币的汇率即基准汇率可推导出本国货币与其他非关键货币的汇率，即所谓的套算汇率。例如：2010年5月18日，美元对人民币的汇率为$100 = RMB648.09，美元对港币的汇率为$1 = KH$7.7821，则在这两个基础汇率的基础上可以套算出港币对人民币的汇率为KH$100 = RMB83.28（RMB648.09 = KH$ 778.21，KH$100 = RMB648.09/778.21×100 = RMB83.28）。

（二）买入汇率、卖出汇率、中间汇率和现钞汇率

买入汇率和卖出汇率是银行买卖外汇的汇率报价。买入汇率（也称买入价）是银行从同业或客户手中买入外汇所支付的汇率，而卖出汇率（也称卖出价）是银行向同业或客户出售外汇时所索取的汇率。通常，外汇银行低价买入外汇，高价卖出外汇，买入汇率和卖出汇率之间的差额就是外汇银行的收益，一般为0.1%（也就是中间价上下各0.05%）。具体情况受外汇市场行情、供求关系以及外汇银行经营策略的影响。

在外汇银行报出的两个汇价中，前一个数值较小，后一个数值较大。在直接标价法下，数值较小的为外汇银行买入汇率，数值较大的为外汇银行的卖出汇率。买入汇率和卖出汇率的平均数称为中间汇率（也称中间价）。一般地，银行首先确定外汇的中间汇率，然后按前述方法计算出外汇的买入汇率和卖出汇率。

现钞汇率是指银行买卖外国现钞的价格。在一般情况下，外国现钞既不能在本国流通，也不能直接用于支付，银行买入外国现钞后，必须将其运送到货币发行国才可使用，因此，需要花费一定的运费和保险费，同时也损失一定的在途利息。因此，银行的现钞买入价要比外汇买入价低。

（三）电汇汇率、信汇汇率和票汇汇率

电汇汇率也称电汇价，是买卖外汇时以电汇方式支付外汇所使用的汇率。电汇是银行在支付外汇时，采用电报、电传等方式通知国外分支机构或代理行解付汇款，其特点是外汇解付迅速，银行占用利息较少，能减少汇率波动的风险，因此，国际支付大多采用电汇的方式。但在一般情况下，电汇汇率的价格较高。

信汇汇率也称信汇价，是买卖外汇时以信汇方式支付外汇所使用的汇率。信汇一般采用信函方式通知解付行支付外汇，因此，所用时间比电汇长，银行可以在一定时期内占用客户资金，故信汇的价格通常比电汇低一些。

票汇汇率也称票汇价，是买卖外汇时以票汇方式支付外汇所使用的汇率。在通常情况下，银行在卖出外汇时，开立由其国外分支机构或代理行解付汇款的汇票，交由汇款人自带或寄往国外进行解付。票汇汇率较低，其汇率水平不仅取决于期限长短，而且取决于外汇汇率的预期变化。

（四）即期汇率和远期汇率

按照外汇买卖成交后交割时间的长短不同，汇率可分为即期汇率和远期汇率。即期汇率，也称现汇汇率，是指交易双方成交后，在2个营业日内办理交割所使用

的汇率。一般来说，即期汇率就是现时外汇市场的汇率。

远期汇率，也称期汇汇率，是指买卖双方成交时，约定在未来某一日期进行交割时所使用的汇率。远期汇率是以即期汇率为基础约定的，而又与即期汇率存在一定的差价。当远期汇率高于即期汇率时，称为升水；当远期汇率低于即期汇率时，称为贴水；当远期汇率和即期汇率相等时，称为平价。汇率的升水、贴水或平价主要受利率差异、外汇供求关系以及汇率预期等因素的影响。

银行外汇报价一般直接报出即期汇率，对远期汇率报价主要有两种情况：一是直接报价，其方法与即期汇率报价相同，即直接将不同交割日期的远期汇率的买入价和卖出价表示出来；二是用远期差价或掉期率（即期汇率和远期汇率之间的差额）进行报价，即银行在报出即期汇率的同时，也报出远期汇率与即期汇率的偏离值或点数。交易者可根据报价信息计算出远期汇率。

在直接标价法下，远期汇率等于即期汇率＋升水或者即期汇率−贴水。例如：某日中国香港外汇市场外汇报价，美元的即期汇率为$1=HK$7.796 4，3个月美元升水300点，6个月美元贴水270点。则3个月期美元汇率为$1＝HK$（7.796 4＋0.030 0）＝HK$7.826 4，6个月期美元汇率为$1＝HK$（7.796 4－0.027 0）＝HK$7.769 4。

在间接标价法下，远期汇率等于即期汇率−升水或者即期汇率+贴水。例如：在伦敦外汇市场上，美元的即期汇率为￡1=$1.570 5，3个月美元升水450点，6个月美元贴水200点，则3个月期美元汇率￡1＝$（1.570 5－0.045 0）＝$1.525 5，6个月期美元汇率￡1＝$（1.570 5＋0.020 0）＝$1.590 5。

（五）名义汇率和实际汇率

根据汇率的形成与物价水平的关系，一般将汇率分为名义汇率和实际汇率。

名义汇率一般指汇率的市场标价，即外汇牌价公布的汇率。它表示一单位的某种货币名义上兑换多少单位的另一种货币。在许多情况下，一国货币与外国货币之间名义上的兑换率的变动与这两种货币实际购买力之比的变动往往不一致。为此，可采用实际汇率这一概念来表达两国货币间汇率的实际变动趋势。

实际汇率是用两国价格水平、财政补贴或税收减免率对名义汇率加以调整后的汇率。在不考虑财政补贴和税收减免因素时，实际汇率是指名义汇率对通货膨胀进行调整后的结果，即外国商品与本国商品的相对价格，反映了本国商品的国际竞争力。在开放经济条件下，各国政府为了达到“奖出限进”的政策效果，往往对出口产品进行财政补贴和税收减免，对进口产品则征收一定比例的关税。在这种情况下，实际汇率是名义汇率对财政补贴和税收调整后的结果。

名义汇率R与实际汇率e之间的关系为：

$$e=\frac{R\times P_t}{P}$$

式中：e为本国货币与外国货币的实际汇率（用若干本币表示一定数量外币的标价法，以下均同）。R为本国货币对外国货币的名义汇率。P为本国物价指数变动率，为本国t期（即计算日）的物价指数，为本国基期物价指数。$P_t$为外国物价指数变动率，为外国t期物价指数，为外国基期物价指数。这种实际汇率一般用来解释物价变动，即通货膨胀对名义汇率的影响。

## 第三节　汇率变动的影响因素和经济后果

### 一、汇率变动的影响因素

汇率波动的基本规则是汇率以两国货币所代表的价值量之比为基础，随着外汇市场的供求变化而涨落。因此，进一步探讨汇率变动的原因，关键在于把握影响两国货币价值之比，特别是影响外汇供求关系的各种因素。这些因素既有经济方面的，也有非经济方面的，而且它们相互联系、相互制约，共同促使汇率的变动。一般说来，汇率决定的价值基础（平价）主要取决于两国的生产力水平，这在相当长的时期内是稳定的。同时，关于汇率变动的制度性安排也是相对稳定的，不会在短期内进行调整。导致外汇市场上汇率频繁变动的是能够影响外汇供求的因素，其中主要有：

（一）国际收支

国际收支是一国对外经济活动的综合反映，其收支差额直接影响外汇市场上的供求关系，并在很大程度上决定了汇率的基本走势和实际水平。国际收支状况是影响汇率变化的一个最直接也是最主要的因素。当一国国际收支顺差时，该国货币有升值趋势；当一国国际收支逆差时，该国货币有贬值趋势。在国际收支中，又以贸易收支和经常账户对汇率的影响更为明显。国际收支状况对汇率不一定会有影响。短期的、临时性的、小规模的国际收支差额，可以轻易地被国际资金的流动、相对利率和通货膨胀率、政府在外汇市场上的干预和其他因素等抵消，但是，长期巨额的国际收支逆差，一般会导致本国货币贬值。在国际收支中，近年来投机性的国际短期资本流动对市场汇率的影响引起了国际社会的高度关注，其中以“对冲基金”的投机炒作最为引人注目。他们在投机炒作中不仅对软币发起攻击，也对硬币发起攻击，成为在极短时间内扰动有关国家的国际收支，引起外汇市场上供求关系发生剧烈变化，从而成为导致市场汇率急剧变动的重要因素。

（二）通货膨胀

在纸币流通制度下，一国货币发行过多，流通中的货币量超过商品流通的实际需要，就会造成通货膨胀。通货膨胀意味着物价升高，货币的购买力降低，进而导致货币对内贬值。在市场经济条件下，货币对内贬值必然导致对外贬值。如果两国的通货膨胀率相同，那么两国货币的名义汇率因通货膨胀的相互抵消，就可能继续保持不变；只有当两国通货膨胀率存在差异时，通货膨胀因素才会对两国货币的汇率产生重大影响。例如，当一国的通货膨胀率高于另一国的通货膨胀率时，通货膨胀率较高国货币的汇率就趋于下跌，而通货膨胀率较低国货币的汇率则趋于上升。具体地说，通货膨胀主要通过两个途径对汇率产生影响。一是通过影响进出口贸易：当通货膨胀使一国的物价上涨率高于其他国的物价上涨率，而汇率又未能对此及时作出反应时，该国出口商品的成本会相对提高，这就削弱了该国商品在国际市场上的竞争能力，不利于扩大商品的出口；同时，该国进口商品的成本会相对降低，且能够按国内已上涨的物价出售，这就增加了进口商品的赢利，容易刺激商品的大量进口。这种状况会使一国贸易收支恶化，形成外汇市场供求的缺口，推动外币汇率上升，本币汇率下降。二是国际资本流动：当一国通货膨胀率高于其他国家，而名义利率又没有作出调整时，该国的实际利率相对下降，投资者为追求较高的利率，就会把资金转移到国外。另外，一国货币因通货膨胀先后发生对内、对外贬值，还会影响人们对该国货币的信心，引起资金的抽逃。资金外流和信心低落，不利于维持两国货币之间的汇率稳定。当然，通货膨胀差异并不是立即和直接对汇率产生影响的。一般说来，它有一个半年以上的滞后过程，而且也是通过影响国际贸易和国际资本流动的方向，间接地促使汇率发生变化的。

（三）国际利差

利率是资金的价格。对于筹资者来说，利率的高低决定筹资成本的高低；对于投资者来说，利率的高低决定投资收益的高低。当国际间存在利率差距时，在特定汇率水平下，为套利而跨国流动的货币资本就会大量出现，并通过影响外汇市场的供求，促使汇率变动，而汇率的变动又会反过来遏制资金的跨国流动。只有当利率差与汇率变动的水平相等，货币资本跨国流动无利可图时，利率差对汇率的影响才会消除。

（四）经济增长率

两国实际的经济增长率之差与未来汇率的变动有着较为复杂的关系。如果一国的出口基本不变，经济高速增长会使国民收入水平大幅度提高，进而导致该国对外国商品和劳务的需求高涨，因此，该国的经常项目很可能出现逆差，并迫使本国货币的汇率趋于下跌。如果国内外投资者将该国经济增长率较高看作是资本收益率较高的反映，该国资本的净流入很可能抵消或超过经常项目的赤字。在这种情况下，该国货币的汇率不是下跌，而可能上升。当然，一国的实际经济增长率较高，能够增强人们对该国货币的信心，这也能在一定程度上抵消本国货币汇率下跌的压力。如果一国经济的高速增长是由于出口竞争能力提高和出口规模扩大而推动的，该国的出口超过进口，经常项目的顺差会使本国货币的汇率趋于上升。

（五）外汇市场的投机活动

外汇市场的投机活动对汇率的变动具有重要影响。特别是在世界金融市场充斥着巨额“游资”的今天，这些资金根据各种信息和投机者对汇率变化的预期，在短期内从一种货币转换成另一种货币，为获取投机利润的跨国资本流动必然会对外汇市场产生较大的冲击，进而引起汇率的变动。一般说来，外汇市场上的投机活动有两种：一是稳定性投机，二是不稳定性投机。

（六）政府干预

由于汇率是以一种货币表示的另一种货币的价格，汇率的变化将影响在国际间进行交易的商品和劳务的价格，进而对一国的资源配置和经济运行发挥重要的作用。出于宏观经济调控的需要，各国政府大多对外汇市场进行官方干预，希望汇率的波动局限于政策目标的范围内。政府干预外汇市场的常见方式是：进行公开市场操作（在外汇市场买卖外汇），调整国内货币和财政政策，公开发表能够影响预期的导向性言论，与其他国家进行货币合作等。在开放的市场经济条件下，中央银行和财政部进入外汇市场公开买卖外汇，对汇率变化的影响是最直接的，而且效果也是比较明显的。20世纪80年代以来，西方各国货币当局对外汇市场的联合干预已成为影响汇率的一个不可忽视的因素。

（七）预期因素

预期因素是影响国际资本流动的一个重要因素。随着国际资本流动规模的日益庞大，预期因素对汇率的影响越来越大。预期变化受到政治和经济因素的影响，如果市场上预测某国通货膨胀率比别国要高，实际利率将比别国低或者经常项目将发生逆差等不利因素时，该国的货币就会在市场上大量被抛售，其汇率就会贬值；反之，其汇率就会升值。人们对某种货币的预期心理往往会引起市场投机活动，从而加剧市场汇率的波动。

上面列举的是在现代纸币流通条件下影响汇率的一些主要因素。这些因素与其他一些次要因素往往交织在一起对汇率产生影响。这些影响有时互相促进，有时互相抵消，形成一种综合力量，共同改变外汇市场的供求状况，进而导致汇率的变动。因此，必须对每种情况下各种影响的方向和强度进行具体分析，才能对汇率变动做出比较可靠的判断。

## 二、汇率变动的经济后果

汇率受多种因素的影响而变动，汇率变动反过来又对经济运行的许多方面产生影响。正因为如此，汇率成为了各国宏观经济调控的重要经济杠杆之一。要充分发挥汇率的经济杠杆作用，必须首先把握货币价值和汇率变动的基本方向及其内涵，如增值与贬值、上浮与下浮、高估与低估等。

货币的增值与贬值是同固定汇率制相联系的。如果政府正式宣布提高本国货币的法定平价，或者提高本国货币与外国货币的基准汇率，即是增值，反之则是贬值。

汇率的上浮与下浮是货币相对价值变动的一种现象，即是指货币汇率随外汇市场供求关系的变化而上下波动，但其法定平价并未调整。汇率由下往上升高，称为上浮；由上往下降低，则称为下浮。需要指出的是，在自由浮动汇率制下，货币的汇率主要取决于外汇市场的供求，严格地说，这时汇率的波动不是增值或贬值，而是上浮或下浮。

汇率的高估与低估是指货币的汇率高于或低于其均衡汇率。在浮动汇率制下，在外汇市场上供给与需求相平衡时，两国货币的交换比率便是均衡汇率。在固定汇率制下，官方汇率如能正确反映两国之间的经济实力对比和国际收支状况，就等于或接近均衡汇率。

在很多情况下，出于不同的目的，政府往往有意识地把汇率定得高于或低于均衡汇率。但从长远来看，货币的汇率是不能持久保持高估或低估的，它必须通过各种途径加以调整，如直接改变法定平价，即贬值或增值，以达到内部与外部的平衡。由于货币贬值的结果与增值的结果相反，特别是国际收支调整的负担主要落在逆差国身上，人们便更加重视货币贬值的经济影响。

1.贬值对国际收支的影响

国际收支状况变化意味着实际资源和货币资本的净流入或净流出，对一国的经济运行有着重要的作用。汇率变动能够调节国际收支状况，这里只分析货币贬值对国际收支中贸易收支、非贸易收支、长期资本流动和短期资本流动的影响。

（1）贬值对贸易收支的影响。

货币贬值不影响进出口商品本身的价值，但会改变它们在国际贸易中的相对价格，进而提高或削弱它们在国内外市场上的竞争能力。一国货币贬值后，该国出口商品的外币价格下降，外国对其出口商品的需求上升，出口规模得以扩大；同时，该国进口商品的本币价格上升，会抑制国内对进口商品的需求，进口规模得以缩小。如果贬值后该国出口商品的外币价格没有下跌，但出口所获得的同样数量的外汇收入可换到较多的本币，这也能使出口厂商的利润增加，进而对扩大出口起到积极的作用。另外，即使由于某些原因，贬值后该国对进口商品的需求并未减少，但由于进口商品本币价格的提高，国内同类工业或替代工业能够借此生存和发展起来，仍然可以对进口起到抑制的作用。总之，贬值有利于一国扩大出口、抑制进口，改善其贸易收支状况。

但是，判断贬值对进出口贸易产出的影响，还需要注意两大问题。第一是“时滞”问题。贬值后一国出口商品的外币价格虽然下跌，但外国对其出口商品的需求不会马上强化，从而该国的出口商品数量也不会迅速增加。与此同时，该国进口商品的数量也不会随贬值造成其进口价格提高而立即减少，因为进口合同早已签订，其法律效力还将延续一段时间。贬值对扩大出口、抑制进口的作用要等若干时间后才能明显地显现出来。第二是“弹性”问题。经过一段时间后，贬值国出口商品的数量虽然增加了，但其外币价格却下降了，这样出口所得到的外汇收入并不一定增加。同时，在贬值后，进口商品的本币价格虽然提高了，但未必能将进口需求减少到一定的程度。由此可见，贬值能否改善一国的进出口贸易状况，还取决于需求与供给的弹性，即出口商品的需求弹性、出口商品的供给弹性、进口商品的需求弹性、进口商品的供给弹性。假定供给具有完全的弹性，那么，贬值的效果就取决于需求的弹性。需求弹性是指价格变动所引起的进出口需求数量的变动。数量变动大于价格变动，即需求弹性大于“1”；数量变动小于价格变动，即需求弹性小于“1”。只有在进口商品需求弹性和出口商品需求弹性的绝对值之和大于“1”时，贬值才能改善进出口贸易状况；反之，则会恶化进出口贸易状况，这就是著名的“马歇尔-勒纳”条件。

（2）贬值对非贸易收支的影响。

在国内物价水平保持稳定的情况下，本国货币贬值，外国货币在国内的购买力就相对增强，本国的商品、劳务、交通和旅游等费用就变得相对便宜，这就增加了对外国游客的吸引力，将促进该国旅游和其他收入的增加。而且，对该国居民来说，贬值使国外的旅游和其他劳务开支相对提高，进而抑制了该国的对外劳务输出。不过，贬值对该国的单方面转移可能产生不利影响。以外国侨民赡家汇款收入为例，贬值后，一单位的外币所能换到的本国货币数量增加，对侨民来说，以本币表示的一定数量的赡家费用就只需用少于贬值前的外币来支付，从而本国的外币侨汇数量下降。当然，贬值对非贸易收支的影响同样也存在供求弹性的制约和“时滞”问题。

（3）贬值对长期资本流动的影响。

对国际间的长期资本流动来说，贬值造成的影响比较小，因为长期资本流动遵循的是“高风险、高收益、低风险、低收益”的决策原则，注重投资环境总体的好坏，贬值所造成的风险只是诸多环境因素中的一个，而且不起决定性的作用，更何况由贬值引起的汇率风险在很大程度上是可以防范与克服的。当然，贬值也有一定的影响力。例如，在其他条件不变的情况下，贬值使得外国货币的购买力相对上升，有利于吸引外商到货币贬值国进行新的直接投资；在一国发生严重通货膨胀的情况下，当该国货币汇率的下跌幅度大于通货膨胀的幅度，贬值后的新汇率扣除通货膨胀因素之后又低于基期汇率时，贬值可能降低长期投资的赢利水平。

（4）贬值对短期资本流动的影响。

对国际间的短期资本流动来说，贬值造成的影响则比较大。因为短期资本流动性和套现能力强，一旦贬值使金融资产的相对价值降低，便会发生“资本抽逃”现象。例如，在一国货币贬值时，该国资本持有者或外国投资者为避免损失，就会在外汇市场上把该国货币兑换成坚挺的外币，将资金调往国外；同时，货币贬值会造成一种通货膨胀预期，影响实际利率水平，打破“利率平价”关系，进而诱发投机性资本的外流。在贬值后的一段时间内，短期资本流出的规模一般都大于短期资本流入的规模。从这个意义上讲，贬值是不利于改善国际收支平衡表资本项目状况的。

2.贬值对国内经济的影响

货币贬值改变了国内外的相对价格水平，在开放经济条件下，势必影响国内经济的发展，这主要表现在以下几个方面：

（1）贬值对国内物价的影响。

一国货币贬值，有利于扩大出口、抑制进口。这意味着该国市场上的商品相对减少，而收兑外汇的本币投放相对增加，商品与货币的对比关系因此而改变，很可能导致国内物价的全面上涨。另外，如果一国存在着“进口刚性”，即大量商品或零部件是必须进口的或没有替代品的，那么，贬值引起进口品成本的上升，就会诱发进口商品和用进口零部件组装的商品、与进口商品和用进口零部件组装的商品相类似的国内商品，乃至其他国内商品的价格提高，也可能导致国内物价的全面上涨。

（2）贬值对社会总产量的影响。

一国货币贬值的“奖出限进”作用，能够扩大该国的出口商品和进口替代品在国内外市场上的占有份额，从而为这些商品生产厂家的发展提供更广阔的空间。由于生产的关联性，出口商品和进口替代品市场的扩大，又会直接或间接地推动整个工农业生产的发展。同时，一国货币贬值的“奖出限进”作用，还有利于增加该国的外汇积累，加大资本投入，形成新的生产能力。工农业生产的发展和新生产能力的形成，往往又使一国社会总产量明显增加。

（3）贬值对就业水平的影响。

一国货币贬值有利于出口商品生产规模的扩大和出口创汇企业利润水平的提高，而这又会“牵引”国内其他行业生产的发展，因此，国内就业总水平也将提高。同时，贬值后的进口商品成本增加，其销售价格上升，一方面使对进口商品的需求转向国内生产的产品，另一方面也提高了国内产品与进口产品的竞争能力，从而促进了内销产品行业的繁荣，创造出更多的就业机会。但是，通过货币贬值来提高就业水平是有前提的。这就是，工资基本不变或变动幅度要小于汇率变动的幅度。如果工资随着本币汇率的下降而同比例上升，那就会抵消贬值所产生的改善国际贸易收支，增加就业机会的效应。另外，一国货币贬值，能够吸引外来的长期直接投资。外国资本流入会增加国内固定资本和流动资本的数量，有利于创造新的就业机会。

（4）贬值对产业结构的影响。

一国货币贬值，有利于扩大出口规模，增加出口创汇企业的利润，进而促使生产要素从非出口厂商和部门转向出口厂商和部门。同时，利润水平较高，可使出口厂商和部门的工资上升，实际收入增加，从而吸引大量的劳动力。另外，贬值造成进口商品的国内销售价格上升，会使一部分需求由进口商品转向国内产品，而且也提高了国内产品对进口产品的竞争能力，进口替代行业因此获得发展的机会。在开放经济的条件下，各种资源较多地流向出口厂商和部门，流向进口替代行业，有助于加快产业结构的升级，优化资源配置，使该国的行业结构更接近国际市场的需求结构。这对发展中国家来说，具有十分重要的意义。

3.贬值对国际经济关系的影响

一国货币贬值，会通过商品竞争能力、出口规模、就业水平和社会总产量等方面的相对变化，直接影响该国与贸易伙伴国之间的经济关系。大量事实表明，一国货币贬值带来的国际收支状况改善和经济增长加快，很可能使其贸易伙伴国的国际收支状况恶化和经济增长放慢。如果一国为摆脱国内经济衰退而实行货币贬值，它就很可能把衰退注入其他国家，因为除汇率外，生产、成本、效率等其他条件并没有改变。出于一国狭隘私利而进行的贬值，往往会激起国际社会的强烈不满，或引起各国货币的竞相贬值，或招致其他国家贸易保护主义政策的报复，其结果是恶化国际经济关系。从长期看，这对贬值国乃至世界的经济发展都是有害的。按照国际货币基金组织章程的规定，会员国只有在经过充分的多边协商后，才能采取较大的贬值行动。

有必要指出，货币贬值是通过改变国内外货币的交换比例，对国民经济和国际经济关系产生影响的。这种影响涉及面广，而且会因条件与环境的不同产生积极或消极的后果。因此，运用货币贬值以实现经济政策目标的做法，应是十分谨慎的，要预先判断它的影响是利大于弊，还是弊大于利。另外，货币贬值所产生影响的大小，还与一国的开放程度、商品生产的特征，同国际金融市场的联系，以及货币的可兑换性等有关。如果开放程度高，商品生产多样化，同国际金融市场联系紧密，而且货币可自由兑换，货币贬值所产生的影响就大；反之，其产生的影响就小。

## 第四节　汇率决定理论

汇率理论是货币经济理论的国际延伸，它主要研究汇率是如何决定和变动的。早期的汇率理论可追溯到中世纪的“公共评价理论”。几百年来，人们在汇率理论方面不断取得突破和进展，形成了许多富于特色的学说和流派。限于篇幅，这里仅对影响较大的汇率理论和汇率研究中的新成果进行阐述和评价。

### 一、国际借贷理论

国际借贷理论是在金本位制下阐述汇率变动的重要学说，由英国经济学家戈森于1861年提出。当时，在英国发生的汇率理论演进中影响极其深远的“金块论争”尚未完全结束，曾任英格兰银行董事的戈森出版了《外汇理论》一书，系统地表明了自己的观点，并且改变了人们研究汇率的注意力。

戈森认为，汇率取决于外汇的供给和需求，而外汇的供给和需求又源于国际借贷，国际借贷关系的变化是汇率变动的主要因素。在戈森眼里，国际借贷的内容是宽泛的，包括商品的进出口、股票和公债的买卖、利润和捐赠的收付以及资本交易等。因此，他进一步认为，在一定时期内，如果一国国际收支中对外收入增加，对外支出减少，对外债权超过对外债务，则形成国际借贷出超；反之，对外债务超过对外债权，则形成国际借贷入超。出超说明该国对外收入大于对外支出，资金流入，外币供给相对增加，于是外币汇率下跌，本币汇率上涨；反之，入超说明该国对外收入小于对外支出，资金流出，外币需求相对增加，于是外币汇率上涨，本币汇率下跌。

戈森根据流动性的大小，把国际借贷分为固定借贷和流动借贷。前者是指借贷关系已经形成，但未进入实际支付阶段的借贷；后者是指已进入实际支付阶段的借贷。他指出，影响汇率变动的主要是流动借贷。最后，戈森承认物价水平、黄金存量、利率水平和信用关系等也都对汇率产生影响，但他认为这些因素都是次要的。

戈森的国际借贷与国际收支无异，故其学说又被称为国际收支论。该学说以金本位制为前提，把汇率变动的原因归结为国际借贷关系中债权与债务变动导致的外汇供求变化，在理论上具有重要意义，在实践中也有合理之处。这正是戈森对汇率理论的重要贡献。但是，戈森仅说明了在国际借贷差额不平衡时，外汇供求关系对汇率变动的影响，而未说明在国际借贷平衡时汇率是否会变动，更没有说明汇率的变动是否围绕一个中心，即汇率的本质是什么。因此，在金本位制转变为纸币本位制后，国际借贷学说的局限性就日益显现出来了。

后来，凯恩斯学派又对该理论进行了发展，充分重视了汇率变动对价格的反作用，认为货币对外贬值会引起进出口商品相对价格的变化，有利于国际收支的改善，而国际收支的改善又会形成新的均衡汇率，这就是调整国际收支的弹性论的主要观点。凯恩斯学派不但从外汇供求的局部均衡考察汇率变动的原因，而且还从国民收入与支出的一般均衡方面考察汇率变动的原因。该学派认为，国民生产总值的增长会使国民收入与支出增加，支出的增加又会导致国际收支逆差，从而使本币汇率下降；反之，支出的减少会紧缩国内消费与投资，改善国际收支，促使本国货币汇率上升。紧缩国内消费与投资就是减少国内"吸收"，降低对外汇的需求，这便是国际收支调节论的主要观点。凯恩斯学派汇率理论的主要特点之一，就是肯定了国际收支状况对汇率变动的影响，这与戈森的国际借贷论是有共同之处的。或者说，国际借贷论为凯恩斯学派汇率理论的形成奠定了基础。

### 二、购买力平价理论

购买力平价理论是第一次世界大战以来，诸多汇率理论中最有影响力的理论之一。它的历史渊源可追溯到16世纪西班牙萨拉蒙卡学派关于货币购买力的论述。但是，最早清晰而强有力地对购买力平价理论进行系统阐述的则是瑞典经济学家卡塞尔（G.Cassel）。卡塞尔在世时，在购买力平价理论方面曾先后发表过"外汇之现状"（1916年）等论文和特约稿17篇，出版过《世界货币问题》（1921年）等著作8部。因此，人们推崇他为购买力平价理论的创立者。卡塞尔认为，本国人之所以需要外国货币，是因为这些货币在外国市场上具有购买力，可以买到外国人生产的商品和劳务；外国人之所以需要本国货币，则是因为这些货币在本国市场上具有购买力，可以买到本国人生产的商品和劳务。因此，货币的价格取决于它对商品的购买力，两国货币的兑换比率就由两国货币各自具有的购买力的比率决定。购买力比率即是购买力平价。进一步说，汇率变动的原因在于购买力的变动，而购买力变动的原因又在于物价的变动。这样，汇率的变动最终取决于两国物价水平比率的变动。在卡塞尔的购买力平价理论中，购买力平价被分为两种形式：一是绝对购买力平价；二是相对购买力平价。

（一）绝对购买力平价

绝对购买力平价的数理方程表示如下：

$$e=\frac{P_a}{P_b}$$

式中：$P_a$表示A国物价水平，$P_b$表示B国物价水平，e为汇率直接标价法，它意指A、B两国货币汇率为两国的物价比，即取决于A、B两国货币购买力之比。

（二）相对购买力平价

相对购买力平价的数理方程表示如下：

$$\rho=\pi_a-\pi_b$$

式中：ρ表示汇率变动率，$\pi_a$表示A国通货膨胀率，$\pi_b$表示B国通货膨胀率，它意指两国货币间汇率变化率为其通货膨胀率之差。

（三）绝对购买力平价与相对购买力平价的关系

绝对购买力平价体现为两国物价之比，相对购买力平价则表现为价格变动对汇率变动的影响。从相对购买力平价公式的推导过程来看，它源于绝对购买力平价。相对购买力平价认为，只要在现实中各期交易的费用、贸易条件等因素都一样，相对购买力平价理论依然能够成立。

（四）购买力平价的应用

购买力平价的应用主要分为在政府决策中的运用和投资经营的应用。政府在经济决策中，必须对通货膨胀保持高度的警惕，不能一味以牺牲物价和汇率稳定去实现经济数量的增长。要对货币增量引起的物价上涨进行控制，一国政府必须制定一个合理的财政、货币政策。购买力平价的汇率决定理论，对于市场的任何参与者而言，包括一般企业以及进行各种货币投资的机构和个人，都是一个很好的汇率预测参考。

（五）对购买力平价理论的简要评价

购买力平价理论从货币的购买力角度出发分析不同国家货币之间的比价关系，对货币最核心和最基本功能的（交易职能和价值尺度）认识提高到了一个较高的层次。汇率的购买力平价理论从货币购买力角度，在各种外汇汇率理论中占据着非常重要的地位。

## 三、利率平价理论

（一）抛补利率平价

抛补利率平价的数理方程为：

$$\rho=r-r^*$$

式中：ρ表示两国汇率远期升（贴）水率，r表示本国利率，$r^*$表示某外国利率。汇率的远期升（贴）率为两国即期利率之差。如果本国利率高于外国，则本币远期贴水，外币远期升水；反之，则本币远期升水，外币远期贴水。

（二）非抛补利率平价

非抛补利率的数理方程为：

$$\rho = r - r^*$$

式中：ρ表示两国汇率预期变动率，r表示本国利率，$r^*$表示某外国利率。预期汇率变动率等于两国金融市场的利率之差。如果本国的利率高于同期外国金融市场利率，意味着市场预期本币未来即期汇率将会贬值；反之，预期本币未来即期汇率将会升值。

（三）抛补利率平价与非抛补利率平价的比较

抛补利率平价与非抛补利率平价在投资者的风险偏好方面存在差异，二者所适用的范围不同，然而通过市场投机机制，抛补利率平价远期汇率和非抛补利率平价未来即期汇率最终会趋于一致。

（四）利率平价理论的简要评价

利率平价理论的研究角度从商品流动转移到资本流动，指出了一国利率变化对汇率的影响，对我们的经济活动具有很强的指导意义。

## 四、国际货币主义汇率理论

货币主义的汇率理论形成于20世纪70年代中期，是由美国芝加哥大学亨利·约翰逊为首的一批经济学家倡导，并由弗兰克等人加以系统阐述的。该理论是在绝对购买力平价基础上发展起来的，其特点是强调货币市场在汇率决定过程中的作用，把汇率看成是两国货币的相对价格，而不是两国产品的相对价格。它认为，汇率是由货币市场上的存量均衡条件，即由各国货币供给与需求的存量均衡决定的。当两国货币的存量同人们愿意持有的量相一致时，两国货币的汇率可达到均衡。

该理论的基本研究方法是把货币数量论与购买力平价理论结合起来，分析汇率决定和变动的主要原因。它的假定是：存在着自由的资本市场和较强的资本流动性，使国内外资产具有充分的替代性；存在着有效的市场，使人们对未来汇率的预期可以强烈地影响即期汇率；存在着充分的国际资金和商品套购套买活动，使“一价定律”得以实现，并且各国的名义利率等于实际利率加预期通货膨胀率，而各国的实际利率则是相同的；市场参与者能够根据信息和理论模型，对汇率变化作出合理的预测。

汇率的变动取决于三个方面的因素：一是本国名义货币供给存量相对于外国名义货币供给存量的变化；二是外国实际收入相对于本国实际收入的变化；三是本国预期通货膨胀率相对于外国预期通货膨胀率的变化。当本国名义货币供给增加时，国内的价格水平就会上涨，由于购买力平价的关系，本币汇率必然下跌。当本国实际国民收入增长时，国内就会出现对货币的超额需求，在名义货币供给存量不变的情况下，使得国内价格下跌，并通过购买力平价的作用，最终导致本币汇率上涨。当本国名义利率上升时，本币汇率趋于下跌。因为名义利率上升，表明本国有较高的预期通货膨胀率（根据假设，名义利率等于实际利率加预期通货膨胀率，而且各国的实际利率相同，所不同的只是预期通货膨胀率），这会使国内对货币的需求降低，抬高国内价格水平，进而迫使本币汇率下跌。如果是外国经济变量发生变化，对本国货币的汇率则会有相反的影响，即外国货币供给增加，或实际收入下降，或名义利率上升时，本国货币的汇率趋于上升。

货币主义汇率理论与传统汇率理论的分歧在于：传统理论认为，外汇供求取决于进出口所需要和取得的外汇，是用外汇流量来衡量的。在满足进出口弹性充分大的条件下，本币贬值有利于扩大出口，抑制进口，进而改善国际收支状况。而货币主义理论则批评传统理论忽略了相对价格的变动和货币需求的关键传递作用。它认为，贬值后随之而来的是对本币需求的增加，对外币需求的减少。如果本国货币供给量不变，或者贬值后对外币的需求没有减少，那么贬值不会对国际收支产生持久影响，汇率也会随货币（外币和本币）的供求状况作出新的调整。基于此，货币主义经济学家对汇率的研究突破了传统理论的局限（即将汇率变动的效应局限在国际收支的范围），提出了汇率决定的货币存量–流量分析架构，并深入到货币政策的制定与协调问题上。这种突破是货币主义汇率理论的主要贡献，并对20世纪70年代后的汇率研究产生了深远的影响。

货币主义汇率理论的主要可取之处是：第一，该理论突出强调了货币因素在汇率决定过程中的作用，这是很有见地的。因为作为货币的价格，汇率与货币本身的价值及其影响这种价值的诸多因素有着直接和紧密的联系。忽视乃至回避货币因素，就不可能正确解释汇率的决定与变动。第二，该理论指出，一国的货币政策和通货膨胀水平与该国的货币汇率走势直接相关，这是符合实际情况的。货币供给过多，通货膨胀严重，正是实行浮动汇率制后，一些西方国家货币汇率不断下跌的主要原因。第三，该理论把“一价定律”放在汇率研究的重要位置上，有其合理之处。马克思主义认为，由于世界市场的形成和发展，各个不同国家生产的同种同量商品，在世界市场上会被当作具有相同的国际价值量。在此基础上，商品形成了它们的世界市场价格。从长期看，由于国际价值的内在作用，不同国家生产的同种商品，将具有相同的世界市场价格。货币主义经济学家把“一价定律”作为其研究汇率的出发点，这表明他们已意识到价值规律在国际经济活动中所起的作用。另外，该理论的分析和论证方法有其独到之处，可以引为借鉴。

另外，货币主义汇率理论的主要不足之处是：第一，该理论在探讨汇率变动的原因时，只偏重于一国国民总收入，或货币市场均衡状态下的汇率运动，而对社会经济内部的结构及其变化对汇率的影响则没有做必要的研究，这使得货币主义汇率理论难以全面地把握和解释汇率的实际变动。第二，该理论的一些基本假定，如两国货币之间总是保持着购买力平价，从而汇率始终能使“两国的购买力均等化”；一国货币供求一旦失衡，便会引起国内价格迅速变动，从而可以消除对货币过度的需求或供给；本国资产和外国资产是完全可以替代的，而且国际间的资产套购能使两国的利率之差等于两国的预期通货膨胀率之差等，过于绝对化，在现实生活中很难成立。第三，该理论以抽象的数学表达式说明货币存量变化与价格变化之间关系，不易在实践中加以验证和运用。

## 第五节 汇率制度与外汇管制

### 一、汇率制度

汇率制度又称汇率安排，是指一国货币当局对本国汇率变动的基本方式所做出的一系列规定或安排，包括货币比价确定的原则与方式，货币比价变动的界限、调整手段及维持比价所采取的措施等。汇率制度是联系国内经济和国外经济的“纽带”，是一国重要的宏观经济政策。在经济全球化的背景下，汇率政策越来越成为政府对经济进行宏观调控的重要手段。汇率制度对各国汇率的决定有着重大影响，而在不同的汇率制度下，汇率变动对一国经济也有着不同程度的传导和影响，各国都需要不同程度地对汇率进行干预，以改善国际收支，稳定国内经济。一国应根据本国的经济规模、经济开放度、经济发展水平等各种因素选择适合自己的汇率制度。

传统上，根据有没有规定货币平价以及汇率波动幅度的大小，汇率制度可划分为固定汇率制、浮动汇率制和钉住汇率制等。除此之外，还有一些其他类型的汇率制度，如联系汇率制度。

（一）固定汇率制与浮动汇率制

固定汇率制，是指本币对外币规定有货币平价，现实汇率受货币平价制约，只能围绕平价在很小范围内波动的汇率制度。实行固定汇率制的国家有义务干预外汇市场以维持市场汇率的稳定。

固定汇率制包括金本位制下的固定汇率制和纸币流通条件下的固定汇率制。共同点体现在：各国对本国货币都规定有金平价，中心汇率是按两国货币各自的金平价之比来确定的；外汇市场上的汇率水平相对稳定，围绕中心汇率在很小的范围内波动。不同点体现在：金本位制下的固定汇率制是自发形成的；而在布雷顿森林体系下，固定汇率制是通过国际间的协议，人为建立起来的；金本位制下各国之间的汇率能够保持真正的稳定，而在布雷顿森林体系下的金平价是可以调整的。因此，金本位制下的固定汇率制是典型的固定汇率制，而纸币流通条件下的固定汇率制，严格来说只能称为可调整的钉住汇率制。

浮动汇率制，是指本币对外币不规定货币平价，也不规定汇率的波动幅度，现实汇率不受平价制约，而是随外汇市场供求状况的变动而变动的汇率制度。实行浮动汇率制的国家的货币当局也不再承担维持汇率稳定的义务。

按照政府是否干预来区分，浮动汇率制可分为自由浮动和管理浮动。自由浮动又叫清洁浮动，是指货币当局对外汇市场不加任何干预，完全听任汇率随外汇市场供求状况的变动而自由涨落。管理浮动又叫肮脏浮动，是指货币当局对外汇市场进行干预，以使汇率的变动符合自己实现国内外经济政策目标的需要。

政府干预汇率的方式主要有三种：直接干预；运用财政、货币政策；实行管制措施。按浮动的形式，浮动汇率制可分为单独浮动和联合浮动。单独浮动又称独立浮动，是指本国货币不与任何外国货币发生固定联系，其汇率根据外汇市场的供求变化而单独调整变化。如：美元、英镑、日元、加拿大元等。联合浮动又称共同浮动或集体浮动，是指由若干国家组成货币集团，集团的成员国间规定货币比价和浮动的幅度，实行固定汇率，而对非成员国实行同升或同降的浮动汇率安排。

（二）其他汇率制度

国际货币基金组织在它的《汇率安排和汇率管制》和《国际金融统计》中根据成员国报告的汇率制度进行了分类，并在1999年对分类方法进行了改革，最终将汇率制度分为八种。按浮动程度由小到大排列，这八种汇率制度依次是：

1.无独立法定货币的汇率安排

无独立法定货币的汇率安排指一国采用另一国的货币作为唯一法定货币，包括美元化或货币联盟，美元化的典型特征就是美元替代本国货币进行流通，如巴拿马和厄瓜多尔等拉美国家。货币联盟的典型代表是欧元的形成，在联盟内流通着超越国家主权的单一货币，建立统一的中央银行。

2.货币局制度

货币局制度指货币当局暗含法定承诺按固定汇率来承兑指定的外汇，并通过对货币发行权的限制来保证履行法定承兑义务。即指货币当局规定本国货币与某一外国可兑换货币保持固定的交换比率，并且对本国货币的发行进行特殊限制以保证履行这一法定义务。货币局制度要求在货币当局发行货币时，必须有等值的外汇储备作保障，并严格规定汇率，没有改变平价的余地，也对货币政策形成了制度性制约。当然，货币局制度有助于稳定市场信心，在一定程度上防范汇率风险。但一国或地区为此要付出高昂的代价，主要在于：丧失货币政策的自主性；央行不能充当最后的贷款人；易招致投机力量的攻击。一般认为，实行货币局制度的多为小型经济开放体，如中国香港和爱沙尼亚等。

3.其他传统的固定钉住制度

其他传统的固定钉住制度指汇率波动围绕中心汇率上下不超过1%，包括固定比率钉住单一货币、钉住货币篮子和钉住合成货币（SDR）。各国的货币交换比例按照某些共同接受的货币单位进行计算，货币的交换比率基本固定不变，或政府承诺将汇率波动限制在很小的范围（1%以内），如金本位和布雷顿森林体系。在金本位制下，两国货币的价值量之比表现为其含金量之比，即铸币平价。汇率围绕铸币平价，根据外汇市场的供求状况，在黄金输出点和黄金输入点之间上下波动。在布雷顿森林体系下，各国当局通过虚设的金平价来制定中心汇率，并通过外汇干预、外汇管制或经济政策等把汇率限制在很小的波动范围。只有在一国国际收支发生根本性失衡时，金平价才可由国际货币基金组织予以变动。在传统的固定钉住制度下，一国短期内汇率风险较小，有助于金融市场稳定。但政府需要建立庞大的外汇储备以捍卫平价或维持汇率稳定，特别是当各国汇率政策不一致时，往往会造成风险的累积性效应，导致汇率发生错位，而汇率错位后的恢复比较困难。

4.钉住平行汇率带

钉住平行汇率带指汇率被保持在官方承诺的原汇率带内，其波幅超过中心汇率上下各1%，如欧洲货币体系下欧洲汇率机制（ERM）。这种汇率安排，既有浮动汇率的灵活性，又有固定汇率的稳定性。同时，在公布的浮动范围内，有助于形成合理的市场预期。但存在的问题是如何确定波动的范围。如果波动范围过大，则异化为浮动汇率；而范围过小，则又异化为固定汇率。

5.爬行钉住

爬行钉住指汇率按预先宣布的比率作较小的定期调整或对选取的定量指标的变化作定期的调整。在爬行钉住制度下，货币当局每隔一段时间就对本国货币的汇率进行一次较小幅度的贬值或升值，每次的贬值或升值的时间和幅度都是随意确定的，包括购买力爬行钉住和任意爬行钉住。所谓购买力爬行钉住是以通货膨胀差异为依据对汇率进行调整，有较强的预见性，也有利于维护国际市场的竞争力，但不利于实行严格的货币纪律。任意爬行钉住一般不设参照物，爬行的基础富于弹性，当局可以微调汇率，能够保持较大的货币政策的独立性。但其预见性较差，易受投机冲击。

6.爬行带内浮动

爬行带内浮动指汇率围绕中心汇率在一定幅度内浮动，同时中心汇率按预先宣布的比率作定期调整或对选取的定量指标的变化作定期的调整。其特点是中心汇率变化较为频繁，同时需确定一个爬行幅度。例如，向后爬行，是以过去的经济指标，如通货膨胀差异等确定爬行幅度。向前爬行是根据预期变化或预期目标确定爬行幅度。其优点在于中心汇率经常变动可使经济运行较为平稳，避免一次性调整带来的震荡。但向后爬行实际上是容忍或助长了通货膨胀，而向前爬行会导致本币高估和投机。

7.不预先公布干预方式的管理浮动

不预先公布干预方式的管理浮动也称为肮脏浮动或无区间的有管理浮动，指央行偶然地介入外汇市场，对汇率的波动施加影响。央行的干预可通过公开市场操作与外汇管制，即直接干预；也可以通过利率调整以及其他经济政策和措施，即间接干预。需要指出的是，央行的干预虽可避免汇率的大起大落，但其要求央行要掌握较多的外汇储备和可供选择的货币政策工具，并且需要准确把握干预的时机和力度，否则，干预的效果是短命的，是不稳定的。

8.单独浮动

单独浮动又称独立浮动，指外汇市场的供求关系决定本币与外币之间的比价，汇率自由波动以平衡外汇供求和市场出清。也就是说，名义汇率变化发挥内外冲击的调节作用，政府无需掌握高额的外汇储备和干预外汇市场。但由于市场的不完善，汇率的易变性和过度波动性会扭曲价格信号，所谓的“屏蔽作用”也可能起到助长松懈货币纪律的作用。

## 二、汇率水平管理

汇率水平管理是指汇率水平的确定与调整，也是一国实施汇率政策的具体措施之一。通常，货币当局对本国的汇率安排主要表现为三种形式：一是单一汇率制，即本国货币与外国货币的交换比率只有一个；二是混合汇率安排，是指将不同水平的汇率混合使用的安排，目的是为了对不同的交易主体实行差别待遇；三是差别汇率安排，一般是指一国货币当局根据外汇的不同来源和使用情况，规定两种或两种以上的汇率水平的安排。后两种汇率安排因本国货币与外国货币的交换比率有两个或两个以上，被称为复汇率。单一汇率符合一价定律，是在市场经济条件下占主导地位的汇率安排，特别在外汇管制不严格的国家较为普遍。复汇率安排是以外汇管制为基础，一国货币当局人为地、主动地制定和利用多种汇率，以达到预期的政治和经济目的。从政策研究的角度出发，复汇率安排更具有实际意义，它包括混合汇率安排和差别汇率安排两种方式。

1.混合汇率安排

混合汇率安排就是将官方汇率与自由汇率按不同比例混合使用的制度，以对不同的交易实行差别对待。这种制度规定某类项目外汇收入的全部或一部分可以不按官方汇率出售给指定银行，允许这类外汇收入者在自由市场按自由汇率出售外汇。相反，规定对某类外汇需求者不按官方汇率供给全部或部分外汇，而是要求他们以一定比例在自由市场按自由汇率购买外汇。由于自由汇率高于官方汇率，出售外汇者可以因此多收入本国货币，购买外汇者则因此得多支付本国货币。虽然国家未公开宣布差别汇率，但通过这种官方汇率和自由汇率混合使用的方法，事实上已形成了复汇率制度，只不过这种复汇率制度更加隐蔽罢了。例如，有些国家为了抵制游资的侵扰与冲击，规定出口贸易的外汇按官方汇率在官方市场进行交易（这种汇率称为贸易汇率），资本交易涉及的外汇在自由市场按自由汇率进行交易（这种汇率称为金融汇率）。这样就可以在一定程度上避免国际游资对正常国际贸易的侵扰。

2.差别汇率安排

根据外汇的不同来源和使用情况，规定两种或两种以上的高低不同的官方汇率，这就是差别汇率安排。差别汇率安排有狭义和广义之分，狭义的差别汇率安排一般是指官方决定实际汇率，其与平价相差1%以上。广义的差别汇率安排是指，考虑到关税、补贴等影响实际外汇价格要素后，所做出的差别汇率安排。也就是说，一国政府在规定有差别的官方汇率时，充分考虑了关税、补贴等因素，以体现政府对特定进出口商品实行的惩罚性或优惠性的汇率安排。从这一意义上讲，各个国家都在实行差别汇率安排。

差别汇率安排有其自身的特征，主要体现在：①在外汇管制条件下，以官方汇率为基础；②政府希望集中调度和使用外汇资源；③是临时性政策工具。

（1）进口与出口的差别汇率安排。

20世纪70年代，许多发展中国家采用进口和出口的差别汇率安排。假设汇率表达式为直接标价法，不同的进出口汇率组合代表不同的政策导向，能够达到预期政策的效果。例如，第一种是较高的进口汇率与较低的出口汇率，其预期政策效果是不仅限制了进口，而且也限制了出口；第二种是较低的进口汇率与较高的出口汇率，不仅鼓励了进口，而且对出口也起到了鼓励作用；第三种是较低的进口汇率与较低的出口汇率，该汇率安排组合只鼓励了进口，而限制了出口；第四种是较高的进口汇率与较高的出口汇率，可以起到限制进口、鼓励出口的预期效果。进口与出口的差别汇率安排对进出口的影响，其实质也是对进出口进行变相的"加税"与"减税"。

（2）进口多元差别汇率安排。

发展中国家在对外开放初期，特别是在出口导向和进口替代阶段常采用进口多元差别汇率安排。采取进口多元差别汇率的国家，一般有其特定的预期目标，诸如鼓励重要物资和先进技术的进口，限制非必需物资的进口；调整进口结构，推进进口替代，提高工业化水平；避免全面汇率调整造成的社会振荡；缓解通货膨胀的压力等。可以看出，广大发展中国家在对外开放初期，为减少国外商品对本国市场所产生的冲击，鼓励国内特定商品或原材料的出口，实施进口差别汇率安排，是行之有效的，而且也是可以理解的。但实施进口差别汇率也存在着一定的困难。例如，何种进口物资适用何种汇率，不易准确和合理确定；为防止以较低汇率进口的货物按较高汇率确定成本、售价，进而牟取暴利的行为，必须配合以严格的物价管制；以较低汇率进口的物资过多时，不仅会降低财政收入（政府出售外汇的收入减少），而且也不利于保持国际收支平衡（进口成本低，进口倾向加强）；各种汇率的相互支持与配合，可能将适用较低汇率的进口改为适用较高汇率的进口，最后向最高汇率逐渐统一；如果为鼓励原料进口而采用较低的汇率，又为鼓励产品出口而采用较高的汇率，这两种汇率的差额过大时，就是对这种产品的生产与出口实行补贴，不仅会使该产品的生产和出口依赖汇率优惠，而且会受到国际社会的指责；对重要产品的进口适用较低汇率，等于对该产品进口给予补贴，从而限制了该产品国内生产厂商生存与发展的空间，不利于国民经济持续增长；对与国内产品构成竞争与替代的进口实行较高汇率，如果不加选择或扩大范围，容易产生消极的保护效果。

（3）出口多元差别汇率安排。

出口多元差别汇率安排是指一国为限制或鼓励特定商品的出口而对该商品出口时使用的汇率进行的多元化差别安排。与采用进口多元汇率安排相比，出口多元汇率安排使用较少。根据对出口的调节效果不同，出口差别汇率安排可分为惩罚性出口汇率安排和优惠性出口汇率安排。前者也称加税型出口汇率，主要是为限制某种产品出口，而采用这种汇率安排。一般来说，出口汇率低于平均进口汇率，使政府获得部分出口利润。后者也称为补贴性出口汇率，其目的是鼓励出口，促进该产品的生产，其出口汇率高于平均进口汇率。

与进口多元差别汇率一样，实施出口多元差别汇率也存在一些困难。在汇率安排中，主要应注意以下几点：对某种出口产品适用惩罚性汇率或优惠性汇率的界定，需慎重确定；对某种产品适用优惠性汇率，等于对其他出口产品适用惩罚性汇率，有碍公平竞争；在资源紧缺和经济条件较差时，采用优惠性出口汇率，会加剧国内经济困难；对经济效益低下或亏损的出口产品适用优惠性出口汇率，就是保护落后；如果优惠性出口汇率不合理，就等于打击有价值的重要生产活动，鼓励或扩大不重要或价值不大的生产活动。实施出口多元差别汇率的政策效果取决于优惠性出口汇率对出口的边际贡献是否大于惩罚性出口汇率所造成的出口损失。

通过差别汇率安排，一国政府可更加有效地实施奖出限入的政策，进一步鼓励资本净流入，从而改善一国国际收支状况。但是，从本质上说，这种汇率安排是一种歧视性的金融措施，它针对不同的贸易对象国和不同的进出口商品规定不同的汇率，以限制同某些国家的贸易，容易引起国际间的矛盾和来自别国的报复，从而不利于国际经济合作和国际贸易的正常发展；同时，差别汇率安排从某种意义上来说还是一种变相的财政补贴，还会使国内不同企业处于不同的竞争地位，不利于建立企业间的公平竞争关系；另外，还会使商品价格关系变得复杂和扭曲，影响资源的合理配置；最后，从管理成本上说，由于汇率种类繁多，差别汇率安排势必会耗费大量的人力成本。管理人员主观认知上的缺陷、官僚作风及信息不通都会导致汇率制度的错误运用，不法商人的逃汇、套汇或虚报货价，加之政府官员的受贿作弊等都会影响复汇率的实施。实践经验表明，差别汇率制度的收效不大，但代价却很高。鉴于此，国际货币基金组织反对其会员国实行歧视性汇率安排或采用复汇率制度，在国际货币基金组织的监督下，实行复汇率制的国家也有逐步减少的趋势。

## 三、汇率制度的选择

### （一）影响汇率制度选择的因素

汇率制度的选择是一个非常复杂的问题，是一国政府的政策行为。它首先建立在一国所具有的特殊的经济特征的基础之上；并且在不同的时期，由于政府所追求的政策目的不同，政府所选择的汇率制度也不同；在世界经济一体化的趋势下，一国汇率制度的选择还受其对外经济贸易关系的影响，受国际经济和金融大环境的制约。

1.一国经济的结构性特征是汇率制度选择的基础

小国比较适宜于实行固定汇率制度，因为它一般与少数几个国家的贸易依存度较高，汇率的浮动会给它的对外贸易带来不利影响；此外，小国经济内部的结构调整成本较低。相反，大国由于对外贸易的商品构成多样化及贸易地区分布的多元化，就很难选择一种货币作为参照货币实行固定汇率，加之大国经济内部结构调整的成本较高，并且往往倾向于追求独立的经济政策。因此，大国一般比较适宜于实行浮动汇率制度。

2.特定的政策意图是汇率制度选择的政策目的

在一国政府面临较高的国内通货膨胀率时，政府的政策意图是控制国内的通货膨胀，固定汇率制度就比较受青睐。这时若采取浮动汇率制，则本国的高通货膨胀使本国货币贬值，本国货币贬值又通过成本、工资收入机制等进一步加剧国内的通货膨胀。若一国政府的政策意图是为了防止从国外输入通货膨胀，则应该选择浮动汇率制度。因为在浮动汇率制度下，一国货币政策的自主性较强。20世纪80年代末90年代初，拉美各国政府相继实行了钉住美元的固定汇率制，有的甚至实行货币局制，严格控制货币发行，结果很快制止了通货膨胀。有的国家为了防止从国外输入通货膨胀而往往选择浮动汇率制，从而赋予了一国抵御通货膨胀于国门之外和同时选择适合本国通货膨胀率的权利。土耳其等国为了实现早日加入欧盟的目标，都选择了钉住欧元的汇率制度。可见，政策意图在汇率制度选择上发挥着重要的作用。所谓输入型通货膨胀是指，在开放的经济社会中，由于本国与国际市场关系紧密，当国外商品或生产要素价格上涨时，就会通过本国与国际市场的传导途径传播到国内，从而引起国内物价普遍、持续上涨的现象。我国经济对外尤其对美欧国家的依存度非常高，因而，国外市场价格能够比较快地传导到国内，引起国内价格的变动。

3.一国与其他国家的经济合作情况对汇率制度的选择有着重要的影响

当两国之间存在非常密切的经济贸易往来时，两国货币保持固定比价较有利于各自的经济发展。在区域经济合作关系比较密切的国家之间，也适宜于实行固定汇率制度，如欧洲货币体系的汇率机制。在国际资本流动规模庞大的背景下，当一国资本项目已经自由兑换，国内金融市场与国际金融市场一体化程度已经很高，如果这时该国对外汇市场的干预能力和金融监管能力都不是很强，该国实行固定汇率制度就相当困难。

4.国际经济和环境制约着一国的汇率制度选择

在国际资本流动日益频繁并且资本流动规模日益庞大的背景下，一国国内金融市场与国际金融市场联系越是密切，本国政府对外汇市场的干预能力越有限，则该国实行固定汇率制度的难度就越大。如果这时该国对外汇市场的干预能力和金融监管能力都不是很强，该国实行固定汇率制度就相当困难。

（二）关于汇率制度选择的争论

长期以来，对汇率制度的选择，大批学者各执己见，争论不休。有的主张全面实行浮动汇率制度，有的主张回到布雷顿森林体系，也有的主张从浮动汇率制和固定汇率制之间选择“中间地带”。但就现实经济生活来说，不存在完全的浮动制度和完全的固定制度。这里为讨论方便，也为学术讨论的抽象性，将汇率的选择具体到两个极端进行讨论。

赞成浮动汇率制的主要理由有：

（1）浮动汇率制可以保证经济稳定增长。他们的观点主要是：浮动汇率具有自动调节机制，可以使一国国际收支始终处于均衡状态，政府当局可以不受汇率和国际收支条件的限制，把需求管理政策直接放在使国内经济稳定的目标上，这样就可以提高需求管理的效率，提高货币供给的控制能力；浮动汇率也可以使本国经济活动免受外国经济扩张和收缩的影响。当外国经济扩张或收缩时，本国的物价水平会随之上升或下降，从而使本国贸易项目出现顺差或逆差。在这种情况下，本国货币也会随之升值或贬值，以此补偿外国经济扩张或收缩对相对价格水平的影响，恢复贸易项目的平衡结果，外国经济的扩张和收缩对本国经济就不能产生影响，以保持一国经济的稳定增长。

（2）浮动汇率制能够自发调节国际收支均衡。浮动汇率制的支持者认为，由于浮动汇率制具有自动调节机制，只要在一国国际收支出现失衡时，该国货币就自动地贬值或升值，从而对国际收支状况进行自发调节，不需要专门的政策和强制性措施。而固定汇率制度下，需要政府动用外汇储备或者特定的政策组合来加以解决，并且可能因为时滞问题使政策效果大为折扣。

（3）浮动汇率制可以免受货币冲击。浮动汇率制的支持者认为，虽然浮动汇率制度也存在不稳定性投机，但是与固定汇率制度下的不稳定性投机有着根本的区别。浮动汇率制度下的投机是双向的，高卖低买的投机商可能因遭受损失被淘汰出局。而固定汇率制度下的投机是单向的，只赚不赔，一旦发展成为恶性赌博，则对固定汇率制度造成巨大的冲击，导致一国政府的外汇储备短期耗尽，诱发金融危机。浮动汇率制的支持者指出，自20世纪70年代多元汇率制度替代布雷顿森林体系以来，很多国家仍然采取了可调整的固定汇率制度。然而，由于国际投机资本的大量存在，随时可能冲击固定汇率制度，加剧了固定汇率制度的不稳定性。70年代投机资本冲击法国法郎，80年代冲击意大利里拉，90年代冲击西班牙比塞塔、意大利里拉和英国英镑，同一时期，墨西哥和东南亚发生了金融危机，这都是投机资本冲击固定汇率制度的结果。浮动汇率制的支持者利用投机攻击模型及其扩展研究得出了许多有意义的结论，指出国际投机资本冲击固定汇率国家的时机：一国初始储备越少，攻击时刻越早；国内信贷在货币供给中的比例越大，攻击时刻越早；资产替代性越强，国际资金流动程度越高，攻击时刻越早；货币政策自主性越大，攻击的时刻来得越早。投机商通过对基本面的分析，估算出汇率的理论值，国内信贷不断扩张，外汇储备不断下降，一旦估算的汇率值超过固定汇率，投机商便发起攻击，外汇储备迅速下降，直到固定汇率崩溃。

（4）浮动汇率制能隔绝通货膨胀和经济周期的国际传递。浮动汇率制的提倡者认为，在浮动汇率制度下，各国能够自愿选择长期的通货膨胀率，不再被动地引进国外的通货膨胀率。也就是说，浮动汇率制可以通过汇率的自动调节机制来隔绝国外持续性通货膨胀带来的影响。并指出了产生这种隔绝的机制是购买力平价，例如，外国因货币供应量增加引起外国物价水平上涨一倍，如果这种物价水平的上涨长期不变，那么，用本币表示的外币价格降低一半，就可保护本国内部和外部平衡不遭破坏。而如果本国实行固定汇率制度，则本国不得不在保持汇率不变的情况下引进外国的通货膨胀或者根据外国的物价上涨幅度重新调整本国的币值。浮动汇率制的支持者认为，通过汇率的自动调节同样也能隔绝经济周期的国际传递。

（5）浮动汇率制更有利于国际贸易和国际投资。浮动汇率制的提倡者认为，浮动汇率制度实际上可以增加外国直接投资的数量。因为在固定汇率制度下，政府经常不愿采取必要的内部宏观经济调整来处理国际收支赤字，而赤字的解决最终要求该国紧缩国民收入，因而该国可能推迟这种收入政策的调整。相反通过扩张性的政策来冲销赤字对本国货币供给的影响。随着外汇储备的减少，该国只能采取限制进口和资本管制的政策来消除赤字。而在浮动汇率制度下，就没有必要为达到国际收支平衡而限制进口和实行资本管制了。

⑥浮动汇率制可以消除汇率决定的不对称性，便于经济政策的国际协调。浮动汇率制的支持者认为，浮动汇率制改变了布雷顿森林体系下汇率决定的不对称状态，改变了美元在国际货币体系中的中心地位。在布雷顿森林体系下，各国采用钉住美元的汇率政策，美元的国际储备地位决定美联储在货币供给方面的领导地位，导致其他国家部分丧失货币供给自主权。并且任何其他国家都可以在出现“根本性失衡”时，使本币相对于美元贬值，而美元却不允许对其他货币贬值，致使国际经济政策难以协调。浮动汇率制度的支持者认为，在浮动汇率制度下，可以消除上述不对称性，由于各国国际储备多元化，美元的国际储备地位下降，各国可以自主决定本国的货币状况。

支持固定汇率制度的主要理由有：

（1）固定汇率制的支持者否认了浮动汇率制能保证经济稳定增长的观点。他们从宏观经济调整的角度，说明了外部利率的变动会通过浮动汇率对物价和就业产生重大影响。他们认为，国外利率的上升引起国内资本外流，资本项目出现逆差，本国货币贬值。贬值一方面使出口扩大，可以用贸易项目盈余补偿资本项目的亏损，另一方面出口扩大，需求增加，物价上升，进而导致消费减少，产出和就业减少，引起经济波动。

（2）固定汇率制的支持者认为浮动汇率对国际收支的自动调节作用有限。他们认为，首先，汇率变化的影响因素很多，汇率在众多不确定的因素影响下，其变动不一定与国际收支平衡的调节方向一致；其次，汇率只能通过相对价格的变化对国际收支产生影响且受一定的条件制约，而国际收支的变化又受诸多因素的影响，因而汇率对国际收支的调节是有限的；最后，汇率对国际收支的影响需要国内其他政策的搭配，例如，一国实行贬值政策刺激出口时，必须有国内相应的紧缩性政策相配合才能避免通胀抵消贬值的作用。

（3）反对浮动汇率者认为，固定汇率制下固然存在投机资本攻击的可能，但是很多实行浮动汇率的国家，并未发现如浮动汇率支持者所说的汇率是基本稳定的，相反汇率的波幅常常很大。固定汇率提倡者分析认为，浮动汇率下同样存在外汇市场剧烈波动的因素：一是汇率超调的存在。现实生活中物价是黏性的，国际资本流动在商品市场和货币市场上的作用不同。国际资金在国际商品市场上的套购是一个缓慢的过程。而国际资金在货币市场上由于对利率或汇率的变化十分敏感，使资产市场的调整瞬间完成。在经济调整趋于长期均衡的过程中，调整的任务落在金融领域，导致汇率超调，形成不稳定。资产市场分析法也认为决定汇率变化的是资产存量的变动，而非流量的变动。存量是即时变动的，会迅速反映在汇率的动态变化上，存量分析下的汇率具有不稳定性的特征。相反，由于流量在考察期内是确定的，因而流量分析下的汇率必然带有稳定性的特征。在短期内，当货币政策扩张时，中央银行在公开市场上买入国债，利率水平下降，资产市场调整，货币贬值，形成新的汇率水平。货币贬值刺激出口，抑制进口，经常账户顺差增加。从长期看，需要增加进口，最终导致贸易逆差，汇率有回调的趋势，直到抵消过度贬值的部分。二是预期推动。他们认为，投机是预期指导下的现实行为，既然预期是一种心理活动，就不可避免地带有强烈的主观色彩。在投资预期存在的条件下，当前汇率取决于对未来基本经济状况的预期。对将来预期的微小变化，都会导致汇率的大幅度变化。三是噪声交易者的存在干扰了市场的稳定预期和理性行为，从根本上带来市场的不稳定。

(4) 固定汇率制的支持者不认为浮动汇率能完全隔绝通货膨胀和经济周期的国际传递。他们认为，浮动汇率制隔绝国外通货膨胀影响的作用非常有限。因为在普遍存在价格"黏性"的情况下，国外货币增长会导致短期内实际利率和实际汇率的波动，从而影响各国经济，而且浮动汇率制度下通货膨胀的传递具有不一致性。当本币汇率下浮时，进口成本上升，本国物价上涨；当本币汇率上浮时，进口成本因价格刚性不易下降或下降很少。这样，其净效应也是物价上涨，这称之为"棘轮效应"。

(5) 固定汇率制支持者从另一角度分析指出，浮动汇率制不利于国际贸易和国际投资。他们认为，浮动汇率制固有的多变性会对国际贸易和国际投资产生不利影响，因为币值的波动可能使进出口蒙受不确定的汇率风险，从而使贸易量及贸易利益减少。同样，投资收益的不确定性可能阻碍国际生产性资本的流动。浮动汇率制的反对者还认为，浮动汇率制下各国货币的购买力变得不可预测，从而货币作为计量单位的作用下降。

(6) 固定汇率制的维护者认为，在浮动汇率制度下，由于对汇率缺乏有效的约束，各国首要考虑国内经济日标的实现，容易利用汇率的自由波动推行竞争性贬值的政策，造成国际经济秩序混乱。

以上是关于汇率制度选择争论的主要问题。可以看出，两种汇率制度各有特点，不能一概而论。虽然本处讨论汇率制度的两个极端，但我们可以从中延伸出其他中间汇率安排的优劣特点，便于对汇率制度作进一步深入地研究。

## 四、外汇管制

### (一) 外汇管制的产生和发展

外汇管制，又称为外汇管理，是指一国政府对外汇的收、支、存、贷等方面所采取的具有限制性意义的法令、法规以及制度措施等。

1.外汇管制的历史演进

第一次世界大战前：基本上不存在外汇管制。

第一次世界大战爆发后：外汇管制产生。

第一次世界大战结束后：各国相继放松或放弃了外汇管制，实行了金块本位制和金汇兑本位制。

1929—1933年：许多国际收支严重逆差的国家，又开始了外汇管制。

第二次世界大战前夕和期间：继续实行外汇管制。

20世纪60年代以后，外汇管制逐步放宽。

20世纪80年代以后，外汇管制进一步放松。

2.外汇管制的原因和目的

外汇管制的原因：一是当一国发生战争或突发经济危机、金融危机或其他政治经济动荡时，一般都会采取外汇管制的措施来筹措资金或阻止政治经济动荡的进一步发展；二是当一国经济发展比较落后或处于困难时期，外汇资金严重短缺时，通常也会采取外汇管制的措施，以集中有限的外汇资金用于经济建设。外汇管制的目的是维持本国国际收支的平衡和汇率的稳定，保障经济的顺利发展、促进国际收支平衡，改善国际收支状况，减少涉外经济活动中的外汇风险，防止资本外逃或大规模的投机性资本流动，增加本国的国际储备、有效利用外汇资金，推动重点产业优先发展、增强本国产品的国际竞争能力、稳定国内物价水准、增强金融安全。

（二）外汇管制的机构与对象

1.外汇管制的机构

外汇管制的机构，是指外汇管制的执行者。这个主体，由中央银行、外汇管理机构和大商业银行担任。由于外汇管制是金融宏观调控方面的重要手段，因此，各个国家用政府名义制定外汇管理法令，牢牢掌握外汇管制权。主体随时根据客观情况和政策需要，采取各种措施，控制外汇收支活动。

2.外汇管制的对象

外汇管制的客体，是外汇管制执行者作用的对象，故又称为外汇管制的对象。具体分为人、物两大对象。对人包括对法人和自然人。根据法人和自然人在外汇管制国家内外的不同划分为居民和非居民。对居民和非居民的外汇管制待遇不同。由于居民的外汇支出涉及居住国的国际收支问题，故管制较严；对非居民的管制则较宽。对物的管制主要涉及国际支付手段如货币、铸币、黄金、有价证券和票据等。具体是：

（1）以人为对象。

人可分为自然人和法人。在各国外汇管制中，通常又把自然人与法人按居住地区的不同分为居民和非居民。对居民的外汇收支，往往因其涉及居住国的国际收支问题而管制较严，而对非居民则管制较宽。

（2）以物为对象。

主要针对的是外汇。凡在国际收支平衡表上所列的外币、有价证券和其他支付工具以及金、银及其制成品等项目，都在管制范围内。

（3）以地区为对象。

一国在实施外汇管制时，如果没有明确的地区范围，那么这种管制将是无的放矢或是毫无效应的。

目前，各国对外汇管制的地区对象，有两重含义：一是指一国外汇管制法令生效的范围（整个国家范围或国内局部地区）；二是指对不同的国家或地区实行不同的外汇管制政策，其宽严度亦视其与本国的政治经济往来密切程度而定。对同一共同体或友好国家管制较松，反之则较严，甚至会施以绝对的管制。

（三）外汇管制的类型

由于外汇收支涉及国际收支平衡表的所有国际交易项目，因此，外汇管制的范围非常广泛。从历史发展过程来看，外汇管制大体上可分为两个阶段。第一阶段的外汇管制是以禁止资本外逃和外汇投机为目的，其范围以资本交易项目为限。当一国政治与经济局势动荡不安时，不但本国资本可能外逃，投资于该国的外国资本，特别是流动性较强的短期资本也可能逃离该国。在资本外逃的心理普遍存在时，金融政策有时不但不能阻止其外逃，反而可能进一步动摇人们对该国货币的信心，从而加剧该国的危机。1931年金融恐慌时，欧洲各债务国（主要是德、奥两国）遭遇的便是这种情况。在此情况下，外汇管制不失为解决危机的必要而有效的手段。第二阶段的外汇管制是以调整国际收支为目的的全面管制，因而管制的范围扩大到包括贸易收支与非贸易收支在内的一切外汇交易项目。在这种制度下，政府垄断了全部外汇交易，一切外汇交易都必须通过外汇管制机关。虽然外汇管制涉及的范围很广，但并非所有的国家和地区都对国际收支的全部项目进行管制，在具体项目上，外汇管制措施的宽严松紧程度也不尽相同。按照外汇管制的范围和松紧程度的不同，可以把世界上的国家和地区分为以下三种类型：

1.实行全面外汇管制的国家和地区

这类国家和地区对贸易外汇收支、非贸易外汇收支和资本项目收支都实行严格的外汇管制，其货币一般是不可自由兑换的。目前，大多数发展中国家（如印度、巴西等）以及东欧国家均属这一类型。这些国家和地区的经济相对比较落后，出口创汇能力不强，外汇资金缺乏，为了有计划地使用好稀缺的外汇资源，促进本国经济的发展，维持国际收支平衡，不得不实行严格的外汇管制。

2.实行部分外汇管制的国家和地区

这类国家和地区一般对贸易收支和非贸易收支原则上不加限制，准许外汇自由兑换和汇出汇入，但对资本项目的收支仍加以限制。其货币一般是有限制的自由兑换货币。一些工业发达国家（如日、法、意、澳等国）和新兴工业化国家以及经济、金融状况较好的发展中国家均属这一类型。这些国家和地区经济发达或者说比较发达，贸易和非贸易收支状况良好，外汇储备较为充裕，有条件实行部分外汇管制。

3.基本上不实行外汇管制的国家和地区

这类国家和地区，允许货币自由兑换，对贸易收支、非贸易收支和资本项目收支均无限制。事实上这些国家也并非对所有项目完全不加限制（如对非居民的资本交易也还实施一些限制），只是限制的程度比上两类国家要轻得多。目前，这类国家主要有美、英、德、加等工业发达国家和科威特、沙特阿拉伯等资金充裕的石油输出国。

（四）外汇管制的方式

外汇管制的方法很多，但其共同特征是政府对外汇交易实行限制。通常是对外汇交易的数量进行限制，或对外汇交易的价格作出不同的规定。

1.外汇数量管制

外汇数量管制主要是指一国外汇管理当局通过对经常项目收支、资本输出入、非居民的银行存款账户以及黄金、现钞输出入等进行管制，达到政府对汇率变化进行干预的目的。外汇数量管制的方法主要包括4种：

一是对经常项目收支施加限制。经常项目收支通常在一国国际收支中占有较大比重，它反映了一国创汇的能力，是决定该国国际收支状况的关键。因此，实行外汇管制的国家一般都比较重视对经常项目收支的管制。经常项目所包含的外汇收支种类繁多，管理方式也比较复杂，但其管制的基本原则一般是：经常项目外汇收入要全部或部分按官方汇率结售给外汇指定银行；经常项目外汇支出要在外汇管制机构的批准下从外汇指定银行购买外汇。例如，在出口外汇管制中，政府部门为确保集中所有居民的外汇收入，一般采取以下方法：要求出口商必须得到贸易管理部门的批准，获得出口许可证；出口商必须向授权银行申报出口商品的价格、金额、结算货币、收汇方法、目的地和期限等内容，并承诺在一定时期内向银行交出所有的外汇收入。还有政府出面对某些出口商品给予现款补贴或外汇补助，对出口收入给予减免或迟付部分税款，给出口商发放优惠贷款，由政府机构承保部分汇率波动风险等。在进口外汇管制中，一些贸易管制方法通常是进口配额管理和进口许可证管理。还有进口商在进口商品时向指定银行预存一定数额的进口货款，对购买进口所需外汇征收一定的外汇税，限制进口商对外支付使用的货币，对进口商品要求获得外国提供的出口信贷等。非贸易外汇管制的方法主要有：许可证制管理，预付存款制，规定最高限额制，规定购买非贸易外汇的间隔时间，控制非贸易外汇对外支付时间，课征非贸易外汇购买税等。

二是对资本输出入施加限制。对资本输出入限制是最常见的外汇管制形式。西方国家限制资本输入的方法包括对银行和企业两个方面。对银行的措施主要包括：规定本国银行吸收非居民存款必须缴纳较高的存款准备金；规定银行对非居民活期存款不付利息，甚至对超过规定的存款余额加收一定比例的手续费；限制商业银行向非居民出售本国的远期货币业务。对企业的措施主要包括：限制非居民购买本国的有价证券；限制本国企业和跨国公司借用外国资本。限制资本输出的方法主要有：对非居民账户上的资产包括银行存款、证券及其他资产等实行严格的审批制度；限制本国银行和企业向国外提供贷款，限制企业向国外投资，限制居民购买外国有价证券；对本国居民在国外的投资收益征收利息平衡税。

三是对非居民的银行存款进行账户管制。所谓账户管制，就是根据非居民的银行账户所属国别和产生原因的不同，对外汇的收支使用给予不同的规定。

四是对黄金、现钞输出入进行管制。实行外汇管制的国家一般禁止私人输出黄金，如需输出时，由中央银行办理。对本国现钞的输出都规定有一个最高限额，限额内可以自由携带出国，超过限额须经外汇管制机构核准。

2.外汇汇率管制

对外汇汇率的管制实质是规定各项外汇收支按什么汇率结汇。在外汇管制的国家，管制国货币对外国货币的比价往往难以维持稳定，因此，该国政府借助于控制外汇交易的方式来缓解本国国际收支失衡，维持本国货币汇率的稳定。在这种情况下，官方汇率与均衡汇率必然存在偏差。尽管理论上外汇管制也可以用来维持永久性的国际收支顺差和低估的汇率，但它通常只是在国际收支逆差和高估汇率的情况下才被采用。由于官方汇率高估了本国货币，对外汇的超额需求便会存在。所以，在外汇管制的国家里，除官方市场和官方汇率外，必然还会存在自由市场（合法的或非法的）与自由汇率。自由市场汇率在一定程度上反映了本国货币的真实价值和外汇供求状况，它更接近均衡汇率，因此，自由汇率往往高于官方汇率，这也是价值规律在外汇管制下发生作用的必然结果。

作为外汇管制手段的汇率制度是指外汇管制当局人为地、主动地制定和利用多种汇率并存的局面以达到其预定目的。其主要方法有外汇转让证制度、固定的差别汇率制和混合汇率制度。外汇转让证制度是复汇率制度下的一种特殊形式，这种制度规定，出口商向指定银行结售外汇时，除按官方汇率取得本币外，银行还另外发给一种叫做外汇转让证的证明，该证明记有出售外汇的币种与金额，它可以在自由市场上出售，出售所得的本币是对出口商的一种补贴，这实际上是一种变相的出口优惠汇率。同时，对某项目的外汇需求者，指定银行要求其交出相应的外汇转让证，然后才能按官方汇率售给外汇。这样，外汇需求者通常需要在自由市场上购买外汇转让证。这就加大了外汇需求者的外汇成本，它实际上是对这类项目的外汇需求者实行了另外一种惩罚汇率。另外，有些国家为了增加收入或实行控制，常常对某些外汇交易征收外汇税或进行补贴，从而达到影响汇率变化的政策目的。

**课堂小讨论**

外汇可以如何分类？

## 本章小结

1．动态的外汇是指人们为了清偿国际间的债权债务关系，将一种货币兑换成另一种货币的行为。广义的静态外汇泛指可以清偿对外债务的一切以外国货币表示的资产或债权。狭义静态外汇的前提条件有两个：第一，以外币表示的资产；第二，可直接用于国际结算。

2．汇率又称汇价或外汇行市，就是两种货币的兑换比率，或者说是一国货币以另一国货币表示的相对价格。

3．导致汇率变动的因素主要有：国际收支、通货膨胀差异、国际利差、经济增长率、外汇市场的投机活动、政府干预、预期因素。汇率受多种因素的影响而变动，汇率变动反过来又对经济运行的许多方面产生影响，人们更加重视货币贬值的经济影响，主要集中关注贬值对国际收支的影响、贬值对国内经济的影响、贬值对国际经济关系的影响。

4. 汇率理论是货币经济理论的国际延伸，它主要研究汇率是如何决定和变动的。早期的汇率理论可追溯到中世纪的“公共评价理论”。限于篇幅，这里仅对影响较大的汇率理论和汇率研究中的新成果进行阐述和评价，主要分为：国际借贷理论、购买力平价理论、利率平价理论国际货币主义汇率理论。

5. 汇率制度又称汇率安排，是指一国货币当局对本国汇率变动的基本方式所做出的一系列规定或安排。传统上，根据有没有规定货币平价以及汇率波动幅度的大小，汇率制度可划分为固定汇率制、浮动汇率制和钉住汇率制等。除此之外，还有一些其他类型的汇率制度，如联系汇率制。

## 关键概念

外汇　自由外汇　记账外汇　汇率　直接标价法　间接标价法　美元标价法　基础汇率　套算汇率　买入汇率　电汇汇率　信汇汇率　票汇汇率　即期汇率　远期汇率　名义汇率　实际汇率　国际收支　汇率制度　固定汇率制　浮动汇率制　货币局制度　外汇管制

## 综合训练

### 一、单项选择题

1. 1973年以后的国际汇率制度的性质是（　　）。

A. 固定汇率制度　　B. 联系汇率制度

C. 浮动汇率制度　　D. 钉住汇率制度

2. 在布雷顿森林体系下，汇率制度的类型是（　　）。

A. 固定汇率制　　B. 浮动汇率制　　C. 联合浮动　　D. 联系汇率制

3. 在何种汇率制度下，官方不必持有外汇储备（　　）。

A. 自由浮动汇率制度　　B. 管制浮动汇率制度

C. 完全固定汇率制度　　D. 半固定汇率制度

4. 我国实行的汇率制度是（　　）。

A. 固定汇率制度　　B. 自由浮动汇率制度

C. 管制浮动汇率制度　　D. 无限浮动汇率制度

5. 我国外汇管理的主要负责机构是（　　）。

A. 中国人民银行总行　　B. 财政部

C. 中国银行　　D. 国家外汇管理局

### 二、多项选择题

1. 按照政府对汇率是否干预，浮动汇率制度可分为（　　）。

A. 清洁浮动　　B. 肮脏浮动　　C. 单独浮动　　D. 联合浮动

2. 不属于固定汇率制的国际货币体系有（　　）。

A.布雷顿森林体系　　B.牙买加体系

C.国际金本位制　　D.以上都不是

3.各国执行外汇管理的机构通常包括（　　）。

A.海关　　B.外汇银行　　C.外贸管理机构　　D.外汇管理机构

4.外汇管制的方法与措施主要有（　　）。

A.对汇率的管制　　B.对货币的管制

C.对外汇资金的管制　　D.对现钞的管制

5.2005年7月21日起，人民币不再仅仅盯住美元，而是参照“一篮子货币”，该货币篮子中的货币主要包括（　　）。

A.欧元　　B.美元　　C.日元　　D.韩元

三、思考题

1.讨论绝对购买力平价与相对购买力平价的异同。

2.请列举21世纪初前十年的一些重大国际金融事件，说明汇率波动对经济的重大影响。

3.讨论本币升值对本国贸易的影响。

4.比较固定汇率与浮动汇率的优缺点。

5.简单论述我国外汇体制改革的目标与条件。

# 第五章

# 国际收支与国际储备

**引例**

2011年10月11日，美国会参议院不顾国内外的强烈反对，以63票赞成、35票反对的投票结果，通过了《2011年货币汇率监督改革法案》。该法案的主要内容是要求美国政府对所谓“汇率被低估”的主要贸易伙伴征收惩罚性关税。外界普遍认为，此举主要针对中国，旨在逼迫人民币加速升值。

这项带有明显贸易保护主义色彩的法案在美国国内引起各界许多人士的反对。美国总统奥巴马6日表示，他担心这项法案可能“不符合国际条约和义务”，而无法得到世界贸易组织的支持。美国会众议院议长博纳表示不赞成这项法案，认为那将是“危险的”举动。

中国外交部副部长崔天凯10日曾表示，美国会参议院的议案既不反映中美经贸关系的现实，还会对两国经贸关系今后的发展带来有害因素。

那么，从中美汇率与贸易问题看，汇率对一国的贸易、经济发展会产生什么影响呢？本章将进行相应的阐述。

## 第一节　国际收支

### 一、国际收支的内涵

一般而言，企业、工厂和个人往往会对每月、每季甚至每年的收支情况进行逐次记录，做到对货币收支的来龙去脉有清晰的了解，以达到收支相抵，或略有盈余的目的，如果入不敷出，则通过以上记录分析其原因、对策。简单地说，国际收支是上述概念在外延上的扩大，是指一个国家或地区所有国际经济活动的收入和支出。具体而言，由于国际收支反映的对象——国际经济活动在内容和形式上随世界经济发展而不断发展，国际收支概念的内涵也在不断发展。

16世纪末17世纪初，由于地理大发现、工业革命的推进，开始有了以国际贸易为主的国际经济活动的迅速发展，对于一国来说，为了能准确了解本国的国际经济活动情况就提出了国际贸易收支的统计要求，从而产生了贸易差额的概念，它表示一国在一定时期内对外商品贸易的综合情况。这个时期是国际收支概念的萌芽时期。

随着世界经济的发展，资本主义国家国际经济交易的内容和范围不断扩大，尤其是20世纪20年代之后，国际资本流动在国际经济中扮演着越来越重要的角色，显然，在这种情况下，贸易差额这个概念已不能全面反映各国国际经济交易的全部内容，于是就出现了外汇收支的概念。即此时的国际收支概念是指一定时期内外汇收支的综合。各国经济交易只要涉及外汇收支，无论它是贸易、非贸易，还是资本借贷或单方面资金转移，就都属于国际收支的范畴。这也是目前许多国家仍在沿用的狭义的国际收支的含义。

第二次世界大战结束之后，国际经济活动的内涵、外延又有了新的发展，狭义国际收支的概念也已经不能反映实际情况了，因为它已不能反映一系列不涉及外汇收支的国际经济活动，如易货贸易、补偿贸易、无偿援助和战争赔款中实物部分、清算支付协定下的记账等，而这些在世界经济中的影响越来越大，于是国际收支概念又有了新的发展，形成了广义的国际收支概念，它指一个国家或地区在一定时期内（通常为1年）在同外国政治、经济、文化往来的国际经济交易中的货币价值的全部系统记录。目前，世界各国普遍采用广义的国际收支概念。一般说来，第二次世界大战以前，国际收支的概念都是狭义的，第二次世界大战后的国际收支概念都是广义的。

国际收支的内涵十分丰富，应从以下几个方面加以把握：

第一，国际收支是指在一定时期内（通常为1年）某经济实体与世界其他经济实体的各项经济交易的总和或系统记录。

第二，国际收支所记载的各项经济交易大部分是在居民与非居民之间进行。这里之所以说大部分，是由于国际收支统计中也包括了一些居民部门之间可转让的金融的交换，以及程度更低的非居民之间可转让的国际金融负债的交换。

第三，国际收支所记录的是各项经济交易。根据经济价值转移的方向和内容可分为五类：①商品和劳务的买卖；②物物交换；③金融资产与金融资产的交换；④无偿的、单方面的商品和劳务的转移；⑤无偿的、单方面的金融资产的转移。

第四，国际收支的概念是一个流量概念而不是存量概念。

国际货币基金组织对国际收支所下的定义和说明，概括了一国对外经济活动的全部内容，基本上符合世界各国国际收支的实际情况。目前，世界各国都按照这一定义的内容统计本国的国际收支。

## 二、国际收支平衡表

国际收支平衡表也称国际收支差额表，它是系统地记录一国在一定时期内所有国际经济活动收入与支出的统计报表。一国与别国发生的一切经济活动，不论是否涉及外汇收支，都必须记入该国的国际收支平衡表中，各国编制国际收支平衡表的主要目的，是为了有利于全面了解本国的涉外经济关系，并以此进行经济分析、制定合理的对外经济政策。

（一）国际收支平衡表的主要内容

国际收支平衡表所包含的内容十分繁杂，各国又大都根据各自不同的需要和具体情况来编制，因此，各国国际收支平衡表的内容、详简也有很大差异，但其主要项目还是基本一致的，大体上可分为三大类，即经常项目、资本和金融项目以及错误与遗漏项目。

1.经常项目

经常项目是本国与外国交往中经常发生的国际收支项目，它反映了一国与他国之间真实资源的转移状况，在整个国际收支中占有主要地位，往往会影响和制约国际收支的其他项目。它包括货物项目、服务项目、收入项目和经常转移项目四个子项目。

（1）货物项目。

货物包括一般商品、用于加工的货物、货物修理、各种运输工具在港口购买的货物及非货币黄金。一般商品是指居民向非居民出口或从非居民那里进口的可移动货物；用于加工的货物包括跨越边境运到国外加工的货物的出口和随之而来的再进口；货物修理包括向非居民提供的或从非居民那里得到的船舶和飞机等上面的修理活动；各种运输工具在港口购买的货物包括非居民在岸上采购的所有货物，如燃料、给养、储备、物资；非货币黄金包括不作为一国货币当局储备资产的所有黄金的进出口。

在国际收支平衡表中，货物收支统计数据的来源及商品价格计算的方式在各国不尽相同。按国际货币基金组织规定，货物进出口统计一律以海关统计为准，商品价格一律按离岸价格计算。

（2）服务项目。

服务项目是指一个国家对外提供服务或接受服务所发生的收支。由于服务不像货物那样能够看得见、摸得着，所以服务项目又称为无形收支项目，它包括运输通讯收支、保险收支、旅游收支和其他服务收支等。目前，劳务收支的重要性日趋突出，不少国家的劳务收支在该国的国际收支中占有举足轻重的地位，有的甚至还超出了有形贸易收支。

（3）收入项目。

收入项目包括居民与非居民之间的两大类交易：第一，职工报酬：付给非居民工人（如季节性的短期工人）的工资报酬；第二，投资收入：包括直接投资、证券投资和其他投资的收入和支出，以及储备资产的收入。最常见的投资收入是股本收入（红利）和债务收入（利息）。

（4）经常转移项目。

经常转移项目记录商品、服务或金融资产在居民与非居民之间转移后，并未得到补偿与回报，因此，也被称为无偿转移或单方面转移。该项下主要包括：①各级政府的无偿转移，如战争赔款、经济和军事援助、捐赠、国际组织的会费等。②私人的无偿转移，如侨汇、继承、赡养费、资助性汇款、退休金等。

2.资本和金融项目

资本与金融项目反映一国资产所有权在国际间转移的状况，它包括资本项目和金融项目两大部分。

（1）资本项目。

资本项目包括资本转移和非生产、非金融资产的收买和放弃。资本转移是资本项目的重要组成部分，资本转移主要涉及固定资产所有权的变更和债权债务的减免。具体指以下几项所有权转移：固定资产所有权的转移；同固定资产的收买和放弃相联系的或以其为条件的资产转移；债权人不索取任何回报而取消的债务；投资捐赠。非生产、非金融资产的收买和放弃是指各种无形资产，如专利、版权、商标、经销权等，以及租赁或其他可转让合同的交易。

（2）金融项目。

金融项目包括了一国对外资产和负债所有权变更的所有交易。可按投资功能和类型分为如下四类：直接投资、证券投资、其他投资和储备资产。

①直接投资。其主要特征是投资者对非居民企业的经营管理活动拥有有效的发言权。它可以采取在国外直接建立分支企业的形式，也可以采取购买大于等于8%、核心资本充足率必须大于等于4%的形式。

②证券投资。证券投资的主要对象是股本证券和债务证券。股本证券包括股票、参股和其他类似文件（如美国的存股证）。债务证券可以分为期限在1年以上的中长期债券、货币市场工具和其他派生金融工具。

③其他投资。即指所有直接投资和证券投资未包括的金融交易，包括贷款、预付款、金融租赁项下的货物、货币和存款。

④储备资产。是指货币当局掌握的可以随时动用平衡国际收支与干预汇率的金融资产，包括货币性黄金、特别提款权、在基金组织的储备头寸、外汇资产（包括货币、存款和有价证券）和其他债权。反映在国际收支平衡表上的储备资产是一定时期的变化额，而不是官方持有的余额。它表示经常项目和资本、金融项目的差额。该差额为顺差，国际储备就增加；否则，国际储备就减少。国际收支平衡表的储备资产是人为设置的项目，是平衡项目。

3.错误与遗漏

国际收支平衡表采用的是复式记账法，因此，所有账户的借方总额和贷方总额应相等。但是，由于不同账户的统计资料来源不一、记录时间不同和一些人为因素（如虚报出口）等原因，会造成结账时出现借方余额或贷方余额。错误与遗漏正是人为设立的一个抵销账户，其数额与上述余额相等而方向相反。

（二）国际收支平衡表的编制原则

国际收支平衡表是按照复式簿记法来编制的，其标准格式简表见表5-1。复式簿记法是国际会计的通行准则，其基本原理是：任何一笔交易发生，必然涉及借方（debit）和贷方（credit）两个方面，即有借必有贷，借贷必相等，因此，任何一笔交易都要以同一数额记两次：一次记在借方，一次记在贷方。凡是引起外汇收入或外汇供给的交易，即资产减少、负债增加都列入贷方，或称正号项目；凡是引起外汇支出或外汇需求的交易，即资产增加、负债减少，都列入借方，或称负号项目。

表5-1　国际收支平衡表标准格式简表

| 项目 | 贷方(+) | 借方(-) |
|---|---|---|
| 一、经常项目 | （经常项目收入） | （经常项目支出） |
| 1.商品(FOB计价) | | |
| 2.服务 | | |
| 3.收益 | | |
| (1)雇员报酬 | | |
| (2)投资报酬 | | |
| 4.经常转移 | | |
| 二、资本和金融项目 | （资本流入） | （资本流出） |
| 1.资本项目 | | |
| 2.金融项目 | | |
| (1)直接投资 | | |
| (2)证券投资 | | |
| (3)其他投资 | | |
| 三、储备资产变动 | （储备资产变少） | （储备资产增加） |
| 1.货币性黄金 | | |
| 2.特别提款权 | | |
| 3.在IMF的储备头寸 | | |
| 4.外汇储备 | | |
| 5.其他债权 | | |
| 四、误差与遗漏 | | |

具体地说，凡属于下列情况均应记入贷方：

（1）向外国提供商品或劳务（输出）。

（2）外国人提供的捐赠与援助。

（3）国内官方当局放弃国外资产或国外负债的增加。

（4）国内私人放弃外国资产或国外负债的增加。

凡属下列情况均应记入借方：

（1）从外国获得的商品和劳务（进口）。

（2）向外国政府或私人提供的援助、捐赠等。

（3）国内官方当局的国外资产的增加或国外负债的减少。

（4）国内私人的国外资产的增加或国外负债的减少。

我国2011年的国际收支平衡表，见表5-2。

表5-2　　**中国国际收支平衡表（2011年）**　　单位：亿美元

| 项目 | 行次 | 差额 | 贷方 | 借方 | 项目 | 行次 | 差额 | 贷方 | 借方 |
|---|---|---|---|---|---|---|---|---|---|
| 一、经常项目 | 1 | 2 017 | 22 868 | 20 851 | 2.2负债 | 36 | 134 | 265 | 131 |
| A.货物和服务 | 2 | 1 883 | 20 867 | 18 983 | 2.2.1股本证券 | 37 | 53 | 152 | 99 |
| a.货物 | 3 | 2 435 | 19 038 | 16 603 | 2.2.2债务证券 | 38 | 81 | 113 | 32 |
| b.服务 | 4 | -552 | 1 828 | 2 381 | 2.2.2.1(中)长期债券 | 39 | 30 | 61 | 32 |
| 1.运输 | 5 | -449 | 356 | 804 | 2.2.2.2货币市场工具 | 40 | 51 | 51 | 0 |
| 2.旅游 | 6 | -241 | 485 | 726 | 3.其他投资 | 41 | 255 | 10 690 | 10 435 |
| 3.通讯服务 | 7 | 5 | 17 | 12 | 3.1资产 | 42 | -1 668 | 1 088 | 2 756 |
| 4.建筑服务 | 8 | 110 | 147 | 37 | 3.1.1贸易信贷 | 43 | -710 | 0 | 710 |
| 5.保险服务 | 9 | -167 | 30 | 197 | 长期 | 44 | -14 | 0 | 14 |
| 6.金融服务 | 10 | 1 | 8 | 7 | 短期 | 45 | -695 | 0 | 695 |
| 7.牌机和信息服务 | 11 | 83 | 122 | 38 | 3.1.2贷款 | 46 | -453 | 61 | 513 |
| 8.专有权利使用费和特许费 | 12 | -140 | 7 | 147 | 长期 | 47 | -433 | 8 | 441 |
| 9.咨询 | 13 | 98 | 284 | 186 | 短期 | 48 | -20 | 53 | 73 |
| 10.广告、宣传 | 14 | 12 | 40 | 28 | 3.1.3货币和存款 | 49 | -987 | 501 | 1 489 |
| 11.电影、音像 | 15 | -3 | 1 | 4 | 3.1.4其他资产 | 50 | 482 | 526 | 44 |
| 12.其他商业服务 | 16 | 140 | 323 | 183 | 长期 | 51 | 0 | 0 | 0 |
| 13.别处未提及的政府服务 | 17 | -3 | 8 | 11 | 短期 | 52 | 482 | 526 | 44 |
| B.收益 | 18 | -119 | 1 446 | 1 565 | 3.2负债 | 53 | 1 923 | 9 602 | 7 679 |
| 1.职工报酬 | 19 | 150 | 166 | 16 | 3.2.1贸易信贷 | 54 | 380 | 454 | 74 |
| 2.投资收益 | 20 | -268 | 1 280 | 1 549 | 长期 | 55 | 6 | 8 | 1 |
| C.经常转移 | 21 | 253 | 556 | 303 | 短期 | 56 | 374 | 447 | 73 |
| 1.各级政府 | 22 | -26 | 0 | 26 | 3.2.2贷款 | 57 | 1 051 | 7 343 | 6 292 |
| 2.其他部门 | 23 | 278 | 556 | 277 | 长期 | 58 | 130 | 538 | 408 |
| 二、资本和金融项目 | 24 | 2 211 | 13 982 | 11 772 | 短期 | 59 | 920 | 6 805 | 5 884 |
| A.资本项目 | 25 | 54 | 56 | 2 | 3.2.3货币和存款 | 60 | 483 | 1 719 | 1 237 |
| B.金融项目 | 26 | 2 156 | 13 926 | 11 770 | 3.2.4其他负债 | 61 | 10 | 86 | 76 |
| 1.直接投资 | 27 | 1 704 | 2 717 | 1 012 | 长期 | 62 | -15 | 24 | 39 |
| 1.1我国在外直接投资 | 28 | -497 | 174 | 671 | 短期 | 63 | 24 | 61 | 37 |
| 1.2外国在华直接投资 | 29 | 2 201 | 2 543 | 341 | 三、储备资产 | 64 | -3 878 | 10 | 3 888 |
| 2.证券投资 | 30 | 196 | 519 | 323 | 3.1货币黄金 | 65 | 0 | 0 | 0 |
| 2.1资产 | 31 | 62 | 255 | 192 | 3.2特别提款权 | 66 | 5 | 5 | 0 |
| 2.1.1股本证券 | 32 | 11 | 112 | 101 | 3.3在基金组织的储备头寸 | 67 | -34 | 6 | 40 |
| 2.1.2债务证券 | 33 | 51 | 143 | 91 | 3.4外汇 | 68 | -3 848 | 0 | 3 848 |
| 2.1.2.1(中)长期债券 | 34 | 50 | 137 | 88 | 3.5其他债权 | 69 | 0 | 0 | 0 |
| 2.1.2.2货币市场工具 | 35 | 2 | 5 | 4 | 四、净误差与遗漏 | 70 | -350 | 0 | 350 |

（三）国际收支的差额分析

国际收支平衡表不仅综合记载了一国在一定时期内与世界各国的经济往来情况和在世界经济中的地位及其消长对比情况，而且还集中反映了该国的经济类型和经济结构，因此，国际收支平衡表是经济分析的重要工具。通过考察国际收支各项目的差额，可以获得分析一国国际收支状态的依据。国际收支的差额主要包括以下四个方面：

1.贸易收支差额

贸易收支差额是指一国进出口收支差额。商品的进出口情况综合反映了一国的产业结构、产品质量和劳动生产率状况，以及该国产业在国际上的竞争能力。因此，即使对于发达国家这样资本项目比重相当大的国家，仍然非常重视贸易收支的差额。

2.经常项目差额

经常项目差额包括贸易收支差额、服务收支差额、收入差额和经常性转移收支差额，前两项构成经常项目收支差额的主体。虽然经常项目的收支也不能代表全部国际收支，但它综合反映了一个国家的进出口状况（包括服务贸易），而被各国广为使用，并被当作是制定国际收支政策和产业政策的重要依据。同时，国际经济协调组织也经常采用这一指标对成员国经济进行衡量，如国际货币基金组织就特别重视各国经常项目的收支状况。

3.资本和金融项目差额

资本和金融项目差额反映该项目下直接投资、证券投资和其他投资交易（包括贸易信贷、贷款和存款）及储备资产交易的差额（假设资本转移净额为零），它记录了世界其他国家对本国的投资净额或贷款／借款净额。

资本和金融项目具有两个方面的分析作用：首先，通过资本和金融项目规模可以看出一个国家资本市场的开放程度和金融市场的发达程度，一般而言，资本市场越开放，金融市场越发达，资本与金融项目的流量总额就越大。其次，资本和金融项目与经常项目之间具有融资关系，所以，资本与金融项目的余额可以折射出一国经常项目的状况。根据复式簿记法原则，在国际收支中一笔贸易流量通常对应一笔金融流量，可以说，经常项目中实际资源的流动与资本和金融项目中资产所有权的流动是一个活动的两个方面。因此，如果不考虑错误与遗漏，经常项目的余额与资本和金融项目的余额必然数量相等，符号相反。也就是说，经常项目的余额与资本和金融项目的余额之和等于零。

4.综合项目差额或总差额

综合项目差额是指经常项目加上资本和金融项目中的资本转移、直接投资、证券投资、其他投资后的余额，也就是将国际收支项目中官方储备剔除后的余额。由于综合项目差额必然导致官方储备的反方向变动，所以，可用它来衡量国际收支对一国储备带来的压力。

分析一国的国际收支平衡表必须紧密结合国际收支发生期及其前后的国内外政

治经济实际或背景，尤其是一些主要工业国的宏观经济政策、货币汇率变动、外汇管制程度以及国际资本流动、国际市场动态等方面的情况。只有对国内外的客观背景情况进行全面考察和分析，了解各因素对国际收支可能产生的影响，才能使分析得出的结论具有客观性和科学性。

## 第二节　国际收支平衡与失衡

### 一、国际收支平衡

根据复式簿记原理编制的国际收支平衡表，原则上表中所有项目的借方总额与贷方总额总是相等的，其差额为零，此即为账面上的平衡。每一具体项目的收入与支出却是不相等的，收支相抵后会出现一定的差额，如经常项目的盈余反映在资本项目上则为赤字；反之亦然。

一般而言，国际收支的盈余或赤字指的是各项目的盈余或赤字。按照交易主体和交易目的，国际收支中的各交易项目可分为两种不同类型：自主性交易主要是指各类微观经济主体基于商业动机，为追求利润或其他利益而独立发生的交易。调节性交易是指中央银行或货币当局出于弥补自主性交易失衡的目的而进行的交易。国际收支盈余也称顺差，是指自主性交易收大于支的差额。而赤字也称逆差，则是指自主性交易支出大于收入的差额。只有在自主性交易的收入等于支出的情况下，才能称为国际收支平衡。调节性交易所达到的平衡只是被动的平衡，无法反映内外经济的实际状态，却反映了经济的实际不平衡。

### 二、国际收支失衡

自主性交易的盈余或赤字被称为国际收支失衡。国际收支的失衡反映和体现了两国内部和外部经济发展的波动，通过对国际收支失衡现象的探究，可以获得对一国经济发展状态的基本认识。根据起因的不同，可以将国际收支失衡分成以下六大类：

（一）临时性国际收支失衡

临时性国际收支失衡是短期的，由非确定或偶然因素引起的。这种性质的国际收支失衡程度一般较轻，持续时间不长，带有可逆性，可以认为是一种正常现象。在浮动汇率制度下，这种性质的国际收支失衡有时根本不需要政策调节，市场汇率的波动有时就能将其纠正。在固定汇率制度下，一般也不需要用政策措施，只需动用官方储备便能加以克服。譬如，由气候骤变、骚乱等因素引起的国内产量下降，造成出口供给减少、进口需求增加等。

（二）周期性国际收支失衡

周期性国际收支失衡是指一国经济周期波动所引起的国际收支失衡。当一国经济处于衰退期时，社会总需求下降，进口需求也相应下降，国际收支发生盈余；反之，如果一国经济处于扩张和繁荣时期，国内投资与消费需求旺盛，对进口的需求也相应增加，国际收支便出现逆差。周期性不平衡在第二次世界大战前的发达资本主义国家中表现得比较明显。在第二次世界大战后，其表现经常受到扭曲。比如，1981—1982年发达资本主义国家（除日本外）在衰退期普遍伴有巨额的贸易逆差。

（三）结构性国际收支失衡

结构性国际收支失衡是指国内经济、产业结构不能适应世界市场的变化而发生的国际收支失衡，结构性失衡通常反映在贸易账户或经常账户上。结构性失衡有两层含义：一是指因经济和产业结构变动的滞后和困难所引起的国际收支失衡。比如，一国的国际贸易在一定的生产条件和消费需求下处于均衡状态。当国际收支发生变化、新产品不断淘汰老产品、新款式高质量产品不断淘汰旧款式低质量产品、新的替代品不断出现的时候，如果该国的生产结构不能及时根据形势加以调整，那么其原有的贸易平衡就会遭到破坏，贸易逆差就会出现。像这种含义的结构不平衡，在发达国家和发展中国家都有发生。二是指结构性不平衡，即指一国的产业结构比较单一，或其产品出口需求的收入弹性低，或虽然出口需求的价格弹性高，但进口需求的价格弹性低所引起的国际收支失衡。这层含义的结构性不平衡在发展中国家表现得尤为突出。

一般来说，结构性不平衡与临时性不平衡不一样，是长期性失衡，扭转起来相当困难。

（四）货币性国际收支失衡

货币性国际收支失衡是由于一国的价格水平、成本、汇率、利率等货币性因素的变动所造成的国际收支失衡。如果一国货币数量发行过多，该国的成本与物价普遍上升，由此必然导致出口减少，进口增加。另外，本国利息率也会下降，造成资本流出增加，流入减少，使国际收支出现赤字。货币性失衡不仅与经常账户收支有关，也与资本账户收支有关。

（五）收入性国际收支失衡

收入性国际收支失衡是指一国国民收入相对快速增长，导致进口需求的增长超过出口增长所引起的国际收支失衡。国民收入相对快速增长的原因是多种多样的，可以是周期性的、货币性的，或经济处于高速增长阶段所引起的。

（六）外汇投机和不稳定的国际资本流动造成的国际收支失衡

外汇投机和不稳定的国际资本流动造成的国际收支失衡是由于实行浮动汇率制后汇率变动的风险所带来的失衡。资本为了规避汇率变动的风险所产生的国际收支失衡。国际金融市场上存在巨额的游资，一有风吹草动，这些资金就会在各国之间频繁移动，以追求投机利润。这种变化莫测的短期资本流动常常造成一国国际收支的不稳定。在许多情况下，通常是激化已经存在了的不平衡。

一般来说，由于对某种因国际收支不平衡而引起的货币币值升降的预测是不稳定的投机和资本流动的主要原因。当然，有时为了投资的安全而引起的国际资本流动，也直接地造成国际收支不平衡。

## 三、国际收支失衡的影响

对一个国家来说，国际收支失衡包括两个方面，即国际收支的逆差型失衡和国际收支的顺差型失衡。无论是逆差型失衡还是顺差型失衡，如果其偏离平衡的程度较高，持续时间较长，都会对本国产生不利影响。

### （一）国际收支持续逆差对国内经济的影响

（1）导致国际储备大量流失。一国发生长期、巨额逆差时，首选的调整方式一般是动用国际储备来进行差额的弥补，这必然会导致该国储备资产的消耗甚至枯竭。国际储备的流失意味着该国金融实力甚至整个国力的下降，进而损害该国在国际上的声誉。

（2）长期性巨额逆差会导致该国外汇短缺，造成外汇汇率上升，本币汇率下跌。一旦本币汇率过度下跌，会削弱本币在国际上的地位。导致该国货币信用下降，国际资本大量外逃，引发货币危机。

（3）长期性巨额逆差会使该国获取外汇的能力减弱，同时由于大量外汇储备因用于弥补逆差或调节本币汇率而丧失，势必影响该国发展生产所需的生产资料的进口，使国民经济增长受到抑制，进而影响一国的国内财政和人民的充分就业。

（4）持续性逆差还可能使该国陷入债务危机。当一国发生长期性巨额逆差时，若该国以举借外债的方式弥补逆差，往往使该国的对外负债过于沉重，如若到期无法偿还本息，债务危机不可避免。

### （二）国际收支持续顺差对国内经济发展的影响

在第二次世界大战后相当长的时间内，各国普遍重视对逆差的调节，而忽视了对顺差的调节，认为顺差有利于一国经济的发展。但是如果顺差规模较大或持续时间过长，或者在储备水平已相当高的情况下继续保持顺差，则可能会对经济产生负面影响。

（1）持续顺差会破坏国内总需求与总供给的均衡，使总需求迅速大于总供给，冲击经济的正常增长。贸易上商品的大量出口挤占了国内产品供给，激化供需矛盾；大量的外汇储备结余，会增加金融当局对本币的被动投放，产生通货膨胀的压力；顺差国对外信誉上升，国际资本流入大量增加，又会进一步加剧供需矛盾和恶化通货膨胀。

（2）持续顺差在外汇市场上表现为有大量的外汇供应，这就增加了外汇对本国货币的需求，导致外汇汇率下跌，本币汇率上升，提高了以外币表示的出口产品的价格，降低了以本币表示的进口产品的价格，降低本国产品的竞争力。

（3）长期巨额顺差意味着贸易伙伴国的逆差，影响对方国家经济发展，易导致国际贸易摩擦，不利于国际经济关系的发展。

（4）资源型国家如果发生经常项目的过度顺差，不仅意味着外国对本国国内产品需求旺盛，也意味着国内资源的持续性开发与过度消耗，导致本国可供长期使用的生产资源大量减少，长此以往，会给这些国家今后的经济发展带来隐患。

## 四、国际收支失衡的调节

### （一）国际收支的自动调节

经济体系中存在着国际收支自动调节机制，当国际收支失衡时，并不一定需要货币金融当局采取政策、手段加以调整，而是由其内在的调节机制给予一定程度的调节，达到相对均衡。

1.国际金本位制度下的自动调节机制

在国际金本位制度下，黄金直接充当货币，并具有三个特点：自由铸造、自由兑换、自由输出入。在此条件之下，国际收支差额就直接影响一国货币供应量，通过物价的变化来改变进出口，达到调节国际收支的目的。“价格-铸币流动机制”（如图5-1所示）在理论上揭示了国际金本位制度下自动调节国际收支失衡的可能。若一国国际收支发生逆差，则会导致本币贬值、黄金外流，流通中的货币量因此而减少，国内物价下跌，带来出口增加和进口减少，国际收支因而恢复平衡；若一国国际收支出现顺差，则会带来本币升值、黄金流入（如图5-1所示）。本国、国内货币量因此增加，物价上升，带来出口减少和进口增加，国际收支因此恢复平衡。

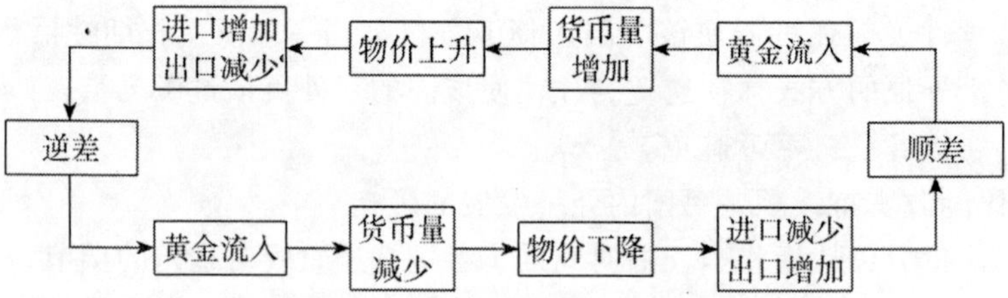


**图5-1　价格-铸币流动机制**

2.纸币流通条件下的自动调节机制

纸币流通使国际间货币流动失去直接清偿性，国与国货币的交换必须通过汇率来实现。在不同的汇率制度下，国际收支的自动调节机制的功效亦不相同。

在浮动汇率制度下，外汇市场供求决定汇率，汇率的上升和下降具有自发性，其对国际收支具有调节功效。当国际收支处于逆差时，外汇需求大于供给，外汇汇率趋于上涨。而外汇汇率的上涨，一般不利于进口，有利于出口，从而使国际收支得到改善。当国际收支发生逆差时，外汇汇率（外币汇率）会趋于下跌，这又有利于进口而不利于出口，使国际收支自动趋于平衡。

在固定汇率制度下，国际收支的自动调节机制是通过外汇储备的变化来实现的。在国际收支逆差的状态下，外汇储备的减少，一国国内货币供应量的减少，一方面，会导致利率上升，资本流入增加，流出减少，资本账户的盈余会促使国际收支在一段时间后恢复均衡；另一方面，利率上升会降低国内投资需求，减少本国国民收入，本国国内进口需求下降，经常项目逆差得到改善。此外，货币供应量的下降，带来国内价格的下降，出口竞争力上升，进口需求下降，经常项目逆差得到改善。

（二）国际收支失衡的主动调节

国际收支失衡的主动调节是指一国金融当局运用货币和财政等政策工具，主动对可能引起经济波动的国际收支失衡进行调节。国际收支失衡的自动调节机制往往受到若干实际因素的影响无法完全发挥作用，且调节过程较为缓慢，需要一国金融当局主动对失衡进行调节，以较为迅速及时地避免国际收支失衡带来的长期严重的不良影响。

1.外汇缓冲政策

外汇缓冲政策是指一国通过外汇储备的变动或临时向外借款抵消超额外汇需求或供给以调节国际收支短期性不平衡。当国际收支出现逆差时，货币当局减少外汇储备或临时向外借款，在外汇市场上抛售外汇，以弥补超额外汇需求；反之，当国际收支出现顺差时，货币当局在外汇市场购进外汇，增加外汇储备，消除超额外汇供给。

外汇缓冲政策不仅可以调节国际收支平衡，而且还可以稳定汇率。但是由于一国外汇储备或举债能力的有限性，这种调节政策只适用于两种情况：①调节临时性失衡，避免本币汇率因临时性失衡而遭受无谓的波动；②调节长期性失衡时作为其他政策的辅助管理措施，避免过猛的调整对国内经济造成难以承受的打击。

2.支出调整政策

支出调整政策即财政政策和货币政策，是各国进行宏观经济调控和进行经济管理的主要手段。当国际收支出现逆差时，政府可以采取紧缩性的财政政策和（或）紧缩性的货币政策。紧缩性的财政政策包括增税和减少政府支出。紧缩性的货币政策包括在公共市场上卖出政府债券、提高再贴现率和提高法定存款准备金等；反之，当国际收支出现顺差时，宜采取扩张性的财政政策和（或）扩张性的货币政策。

3.直接管制

直接管制是指对国际经济交易直接采取严格的行政管制，包括外汇管制和贸易管制。外汇管制主要是对外汇实行统购统销，以控制进口用汇和出口结汇，限制资本流动，使外汇供求基本平衡。贸易管制是通过关税、配额制度、许可证制度来控制进出口。

运用直接管制政策来调节国际收支，具有极强的针对性，能对具体项目实行分类控制，减少调节代价，适用于结构性失衡的调节。其弊端是不利于社会福利，容易导致贸易摩擦。

4.汇率政策

汇率政策是指政府利用汇率的升、降来控制进出口（包括一部分资本流动）来达到国际收支均衡之目的。它与直接管制同属于支出转换政策。布雷顿森林体系时期，此政策只被允许用于调节根本性不平衡。运用贬值政策调节国际收支失衡，对内易引起通货膨胀与贬值的螺旋交替，对外易导致货币战。

## 第三节 国际储备

### 一、国际储备的概念

国际储备也称官方储备，是指一国政府所持有的备用于弥补国际收支逆差和维持本国货币汇率的国际间可以接受的一切资产。国际储备是第二次世界大战后国际货币制度改革的重要问题之一，它不仅关系各国调节国际收支和稳定汇率的能力，而且会影响世界物价水平和国际贸易的发展。

国际储备资产一般必须具备两个特点：一是普遍接受性，即国际储备资产可以普遍地用于国际收支差额的清算；二是流动性，即国际储备资产能够在各种价值形式之间自由兑换，并且各货币当局可以无条件获得并随时动用这些资产。国际储备资产的具体构成随经济的发展而有所变化，在资本主义发展初期，由于黄金具有在国际经济中直接执行世界货币的职能，世界各国都把黄金作为国际储备资产。但随着国际经济的不断发展，黄金生产赶不上国际经济发展的需要，许多国家开始把能兑换黄金的外汇也作为储备资产，称为储备货币。最初的储备货币主要是英镑，后来美元等货币也先后成为储备货币。国际货币基金组织建立以后，各国在基金组织的储备头寸和基金组织分配的特别提款权也先后被列入储备资产。

### 二、国际储备的构成

目前，IMF定义的国际储备是指一国政府和中央银行所持有的黄金、外汇和提款权总额再加上该国在基金组织的储备头寸。

表5-3　美国国际储备的构成（截至2010年上半年）　单位：10亿美元

| | |
|---|---|
| Official reserve assets | 124.51 |
| (1)Foreign currency reserves(inconvertible foreign currencies) | 47.56 |
| (2)IMF reserve position | 11.36 |
| (3)SDRs | 54.55 |
| (4)Gold(including gold deposits and, if appropriate, gold swapped) | 11.04 |

1. 黄金储备

黄金储备是指一国政府作为金融资产持有的货币性黄金。非货币用途的黄金不在此列。国际金本位和布雷顿森林体系时期，黄金一直是最重要的储备资产，一国黄金储备数量反映该国应付国际收支危机的能力及其货币的国际信用，也反映其在国际金融市场的实力地位。20世纪70年代以来，黄金价格波动较大。黄金价格的波动给黄金储备量的计算带来了困难，为此，基金组织根据不同的目的规定了三种计算方法：①按数量计算；②按35特别提款权单位等于一盎司黄金计算；③按市价计算。

1976年以后，虽然黄金与各国货币价值脱钩，其作为世界货币和储备资产的地位被削弱，但黄金仍然是重要的国际支付手段，国际货币基金组织在统计和公布成员国国际储备时，依然把黄金储备列入其中，主要原因在于黄金长期以来一直被人们认为是一种最后的支付手段，它的贵金属特性使得它易于被人们所接受，加之世界上存有发达的黄金市场，各国货币当局可以方便地通过向市场出售黄金来获得所需的外汇，以平衡国际收支差额。

尽管黄金储备比重有较大幅度下降，但黄金储备总量却比较稳定。近20年来，国际黄金储备数量大致维持在10亿盎司的水平。但在黄金储备持有的结构上仍然悬殊较大，主要集中于少数发达国家。世界黄金协会公布的数据显示，目前，世界黄金总储量为32 650吨，约为世界黄金年产量的13倍。IMF成员方黄金储备数量分布及价格，见表5-4。

表5-4　**IMF成员方黄金储备数量分布及价格**　单位：百万盎司

| 年份 | IMF所有成员方 | 工业国家 | 发展中国家 | 中国 | 黄金市价 |
|---|---|---|---|---|---|
| 2006 | 976.71 | 729.03 | 138.71 | 19.29 | 635.70 |
| 2007 | 960.47 | 712.42 | 140.18 | 19.29 | 833.75 |
| 2008 | 960.36 | 703.71 | 149.20 | 19.29 | 869.75 |
| 2009 | 981.75 | 700.18 | 169.15 | 33.89 | 1 087.50 |
| 2010 | 982.53 | 700.02 | 172.85 | 33.89 | 1 246.00 |

2. 外汇储备

外汇储备是指一国政府所持有的外国可兑换货币及其短期金融资产，即政府持有的外汇。被各国用作外汇储备的货币称为储备货币。储备货币必须具备以下三个条件：在国际货币体系中占有重要地位；能自由兑换其他储备资产；人们对其购买力的稳定性具有信心。20世纪80年代以来，外汇一直是各国国际储备的主要构成部分。在非黄金国际储备资产中，外汇储备所占比重在80%～90%，外汇储备中的货币结构随主要工业国家经济地位的变化而变化：1880—1914年，英镑是世界上最重要的储备货币；20世纪30年代以后，美元与英镑并驾齐驱；而第二次世界大战以来，美元又独占鳌头，成为最重要的储备货币；自20世纪70年代起，随着固定汇率制的崩溃，外汇储备开始走向多元化。目前，充当外汇储备的主要货币有美元、英镑、日元、欧元等。

3.储备头寸

储备头寸又称普通提款权，是指成员国在基金组织的储备头寸。其构成见表5-5。国际货币基金组织的运作方式与股份公司类似，成为其成员国必须要缴纳一定的股本，称为“份额”。储备头寸实际上是会员国向基金组织缴纳份额中外汇部分的余额，再加上基金组织用去的本国货币持有量余额。一国储备头寸的多少与该国在IMF中的份额成正比，但国际储备中总体比重较小。

表5-5 **储备头寸的构成**

| 会员国份额 | 提款权总额(份额125%) | 条件 |
|---|---|---|
| 可兑换货币(25%) | 第一档(份额的25%) | 申请提款 |
| 本国货币(75%) | 第二档(份额的25%) | 审批借款 |
| | 第三档(份额的25%) | 审批借款 |
| | 第四档(份额的25%) | 审批借款 |
| | 第五档(份额的25%) | 审批借款 |

4.特别提款权

特别提款权是基金组织对成员国根据其份额分配的，可用于归还基金组织贷款和会员国政府之间偿付国际收支逆差的一种账面资产。

特别提款权不同于其他储备资产：

①不同于储备货币。特别提款权作为国际信用资产，它是由基金组织分配给会员国并只能由会员国中央银行持有；而储备货币既有内在价值，而且其地位的取得不像特别提款权那样是由某一组织创造的，而是根据各国经济实力的变动历史地形成的。

②不同于基金组织的普通提款权。它能用于官方结算或向其他会员国换取可兑换货币，但不能直接用于贸易和非贸易支付。成员国使用特别提款权无须偿还，而成员国借取的普通提款权则必须偿还。

③根据指定原则，处于国际收支和储备地位相对强的国家应外国政府的要求，应将其货币换成特别提款权。由于特别提款权不会受任何一国政府的影响而贬值，它被认为是一种比较稳定的资产。基金组织一直试图把特别提款权作为主要储备资产，但因发行数量不多，它在世界储备总额中所占的比重不大。

## 三、国际储备的作用

国际储备作为衡量一个国家金融实力的标志，其主要作用如下：

（一）对外支付能力的保证

国际储备的首要用途就是在一国国际收支发生困难时作为一种缓冲器对国际收支的变动进行缓冲。这种缓冲作用能使一国避免在国际收支暂时发生困难时被迫采取不利于本国经济的调整行为，或当一国国际收支长期恶化而使调整不可避免时，能将调整分散在一个最适当的时期。例如，当一国国际收支因出口减少或出口价格下降以及其他偶然条件造成临时性逆差时，可动用国际储备来弥补，而不至于采用压缩进口等办法限制交易活动，亦可避免借用外债对国内经济平衡的影响。如果一国因国际收支发生根本性不平衡而必须进行调整时，它也可通过运用国际储备来缓和调整过程，从而减少因采取紧急调整措施而付出的代价。

（二）稳定本国货币汇率

一国金融当局可利用国际储备干预外汇市场，以便将汇率维持在政府所希望的水平。在现行浮动汇率制度下，一国经济实力的消长会导致该国货币汇率的变动。为防止汇率波动影响本国经济，一些国家通过动用国际储备在国际金融市场买卖外币或本币以影响外汇行市。譬如，当人民币升值太快时，中国人民银行就可以抛出人民币，购进美元；反之，当人民币汇率下跌太快时，中国人民银行就可在自己掌握的国际储备中抛售美元，以维持人民币汇价。

（三）信用保证

国际储备可以作为一国向外借款的保证，也是债务国到期还本付息的基础和保证。20世纪80年代初期，发展中国家债务危机爆发的原因之一在于这些重债国国际储备的迅速下降，使其失去了筹款的信用保证，进而在还本付息额增至一定程度时，不得不宣布停止支付到期的本息。世界银行提供的数字显示，当时17个重债国在1980—1983年的国际储备额依次为695.81亿美元、549.07亿美元、409.74亿美元和393.66亿美元，4年内国际储备减少了302.15亿美元。把这些数字的变化和债务危机联系起来，充分说明了国际储备的信用保证作用。一般来说，一国国际储备雄厚，偿还外债的能力就强，国际金融机构、银团或政府就愿意为之提供贷款；若国际储备不足，偿还能力就小，获得贷款的可能性较小。

## 四、国际储备管理

国际储备管理是一国政府或货币当局根据一定时期内本国的国际收支状况和经济发展的要求，对国际储备的规模、结构和储备资产的使用进行调整、控制，从而实现储备资产的规模适度化、结构最优化和使用高效化的整个过程。一个国家的国际储备管理包括两个方面：一是国际储备规模的管理，以求得适度的储备水平；二是国际储备结构的管理，使储备资产的结构得以优化。通过国际储备管理，一方面可以维持一国国际收支的正常进行；另一方面可以提高一国国际储备的使用效率。

（一）国际储备管理的原则和目标

1.国际储备管理的原则

国际储备管理的原则主要是储备资产的安全性、流动性和盈利性的协调。储备资产的安全性，即储备资产本身价值稳定、存放可靠；储备资产的流动性，即储备资产要容易变现，可以灵活调用和稳定地供给使用；储备资产的盈利性，即储备资产在保值的基础上有较高的收益。

2.国际储备管理的目标

国际储备管理的总体目标是服务于一国宏观经济发展战略的需要，即在国际储备资产的积累水平、构成配置和使用方式上，有利于经济的适度增长和国际收支的平衡。

（二）国际储备的规模管理

1.国际储备的适度规模问题

适度的国际储备规模应当既能满足国家经济增长和对外支付的需要，又不因储备过多而形成积压浪费。但是究竟什么是适度的国际储备规模，学者并没有达成一致。

弗莱明对国际储备适度性的定义是：如果储备库存量和增长率使储备的“缓解”程度最大化，则该储备存量和增长率就是最适度的。这种储备“缓解”程度是指一国金融当局相信运用储备融通国际收支逆差而无须采用支出转换政策、支出变更政策和向外借款融资的能力。

海勒则认为：能使解决国际收支逆差所采取的支出转换、支出变更和向外借款融资政策的成本最小的国际储备量就是适度的国际储备需求水平。

巴洛针对发展中国家的适度国际储备所下的定义是：在现有资源存量和储备水平既定的条件下，如果储备增长能促进经济增长率的最大化，则该储备的增长率就是适度的。

阿格沃尔认为，发展中国家的适度国际储备是：如果储备持有额能使发展中国家在既定的固定汇率上融通其在计划期内发生的预料之外的国际收支逆差，同时使该国持有储备的成本与收益相等。

弗莱明和海勒的定义偏重持有储备的收益最大化，即为应付国际收支逆差所必需的支出转移、支出削减和国外融资等政策的成本最小化。巴洛的定义则偏重持有储备的成本最小化（将储备资产用于国内的生产性投资，带来经济的充分增长），所以这些观点都失之偏颇。相比之下，阿格沃尔将持有储备的成本与收益相等作为一个标准，比较全面。

2.确定适度国际储备规模应考虑的需求因素

影响一国国际储备需求的因素有很多且很复杂，主要有以下几个方面：

第一，国际储备需求同国际收支调节密切相关。一方面，国际储备需求受国际收支自动调节机制的影响，调节机制越能顺利运行，国际收支失衡情况越轻缓，所需要提供的国际储备就越少。另一方面，国际收支逆差的规模与国际收支调节政策的效力与速度也是影响国际储备需求量的重要因素。

第二，持有国际储备的成本。一国持有国际储备的成本等于投资收益率与利息率之差。这一差额越大，表明持有国际储备的成本越高；差额小，则表明持有国际储备的成本低。受经济利益的制约，一国需求国际储备的数量会同其持有国际储备的成本成相反方向变化。

第三，汇率制度。储备需求同汇率制度有密切的关系。如果一国采取的是固定汇率制，并且政府不愿意经常性地改变汇率水平，就需要持有较多的储备以应付国际收支可能产生的突发性巨额逆差或外汇市场上突然爆发的大规模投机；反之，实行浮动汇率制的国家其储备的持有量就可相对较低。

第四，金融市场的发育程度。发达的金融市场能提供较多的诱导性储备，这些储备对利率和汇率等调节政策的反应比较灵敏。因此，一国金融市场越发达，政府保有的国际储备便可相应越少；反之，金融市场越落后，调节国际收支对政府自有储备的依赖就越大。

第五，货币的国际地位。一国货币如果处于储备货币地位，它可以通过增加本国货币的对外负债来弥补国际收支逆差，而不需要较多的储备；相反，则需要较多的储备。

第六，国际资金流动情况。一国对外开放程度越高，外汇管制越松，用于抵消国际资金流动冲击所需的储备就越多，特别是在不能有效、及时利用国际金融市场借入储备的情况下，自有储备的数量需求就大大增加；相反，一国所需的储备就可少一些。

第七，国际货币合作状况。如果一国政府同外国货币当局和国际货币金融机构有良好的合作关系，签订有较多的互惠信贷备用信贷协议，或当国际收支发生逆差时，其他货币当局能协同干预外汇市场，则该国政府对自有储备的需求就少；反之，该国政府对自有储备的需求就大。

第八，一国承受国际收支政策调节的能力以及与之相关的政府采用政策调节的意愿，也会影响对储备需求的估计。

3.国际储备的供给

一国对国际储备总量的管理，从根本上说，就是使国际储备的供应保持在最适度的国际储备需求量的水平上。IMF会员国国际储备中的特别提款权、储备头寸是IMF根据各国的份额进行分配的，一国无法主动增加其持有额。

因此，一国国际储备供应的变动主要来自黄金和外汇储备两方面：

（1）黄金储备。一国只有用本国货币在国内收购黄金时，才会增加其黄金储备。这一做法称为黄金的货币化，即将黄金从非货币用途转引至货币用途。黄金的非货币化则正好相反。世界各国的黄金储备基本上是保持稳定不变的。

（2）外汇储备。外汇干预是一国增加国际储备的主要渠道。当一国当局在外汇市场抛售本国货币，购入外国货币时，这部分新增的外汇就列入外汇储备；反之，当一国当局向外汇市场提供外汇时，本国的外汇储备就会下降。除了进行外汇干预外，一国货币当局还可以直接从国际金融市场或国际金融机构借入贷款来补充外汇储备。

从根本上看，外汇储备增加的来源是国际收支盈余，其中经常账户盈余是更为可靠、稳定的来源，而来自资本账户盈余的新增外汇储备则具有借入储备的性质。值得注意的一个问题是，在国际收支差额与外汇储备之间，盈余国通过国际收支长期盈余既缓解了对外汇储备的需求，又积累了外汇储备形成了新的供给；而赤字国一方面增加了对外汇储备的需求，另一方面使外汇储备流失。国际收支差额对外汇储备供给和需求两方面的反悖制约是现行国际储备体制所面临的一个重大困境，是今后国际货币制度改革的一个重大问题。

4.确定适度国际储备规模的理论和方法

当前关于国际储备需求规模界定的方法和理论主要有以下几种：

（1）比例分析法。

比例分析法采用国际储备量与某种经济活动变量之间的比例关系来测算储备需求的最适度水平。其中，进口比例法是目前国际上普遍采用的一种简便易行的衡量方法。这是由美国耶鲁大学的经济学家罗伯特·特里芬教授在其1960年出版的《黄金与美元危机》一书中提出的，其基本思路是：把国际贸易中的进口作为唯一的一个变量，用国际储备对进口的比例（R／M）来测算最适度的储备量。一国的比例（R／M）应以40%为最高限，20%为最低限。按全年储备对进口额的比例计算，约为25%～30%，即一国的储备量应以满足约3～4个月的进口为宜。除此以外，比例分析法常用的比例指标还有：储备对外债总额的比例、储备对国民生产总值的比例等。

（2）机会成本理论。

机会成本理论由阿格沃尔等一些经济学家于1968年提出。他们认为：持有外汇储备的机会成本就是国内的投资收益率。一国持有的外汇储备超过国家的需要，就意味着一部分投资和消费的牺牲。因此，一国的储备需求由其持有储备的边际成本和边际收益来决定，适度的储备规模应该是持有储备的边际成本和边际收益达到均衡时的数量。后来在这一理论基础上建立的海勒模型综合考察了以下诸因素：外汇储备变动平均数、持有外汇储备的机会成本、进口倾向、国际收支差额、逆差出现概率等。

（3）货币供给决定论。

货币供给决定论由货币主义学派约翰等经济学家提出。该理论从货币供应角度来界定适度的外汇储备规模。这种理论认为：国际收支不平衡在本质上是一种货币现象，当国内货币供应量超过国内需求量时，多余的货币就会流向国外，从而引起现金余额的减少。所以，外汇储备需求主要由国内货币供应量的增减来决定。

（4）定性分析法。

定性分析法由卡包尔（Carbaugh）和范（Fan）等经济学家于1976年提出。他们认为，影响一国外汇储备需求量的因素有六个方面：储备资产质量；各国经济政策的合作态度；国际收支调节机制的效力；政府采取调节措施的谨慎态度；所依赖的清偿力的来源及稳定程度；国际收支的动向及其经济状况等。尽管卡包尔和范未提出精确的定量模型，这种理论依然为各国界定其合理的外汇储备规模提供了有益的思考框架。

（三）国际储备的结构管理

1.国际储备结构管理的必要性

一国对国际储备的管理，除了在量上将国际储备保持在最适度的水平以外，还需要在质上拥有一个适当的国际储备结构。这是因为：①20世纪70年代以来，浮动汇率制与储备货币多元化局面形成，各种储备货币的汇率经常变动，有时变动幅度还很大，硬货币与软货币经常易位。②国际金融市场利率动荡不定，各种储备货币的利率时高时低。③黄金市场价格波动频繁。这就要求一国货币当局要不断调整其国际储备的结构。

2.国际储备结构管理的基本原则

一国货币当局调整其国际储备结构的基本原则，是统筹兼顾各种资产的安全性、流动性与盈利性。储备资产的安全性、流动性与盈利性往往互相排斥，具有负相关关系：储备资产的安全性与流动性越高，其盈利性往往越低。一国货币当局持有国际储备资产，要在安全性与流动性得到充分保证的前提下，求得足够高的盈利性。

3.国际储备结构管理的内容

由于普通提款权和特别提款权，一国不能主动增减和进行调整，因而，国际储备资产的结构管理主要是指黄金储备与外汇储备的结构管理、外汇储备的币种管理与外汇储备资产形式的结构管理三个部分。

（1）黄金储备与外汇储备的结构管理。

在当代，黄金由于不能直接用于国际支付，且金价波动较大，而使其流动性和安全性较低。此外，持有黄金既不能生息又需较高的仓储费，因而盈利性也较低。为此，许多国家对黄金储备采取了保守的、数量控制的政策。外汇储备在国际储备中居于绝对优势地位，其本身又有流动性和安全性的优势，盈利性一般也高于黄金储备。这使得许多国家货币当局采取了减少或基本稳定黄金储备而增加外汇储备的政策。

（2）外汇储备的币种管理。

外汇储备的币种管理包括储备货币币种的选择和安排，调整各种储备货币在外汇储备中的比重两个方面。

一国外汇储备中储备货币币种的构成及其结构主要取决于下列因素：该国贸易与金融性对外支付所需币种；该国外债的币种构成；该国货币当局在外汇市场干预本国货币汇率所需币种；各种储备货币的收益率。一种储备货币的收益率 = 汇率变化率 + 名义利率。要在对汇率走势进行研究的基础上，选择收益率较高的储备货币。

（3）外汇储备资产形式的结构管理。

外汇储备资产形式结构管理的目标是确保流动性与盈利性的恰当结合。由于国际储备的主要作用是弥补国际收支逆差，因而在流动性与盈利性中，各国货币当局更重视流动性。按照流动性的高低，外汇储备资产可分成三个部分：①一级储备。其流动性最高，但盈利性最低，包括在国外银行的活期存款、外币商业票据和外国短期政府债券。②二级储备。其盈利性高于一级储备，但流动性低于一级储备。二级储备是在必要时弥补一级储备不足以应付对外支付需要的储备资产。③三级储备。其盈利性高于二级储备，但流动性低于二级储备。此类储备资产到期时可转化为一级储备。如提前动用，将会蒙受较大损失。

一般来说，国际收支逆差国须在其储备资产中保留较大比重的一级储备，而顺差国则保留较小比重的一级储备和较大比重的三级储备。

## 五、中国的国际储备管理

### （一）中国国际储备的构成及特征

在新中国成立后30年的时间里，由于对外经济关系发展比较缓慢，外汇资金实行统收统支，国际储备在当时显得并不十分重要。中共十一届三中全会以后，随着改革开放政策的深入贯彻，我国的对外经济往来不断扩大和加深，国际储备问题日益显得重要起来。

1977年，我国开始公布国际储备情况。1980年，我国恢复了在国际货币基金组织的合法席位后，我国的国际储备加入世界储备体系。同其他国际货币基金组织成员国一样，我国的国际储备也是由黄金储备、外汇储备、特别提款权和储备头寸等四种形式构成。我国国际储备构成的具体情况，见表5-6。

表5-6　　2003—2010年中国国际储备结构一览表

| 年份 | 黄金储备量(百万盎司) | 外汇储备 | 在IMF中的储备头寸 | 特别提款权 | 储备总额 |
|---|---|---|---|---|---|
| 2003 | 19.3 | 403 251 | 3 798 | 1 102 | 412 225 |
| 2004 | 19.3 | 609 932 | 3 320 | 1 247 | 618 574 |
| 2005 | 19.3 | 818 872 | 1 391 | 1 251 | 825 588 |
| 2006 | 19.3 | 1 066 344 | 1 081 | 1 068 | 1 072 567 |
| 2007 | 19.3 | 1 528 249 | 840 | 1 192 | 1 534 356 |
| 2008 | 19.3 | 1 946 030 | 2 031 | 1 199 | 1 953 334 |
| 2009 | 33.9 | 2 399 152 | 4 382 | 12 510 | 2 425 859 |
| 2010 | 33.9 | 2 454 275 | 5 036 | 11 901 | 2 481 026 |

从表5-6中可以看出，我国国际储备构成的基本特征：第一，黄金数量较为稳定，自2003—2007年一直保持在1 930万盎司。自2009年开始，为了应对国际金融环境的变动和本国国际储备比重不合理的情况，我国适当增加了黄金储备的数量，增加至3 390万盎司，但长期看来，我国基本实行的是稳定的黄金储备政策。第二，外汇储备是我国国际储备的主要形式。根据表5-6中的数字计算，至2010年年底，外汇储备已占我国国际储备总额的98.9%，其他三种储备形式占储备总额的比例很小，并且外汇储备增长的势头迅猛。第三，IMF的储备头寸占总储备额比重较低，2008年，由于IMF进行了特别份额改革，我国的储备头寸数量有所上升，但所占比重仍较低，2011年年末为0.2%。第四，在IMF中的储备头寸，即SDRs，数量在2009年之前一直较为稳定，2009年7月，IMF普遍增加了约1 612亿SDRs的分配，我国的SDRs数量也有所增加，但是占储备总额的比重仍较低，仅为0.47%。

（二）中国国际储备的管理

1.中国国际储备的管理体制

从新中国成立到改革开放前这一段时间，我国的国际储备管理十分简单。由于我国尚没有恢复在基金组织的合法席位，国际储备形式主要是黄金和外汇。从国际储备管理体制来说，是由中国人民银行集中管理，统一经营的体制。中国人民银行的下属机构，负责办理对外支付、国际结算和国际融资等业务，并具体执行国家外汇储备的管理和经营。

1979年以后，我国国际储备管理体制发生了较大变化。首先是中国银行从中国人民银行分设出来，独立履行国家外汇专业银行的职能。其次是我国于1979年3月成立了外汇管理局，主要行使管理外汇、储备和外债的职能。外汇管理局开始时隶属于中国人民银行，后来行政升格后不再隶属中国人民银行，但中国人民银行仍然委托外汇管理局代管国家外汇储备。最后是1983年，我国确立了中国人民银行的中央银行地位，逐渐形成了以中国人民银行为领导、各专业银行为主体以及众多地方性银行和非银行金融机构相结合的金融体系。在国际储备的管理上形成了由中国人民银行、中国银行和外汇管理局共管的体制。

总的来说，中国人民银行作为中央银行负责管理国际储备，但国际储备的几个组成部分又分属不同的管理主体。特别提款权、储备头寸和黄金储备由中国人民银行直接管理，外汇储备则委托外汇管理局负责管理。1992年以后，虽然中国银行的外汇结存部分不再列为外汇储备，但中国银行仍然负责外汇储备的具体营运。

因此，我国目前尚没有统一的国际储备管理机构。这种多元化的国际储备管理体制是在改革过程中，在中国特殊经济环境中产生的，应该说正发挥着一定的作用。但这种管理体制的弊端也是很明显的，主要是在实际操作中把一个整体的国际储备人为地分割，不利于国家对储备资产的统一运作和管理，从而影响了国际储备的整体使用效率。因此，现行国际储备管理体制仍需继续进行改革与协调。

2.中国国际储备的分类管理

我国的国际储备管理也要坚持安全性、流动性和盈利性相统一的原则，这些原则具体体现在对不同类型储备资产的管理中。

我国的黄金储备、储备头寸和特别提款权，由于在储备结构中所占比例较小，对其管理相对比较简单。我国的黄金储备采取的是基本稳定的方针。储备头寸和特别提款权由于其来源的特殊性，对其管理的重点主要是如何使用。我国对储备头寸的使用主要是偿还基金组织对我国的各类贷款，特别提款权主要用于缴纳我国在基金组织中不断增长的份额。

我国国际储备管理的重点与核心是对外汇储备资产的管理。我国外汇储备的具体管理原则主要是：第一，实施多元化的国际储备。第二，根据需要和情况的变化，不断调整各种储备货币在外汇储备中的比例，即不断优化储备货币的比例结构。第三，在外汇储备的投向结构上，兼顾安全性、流动性和盈利性的要求。目前，我国根据对外支付时间的不同来安排资金投向。首先，是根据对外支付时间的需要，留足周转资金存放于国外银行或购买外国的短期国库券。其次，把超过周转需要的资金用于较长时间的投资，如购买外国政府的中长期公债、国库券和其他稳定且收益高的有价证券，基本属于多线储备管理原则。

**课堂小讨论**

国际收支失衡会有什么影响？

## 本章小结

1. 国际收支平衡表包含的内容十分繁杂，各国又大都根据各自不同的需要和具体情况来编制，因此，各国国际收支平衡表的内容、详简也有很大差异，但其主要项目还是基本一致的，大体上可分为三大类，即经常项目、资本和金融项目以及错误与遗漏项目。

2. 国际收支失衡可以分为临时性国际收支失衡、周期性国际收支失衡、结构性国际收支失衡、货币性国际收支失衡、收入性国际收支失衡、外汇投机和不稳定的国际资本流动造成的国际收支失衡六大类。

3. 国际收支失衡的主动调节可分为外汇缓冲政策、支出调整政策、直接管制、汇率政策。

4. 国际储备也称官方储备，是指一国政府所持有的备用于弥补国际收支逆差和维持本国货币汇率的国际间可以接受的一切资产。具有普遍接受性（国际储备资产可以普遍地用于国际收支差额的清算）和流动性（国际储备资产能够在各种价值形式之间自由兑换，并且各货币当局可以无条件获得并随时动用这些资产）两大特点。

5. 国际储备由黄金储备、外汇储备、储备头寸和特别提款权构成并且有对外支付能力的保证、稳定本国货币汇率、信用保证三大作用。

6. 我国国际储备管理的重点与核心是对外汇储备资产的管理。我国外汇储备的具体管理原则主要是：第一，实施多元化国际储备。第二，根据需要和情况的变化，不断调整各种储备货币在外汇储备中的比例，即不断优化储备货币的比例结构。第三，在外汇储备的投向结构上，兼顾安全性、流动性和盈利性的要求。

## 关键概念

国际收支　经常项目　国际储备　外汇储备　储备头寸　特别提款权

## 综合训练

### 一、单项选择题

1.下列不可以划为本国居民的是（　　）。

A.刚刚注册的企业

B.在该国居住了2年的自然人

C.国际货币基金组织驻该国代表

D.驻在本国的外国领事馆雇用的当地雇员

2.顺差应该记入国际收支平衡表的（　　）。

A.借方　B.贷方　C.借贷都可以　D.附录说明

3.一国在IMF保有的（　　）被视为该国国际储备资产的一部分。

A.全部债权　B.总资产　C.净债权　D.全部债务

4.一国出现持续性的顺差，则可能会导致或加剧（　　）。

A.通货膨胀　B.国内资金紧张

C.经济危机　D.货币对外贬值

5.当今国际储备资产总额中所占比重最大的是（　　）。

A.黄金储备　B.特别提款权　C.外汇储备　D.普通提款权

### 二、多项选择题

1.国际收支平衡表的经常项目包括（　　）。

A.货物　B.服务　C.投资收入　D.直接投资

2.在国际收支平衡表中，（　　）是通过统计数字直接得到的。

A.经常账户　B.资本金融账户

C.净差错与遗漏　D.储备与相关项目

3.一国增加国际储备，可以通过增加（　　）来达到目标。

A.对他国贷款　B.外汇储备

C.在IMF储备头寸　D.特别提款权

4.一国清偿能力包括：（　　）。

A.黄金储备　B.一国国民生产总值

C.该国政府尚未提取的国外贷款　D.外汇储备

5.战争赔款应属于国际收支平衡表的（　　）。

A.经常账户　B.资本金融账户

C.政府无偿转移　D.经常转移

## 三、思考题

1. 国际收支概念是怎样发展演变的？

2. 国际收支平衡表如何编制？编制原则有哪些？

3. 国际收支平衡表的项目如何分布？

4. 试述国际收支与国内经济的关系。

5. 一国如何确定国际储备水平？

# 第二篇　金融机构体系与金融市场篇

## 第六章

# 金融机构体系

**引例**

自从20世纪70年代末实行改革开放政策以来，我国金融市场的运行机制和政策体制都发生了巨大的变化，其中，商业银行的建立和发展颇为引人注目。在数量上，我国商业银行从无到有、由少至多，外资银行也逐渐登陆，银行间的竞争日益激烈；在运作理念上，我国商业银行逐步由计划经济主导向市场经济主导转变，银行的运作机制也逐步向西方发达国家靠拢。我国银行机构的现状是，大型商业银行有四五家，中型商业银行有十余家，小型商业银行有上百家。这个规模和格局与发达国家的情形基本接近，即在按规模划分的数量上呈现“三角形”或“金字塔形”格局。根据银监会的统计，截至2014年年底，全国共有商业银行773家，农村合作银行108家，农村信用合作社399家，村镇银行1 105家。

这种格局的出现有其历史必然性。小型银行机构数目相对众多，一是因为进入门槛相对低，二是因为地区分布广泛，三是因为它们中仅有少数能壮大进入大中型银行行列。

中型银行在发展之初往往具有浓厚的区域或行业背景，并能依托所在区域或行业背景优势取得快速发展。中型银行中的佼佼者或许能壮大成为大型银行。

大型银行通常是全国性甚至高度国际化的机构。它们在成立之初通常就承担了综合性、全国性的金融功能，并与一国中央政府或财政部门有着密切联系。

银行作为金融市场的重要组成部分，是我们日常生活中直接接触最频繁的金融机构之一，也是目前金融市场的核心组成部分。除了银行这样典型的金融机构外，其实我们对金融机构的依赖度比你想的要高得多。当你用“支付宝”付款、打“京东白条”的时候，是否思考过在这种行为的背后有哪些金融机构参与了其中?当你去证券公司开户炒股，是否了解证券市场是由哪些参与者构成的？除了银行、证券公司和保险公司之外，不太为大家所了解但是又不可或缺的金融机构还有哪些？对比西方金融机构体系我们还有哪些需要完善的地方？现代国际金融体系的格局如何？在本章我们将一起进行学习。

## 第一节　金融机构体系的构成与发展

随着商品经济发展、内生金融需求的扩大及其多样化，种类各异的金融机构逐渐产生并发展起来，而金融业内部的竞争以及分工和协作关系不断深化，最终形成了作用巨大的金融机构体系。现代金融机构体系分为国家金融机构体系和国际金融机构体系两大类。

### 一、国家金融机构体系的一般构成

国家金融机构体系是指在一个主权国家或独立经济体里存在的各类相互关联的金融机构。各国的金融机构体系因国情和经济金融发展水平的差异而各有特点，但在机构种类和构成上大致相同。目前，按国际货币基金组织的统计分类，各国金融机构体系主要分为存款类金融机构和非存款类金融机构两大类。

（一）存款类金融机构

存款类金融机构是能够吸收存款并以存款作为其营运资金主要来源的金融机构。存款类金融机构包括以下几种：

1. 中央银行

中央银行是货币金融管理机关，具有管理金融机构的职能。它在发挥国家的银行和银行的银行职能时，保管政府、公共机构以及金融机构的存款既是其主要的负债业务，也是其资金的主要来源，故属于存款类金融机构。

2. 商业银行

商业银行是以经营企业和居民的存、贷款为主要业务，为客户提供多种金融服务的金融机构。由于商业银行以吸收存款为其主要负债，可签发支票的活期存款占其总存款的比率高，同时这类银行还具有派生和结转存款货币的功能，故又被称为存款货币银行。商业银行因其机构数量多、业务涵盖面广和资产规模庞大而成为金融机构体系的主体。

3. 专业银行

专业银行是指专门从事指定范围内的业务或提供专门服务的金融机构。它是银行业内部专业化发展的产物，有助于提高金融服务水平与效率，促进国民经济各行业领域均衡发展。目前，各国的专业银行主要有以下几类：

（1）储蓄银行。储蓄银行是专门经办居民储蓄并为居民个人提供金融服务的金融机构。这类银行以居民储蓄存款为主要资金来源，资金运用主要是提供消费信贷和住宅贷款，此外也进行公债投资等活动。各国的储蓄银行名称不一，有互助储蓄银行、国民储蓄银行、信贷协会、信托储蓄银行等名称。

（2）开发银行。开发银行是专门为满足长期建设项目投融资需要并提供相关服务的金融机构。开发银行按其业务活动区域的不同分为国际性开发银行、区域性开发银行和国内开发银行三种，如国际复兴开发银行、亚洲开发银行、中国国家开发银行。开发银行多属于政府出资设立的政策性银行，不以营利为经营目标，其宗旨是通过融通长期性资金进行开发性项目来促进本国或本地区的经济发展。

（3）农业银行。农业是国民经济的基础产业，其生产经营很脆弱，需要金融体系提供长期、稳定、专业化的金融支持。农业银行就是专为支持农业发展而设立的金融机构。农业银行多为政策性的，也有商业性的，资金来源于吸收存款、发行债券、政府借款、同业拆借等，资金主要运用于农业贷款、农业投资、担保和补贴等，如中国农业发展银行。

（4）进出口银行。随着生产力的发展以及贸易总量的扩大，进出口贸易成为许多国家经济增长的引擎，而发展进出口贸易需要金融体系的支持。进出口银行就是专门为对外贸易提供信用支持的金融机构。政府投资设立的进出口银行具有政策性，旨在支持本国的对外贸易和经济发展，中国进出口银行就属于这类政策性银行。

4.信用合作社

信用合作社是以社员认缴的股金和存款为主要负债、以向社员发放的贷款为主要资产并为社员提供结算等中间业务服务的合作性金融机构。由于信用合作社以存贷款业务为主，所以它也被归入存款类金融机构类别。

5.财务公司

财务公司是兼有部分商业银行和投资银行业务的非银行金融机构，但国内外财务公司的业务内容有较大差异。国外财务公司是办理长期债券的发售、进行短期借款、发放消费信贷的非银行金融机构；国内财务公司是由大型企业集团成员单位出资组建，为成员单位提供存款、放款、投资、结算、票据贴现、融资租赁服务的非银行金融机构。

（二）非存款类金融机构

非存款类金融机构是指不以吸收存款为主要资金来源的金融机构，亦称其他金融性公司。其类别庞杂，主营业务各异。市场份额较大的非存款类金融机构有以下几种：

1.保险公司

保险公司是根据合同约定向投保人收取保险费并承担投保人出险后的风险补偿责任、拥有专业化风险管理技术的经济组织。保险公司按其从事的业务险种或业务层级可以划分为人寿保险公司、财产保险公司、存款保险公司、再保险公司等类型。

2.信托投资公司

信托投资公司是以收取报酬为目的，接受他人委托以受托人身份专门从事信托或信托投资业务的金融机构。

3.证券机构

证券机构是专门从事证券业务的金融机构，包括证券公司、证券交易所、基金管理公司、证券登记结算公司、证券评估公司、证券投资咨询公司、证券投资者保护基金公司等组织。按能否从事证券自营业务还可以将证券公司分为综合类证券公司和经纪类证券公司。这些证券机构各司其职、分工协作，共同支撑证券市场的日常运作。

4.金融资产管理公司

国际上主要有两种类型的金融资产管理公司：一是面向企业、个人和机构提供各种资产管理业务（如账户分立、合伙投资、单位信托等）服务的金融机构；二是专门处理不良资产的金融机构。

5.金融租赁公司

金融租赁公司是以融资租赁业务为其主要业务的非存款类金融机构。融资租赁，是指出租人根据承租人对租赁物和供货人的选择或认可，将其从供货人处取得的租赁物按合同约定出租给承租人占有、使用，向承租人收取租金的交易活动。我国金融租赁公司虽然可以吸收（非银行）股东1年期（含）以上的定期存款，但是吸收存款并非其资金主要来源。因此，我国的金融租赁公司也归入非存款类金融机构类别。

6.期货类机构

期货类机构是从事商品期货合约、金融期货合约、期权合约交易及其他相关活动的经济机构，包括期货交易所、期货公司及其他期货经营机构、非期货公司结算会员、期货保证金安全存管监控机构、期货保证金存管银行、交割仓库等市场相关参与者。期货交易所是不以营利为目的，不参与期货交易，实行自律管理，以其全部财产承担民事责任，专门为期货交易提供场地、设施和服务的金融机构；期货公司则是按法律规定设立的经营期货业务的金融服务机构。

7.黄金投融资机构

黄金投融资机构是指主要从事黄金投融资交易，提供交易场所、设施和相关服务的金融机构，包括黄金交易所、黄金结算所（公司）、黄金经纪公司、从事自营业务的会员和非会员黄金投资机构等，如黄金交易所交易基金（黄金ETF）。其中，黄金交易所、黄金结算所、黄金经纪公司是黄金市场的三个重要组成部分。

8.专业融资公司

专业融资公司指为特定用途提供融资业务的机构。它们以自有资金为资本，从市场上融入资金，多以动产、不动产为抵押发放贷款或提供资金，主要有不动产抵押公司、汽车金融公司、典当行等。

9.信用服务机构

信用服务机构是指为接受信用提供服务的机构，主要包括信息咨询公司、投资咨询公司、金融担保公司、征信公司、信用评估机构等。此外，律师事务所、会计师事务所等机构也属于广义的信用服务机构。

## 二、金融机构的经营体制及其演变

20世纪30年代以来，随着政府对金融机构监督和管理的增强，各国以立法的形式对金融机构经营的业务范围作出规定，由此形成了现代金融机构的两种不同体制：分业经营和混业经营。

### （一）分业经营与分离银行制度

分业经营是指对金融机构业务范围进行某种程度的分离管制。按照分业管制的程度不同，分业经营有三个层次：一是指金融业与非金融业的分离，金融机构不能经营非金融业务。二是金融业中分离银行、证券和保险等子行业，如商业银行、证券公司和保险公司只能经营各自的银行业务、证券业务和保险业务，一个子行业中的金融机构不能经营其他子行业的业务。三是进一步分离银行、证券和保险等各子行业的内部业务。比如，在银行业内部，经营长、短期银行存贷款业务的金融机构相分离，经营政策性业务和商业性业务的金融机构相分离；在证券业内部，经营证券承销、交易、经纪业务和证券做市商业务的金融机构相分离；在保险业内部，经营财产保险、人身保险、再保险业务的金融机构相分离等。通常所说的分业经营是指第二个层次的分离。实行分业经营的金融制度被称作分离银行制度。

### （二）混业经营与全能银行制度

混业经营是指允许各类金融机构业务范围有交叉，可以进行综合经营的金融制度。混业经营也有三个层次，即金融业与非金融业之间的混业经营，银行业、证券业和保险业等行业之间的混业经营以及银行业、证券业和保险业等内部的混业经营。历史上由于银行业是金融业的核心，故混业经营又被称作全能银行制度。

### （三）经营体制对金融机构的影响及其争论

实行分业经营还是混业经营对金融机构具有重要影响。

在严格的分业经营体制下，银行、证券和保险等各类金融机构之间泾渭分明，一种金融机构不能擅自经营其他金融机构的业务。分业经营的优点在于有利于提高业务的专业技术和专业管理水平，有利于避免竞争摩擦和混业经营可能出现的内部协调困难问题，有利于保证金融机构自身及客户的安全，有利于控制金融机构的业务风险等。其不足之处在于，一是以法律形式造成两种业务相分离的运行系统，难以开展必要的业务竞争，具有明显的竞争抑制性；二是分业经营使各行业之间无法优势互补，如证券业难以利用、依托商业银行的资金优势和网络优势，商业银行也不能借助证券公司的业务来推动其业务的发展；三是分业经营不利于本国金融机构进行公平的国际竞争，尤其是面对规模巨大、业务齐全的大型全能银行时，单纯的商业银行在国际竞争中处于不利位置。

混业经营对金融机构的影响与分业经营的利弊正好相反。因此，在选择分业经营还是混业经营的问题上一直存在激烈的争论。主要集中在以下几个方面：

第一，这两种经营体制对金融机构稳健经营的影响究竟是有利还是不利？主张分业经营者认为，混业经营会扩大金融机构的风险并影响金融体系的稳定；主张混业经营者认为，多元化经营有利于分散金融风险，从而有利于金融体系的稳定。

第二，混业经营是否会产生利益冲突？主张分业经营者认为，混业经营必然产生利益冲突问题，并会损害投资者或存款人利益，影响银行和金融体系的稳健；反对者认为，混业经营尽管存在潜在的利益冲突问题，但由于市场的约束机制与有关监管制度的存在，它们不会成为现实。

第三，哪种体制有利于加强竞争和提高效率？主张分业经营者认为，混业经营会产生规模巨大的超级金融机构，在市场上占据较大的份额从而形成垄断，不利于公平竞争，分业经营有利于形成多元化金融中介体系，有利于金融机构的创新活动，因而有利于提高金融体系的效率；主张混业经营者认为，分业经营体制下少数大金融机构也可以占据很大的市场份额，形成事实上的垄断，而允许各金融机构之间业务交叉经营，可以增加金融服务的供给，有利于市场竞争，金融机构也可以更便利地创新复合性金融产品，有利于提高金融机构的经营效率。

第四，哪种体制更具有规模经济和范围经济优势？有人主张混业经营具有规模经济和范围经济的优势，特别是范围经济。因为各金融机构在信息收集和处理、受托监控、风险管理等方面的主要功能是相同的，同一金融机构经营多种业务可以重复利用信息、资本、销售网络以及声誉等资源。但有人认为，金融机构规模太大会产生规模不经济，而且金融机构的投入品具有专有性，业务范围太广反而提高了经营风险，造成范围不经济。

关于分业经营与混业经营的争论目前尚未取得共识，因此，各国在法律和制度安排上也各不相同。

1.经营管理频繁创新

从20世纪中后期开始，金融机构在业务程序、机构设置、管理方法等方面都进行了创新。例如，金融机构的业务制度、操作程序不断改进；金融机构的内部机构设置也在不断变化，撤并旧部门，设立新部门，各部门之间的权限与关系被重新配置。此外，经营管理理论研究与金融发展相适应，不断推出新的管理方法，如20世纪60年代的负债管理、70年代的资产管理和资产组合管理、80年代的资产负债综合管理、90年代的全面质量管理和全方位客户满意管理等。经营管理的频繁创新增强了金融机构的经营能力和市场适应能力，提升了金融机构的产业发展能力。

2.业务综合化发展趋势

在业务创新的基础上，一些实行分业经营的国家的金融机构逐渐打破了职能分工的界限。例如，日本1981年的新银行法允许商业银行、长期信贷银行、信托银行经办证券业务；英国1986年允许所有金融机构参加证券交易所交易；美国1999

年《现代金融服务法案》的颁布，使金融机构之间的业务交叉最终得到法律上的认可。特别是商业银行与投资银行业务的结合，为客户提供了更全面的服务，使银行最终发展成为全能性商业银行。同时，非银行金融机构通过业务创新开始涉足银行业务，使金融机构的业务发展更趋综合化。

3.注重兼并重组的发展趋势

进入20世纪90年代后，金融创新使金融机构之间的竞争越发激烈，各国金融机构在激烈的竞争中通过兼并重组将各自的优势结合起来，走强强联合的发展道路，以期适应形势的变化及新要求。金融机构的兼并重组，有的在银行与银行之间进行，有的在投资机构之间进行，有的在银行与投资机构之间进行，有的在银行与保险机构之间进行。以美国为例，1998年4月6日，花旗银行与经营保险、证券业务的旅行者集团合并成为美国最大的金融机构——花旗集团；第一银行与第一芝加哥银行合并为新的第一银行，成为全美第五大银行；国民银行与美洲银行宣布合并为新的美洲银行，一跃成为全美第二大银行集团。在其他发达国家，如日本、德国，甚至在拉丁美洲许多发展中国家也都出现了金融机构合并的案例。进入21世纪后，银行合并的浪潮仍在各国延续。2006年1月4日，日本东京三菱银行与日本联合银行合并，成为当时世界第一大银行集团——三菱东京联合银行。

随着2007年美国次贷危机的影响日益加深和在全球的扩散，新一轮的金融并购活动已经展开。

4.经营全球化的发展趋势

国际贸易的迅猛发展推动了国际投资和国际金融的发展，特别是生产一体化和经济全球化的发展，使得金融全球化的发展势头更加强劲。金融全球化趋势的表现之一就是金融机构及其业务活动的国际化，各国的金融机构纷纷在其他国家或地区设立分支机构，从事国际金融业务，成为跨国金融机构。在这种形势下，国际资本流动规模和国际金融风险也随之增大。

## 第二节　中国的金融机构体系

### 一、中国金融机构体系的历史变迁

中国金融机构的发展历史源远流长。西周有专司政府信用的机构“泉府”；西汉有私营高利贷机构“子钱家”；王莽新朝时期，各地设有负责政府赊贷的“钱府”；唐代不仅有“公廨”和“质库”等公私放贷机构，还有经营存款、保管业务的组织“柜坊”和“寄附铺”，有从事货币兑换和金银买卖的金银店，还有办理汇兑业务的政府机构“进奏院”和商人组织。到了宋代，有僧俗两众分别经营的典当业“长生库”和“质肆”，有经营存款的“柜坊”和经营兑换业务的金银铺，有“交引铺”这类买卖盐引、茶引的证券交易机构，有“便钱务”这类官办的汇兑机构。元代有官民分别经营的高利贷组织“解典库”，有从事兑换业务的银铺。明代有名称不一的私营高利贷机构，出现了经营货币兑换和消费性高利贷业务的“钱铺（庄）”，有经营汇兑业务的“官肆”等组织。数千年的封建社会使中国的商品经济发展十分缓慢，内生的金融需求少，金融机构长期处于分散、落后的状态。当西方资本主义国家先后建立起现代金融体系的时候，中国的典当行、钱庄、票号等仍停留在高利贷性质的陈旧形式上。

19世纪中叶以后，随着外国资本的入侵和民族工业的崛起，为适应中外贸易发展的需要，1845年英商东方银行（即丽如银行）在香港设分行，成为中国第一家外商新式银行；而中国第一家现代民族资本银行即中国通商银行直至1897年才在上海开业。1805年，英商在广州设立谏当保险行，这是中国出现最早的一家新式保险企业；而中国首家民族保险企业是1865年华商设立的义和公司保险行。为适应中外股份经济发展需要，1869年英商在上海设立的长利公司是中国首家证券公司；1882年华商设立上海平准股票公司，是首家民族证券公司。1890年，英商在华设立了非专业的信托机构——中国、日本与海峡信托放款公司（即英商大东惠通公司）；1905年，港英政府批准英商设立的上海众业公所，是在中国开设的首家证券交易所。可以看出，这一阶段中国金融机构的发展带有明显的半殖民地半封建性质。

北洋政府时期，日商1913年设立大连取引所信托株式会社，1914年美商在上海设立普益信托公司，是外商在中国最早设立的专业信托公司。最早出现的华商专业信托机构是1914年设立的滨江农产信托交易所和滨江货币信托交易所。为支持民族股份经济发展和刺激公债交易，1916年汉口成立了首家民族证券交易所。1918年后，北洋政府又批准设立了北京证券交易所、上海证券物品交易所和上海华商证券交易所。1921年，上海金业交易所成立。为满足平民经济发展的需要，1919年上海创办了中国最早的合作银行——国民合作储蓄银行。1923年，河北省香河县第一信用合作社成立，成为中国最早的信用合作社。

国民党统治时期，国民党政府和四大家族运用手中的权力建立了以“四行二局一库”为核心的官僚资本金融机构体系，“四行”指中央银行、中国银行、交通银行、中国农民银行，“二局”指中央信托局和邮政储金汇业局，“一库”指中央合作金库。“四行二局一库”成为国民党政府实行金融垄断的重要工具。而中国民族资本银行则与民族工商业一样，处于帝国主义、官僚资本主义的双重压力之下，规模小，发展缓慢。同时期，中国共产党在领导全国人民夺取政权的革命斗争中，在各个革命根据地也建立了自己的金融机构。其中影响较大的有：第一次国内革命战争时期在瑞金成立的中华苏维埃共和国国家银行；抗日战争时期在各抗日根据地成立的银行，如陕甘宁边区银行、华北银行等。这些银行为人民战争的胜利和新中国的成立做出了重大贡献。

## 二、新中国成立后金融机构体系的建立与发展

当前的金融机构体系是在新中国成立后逐步发展起来的。中国金融机构体系的建立与发展大致可分为以下几个阶段：

（一）新型金融机构体系初步形成阶段（1948—1952年）

1948年12月1日，中国人民银行在原华北银行、北海银行、西北农民银行的基础上成立了，它标志着新中国金融体系的开始。新中国成立以后，中国人民银行接管和没收了官僚资本银行，将革命根据地和解放区的银行分别改造为中国人民银行的分支机构，并对民族资本银行、私人钱庄进行了社会主义改造。通过这些措施，中国人民银行逐渐成为全国唯一的国家银行，奠定了国有金融机构居于支配地位的新中国金融机构体系的基础。

（二）"大一统"金融机构体系确立阶段（1953—1978年）

1953年，中国开始大规模、有计划地进行经济建设，在经济体制与管理方式上实行高度集中统一的计划经济体制及计划管理方式。与之相适应，金融机构体系也实行了高度集中的"大一统"模式。这个模式的基本特征为：中国人民银行是全国唯一一家办理各项银行业务的金融机构，集中央银行和商业银行功能于一身，内部实行高度集中管理，资金统一计划调度，利润分配实行统收统支。这种模式对当时的经济发展起到了一定的促进作用，但"统得过死"，不利于有效地组织资金融通，也不利于调动各级银行的积极性。

（三）改革和突破"大一统"金融机构体系的初期（1979—1983年9月）

1979年开始的经济体制改革客观上要求改变"大一统"的金融体系。1979年，中国银行从中国人民银行中分立出来，作为外汇专业银行，负责管理外汇资金并经营对外金融业务；同年，恢复农业银行，负责管理和经营农业资金；1980年，中国试行基建投资"拨改贷"后，中国建设银行从财政部门分设出来，最初专门负责管理基本建设资金，1983年开始经营一般银行业务。这些金融机构各有明确的分工，打破了中国人民银行一家包揽的格局。此时，中国人民银行仍然集货币发行和信贷于一身，不能有效地对专业银行和金融全局进行领导、调控与管理。因此，中国有必要建立真正的中央银行和商业银行相分离的二级银行体制。

（四）多样化的金融机构体系初具规模的阶段（1983年9月—1993年）

为了在搞活经济的同时加强宏观金融调控，中国进行了一系列改革：1983年9月，国务院决定由中国人民银行专门行使中央银行职能；1984年1月，单独成立中国工商银行，承担原来由人民银行办理的工商信贷和储蓄业务；1986年以后，增设了全国性综合银行，如交通银行、中信实业银行等，还设立了区域性银行，如广东发展银行、招商银行等，很多区域性银行现已发展成为全国性商业银行；同时，批准成立了一些非银行金融机构，如中国人民保险公司、中国国际信托投资公司、中国投资银行、光大金融公司、各类财务公司、城乡信用合作社及金融租赁公司等。在金融机构体系加大改革力度的同时，金融业进一步实行对外开放，允许部分

合格的营业性外资金融机构在我国开业，使我国金融机构体系从封闭走向开放。通过这些改革，我国在1984年形成了以中国人民银行为核心，以工、农、中、建四大专业银行为主体，其他各种金融机构并存和分工协作的金融机构体系。

（五）建设和完善社会主义市场金融机构体系的时期（1994年至今）

为适应建立社会主义市场经济新体制的需要，更好地发挥金融在国民经济中的宏观调控和优化资源配置作用，1994年，国务院决定进一步改革金融体制。改革的目标之一是建立在中央银行宏观调控下的政策性金融与商业性金融分离、以国有商业银行为主体的多种金融机构并存的金融机构体系。为此，1994年以来实施的金融机构体系改革的主要措施有：分离政策性金融与商业性金融，成立三大政策性银行；国家四大专业银行向国有商业银行转化；建立以国有商业银行为主体的多层次商业银行体系。1995年，中国组建了第一家民营商业银行——中国民生银行；同年，在清理、整顿和规范已有的城市信用社基础上，在各大中城市开始组建城市合作银行，1998年起陆续更名为城市商业银行；大力发展证券投资基金等非银行金融机构；不断深化金融业的对外开放。为了加强对金融机构的监管，1992年成立了中国证券监督管理委员会，1998年成立了中国保险监督管理委员会，2003年成立了中国银行业监督管理委员会，形成了“分业经营、分业监管”的基本框架。这一新的金融机构体系目前仍处在完善过程之中。

## 三、中国现行的金融机构体系

经过30多年的改革开放，中国的金融机构体系已由过去长期实行的“大一统”银行体制逐步发展成为多元化的金融机构体系。截至2008年年底，该体系由中国人民银行、中国银行业监督管理委员会、中国证券监督管理委员会、中国保险监督管理委员会作为最高金融管理机构，对各类金融机构实行分业经营与分业监管。目前，中国的金融机构体系由两大部分组成：一是存款类金融机构，二是非存款类金融机构，并以存款类金融机构为主体（如图6-1所示）。

（一）以银行为主体的存款类金融机构

中国的存款类金融机构分为货币当局（中央银行）和其他存款类金融机构两部分。后者受中国银行业监督管理委员会监管。

1.中央银行

中央银行也称货币当局，当今世界上大多数国家都实行中央银行制度。从1984年1月1日起，中国人民银行开始专门行使中央银行的职能。

2.其他存款类金融机构

（1）商业银行。

①大型商业银行。它们包括中国工商银行、中国农业银行、中国银行、中国建设银行、交通银行。前四家银行是由原来的国家专业银行转化而来的，1995年《中华人民共和国商业银行法》颁布实施后称为国有独资商业银行，2003年起陆续进行了股份制改造，借助资本市场的力量，通过财务重组和增资扩股改善财务状

况，建立并陆续完善了公司治理结构。1958年，除香港分行仍继续营业外，交通银行的国内业务分别并入当地中国人民银行和中国人民建设银行。1986年7月24日，国务院批准重新组建交通银行。1987年4月1日，重组后的交通银行正式对外营业，成为中国第一家全国性的国有股份制商业银行，总部设在上海。目前，前五家大型商业银行均经营全面的银行业务，均进入世界500家大银行的前100位。

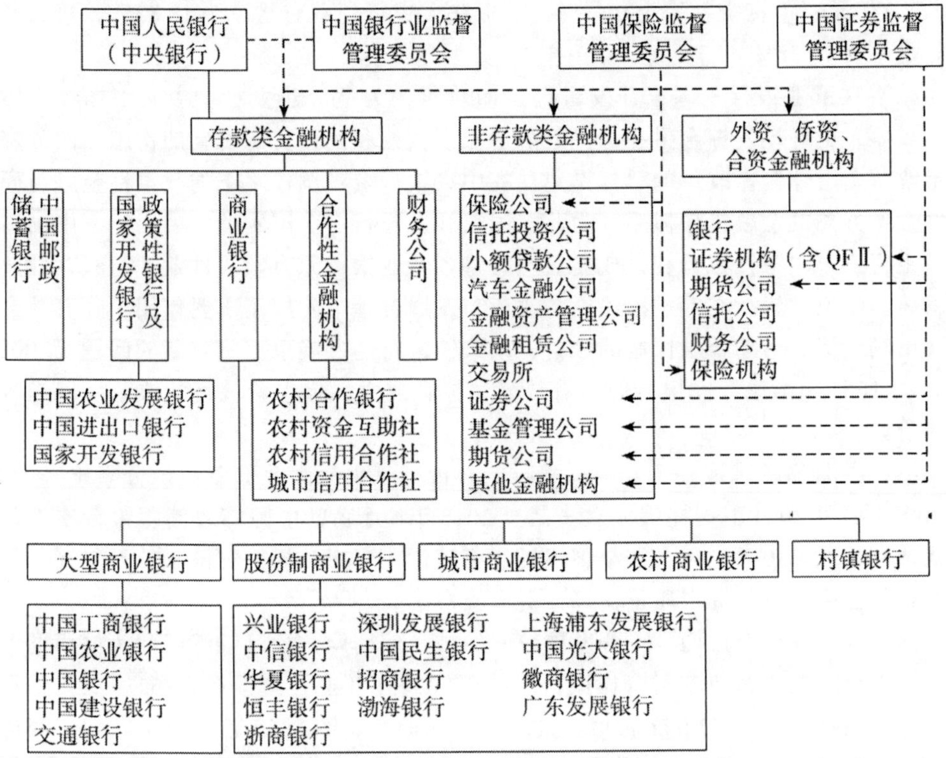


**图6-1　中国的金融机构体系图示（截至2012年）**

②股份制商业银行。股份制商业银行包括中信银行、光大银行、华夏银行、广东发展银行、深圳发展银行（2012年更名为平安银行）、招商银行、上海浦东发展银行、兴业银行、民生银行、恒丰银行、浙商银行、渤海银行等。这类银行自1987年以后陆续组建，从地域上大致可分为全国性和区域性两类。

③城市商业银行。城市商业银行是1995年在原城市信用社的基础上，由城市企业、居民和地方财政投资入股组成的地方性股份制商业银行。城市商业银行最初称为城市合作银行，1998年改用现名。这类银行均实行一级法人、多级核算经营体制，主要功能是为地方经济和中小企业服务。截至2012年年底，全国城市商业银行的资产总额达到了123 469亿元，负债总额为115 395亿元。截至2012年第3季度，全国城市商业银行的不良贷款比率为0.85%。

④其他商业银行。一是农村商业银行，截至2011年年底全国有212家。二是村镇银行，是指在农村地区设立的主要为当地农民、农业和农村经济发展提供金融服

务的银行业金融机构，截至2011年年底全国有726家。三是外资商业银行。1981年，中国引进了第一家外资银行。截至2011年年底，全国有外商独资银行37家（下设分行245家）、合资银行2家（下设分行7家，附属机构1家），另有26个国家和地区的77家外资银行在华设立了94家分行。截至2011年年底，在华外资银行营业性机构资产总额（含外资法人银行和外国银行分行）为2.15万亿元；实现税后利润167.3亿元；不良贷款率为0.41%；外资法人银行资本充足率为18.83%，核心资本充足率为18.38%。

（2）政策性银行及国家开发银行。1994年，为适应建立社会主义市场经济体制的需要，更好地发挥金融在国民经济中宏观调控和优化资源配置的作用，国务院决定改革金融体制。改革的目标是建立在中央银行宏观调控之下的政策性金融与商业性金融分离的金融机构体系。为此，国家开发银行、中国农业发展银行、中国进出口银行三家政策性银行相继成立，同时将各专业银行原有政策性业务与经营性业务剥离。政策性银行在促进国民经济改革与发展过程中发挥了重要作用。随着社会主义市场经济和市场金融体制的完善，政策性银行的发展也面临着新的问题。2008年12月16日，国家开发银行股份有限公司挂牌成立，标志着该行的改革发展进入了新阶段。

（3）中国邮政储蓄银行。中国邮政储蓄银行是由原邮政储蓄系统分立出来的，于2007年3月20日正式挂牌成立。截至2015年6月底，中国邮政储蓄银行本外币存款余额超过6.30万亿元，居全国银行业第五位；资产总规模突破6.52万亿元，居全国银行业第六位，资产质量良好，资本回报率高。

（4）合作性金融机构。一些发展较好的城乡信用合作社已陆续组建为城市商业银行、农村商业银行或农村合作银行。截至2011年年底，全国有2 265家农村信用合作社，资产总额为72 047亿元；城市信用社资产总额为30亿元。2011年，我国有农村合作银行190家，农村资金互助社50家。

（二）非存款类金融机构

1.保险机构

近年来，我国保险业的发展速度很快。1988年以前，保险业由中国人民保险公司独家经营。后来，保险市场主体逐步增加，中国太平洋保险公司、中国平安保险公司等多家保险公司先后加入保险系统。而原中国人民保险公司则分别组建成现在的中国人民保险公司、中国人寿保险公司和中国再保险公司。

2.证券机构

改革开放以来，与金融市场的发展同步，我国的证券业得到了快速的发展，建立了种类多样的证券业金融机构，它们都接受中国证券监督管理委员会的监管。截至2011年7月13日，我国有5家银行间债券市场信用评级机构；到2012年3月31日，有74家保荐机构；截至2012年4月30日，有111家证券公司、88家证券投资咨询机构；截至2012年11月30日，有48家证券从业资格的会计师事务所、70家资产评估机构；截至2012年12月，有2家证券交易所、77家基金管理公司（管理

1 173只证券投资基金）和19家托管银行、180家基金销售机构、7家基金销售支付结算机构，这些机构主要为证券业的发展提供中介服务。此外，还有其他具有金融功能的交易所，如上海黄金交易所、中国金融期货交易所、上海期货交易所等。为了更好地保护投资者，我国还设立了国有独资的证券投资者保护基金公司和期货投资者保障基金。

值得一提的是，加入世界贸易组织以后，随着对外开放的扩大，我国允许合格境外机构投资者在一定规定和限制下汇入一定额度的外汇资金，并转换为人民币，通过严格监管的专门账户投资于我国的证券市场，其资本利得、股息等经批准后可转为外汇汇出。截至2013年1月，共有瑞士银行有限公司等177家境外机构取得资格。累计批准177家合格境外机构投资者的投资额度为399.85亿美元；累计审批24家人民币合格境外机构投资者的投资额度为700亿元人民币。同时，为了适应金融全球化的需要，截至2013年1月，国家外汇管理局共批准109家银行类、证券基金类、保险类和信托类的合格境内机构投资者参与全球金融市场的交易，累计审批的投资额度为855.27亿美元。

3.金融资产管理公司

中国的金融资产管理公司带有典型的政策性金融机构特征，是专门为接受和处理国有金融机构不良资产而建立的。1999年4月20日，中国首家经营商业银行不良资产的全国性金融资产管理公司——中国信达资产管理公司成立，随后华融、长城、东方三家全国性金融资产管理公司陆续成立。金融资产管理公司通过技术操作，可以将商业银行剥离出来的不良资产加以处置，有利于国有商业银行进行资产重组，提高竞争力。

4.小额贷款公司和贷款公司

小额贷款公司是由自然人、企业法人与其他社会组织投资设立，以服务“三农”为宗旨，不吸收公众存款，只能在本县（市、区）行政区域内从事小额贷款业务和小企业发展、财务、管理等咨询业务的有限责任公司或股份有限公司。2005—2006年，我国山西、四川、陕西、贵州、内蒙古五省区经中国银行业监督管理委员会批准，共设立了7家小额贷款公司。2007年以来，小额贷款公司试点范围已扩大到了山东、浙江、重庆、上海、江苏等许多省、直辖市，发展势头良好。贷款公司是指经中国银行业监督管理委员会依据有关法律、法规批准，由境内商业银行或农村合作银行在农村地区全资设立的专门为县域农民、农业和农村经济发展提供贷款服务的非银行业金融机构。截至2011年年底，我国有10家贷款公司；到2012年12月末，全国有小额贷款公司6 080家，实收资本为5 146.97亿元，贷款余额为5 921.38亿元。

## 四、中国香港特别行政区的金融机构体系

1997年，香港回归祖国后，在“一国两制”的方针和《中华人民共和国香港特别行政区基本法》的指导下，继续维持原有的货币金融体制。香港金融机构体系

颇具特色，以国际金融资本为主体，银行、外汇、黄金、证券、保险、期货、共同基金等多种金融机构并存。

（一）香港金融监管机构

香港金融监管机构主要是金融管理局、证券及期货事务监察委员会与保险业监理处，它们分别负责监管银行、证券与期货以及保险与退休计划等行业。

金融管理局是香港政府架构中负责维持货币及银行体系稳定的机构。1993年4月1日，港英政府根据1992年修订的《外汇基金条例》，将原来的外汇基金管理局和银行业监理处合并，成立香港金融管理局。金融管理局的职能由《外汇基金条例》和《银行业条例》规定，主要包括：维持港元汇价稳定；透过稳健投资策略，管理外汇基金（即香港的官方储备）；促进香港银行体系稳健；发展香港金融市场基础设施，使货币畅顺流通。金融管理局向财政司司长负责。金融管理局的职能虽与中央银行大致相符，但由于它不发行钞票，不是政府的银行，故被称为准中央银行。香港政府保险业监理处作为主要的监理机构对保险业实行审慎监管。1989年，香港成立证券及期货事务监察委员会，作为香港证券、金融投资及商品期货买卖活动的最高管理机构，对香港联合交易所进行监理。香港还设有香港存款保障委员会，管理存款保险计划。

此外，香港政府还充分发挥金融同业公会的作用，在香港的银行、保险、证券等行业中实行以政府部门为主、同业公会自律为辅的金融监管体制。香港银行业的同业组织是香港银行公会。香港政府许多政策意图都是通过银行公会向社会披露的，并将若干事务交其处理，利用银行公会加强银行业自身的调节和自律。

（二）香港的发钞机构

港元是由香港政府通过法律授权某些信誉卓著、实力雄厚的大商业银行发行的。目前发行港元的三家银行是汇丰银行、中国银行、渣打银行。截至2011年年底，其发钞量占市场流通量的比例分别是62.50%、25.40%与12.10%。港元的发行实行100%的外汇准备制度。发钞银行必须按照1983年开始实施的联系汇率制，以1美元兑7.8港元的固定汇价缴存美元作为发钞准备，并换取金融管理局在外汇基金账目下发出的无息负债证明书才能发行等值的港元。

（三）香港的银行机构

从1845年英商东方银行在香港设立分行算起，香港银行业的发展已有164年的历史。虽然香港银行业早期的规模比较小，但在20世纪70年代香港国际金融中心地位形成以后，却获得了快速的发展。1981年，港英政府修改了有关法规，确立香港银行业的三级管理制度，只有持牌银行、有限制牌照银行、接受存款公司三类金融机构获准向公众吸收存款，其主要异同点见表6-1。

香港政府认可的三类金融机构中，持牌银行占有优势地位。由于香港是国际金融中心之一，香港银行业也具有高度的国际性，三级银行中绝大部分是外国银行，全球100家最大型的银行中有70家驻足于香港。截至2013年1月31日，认可机构有200家，包括155家持牌银行、21家有限制牌照银行及24家接受存款公司。此外，香港还有59个境外银行的本地代表办事处、14家经核准的货币经纪公司。

表6-1　　香港三级银行制认可机构主要异同点

| 类别 | 持牌银行 | 有限制牌照银行 | 接受存款公司 |
| --- | --- | --- | --- |
| 注册资本 | 1.5亿港元 | 1亿港元 | |
| 实收资本 | 1.5亿港元 | 1亿港元 | 2 500万港元 |
| 存款最低期限与数量 | 无限制 | 可接受50万港元或以上任何期限的存款 | 只可接受10万港元或以上、最初存款期最少为3个月的存款 |
| 利率 | 受利率协议限制 | 无 | 无 |

（四）香港的保险机构

1805年，中国有了近代保险机构。1841年，英商于仁洋面保安行（1835年成立）在香港注册并将总公司从澳门迁移至香港。此后，香港的保险机构在贸易发展的推动下纷纷设立。而第二次世界大战后转口贸易的发展以及20世纪70—80年代的经济繁荣，则为香港保险业新的发展奠定了物质基础。目前，香港保险市场有一般保险和长期保险两类业务。截至2013年1月30日，香港共有获授权保险公司165家，其中102家经营一般保险业务，44家经营长期保险业务，其余19家则经营综合保险业务。截至2012年12月31日，在保险代理登记委员会登记的保险代理商共有12 419家；获授权保险经纪人有604名，都是香港两个获认可保险经纪团体——香港保险顾问联会和香港专业保险经纪协会的成员。截至2011年年底，保险业毛保费总额为2 337亿港元，占香港本地生产总值的12.3%。

（五）香港的证券机构

香港股份经济和证券交易发展较早，1891年就成立了香港股票交易所。1969—1972年经济繁荣时期，香港又新建了远东、金银和九龙三家证券交易所。这四家交易所促进了香港股市的交易发展，但分散经营对实施监管非常不利。于是，1986年港英政府根据有关条例，将四家证券交易所合并为香港联合交易所。香港期货交易所则是香港获准经营期货合约买卖的唯一认可机构，负责提供期货交易场地、设施，制定各种期货交易合约的细节、交易规则，同时监察期货合约买卖。2000年，这两家交易所与香港中央结算有限公司合并，由香港交易所控股，并于当年在香港联合交易所上市。截至2012年12月底，参与香港联合交易所交易的持牌法团即许可公司有460家，参与期货交易所交易的持牌法团有117家，同时参加两个交易所交易的持牌法团有68家。同期，香港有2 501个认可集体投资（基金）计划，其中包括1 842个单位信托及互惠基金，9个房地产投资信托基金，258个与投资有关的人寿保险计划，35个汇集退休基金，40个强积金集成信托计划，300个强积金汇集投资基金，17个纸黄金计划。

此外，香港还设有外汇基金投资有限公司、香港按揭证券有限公司、香港银行同业结算有限公司、香港交易及结算所有限公司等多种金融机构。

## 五、中国澳门特别行政区的金融机构体系

澳门金融业主要由银行和保险机构构成。20世纪80年代以后，以银行为主体的澳门金融业已成为澳门经济的四大支柱产业之一。澳门回归祖国之后，在“一国两制”方针指导下，仍维持原有的金融体制和金融机构体系。

### （一）澳门的金融监管机构

澳门不设中央银行，主管金融事务的机构是经济财政司下辖的金融管理局，其前身为1989年6月成立的澳门货币暨汇兑监理处。该局由检查委员会、行政委员会、咨询委员会组成，其主要职责是：协助行政长官制定与实施货币、金融、外汇、保险等政策；规划和监督本地区的货币、金融、外汇、保险等市场活动；确保本地区货币的内部均衡和对外的可兑换性；执行管理中央储备库以及外汇、其他对外支付工具的职能；维持本地区金融体系的稳定。

### （二）澳门的发钞机构

澳门货币为澳门元，自1906年1月以来一直由澳门政府委托商业银行代理发行。1995年以前，澳门货币由澳葡政府授权大西洋银行代理发行，1995年中国银行澳门分行接受澳葡政府的委托参与澳门货币的发行。1999年澳门回归后，澳门货币仍由大西洋银行和中国银行澳门分行代理发行。目前，澳门元与港元实行联系汇率制度。

### （三）澳门的银行机构

澳门银行业创立于20世纪初，20世纪70—80年代发展非常迅速。1982年，澳门当局实施修订后的金融法，鼓励金融业多元化发展，澳门银行业发生了显著变化。1983年起，渣打银行等10多家外资银行先后获准在澳门设立分行或办事处，原有银行也纷纷增设分行，还开设了若干新银行。1993年，澳门当局颁布实施新金融法以后，澳门银行业的经营管理日趋规范。截至2013年1月4日，澳门共有银行29家（包括1家邮政储金局），其中在澳门登记注册成立的银行有12家，另外17家为外地银行在澳分行。除了2家离岸银行外，澳门的所有银行都是经营全面银行业务的零售银行。澳门还有1家可从事有限银行业务活动的金融公司和1家从事发行及管理电子货币储值卡业务的其他信贷机构。澳门的邮政储金局是邮电司下属的一个信用机构，主要吸收邮政储蓄，大部分资金用于公务员的福利贷款，小部分用于房屋优惠基金，帮助市民购买经济房屋。澳门银行业从总体上看主要从事传统的存贷款、结算业务，此外还有黄金、保险、信托、证券、租赁、投资及金银珠宝等业务。

澳门银行业的同业组织是澳门银行公会，它是自律性的民间组织，旨在加强银行之间的联系、协调与自律。澳门银行公会也制定利率协议，与香港不同的是，该利率协议不具有法律效力，各银行可以自行作出调整，但一般不会偏离协议利率。

（四）澳门的保险机构

保险业在澳门已有100多年的历史，是澳门金融机构的重要组成部分，对社会经济的稳定和发展起着重要的作用。截至2013年1月4日，澳门共有24家保险公司，其中11家为人寿保险公司，13家为非人寿保险公司。按其原属地区分，8家为本地公司，16家为外资保险公司的分公司，分别来自5个国家及中国内地与香港特别行政区。

截至2013年1月31日，澳门获许可的保险中介人达3 340人，其中个人保险代理人有2 241人，法人保险代理机构69家，保险经纪机构12家。

（五）其他金融机构

截至2012年11月29日，归属澳门金融管理局监管的其他金融机构有11家兑换店、6家兑换柜台、2家现金速递公司、2家证券公司、1家信用卡公司。截至2013年2月1日，澳门还有40只开放式退休基金及众多获准在该地宣传及销售的外地投资基金。

## 六、中国台湾地区的金融机构体系

台湾地区的金融体系包括正式的金融体系与民间借贷两部分。正式的金融体系分为金融中介机构与金融市场机构，其中金融中介机构按照能否创造货币这个准则又可分为货币机构和其他金融机构。

（一）中国台湾地区的货币金融管理机构

台湾地区的货币金融体系由“行政院金融监督管理委员会”及“中央银行”共同管理。为控制和稳定金融体系，台湾地区设有“中央存款保险公司”。另外，截至2012年11月，台湾地区还设有16家金融控股公司。

（二）中国台湾地区的货币机构

台湾地区的货币机构包括“中央银行”与存款货币机构，其中存款货币机构包括台湾地区的一般银行、中小企业银行、外国银行在台分行、信用合作社、农会信用部及渔会信用部等。台湾地区的一般商业银行包括商业银行、储蓄银行、开发银行、农业银行、不动产信用银行、输出入银行，是台湾地区主要的存款机构。中小企业银行主要为中小企业提供金融服务；信用合作社、农会信用部、渔会信用部等基层合作金融机构的职能主要是调剂会员资金，促进农、渔业发展。

截至2012年11月，台湾地区有本地一般银行总行38家，分行3 416家；中小企业银行总行1家，分行125家；外国银行在台分行30家，营业机构51个；信用合作社总社25个，分社255个；农会信用部本部277个，分部816个；渔会信用部本部25个，分部43个。

（三）中国台湾地区的其他金融机构

台湾地区的其他金融机构包括信用卡公司、产物保险公司、再保险公司、保险合作社、人寿保险机构、邮政公司储汇处、周边金融机构等。截至2012年年底，台湾地区有信用卡公司7家，产物保险公司22家，再保险公司4家，保险合作社1

家，中央存款保险公司等周边金融机构23家。截至2012年11月，邮政公司设有1 323个支局，有30家人寿保险机构（含邮政公司寿险处）及其139家分公司，票券金融公司有30家。

（四）中国台湾地区的金融市场机构

台湾地区的金融市场机构包括证券投资基金、办理有价证券融资融券的证券商、证券经纪商、证券自营商、证券承销商、证券投资信托公司、证券投资顾问公司、证券金融公司、证券金融相关单位、期货商、票据交换所等。截至2012年年底，台湾地区有4家证券金融公司，台湾证券交易所及期货交易所等证券金融相关单位5家，票据交换所1家。截至2012年11月，台湾地区有证券投资信托基金623只，基金总规模为18 747.21亿元新台币。截至2012年年底，台湾地区有证券商120家，分支机构1 031个；证券经纪商83家，证券自营商80家，证券承销商55家，证券投资信托公司38家，证券投资顾问公司109家。另外，还有专营期货商17家，他业兼营期货商33家，期货自营商34家；期货经纪商33家，分支机构137个；期货经理事业8家；期货信托事业11家，期货顾问事业（总分公司）55家；期货交易辅助人（总分公司）925家；期货业结算会员（一般与个别）35个；期货业结算银行9家；2012年发行的期货信托基金有4只。

## 第三节　西方国家的金融机构体系

在市场经济比较发达的国家，其金融机构体系大多是以中央银行为核心，以存款货币银行为主体，多种金融机构并存的体系结构。美国是金融机构体系发展最为完善的国家，通过图6-2所示美国的金融机构体系，我们对西方金融体系可以有一个初步了解。

### 一、中央银行

在西方国家，中央银行是从商业银行中独立出来的一种银行。在现代经济社会，几乎所有的国家或地区都有中央银行或类似于中央银行的金融机构。作为领导和管理全国货币金融的首脑机构，中央银行对内代表国家实施宏观金融调控，维护金融体系的安全运行，对外则是一国货币主权的象征。因此，它是各国（或地区）金融机构体系的核心和主导环节。

（一）中央银行的性质特征

第一，中央银行是管理机关，是具有银行特征的特殊的国家机关，它不是企业性银行，不以营利为目的，不与一般金融机构争利。它是一国金融业的首脑机构，对全国金融负有调节、调控、监督、管理、保护和扶持的责任。

- 美国的金融机构体系
  - 银行
    - 联邦储备系统
      - 一级
        - 联邦储备委员会
        - 联邦公开市场委员会
        - 联邦咨询委员会
      - 二级：12 家联邦储备银行和 25 家分行
    - 商业银行
      - 会员银行
        - 国民银行
        - 州立银行
      - 非会员银行
    - 专业银行
      - 投资银行
      - 互助储蓄银行
      - 储蓄贷款协会
      - 信贷协会
      - 联邦政府金融机构
        - 农业信贷体系
          - 联邦土地银行和联邦土地银行协会
          - 联邦中期信贷银行和生产信贷协会
          - 合作社银行
        - 住房信贷体系
          - 联邦住房贷款银行委员会及所属银行
          - 联邦住宅抵押贷款公司
          - 联邦住宅管理局
          - 联邦全国抵押贷款协会
      - 进出口银行
  - 非银行金融机构
    - 保险公司
    - 退休养老基金
    - 信用合作社
    - 共同基金
    - 企业集团财务公司
    - 融资租赁公司

**图 6-2　美国的金融机构体系**

第二，中央银行处于超然地位，不经营一般银行具体业务，而是按照有偿信用原则向政府和银行提供资金融通和划拨清算等方面的业务服务，其主要服务对象是国家政府、商业银行和其他金融机构，并不直接与工商企业发生业务关系。

第三，中央银行依靠国家强制吸收存款，保管一般银行的准备金，同时还利用所拥有的经济力量对金融活动以及整个经济活动实行监督和控制。

第四，中央银行独占货币发行权，并通过新制定的货币政策的实施，达到社会总需求与总供给趋于平衡的目的。

第五，中央银行还负有管理金融市场之职责。

（二）中央银行的制度形式

1.单一的中央银行制度

在一国范围内单独设立一家统一的中央银行，通过总分行制，集中行使金融管理权。当前多数西方国家实行的就是这种制度。

2.二元的中央银行制度

在一国范围内建立中央和地方两级相互独立的中央银行机构，分别行使金融管理权。如美国、德国实行的就是二元的中央银行制度。

3.跨国中央银行制度

它是由几个国家共同组成一个货币联盟，各成员国不设中央银行，而由货币联盟执行中央银行职能。如1962年3月成立的西非货币联盟，该联盟中央银行总部设在达喀尔，在各成员国设有代理机构，总行负责制定货币政策，管理外汇储备，各代理机构负责经办本地区业务。

4.准中央银行制度

它是指一个国家或地区只设类似于中央银行的机构，或由政府授权某个或某几个商业银行行使部分中央银行职能。如新加坡、斐济、马尔代夫等国实行的就是准中央银行制度，我国的香港特别行政区实行的也是这种模式。

（三）中央银行的管理体制

1.独立于政府而隶属于国会

在这种制度下，中央银行的独立性最大，如美国、德国等。

2.隶属于政府，但保持相对独立性，可以独立制定和执行货币政策

例如，英国的英格兰银行隶属于财政部，但保持相对独立性，其决策机构董事会的16名成员均由政府推荐，由议会任命。

3.作为政府的一部分，完全接受政府的指令

在这种制度下，中央银行独立性较小，如意大利等。

## 二、商业银行

在西方国家，商业银行是最早出现的金融机构，它们以机构数量多、业务渗透面广和资产总额比重大而成为金融机构体系的骨干。商业银行在早期主要从事短期工商业贷款的发放，第二次世界大战以后，随着银行业竞争的加剧，商业银行的业务范围有所扩大，特别是长期贷款和投资业务比重提高。当前，大多数国家的商业银行不仅经营存放款业务，还为顾客提供多种服务，被形象地称为“金融百货公司”。

（一）西方国家商业银行的组织形态

1.独家银行制（或称单元银行制）

所谓独家银行制，是指银行业务分别由各自独立的商业银行经营，不设立分支机构或有关章程不允许设立分支机构的一种商业银行组织形态。这种商业银行组织形态目前仅存于美国。1900年，美国商业银行共有8 738家，而分支行仅有119家，故当时美国商业银行基本上都实行独家银行制。美国之所以长时期实行独家银行制，与其政体以及垄断和反垄断势力之间的斗争有一定关系，也同政府由于担心城市会把农村资金吸走，因而禁止银行开设分支行有关。

独家银行制的主要优点在于：

(1) 可以提倡和鼓励竞争，限制垄断，商业银行在限定的区域内各自独立经营，符合自由经营、适度竞争的原则。同时，由于独家银行制下银行数量多，就可

保持竞争局面，基本上不会出现由少数几家大型银行垄断经营的情况。

（2）在独家银行制下，一般银行规模都比较小，组织比较严密，管理比较方便。

（3）独家银行制还可以根据实际需要遍设各地，同时一般又都由本地人经营，对本地资金吸收比较容易。

（4）独家银行制特别有利于资金在本地的运用，防止本地资金的大规模转移，有利于本地经济的发展。

独家银行制的不足之处也是显而易见的，具体如下：

（1）在独家银行制下，由于银行一般规模较小，经营效率不高，特别是不能形成规模经济效益，其现金准备也常投放于各地，不符合经济原则。

（2）由于独家银行制在经营的区域范围上受到较大的限制，资金一般容易集中于某一地区或某一行业，不大可能做到风险分散化。同时，独家银行制也不可能像分支行制那样资金在横向之间有效调剂，由于其客户局限于一地，不易得到大额资金，当资金不足时，经常处于孤立无援的境地，容易造成危机或倒闭。在相反的情况下，资金过剩，也不可能跟分支行制一样，在本行系统内及时高效地找到资金的出路，以提高资金的运用效率。

（3）在独家银行制下，由于没有设立于各地的分行，故对客户的汇款等要求，也较难提供周到全面的服务。

2.分支行制

分支行制是按照同一章程，在同一个董事会管理下，在大都市中设立总行，然后在国内、国外普遍设立分支行的制度。实行这种制度的代表是英国，目前大多数国家都采用这种制度。实行分支行制的国家，虽然独立的商业银行数量较少，但银行分支机构大多遍布国内外各地，银行的规模一般较大。例如，英国的6家清算银行在本国共有10 000多家分支行。

从银行和顾客的角度来看，分支行制在很多方面比独家银行制优越，具体如下：

（1）实行分支行制的银行规模可随业务的发展而不断壮大。

（2）有分支行的银行在资金调拨上更灵活，资产更多样化而且也较安全，由于经营的分散化，往往可以降低平均风险程度。分支行制下机构遍及各地，可促使其分散业务，提高资金的安全性，减少银行失败的可能性等。

（3）实行分支行制也更便于管理和联系培训，更有利于节约。

（4）在分支行制下，现金准备可以维持相当低的水准。由于资金的流动性较大，总行与分支行之间，以及各分支行之间，超额准备金的调度非常容易，从而能够维持高流动性和高效率，把流动性成本降到最低程度。此外，由于在分支行制下，银行分支机构多，且分散于各地，可便于满足客户的汇款要求，汇兑成本也可保持在最低水平。

分支行制也有不少缺点，具体如下：

（1）实行这种制度往往容易导致银行业的垄断，而银行业的过分集中是不利于效率提高的，甚至会出现操纵经济、控制金融的局面。

（2）分支行制往往要将各地的资金吸收后转到大城市发放，这会牺牲地方产业的发展。

（3）由于分支行制容易出现垄断，分支机构又呈网络状分布，关系密切，因此，当银行经营不善而出现危机时，往往会产生连锁反应而造成较大的危害。

相比较而言，分支行制还是利多弊少，除美国外，西方各国商业银行都实行这种组织体制，美国目前也在朝分支行制方向发展。

3.其他组织形式

第二次世界大战后，美国又出现了集团银行制，即由某一集团成立一家股份公司，再由该公司控制或收购两家以上的银行。这种组织形式，实际上是一种变相的分支行制，旨在回避对开设分支行的种种限制。美国商业银行一般把成立集团银行公司作为一种手段或工具，以达到如下几个主要目的：

（1）逃避各州限制商业银行开设分支行的法律限制。

（2）扩大银行经营范围，开辟新的业务领域，使银行能更容易吸收更多的资金，以适应商业银行业务向多功能全方位发展的趋势，提高竞争能力。

（3）使银行通过集中管理与集中提供信贷，节约开支，降低经营成本，特别是减少在证券管理与信息整理等方面的经营成本。同时，分散而多样化的业务经营还能降低经营风险。

此外，还有一种新的商业银行组织形式，叫连锁银行制，它是通过持股或聘任董事手段把两家以上独立的银行联系在一起，彼此间保持较松散的联系，但控制权集中于同一个人或同一集团。连锁银行制与集团银行制的作用基本相同，它能够在连锁的范围内发挥分支行制的作用，所不同的是连锁银行不必成立控股公司。

（二）目前西方国家商业银行的发展趋势

1.经营国际化

随着经济全球化和金融自由化的加深，各国银行业的市场准入条件不断放宽，国内外金融市场逐渐连成一体，金融服务的国内外界限越来越模糊。西方发达国家在金融服务贸易方面具有竞争优势，金融服务贸易收入成了这些国家贸易盈余和商业银行利润的增长点，从而使得商业银行业务经营国际化程度不断提高。

2.业务全能化

长期以来，西方国家的商业银行业务范围大致形成了两种模式：一是以德国为代表的业务全能化经营模式，即不实行商业银行业务与投资银行业务的严格划分；二是以美国为代表的分业经营模式，即实行商业银行业务与投资银行业务的严格划分。20世纪70年代以后，随着金融管制的放松，美、英、日等分业经营的国家逐步允许商业银行涉足投资银行业务，20世纪90年代以后，这种业务交叉步伐加快。1999年11月12日，美国总统克林顿签署了《金融服务现代化法》，该法完全废除了旧的分业经营法律，标志着西方国家商业银行全面走上了全能化发展道路。

3.竞争集团化

随着金融自由化的发展，金融竞争已从单个银行的竞争与合作走向银行集团的竞争与合作。在各国国内表现为：银行加速兼并成立金融集团公司，国内竞争程度弱化，商业银行越来越少，金融市场由少数金融集团把持，如美国1995年的银行数比高峰时期1980年减少了36%。

## 三、专业银行

专业银行是指专门经营指定范围的业务和提供专门性金融服务的银行。其特点有：一是专门性；二是政策性；三是专业银行的建立往往有官方背景，有的就是政府的银行或政府的代理银行。

西方国家专业银行的种类很多，名称各异，下面介绍其中主要的几种。

### （一）开发银行

开发银行是专门为满足经济社会发展的长期投资需要而设立的。这类投资具有开发性强、投资量大、见效慢、周期长、风险大等特点，一般商业银行不愿意承担。开发银行多为国家或政府创办，不以营利为目的。像新产业的开发、新经济区的基础设施建设、全国性公共设施建设都属于投资多、见效慢、周期长的工程，社会效益好但是否盈利难以预计，所以往往由国家主办的开发银行承担。

开发银行可以分为国际性的、区域性的和本国性的三种。

国际性开发银行，即国际复兴开发银行（也称世界银行），它主要为成员国提供长期贷款，解决成员国经济的复兴和开发对资金的需求。其贷款主要用于各种基础设施，如工业、农业、电信、铁路、公路、港口及动力设备、公用事业、文化教育等工程项目。贷款需要成员国政府出面担保，期限最长可达30年，利息率较低，贷款要专款专用，审查较严格。区域性开发银行的宗旨、业务与世界银行基本相同，服务对象仅限于某一区域内的会员国，如亚洲开发银行，仅对亚洲地区参加该组织的会员国提供服务。本国性开发银行主要对国内企业和建设项目提供长期贷款。

### （二）投资银行

投资银行是指专门对工商企业办理投资和长期信贷业务的银行。投资银行与商业银行不同，其资金来源主要依靠发行自己的股票和债券，有的国家也允许投资银行接受定期存款。现代投资银行的主要业务有：对工商企业的股票和债券进行直接投资，提供中长期贷款，为工商企业代办发行或包销股票与债券，参与企业的创建、重组和并购活动，包销本国政府和外国政府的公债券；提供投资和财务咨询服务等。此类银行在美国称为投资银行，在英国称为商人银行，在日本称为证券公司。

在1929年以前，西方投资银行主要从事证券承销业务。在发展初期，由于西方经济正处于快速增长时期，企业的直接融资规模迅速扩大，投资银行业获得了相当丰厚的利润。巨大的经济利益吸引了商业银行从事证券业务，商业银行和投资银行业务的交叉融合使得大量的短期资金流向风险较大的证券市场。因此，在1929—1933年的金融危机中，许多人将投资银行与商业银行的混合经营视为罪魁祸首。1933年3月9日，美国国会通过了《1933年银行法》，将银行业与证券业完全分离，这一限制也影响了其他国家。然而，1929年以后，投资银行业不断推陈出新，发展了公司兼并、资产管理、投资咨询等多种新业务。20世纪90年代以来，投资银行业务与传统商业银行业务相互间的不断渗透迫使许多国家不断放松管制。1999年，《金融服务现代化法》的颁布最终完全打破了美国投资银行与商业银行跨业经营的法律障碍，这必将对其他西方国家产生深刻影响。

当前比较知名的投资银行有美银美林、巴克莱银行、法国巴黎银行、花旗集团、瑞士信贷集团、德意志银行、高盛集团、摩根大通、摩根士丹利和瑞士银行等。

（三）储蓄银行

储蓄银行是指专门吸收居民储蓄存款并为居民提供金融服务的银行。这类银行的服务对象主要是居民消费者，资金来源主要是居民储蓄存款，资金运用主要是为居民提供消费信贷和其他贷款等。此外，储蓄银行也在可靠的债券市场上投资。与我国几乎所有的金融机构均经营储蓄业务的状况不同，在西方不少国家，储蓄银行大多是专门的、独立的，对储蓄银行也大多有专门的管理法令，其主要内容一方面是旨在保护小额储蓄人的利益，另一方面则是规定它们所聚集的大量资金应该投向何处。

储蓄银行所汇集起来的储蓄存款余额较为稳定，故主要用于长期投资，如发放不动产抵押贷款（主要是住房贷款），投资于政府公债、公司股票及债券，对市政机构发放贷款等。有些国家明确规定必须投资于政府公债的比例。储蓄银行的业务活动所受到的约束，如不得经营支票存款、不得经营一般工商贷款等，近些年来已有所突破。有些储蓄银行已经在经营过去只有商业银行才能经营的许多业务。不少国家的邮政系统都办理储蓄业务，还有的从居民住宅的角度发展起建房储蓄银行等。西方国家的储蓄银行既有私营的，也有公营的，甚至有些国家绝大部分储蓄银行都是公营的。

储蓄银行的名称各有不同，有的甚至不以银行相称，但功能基本相同。在美国称为互助储蓄银行、信贷协会、储蓄贷款协会等，在英国称为信托储蓄银行，在日本称为储蓄银行。

（四）进出口银行

进出口银行是指专门为对外贸易提供结算、信贷等国际金融服务的银行。当今社会，对外贸易及非贸易等经济活动的国际交往日益频繁，逐渐扩大。因此，大多数国家都设立了专门为此服务的进出口银行，有的是政府出面设立的，如美国的进出口银行、日本的输出入银行就是政府设立的金融机构；也有些是政府与商业银行合办的，如法国的对外贸易银行就是由属于政府的法兰西银行与一些商业银行共同出资组建的。进出口银行与商业银行不同，创建进出口银行的宗旨是推动本国进出口贸易，加强国际间金融合作，广泛吸引国际资本，搜集国际市场信息。进出口银行是一个国家或地区对外开放、利用外资的窗口。

（五）农业银行

农业银行是指在政府的资助和指导下，专门为农业、畜牧业、林业、渔业的发展提供金融服务的银行。农业受自然因素影响大，对资金的需求有强烈的季节性，农村地域广阔，农户分散，资本需求额小、期限长、利息负担能力低，抵押品大多无法集中，管理困难，有不少贷款只能凭个人信誉作担保，这些都决定了经营农业信贷具有风险大、期限长、收益低等特点。因此，农业部门很难成为一般金融机构的融资对象，需要有政府的指导和资助，设立专门的金融机构为之服务，如美国的联邦土地银行、合作银行，法国的土地信贷银行、农业信贷银行，德国的农业抵押银行，日本的农林渔业金融公库等。

农业银行的资金来源主要是政府用于农业发展的资金、发行债券、组合成员存款、根据有关法律出资的团体的缴纳款等。资金运用主要是向农、牧、渔民创业和发展生产提供低息贷款。农业银行一般都是官方或半官方的金融机构。

（六）住房信贷银行

住房信贷银行是指专门为居民购买住房提供金融服务的金融机构。在美国称为住房信贷体系，和进出口银行一样同属于联邦代理机构；在日本称为住房金融公库，属于政府的金融机构；在英国称为住房协会，其资金来源主要是协会会员交纳的股金和吸收的存款。

（七）不动产抵押银行

不动产抵押银行是专门经营以土地、房屋及其他不动产为抵押品的长期贷款的专业银行。它们的资金不是靠吸收存款，而是靠发行不动产抵押债券来筹集。贷款业务大体可分为两类：一类是以土地为抵押的长期贷款，贷款对象主要是土地所有者或购买土地的农业资本家；另一类是以城市不动产为抵押品的长期贷款，贷款对象主要是房屋所有者或经营建筑业的资本家，法国的房地产信贷银行、德国的私人抵押银行和公营抵押银行等均属此类。此外，这类银行也收受股票、债券和黄金等作为贷款的抵押品。

事实上，商业银行止大量涉足不动产抵押贷款业务。不少抵押银行除经营抵押放款业务外，也经营一般信贷业务。这种兼营、融合发展呈加强、加速之势。

此外，西方金融机构体系中的专业银行还有专门为中小企业服务的银行、海外银行等。

## 四、非银行金融机构

西方国家一般将中央银行、商业银行、专业银行以外的金融机构称作非银行金融机构。这一类机构比较庞杂，它们属于信用机构，如保险公司、养老基金、投资基金、信用合作社等。

（一）保险公司

保险公司是以经营保险业务为主的经济组织。保险公司的运作以大数法则和概率论为科学依据，并以各方面专业知识为基础，具有分散风险、削减损失的功能。

西方国家的保险业十分发达，几乎是人人保险、物物保险、事事保险，因而按照保险种类分别设有形式多样的保险公司，如人寿保险公司、财产保险公司、灾害和事故保险公司、老年和伤残保险公司、信贷保险公司、存款保险公司、再保险公司等。

保险公司主要依靠投保人缴纳保险费和发行人寿保险单的方式来筹集资金，对那些发生意外灾害和事故的投保人予以经济补偿，是一种信用补偿方式。保险公司筹集的资金除保留一部分以应付赔偿所需外，其余部分主要投向有稳定收入的政府债券、企业债券和股票，以及发放不动产抵押贷款、保单贷款等。在一些西方国家（如美国），保险公司的资金已成为借贷资本市场上最大的资金来源之一。人寿保险公司发行的人寿保单事实上是一种长期的储蓄契约。投保人每年缴纳保费，如在保险期间死亡，其家属可获得赔偿保障，期满后投保人亦可提回本金及利息。保险原本是在近代商品货币经济不断发展过程中出现的一种经济补偿制度，但在现代信用经济中，保险公司已成为西方国家一种重要的金融机构，经常在政府公债、企业证券、不动产抵押放款和保单放款等长期资金市场上投资，成为重要的机构投资者。

西方国家保险公司的组织形式有：

（1）国营保险公司，它们往往主要办理国家强制保险或某种特殊保险。

（2）私营保险公司，它们一般以股份公司的形式出现，也是西方国家中经营保险业务的主要组织形式。

（3）合作保险，是社会上需要保险的人或单位采取合作组织形式来满足其成员对保险保障的要求，如相互保险公司，就是保险人办理相互保险的合作组织。

（4）个人保险公司，即以个人名义承保业务，目前在英国较为盛行。

（5）自保保险公司，这是一些大企业或托拉斯组织为了节省保费，规避税收负担，成立的专为本系统服务的保险公司。

（二）退休或养老基金

这类机构是指雇主或雇员按期缴付工资的一定比例，在退休后可取得一次性付清或按月支付的退休养老金。20世纪80年代以前，这类基金运营模式较为简单，即主要用于购买国债和存入银行生息。20世纪80年代以后，由于西方国家人口老龄化问题越来越突出，完全依靠增加企业和个人负担来筹集足够的养老基金越来越困难，因而20世纪80年代至90年代初，养老基金的运营开始转向股市，即越来越多的养老基金投向企业股票和债券。20世纪90年代初以来，养老基金运营开始走向国际化，即养老基金投向海外证券市场的比例不断上升，这是因为海外投资回报率比国内市场要高。

（三）投资基金

投资基金是指通过发行基金股票或基金受益凭证将众多投资者的资金集中起来，直接或委托他人将集中起来的资金投资于各类有价证券或其他金融商品，并将投资收益按原始投资者的基金股份或基金受益凭证的份额进行分配的一种金融中介机构。

一般认为，基金起源于英国，是在18世纪末19世纪初产业革命的推动下产生的。由于投资基金具有积累个人财富、价值储藏、追求高收益等多种投资功能，同时又具有基金投资份额小的特点，非常受中小投资者欢迎。因此，在其产生以来的100多年间，世界基金产业从无到有，从小到大，尤其是20世纪70年代以来，随着世界投资规模的剧增，现代金融业的创新，品种繁多、名目各异的基金风起云涌，形成了一个庞大的产业。以美国为例，据美国基金研究机构——投资企业机构（Investment Company Institute，ICI）的数据，截至2012年11月7日，货币市场共同基金资产总值为2.302万亿美元。基金产业已经与银行业、证券业、保险业并驾齐驱，成为金融体系的四大支柱之一。

投资基金的组织形式有契约型和公司型两种。契约型是指基金的设定人（基金经理或基金经理公司）设计特定类型的基金，以信托契约的形式发行受益凭证，募集投资者的定期资金，进行运营和投资。基金的募集、保管、利润分配、收益及本金的偿还支付等业务，则委托银行具体办理。公司型投资基金是指通过组建基金股份公司来发行基金股票、募集投资者的资金，由公司投资经理部门或委托其他投资管理公司进行投资操作，并以基金股息、红利的形式将收益分配给投资者。基金资产的保管与业务处理可以由公司自己负责，也可以委托银行办理。公司型投资基金的最大特点是基金与投资者之间的关系是股份公司与股东的关系。美国绝大部分投资基金都属于此种类型。

根据交易方式的不同，投资基金还可以分为开放型投资基金和封闭型投资基金两种。所谓开放型投资基金，就是基金股权是开放的，投资者随时可以购买该股票，持股人也随时可以退股。而封闭型投资基金，是指一次发行一定数量股份，以后不再追加，一般也不允许退股。

（四）信用合作社

信用合作社是吸收城镇小手工业者或农民为社员的一种信用组织，它主要办理社员的存放款业务，也运用一部分资金投资于不动产和政府公债。它以社员缴纳的股金和吸收的存款为主要资金来源。信用社可分为城市信用社和农村信用社两种，前者是手工业者的组合，后者则是农民的信用组合。农村信用社以日本最为普遍，参加者占全国农户的90%左右。信用社是为了适应小商品生产的客观需要而建立起来的，在民间具有很强的生命力，它能够较好地解决小商品生产者在正常的生产和流通中常常出现的资金不足困难，而这些人是很难得到大银行的贷款支持的。同时，信用合作社除了办理社员的存款业务之外，还购买政府公债或把资金转存于其他金融机构，这对社会融资也很有好处。

（五）金融租赁公司

金融租赁公司是经营融资租赁业务的金融机构。将自己有的物件借给他人收取费用称为“租”，借他人的物件而支付费用称为“赁”。租赁是所有权和使用权之间的一种借贷关系。租赁业务是由资产所有者按契约规定，将租赁物件租给使用者，使用者在规定期限内分期支付租金，并享有物件使用权的一种经济行为。

按国际通行的划分标准，租赁业务分为融资租赁、经营租赁及综合租赁三大类。融资租赁是指当企业需要添置某些设备而又缺乏资金时，由出租人代其购进或租进所需设备，然后再出租给承租单位使用的租赁方式，其具体形式有直接购买租赁、回租租赁、转租赁和杠杆租赁四种。经营性租赁又称操作性租赁或服务性租赁，是通过为承租方提供临时性使用的租赁物件来获得资金收入的。其特点是：租赁物件的保养、维修、管理等工作归出租方负责；承租人提前通知后，可以中途解约；出租人由于承担经营风险，租金一般较高。综合性租赁是租赁与合资经营、补偿贸易、来料加工和产品的返销等贸易方式相结合，由承租人以产品偿付租金的租赁方式。

目前，国际上的租赁行业由三种类型的机构组成：银行或与银行有关的金融机构所属的租赁公司；属于制造商的租赁公司；综合经营并独立开业的租赁公司。

除此之外，非银行金融机构还有消费信贷机构、信托投资公司、企业集团财务公司等。

## 第四节　国际金融机构体系的构成与作用

国际金融机构有广义和狭义之分。广义的国际金融机构包括政府间国际金融机构、跨国银行、多国银行集团等。狭义的国际金融机构主要指各国政府或联合国建立的国际金融机构组织，分为全球性国际金融机构和区域性国际金融机构。此处介绍的国际金融机构主要指后者。

### 一、国际金融机构的形成

国际金融机构是在第二次世界大战以后逐渐建立起来的。1944年7月，44个同盟国家在美国新罕布什尔州召开国际金融会议，商讨重建国际货币制度。这次会议确立了战后的国际货币制度，即布雷顿森林货币体系，并根据会议协议及相关条款成立了国际货币基金组织，此后又建立起了一系列新的国际金融机构。这些组织和机构在国际经济和国际金融活动中发挥了重要的作用。国际金融机构主要有两大类：全球性的国际金融机构和区域性的国际金融机构。

### 二、全球性的国际金融机构

目前，全球性的国际金融机构主要有国际货币基金组织、世界银行集团、国际清算银行等。

（一）国际货币基金组织

国际货币基金组织（IMF）是为协调国际货币政策和金融关系，加强货币合作而建立的国际性金融机构，是联合国的一个专门机构，于1945年12月成立，总部设在华盛顿。在成立初期，其成员国只有39个，到2013年2月增至188个。在

2010年最新一轮IMF改革之后，基金总份额增至2 381.180亿，总投票权增至2 519 736个。我国是该组织的创始国之一，但新中国成立以后一直被排斥在外，1980年才正式恢复席位。国际货币基金组织的宗旨是：通过会员国共同研讨和协商国际货币问题，促进国际货币合作；促进国际贸易的扩大和平衡发展，开发会员国的生产资源；促进汇率稳定和会员国有条件的汇率安排，避免竞争性的货币贬值；协助会员国建立多边支付制度，消除妨碍世界贸易增长的外汇管制；协助会员国克服国际收支困难。

1.组织机构

国际货币基金组织的最高权力机构是理事会，由成员国选派理事和副理事各一人组成。理事会对有关国际金融重大事务的方针、政策做出决策，并就一些重大问题提交国际货币基金组织的常设机构——执行董事会处理。执行董事会由24名执行董事组成，其中8名分别由美、英、德、法、日、中、俄、沙特单独指派。其余16名由其他成员国分为16个选区选举产生。执行董事每两年选举一次；总裁由执行董事会推选，负责国际货币基金组织的业务工作，任期5年，可连任；2011年7月5日，法国人克里斯蒂娜·拉加德当选为IMF现任总裁和执行董事会主席。

2.资金来源

会员国认缴的份额是其最主要的资金来源。份额大小的重要性表现在两个方面：一是份额多少决定一国的地位和投票权，认缴的份额占总份额的比例越大，投票权就越大，进而一国在决定重大国际金融事务中就具有越重要的影响。在2010年最新一轮IMF改革之后，中国成为IMF第三大股东国，特别提款权份额比例从2008年改革后的3.80%增至6.39%，投票权比例也从2008年改革后的3.81%上升到6.07%，仅次于美国和日本，居世界第三位。二是份额的多少决定成员国获得国际货币基金组织贷款的多少。资金来源还包括通过资金运用收取的利息和其他收入、某些成员国的捐赠款或认缴的特种基金、向官方和市场的借款。其中，借款只是一种临时性的周转措施或特种安排。为了保证国际货币基金组织贷款的优惠性质，国际货币基金组织一般不从市场借款，而是从各国政府或政府集团及其他金融机构借款。

3.业务特点

国际货币基金组织的贷款对象只限于成员国财政金融当局，而不与任何私营企业进行业务往来。贷款用途只限于弥补成员国国际收支逆差或用于经常项目的国际支付。国际货币基金组织的贷款都是短期贷款，1~5年不等，贷款利率按贷款期限和额度的累进递增收取；贷款额度有限制，与借款国份额的大小成正比；贷款种类目前主要有普通贷款、出口波动补偿贷款、缓冲库存贷款、中期贷款、补充贷款、信托基金贷款等。

（二）世界银行集团

世界银行集团由世界银行、国际金融公司、国际开发协会、国际投资争端解决中心、多边投资担保机构五个机构构成。

世界银行又称国际复兴开发银行（IBRD），是1945年与国际货币基金组织同时成立的联合国专属金融机构，于1946年6月正式营业，总部设在华盛顿。世界银行与国际货币基金组织的组织结构相似，历任行长都是美国人，这种情况因2012年7月1日韩国人金墉当选第12任世界银行行长而终结。与国际货币基金组织一样，世界银行的资金来源中最主要的是认缴份额。世界银行认缴份额与投票权的规定也与国际货币基金组织相同。另外，世界银行还从各种渠道筹集资金，来自官方的占30%，向国际市场借款占70%，这些资金均以固定利率借入。除信贷外，世界银行还采用在国际资本市场发行中长期债券和将贷出款项的债权转让给商业银行等方式开展业务活动。同时，世界银行还从事向会员国提供技术援助、承担国际银团贷款的组织工作、协调与其他金融机构的关系等活动。世界银行的贷款对象可以是成员国政府、国有企业和私有企业，但企业需要由政府担保。世界银行的贷款用途较广，包括工业、农业、能源、运输、教育等，一般都是项目贷款。贷款期限为20年左右，并有5年宽限期，利率比较优惠。贷款额度要考虑借款国人均国民生产总值、还债信用程度、借款国发展目标和需要、投资项目的可行性及在世界经济发展中的次序等。中国是世界银行的创始国之一，1980年5月恢复了在世界银行的合法席位，目前是世界银行最大的借款国，也是执行世界银行项目最好的国家之一。

国际金融公司是专门向经济不发达会员国的私有企业提供贷款和投资的国际性金融组织，于1956年建立，总部设在华盛顿。国际金融公司是世界上为发展中国家提供贷款最多的多边金融机构。资金来源主要是会员国认缴的股本、借入资本和营业收入，资金运用主要是提供长期的商业融资。其业务宗旨是促进发展中国家私营部门投资，从而减少贫困，改善人民生活。国际金融公司利用自有资源和在国际金融市场上筹集的资金为项目融资，同时向政府和企业提供技术援助和咨询。

国际开发协会是专门向较贫穷的发展中国家发放条件较宽松的长期贷款的国际金融机构，于1960年建立，总部设在华盛顿。其宗旨主要是向最贫穷的成员国提供无息贷款，促进它们的经济发展，这种贷款具有援助性质。我国曾是这类无息贷款的承受国，但随着综合国力的增强，于1999年7月起不再接受国际开发协会的无息贷款。国际开发协会的资金来源中最主要的是认缴份额，同时依靠发达国家会员国增资、世界银行拨款和营业收入来扩大资本。国际开发协会的贷款对象按规定是官方和公私营企业，但实际上都是较贫穷成员国的政府。贷款多用于农业、乡村发展项目、交通运输、能源等领域。贷款条件优惠，还款年限为50年，宽限期为10年，且不收利息，每笔贷款只需支付0.75%的手续费。

国际投资争端解决中心是根据1960年10月正式生效的《关于解决国家和其他国家国民投资争端公约》（即1965年华盛顿公约）成立的世界上第一个专门解决国际投资争议的仲裁机构，总部设在美国华盛顿特区。该中心的组织机构有：理事会，为最高权力机构，由各成员国派1名代表组成，每年举行一次会议，世界银行行长为理事会主席；秘书处，处理日常事务，由秘书长负责。该中心的宗旨是通过调解和仲裁的方式，在国家和投资者之间培育一种相互信任的氛围，从而促进国外投资不断增加。除了对特定投资争端案件进行调解和仲裁之外，该中心还积极参与和促进多边投资公约的谈判。该中心规定其调解和仲裁的争议双方必须为公约的成员国，中国于1993年正式成为该公约的缔约国；该中心调停和仲裁的争议必须是直接由投资引起的法律争议，而且这种调解和仲裁完全是出于双方自愿。

多边投资担保机构成立于1988年，其宗旨是通过向私人投资者提供包括征收风险、货币转移限制、违约、战争和内乱风险在内的政治风险担保，并通过向成员国政府提供投资促进服务，加强其吸引外资的能力，从而促使外国直接投资流入发展中国家。多边投资担保机构积极支持中国吸引外国直接投资，曾为中国的制造业及基础设施建设等方面提供了多项担保。

（三）国际清算银行

国际清算银行（BIS）是西方主要发达国家中央银行和若干大商业银行合办的国际金融机构，成立于1930年5月17日，总部设在瑞士巴塞尔。其初建的目的是处理第一次世界大战后德国赔款的支付和解决协约国之间的债务清算问题。国际货币基金组织成立后，国际清算银行主要办理国际清算，接受各国中央银行存款并代理买卖黄金、外汇和有价证券，办理国库券和其他债券的贴现、再贴现等，此外还负责协调各成员国中央银行的关系，故有“央行的央行”之称。该银行不办理个人或企业的存放款业务。国际清算银行领导下的常设监督机构为巴塞尔银行监管委员会（简称巴塞尔委员会），其致力于跨国性银行的监管工作。该委员会签署的《巴塞尔协议》和《<巴塞尔资本充足协议>的补充协议》成为国际统一的银行监督管理协议。中国人民银行已于1996年9月加入国际清算银行。目前，国际清算银行在香港设有代表处。

### 三、区域性的金融机构

（一）亚洲开发银行

亚洲开发银行是西方国家与亚洲太平洋地区发展中国家和地区合办的政府间的金融机构，1966年在东京成立，总行设在菲律宾的马尼拉。亚洲开发银行最初有会员31个，2013年年初增加到67个，其中48个来自亚太地区，其余19个来自其他地区。我国于1986年3月正式恢复在亚洲开发银行的合法席位。亚洲开发银行的宗旨是通过发放贷款、投资和提供技术援助，促进本地区的经济发展与合作。自1999年以来，亚行特别强调扶贫为其首要战略目标。

亚洲开发银行的组织和管理机构与世界银行相似。其资金来源主要是会员国和地区认缴的股本，其次是借款、发行债券以及某些国家的捐赠款和由营业收入积累的资本。截至2013年12月底，按各国认股份额，中国居第三位（6.44%），日本和美国并列第一（15.60%）。按各国投票权，中国也是第三位（5.45%），日本和美国并列第一（12.78%）。亚洲开发银行的主要业务是向亚太地区的成员政府及其所属机构、境内公私企业以及与发展本地区有关的国际性或地区性组织提供长期贷款。其贷款分为普通贷款和特别基金贷款两种。普通贷款期限为12~25年，年利率为

7.5%；特别基金贷款期限为25~30年，有的长达40年，年利率为1%~3%。

（二）非洲开发银行

非洲开发银行是非洲国家政府合办的互助性国际金融机构，成立于1963年9月，1966年7月正式开业，行址设在科特迪瓦首都阿比让。最初只有除南非以外的非洲国家才能加入该行。为了广泛吸收资金和扩大该行的贷款能力，该行理事会在1980年5月第15届年会上通过决议欢迎非洲以外的国家入股。1985年5月，中国正式加入了非洲开发银行。截至2013年年初，非洲开发银行有78个成员国，非洲53个国家全部为其成员，此外还有包括中国在内的区外成员25个。

非洲开发银行的宗旨是为成员国经济和社会发展提供资金，促进成员国的经济发展和社会进步，帮助非洲大陆制定发展的总体规划，协调各国的发展计划。其资金来源主要是成员国认缴的股本，主要任务是向成员国提供普通贷款和特别贷款。特别贷款条件优惠，期限很长，最长可达50年，贷款不计利息，主要用于大型工程项目建设，贷款对象仅限于成员国。

（三）泛美开发银行

泛美开发银行是由美洲及美洲以外的国家联合建立的，主要向拉丁美洲国家提供贷款，成立于1959年，1960年10月正式营业，行址设在华盛顿。该银行法定资本原定为10亿美元，后来逐渐增加。该银行最初的成员国有以美国为首的20个美洲国家，到2013年年初，其成员国增加到48个，其中26个来自拉丁美洲和加勒比地区，22个来自欧洲、北美洲和亚洲。1991年，中国成为泛美开发银行的观察员，1993年正式提出加入该行的申请，2009年1月12日中国正式加入泛美开发银行集团。

泛美开发银行的宗旨是集中美洲各国财力，为经济和社会发展提供资金和技术援助，以发展成员国的经济。该银行的资金来源有成员国认缴的股本和银行借款两部分。该银行的主要业务是向会员国提供贷款，包括普通贷款和特别业务基金贷款。普通贷款向政府、公私团体的特定经济项目提供，贷款期限为10~25年，用发放贷款时所使用的货币偿还，贷款利率为8%。特别业务基金贷款对象为以公共工程为主的特别经济项目，贷款期限为10~30年，利率低于普通贷款利率，并可部分或全部用本国货币偿还。

（四）欧洲投资银行

欧洲投资银行是在1957年3月25日根据《欧洲共同体条约》（即《罗马条约》）的有关条款建立的欧洲金融机构，行址设在卢森堡。该行的股东是27个欧洲联盟的会员国。欧洲投资银行的宗旨是：为了欧洲联盟的利益，利用国际资本市场和欧盟本身的资金，促进欧盟平衡而稳定地发展。该行的主要业务活动是在非营利基础上，提供贷款和担保，以资助欠发达地区的发展项目，改造并促进企业现代化以及开展新的活动。欧洲投资银行的资金来源主要是向欧洲货币市场借款，其主要贷款对象是成员国不发达地区的经济开发项目。目前，该行的贷款对象已扩大到与欧盟有较密切联系或有合作协定的非欧盟国家。

（五）加勒比开发银行

加勒比开发银行是地区性、多边开发银行。1969年10月18日，16个加勒比国家和2个非本地区成员在牙买加金斯敦签署协议，成立加勒比开发银行，该行总部设在西印度群岛的巴巴多斯首都布里奇顿。截至2013年2月，该行有牙买加等18个地区会员、墨西哥等3个其他地区会员、中国等5个非地区会员。该行的宗旨是促进加勒比地区成员国经济的协调增长和发展，推进经济合作及本地区的经济一体化，为本地区发展中国家提供贷款援助。该行的资金来源有两个渠道：一是成员认缴股本和借款，称为"普通资金来源"；二是成员和非成员的捐款，称为"特别资金来源"。该行还设有一个技术援助基金，负责融资咨询、项目实施等工作。

（六）亚洲基础设施投资银行

亚洲基础设施投资银行（Asian Infrastructure Investment Bank）简称亚投行，是一个政府间性质的亚洲区域多边开发机构，重点支持基础设施建设，总部设在北京。

2014年10月，首批22个意向创始成员国在北京签署了《筹建亚投行备忘录》。随后，先后有35个域内外国家作为意向创始成员国加入了亚投行。2015年6月29日，《亚洲基础设施投资银行协定》签署仪式在北京举行。亚投行57个意向创始成员国财长或授权代表出席了签署仪式，其中已通过国内审批程序的50个国家正式签署了协定，分别是：澳大利亚、奥地利、阿塞拜疆、孟加拉国、巴西、柬埔寨、文莱、中国、埃及、芬兰、法国、格鲁吉亚、德国、冰岛、印度、印度尼西亚、伊朗、意大利、以色列、约旦、哈萨克斯坦、韩国、吉尔吉斯斯坦、老挝、卢森堡、马尔代夫、马耳他、蒙古、缅甸、尼泊尔、荷兰、新西兰、挪威、阿曼、巴基斯坦、葡萄牙、卡塔尔、俄罗斯、沙特、新加坡、西班牙、斯里兰卡、瑞典、瑞士、塔吉克斯坦、土耳其、阿联酋、英国、乌兹别克斯坦、越南。其他尚未通过国内审批程序的意向创始成员国见证了签署仪式。根据协定规定，此次未签署协定的意向创始成员国可在年底前签署。协定的签署标志着亚投行向正式成立迈出了重要一步。

根据协定，亚投行法定股本为1 000亿美元，域内成员和域外成员的出资比例为75∶25，域内外成员认缴股本参照GDP比重进行分配，并尊重各国的认缴意愿。按照协定规定的原则，中国以297.804亿美元的认缴股本和26.06%的投票权，居现阶段亚投行第一大股东和投票权占比最高的国家，印度、俄罗斯分列第二、三大股东，德国是第四大股东，韩国和澳大利亚并列为第五大股东。

亚投行的成立，在某种程度上打破了美国人主导的世界银行和日本人一直任行长的亚洲开发银行所形成的金融话语权垄断，一方面能继续推动国际货币基金组织和世界银行的进一步改革，另一方面也是补充当前亚洲开发银行在亚太地区的投融资与国际援助职能。路透社称，亚投行被美国视作对西方主导的世界银行和亚洲开发银行的挑战，潜在地稀释了美国在这一地区的战略影响力。

亚洲基础设施投资银行是继提出建立金砖国家开发银行、上合组织开发银行之后，中国试图主导国际金融体系的又一举措。这也体现出中国尝试在外交战略中发挥资本在国际金融中的力量。同时，亚洲基础设施投资银行将可能成为人民币国际化的铺垫和保障。亚投行的成立，是世界政治经济中的重大事件，其深远影响将在未来逐步显现。

### 四、国际金融机构的作用与局限性

在现行的国际货币制度和国际金融活动中，国际金融机构具有重要的作用，主要体现在六个方面：一是维持汇率稳定；二是对金融业的国际业务活动进行规范、监督与协调；三是提供长短期贷款以调节国际收支的不平衡和促进经济发展；四是积极防范并化解国际金融危机；五是就国际经济、金融领域中的重大事件进行磋商；六是提供多种技术援助、人员培训、信息咨询等服务，借此加强各国经济与金融的往来，推动全球经济共同发展。

但是，目前国际金融机构体系的作用也存在局限性。例如，一些机构的领导权被主要的发达国家控制，发展中国家的呼声和建议往往得不到重视；向受援国提供贷款往往附加限制性条件，要求受援国满足某些前提性的要求之后才能使用贷款，而这些要求大多是对一国经济体系甚至政治体系的不恰当干预，不对症的干预方案常常会削弱或抵消优惠贷款所能带来的积极作用。

## 本章小结

1．分业经营是指对金融机构业务范围进行某种程度的分离管制。按照分业管制的程度不同，分业经营有三个层次：一是指金融业与非金融业的分离，金融机构不能经营非金融业务；二是金融业中分离银行、证券和保险等子行业；三是进一步分离银行、证券和保险等各子行业的内部业务。通常所说的分业经营是指第二个层次的分离。实行分业经营的金融制度被称作分离银行制度。与分业经营相对的混业经营是指允许各类金融机构业务范围有交叉，可以进行综合经营的金融制度。历史上由于银行业是金融业的核心，故混业经营又被称作全能银行制度。

2．中国的金融机构体系已由过去长期实行的“大一统”银行体制逐步发展成为多元化的金融机构体系。截至2008年年底，该体系由中国人民银行、中国银行业监督管理委员会、中国证券监督管理委员会、中国保险监督管理委员会作为最高金融管理机构，对各类金融机构实行分业经营与分业监管。目前中国的金融机构体系由两部分组成：一是存款类金融机构，以银行和合作性金融机构为代表；二是非存款类金融机构，以保险机构、证券机构和金融资产管理公司为代表。目前，存款类金融机构是金融体系的主体。

3．中央银行的制度形式有四种：一是单一的中央银行制度，即在一国范围内单独设立一家统一的中央银行，通过总分行制，集中行使金融管理权，多数西方国家是这种制度；二是二元的中央银行制度，即在一国范围内建立中央和地方两级相互独立的中央银行机构，分别行使金融管理权，如美国、德国；三是跨国中央银行制度，它是由几个国家共同组成一个货币联盟，各成员国不设中央银行，而由货币联盟执行中央银行职能，如西非货币联盟；四是准中央银行制度，指一个国家或地区只设类似于中央银行的机构，或由政府授权某个或某几个商业银行行使部分中央银行职能，如新加坡、中国香港等。

4.专业银行是指专门经营指定范围的业务和提供专门性金融服务的银行。其特点有：一是专门性；二是政策性；三是专业银行的建立往往有官方背景，有的就是政府的银行或政府的代理银行。主要分为：开发银行、投资银行、储蓄银行、进出口银行、农业银行、住房信贷银行和不动产抵押银行等。

5.国际金融机构是在第二次世界大战以后逐渐建立起来的，主要有国际货币基金组织、世界银行集团、国际清算银行等。但是近年来，这些国际性金融机构的局限性日渐突出。以亚洲开发银行、非洲开发银行、泛美开发银行、欧洲投资银行、加勒比开发银行为代表的区域性的金融机构开始在地区性开发中发挥重要的作用。

## 关键概念

存款类金融机构　非存款类金融机构　分业经营　混业经营　独家银行制　分支行制　中央银行　商业银行　国际金融机构　国际货币基金组织　世界银行　国际清算银行

## 综合训练

一、单项选择题

1.（　　）不是在国民政府时期建立的。

A.中央银行　　B.中国银行

C.中国建设银行　　D.中国农业银行

2.中国第一家全国性的国有股份制商业银行是（　　）。

A.中国工商银行　　B.中国交通银行

C.中国银行　　D.中国建设银行

3.全球性的国际金融机构不包括（　　）。

A.IMF　　B.FED　　C.BIS　　D.IBRD

4.基金起源于（　　）。

A.英国　　B.法国　　C.意大利　　D.美国

二、多项选择题

1.下列属于非存款类金融机构的有（　　）。

A.保险公司　　B.财务公司

C.金融资产管理公司　　D.专业融资公司

2.最早出现在中国的专业信托机构是（　　）。

A.普益信托公司　　B.滨江农产信托交易所

C．滨江货币信托交易所　　D．大连取引所信托株式会社

3．下列属于港元发行银行的是（　　）。

A．中国人民银行　　B．渣打银行　　C．中国银行　　D．汇丰银行

4．实行联系汇率制度的货币有（　　）。

A．澳门元　　B．台币　　C．港元　　D．人民币

5．独家银行制的主要优点在于（　　）。

A．限制垄断　　B．管理较为方便

C．对本地资金吸收比较容易　　D．有利于资金在本地的运用

6．按国际通行的划分标准，租赁分为（　　）三大类。

A．融资租赁　　B．经营租赁　　C．杠杆租赁　　D．综合租赁

三、思考题

1．国际货币基金组织的宗旨是什么？

2．分业经营与混业经营的三个层次是什么？你觉得哪一种更适合现在的国内市场？

3．我国的政策性银行有哪些？其各自的定位是什么？

4．中国香港、中国台湾、中国澳门的货币发行方式有何异同？

5．中央银行的管理体制有哪几种？你知道有哪些国家的中央银行在证交所上市？

6．列举几个区域性的金融机构，并谈谈亚投行成立对中国发展的重要意义。

# 第七章

# 金融市场

**引例**

想象一下，假如央行突然宣布改变既往汇率政策，人民币对美元瞬间升值20%以上，A股瞬间跌停，这对你的“钱途”该有多大的影响？

2015年1月15日，欧亚大陆西端的瑞士人民就体验了上述经历。当日瑞士央行突然宣布取消汇率下限，将活期存款利率从−0.5%降至−0.75%，将3个月伦敦同业拆借利率目标范围降为−1.25%至−0.25%，瑞士法郎兑美元和欧元瞬间暴涨30%，而包括人民币在内的全球主要货币都与美元或欧元挂钩，这也意味着瑞士法郎兑全球主要货币都升值了几乎同样的数额。

对瑞士出口产业和旅游产业来说，这几乎是一场灾难。瑞士央行上述公告发布后，瑞士股指急速下滑10%。其中，全球最大的水泥生产商豪西蒙（Holcim Ltd）下跌11%，手表制造商历峰集团（Cie.Financiere Richemont）股价下跌15%，斯沃琪（Swatch）股价下跌14%，爱可泰隆（Actelion）股价下跌13%，瑞士最大的制药公司诺华制药（Novartis AG）和罗氏制药（Roche Holding AG）股价也均下跌12%。

中国是瑞士在亚洲最大的贸易伙伴，瑞士则是中国在欧洲第七大贸易伙伴和第六大外资来源国。2013年，两国双边贸易额达到595亿美元。对于喜欢瑞士手表和喜欢去瑞士滑雪的土豪来说，瑞郎升值肯定不是一个好消息。然而最为惨烈的并不是瑞士的股市，而是国际外汇市场，由于瑞士央行的意外政策，瑞士法郎一改往常平稳的走势，瞬间出现大幅升值，导致多家外汇经纪商爆仓，英国艾福瑞（Alpari UK）及Excel Markets直接宣布破产，而其中损失2.25亿美元的福汇集团（FXCM）当日股价盘前暴跌85%，市值从6亿美元暴跌至9 000万美元。

这是一起典型的外汇市场上的“黑天鹅事件”，那么金融市场是否都如此集聚风险呢？中央银行在金融市场中运行的作用和角色是什么？金融市场的发展趋势在哪里？在本章我们将一起进行学习。

金融市场既是指金融资产交易的场所，也是指各种融资活动及由此形成的信用关系。它是构成金融体系的重要子系统，提供了金融机构在特定金融制度下配置金融资源的场所和运行机制。当前经济的发展趋势是趋向于市场主导型的金融体系。本章将讨论金融市场的组织、功能、结构和效率问题。

## 第一节　金融市场的组织与功能

### 一、金融市场的组织

金融市场不仅是金融资产交易的场所，它还必须提供一种有效的市场机制。有效的市场机制是建立在有效的市场组织基础之上的。金融市场组织要素包括市场的主体（市场参与者）、客体（交易对象）、市场组织和管理机构、清算机构和中介机构。规范的金融市场的组织结构如图 7-1 所示。

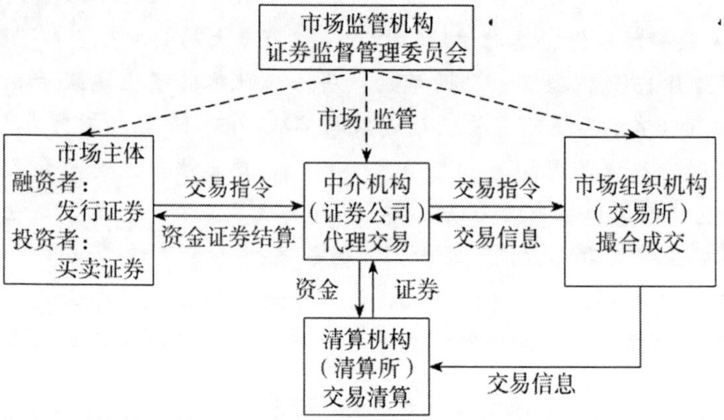


**图 7-1　金融（证券）市场组织结构**

（一）市场主体

金融市场的基本构成要素是市场主体、市场客体以及主体的有目的的活动。金融市场的主体包括资金的余缺双方、金融中介机构和监管者。

1. 企业

企业在生产经营过程中既可能形成暂时的闲置资金，也可能出现资金短缺。因此，企业可以作为资金的供给者或需求者出现在金融市场上，通过市场调剂资金余缺，从而保证经营的持续和实现收益最大化。当企业选择内源融资方式维持或扩大经营时，它们部分承担了金融市场和金融机构的功能。

2.个人

一方面，个人用其储蓄购买各类证券以获取投资收益，从而成为金融市场上直接融资的供给者；另一方面，个人储蓄存款也是金融市场上间接融资的重要资金来源。因此，个人主要是资金供给者。

3.金融机构

金融机构不仅作为资金的供求者直接参与市场交易，而且组织着金融市场上的间接融资，充当市场融资中介的角色。金融机构代理政府部门、企业和个人客户发行和买卖证券，为资金供求双方提供各种金融工具，并提供市场交易场所和服务。除充当金融中介之外，金融机构有时也直接参与投融资活动。

4.政府部门

中央银行既是市场监管者，又是资金供给者。中央银行作为政府的金融管理部门，必须根据国家经济发展目标，制定和执行特定的货币政策。中央银行的金融监控手段包括：制定相关政策法规，控制金融机构的信贷规模，规范其他市场主体的行为；通过公开市场业务，调节货币供应量。同时，中央银行作为银行的银行，负责货币的发行，并且是银行及各类非银行金融机构资金的最后融通者，因此，中央银行又是特殊的市场资金供给者。此外，政府机构为调节财政收支、保证经济发展目标的实现，也可以在金融市场上发行国库券和政府公债以筹措资金。因此，政府机构在金融市场上也可能以资金需求者的身份出现。

追求利润和规避风险是金融市场主体的两大目的。各类市场参与者对利润的追求，驱动着各种交易活动的持续进行，从而提供了金融市场运行的基本动力。资金供给者提供资金是为了获取利息和分红；资金需求者筹措资金，是为了赚取利息、红利之外的利润收入；金融中介机构提供各种金融服务，也是为了获得手续费或赚取利差收入。此外，政府部门参与金融市场业务不仅是为了财政融资的需要，而且还出于平抑波动和保持系统稳定的目的。

（二）市场客体

金融市场的客体即交易对象，通常是以具体金融工具的形式存在并被转让流通的金融资产。金融工具种类繁多，基本的金融工具包括股票、债券、外汇、存单、商业票据以及其他有价证券；衍生金融工具包括远期合约、互换、期权以及期货等。它们既满足了资金供求者在资金数量、期限和利率等多方面的不同需要，也形成了各种金融子市场。

（三）交易所

交易所是有组织的、规范的金融交易市场。其主要职能包括：提供证券交易的场所和设施；制定证券交易所的业务规则；接受上市申请，安排证券上市；组织、监督证券交易；对会员、上市公司进行监管；管理和公布市场信息等。

交易所具有专门的交易场所，投资者并不直接进入交易所进行交易。他们必须通过作为交易所会员的证券经纪商（证券公司）在交易所进行交易。传统的交易方式是由证券公司派驻交易所的交易员在交易所的交易大厅集中报价交易。随着现代计算机通信技术和网络技术的发展，许多交易所都采取了电子交易系统。投资者可通过电话委托、互联网委托等方式在全国或世界各地下达交易指令，通过证券公司与交易所的联网，在交易所的计算机上自动进行撮合交易。撮合交易的原则为“价格优先、时间优先”（报价价格最接近的先成交，价格相同的时间居前者先成交）。

主要从事股票和债券交易的交易所如纽约证券交易所、纳斯达克证券交易所、上海证券交易所和深圳证券交易所等。此外，还有期货、期权和外汇金融工具的专业交易所，如中国金融期货交易所、上海期货交易所、大连商品交易所等。

（四）清算机构

一个有效运行的市场既能履行金融产品创新和流通的职能，还必须提供在市场交易的完整性，即履行清算职能。因此，金融市场组织中还必须包括清算所等职能机构的设计。

有价证券被购买后，购买者在交易所或其他市场组织形式中，按确定的价格从以前的所有者那里获得有价证券的过程即为清算过程。清算所服务的会员包括证券经纪商、投资银行以及其他一些金融机构。清算所会员每天把各自的交易记录传送到清算所，由清算所负责审核所有交易的一致性，并对所有的交易进行净额清算，然后每个会员会收到一份所有需要交割和过户的证券净额以及需要付出和收进的金额清单。这样，每个会员单位每天只要结算一次，而不需要同所有交易方分别进行结算，就能完成交易的结算过程。

（五）金融中介机构

为了规范金融市场的交易秩序和便于对金融市场的管理，金融市场的融资者和投资者通常并不直接进行交易，而是通过金融中介机构进行交易。这些交易中介机构包括投资银行、证券公司等证券经纪商。它们接受投资者的交易委托指令，在交易所代理投资者进行证券交易，或者接受融资者的委托，公开或非公开地发行证券。作为证券经纪商，他们向投资者和融资者提供经纪中介服务和相关的信息服务，并收取相关的服务费用，而不承担交易的风险和享受交易的收益。

交易所和清算所通过证券经纪商与众多的投资者相联系，形成一种金字塔型的市场结构，有利于金融市场的组织管理、降低管理成本、提高市场效率。

（六）市场监管机构

金融市场的监管机构主要为国家授权的行政管理机构，负责对金融市场的监督管理。金融监管机构对于保障金融市场的规范有序运行、保证金融市场的公平和效率具有十分重要的意义。

金融监管有统一监管和分业监管两种模式。统一监管是由一个金融监管机构对所有的金融行业和金融市场进行监管。分业监管是指银行、证券和保险三大金融行业分别由专门的监管机构进行监管。我国目前实行的是分业监管，由中国银行业监督管理委员会、中国证券监督管理委员会和中国保险监督管理委员会分别对我国三大金融行业进行监管。

## 二、金融市场的功能

金融市场的功能，是指金融市场本身的机能以及对经济的能动作用。金融市场为经济提供了三种重要的服务：第一，它们促进了具有不同需求的经济单位之间所有权交易的进行，这主要是通过金融工具的创新和分配来实现的；第二，它们为金融所有权的交易提供了流动性，即使得金融工具具有转变为现金的相对便利性和时效性，从而使跨时间的购买力转移成为可能；第三，金融市场孕育了金融机构的发展，从而保证了金融交易的完整性和促进了金融系统运行效率的提高。上述三种基本功能可具体表述为：

### （一）资金融通功能

资金融通是金融市场最基本的功能。通过货币资金供需双方的融资，在时空上转移资源，实现总体经济中的余缺调剂，从而提高金融机构的经营效率和整个金融体系的配置效率。

### （二）风险管理功能

一方面，现代金融市场上可供投资者选择的金融工具和融资方式灵活多样，有利于分散和转移风险；另一方面，金融市场的运行又是以严格的法规为背景的，规范化运作本身也能起到防范和降低风险的作用。

### （三）支付与清算功能

提供有效率的支付系统，完成商品、服务和资产的交易，从而提高经济运行的整体效率。例如，从黄金到纸币，再到支票、信用卡和电子资金转移等纸币的替代性支付手段的发展，促进了效率的不断提高。

### （四）价格发现功能

金融市场上买方和卖方之间的互动决定了金融资产的收益率，这种由市场供求产生的价格，具有自行引导金融资产配置的作用。

### （五）财富积累功能

金融市场提供了众多金融工具和机制来帮助市场参与者筹措资金和聚集财富，如证券市场和银行。同时，市场也为势单力薄的经济主体提供了广泛参与的投资与收益机会。例如，股票市场为单个家庭提供参与大型企业投资的机会；共同基金将分散的小规模投资聚集起来获取大规模投资带来的收益。

### （六）提供信息和解决激励问题

金融市场所提供的价格信息，如股票价格和利率，不仅为金融市场的直接参与者提供决策依据，而且对社会公众的其他经济决策产生广泛的影响。

道德风险、逆向选择以及委托–代理问题，都会降低金融机构和金融市场配置资源和分散风险的激励，从而限制金融体系运行效率的改善。而应用于金融市场的信息披露制度、风险规避机制等能够缓解上述问题的不利影响。例如，贷款抵押制度就是在借款者违约拖欠时，放款者可以获得特定资产补偿，解决了与贷款有关的激励问题（例如银行惜贷）。又如，对企业管理者的薪酬设计同企业股票的市场价格变化挂钩时，管理者与股东之间的利益趋于一致，从而通过金融市场缓解了委托-代理问题。

（七）传递政策效应

金融市场上各种金融工具的发行与交易，实质上是通过市场利率的变动实现资金的自发重组与配置；资金的优化配置又促进了经济资源配置的效率改善。因此，金融市场也是中央银行实施货币政策的重要途径。中央银行通过公开市场业务的操作，吞吐基础货币，直接调控社会货币供应量。在金融市场体系发达的国家，金融市场已成为政府实施宏观政策、稳定经济和避免通货膨胀的主要渠道。

（八）推动经济一体化

金融市场上资金的转移有利于加强部门之间、区域之间和国家之间的经济联系，促进经济的开放式发展和全球化进程。

有效的金融市场对于实体经济维持一定的消费与增长水平具有显著的影响。一方面，金融市场提供了储蓄者让渡当期收入来获得未来更高消费的机会，同时，允许个人延迟当期消费和构建未来财富也鼓励了节俭。另一方面，金融市场提供了投资者稳定获取和更有效利用资源的机会。发达的金融市场意味着更多的资本、更高的产出和更高的消费水平，因而是一国发展经济不可或缺的部分。

## 第二节　金融市场结构

一个完整的金融市场是由许多具有不同功能的子市场所组成的。这些不同的子市场构成了一个国家金融市场的有机整体。这些子市场的不同组合方式构成了不同的金融市场结构，金融市场结构可以依据不同的分类标准进行研究。例如，按照交易对象的发行和流通，可将金融市场划分为一级市场和二级市场；按照融资期限，可将其分为货币市场与资本市场；按照交易对象，可将其分为股票市场、债券市场、外汇市场、金融衍生品市场以及拆借市场、票据贴现市场、可转让存单市场、黄金市场和保险市场等；按照交易的地域范围，可将其分为地方性金融市场、全国性金融市场、地区金融市场、国际金融市场和离岸金融市场；按照交易场所形态，可将其分为有形市场和无形市场；根据交割时间，还可分为金融现货市场和期货市场；按照政府对金融市场的管理程度，还可分为官方管制的金融市场、自由的金融市场以及金融黑市等。

### 一、一级市场与二级市场

各类市场参与主体因为各种交易对象的创新、流通和清算而进入金融市场。按照所承担具体职能的显著不同，金融市场可分为一级市场（又称初级市场或发行市场）与二级市场（又称次级市场或交易市场）两大基本形式，如图7-2所示。

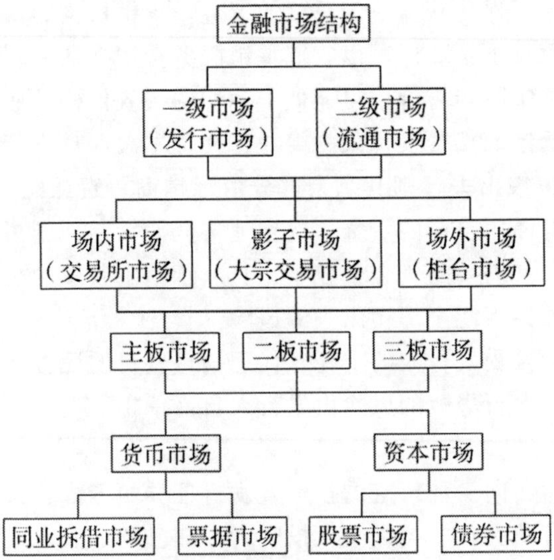


**图7-2　金融市场结构示意图**

（一）一级市场

一级市场为新证券的发行、包销及认购场所。其基本功能是创新金融工具，如普通股和优先股、债券、票据、抵押贷款和一系列货币市场工具，从而把资金从储蓄者直接转移到投资者，实现资金的余缺调剂。这个市场同时提供了市场参与者多种融资模式，包括公开发行与非公开发行等。

1.公开发行

公开发行，又称为公募发行，是指发行人通过中介机构向不特定的社会公众广泛地发售证券。在公开发行的情况下，所有合法的社会投资者都可以参加认购。为了保障广大投资者的利益，各国对公开发行都有严格的要求，如发行人要有较高的信用，并符合证券监管部门规定的各项发行条件，经批准后方可发行。采用公开方式发行证券的有利之处在于：①公开发行以众多的投资者为发行对象，筹集资金潜力大，适合于证券发行数量较多、筹资额较大的发行人；②公开发行投资者范围大，可避免囤积证券或被少数人操纵；③只有公开发行的证券方可申请在交易所上市，因此这种发行方式可增强证券的流动性，有利于提高发行人的社会信誉。然而，公开发行方式也存在某些缺点，如发行条件较高、过程比较复杂、登记核准所需时间较长、发行费用也较高等。

首次公开发行常采取证券承销的方式。承销机构传统上是投资银行，在大型公开发行的情况下为投资银团。在我国，承销商为开展投资银行业务的综合类证券公司。根据委托程度及承销商承担责任的差异，承销可分为全额包销、余额包销和代销三种方式。

全额包销是指承销商接受发行人的全权委托，承担本次发行的全部有价证券的销售责任。在多数情况下，承销机构承诺买下发行企业的全部待售证券，这些证券的价格和促进交易的服务费用可以通过谈判或竞标来确定。一旦单位证券的价格确定了，发行企业就可以保证获得一定总额的资金。承销机构通常能以更高的价格转售这些有价证券，而且承销商还可以收取承销服务费用来获取利润；同时，承销商也要承担风险，因为实际转售价格可能低于他们的买入价格从而造成损失。

余额包销是指承销商接受发行人的委托，代理本次证券发行，如果在规定的时间内证券没有完全销售出去，则其剩余部分由承销商负责认购。与全额包销相比，余额包销不需要承销商用自己的资金一次性地将全部承销证券买下，而只在销售有剩余证券时才买下，其需要的资金量较小，其从承销中获取的盈利也相应较小。但它们都面临承销的证券不能全部卖出去的风险。

代销就是承销商接受发行人的委托，代理销售发行的证券，只收取佣金而不承担发行失败的风险。发行失败的风险由发行人自己承担。

2.非公开发行

非公开发行是指面向少数特定的投资人发行证券的方式，又称为私募发行。私募发行的对象大致有两类：一类是个人投资者，如公司老股东或发行机构自己的员工；另一类是机构投资者，如大的金融机构或与发行人有密切往来关系的企业等。私募发行有确定的投资人，发行手续简单，可以节省发行时间和费用。非公开发行的一个主要缺陷在于，通过这种模式发行的证券流动性受到限制。在美国，私募证券的购买者在购买证券后两年内不能把证券再卖出去。作为对流动性不足的补偿，投资者通常会对私募证券要求更高的收益率，结果增加了私募发行的成本。

公开发行和私募发行各有优劣，一般来说，公开发行是证券发行中最基本、最常用的方式。然而在西方成熟的证券市场中，随着养老基金、共同基金和保险公司等机构投资者的迅速增长，私募发行近年来呈现出逐渐增长的趋势。

（二）二级市场

二级市场为金融资产的流通市场，是已发行证券转让交易的场所。有价证券如果不能流通，将极大地影响其价值和功能的实现。二级市场的职能或者直接通过金融市场履行，或者间接通过各种类型的金融机构的中介作用来完成。

二级市场的证券交易只改变证券的所有权，并不增加市场融资量，但它赋予证券的流动性。二级市场通过有序的交易和对一级市场中新发行资产的卖出获得流动性，其活跃程度影响一级市场上发行者和购买者的信心，从而影响一级市场证券的发行和市场的融资量。此外，二级市场还使众多证券的买主和卖主聚集在一起，降低了搜寻成本。这个市场上的交易频繁、数额巨大，使得交易成本能够保持在较低的水平上。

各国的二级市场普遍受到证券法律和政府监管机构的约束。管制的基本目标是维持并改善市场效率，即促进市场参与者获得充分的信息，并且促使他们的代理人合乎职业道德和专业标准。因此，管制的实施就是要阻止复杂市场中可能发生的各类不当行为，包括欺诈、非法内幕交易、非授权交易、非法引诱以及过度买卖等。

## 二、场内市场、场外市场和影子市场

根据交易场所的差别可以将金融市场划分为场内市场、场外市场和所谓的“影子市场”。

### （一）场内市场

场内市场又称为交易所市场。许多交易所中的交易都是连续进行的，即在整个交易日，随着买方和卖方的下单，交易的达成和价格的确定连续进行。因此，在一个连续的市场中，价格的变化可能是由指令的变化而引起的，而不是由供求这一基本关系的变化引起的。与连续型市场相对应的交易机制是拍卖型市场。在拍卖型市场中，集中起来的委托单按照价格高低被同时执行。通常，在交易日的某些时间（可能是一天中多次），做市商举行股票拍卖，以确定交易日中某一特定时间市场清算的固定价格。20世纪80年代中期之前，巴黎证券交易所是一个拍卖型市场，之后转变成为连续型市场。此前，一些市场因同时具备连续型和拍卖型特征，故属于混合型市场。例如，纽约股票交易所以公开拍卖开盘，以此确定开盘价，然后交易连续进行直至闭市。

交易所的一个最重要职能就是提供持续性的市场价格，能够让证券经纪商或其他机构以与先前交易价格接近或相似的价格买入或卖出有价证券。基于此，在新证券的发行中，交易所的证券价格常常被作为参照价格。

### （二）场外市场

场外市场又称柜台交易，即证券经纪商通常在他们办公室的柜台上完成证券交易手续的市场。事实上，支撑场外交易市场的是一个直接连接证券经纪商和客户的电话或数字通信网络。

场外交易市场的出现与发展是二级市场中可获得交易工具不断增加的结果。在全国性的有组织的交易所里，只有一些发行量足够大的证券才被允许上市，于是，场外交易市场因为满足了不符合在交易所挂牌交易条件的证券的交易需要，因此直接参与了上市证券交易的竞争。同时，由于交易管制要求交易所的所有会员必须通过交易所以较高的固定佣金比率来进行上市证券交易，这使得大的证券经纪商难以获得规模经济，于是，一些非交易所会员的证券经纪商开始寻求以更低的佣金进行证券交易的非交易所体系的市场。1975年5月，美国固定佣金制度被废除，场外交易市场进而为上市和非上市股票，尤其是为债券提供了更多的交易机会。今天，交易所里可获得的几乎任何一种有价证券都可以在场外交易市场上购得。场外交易市场上的报价通常较交易所报价更具有竞争力。

### （三）影子市场

影子市场，是同交易所和场外交易市场平行运行的二级市场的另一个组成部分。其显著特征之一是，其参与者为机构投资者和进行巨额交易的证券交易商。巨额交易如果通过交易所或场外交易系统来完成，会导致价格严重扭曲，而如果放在影子市场中进行，就不会对市场价格产生显著影响。影子市场的另一个特征是，买卖双方直接交易，经常进行价格谈判。影子市场的形成，能为一些市场参与者节省交易成本。这是因为：一方面，交易是熟练的批发投资者之间的大宗交易，交易对象的单位成本较低；另一方面，其他类似市场中提供给投资者的许多服务，如研究、建议等，对影子市场中的专业参与者而言是不必要的，他们可以避免与不需要的服务和与小额客户相关的成本。

### 三、主板市场与二板市场

如果将按照传统程序在证券交易所挂牌上市的股票的交易市场称为主板市场，那么，所谓二板市场，就是指那些在发行之初无法满足在证券交易所登记上市条件的高成长性股票，通过经纪人在交易所以外的电子交易系统中买卖而形成的证券市场。这个市场采取类似于证券交易所的管理机制，也被称为创业板市场。比较著名的二板市场如美国的纳斯达克（NASDAQ）市场、中国香港的创业板市场、欧洲的艾斯达克（EASDAQ）市场。

二板市场除了交易对象的发行资信程度较低外，它在本质上与主板市场并无区别。同其他场外交易市场相比，不同之处主要在于：

第一，二板市场上交易的股票一定是在最初发行时不能满足在证券交易所挂牌上市条件者，随后可能由于其发行者的资信条件改变而被交易所接纳。通常的场外交易对象是在主板市场正式上市或完全非上市证券。

第二，在二板市场上交易的股票也必须通过一定的资格审查，实行挂牌交易制度和“退市摘牌”制度。这种上市资格管理制度与传统场内主板市场一致，而同一般的场外交易市场根本不同。

第三，二板市场虽然也是以一个电子交易系统为支撑，但交易必须通过有资格的经纪人完成，在组织管理上与场内交易更相似，而通常的场外交易市场在组织上不如二板市场严格。

第四，二板市场上交易的股票的显著特征是具有高成长性，尤其是一些有发展前景，但尚不具备在传统证券交易所上市资格的高科技中小企业股票。二板市场主要是为中小企业的成长提供了直接融资的途径，而一般的场外交易市场通常并无这样的明确定位。

### 四、货币市场与资本市场

根据交易的金融工具的期限长短，金融市场可以划分为货币市场与资本市场。

#### （一）货币市场

货币市场是进行短期资金融通的市场，其交易工具通常是期限为1年及1年以内的票据和有价证券。货币市场能够以较低的成本，促使经济中短期的过剩或赤字达到平衡。

1.货币市场工具的共同特征

货币市场并不仅仅是一个单一市场，而是按照不同的交易对象被细分而又紧密联系的一系列市场。在货币市场上交易的工具具备一些共同特征，如：

（1）都是债务契约。

（2）收益较低。

（3）期限较短。

（4）安全性高。其主要原因在于：首先，由于在短期内导致金融工具价格波动的因素（如债务人的经营状况以及偿债能力、经济增长速度、通货膨胀率、就业率、利率等）具有一定的稳定性，因此货币市场价格波动的范围较小，投资者形成资本损失的可能性较低，在短期内各种导致市场价格波动的因素发生的频率较小，因而市场价格表现得相对平稳；其次，发行债务工具的借款人通常是政府机构、中央银行、大型商业银行、业绩良好的非银行金融机构和其他大型企业，它们一般具有良好的信用状况。

（5）流动性高，交易工具具有准货币的性质。

（6）具有批发性特征，交易工具通常以大额的方式发行。

（7）无形性。随着现代通信技术的进步，需要在货币市场上交易的合法机构只需具备一定的网络通信设施（如一部电话），就可以在最偏远的地区参与市场交易，没有特定场所和地理位置的要求。

无形性和高度的流动性，促进了当今货币市场全球一体化的发展趋势。

2.货币市场的主要参与者

货币市场的主要参与者是机构参与者和专业交易人员。机构参与者包括中央银行、商业银行、证券公司、保险公司、基金管理公司、非金融企业和个人投资者以及政府部门。由于货币市场交易对象的特殊性，对专业交易人员的资信程度和交易经验等均有着严格的限制，因此，个人通常无法直接获得货币市场的交易资格，而是受托于证券经纪人、证券交易商和承销商等有交易资格的机构参与者从事货币市场交易活动。

中央银行参与货币市场并非出于营利目的，而是通过公开市场业务，调节货币总量和利率水平，以实现特定的货币政策，调控宏观经济运行。所谓公开市场业务，即中央银行在金融市场（通常是二级市场）上公开出售或购入一些金融工具，从而调节基础货币总量的行为。狭义的公开市场业务是指中央银行在市场上交易国库券和其他政府债券的行为；而广义的公开市场业务还包括中央银行在黄金和外汇市场上的交易行为。由于中央银行作为货币管理当局，通过货币市场的交易活动频繁且交易规模较大，从而对各种金融工具的价格、收益率、利率均会产生重要影响，因此，公开市场业务的内容往往被作为预期市场走向的重要依据。

商业银行参与货币市场交易的主要目的是管理头寸。所谓头寸，是指在某一时点上商业银行可以运营的资金量，一般以天计，即头寸的多少取决于前一天增加的资金与到期金融资产之间的差额。银行持有的头寸过多会降低盈利率，过少又会影响经营的正常进行，因此，通过在货币市场上售出或买入借贷合同和短期证券等工具，商业银行可以将头寸保持在适度的规模上。由于商业银行在货币市场上交易频繁且交易数量较大，因此，它们是货币市场的参与大户。

非银行金融机构，包括证券、保险、基金管理公司等，其参与货币市场交易的主要目的在于增强流动性、降低风险，实现最佳投资组合。

不专门从事金融中介业务的工商企业，其参与货币市场交易的目的是调整流动性资产的比重和取得短期投资收益。非金融性企业可能产生大量的短期闲置资金，需要在货币市场上寻求流动性高且收益性不低于银行存款利率的金融工具。个人投资者将余钱投资于货币市场工具，是为了获得可观的利息收入但又不承担很大的风险，但他们同非金融企业一样，通常并不直接参与货币市场的交易，而是通过金融中介机构进行交易。

政府机构（既可以是中央政府，也可以是地方政府，还可能是国外政府）参与货币市场的主要目的是筹集资金以弥补财政赤字，因此，它是货币市场中的资金需求者。政府管理其债务的一个基本原则是保证政府债券以尽可能低的成本顺利发行。由于资本市场的利率走势具有较高的不确定性，难以保证较低的发行成本，因此，货币市场成为政府筹措资金（尤其是短期资金）的首选。同时，政府所发行的债券是货币市场上的重要金融工具，尤其是直接为中央银行的公开市场业务提供了操作工具，其发行规模越大，政府参与货币市场的程度就越高，对市场的影响力就越大。

专业交易员包括证券经纪人、证券交易商和承销商等，他们是具有专业资格的货币市场参与者，一般是就职于证券公司和投资银行的交易人员，接受客户委托进行证券发行与交易，也可以直接进行交易。专业交易员的目的是通过各种交易活动取得代理佣金和差价收入，其收入高低取决于市场交易的规模、可交易工具的品种、价格变化的幅度以及对市场行情预测的准确性等因素。

3.主要的子货币市场

最常见的子货币市场工具包括短期国库券、同业拆借资金、各种可贴现票据、可转让存单以及回购协议等，它们分别形成具体的子货币市场。

（1）短期国库券市场。短期国库券是由中央政府财政部发行的期限在1年及1年以内的短期政府债券。它是一种零息票债券，以贴现方式发行，即其发行价低于面值，售价与面额之差就是国库券的贴现利息。国库券的市场发行需要通过专门的机构进行，其交易主体包括承销商、商业银行、非银行金融机构、企业与个人投资者以及中央银行。短期债券在政府债券中所占比例较小，但由于国库券是以国家信誉为保证的债券，与其他同期限的金融工具相比具有风险性最低、流动性最高的特点，因此，它常被作为测算其他有价证券价值和风险程度的参照依据，其利率也是其他金融工具市场利率变动的基础。对整个国民经济而言，国库券发行市场最重要的功能是市场利率发现。

（2）同业拆借市场。同业拆借是指在各类金融机构之间所进行的短期资金拆借活动。同业拆借市场是货币市场最主要的组成部分，参与主体是银行和非银行金融机构。金融机构在其日常经营活动中经常会出现头寸不足或盈余，因此，需要通过频繁的资金短期融通来保持合适的头寸规模。其中，银行间同业拆借的一个重要内容是调剂准备金额度，在满足法定的存款准备金比率的同时，将不产生利息收入的准备金存款额压到最低程度，从而最大程度地降低银行的运营成本。

同业拆借交易既可以由借贷双方直接进行，也可以通过经纪人进行。拆借期限较短，多数为隔夜或一周，也有3个月、6个月、9个月和12个月的期限；拆借金额一般较大，具有批发性质；手续简便，借贷双方一般不签订贷款协议，借款人也无须缴纳抵押品；拆借利息变动频繁，一般由拆借双方参照某一同业拆借市场利率确定。

国际间大型银行之间的大额资金拆借，往往以伦敦银行间同业拆借市场利率为基础。伦敦银行间同业拆借利率是根据伦敦金融市场上的12家主要银行在营业日当天所报出的银行间拆借利率所确定的整个伦敦同业拆借市场的基准利率。

一般而言，同业拆借利率决定了银行获得资金的基本成本，因此，它被视为整个金融市场的基准利率，并可成为中央银行控制货币供应量以干预经济的重要操作手段。

(3) 票据市场。票据是指具有法定票面形式的，表明债权债务关系的有价凭证。它是期限在1年以内的贴现式的短期债券，主要包括本票和汇票两种。

本票是债务人向债权人保证在约定时间向其指定人或持票人无条件支付一定金额的书面承诺。由银行为出票人的本票为银行本票；而其发行人为非银行企业的称为商业本票。商业本票的发行人通常是信用等级较高的大型企业，且商业本票期限较短，因此，此类工具具有风险低、流动性好和收益高等特点。

汇票是债权人向债务人签发的，要求按照约定时间，向其指定人或持票人无条件支付一定金额的书面指令。经过承兑的汇票称为承兑汇票。所谓承兑，即汇票的付款人在汇票上签字表示同意按出票人的指令到期办理付款的行为。承兑人为个人或工商企业的汇票称为商业承兑汇票；承兑人为银行的汇票称为银行承兑汇票。银行承兑汇票不仅期限短，而且由银行信用予以保证，因此是一种常用的风险性低、流动性强、收益率高的短期金融工具。

(4) 大额可转让定期存单市场。大额可转让定期存单（CD），是由商业银行发行的、可在市场上转让的存款凭据。第一张大额可转让定期存单是美国花旗银行于1961年发行的，当时主要是为了绕过《美国银行法》有关活期存款禁止支付利息和对定期存款规定利率上限的管制条例，以便在市场利率上涨的情况下，扭转银行存款减少的不利局面。

大额可转让存单期限较短，一般为14天至1年；面额较高；不记名，可自由转让；其利息在浮动利率下每半年支付1次，固定利率下于到期日按票面利率支付。

大额可转让存单的发行可采取批发和零售两种形式。批发发行是指发行银行将要发行存单的总额、利率、期限、面额等信息预先公布，等候机构投资者认购；而零售发行是指发行银行根据特定投资者所需要的时间，经双方协定总额、利率、期限、面额而发行可转让存单。

大额可转让存单的交易以机构投资者为主，市场上进行交易的通常是数量有限的专业交易商。商业银行和其他金融机构往往将大额可转让存单作为储备资产，在需要资金的时候可以通过订立回购协议向中央银行或其他金融机构取得融资。

（5）回购协议市场。回购协议是卖方在卖出某种金融资产时与买方约定在未来某一时间按照规定的条件再将该资产买进的合约。

回购协议是由于某种金融工具的交易而产生的协议，本身并不能单独作为一种金融工具而被交易。它实际上是一种有抵押的短期借款，期限一般是隔夜至7天以内；如果超过30天，则为定期回购。回购协议交易的对象一般是货币市场上流通量较大、风险性较低的金融工具，如国库券、可转让存单等。回购价格一般与出售价格一致，借款方则按照回购协议市场的利率支付利息。由于回购协议所依托的短期资产具有低信贷风险的特征，加上协议对未来回购该资产有期限、价格等方面的明确规定，不确定性较低，因此，其利率一般低于同期限非回购协议方式的同业拆借利率。

回购协议被认为是20世纪货币市场最重要的金融创新活动，它显著地增强了各种既有金融工具的流动性和资产组合的灵活性。近年来，回购协议已经成为国际上银行间同业拆借的主要方式。

（二）资本市场

资本市场即进行期限通常在1年以上的中长期有价证券交易的直接融资市场。资本市场上的交易工具具有收益率较高但流动性和安全性较差等特征，往往具有长期投资的性质。

资本市场的参与者包括政府、各种金融机构和个人投资者，其长期投资风险主要由投资者自己而不是由金融中介机构承担。

资本市场上的金融工具主要是一些直接融资工具，包括各种期限较长的证券，最主要的如股票和债券，其他的还包括浮动利率票据和抵押贷款契约，以及在股票债券等原生工具基础上衍生出来的许多新的金融工具等。

1.股票市场

股票市场是以股票作为交易对象的长期资金市场。股票是一种无期限的投资工具，投资者购买了股票后不能退股，只能通过转让股票收回投资。这种无期限性使公司具有一笔稳定的自有资本。发行股票融资是企业以较低的成本和风险筹集长期资金的重要方式。由于股票发行后不能退股只能转让，因此，股票市场不仅是股票发行企业筹集资金的场所，也是股票投资者购买股票和转让股票的流通场所。由于股票持有者不仅可以从股票转让中获得价差收益，而且在股票持有期间还享有获取分配的股利收益和参与公司经营决策等利益。因此，股票市场不仅是一个融资和投资场所，也是进行资本购并、资产重组的场所。由于证券监管机构对上市公司的信息披露具有较为严格的要求，同时股票价格的变动在一定程度上反映了上市公司经营状况和未来发展预期，因此，股票市场也是投资者了解上市公司，股东特别是小股东监督经营者、行使其监督权和投票权的场所（他们通过买进或卖出某个公司的股票，“用脚投票”）。因此，股票市场不仅是一个融资和投资的场所，而且是股份制这种企业制度有效运作的基础。

股票市场上的参与者主要有：①股票发行者，即向公众募集资金的上市股份公司；②投资者，股票的购买者和转让者；③股票交易所，股票市场的组织者，负责提供交易场所、制定交易规则、实施交易管理、提供交易清算服务等；④股票发行中介，主要是为股票发行提供服务的投资银行或证券公司；⑤有资格进入证券交易所的经纪人、证券自营商、零股交易商（接受经纪人委托，专门处理不足一个成交单位的股票交易的证券商）和其他特许人员（如负责协调各交易所之间买卖交易的特别会员，向经纪人提供买价与卖价、拥有证券行情喊价权和经办证券买卖的专业人员）；⑥参与上市和非上市证券场外股票交易的金融机构等。

目前，几乎所有的市场经济国家都有自己的股票市场。最主要的国际性股票市场有美国纽约股票交易所（NYSE）、美国证券交易所（AMEX）、伦敦证券交易所、东京证券交易所（TSE）等。我国的股票交易所目前有上海证券交易所和深圳证券交易所，上证指数2000年1月至2012年1月收盘指数与市盈波动如图7-3所示。

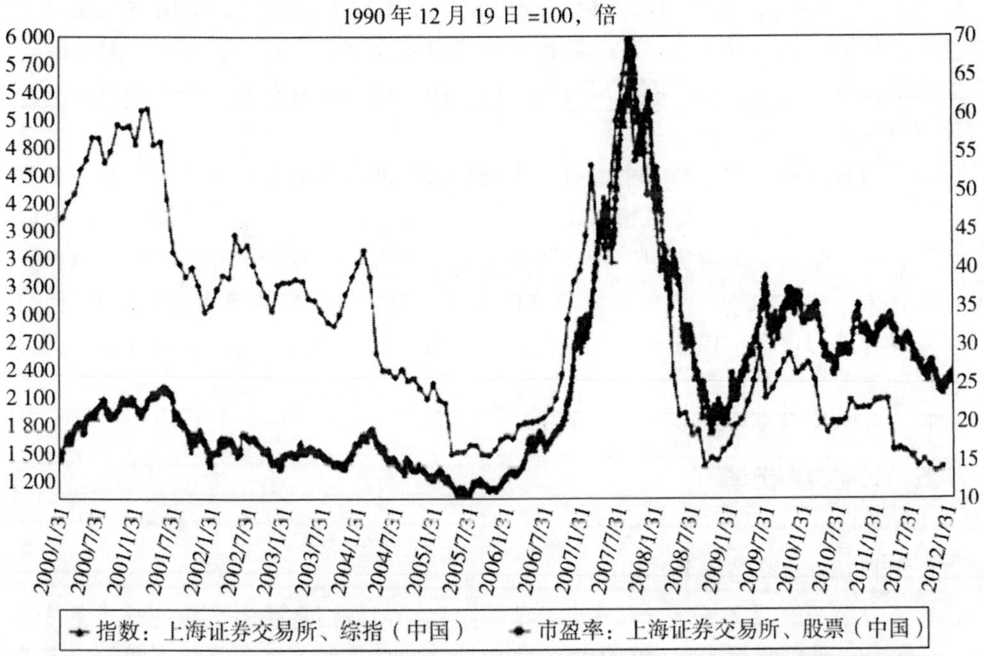


图7-3 上证指数2000年1月至2012年1月收盘指数与市盈率

2. 债券市场

债券市场，是以中长期债券作为交易对象的长期资金市场。债券的发行人既可以是企业，也可以是政府，还可以是非企业的社团机构。通常按照发行主体分为公司债券和政府债券。

公司债券又称企业债券，由企业按照法定程序发行，其特点是收益率较高（通常高于政府债券和金融债券）、风险较大、期限较长、利息收入要纳税。20世纪80

年代，公司债券在我国开始出现，最初是以集资的形式，后来逐步规范化。公司债券一般是到期支付本息，且政府对公司债券的发行数量实行指标管理，并规定此类债券的用途主要是解决企业流动资金不足，同时对其利率有上限规定。金融债券是各类金融机构按照国家有关证券法律和证券发行程序，凭借自身信誉向社会公开发行的一种特殊的企业债券。由于金融机构的货币资金经营活动与一般的生产服务型企业有着显著差别，有时将它们单列，各国对于金融债券的发行都规定有特殊的条件和发行程序。金融债券的利率通常高于一般企业债券，但低于国债。

政府债券是政府为筹集资金，根据信用原则以承担还本付息责任为前提发行的债务凭证。政府债券利率一般较其他债券低，但其债务以财政收入为担保，风险性也最低；各国政府通常对中央政府发行的债券免征利息所得税，因此其实际收益并不像名义利率那么低；同时，政府债券在二级市场上容易转手，流动性极强，因此，最能够被市场和其他债权人接受作为担保品和抵押品。其中，中央政府债券又称为国债，主要由中央政府用于弥补国家财政赤字或进行公共投资，其发行以国家财政收入为担保。期限在1年以内的中央政府债券为短期国债；1～10年之间为中期国债；10年以上为长期国债。地方政府债券被简称为地方债，是地方政府为了当地经济发展、公共设施建设或弥补地方政府财政赤字而发行的，以地方财政收入为担保的债券。此外，由政府所属机构、公共团体或与政府有直接关系的企业发行的债券被称为政府机构债券。

长期债券市场上的参与者主要有：①发行人，即债券的发行者，可以是中央政府、地方政府、企业、金融机构以及社会团体；②投资者，即债券的购买者，可以是政府机构、企业、金融机构、社会团体或者自然人；③发行中介，主要是以投资银行为代表的金融机构，还包括债券签证人（一般为信托机构或商业银行）、债券保证人以及信用评级机构等；④证券交易所内的经纪人和自营商；⑤场外债券交易的各自独立的金融机构等。

我国各类债券发行额变动如图7-4所示。

## 五、其他金融市场

### （一）外汇市场

#### 1.外汇市场的定义及主要功能

外汇市场是外汇交易参与者从事外汇买卖和调剂外汇余缺的交易场所或交易网络。外汇是以外国货币表示的在国际结算中被普遍接受的支付手段。不同的货币之间存在一个比价，这是外汇市场交易得以进行的前提。用一国货币表示的另一国货币的价格称为汇率。

外汇市场有广义与狭义之分。狭义的外汇市场是指通常所称的外汇批发市场，即银行间的外汇买卖市场，具体包括：同一市场各银行间的外汇交易；不同市场各银行间的外汇交易；中央银行与外汇指定银行之间的交易以及各国中央银行之间的交易。广义的外汇市场除了包括批发市场外，还包括外汇零售市场，即银行与一般顾客之间的外汇买卖市场。如图7–5所示。

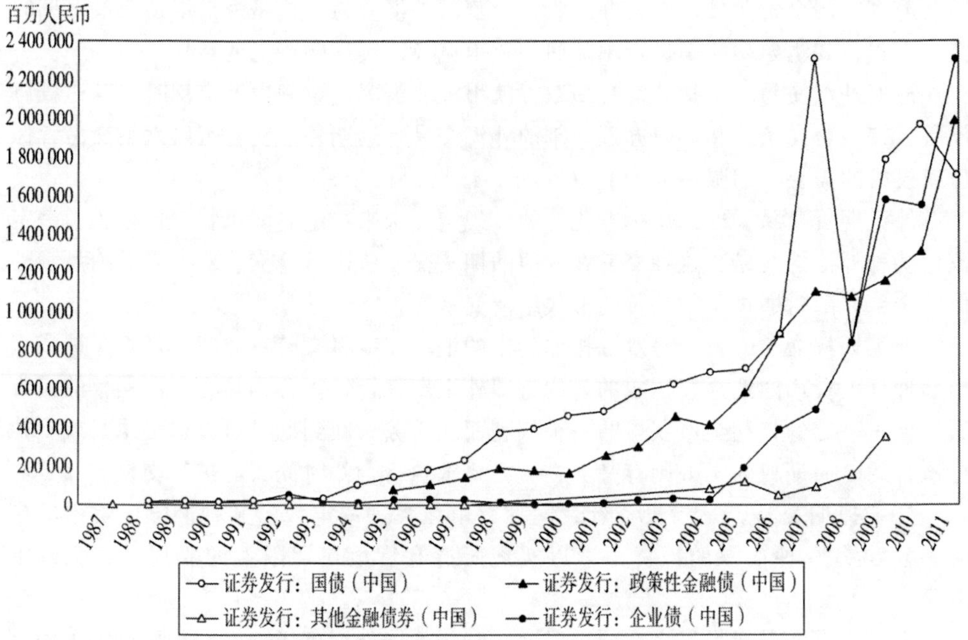


图7–4　我国各类债券发行额变动

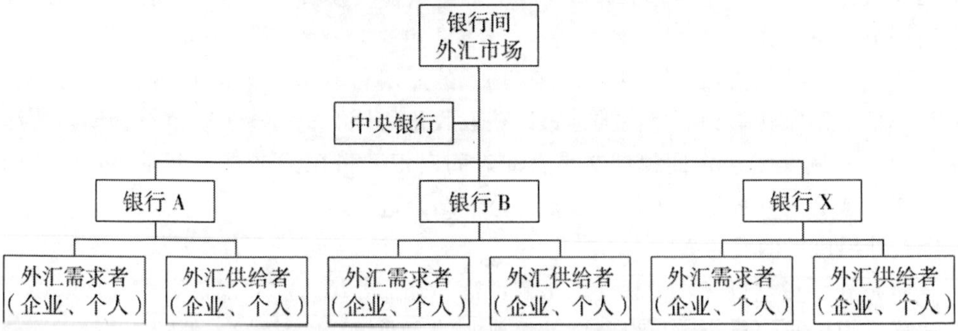


图7–5　外汇市场结构示意图

外汇市场产生的原因包括：因国际贸易而带来的国际间商品与劳务价格支付；由于国际借贷而产生的国际间资本的流动；国际清偿和国际货币支付需要；随着各国外汇管制的放松而增加的国际货币流动。其主要功能可被归结为：形成外汇汇率；实现购买力的国际转移；降低外汇风险；提供借贷融通；便利跨国支付；形成国际金融活动枢纽；传递外汇资金运动信息。

2.外汇交易的主要方式

外汇交易的方式主要有货币兑换业务、即期外汇交易、远期外汇交易、套汇交易、套利交易、外汇期货交易、外汇互换交易和外汇期权交易等。

货币兑换业务，是指顾客与外汇经营银行之间就不同币种、按一定汇率所进行的兑换业务。

即期外汇交易，又称现汇交易，是指交易双方以当天的外汇市场价格成交，立即（最多在两个营业日以内）办理收付交割的外汇交易。这是外汇市场上最常见的交易方式，其主要功能是进行国际间的货币兑换，实现购买力的转移。

远期外汇交易，是指外汇交易双方就币种、汇率、金额以及交割时间等达成协议后，按照合同条款和期限办理交割的外汇交易。远期外汇交易可以满足交易者保值或投机的需要，期限一般为1～6个月，最长为12个月。

外汇期货交易，即采用标准化合约，规定在未来特定时间以特定价格买卖一定数量某种外汇的交易，这种交易在专门的期货交易所进行，交易双方需缴纳足额的保证金，并随时通过了结差价的形式结清交易。

外汇期权交易，是交易双方按照约定的汇率，就将来某一时间点是否买进或卖出某种外汇资产的选择权达成的合约，即外汇期权合约。合约持有人即期权的买方通过支付一定的权利金所获得的一种权利而非义务，在到期日可以选择执行或不执行该合约；而期权的卖方则有义务在买方要求执行合约时同买方进行交易。

外汇掉期交易，是指投资者就同种货币在买进一定数量某种期限该货币的同时，卖出另一种期限的该货币，以实现所持有货币在期限上的变化，避免外汇风险。

套汇交易，是指投机者在同一时间，利用不同外汇市场、不同货币种类或不同交割期限在汇率上的差异，低买高卖谋取套汇收益（投机）的外汇交易。套汇具有自动调节汇率的作用。

套利交易，是指当不同国家金融市场上的短期利率存在偏差时，投资者将资金从利率低的国家转移到利率高的国家以获取收益的外汇交易。为防范投资期间的汇率风险，套利交易通常同掉期交易（即时间套汇，指在买进或卖出即期外汇的同时，卖出或买进同种远期外汇，以期保值）结合进行。

3.外汇市场的参与者

（1）外汇经营机构，包括外汇指定银行和外汇经纪人。外汇指定银行是根据相关法规，由中央银行指定可以经营外汇业务的商业银行和其他金融机构，包括：外国银行在本国的分支机构；本国的外汇专业银行和兼营外汇业务的本国银行；经营外汇业务的信托公司、财务公司等其他金融机构。外汇指定银行是外汇市场上最重要的参与者，不仅充当外汇买卖、资金融通和代客交易的中介，还从事自营外汇买卖或直接与客户进行交易。外汇指定银行进行外汇交易活动调整外汇头寸，使外汇存货合乎安全性、流动性和收益性等经营原则。外汇经纪人主要是指凭借自身的专业知识和与各个外汇指定银行的密切联系，促成外汇交易并从中收取佣金的专业人士与机构。他们不一定以自己的外汇资产进行买卖并承担损益。

（2）外汇市场上的最初供求者。外汇的最初供给者包括进行商品或劳务出口贸易的外汇收入者、有投资收益或接受外国援助或贷款的企业或个人；外汇的最初需求者包括有商品或劳务进口的外汇支出者和国际投资者等。其中，跨国公司和专业进出口商出于国际贸易结算、调剂外汇余缺以及规避汇率风险的需要，在外汇市场上频繁地从事外汇买卖活动。

（3）外汇投机者。外汇投机者是指按照自己对汇率走势的判断，进行买入（做多）或卖出（做空）的外汇交易，赚取汇率差价的企业或个人。

（4）中央银行。一方面，中央银行通过在外汇市场上的外汇买卖调剂外汇储备量，从而影响外汇汇率，保持本币汇率稳定，实现既定的外汇政策目标；另一方面，中央银行对外汇市场实施监管，保证市场运行的规范化和稳定性。

4.外汇市场的交易对象

外汇市场上的交易对象包括可兑换的外国货币、外币有价证券、外币支付凭证和外币存款凭证等。

（1）可兑换的外国货币。实际操作中，国际上所普遍接受并可以自由兑换为其他货币的外国币种是有限的，目前主要包括美元、英镑、加拿大元、欧元、澳大利亚元、瑞典克朗、瑞士法郎、日元和港币等。其他一些在1999年欧元区成立之前在国际货币市场上广泛流通的欧洲国家货币，如德国马克、法国法郎、荷兰盾、挪威克朗、意大利里拉、西班牙比塞塔、比利时法郎、卢森堡法郎、葡萄牙埃斯库多、芬兰马克、爱尔兰镑以及希腊德拉马克等12种货币已被欧元取代，已退出国际货币市场不再流通。

（2）外币有价证券，是以上述可兑换货币计值的政府债券、公司债券、股票等。

（3）外币支付凭证，是指以上述可兑换货币计值的汇票、本票和支票等。

（4）外币存款凭证，是指以上述可兑换货币计值的银行存款单、邮政储蓄凭证等。

5.主要外汇市场

著名的国际性外汇市场包括伦敦外汇市场、纽约外汇市场、巴黎外汇市场、东京外汇市场和中国香港外汇市场等。1985年2月，深圳成立全国第一家外汇调剂中心，这是我国外汇市场的雏形，但其主要功能是满足外汇留成、上缴和额度管理的需要。1994年4月，中国外汇交易中心在上海正式成立并投入运营。尽管它仅仅还是一个以银行为主体的同业拆借市场，尚不能提供自由的外汇交易服务，但毕竟标志着规范统一的全国性外汇市场开始在我国建立。

（二）离岸金融市场

1.离岸金融市场的含义

离岸金融市场，又称境外市场，是指在一个国家和地区设立金融设施，专门经营非居民（包括外国投资者、外国筹资者和借款人）之间使用外国货币开展融资业务的国际金融市场。所谓居民，是指在主权国家内居住的本国及外国的自然人和法人；而非居民则是指在一主权国家境外居住和营业的自然人和法人。从理论上讲，非居民之间使用外国货币进行的交易活动对本国外汇市场和本国经济不会产生影响。因此，第二次世界大战以后，各国对本国金融市场普遍实行严格的管制，从而也导致了一种旨在规避管制措施的新型金融活动的诞生，这就是以欧洲美元为核心的离岸金融交易。今天，离岸金融市场已经发展成为国际金融市场中最活跃的组成部分。

离岸金融市场的概念强调了其法律含义，从该市场上的基本交易对象出发，离岸金融市场通常被称为欧洲货币市场。所谓欧洲美元（Eurdollar），是指存放在美国境外银行的美元存款或从这些银行借入的美元贷款。由于这种境外美元存贷活动最初发生于欧洲，故此得名。事实上，“欧洲”一词在此并不具有地理意义，而是一个约定俗成的概念，泛指在一国国境以外进行该国货币的借贷行为，并且不受该国当局管制。相应地，也有欧洲货币元、欧洲欧元、欧洲瑞士法郎、欧洲日元等。

2.离岸金融市场的特点

相对于传统的受东道国法规约束的金融中心而言，离岸金融市场的特殊性，在于它们是在一国国境内从事外汇金融活动，但却不受该国金融法规管制。其突出特点可具体描述为：

（1）该市场基本不受东道国当局的金融法规，包括外汇管制措施的约束。

（2）该市场以经营非居民的各种融资业务为主，不对本国居民开放。

（3）市场上流通的是外国货币及以外币计价的金融工具，不涉及本国货币的借贷。

（4）该市场具有相对独立的利率体系，不受所在国利率水平的限制，离岸市场之间的同种货币存在利率趋同的趋势。

（5）市场上使用多种货币，从而提供种类众多的全球性交易服务。

3.离岸金融市场的业务

欧洲货币市场是一个资金借贷市场，既包括货币市场业务也包括资本市场业务，主要业务形式有欧洲银行短期信贷、国际银团贷款、欧洲债券、欧洲票据发行便利以及货币互换、利率互换、远期利率协议和近年新兴的欧洲股票等。

（1）欧洲银行短期信贷，是欧洲货币市场上规模最大的基础性业务，主要在银行同业间进行，具有批发性质，期限短（通常在1年以内，以1~90天居多）。

（2）国际银团贷款，又称欧洲银行中长期信贷贷款，期限在1~3年、5年、7年或10年不等，其特点是成本较低，但贷款金额一般不超过1亿美元。

（3）欧洲债券，是借款人在债券票面货币发行国以外的国家或在该国的离岸金融中心发行的债券。欧洲债券的发行人通常是工商企业、政府机构和国际组织，期限多为3~5年，最长可达20年，债券可以多种货币计值。

（4）欧洲票据发行便利，是欧洲货币市场上的一种金融创新工具，由银行根据与借款人签订的协议，在约定的期限（通常为3~5年）以内，通过承购以循环周转方式连续发行的短期票据的形式向借款人提供资金。票据期限从7天到1年不等，最常见的为3个月或6个月。若承购银行未能按协议中约定的利率将短期票据在二级市场上售出，则该银行需要全部购入未售出票据，或向借款人提供等额银行贷款。票据发行便利保证借款人在协议规定期限内获得短期循环资金，银行不必增加投资即可获取手续费收入，其风险由投资者与承购银行分担，从而改善了提供欧洲银行信贷的贷款银行独自承担风险的状况。

4.离岸金融市场的作用

离岸金融市场的作用首先体现在对国际金融业发展的影响上。离岸金融中心的产生缩小了传统国际金融市场之间在时间和空间上的距离，从而提高了资金的运作效率，增强了资本的国际流动性，大幅度降低了银行的经营成本；提供了规避管制和减轻税负的便利场所和条件，一定程度上减轻了市场参与者的交易成本和债务人的负担；促进了国家之间的资金余缺调剂和资源共享；增强了国际金融中心之间的竞争性，有助于资本市场在全球范围内实现利率均衡，从而促进全球经济一体化。同时，离岸金融中心对所在国的经济也会产生积极和消极影响。

目前世界上主要的离岸金融市场包括：1981年由美国联邦储备委员会批准在纽约开设的“国际银行设施便利”；1975年设立于巴林的离岸金融市场和1968年设立于新加坡的亚洲美元市场。2010年，随着中国人民币国际化的推进，香港作为人民币离岸金融市场获得迅速发展，仅2011年在香港流通的人民币就已经达到6 300多亿元。

（三）金融衍生品市场

20世纪70年代以来的金融创新，使得金融衍生品迅速发展并得到广泛应用，金融衍生品市场也得到迅速发展。最主要的金融衍生品市场包括：远期合约市场、金融期货市场、互换市场和金融期权市场。

1.远期合约市场

远期合约市场，是一种以利率远期合约和外汇远期合约为主要交易对象的场外交易市场，主要分散在各大银行的交易柜台进行交易，具有简便、灵活等优点。但是，它不如期货流动性高，难以进行对冲平仓，信用风险也较高。

远期利率协议的主要交易市场是伦敦市场和纽约市场，所有在这两个市场上交易的远期利率协议均使用英国银行家协会远期利率协议（FRABBA）这一标准化文件的规定。交易的币种主要为美元、英镑、瑞士法郎和日元。

2.金融期货市场

金融期货市场是由期货交易所、期货结算所、期货经纪商和普通交易者所构成的以期货合约为交易对象的金融市场。期货交易是针对标准化合约的保证金交易，买卖双方缴纳足额保证金后，在期货交易所内进行交易。期货交易所通常是一种会员制专门机构，自身并不参与交易，只是为其会员提供进行期货交易的场所、设备，并制定交易规则，维护交易的公开公平。期货结算所是负责到期合约交割结算与未到期合约平仓结算的专门机构，其职能是保证每笔交易的即时清算以及合约购入者最终获得其所需商品。期货经纪商包括期货经纪人和期货经纪行。期货经纪人是指专门接受委托，代理客户进行期货交易并收取佣金的期货交易所个人会员。由期货经纪商组成的专门代客交易的组织被称为期货经纪行，即期货公司。一个期货公司的职能部门通常包括保证金部门、结算部门、信贷部门和现货交收部门等。普通交易者的期货交易必须委托经纪人进行。

根据金融期货合约的标的物不同，市场上最主要的几种金融期货为外汇期货、利率期货和股票指数期货。

3.互换市场

互换市场，是以金融资产的互换合约为交易对象的金融市场。互换又称“掉期”，是指交易双方按照事先约定的规则，在未来的一段时间里，相互交换一系列现金流量（本金、利息、价差等）的交易。

互换市场的参与者主要包括直接用户和中介机构。直接用户包括银行、公司、非银行金融机构、国际组织和政府部门等。它们参与互换交易的目的在于：获得低成本融资，获取高收益的资产，回避利率或汇率风险，调节短期资产负债结构以及投机。互换市场的中介机构也有多种，包括投资银行、商业银行、证券公司等，它们的目的主要是通过承办互换业务获取手续费收入和从交易机会中获利。实际上，一些中介机构同时也可以是直接用户。

互换中介机构提高了互换市场效率，而互换交易的规范化和标准化则增强了互换市场的流动性，从而促进了该市场的进一步发展。1980年，英国银行家协会（BBA）和国际互换交易商协会（ISDA）分别制定了标准互换合同。互换合约和互换权交易的二级市场也于1988年诞生并不断发展壮大。通过互换能够满足多种金融需求，自1979年的第一笔互换交易以来，互换业务以每年超过130%的增长率增长。目前，金融互换已经成为最成功的场外交易金融创新工具。互换的实际种类非常多，最常用的是货币互换和利率互换。

4.金融期权市场

金融期权市场，是以金融期权为交易对象的场内交易市场。金融期权市场形成的早期是一种在交易所外交易的场外市场。1973年，美国证券交易委员会授权在有组织的交易所试验期权交易。1973年4月，芝加哥期权交易所开始交易普通股票看涨期权，1977年开始在交易所交易股票看跌期权。此后，金融期权市场获得了较为迅速的发展。

## 第三节　金融市场效率

金融市场效率直接关系到金融市场功能的有效发挥，从而对实际经济活动具有显著的影响。市场有效的程度对于投资决策有着非常重要的影响，如果市场是完全有效的，则意味着市场上证券的价格同其价值没有任何偏离，也就是说，不存在价格被高估或被低估的现象，投资的收益率是唯一受系统性风险决定的正常收益率。因此，在一个完全有效的市场中，技术分析法是徒劳无益的。但是，即使是当今世界上最发达的金融市场，也难以保证符合完全有效的假设。正是因为实际市场并非完全有效，才可能借助各种证券分析技术识别价格被高估或被低估的证券，从而为投资者赢得超常的收益率。

## 一、市场效率的含义与分类

尤金·法玛首先区分了同证券市场效率相关的两个概念，即运行效率（内部有效）和定价效率（外部有效）。

（一）运行效率

运行效率是指在运行有效率的市场中，给定交易成本，投资者可以获得尽可能便宜的服务。提高市场运行效率的关键在于减少金融市场上可能存在的各种“摩擦”(使得市场不完全竞争的所有交易成本和障碍)，其中尤其是降低交易成本。因此，从某种意义上讲，市场运行效率的改进依赖于制度的不断完善。例如，在美国，经纪佣金一度是固定的；经纪业的收费被认为偏高。1975年5月，美国各交易所被迫采用竞争性协议佣金制度。根据格林威治联合会进行的一份调查，普通股股票每股平均佣金以美分计，已经从1977年0.136美元降至1989年的0.087美元。其他国家的市场也向着更有竞争性的经纪佣金演进，如法国在1985年开始对大额交易实行协议佣金制度；在1986年的“大震”中，伦敦交易所也取消了固定佣金。

（二）定价效率

定价效率是指市场价格在任何时候都充分反映了与证券定价相关的所有可获得的信息，即证券市场的有关信息充分体现在证券价格中。围绕定价效率，法玛在1970年提出了著名的“有效市场假说”。他指出，要验证市场定价效率，必须澄清两个定义：一是阐释价格“充分反映”信息的含义；二是界定被认为是“充分反映”于价格中的“相关”信息群。法玛等人依据持有证券的预期收益来定义“充分反映”，持有期的预期收益等于预期现金分配加上预期价格变动之和除以期初价格。他们定义的价格形成过程为：现在开始的一段时间内的预期收益是一个随机变量，它已经把“相关”信息考虑进去了。根据可反映于证券价格中的“相关”信息群的不同，法玛把市场定价效率划分为三个层次，即弱式效率、半强式效率和强式效率。

1.弱式效率

弱式效率是指证券价格反映了证券过去的价格和交易信息。当弱式有效市场假设成立时，以往价格的所有信息都已经全部反映在当前价格中了，同一证券当前价格变化同过去的价格变化是不相关的。换句话说，投资者无法根据证券的历史价格数据预测未来价格走势。因此，流行的K线图等分析手段在弱式有效市场中是没有帮助的。

2.半强式效率

半强式效率是指证券价格充分反映了所有的公开信息（包括历史价格和交易情况，但不局限于此)，如上市公司的年度和季度报告、配股方案等。如果半强式有效市场假设成立，则所有历史价格与公开披露信息都已经完全反映在当前证券价格之中，不存在因为信息不充分而带来的价格高估或低估，投资者也就无法根据任何可公开获得的信息来获取超常收益率。因此，通过研究企业财务报表等公开信息进行的基础分析在这种情况下将失去意义。

3.强式效率

强式效率是指证券价格反映了所有公开和不公开（内幕）市场信息。当一个市场符合强式有效假设时，上述所有可能的信息都已经充分反映在当前价格中了，因此，即使是掌握了所谓的内幕信息，仍然无法获取任何因信息不对称而带来的非正常收益。

要确定一个现实的市场效率程度，需要进行大量的实证检验。人们之所以热衷于界定市场效率，最直接的原因在于有效定价的市场会对投资者希望采取的投资策略产生重大影响。投资者可能采取多种积极策略，即利用他们认为的某个或某些证券的不合理定价来获取（短期）利益；但是在一个有效定价的市场中，如果考虑到交易成本，考虑到积极策略的风险大于简单的购买并持有的策略，则采用积极策略就不会持续获利。因而，在某些经验论据证明是有效的市场中，投资者倾向于采用被动策略或“指数法”策略，即在买入证券后，在较长一段时间内持有该证券，减少交易以降低交易成本，期待正常收益率或仅仅谋求与某些金融指数的业绩相匹配。

## 二、影响市场效率的因素

金融市场效率主要受到市场发育程度、交易成本和市场信息的影响。

### （一）市场发育程度

市场的运行是建立在一定的市场组织、规模和结构基础之上的。市场发育程度决定了市场的组织、规模和结构的完善程度，市场的深度和广度，从而影响金融市场的运行效率和定价效率。在未充分发育的市场上，市场规模较小，市场结构不完善，市场组织不合理，市场信息不充分，市场行为不规范，都会导致市场效率低下。随着市场发育程度的逐步提高，市场效率通常也会相应提高。因此，推动市场的发展是提高市场效率的基本途径。

金融市场的组织结构通过影响交易成本或市场信息而影响市场效率。富兰克林·艾伦等人通过对各国金融系统发展的纵横比较，指出两种组织类型的金融系统，即中介机构（传统体系中主要是银行）主导型和市场主导型。金融中介机构和市场在处理不同种类的信息上各有优劣势。通常情况下，市场在收集和加总多样化信息上较中介机构有效；中介机构能够从集中处理标准化信息中获得规模效应，降低搜寻成本，但它们在处理不确定性和创新的能力上不如市场有效。

丹尼尔·斯普尔伯认为，如果市场是完全的，就意味着没有定价者；一旦出现了定价者，市场就被特定的机构组织所取代了。金融市场上买卖双方可以直接交易，也可以通过中介机构交易；当经由中介的交易比直接交易带来更多利益或减少成本时，中介机构替代市场而出现。在某些情况下，中介机构充当了价格制定者的角色，显示出如下一些显著优势：①降低交易成本；②集中或分散风险；③抑制逆向选择；④减轻道德风险和机会主义；⑤建立长期信誉，降低信用风险。

由于交易方式从根本上影响着信息和交易成本以及风险承担问题，因此，它被认为是比市场和机构更基本的微观概念。从某种意义上讲，交易模式决定了金融市场的微观组织结构。

（二）交易成本

所谓交易成本，即为达成金融交易而在交易价格之外所必须支付的时间与金钱。交易成本一般包括：

（1）经纪人佣金。它是支付给经纪人买卖证券的费用。

（2）手续费。它包括保管费（是持券机构为保管投资者的证券而收取的手续费）和转让费。

（3）执行成本。执行成本相当于证券的执行价格与如果没有这笔交易市场可能出现的价格之间的差额。它是由投资者需要即时执行交易而引起的，受投资者的流动性需求和交易日的交易活动两方面因素的影响。

（4）机会成本。常被描述为交易的隐含成本，在此是指投资者想成交但又不能执行交易而失去的最大可能收益。

（5）其他。包括交易者为了寻找交易机会和进行交易所支付于信息收集、分析、技术与法律咨询和交通等方面的花费，以及为保证交易有效而由法规规定支付的印花税等。

交易成本的高低直接影响金融市场的运行效率，两者负相关。

（三）市场信息

信息是正确决策的依据，信息的充分性、对称性、即时性、真实性对金融市场效率具有十分重要的影响。信息的不充分和非对称增大了金融市场的风险，导致逆向选择和道德风险行为的发生，降低了金融市场的运行效率和定价效率。信息不对称，是指参与交易的双方所拥有的关于特定交易活动的潜在风险和收益的信息的充分程度不一致。由信息不对称而带来的信用风险，如果发生在交易达成之前，称之为“逆向选择”；如果发生在交易达成之后，称之为“道德风险”。最典型的例子如：购买寿险的人往往比普通人面临更大的风险。事实上，是高风险顾客选择了购买保险，于是出现了“逆向选择”；而一些人在购买了汽车保险之后，会更不谨慎驾驶或不注意防盗，于是保险公司理赔损失增加，出现了“道德风险”现象。通常，信用关系中的债务人对自身财务状况和偿债能力的了解程度较债权人高，而这种信息不对称的结果，使得信息较不充分的债权人在交易中处于相对劣势。换句话说，债务人很可能利用其信息占有优势，夸大偿付能力、隐瞒债务风险，从而达成对自己有利的交易，获得超额收益。金融机构为了防止信用风险，普遍倾向于拒绝提供信用，如当前我国商业银行中普遍存在的“惜贷”现象。当信用风险严重危害整个社会信用关系时，直接后果就是整个国民经济由于资金的缺乏而陷入紧缩。

从系统角度讲，效率问题涉及一个金融体系功能的整体发挥问题。金融体系中的其他基本因素，如金融机构、非金融企业和金融制度，可能起到弥补金融市场局限性的作用。金融机构通过跨期平滑能够消除投资者的直接市场风险，即提供了投资者避免以不利价格被迫变现资产的另一种选择。同时，金融市场和金融机构在不同类型的信息问题的处理上各有优势：市场更适合于收集和加总多样化的信息；而机构则能够从处理标准化信息中获取规模化收益。企业管理者与股东之间以及金融机构与其顾客之间的委托–代理问题，由于带来激励不相容问题，也会影响金融市场的运行效率。旨在减少信息不对称和防范信用风险的基本制度安排通常包括：通过中介机构来减少债权人面临的信息劣势；建立严格的法规，如必要的信息披露制度等，以提供惩戒和防范逆向选择和道德风险的有力机制；建立全社会的信用基础设施，包括信用记录、信用评级等，以遏制债务人和代理人对信息优势的滥用；通过舆论和教育宣传倡导诚信自律的道德风尚。

## 第四节　金融市场发展趋势

### 一、金融全球化

金融市场的全球化已成为当今世界的一种重要趋势。20世纪70年代末期以来，西方国家兴起的金融自由化浪潮，使各国政府纷纷放宽对金融业活动的管制。随着外汇、信贷及利率等方面的管制的放松，资本跨国跨经济体市场的流动明显放大，国际市场间的真实收益率开始趋同。目前，国际金融市场正在形成一个密切联系的一体化市场，金融市场间的信息传递加速和风险共担性明显。金融机构的跨国扩张和兼并促进了金融全球一体化的发展。同一个金融商品在世界不同国家金融市场交易的现象日益多见。而且，由西向东环绕全球的主要金融市场——美国芝加哥、纽约、英国伦敦、中国香港、新加坡和日本东京等实现了在各地市场24小时不间断交易的可能。

（一）金融全球化的内容

金融体系是一个复杂的整体，金融的全球化意味着资金可以在国际间自由流动，金融交易的币种和范围超越国界。它具体包括以下内容：

1. 市场交易的国际化

金融全球化实际上意味着各个金融子市场交易的国际化。传统的以国际银行为主的间接信贷市场已逐步被直接的投融资所替代。而各国间资金的流动必然又涉及各国货币的交易及兑换，这也对外汇市场的全球化提出了要求。所以，金融市场国际化按照金融工具的子市场划分，可以分为货币市场的国际化、资本市场的国际化和外汇市场的国际化。

国际货币市场主要指欧洲货币市场。传统意义上的欧洲货币市场是指非居民间以银行为中介在某种货币发行国国境之外（不一定是在欧洲）从事该种货币借贷的市场，又可以称为离岸金融市场。如在伦敦银行存入美元，从德国银行贷出美元等。最早的欧洲货币市场出现在20世纪50年代。1957年，因为美苏冷战，苏联政府因为害怕美国冻结其在美国的美元储备而将它们调往欧洲，存入伦敦，由此导致了欧洲美元的产生。当时，欧洲美元总额不过10亿多美元，而且存放的目的在于保障资金安全。在第二次世界大战结束以后，美国通过对饱受战争创伤的西欧各国的援助与投资，以及支付驻扎在西欧的美国军队的开支，使大量美元流入西欧。当时，英国政府为了刺激战争带来的经济萎缩，企图重建英镑的地位。1957年英格兰银行采取措施，一方面对英镑区以外地区的英镑贷款实施严格的外汇管制；另一方面却准许伦敦的商业银行接受美元存款并发放美元贷款，从而在伦敦开放了以美元为主体的外币交易市场，这就是欧洲美元市场的起源。

从事欧洲货币业务的银行相应地被称为欧洲银行。它涉及银行间的拆借、定期存单的发行及交易和各国大银行进行的银团贷款活动。此外，还有20世纪80年代资产证券化所产生的证券发行便利和欧洲票据市场。西方主要发达国家及部分发展中国家的银行及其他一些大金融机构通过欧洲货币市场筹集或运用短期资金，参与国际金融市场的活动。一些跨国公司也通过国际货币市场发行短期商业票据来融通资金。目前，伦敦是最重要的国际货币市场中心，巴黎、卢森堡、巴林、新加坡、中国香港等地在国际货币市场的交易中也占据着重要地位。

资本市场的国际化也是金融全球化的主要推动力。为了适应企业跨国经营和国内企业对外融资的需要，一些国家的政府和一些大企业纷纷进入国际资本市场融资。国际资本市场的融资方式主要是发行国际债券和到国际性的股票市场直接募资。国际债券市场一般分为两种：一种是各发达国家国内金融市场发行的以本币计值的外汇债券，如美国的扬基债券、日本的武士债券都是这种类型；另一种是离岸债券市场，即欧洲债券市场发行的以多种货币计值的债券，它是以政府名义在国外发行的以本币计值的债券，但不受本国法规的约束，其发行地也不一定局限于欧洲。

股票市场交易的国际化体现在两个方面：一是一些重要的股票市场纷纷向外国的公司开放，允许国外公司的股票到其国家的交易所上市交易，英国的伦敦、德国的法兰克福、美国的纽约等都是国外上市公司的上市可选地之一；二是一些国家既允许外国投资者参与本国股票市场上股票的买卖，也允许本国投资者买卖在国外市场交易的股票。虽然目前资本市场的开放还有地区性及国别的差异，但由于一些主要发达国家在市场上所占份额很大，这些国家市场的国际化对国际金融市场的影响是非常巨大的。

从外汇市场的全球一体化角度来看，由于外汇市场涉及的是各国间的货币交易，因此它的国际性更加明显。尤其是浮动汇率制实行以来，各国中央银行为了稳定汇率，在外汇市场上进行的外币买卖使外汇市场交易更加活跃。外汇市场上的新工具层出不穷，诸如互换、期权等创新日新月异。

2.市场参与者的国际化

金融市场的全球化还表现为市场参与者的国际化。不仅传统的大银行开始跨国并购，大企业、投资银行、保险公司、投资基金，甚至私人投资者也纷纷步入国际金融市场，参与国际投资组合，以分散投资风险、获取高收益。在这个过程中，银行和各种非银行金融机构纷纷向全球各金融中心扩散，代理本国或国外资金供求者的投资与筹资活动，或直接在金融市场上参与以营利为目的的交易活动。金融机构在国际市场上的扩张和经营不仅促进了国际金融市场的发展，也使得金融市场的竞争日益激烈。这种竞争机制极大地促进了金融创新业务的开展。各种各样的投资基金在全球金融市场上所取得的空前大发展，更是大大地促进了金融市场交易的国际化。

（二）金融全球化的原因

推进全球金融一体化趋势的原因主要包括：

1.金融管制放松所带来的影响

金融管制的放松，各国对金融机构跨国经营的限制减少、对外汇管制政策的放宽，大大地促进了国际资本的流动及金融市场的国际化。

2.现代电子通信技术的快速发展，为金融全球化创造了便利的条件

现代计算机网络技术的发展，使国际金融交易中信息传递更及时、交易成本更低、手续更简便，构成了金融全球化的技术基础。

3.金融创新的影响

20世纪70年代以来的国际金融创新浪潮产生了许多新型的金融工具，它们有的本身就具有浓厚的国际性质，如利率互换、货币互换等。此外，高新技术在金融领域的广泛运用，也不断地为国际金融交易提供更方便、成本更低的交易手段。

4.国际金融市场上投资主体的变化推动了其进一步的全球化

如前所述，国际金融市场的参与者已越来越多样化，特别是各种类型的投资基金的崛起大大地改变了投资结构及交易性质，产生了一批专为套利而参与买卖的机构投资者，他们为了获利，必然频频出没于全球的金融市场，寻找获利机会。这种频繁的交易更加促进了各国市场间的联系。

（三）金融全球化的影响

金融全球化促进了国际资本的流动，有利于稀缺资源在国际范围内的合理配置，促进世界经济的共同增长。金融市场的全球化也为投资者在国际金融市场上寻找投资机会、合理配置资产持有结构、利用套期保值技术分散风险创造了条件。一个金融工具丰富的市场也能为筹资者提供更多的选择机会，有利于其获得低成本的资金。这些都是金融全球化的有利影响。

金融全球化的不利影响首先表现在国际金融风险的防范上。由于全球金融市场的联系更加紧密，一旦发生利率和汇率波动或局部的金融动荡，会马上传递到全球各大金融中心，使金融风险的控制显得更为复杂。其次，金融全球化加大了政府在执行货币政策与金融监管方面的难度。由于国际资本流动加快，一些政策变量的国际影响增强，政府在实施货币政策和进行宏观调控时往往更难估计其传导过程及影响。此外，涉及国际性的金融机构及国际资本的流动问题，往往不是一国政府所能左右的，也使政府金融监管部门在金融监管及维护金融稳定上产生了一定的困难。

## 二、金融自由化

金融自由化是指20世纪70年代中期以来在西方国家，特别是在发达国家所出现的一种逐渐放松甚至取消对金融活动的一些管制措施的过程。金融的自由化和金融的证券化、全球化在20世纪90年代以来，表现得尤为突出，它们相互影响，互为因果，共同促进。

（一）金融自由化的主要表现

由于金融业的活动涉及全社会各部门的利益，一旦某一金融机构倒闭必然牵连很大，引起一些不利的连锁反应，甚至导致金融动荡和危机。因此，基于安全和稳健的理由，从历史上看，金融业一直是受政府管制最严厉的部门之一。20世纪70年代中期以来，无论是过去管制较严的国家，还是管制较为宽松的国家，都出现了放松管制的趋势。其主要表现为：

1.减少或取消国与国之间对金融机构活动范围的限制

这是目前金融业务活动全球化的最主要推动因素之一。国与国之间相互开放本国的金融市场，允许外国银行等金融机构在本国经营和国内金融机构一样的业务，给予外国金融机构国民待遇，使国际金融交易急剧活跃，金融的全球化进程大为加快。

2.对外汇管制的放松或解除

英国于20世纪70年代末取消了外汇管制，法国和日本也随后逐渐地予以取消。美国在外汇管制较为宽松的情况下，1990年又取消了对外资银行账户的某些限制。外汇管制的放松或取消，使资本的国际流动进程大大加快，促进了国际金融的一体化。

3.放宽金融机构业务活动范围的限制，允许金融机构之间的业务适当交叉

在西方国家，除了少数实行全能银行制度的国家如原联邦德国、奥地利、瑞士等国家外，绝大多数国家都在20世纪30年代经济危机的基础上建立起严格的分业经营制度，即银行业务和证券业务的严格分离。但这一管制措施自20世纪70年代末期以来已经有缓和的趋势。特别是20世纪80年代后期以来，由于各国间金融竞争的日趋激烈，金融国际化进程的加快，各国为了抢占国际金融市场，提高本国金融机构在国际金融竞争中的地位，这些限制已大为放宽。

4.放宽或取消对银行的利率管制

美国已经取消了Q条例所规定的银行存款利率上限。其他一些主要发达国家也纷纷步其后尘，这导致了银行领域内金融自由化的快速发展。除了上述对管制措施的放宽或解除外，西方各国对金融创新活动的鼓励、对新金融工具交易的支持与放任，实际上也是金融自由化兴起的重要表现。

（二）金融自由化的原因

从金融自由化的内容可以看出，自由化实际上是对不适应经济金融环境变化的管制措施的废除，是与其背后的基本经济金融因素的变化分不开的，主要表现为以

下几方面：

1.经济自由主义思潮的兴起

由于20世纪70年代以来西方经济的“滞胀”，凯恩斯学派的经济思潮受到质疑，代之以新经济自由主义思潮的崛起。在20世纪70年代兴起的货币学派和供应学派都强调市场机制的作用，反对政府的过度干预，并在当时受到了较为广泛的欢迎，从而为金融的自由化奠定了理论和实践的基础。

2.金融创新的作用

20世纪70年代末和80年代初，西方国家出现了两位数的恶性通货膨胀，导致市场利率高企，而银行等金融机构受存款利率上限的限制，在市场竞争中处于不利的地位。为了缓解经营困境，并应付来自于国内外金融同业之间的竞争，金融机构纷纷采取金融创新措施以绕过管制，加之现代通信技术的飞速发展，一些新的金融工具不断地被开发出来。这些新的金融工具有效地避开和绕过了原有的管制条例，使监管者意识到许多旧的条例已不适应形势的变化，从而在客观上促进了管制的放松。

3.金融证券化和全球化的影响

金融证券化、金融全球化与金融自由化是相互促进、相互影响、共同发展的。证券化过程中不断出现的新型金融工具总体已大大超出了原有管制条例的范围，而全球24小时不间断的金融市场交易活动对资本自由流动和外汇、利率及信贷等管制的放松提出了客观要求。在国际金融市场的交易中，机会是稍纵即逝的。要参与国际竞争、提高本国金融业在国际市场上的地位，放松管制、推行金融自由化是必然的选择。

（三）金融自由化的影响

金融自由化导致了金融竞争更加激烈，这在一定程度上促进了金融业经营效率的提高。在金融自由化过程中，产生了许多新型的信用工具及交易手段，大大地方便了市场参与者的投融资活动，减少了交易成本。金融自由化也极大地促进了资本的国际自由流动，有利于资源在国际间的合理配置，在一定程度上促进了国际贸易的活跃和世界经济的发展。

金融自由化也同样面临着诸多问题。国际资本的自由流动，既有机遇，也充满了风险。金融市场上管制的放松，对金融机构的稳健经营提出了较高的要求，一旦处理不好，有可能危及金融体系的稳定，并导致金融动荡和经济危机。金融自由化还给货币政策的实施及金融监管带来了困难。面对金融自由化利弊兼有的特点，国际金融界对金融自由化问题有一些不同的看法，赞成者有之，批评者有之，还有一些人持折中的观点。实际上，自由化并不意味着没有政府的干预和管制，任何时候政府都没有对金融业的运行放任自流，只不过在不同的时间由不同的趋势占上风罢了。

问题的关键不在于是否要管制还是要自由化，而是如何适应新的发展态势采取适当的管制措施以趋利避害。无论从历史还是从现实来看，金融业的发展都是一个

“管制—放松—再管制”的循环过程。当然，每一轮新的管制和新的自由化趋势都被赋予了新的内容。

## 本章小结

1．金融市场的基本构成要素是市场主体、市场客体以及主体的有目的的活动。金融市场的主体包括资金的余缺双方、金融中介机构和监管者，具体由个人、企业、金融机构、政府部门互相映衬构成。

2．金融市场的功能，是指金融市场本身的机能以及对经济的能动作用。它主要可以概括为：资金融通、风险管理、支付与清算、价格发现、财富积累、提供信息和解决激励问题、传递政策效应和推动经济一体化。

3．货币市场是进行短期资金融通的市场，其交易工具通常是期限为1年及1年以内的票据和有价证券。货币市场能够以较低的成本，促使经济中短期的过剩或赤字达到平衡，主要参与者为银行金融机构；资本市场即进行期限通常在1年以上的中长期有价证券交易的直接融资市场。资本市场上的交易工具具有收益率较高但流动性和安全性较差等特征，往往具有长期投资的性质，主要参与者为政府、各类金融机构和个人投资者。

4．相对于传统的受东道国法规约束的金融中心而言，离岸金融市场的特殊性在于它们是在一国国境内从事外汇金融活动，但却不受该国金融法规管制。具体概括为：(1) 该市场基本不受东道国当局的金融法规，包括外汇管制措施的约束；(2) 该市场以经营非居民的各种融资业务为主，不对本国居民开放；(3) 市场上流通的是外国货币及以外币计价的金融工具，不涉及本国货币的借贷；(4) 该市场具有相对独立的利率体系，不受所在国利率水平的限制，离岸市场之间的同种货币存在利率趋同的趋势；(5) 市场上使用多种货币，从而提供种类众多的全球性交易服务。

5．定价效率是指市场价格在任何时候都充分反映了与证券定价相关的所有可获得的信息，即证券市场的有关信息充分体现在证券价格中。围绕定价效率，法玛在1970年提出了著名的“有效市场假说”。他指出，要验证市场定价效率，必须澄清两个定义：一是阐释价格“充分反映”信息的含义；二是界定被认为是“充分反映”于价格中的“相关”信息群。根据可反映于证券价格中的“相关”信息群的不同，法玛把市场定价效率划分为三个层次，即弱式效率、半强式效率和强式效率。

6．金融市场的全球化已成为当今世界的一个重要趋势。20世纪70年代末期以来，西方国家兴起的金融自由化浪潮，使各国政府纷纷放宽对金融业活动的管制。随着外汇、信贷及利率等方面的管制的放松，资本跨国、跨经济体市场的流动明显放大，国际市场间的真实收益率开始趋同。

## 关键概念

交易所　金融监管　一级市场　二级市场　影子市场　货币市场　资本市场　外汇市场　离岸金融市场　定价效率　信息不对称　金融自由化

## 综合训练

一、单项选择题

1. 交易所撮合交易的原则为（　　）。

A. 时间优先、数量优先　　B. 价格优先、数量优先

C. 价格优先、时间优先　　D. 价格优先、空间优先

2. 场外市场也叫做（　　）。

A. 发行市场　B. 柜台市场　C. 流通市场　D. 二板市场

3. 下列不属于金融衍生品市场的是（　　）。

A. 远期合约市场　　B. 金融期货市场

C. 金融互换市场　　D. 债券市场

4. 按照金融期货合约的标的物不同，市场主要的金融期货分为外汇期货、利率期货和（　　）。

A. 股票期货　　B. 基金期货

C. 贵金属期货　　D. 股票指数期货

5.（　　）明显区别于其他债券。

A. 武士债券　B. 欧洲债券　C. 扬基债券　D. 熊猫债券

二、多项选择题

1. 金融市场的功能包括（　　）。

A. 资金融通　B. 风险管理　C. 支付清算　D. 财富积累

2. 常见的子货币市场包括（　　）。

A. 短期国库券市场　B. 票据市场　C. 信贷市场　D. 回购协议市场

3. 可以自由兑换的外币有（　　）。

A. 英镑　B. 加拿大元　C. 瑞典克朗　D. 新加坡元

4. 在尤金·法玛定义的有效市场中，通过公开信息无法获得超额收益的市场包括（　　）。

A. 半弱式有效市场　　B. 弱式有效市场

C. 半强式有效市场　　D. 强式有效市场

5. 推进全球金融一体化趋势的原因主要有（　　）。

A. WTO的出现　　B. 金融管制放松所带来的影响

C. 通信技术的发展　　D. 投资主体的变化

三、思考题

1. 什么是道德风险和逆向选择？解决这类问题的关键在哪里？

2. 私募发行的主要优点和缺点有哪些？你觉得私募发行最重要的准备工作是什么？

3. 目前人民币的离岸金融市场主要是哪几个？谈谈你对人民币离岸金融市场建立的看法。

4. 尤金·法玛提出的三个有效市场的定义是什么？思考一下，我们的沪深证券交易市场能否达到其中的某一个市场的标准？

5. 金融自由化的诱因和表现形式有哪些？

6. 谈一谈你对金融市场的理解，总结一下金融市场对你的生活有哪些积极作用。

# 第八章

# 货币市场

**引例**

2013年6月20日发生的惊心动魄的一幕深深地印在中国金融业人士的心头。

从2013年5月中旬开始，货币市场流动性不断收紧，进入6月份资金面继续恶化。6月初在银行间市场招标的6个月期农业发展银行贴现金融债，实际发行金额115.1亿元，低于计划发行额200亿元，被宣布为流标。当日市场资金面异常紧张，隔夜回购利率6.15%，同期限的6个月期回购利率5.50%，均远高于昨日这期农发债的实际中标利率3.4493%。6月14日，2013年第四期记账式贴现国债再次流标，该债券期限为9个月，计划募集150亿元，却仅获得95.3亿元的有效认购，中标利率高达3.7612%，较发行前一个交易日二级市场收益率高出了60多个基点。银行间隔夜拆借利率更是狂涨，6月19日的拆借利率高达7.66%，而平时的隔夜拆借利率一般为3%，银行间市场"钱荒"愈演愈烈。6月19日，以往作为出钱方的大型商业银行也进场借钱，导致到当天下午既定收市时间，市场上依然有部分机构未能轧平头寸，银行间本币系统因此被迫延长交易半个小时。这已是第二次出现类似情况。

2013年6月20日，隔夜头寸拆借利率一下子飙升578个基点，达到13.44%。与此同时，各期限资金利率全线大涨，银行间隔夜回购利率最高达到30%，7天回购利率最高达到28%，资金市场几近失控。然而面对6月20日破天荒的拆借市场利率，央行态度却异常平静。不但没有启动逆回购、短期流动性调节工具（SLO）等工具，反而在当天继续发行20亿元央票，央行突然"断奶"令市场担忧情绪瞬间到达顶点。

货币市场是如何构成的？什么是SHIBOR？央行如何影响货币市场？本章将进行相应的阐述。

货币市场是一年期以内的短期金融工具交易的场所。货币市场的活动是所有金融工具交易市场中流动性最强的市场。所谓流动性强不仅仅指容易找到交易对手形成交易合同，更重要的是能够保持成交价格尽量与意愿交割价相近，不用耗费太多的交易成本。

货币市场一方面满足资金需求者的短期资金需要，另一方面也为拥有暂时闲置资金的投资者提供能够获取稳定或无风险赢利的机会。正因为货币市场较强的流动性，短期金融工具的供应者和资金需求者众多，货币市场成为中央银行实施货币政策公开市场操作的重要途径。

在货币市场上交易的短期金融工具，一般期限较短，最短的只有一天（隔夜），最长的也不超过一年。正因为这些工具期限短，可保持低成本并且随时变现，所以短期金融工具又有"准货币"之称。货币市场就其结构而言，可分为银行同业拆借市场、回购协议市场、短期政府债券市场、银行承兑汇票市场、商业票据市场、大额可转让定期存单市场及货币市场共同基金的市场等。

## 第一节　银行同业拆借市场

同业拆借是指金融机构（主要是商业银行）之间为了调剂短期资金余缺而进行的短期借贷。同业拆借市场，是指金融机构之间以同业拆借形式进行货币借贷和短期资金融通活动的市场。同业拆借的资金主要用于弥补短期资金的不足、票据清算的差额以及解决临时性的资金短缺需要。同业拆借形成的利率往往是各国金融市场的基准参考利率，因此，它是货币市场体系的重要组成部分。我国金融机构间同业拆借是由中国人民银行统一负责管理、组织、监督和稽核。同业拆借市场严禁非金融机构和个人参与同业拆借活动。

### 一、同业拆借市场的产生与发展

同业拆借市场的产生源于存款准备金政策的实施，以及中央银行业务和商业银行业务的发展。存款准备金是金融机构为了保证客户提取存款和资金清算的需要而准备的在中央银行的无息存款，中央银行要求的存款准备金占商业银行存款总额的比例就是存款准备金率。存款准备金率通常是由中央银行决定。美国最早于1913年以法律（即《联邦储备法》）的形式规定，加入联邦储备银行的会员银行都必须按存款准备金率在存款余额中计提存款准备金，作为不生息的存款存入中央银行，准备数额不足就要受到一定的经济处罚。在日常清算业务活动中，总会出现有些银行存在多余的存款准备金，而有些出现存款准备金不足的情况。这种情况就导致客观上存在一种交易的空间：存款准备金多余的银行，愿意利用多余的存款准备获取利息收益——这形成了拆借市场的供给；而存款准备金不足的银行，又必须按规定补足法定存款准备金，否则会面临经济处罚，于是愿意以某一较低的利率借入短期贷款——这形成了拆借市场的需求。同业拆借市场便应运而生。1921年，在美国纽约建立了以调剂联邦储备银行会员银行的准备金头寸余缺为内容的“联邦资金市场”，即美国的同业拆借市场。英国伦敦在银行间票据交易过程的基础之上建立了伦敦同业拆借市场。

20世纪30年代的“大萧条”之后，各国普遍强化了商业银行存款兑付的能力和中央银行的作用，相继引入法定存款准备金制度作为商业银行存款保障和控制“挤兑”风险的手段。与此同时，同业拆借市场也得到了较快发展。在经历了较长时间的发展，拆借交易不仅发生在银行之间，还出现在银行与其他金融机构之间。以美国为例，联邦资金市场形成之初，市场仅局限于美国联邦储备委员会的会员银行之间。后来，储蓄银行和储蓄贷款协会等金融机构也加入了这一市场的交易。20世纪80年代以后，外国银行在美国的分支机构也加入了这个市场。根据《同业拆借管理办法》（中国人民银行令〔2007〕第3号）的规定，中国目前可以在全国银行间同业拆借市场进行拆借交易的金融机构有：政策性银行、中资商业银行、外商独资银行、中外合资银行、城市信用合作社、农村信用合作社县级联合社、企业集团财务公司、信托公司、金融资产管理公司、金融租赁公司、汽车金融公司、证券公司、保险公司、保险资产管理公司、中资商业银行（不包括城市商业银行、农村商业银行和农村合作银行）授权的一级分支机构、外国银行分行等。

银行同业拆借市场的发展不仅在交易成员上有了扩容，在目的手段上都进行了巨大的变革。从拆借目的来看，同业拆借已不仅仅用于弥补法定存款准备和轧平票据交换头寸。金融机构如果在经营过程中出现暂时的、临时性的资金短缺，也可进行拆借。而且，同业拆借已成为银行实施资产负债管理的有效工具。由于同业拆借的期限较短，风险较小，许多银行都把短期闲置资金投放于该市场，以利于及时调整资产负债结构，保持资产的流动性。特别是中小银行，更是把同业拆借市场作为短期资金经常性运用的场所，目的在于通过这种短期、灵活、安全的手段提高资产质量，降低经营风险，增加利息收入。

## 二、同业拆借市场运行

### （一）市场准入

并非所有的金融机构都可以进入全国同业拆借市场。中国人民银行制定的《同业拆借管理办法》规定了金融机构进入的基本条件为：金融机构必须是在中华人民共和国境内依法设立；有健全的同业拆借交易组织机构、风险管理制度和内部控制制度；有专门从事同业拆借交易的人员；主要监管指标符合中国人民银行和有关监管部门的规定；最近两年未因违法、违规行为受到中国人民银行和有关监管部门处罚；最近两年未出现资不抵债情况等。

不同的金融机构还有具体的约束规范：（1）外商独资银行、中外合资银行、外国银行分行经国务院银行业监督管理机构批准获得经营人民币业务资格；（2）企业集团财务公司、信托公司、金融资产管理公司、金融租赁公司、汽车金融公司、保险资产管理公司在申请进入同业拆借市场前最近两个年度连续盈利；（3）证券公司应在申请进入同业拆借市场前最近两个年度连续盈利，同期未出现净资本低于2亿元的情况；（4）保险公司应在申请进入同业拆借市场前最近四个季度连续的偿付能力充足率在120%以上。

（二）交易方式

同业拆借的交易方式分为直接拆借和间接拆借。所谓直接拆借就是交易双方不借助中介机构，直接询价协商成交。直接交易一般发生在大银行与大银行之间，因为大银行有雄厚的资源和大量的资金，直接交易可以免除大额的交易费用。间接交易则是通过经纪人或中介机构进行。小银行资金量小，不容易找到交易对手，所以常常需要借助中介机构的服务方能达到交易目的。中国人民银行规定，我国同业拆借市场的同业拆借交易以询价方式进行，自主谈判、逐笔成交。同业拆借利率由交易双方自行商定。

（三）同业拆借利率

同业拆借利率是同业拆借市场上资金供给方和需求方达成交易协议的利率，也是交易的资金成本。从报价上来说，同业拆借利率可分为拆进利率和拆出利率，拆进利率表示金融机构愿意借款的利率；拆出利率表示愿意贷款的利率。在全国银行间同业拆借市场上，交易的品种有隔夜、7天、14天、21天、1个月、2个月、3个月、4个月、6个月、9个月和1年的期限，对应的品种交易代码分别为IBO001、IBO007、IBO014、IBO021、IBO1M、IBO2M、IBO3M、IBO4M、IBO6M、IBO9M、IBO1Y。表8-1列举了2015年6月全国银行间同业拆借市场各个交易品种的平均利率和成交量行情。

表8-1　**2015年6月全国银行间交易市场交易行情**

| 品种 | 加权利率(%) | 成交笔数(笔) | 成交金额(亿元) |
|---|---|---|---|
| IBO001 | 1.1928 | 6 468 | 50 263.11 |
| IBO007 | 2.5708 | 1 725 | 8 890.95 |
| IBO014 | 2.7969 | 251 | 891.24 |
| IBO021 | 3.1636 | 48 | 139.34 |
| IBO1M | 3.2467 | 147 | 415.39 |
| IBO2M | 3.7148 | 24 | 46.64 |
| IBO3M | 3.6915 | 56 | 107.86 |
| IBO4M | 3.8227 | 7 | 6.97 |
| IBO6M | 3.4477 | 6 | 5.35 |
| IBO9M | 3.9500 | 1 | 5.50 |
| IBO1Y | 4.5000 | 1 | 3.50 |
| 合计 | 1.4438 | 8 734 | 60 775.85 |

资料来源：中国外汇交易中心.按交易品种统计市场数据[EB/OL].（2015-07-01）.http://www.Chinamoney.com.cn/fe/Channel/21478.

从表8-1中我们可以看出，不管是从成交笔数还是成交金额上看，隔夜拆借业务是我国同业拆借市场最主要的交易工具。短期交易（隔夜和7天）是我国同业拆借市场的主要交易对象，这也是全球主要同业拆借市场的普遍现象。

我国同业拆借利率的基准利率是上海银行间同业拆放利率（Shanghai Interbank Offered Rate，SHIBOR），SHIBOR是以位于上海的全国银行间同业拆借中心为技术平台计算、发布并命名，由信用等级较高的银行组成报价团自主报出的人民币同业拆出利率计算确定的算术平均利率，是单利、无担保、批发性利率。目前，对社会公布的SHIBOR品种包括隔夜、1周、2周、1个月、3个月、6个月、9个月及1年。SHIBOR报价银行团现由18家商业银行组成。报价银行是公开市场一级交易商或外汇市场做市商，在中国货币市场上人民币交易相对活跃、信息披露比较充分。每个交易日全国银行间同业拆借中心根据各报价银行的报价，剔除最高、最低各4家报价，对其余报价进行算术平均计算后，得出每一期限品种的SHIBOR，并于9：30对外发布。目前，这18家银行分别为：工商银行、建设银行、农业银行、中国银行、交通银行、招商银行、中信银行、光大银行、浦发银行、兴业银行、北京银行、上海银行、汇丰银行、渣打银行、广发银行、华夏银行、邮储银行和国家开发银行。中国人民银行的SHIBOR工作小组会根据市场变化和行政法规确定和调整报价银行成员。

在全球金融市场，伦敦银行间同业拆借市场的利率LIBOR具有基准利率的重要地位。LIBOR是大不列颠银行家协会根据其选定的银行在伦敦银行间同业拆借市场报出的利率进行抽样，并平均计算所得的利率指标。LIBOR是目前全球金融市场最重要和最常用的基准利率。同样，其他主要发达国家也有各自的同业拆借市场利率，如新加坡同业拆借利率（SIBOR）、纽约同业拆借利率（NIBOR）、香港同业拆借利率（HIBOR）等。

## 第二节　回购协议市场

回购协议指的是商业银行等金融机构在出售证券等金融资产以获得即时可用资金的同时，与金融资产购买商签订协议，约定在一定期限后按原定价格或约定价格购回所卖证券。买方也承诺日后将买入的证券售回给卖方。从表面上看，回购协议是一种金融证券的短期买卖，但实际上是以金融资产为质押品而进行的短期资金融通。证券的卖方以一定数量的证券进行质押借款（出售证券所得即借款额），条件是一定时期内再购回证券，且购回价格高于卖出价格，两者的差额即为借款的利息。回购协议交易对于金融资产的买方（即资金贷出方）而言称作“逆回购交易”。

### 一、回购协议市场的产生和发展

早在19世纪60年代，美国的证券交易商之间就开始出现了回购协议。19世纪末，在波士顿的一些国民银行间开始通过回购协议来相互调剂准备金余额，其作用相当于如今的银行同业拆借市场，只不过回购协议多以金融资产作为抵押品进行交易。规范化的回购协议是在1924年由联邦储备银行在公开市场业务中首先推出的，从那以后，回购操作一直是中央银行调节货币供应量的重要操作工具，是公开市场操作的形式。1969年，美国联邦政府在法律中明确规定：银行以政府债券作为交易对象的回购协议，其资金来源不受法定存款准备金的限制。这一规定进一步推动了回购协议交易的发展，国库券等短期政府债券也成为回购协议市场的主要交易对象。伴随着美国国债的发行和扩张，美国因此也确立了回购协议市场在国际上的主要地位。

回购协议的发展与它自身独特的优势有关。首先，回购协议所获借款不用向中央银行提交准备金，不像向社会公众吸收存款那样受到中央银行法定存款准备金率的约束，这就降低了回购协议借款的实际成本；其次，由于回购协议以政府债券等金融资产作担保，资金需求银行所付的利息稍低于同业拆借利率；最后，回购协议的期限长短多样，可满足不同需求。回购协议的期限虽多为一个交易日，但也有长达几个月的，而且双方可签订连续合同。在协议不产生异议的情况下，协议可自动展期，而银行同业拆借一般不允许展期。

我国货币市场当前存在着两种类型的回购协议：买断式回购和质押式回购。买断式回购指债券持有人（正回购方）将债券卖给债券购买方（逆回购方）的同时，交易双方约定在未来某一日期，正回购方再以约定价格从逆回购方买回相等数量同种债券的交易行为。在回购到期前，逆回购方对买入的金融资产有处置权，可以在此期间进行再回购或其他交易，只要保证在回购到期时可以将此金融资产卖回正回购方即可。质押式回购是交易双方进行的以债券为权利质押的一种短期资金融通业务，指资金融入方（正回购方）在将债券出质给资金融出方（逆回购方）融入资金的同时，双方约定在将来某一日期由正回购方按约定回购利率计算的资金额向逆回购方返还资金，逆回购解除出质债券上质权的融资行为。质押式回购约束了逆回购方对金融资产的处置权，它是一种传统的质押贷款形式。可见，本书中定义的回购协议实质上是买断式回购。买断式回购的期限为1~91天，交易系统按1天、7天、14天、21天、1个月、2个月、3个月共7个品种统计公布买断式回购的成交量和成交价。质押式回购的期限为1~365天，交易系统按1天、7天、14天、21天、1个月、2个月、3个月、4个月、6个月、9个月、1年共11个品种统计公布质押式回购的成交量和成交价。

## 二、回购协议市场交易机制

回购协议的期限从隔夜至数月不等，如我国的买断式回购期限最长为91天，而质押式回购最长为1年。当回购协议签订后，资金获得者（正回购方）同意向资金供应者（逆回购方）出售政府债券以及其他债券以换取短期可用的资金。一般而言，回购协议中所交易的证券主要是政府债券。回购协议期满时，再用即时可用资金以较高的价格作相反的交易。从表面上看，资金需求者通过出售债券获得了资金，而实际上这是资金需求者从短期金融市场上借入一笔资金。对于资金借出者来说，它获得了一笔短期内有权支配的债券，但这笔债券到时候要按约定的数量如数交回。所以，出售债券的人实际上是借入资金的人，购入债券的人实际上是借出资金的人。出售一方允许在约定的日期，以原来买卖的价格再加若干利息购回该债券。不论到期时该债券的价格相对于签约时是上升还是下降，双方均要按约定价格购回（这种机制类似于远期交易）。

金融机构之间的短期资金融通，一般可以通过同业拆借和回购协议的办法实现。但是，有一些资金有余部门不是金融机构或是没有银行同业拆借市场交易资格的非金融行业、政府机构、证券公司，甚至个人投资者等，它们多采用回购协议的办法实现短期资金融通。

回购协议的标的证券种类很多，一般是流动性强、质地优良的品种，如政府债券（短期、中期、长期）、金融债券、商业票据、银行承兑汇票、大额定期存单等，最主要的质押品种是政府债券。这是因为政府债券信用度最高、流动性强，金融机构一般都持有大量的政府债券。目前，我国在上海证券交易所和深圳证券交易所上市交易的国债逆回购品种是以国债和企业债作为标的证券进行质押操作。

在回购市场中，由于有的回购在场外进行，有的回购在交易所进行，所以利率是不统一的。利率的确定取决于多种因素，这些因素主要有：（1）标的证券的质地，证券的信用度越高，流动性越强，回购利率就越低，一般国债回购利率要低于企业债回购利率；（2）回购期限的长短，期限越长导致不确定因素越多以及资金占用的机会成本较大，因而利率也比较高；（3）其他类型的货币市场利率水平，金融市场间总是存在千丝万缕的关系，一个市场的波动往往引起其他市场的波动，从而产生连锁反应。

回购协议一般是参照同业拆借市场利率而确定的。由于回购交易实际上是一种用较高信用的证券特别是国券作抵押的贷款方式，风险相对较小，因而利率也较低。但是当银行同业拆借市场利率出现波动时，表明资金面出现问题，回购市场利率也会作出相应的反应。

### 三、我国的回购协议市场

我国回购协议市场的建立和发展与20世纪90年代国债市场的发展紧密相关。当时，上海证券交易所和全国证券交易自动报价系统（STAQ系统）成立不久，跨地区、有组织、规范化的国债交易刚刚起步。由于“国债发行难”的问题突出，为提高国债的流动性，STAQ系统于1991年7月宣布试办国债回购交易。当年9月14日，在两家STAQ系统的会员公司之间，完成了第一笔回购交易。继STAQ系统之后，1992年，武汉证券交易中心也推出了国债回购业务。其后，随着国债发行规模的扩大、国债期货试点的推出以及国债现货市场日趋活跃，国债回购业务有了长足的发展。当年，中国其他的主要证券交易场所，包括上海证券交易所、深圳证券交易所、天津证券交易中心等，都先后开办了国债回购业务。在发展过程中，用于回购的标的物也扩展了范围，不仅包括国债，还包括金融机构债券以及在各证券交易中心上市的基金凭证。但是，表面看似发展迅速的回购协议市场却伴随着违规行为盛行、坏账问题严重等操作风险和信用风险。1997年6月，中央政府决定将银行和非银行金融机构实施分业经营和管理，银行间债券现券交易和回购协议交易搬到了全国银行业同业拆借市场进行。于是，我国的债券交易和回购协议市场就出现了银行间市场和交易所市场两个层面的交易场所。

为了规范和发展回购协议市场，约束市场上不断出现的新的可用于回购的金融证券品种和其他不合规行为，1995年中国人民银行、财政部和证监会联合发布通知规定，证券回购券种只能是国库券和经中国人民银行批准发行的金融债券；回购期限最长不得超过1年；回购资金不得用于固定资产投资，不得用于期货市场投资和股本投资，不得以贷款、拆借等任何名义用于企业；非金融机构、个人以及不具有法人资格的金融机构一律不得直接参与证券回购业务。1997年6月以后，全国统一同业拆借中心开办国债、政策性金融债券和中央银行融资券的回购业务。2002年以后，上海证券交易所和深圳证券交易所先后上市企业债券的回购协议，丰富了回购协议市场在交易所交易的品种。2004年12月，上海证券交易所和深圳证券交易所推出了国债买断式回购协议。这样一来，在交易所市场，回购协议的品种有国债回购、企业债回购；在全国银行业同业拆借市场，回购协议的品种有国债回购、中央银行票据回购、政策性金融债券回购和短期融资券回购等。

## 第三节　短期政府债券市场

短期政府债券，是以政府自身的地位和权利作为信用担保，由政府承担到期偿付本金和利息责任的，期限在一年以内的债务凭证。从广义上看，政府债券不仅包括国家金融财政部门所发行的债券，还包括了地方政府证券。狭义上的短期政府债券仅指国库券。一般政府短期债券市场主要指的是国库券市场。短期政府债券由于有政府信用担保，发行量大，流动性强，所以它在货币市场中占有相当重要的地位。

### 一、短期政府债券的特点

跟其他货币市场信用工具相比，短期国库券交易具有一些较明显的投资特征。这些特征对投资者购买国库券具有很大影响。

（一）信用风险小

短期政府债券代表的是国家的债务，以政府信用作为担保，因而在不出现国家政治危机或信用危机的情况之下，它被认为是没有违约风险的。即使是信用等级最高的其他货币市场票据，如商业票据、银行承兑汇票等，也存在一定的风险，在经济衰退时期风险更突出。短期政府债券无违约风险的特征增加了其对投资者的吸引力。

短期政府债券信用风险小的特点在回购协议市场上也可以体现出来。首先，回购协议市场多数的交易标的为政府债券；其次，政府债券回购的利率要低于金融债券回购和票据回购等。

（二）流动性强

短期政府债券流动性强表现在其能在交易成本较低及价格风险较低的情况下迅速变现。短期政府债券具有这一特征，是由于它是一种在高组织性、高效率和竞争市场上交易的短期同质工具。正因为其流动性强，短期政府债券也被视为具有货币性质的“准货币”。

（三）面额小

相对于其他货币市场票据或存单来说，短期政府券的面额较小。在美国，1970年以前的国库券的最小面额为1 000美元，目前为10 000美元，其面额比商业票据等其他货币市场票据的面额（大多为10万美元）小得多。对许多小投资者来说，短期政府债券通常是他们能直接从货币市场购买的唯一有价证券。

（四）免税

政府债券的利息收益一般是免税的。短期政府债券免税优点：当商业票据等其他货币市场工具收益的税收较高时，投资者投资政府债券的税收优势越明显；当政府债券和商业票据等名义利息收益接近的时候，政府债券的税收优惠会增大其实际利息收益。

## 二、短期政府债券的发行市场

短期政府债券的发行主体一般是中央政府，由财政部负责发行，以贴现（折价）方式进行，投资者的收益是证券的购买价与证券面额之间的差额。在美国等发达国家，由财政部发行的短期债券一般称为国库券。政府发行短期债券的目的可归纳为：第一，满足政府部门短期资金周转的需要。虽然多数政府努力保持每年的财政收支平衡，但是政府收支季节性的变动往往导致其间可能也有一段时间资金短缺，需要筹措短期资金来保持资金周转顺利。这时，政府部门就可以通过发行短期债券以保证临时性的资金需要，而政府部门的长期收支差额，由发行中长期公债来弥补。但是，当长期利率水平不稳定时，政府则不适合发行长期公债，因为如果债券利率超过将来实际利率水平，则政府将承担不应承担的高利率。如果预期利率低于将来实际利率水平，则公债市场价格将跌至票面之下，影响政府公债的销售。在这种情况下，最好的办法就是先按短期利率发行短期政府债券，在长期利率稳定后再发行中长期公债。第二，为了中央银行的公开市场操作。在美国，政府短期债券是中央银行进行公开市场操作的首选工具。由于我国目前还缺乏完善的短期国债市场，所以公开市场操作常常是通过中央银行票据的回购来完成的。

在大多数国家，短期政府债券通过拍卖方式发行。在拍卖机制设计上，目前存在着两种主流的拍卖方式：荷兰式招标（或称“单一价格招标”）方式和美国式招标（或称“多种价格招标”）方式。

（一）荷兰式招标

荷兰式招标，是指按照投标人所报买价自高向低（或者利率由低向高）的顺序中标，直至投标人需求量满足预定发行额为止，中标的投标人以所有中标价格中的最低价格认购中标的国债数额。所以，荷兰式招标的成交价格是以所有中标者的最低中标价格作为最终中标价格，全体中标者的中标价格是单一的，故又称为“单一价格招标”。在这种拍卖机制设计和市场需求刺激下，如果投标人为了获得更多的政府债券，往往会导致价格抬高，这样对国债发行方来说是有利的。因此，从政府融资的角度上看，市场需求不大时，不宜采用荷兰式招标。根据标的的不同，荷兰式招标可分为荷兰式价格招标、荷兰式缴款期招标和荷兰式收益率招标。

1.荷兰式价格招标

荷兰式价格招标的竞争标的物是政府债券的发行价格，以募满发行额为止所有投标商的最低中标价格作为最后中标价格，全体投标人的中标价格是单一的。

2.荷兰式缴款期招标

荷兰式缴款期招标的竞争标的是缴款时间，以募满发行额为止的中标商的最迟缴款日期作为全体中标商的最终缴款日期，全体中标人的缴款日期是单一的。

3.荷兰式收益率招标

荷兰式收益率招标的竞争标的是政府债券的投资收益率，是以募满发行额为止的中标商最高收益率作为全体中标商的最终收益率，所有中标商的到期收益率是相同的。

（二）美国式招标

与荷兰式招标的成交价格不同，美国式招标中标价格为投标方各自报出的价格，故称“多种价格招标”。

1.美国式价格招标

美国式价格招标的标的为价格，发行人按价格由高到低的顺序原则确定中标者，直至发行额满。各中标机构按各自加权平均中标价格承销当期国债。

2.美国式收益率招标

美国式收益率招标的标的为政府债券的收益率，发行人按照投标人的报价收益率由低到高排序，直至发行额满。全场加权平均中标利率为当期国债的票面利率，各中标机构依各自及加权平均中标利率折算出各自的承销价格。

3.美国式缴款期招标

美国式缴款期招标以缴款期为标的，以募满发行额为止的中标商的各自投标交款日期作为中标商的最终交款日期。与荷兰式招标不同，这里各中标商的交款日期是不同的。

美国式招标对投标人的投标技术要求较高，投标人在信息不对称的情况下进行的博弈，报价越高则损失越大。该方法有利于形成符合市场要求的发行利率，即有利于形成市场化的债券发行价格发现机制。但在该方式下，主要投标人之间可能因为共同的利益而联合起来，垄断发行市场，形成有利于他们的垄断价格。

目前，世界上实行政府债券招标发行的国家大部分采取的是美国式的招标方式。虽然机制设计理论认为荷兰式招标方式比美国式招标方式更为有效，但在拍卖的实践过程中，荷兰式招标方式并未体现出明显的优势。目前也出现了部分国家采用荷兰式招标的趋势，如美国就从20世纪90年代初期开始试行此方法。在不同的市场环境下，供求关系、市场结构和垄断势力、监管措施等都影响着两种招标方式的有效性，发行人应该根据自身需求和市场环境灵活使用这两种方式。

我国从1995年开始试行美国式招标。多种价格招标方式对我国国债市场的意义在于：第一，有利于推动政府债券的发行定价机制进一步完善。虽然理论上荷兰式招标方式比美国式招标方式具有更大优势，但美国式招标对市场环境、发行人和投标人的要求更高，投标结果更接近市场，因此有利于完善政府债券的发行定价机制。同时，美国式招标使每个投标人独自承担自己投标所产生的风险，而无法将这样的风险转嫁给别人。第二，实行美国式招标有利于形成高效率、低成本的发行市场。发行人为了产生有利于自己的发行价格，会结合市场行情和市场结构设计多个发行方案，影响利率水平并确保政府债券的顺利发行。第三，实行美国式招标有利于协调一级市场和二级市场的收益率。在美国式招标方式下，二级市场收益率水平是投标人的主要参考依据之一，投标结果更接近市场的利率水平。这样确保两个市场之间不会产生较大的背离，从而避免新券对老券的冲击，有利于二级市场的稳定。第四，实行美国式招标发行有利于调整二级市场的收益率结构。我国国债数量少，期限结构不合理，市场交易主体和承销商的水平差距较大，风险控管体系建立不完善，发行市场化程度不高等因素导致我国形成了不合理的国债收益率曲线。美国式招标则会“倒逼”投标人加强风险管理意识，进行理性投标，产生较为合理的利率水平，推动收益率曲线的结构性调整，实现以价值为导向的投资。

### 三、短期政府债券的收益率

#### （一）持有期年收益率

持有期年收益率，亦称等价收益率，是指按贴现买入的收益与买入价格的比例按单利计算的年收益率。计算公式为：

$$YD=\frac{F-P}{P}\times\frac{365}{D}\times 100\%$$

其中，YD是持有期年收益率，F是短期政府债券的面值，P是发行价或买入价，D是剩余期限。

#### （二）有效年收益率

有效年收益率是贴现收益与买入价格的比值按复利计算的年收益率。计算公式为：

$$YE=\left[\left(1-\frac{F-P}{P}\right)^{\frac{365}{D}}-1\right]\times 100\%$$

其中，YE是有效年收益率，F是短期政府债券的面值，P是发行价或买入价，D为剩余期限。一般而言，在贴现发行的市场上YE大于YD。

（三）价格

债券市场的做市商在市场上的报价常常不以政府债券的价格显示，而是以对应的贴现收益率显示。所谓贴现收益率是指短期政府债券的面值和贴现购买价的差额比上债券的面值，并按单利计算的年收益率。计算方法如下：

$$YT=\frac{F-P}{F}\times\frac{360}{D}\times 100\%$$

其中，YT是贴现收益率，F是面值，P是价格，D是剩余期限。由贴现收益率的表达式可求出债券价格P，计算方法为：

$$P=F\left(1-YT\times\frac{D}{360}\right)$$

政府债券市场的做市商的报价方法是双向报价，即同时报出买入收益率和卖出收益率，买入收益率高于卖出收益率。由价格的表达式可知，贴现收益率越高，在其他条件不变的情况下价格越低，所以做市商的买入价要低于同时报出的卖出价。这样一来，做市商的利润就来自于买卖报价间的差价。

### 四、我国短期政府债券市场的发展

1949年新中国成立前夕，在陈云的主张下，我国发行了国库券，时称“人民胜利折实公债”。探究其发行的原因，一方面是在“公粮”和税收等来源出现问题的情况下增加政府的财政财力，另一方面是由于防止通货膨胀问题恶化，不能持续印发钞票。此后，国库券在社会主义建设时期停发。直到1981年，为了弥补财政赤字，国务院发布了《中华人民共和国国库券条例》，从此伴随着改革开放序幕的拉开，国库券正式登陆金融市场。当然，严格意义上的国库券是指期限在1年以内的短期政府债券。但是直到1994年，我国政府才首次发行期限短于1年（分别为半年和1年）的短期政府债券。1996年开始发行了期限为3个月、6个月和1年的国库券。1997年，1年内的短期政府债券停发。在短期政府债券停发1年之后，2003年开始重新发行，但是规模始终难以壮大。在国外，短期政府债券是中央银行公开市场操作的重要工具。由于在我国缺乏这样的一个市场，反而在2003年由中国人民银行发行的中央银行票据（简称“央票”）填补了这一空白。如今，中国人民银行对央票的正回购和逆回购操作对我国的金融市场有着重要的影响，为市场提供了一个可以了解央行政策意图的窗口。

## 第四节　票据市场

广义上的票据可以泛指各种有价证券和凭证，如债券、股票、提单、发票等。狭义上的票据仅指出票人根据票据法签发的，由自己无条件支付确定金额或委托他人无条件支付确定金额给收款人或持票人的有价证券，是出票人和持票人支付义务和索取权利的法律证明。在我国，狭义上的票据是汇票、支票及本票的统称。由于票据是在商业往来支付基础上产生的，所以票据也称商业票据，而如今根据美国金融市场的特点，主流教材称商业票据是为了与银行承兑汇票区分开。在我国，本票只有银行本票，即不包括商业本票、个人本票等。但是，由于国际上商业本票运行较早，所以本节所介绍的票据包括了商业本票。

## 一、商业票据市场

商业票据是大公司为了筹措资金而向社会公众发行的信用凭证，其特征类似于贴现债券。由于商业票据是信用凭证，没有担保，因此发行商业票据的一般都是规模较大、支付能力较强的大公司。美国现代意义上的商业票据就是由通用汽车公司、AT&T等大企业发行的。商业票据市场就是商业票据交易的市场。

### （一）商业票据的产生与发展

从票据的产生来看，在罗马帝国时代，就有了票据的雏形。罗马帝国时代出现的“自笔证书”具有类似于现代票据的功能。“自笔证书”由债务人签发并交给债权人持有，当债权人请求债务人支付时，必须先出示“自笔证书”，债权人“见证即付”。当其获得付款时，债权人须将证书返还债务人。

与现代银行本票功能类似的，为12世纪意大利的货币兑换行发行的“兑换证书”。当时，意大利跨区贸易发展迅速，由于途中不便携带过多的货币，跨地区的货币兑换显得十分重要。甲地货币兑换行收取商人货币后，向商人签发兑换证书，商人持此证书向兑换商在乙地的分行请求支付款项，支取乙地通用的货币。这种兑换证书相当于现代的异地付款的本票，被认为是欧洲国家票据的起源。

汇票的萌芽同样出现在12世纪的意大利——意大利货币兑换商发行的“付款委托书”。货币兑换商向其他商人发行“异地付款证”的同时也发行付款委托证书（起到“承兑”的作用），当在未来持证人向指定人请求付款时，必须同时向付款人提示两种证书，否则付款人有权拒绝付款。13世纪以后，付款委托证书逐渐独立并发展成汇票。

现代的商业票据市场主要是在美国，大多数美国早期的商业票据通过中间经纪商出售，主要购买者是商业银行。20世纪上半叶，商业票据的性质发生了变化，随着汽车和其他耐用消费品的需求刺激了贷款的需求，这一时期产生了大量的消费信贷公司，以保证消费品融资购买的需要，而其资金来源则通过发行商业票据来进行筹集。首家发行商业票据的大消费信贷公司是美国通用汽车承兑公司，它发行商业票据主要为购买通用汽车公司的汽车融资。通用汽车承兑公司进行的改革是将商业票据直接出售给投资者，而不通过商业票据中间商销售。

20世纪60年代，由于Q条例利率上限的限制，银行贷款难以取得，许多公司转向商业票据市场寻找替代的资金来源，因此银行发行的商业票据在20世纪60年代末迅速发展壮大。

（二）商业票据市场的运行

1.发行人

商业票据的发行人亦称出票人，包括金融性公司和非金融性公司。金融性公司主要有三种：附属性公司，如汽车公司的金融公司；与银行有关的公司，如银行的子公司；控股公司及独立的金融公司，如银行等金融机构。

2.面额及期限

商业票据的面额相对较大。在美国商业票据市场上，大多数商业票据的发行面额都在100 000美元以上。在二级市场上，商业票据的最低交易规模为100 000美元。少数的商业票据面额在50 000美元以下。商业票据的期限较短，一般不超过270天，多数商业票据的期限为20～40天。

3.发行

商业票据的发行分为两种形式：一种是直接发行，另一种是中介承销发行。直接发行即不经过中介机构，发行人直接将票据出售给投资者。采取这种发行方式的企业需要有足够高的业内知名度和良好信誉。企业为了发行商业票据，一般会成立附属性的金融公司或独立部门专门从事商业票据管理。如果公司知名度不够高或者不常发行商业票据，那么其发行商业票据的难度会大大增加，这时就需要寻找合适的中介机构代发或者承销。通过支付一定的中介费实现代理发行，充分利用了中介机构的客户资源，有利于商业票据的顺利发行。

公司发行商业票据究竟采取何种方式，主要取决于发行者使用这两种方式的成本高低。非金融性公司主要通过商业票据中介服务商销售，因为他们的短期信用需求通常具有季节性及临时性，缺乏永久性的商业票据信誉和研发、销售队伍。但有一些规模非常大的公司则通过自己的下属金融公司直接销售，在这样的大公司中，其未到期的商业票据一般在数亿美元以上，其中大多数为大金融公司和银行持股公司。

4.商业票据的风险与信用评级

商业票据是以商业公司或金融机构的信用担保为基础的，再大的企业也有可能出现流动性危机甚至倒闭，这就为商业票据带来了支付风险。能否顺利兑换成现金是商业票据持有人面临的主要风险，如果票据无法及时兑付或者出现违约，则其可能变得一文不值。

为了告知投资者持有商业票据所面临的风险大小，一种国际惯例就是信用评级。虽然信用评级机构在美国次贷危机中饱受诟病，但是评级公司对金融资产给出的评级仍旧在市场上有很大的参考价值。信用评级对于商业票据的发行有重要的作用。一方面，信用等级是投资者根据自己风险偏好选择投资的主要参考依据，较高的信用等级意味着较低的违约风险，收益率往往也较低；较低的信用等级则预示着公司可能存在较大概率的流动性风险，收益率也是较高的。另一方面，信用等级的高低直接影响了商业票据发行人的融资成本。信用等级较低的公司，为了补偿给投资者所承担的风险，需要支付更多的利息；而信用等级较高的公司则只需要付出较低的利息。

（三）我国商业票据市场的发展

我国传统的商业票据主要是指商业汇票。商业汇票是由非银行企业作为出票人签发的，委托付款人在见票时或者在指定日期无条件支付确定的金额给收款人或者持票人的票据。国际上，在商业票据市场主要流通的是商业本票，狭义上也把商业本票视同为商业票据。在我国，票据法只赋予了银行本票的合法地位，但是，事实上在我国银行间市场流通着一种在本质上和商业本票一样的金融工具——短期融资券。短期融资券是指企业依照《银行间债券市场非金融企业债务融资工具管理办法》的条件和程序在银行间债券市场发行和交易并约定在一定期限内还本付息的有价证券，是企业筹措短期（1年以内）资金的直接融资方式。2005年5月，中国人民银行发布《短期融资券管理办法》，允许企业向全国银行间债券市场的机构投资者发行短期融资券，具有中国特色的商业本票开始在我国金融市场发行并流通。2008年，中国人民银行发布了《银行间债券市场非金融企业债务融资工具管理办法》取代了《短期融资券管理办法》。新的管理办法规定非金融企业发行债务融资工具应在中国银行间市场交易商协会注册；债务融资工具在中央国债登记结算有限责任公司登记、托管、结算，中央结算公司负责债务融资工具登记、托管、结算的日常监测，每月汇总债务融资工具发行、登记、托管、结算、兑付等情况向交易商协会报送；全国银行间同业拆借中心为债务融资工具在银行间债券市场的交易提供服务，同业拆借中心负责债务融资工具交易的日常监测，每月汇总债务融资工具交易情况向交易商协会报送；企业发行债务融资工具应由金融机构承销，企业没有直接发行权；企业发行债务融资工具应由在中国境内注册且具备债券评级资质的评级机构进行信用评级；交易商协会应每月向中国人民银行报告债务融资工具注册汇总情况、自律管理工作情况、市场运行情况及自律管理规则执行情况，中国人民银行依法对交易商协会、同业拆借中心和中央结算公司进行监督管理。

## 二、银行承兑汇票市场

汇票是由出票人签发的，要求付款人在见票时或在一定期限内，向收款人或持票人无条件支付一定款项的票据。汇票是国际结算中使用最广泛的一种信用工具。

（一）银行承兑汇票概述

在商品交易活动中，汇票是购货人常用的信用工具。供货商为了向购货人索取货款而签发的汇票，经付款人在票面上承诺到期付款的“承兑”字样并签章后，就成为承兑汇票。经购货人承兑的汇票称为“商业承兑汇票”，经银行承兑的汇票即为“银行承兑汇票”。银行承兑汇票市场是以银行承兑汇票作为交易对象的交易场所。由于银行承兑汇票由银行承诺承担最后付款责任，实际上是银行给收款人提供了一份保险，保险受益人是收款人，保险的购买人是出票人，因此，出票企业向银行交纳的手续费相当于保险费。不过，与保险不同的是，承兑的银行是第一责任人，只有在承兑行无法承兑时，才有可能追溯出票人的责任。

承兑是银行承兑汇票区别于其他汇票和本票的重要特征。承兑是指汇票付款人承诺在汇票到期日支付汇票金额的票据行为。银行承兑汇票是以银行信用作为担保的商业票据，所以是一种流动性较强的货币市场工具。

国际贸易是银行承兑汇票产生的主要原因。在国际贸易上，进出口交易商由于地域、语言、文化等差异，出口商和进口商之间的信用和财务状况存在信息不对称问题。双方面临的问题是，出口方担心进口方无法及时支付货款或者全额付款，而进口方则担心出口方不能按时发货，交易就很难进行。这时便需要国际性银行机构的信用为当地的进出口商作保证。进口商首先要求在进口国的银行开立信用证。信用证授权国外出口商开出以进口国银行为付款人的汇票。汇票类型为即期汇票或者远期汇票。若出口商开出即期汇票，付款银行（即进口方银行在出口国的分支机构）见票即付。若是开出远期汇票，付款银行（开证行）在汇票正面签上“承兑”字样，填上到期日，银行承兑汇票就产生了。

（二）银行承兑汇票的特点

在国际贸易中运用银行承兑汇票至少具有如下三方面的特点。

1.银行承兑汇票从它产生开始就是为了保证出口商的应收账款的安全。出口商可以在汇票到期时收到应收的货款，保持现金流的安全以顺利进行下一期的生产，节省了货运特别是海运途中的时间占用。

2.对出口商而言，银行承兑汇票还能规避外汇市场的波动风险。当出口国和进口国使用不同货币结算时，跨期结算可能会导致出口国的汇率损失。银行承兑汇票的承兑行在承兑时是该银行在出口国的分支机构给出口商付款的。付款的金额即为交易合同签署时以出口商所在地的流通币种计价的，出口商就此避免了国际贸易中的不同货币结算上的不便和汇率风险。

3.从信息不对称的角度看，由于有财力雄厚、信誉卓著的商业银行对货款的支付作担保，银行承兑汇票持有人到期不能收到货款的概率大大降低。出口商因此也无须花费财力和时间去调查进口商的信用状况。

（三）发行市场

银行承兑汇票的发行过程包括出票和承兑两个环节。出票是出口方（国际贸易）或售货方（国内贸易）为向购货方或进口方收取交易合同款项而出具汇票的行为。承兑是购货方在收到供货方出具的汇票之后，交给本方银行承诺支付的行为。汇票最常见的期限有30天、60天和90天，也有期限为180天和270天的汇票。

（四）交易市场

银行承兑汇票在二级市场的交易包括转让、贴现、转贴现和再贴现。转让、贴现、转贴现和再贴现都需要涉及一个票据行为——背书。背书，是指持票人以转让汇票权利或授予他人一定的汇票权利为目的，在汇票背面或粘单上记载有关事项并签章的票据行为。背书的人就会对这张汇票负某种程度、类似担保的偿还责任。背书人背书转让汇票后，即承担保证其后手付款的责任。背书人有义务在汇票得不到付款时，向持票人清偿。银行承兑汇票贴现是指银行承兑汇票的贴现申请人（持票人）由于资金需要，将未到期的银行承兑汇票转让给银行，银行按票面金额扣除贴现利息后，将余额付给持票人的一种融资行为，所扣除的贴现利息是贴现申请获得这笔资金的融资成本。汇票持有人在背书之后就可以通过贴现提前收取货款。

转贴现是指持有汇票的银行等金融机构为了融通资金，在票据到期日之前将票据权利转让给其他金融机构，由被转让方收取一定利息后，将约定金额支付给持票人的票据行为。转贴现是金融机构之间的短期资金融通行为。再贴现是中央银行通过买进商业银行持有的已贴现但尚未到期的商业汇票，向商业银行提供融资支持的行为。再贴现行为是商业银行和中央银行之间的交易，因此，再贴现也是中央银行实施货币政策的工具之一。

## 第五节　大额可转让定期存单市场

大额可转让定期存单（CD），是由商业银行发行的具有固定面额、固定期限，可以流通转让的大额存款凭证。顾名思义，大额可转让定期存单市场就是发行与流通转让大额可转让定期存单的市场。2015年6月3日，中国人民银行决定推出大额存单产品，并制定了暂行办法。其发行主体为银行业存款类金融机构，投资人包括个人、非金融企业、机关团体等非金融机构投资人及保险公司、社保基金，个人投资人认购的大额存单起点金额不低于30万元。

### 一、大额可转让定期存单市场的产生与发展

大额可转让定期存单市场首创于美国。1961年2月，为了规避"Q条例"对银行存款利率的限制，抑制银行活期存款数量因通货膨胀的发生而持续下降的局面，花旗银行开始向大公司和其他客户发行大额可转让定期存单。这种存单与普通定期存款的区别在于：存单面额大，通常在10万美元与1 000万美元之间；存单不记名，便于存单持有人在存单到期前在二级市场上将存单转让出去；存单的二级市场非常发达，交易活跃。由此可以看出，大额可转让定期存单将活期存款的流动性和定期存款的收益性合为一体，从而吸引了大批客户。1970年，伴随着美国通货膨胀率的持续上涨，美国国会取消了对大额可转让定期存单的利率限制，进而使这种存单成为美国商业银行筹集信贷资金的重要工具。资料显示，至1972年，大额可转让定期存单占到全部银行存款的大约40%。此后，许多国家纷纷效仿美国建立大额可转让定期存单市场，促进了此市场在全世界范围内的发展。

### 二、大额可转让定期存单市场的功能

商业银行等存款类金融机构是大额可转让定期存单市场的主要筹资者。商业银行通过发行大额可转让定期存单可以主动、灵活地以较低成本吸收数额庞大、期限稳定的资金，甚至改变了其经营管理理念。在大额可转让定期存单市场出现以前，

商业银行通常认为其对于负债是无能为力的，存款人是否到银行存款、存多少取决于存款人的经济行为，商业银行处于被动地位，因而其流动性的保持主要依赖于持有数额巨大的流动性资产，但这会影响其营利性。大额可转让定期存单市场诞生后，商业银行发现通过主动发行大额可转让定期存单增加负债也是其获取资金、满足流动性的一个良好途径，而不必再持有大量的、收益较低的流动性资产。于是，大额可转让定期存单市场便成为商业银行调整流动性的重要场所，商业银行的经营管理策略也在资产管理的基础上引入了负债管理的理念。

大额可转让定期存单市场的投资者种类众多，非金融企业、非银行金融机构、商业银行，甚至富裕个人都是这个市场的积极参与者。大额可转让定期存单到期前可以随时转让流通，具有与活期存款近似的流动性，但与此同时又拥有定期存款的收益水平，这种特性极好地满足了大宗短期闲置资金拥有者对流动性和收益性的双重要求，成为其闲置资金的重要运用方法。

### 三、大额可转让定期存单的期限与利率

期限最短的大额可转让定期存单是14天，典型的大额可转让定期存单的期限多为1个月到4个月，也有6个月的，超过6个月的存单较少。

大额可转让定期存单的利率有固定的，也有浮动的，浮动利率的存单期限较长。发行银行的信用评级、存单的期限和存单的供求量是决定大额可转让定期存单利率水平的主要因素。

通常来说，大额可转让定期存单的利率水平类似于其他货币市场工具，但略高于同期限的国库券利率，利差为存单相对于国库券的风险溢价。

**课堂小讨论**

假设你是一个企业主，你将如何从货币市场筹集资金？

## 本章小结

1.货币市场是一年期以内的短期金融工具交易的场所，是所有金融工具交易市场中流动性最强的市场，因此成为中央银行实施货币政策公开市场操作的重要途径。货币市场就其结构而言，可分为银行同业拆借市场、回购协议市场、短期政府债券市场、银行承兑汇票市场、商业票据市场、大额可转让定期存单市场及货币市场共同基金的市场等。

2.同业拆借是指金融机构（主要是商业银行）之间为了调剂短期资金余缺而进行的短期借贷。金融机构之间以同业拆借形式进行货币借贷和短期资金融通活动形成了同业拆借市场。同业拆借的交易方式分为直接拆借和间接拆借。同业拆借利率是同业拆借市场上资金供给方和需求方达成交易协议的利率，也是交易的资金成本。同业拆借形成的利率往往是各国金融市场的基准参考利率，因此，它是货币市场体系的重要组成部分。我国同业拆借利率的基准利率是上海银行间同业拆放利率(SHIBOR)。

3. 在我国当前货币市场存在着两种类型的回购协议：买断式回购和质押式回购。在交易所市场，回购协议的品种有国债回购、企业债回购；在全国银行业同业拆借市场，回购协议的品种有国债回购、中央银行票据回购、政策性金融债券回购和短期融资券回购等。

4. 政府债券不仅包括国家金融财政部门发行的债券，还包括了地方政府证券。狭义的短期政府债券仅指国库券。跟其他货币市场信用工具相比，短期国库券交易具有信用风险小、流动性强、面额小、税收免征等特点。政府债券招标在拍卖机制设计上，目前存在着两种主流的拍卖方式：荷兰式招标方式和美国式招标方式。目前世界上大多数国家采取的是美国式的招标方式，我国在1995年开始试行美国式招标。债券市场的做市商在市场上的报价常常不以政府债券的价格显示，而是以对应的贴现收益率显示。

5. 商业票据是大公司为了筹措资金而向社会公众发行的信用凭证，我国传统的商业票据主要是指商业汇票，短期融资券则代替了商业本票在我国银行间市场流通。

6. 承兑是银行承兑汇票区别于其他汇票和本票的重要特征。银行承兑汇票是以银行信用作为担保的商业票据，所以是一种流动性较强的货币市场工具。国际贸易是银行承兑汇票产生的主要原因，在国际贸易中运用银行承兑汇票可以保证出口商的应收账款的安全，规避外汇市场的波动风险，确保收到货款的概率。汇票最常见的期限有30天、60天和90天等几种。银行承兑汇票在二级市场的交易包括转让、贴现、转贴现和再贴现。

7. 大额可转让定期存单市场首创于美国。与普通定期存款的区别在于存单面额大，不记名，交易活跃。商业银行等存款类金融机构是大额可转让定期存单市场的主要筹资者。典型的大额可转让定期存单的期限多为1个月到4个月，利率既有固定的，也有浮动的，一般略高于同期限的国库券利率。

## 关键概念

货币市场　同业拆借　回购协议　短期政府债券　商业票据　承兑汇票　大额可转让定期存单

## 综合训练

一、单项选择题

1. 货币市场的活动是所有金融工具交易市场中（　　）最强的市场。

A. 风险性　　B. 收益性　　C. 流动性　　D. 波动性

2. 我国同业拆借利率的基准利率是（　　）。

A. HIBOR　　B. LIBOR　　C. SIBOR　　D. SHIBOR

3. 中央银行通过买进商业银行持有的已贴现但尚未到期的商业汇票，向商业银行提供融资支持的行为称做（　　）。

A. 背书转让　　B. 转贴现　　C. 回购　　D. 再贴现

4. 转让、贴现、转贴现和再贴现都需要涉及的一个票据行为是（　　）。

A. 签发　　B. 背书　　C. 承兑　　D. 保证

5. 大额可转让定期存单市场首创于（　　）。

A. 英国　　B. 法国　　C. 美国　　D. 德国

## 二、多项选择题

1. 中国目前可以在全国银行间同业拆借市场进行拆借交易的金融机构包括（　　）。

A. 政策性银行　　B. 信托公司　　C. 外国银行分行

D. 城市商业银行授权的一级分支机构

E. 农村信用合作社县级联合社

2. 回购利率的确定取决于（　　）等多种因素。

A. 标的证券的质地　　B. 回购期限的长短

C. 其他货币市场利率水平　　D. 参与者心理预期

3. 短期政府债券的特点包括（　　）。

A. 信用风险小　　B. 面额小　　C. 税收免征　　D. 流动性强

4. 银行承兑汇票在二级市场的交易包括（　　）。

A. 转让　　B. 承兑　　C. 转贴现　　D. 再贴现

E. 贴现

5. 大额可转让定期存单的特性极好地满足了大宗短期闲置资金拥有者对（　　）的要求。

A. 流动性　　B. 安全性　　C. 收益性　　D. 稳定性

## 三、思考题

1. 什么是货币市场？它包括哪些子市场？其主要功能有哪些？

2. 什么是银行间同业拆借市场？

3. 简述我国同业拆借利率的基准利率是如何确定的。

4. 简述买断式回购与质押式回购的区别。

5. 什么是荷兰式招标和美国式招标？

6. 列举货币市场中的主要参与者，并谈谈商业银行在各个市场中扮演的角色。

# 第九章

# 资本市场

**引例**

2014年5月9日，国务院发布了《关于进一步促进资本市场健康发展的若干意见》（简称《意见》），明确提出发展多层次股票市场，推进注册制改革，将扩大合格境外机构投资者、合格境内机构投资者的范围等举措，市场称之为新“国九条”。

新“国九条”的推出，给二级市场带来了久违的振奋：截至5月12日收盘，上证综指报收2 052.87点，涨幅2.08%，成交量880亿元；深成指报收7 318.14点，涨幅2.17%，成交量881亿元；创业板指报收1 278.28点，涨幅1.57%，成交量158亿元。盘中，券商股领涨两市，开盘后两市窄幅震荡，创业板一度翻绿。盘中有色、煤炭、钢铁等资源股集体爆发，沪指强势拉升涨近2%。午后沪指窄幅震荡走高涨超2%，后维持窄幅震荡态势，创业板盘中有一波拉升。深圳市场方面，除深成指上涨2.17%外，中小板上涨2.54%，创业板上涨1.57%，对新“国九条”的表现比较积极。

有分析人士认为，新“国九条”以2020年为规划远景，实际上明确了其作为未来数年资本市场战略性文件的定位，后面就是如何去细化实施问题。深交所相关负责人在接受记者采访时表示，《意见》和国务院一系列方针措施一脉相承，内容丰富，意义重大，是资本市场的根本利好。深交所也表示，下一步要持续完善优化中小企业板市场，引导各板块上市公司做优做强。要继续深化基础服务工作，加大对创业创新、文化、“三农”、新兴产业和西部地区支持力度。要大力推进监管转型，着力提高市场透明度，落实维护中小投资者合法权益具体措施，加快多层次资本市场发展完善。

文中二级市场指的是什么市场？上证综指是什么指数？多层次资本市场体系又是如何构成的？本章将解答这些问题。

## 第一节　长期资本市场

资本市场是金融工具的期限在一年以上的金融市场。股票市场、中长期政府债券市场等都是长期资本市场。为什么只将期限在一年以上的金融工具的市场称为资本市场呢？这是因为，从总体来说，在一年的时间之内，资金短缺者难以通过它来改变固定资本总量和结构，一般也不可能改变使用的生产技术，难以形成有效的供给能力。只有在一年以上，企业才可能用在金融市场筹措到的资金建立起新的厂房和购置机器设备等。

长期资本市场分为一级市场和二级市场。一级市场是发行市场，它最基本的功能是将社会剩余资本从盈余者手中转移到短缺者手中，促进储蓄向投资的转化。公司发行股票和企业债券，政府发行长期建设国债，都是在一级市场上完成的。二级市场就是供在一级市场上发行后的金融工具流通和转让的市场，它的存在提高了这些金融工具的流动性。正是二级市场提高了金融工具的流动性，才极大地增强了人们持有这些资产的意愿。如果没有高流动性的二级市场，一级市场的发行也会很困难。在20世纪80年代，中国发行的政府债券就因没有二级市场，要变现很困难，人们购买政府债券的积极性就很低。为了完成政府债券的发行计划，政府不得不采取行政摊派这种低效率的发行方式。同时，一级市场是二级市场的基础，如果没有一级市场发行的金融工具，二级市场也就成了无源之水，无本之木；二级市场的行情也会反过来影响一级市场的发行定价。例如，在股票市场行情好（牛市）的时候，一级市场新股的发行定价就会高些；反之，企业就只好以较低的价格发行新股了。

长期资本市场当然也可以分为股票市场和中长期债券市场。股票市场又可进一步分为主板市场和创业板市场等。主板市场就是供那些企业规模相对较大、已进入成长期或成熟期的企业发行股票并进行二级市场交易的市场。创业板股票市场就是专门为那些仍然处于创业期的、规模较小的企业发行股票并进行交易的市场。国际上最著名的创业板市场就是美国的纳斯达克，许多企业通过在纳斯达克上市筹集资本，逐步成长为知名的大公司。像美国的微软、IBM等，中国的新浪、搜狐、百度等公司也是在纳斯达克上市并进行股票交易的。2009年，中国也设立了创业板市场，促进了中国多层次资本市场的发展。除此之外，中国还有三板市场，其全称是“代办股份转让系统”，给一些不能在上海和深圳证券交易所上市的公司股票提供的流通转让场所。中国的三板市场又有“老三板”与“新三板”之分，老三板是为那些因累年亏损遭到上海或深圳证券交易所退市的公司的股票交易的场所，新三板则是为更多高科技成长企业提供的股票流通场所。现在的新三板主要是2006年在北京中关村科技园区建立的股份转让系统。

中长期债券市场也是资本市场的重要组成部分，因此，当我们谈到直接融资与间接融资协调发展时，不要狭隘地理解为只需大力发展股票市场，实际上，中长期债券市场与股票市场的协调发展是功能健全的金融体系的必要条件之一。按照债券发行人的不同，中长期债券市场可以分为中长期国债市场、企业债券或公司债券市场、金融债券市场等。按照债券合约条款的差异，债券市场又可以分为普通债券市场、可转换债券市场、混合资本债券市场等。

## 第二节　长期资本市场工具

在长期资本市场上交易的金融工具主要有债券、股票与存托凭证、证券投资基金等。

### 一、债券

债券是代表债权债务关系的一种凭证，债券的持有者称为债权人，债券的发行者称为债务人。假设你购买了10万元的政府债券，那么，你就是政府的债权人，政府就是你的债务人。

按照债券发行人的不同，资本市场上的债券主要包括政府发行的中长期政府债券、金融机构发行的金融债券和企业发行的企业债券。对个人而言，现在最熟悉的债券莫过于政府债券了。政府每隔一段时间都要发行一定规模的政府债券。政府债券还可分为中央政府债券和地方政府债券，前者通常简称为“国债”，后者则简称为“地方债”。国债又包括记账式和凭证式两种。我国现在的金融债券主要是由政策性银行和国家开发银行向商业银行和机构投资者发行的，一般不向个人投资者发行政策金融债券；商业银行为了使资本充足率达到监管要求，常常会发行可转换债券、次级债和混合资本债，它们也可归为金融债券。一些比较大的企业，如三峡建设总公司、宝钢股份有限公司、中国电力总公司和中国联通等都发行过一些企业债券。为了促进中小企业融资，中国在中小企业债券融资方面也进行了大胆创新，如中小企业集合债券、中小企业集合票据和中小企业私募债券等。中小企业集合债券是由多家（通常10家以上）中小企业集体发行但分别承担偿还责任、具有统一名称和票面利率、各企业分别还本付息并在上海（或深圳）证券交易所交易的债券。中小企业集合票据与中小企业集合债券很相似，它是由两家以上中小企业集体发行、具有统一名称和票面利率但各企业分别还本付息并在中国银行间债券市场交易的债券。中小企业私募债券则是中小企业向特定投资者发行的债券。

有一种特殊的企业债券，叫可转换债券。可转换债券是可以按照一定的条件和比例、在一定的时间内转换成该公司普通股的债券。可转换债券与普通债券不同的是，如果投资者认为公司前景良好，那么，这类债券的投资者就可以不要求公司到期时偿付本金，而是将债券本金按照一定的比率转换成公司的普通股。可转换债券转换成普通股后，原来的债券持有人就变成了公司的普通股股东。因此，可转换债券实际上为投资者提供了一种选择权。

另一种特殊的债券叫附认股权证公司债券（通常简称为“可分离债券”）。附认股权证公司债券，是指在公司发行债券时，让债券持有人持有一定份额的认股权证，持有人依法享有在一定期间内按约定价格（执行价格）认购公司股票的权利，因此，它是债券加上认股权证的产品组合。附认股权证公司债券与可转债券都属于混合型证券，它们介于股票与债券之间，是股票与债券以一定的方式结合的融资工具，兼具股票和债券的融资特性。附认股权证的公司债券可以分为可分离交易公司债券与非分离交易型公司债券。可分离交易附认股权证债券指认股权凭证可与公司债券分开，单独在流通市场上自由买卖；非分离交易附认股权证债券则是指认股权无法与公司债券分开，两者存续期限一致，同时流通转让，自发行至交易均合二为一，不得分开转让。与可转换公司债券不同，附认股权证的公司债券具有二次融资的功能，即公司在发行该债券时，实现了一次债券融资，若在日后，认股权证的持有者按约定的价格认购公司的股票，公司即实现了二次股票融资。江西铜业就曾发行过附认股权证的公司债券，通过发行债券，它筹集到68亿元的资金。同时，给予债券持有人总共176 120万份的权证，每4份权证可认购1股江西铜业的股份，每股的认购价格为15.44元。在权证到期时，其持有人基本行使了认购权，即按约定的价格购买江西铜业的股票，江西铜业又通过权证融得了67.43亿元的资金。

## 二、股票与存托凭证

股票是由股份有限公司发行的，由投资者持有、代表对该公司所有者权益的一种有价证券。中国企业发行的股票被分为A股、B股、H股和N股。A股就是在中国境内发行、由中国公民持有的且在上海或深圳证券交易所交易的公司股票；B股则是向境外投资者发行的，在上海和深圳证券交易所交易的股票；H股则是由内地公司在香港发行并在香港证券交易所上市的股票；N股就是中国的企业在纽约证券交易所发行的股票。通过发行B股、H股和N股，中国大陆以外的非中国公民也可以直接投资于中国的企业。

除了N股外，假设中国的上市公司想到美国纽约证券交易所去发行股票，另一种方法就是发行存托凭证。存托凭证是指在一国证券市场上流通的、代表外国公司的股票。发展中国家为了筹集资金，一般希望自己国家的公司到发达国家证券市场去发行股票。但是，有些发达国家为了保护本国投资者的利益和股票市场的正常运行，规定国外公司不能直接入市，必须先将股票存托于上市国的一家银行或信托公司（这家银行或信托公司就是存托机构），并由存托机构发行与股票面值相等的存托凭证，然后在上市国的股票交易所挂牌交易存托凭证。全球最著名的存托凭证是ADR，即美国存托凭证。

### 三、证券投资基金

证券投资基金是将分散的小额资金集中起来，组成规模较大的资金，然后投资于各类有价证券。其最大的特点就是收益共享、风险共担。所谓收益共享，是指证券投资基金赚得的利润要由所有的基金持有人一起分享；风险共担是指证券投资基金投资遭受损失时也要由所有基金持有人一起承担。

按照在存续期内基金份额是否可以变动，证券投资基金主要分为两类：封闭式证券投资基金和开放式证券投资基金。

封闭式基金是指在存续期内，基金规模不能扩大和减少的证券投资基金。例如，华夏基金管理公司发行了30亿份的封闭式开元基金，存续期为15年。在这15年内，基金持有人只能在证券交易所交易的时间内转让开元基金，但开元基金的总份额是不变的，在这15年内总是30亿份。由于在存续期内基金持有人不能赎回基金份额，基金管理公司面临的流动性压力就大大地减少了。

开放式基金是指基金的规模在其存续期内可以变动的投资基金。假设你购买了南方成长开放式基金，你现在就可以到它的托管银行去要求赎回。如果你赎回了10万份，那么，基金份额也相应减少了10万份。相反，如果你原来没有购买该基金，你也可以到它的托管银行去购买。如果你购买了10万份，基金份额也就增加了10万份。与封闭式基金不同的是，绝大部分开放式基金不能在证券交易所交易，需要变现时，只能到托管银行的柜台上去按照当天的净值赎回。有一类特殊的开放式基金，既可以像封闭式基金那样在交易所交易，也可以向基金管理公司申购或赎回份额，这就是交易型开放式指数基金，简称ETF。ETF是一种指数化的投资工具，完全复制某一指数的成分股作为投资组合。例如，上证50ETF对应的投资组合就是上证50指数的股票，且各种股票所占比重与计算指数的权重相同。相对而言，ETF的投资组合比较透明。另一种开放式基金叫LOF，投资者既可以在指定的营业网点申购和赎回基金份额，也可以在交易所买卖基金份额。

按照证券投资基金投资目标的差异，证券投资基金又分为股权基金、债券基金、混合基金等。股权基金就是指将发行基金份额募集的资金专门投资于公司股票的基金。债券基金则是指只将发行基金份额募集的资金投资于企业债券或政府债券的基金。混合基金，即同时投资于股票与债券的互助基金，混合基金的风险较股票基金小，收益较债券基金高。相对而言，债券基金的收益较稳定，风险较小；股票型基金的收益率波动较大，风险较高，所以当股票市场行情低迷之时，许多股票基金的投资者会遭受巨大的本金损失。

按照基金投资所承担的风险差异，共同基金又分为成长型基金、收益型基金和平衡基金等。成长型基金，即以追求长期资本利得为主要目标的互助基金，为了达到这个目的，它主要投资于未来具有潜在高速增长前景的公司的股票。这类公司处于高速发展的时期，它们很少支付红利，同时，其未来具有很大的不确定性，也难以判断高速成长的持续性如何，因此这类基金的风险也相对高一些。收益型基金则是以追求固定收益为主要目标的共同基金，它强调的是追求固定、稳定的收入，因此主要投资于政府债券、企业债券和金融债券。此类基金最大的优点为：损失本金风险很低，报酬率也略优于银行定期存款。平衡基金则是分散投资于股票又投资于债券的基金，希望在资本成长与固定收益间求得平衡。通常情况下，当基金经理人看淡后市时，会增加抗跌性较强的债券投资比例；而当市场预期比较好时，则会增加投资于股票的比例。理论上，这类基金在股市大跌时表现应优于成长型基金；而在多头行情中，涨幅则不如成长型基金。

## 第三节　长期资本市场工具的发行与交易

### 一、长期资本市场工具的发行：股票与债券

企业要在股票或债券市场上筹集中长期资金，就需要发行股票或中长期债券。企业发行股票主要有首次公开发行（俗称IPO）和增资发行。增资发行即已上市的公司为达到增加资本金的目的而发行股票的行为。长期资本市场工具的发行是由承销商来组织的。在我国，承销商就是具有开展投资银行业务的证券公司。并不是所有的证券公司都可以开展投资银行业务，只有综合类券商才可以从事证券的承销业务。

按照委托程度及承销商所承担的责任不同，承销可以分为全额包销、余额包销和代销三种方式。

全额包销是资本市场工具发行中最常见的承销方式，是指承销商接受发行人的全权委托，承担将本次发行的相应金融工具全部销售给投资者的职责。在这种方式中，承销商一般从发行者那里以自己的名义一次性将所发行的债券或股票全部买入，然后将它们向社会公众出售。若向社会公众出售的数量少于公司委托发行的数量，则余额就由承销商全部承购。

在全额包销中，承销商从发行者那里购入资本市场工具时的价格一般低于其向社会公开发售的价格，其差额就是发行者付给承销商的费用。在全额包销方式中，承销商实际上是为发行者事先预支付了发行所能筹集的全部资本。对发行者而言，由此可以及时地获得所需的资金。对承销商而言，全额包销的潜在收益可能较高，但若遇到发行失败，它就要承担发行失败带来的全部风险。

余额包销是指承销商接受发行人的委托，代理发行人发行本次相应的金融工具，如果在规定的时间内，还有剩余没有销售出去，则由承销商认购全部未销售出去的余额。余额包销与全额包销不同的是，承销商事先并不用自己的资金从发行者那里一次性全部买入股票或债券，只有在规定的时间内向社会公开出售后，发行者才能获得它所需的资金。由于只是在向社会公开发售后还有剩余时，承销商才会购买未销售出去的股票或债券，因此，对承销商而言，就不必像全额包销那样要向发

行者垫付所筹集的全部资金。

代销就是承销商接受公司的委托，承担发行人发售债券或股票的职责。在这种方式中，承销商只是以发行人的名义按既定的发行价格代理发行公司债券或股票，不承担任何发行失败的风险。当发行失败时，发行者就不能足额地获得它所需的资金了，这种发行方式对承销商而言是风险最小的。

为了控制承销失败的风险，当一次发行的数量超过了某一界限时，就要由承销团来共同承销，即由若干家具有承销资格的证券公司或投资银行组成一个团体来共同承销某一只股票或债券。由承销团来承销股票或债券时，还要有一个主承销商。主承销商就是负责组织其他参与承销的证券公司或投资银行，同时，在股票或债券发行前，对发行者的信息服务、财务顾问等各方面的工作也都是由主承销商负责的。承销团是一个非常松散的组织，当一只股票或债券发行完毕后，承销团也就自动解散了。需要由承销团来发行另一只股票或债券时，就要由另一家证券公司充当主承销商来组织承销团承销。

承销商或承销团发行某公司的股票或债券时，要由投资者来认购。认购就是投资者表示愿意购买某种新发行的资本市场工具的过程。当中国银行发行新股时，如果你不参与认购，那么你就不能在中国银行发行股票时获得它的股票。这样一来，如果你还打算持有中国银行的股票，就只能在二级市场上购买了。投资者购买首次公开发行的股票的活动，常称为“打新股”。

在债券发行中，还常常会采用公开招标方式。在公开招标发行债券时，发行人向公众公布计划发行债券的期限、数额等情况，邀请有资格参加投标的机构前来竞标。投资者对债券的价格或利率进行投标，发行人则按一定的顺序（价格从高到低或利率从低到高）将投资者的投标进行排序，直到发行额满为止。在投标时，投标的金融机构相互都不知道对方的投标价格和利率，各金融机构根据自己对市场的判断决定投标利率和价格，因此，公开招标发行的竞争较为充分。以公开招标方式发行的债券除了可以最大程度地降低发行成本、提高发行效率、缩短发行期限外，更重要的是通过公开招标形成了债券的市场利率，这有利于整个债券市场效率的提高。

公开招标方式主要有美国式招标和荷兰式招标。在美国式招标中，每次发行债券时，发行人都会提前一周向公众发布债券招标的公告，希望参与竞标的证券交易商、金融机构、非金融公司和其他中小投资者递交投标申请。投标分为两种：竞争性投标和非竞争性投标。竞争性投标申请中要明确标明希望中标的数量和价格；非竞争性投标则只需标明希望中标的数量。证券交易商、金融机构等大的机构投资者参与竞争性投标的目的在于中标后在二级市场上以更高的价格出售债券，赚取差价收益。竞争性投标者可以递交多个标的，每个标的的价格可以不同。不过，每个竞争性投标者投标的数量不得超过全部招标数量的35%，以防止个别机构垄断市场。竞标数额超过100万美元的必须是竞争性投标，数额在100万美元以下的均为非竞争性投标。在收到所有密封的投标申请后，发行人将首先接受全部非竞争性投标。全部发行数额减去非竞争性投标后的余额将在竞争性投标中进行分配，发行人将所有竞争性投标人报出的价格从高到低排序或将所报出的收益率从低到高排序。中标将从最高报价或最低收益率开始，直到债券全部发售完毕为止。因此，报价最高的投标者将会中标，并按照所报的价格购买债券，报价过低的投标者就不会中标。至于非竞争性投标，投标人将根据所有竞争性投标的加权平均价格购买新发行的债券。

除了美国式招标外，还有一种荷兰式招标。在这种招标方式中，中标者虽然也是愿意支付最高价格的投标人，但他们所支付的价格却是所有中标者的加权平均价格。因此，荷兰式招标中所有中标者都支付相同的价格，这既可以鼓励投标者报出的高价格，又避免了歧视性价格所带来的不利影响。但其不足之处在于，竞标的金融机构为了中标，会竞相报出最低的利率或最高的价格，可能会扭曲市场利率。

## 二、股票与债券的二级市场交易

当投资者需要将手持的股票或债券变为现金，或需要购买别的股票或债券时，就要通过二级市场交易来完成。二级市场交易包括交易所交易和场外交易。交易所交易如上海证券交易所和深圳证券交易所进行的股票或债券的买卖。中国的股票基本上是在交易所交易的。在交易所交易中，投资者不仅可以用自有资金买进某种证券或者卖出原来已买入的证券，还可以进行融资融券交易。融资融券是有价证券的信用交易形式，即它是以投资者取得其所开立信用交易账户的证券公司的授信为基础的证券买卖活动。所谓融资交易，就是当投资者看涨某一证券而手头又没有足够的资金时，向上海证券交易所或深圳证券交易所具有会员资格的证券公司提供担保物，借入资金买入该证券的行为。所谓融券交易，即投资者看跌某种有价证券时，从其开立信用交易账户的证券公司借入该证券并卖出的行为。融资融券交易相当于国外的买空卖空交易。

除了交易所交易，还有很多的场外交易。场外交易就是在证券交易所交易大厅以外进行的各种证券交易活动的总称。在上海证券交易所和深圳证券交易所建立以前，我国一些企业发行的股票都是在场外交易的。像前面提到的中国股票“三板市场”，实际上就是场外交易市场。场外交易解决了投资者购买了不能在交易所上市的公司股票的流动性问题。由于它极大地提高了这些证券的流动性，自然就便利了那些没有达到交易所交易要求的公司通过发行股票来筹集资本的要求。现在，全球最著名的场外交易当属美国的纳斯达克市场，纳斯达克市场很好地满足了创业公司资本筹集的要求。

中国的债券交易也可分为交易所交易和场外交易。交易所债券交易，就是在上海证券交易所和深圳证券交易所进行的国债、企业债等债券的买卖。在开市的时间里，投资者可以在交易所买卖在交易所挂牌交易的债券。中国的场外债券交易市场又分为银行间债券市场和柜台交易市场。银行间债券市场是金融机构才能参与其中的债券交易市场。最初，这一市场与其名称是完全对应的，只有商业银行才能参与。现在虽然还被冠以“银行间”的名称，但自2000年起，证券公司、基金管理公司和保险公司等只要满足一定的条件也可以进入银行间债券市场参与债券交易。从交易规模来看，银行间债券市场的交易比交易所交易的量要大得多。当然，并不是所有的债券都是在交易所或银行间市场交易的，有一些债券只能在柜台交易。柜台交易是指在证券公司或银行开设的柜台上进行的证券交易活动。在柜台市场上交易的证券主要是依照证券交易法公开发行但未在证券交易所上市的证券，其交易价格以议价方式确定，而且交易方式仅限于现货交易。由于银行和证券公司的营业网点较多，基本上能够满足有交易意愿的投资者的投资需求。

### 三、资本市场价格指数

在一个交易日内，资本市场上所交易的各种金融工具，既会有上涨的，也会有下跌的，还有一些平盘的（平盘就是当前的成交价格与上一个交易日的收盘价相同）。那么，人们如何来判断股票市场或债券市场总体上是在上涨还是在下跌呢？资本市场价格指数就提供了一个方便的判别依据。资本市场价格指数是反映资本市场工具二级市场价格总体变动的一个统计指标，主要包括股票价格指数、债券价格指数和基金指数等，这些指数又可以进一步细分，如债券指数就又可分为国债指数、企债指数等。我们在这里以股票价格指数来说明资本市场价格指数。

股票价格指数有综合指数和成分指数之分。综合指数就是将所有上市公司的股票价格都纳入统计范围而得出的指数，如上海证券交易所综合指数和深圳证券交易所综合指数。成分指数则是指选择一些具有代表性的样本公司的股票价格来计算的股票价格指数，上海证券交易所和深圳证券交易所也都有成分指数。2002年，上海证券交易所推出的上证180指数就是典型的成分指数，它是在上海证券交易所上市的180家有代表性的上市公司的股票价格变动的指数。此外，还有一些行业股票价格指数，如地产股指数、商业零售股指数、制造业股票指数等，不一而足。

股票价格指数无论是对投资者还是对政府而言都具有非常重要的意义。股票价格指数素有国民经济“晴雨表”之称（如图9-1所示）。一般而言，当宏观经济形势向好时，股票价格指数会不断上涨；反之，则会不断下跌。股票价格指数的变化被称为“大势”，即股票市场的总体走势。如果股票价格指数持续走低，且股票交易的成交量逐步萎缩，人们将这种状况称为“熊市”。熊市即大势很不妙的市场状况。在熊市中，投资者要在二级市场上获得股票现货买卖的差价收益是很困难的。反之，如果股票价格指数持续上升，且股票交易量较大，这种状况就叫“牛市”。如果股票价格指数上升很快，幅度很大且成交非常活跃，这种市场状况就被叫作“大牛市”。无论对于投资者还是对于管理者来说，牛市的出现都是皆大欢喜的事。

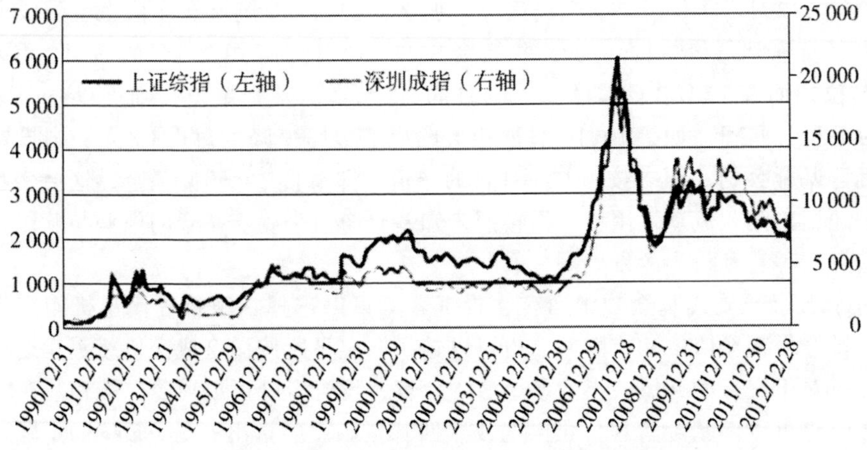


图9-1　上海证券交易所股票综合指数和深圳证券交易所成分指数

## 四、互助基金的购买与变现

假设你手头有10万元闲钱，想购买基金，就可以利用“专家理财”来获得一定的收益。你如何用你的钱来换得互助基金呢？或者反过来，你持有10万份的互助基金，但想把它变为现金，你又该如何办呢？

以上问题的答案取决于你想购买或持有的是封闭式基金还是开放式基金。封闭式基金像股票一样，是在交易所交易的，只要是在上海证券交易所和深圳证券交易所开市的时间里，你都可以将你的10万元闲钱用于购买某只封闭式基金，或者将你的10万份的封闭式基金卖出换取现金。

开放式基金则不同。当你需要将10万元闲钱投资于某只开放式基金时，你就可以到它的代销点去购买；反之，如果你要将10万份的开放式基金变为现金，也可以到它的代销点去赎回。一般而言，开放式基金是按金额申购、按份额赎回的。所谓按金额申购，就是指投资者在买基金时是按购买的金额提出申请，而不是按购买的份额提出申请。譬如，你提出购买10万元的开放式基金，而不是买10万份的开放式基金。如果今天股票或债券市场收市后，你想购买的基金净值是每份2元，不考虑申购费用，那么，你总共可以申购5万份该开放式基金。按份额赎回则是指投资者在卖基金时是按卖出的份额提出，而不是按卖出的金额提出。例如，你提出卖出10万份开放式基金，而不是卖出10万元的开放式基金。同样，假如在今天交易所闭市后，你持有的该开放式基金的净值为每份2元，那么，不考虑赎回费，你总共就可以得到20万元的资金。但实际上，无论是申购还是赎回开放式基金，一般都是要交纳一定的费用的。

开放式基金之所以要采用按金额申购和按份额赎回，是因为开放式基金的申购和赎回一般是以当天未知的基金净值来确定申购的份额或变现的金额。为什么要以当天未知的基金净值，而不是前一日已知的净值作为买卖基金的依据呢？采用这种方法最重要的原因是出于公平的原则。假定12月1日你要申购或赎回的基金净值是

2元，而在12月2日股票市场全线涨停，那么，12月2日的基金净值也会随股市水涨船高，会涨到每份2.2元。如果投资者在12月2日按照12月1日的净值2元买入基金单位，而在12月3日按照12月1日的2.2元卖出基金单位，则可以立即赚到10%的毛利。同理，如果10月2日股市大跌，基金净值降到每份1.8元，则投资者会蜂拥至基金公司，要求按照12月1日的净值，即每份2元赎回基金，这会令基金管理公司即刻陷入流动性困境。而按照未知基金净值来确定基金的申购与赎回，则可以避免这种套利行为的发生。

对于上市开放式基金LOF而言，投资者既可以选择在银行等代销机构按当日收市的基金份额净值申购或赎回，也可以选择在交易所按撮合成交价格买卖这种基金份额。对于交易型开放式指数基金ETF而言，投资者既可以通过二级市场买卖基金份额，也可以向基金管理公司申购或赎回基金。需要指出的是，ETF的申购、赎回是基金份额与一揽子股票的交易，这与LOF很不同，LOF的申购和赎回都是基金份额与现金之间的交易。

## 第四节　债券市场

### 一、债券的一级市场

债券的发行与股票发行的不同之处主要有发行合同书和债券评级两个方面。同时，由于债券是有期限的，因而比股票的一级市场多了一个偿还环节。

（一）发行合同书

发行合同书，是说明公司债券持有人和发行债券公司双方权益的法律文件，由受托管理人（通常是银行）代表债券持有人利益监督合同书中各条款的履行。对于有限责任公司来说，一旦资不抵债而发生违约，债权人的利益就会受到损害，这些限制性条款就是用来设法保护债权人利益的，它一般可分成否定性条款和肯定性条款。

1.否定性条款

否定性条款，相当于“负面清单”，是指不允许或限制公司做某些事情的规定。最常见的否定性条款是有关债券清偿的条款，例如只要公司不能按期支付利息或偿还基金，债券持有人有权要求公司立即偿还全部债务。典型的否定限制性条款包括对追加债务、分红派息、营运资金水平与财务比率、使用固定资产抵押、变卖或购置固定资产、租赁、工资以及投资方向等都可能作出不同程度的限制。这些限制实际上是对公司设置的某些最高限制。

2.肯定性条款

肯定性条款是指公司应该履行某些责任的规定，如要求营运资金、权益资本达到一定水平以上。这些肯定性条款可以理解为对公司设置某些最低限制。无论是肯定性条款还是否定性条款，公司都必须严格遵守，否则可能导致违约。但在违约的情况下，债权人并不总是急于追回全部债务，一般情况下会设法由债券受托管理人找出变通办法，要求公司改善经营管理。迫使公司破产清算一般是债权人的最后手段，因为破产清算对于债权人通常并不是最有利的。

（二）债券评级

债券评级是以企业或经济主体发行的有价债券为对象进行的信用评级。债券信用评级大多是企业债券信用评级，是对具有独立法人资格的企业所发行某一特定债券，按期还本付息的可靠程度进行评估，并报告其信用程度的等级。这种信用评级，是为投资者购买债券和证券市场债券的流通转让活动提供信息服务。国库券和国有银行发行的金融债券，由于有政府的保证，因此一般不参加债券信用评级。地方政府或非国家银行金融机构发行的债券，则存在一定的风险而有必要进行评级。债券违约风险的大小与投资者的利益密切相关，也直接影响着发行者的筹资能力和成本。为了较客观地估计不同债券的违约风险，通常需要由中介机构进行评级，但评级是否具有权威性则取决于评级机构。目前最著名的三大评估机构是标准普尔公司、穆迪投资者服务公司和惠誉国际评级公司。

（三）债券的偿还

债券的偿还一般可分为定期偿还和不定期偿还两种方式。

1.定期偿还

定期偿还是在经过一定宽限期后，每过半年或1年偿还一定金额的本金，到期时还清余额。它一般适用于发行数量巨大、偿还期限长的债券，国债和金融债券一般不使用该方法。定期偿还具体有两种方法：一是以抽签方式确定并按票面价格偿还；二是从二级市场上以市场价格购回债券。为增加债券信用和吸引力，有的公司还建立偿还基金用于债券的定期偿还。

2.不定期偿还

不定期偿还是债券发行一段时间以后，发行人可以任意偿还债券的一部分或全部，具体操作可根据条款，也可在二级市场上买回予以注销。投资银行往往是具体偿还方式的设计者和操作者，在债券偿还的过程中，投资银行有时也为发行者代理本金返还。

## 二、债券的二级市场

债券的二级市场分为场内交易市场（证券交易所）、场外交易市场以及第三市场和第四市场几个层次。证券交易所是债券二级市场的重要组成部分，在证券交易所申请上市的债券主要是公司债券，但国债一般不用申请即可上市，享有上市豁免权。然而，上市债券在债券总量中所占的比重很小，大多数债券的交易是在场外市场进行的，场外交易市场是债券二级市场的主要形态。

（一）场内交易市场

场内交易市场，即证券交易所，是债券上市并流通交易的市场。以上海证券交易所为例，上市条件包括以下几点要求：经有关部门批准并发行；债券的期限为一年以上；债券的实际发行额不少于人民币5 000万元；债券须经资信评级机构评级，且债券的信用级别良好；申请债券上市时仍符合法定的公司债券发行条件等。上交所根据符合以上条件的公司债券的资信等级和其他指标对其上市交易实行分类管理，不能同时达到下列条件的债券，只能通过上交所固定收益证券综合电子平台进行上市交易：①发行人的债项评级不低于AA；②债券上市前，发行人最近一期末的净资产不低于15亿元人民币；③债券上市前，发行人最近三个会计年度实现的年均可分配利润不少于债券一年利息的1.5倍等。

我国的债券市场日益壮大，以上海证券交易所为例，其债券品种结构可见表9-1。

表9-1　　**上海证券交易所债券品种结构（截至2015年7月）**

| 类别 | | 数量(只) |
|---|---|---|
| 债券现货 | | 2 556 |
| 其中： | 国债 | 167 |
| | 地方政府债 | 220 |
| | 金融债、企业债现货 | 1 663 |
| | 可转债 | 5 |
| | 公司债现货 | 499 |
| | 可分离债 | 2 |
| 债券回购 | | 21 |
| 其中： | 买断式国债回购 | 9 |
| | 新质押式债券回购 | 9 |
| | 企业债回购 | 3 |

资料来源：上海证券交易所.债券交易品种总貌[EB/OL].[2015-07-13].http：//www.sse.com.cn/assortment/bonds/statistic/general.

（二）场外交易市场

没有在场内交易所上市并流通的债券一般通过银行和证券公司等中介进行交易，由于在银行或证券公司的柜台进行，故又称柜台交易。在场外交易的债券，其质地和信用等级不见得比在场内交易的债券低。有些公司的债券之所以不在交易所上市流通，是因为公司不想公开过多的信息或者不愿意频繁变动债权人。

银行和证券公司等中介在场外交易市场上其实扮演了做市商的角色，即这些证券交易商是自营的，它们在营业网点柜台挂出债券的买入价和卖出价，以保证个人和企业投资者即时交易。商业银行的资金和债券余缺则通过银行间债券市场买卖加以平衡。银行间债券市场是指商业银行等金融机构投资者之间进行债券交易的市场，以询价方式进行。在我国，银行间债券市场依托于中国外汇交易中心暨全国银行间同业拆借中心和中央国债登记结算公司，包括商业银行、农村信用联社、保险公司、证券公司等金融机构进行债券买卖和回购的市场。经过近几年的迅速发展，银行间债券市场目前已成为我国债券市场的主体部分，记账式国债的大部分、政策性金融债券都在该市场交易。

## 第五节　债券定价

### 一、债券的定价基础

现代金融资产的理论定价都是以货币时间价值为基础的。金融资产的价值一般等于其预期的未来现金流的折现，折现率为必要收益率或称合理到期收益率。债券的几个要素决定了债券的价值。

（一）债券的要素

1.到期日

债券和普通股虽然都是重要的融资工具，但是二者重要的区别在于普通股理论上是永久性的，而债券则有到期日。从债券生效日至到期日的时间称为期限。到期日的法律意义在于，到期后本债券将不再代表任何债权债务关系，债券发行人通过偿还本金和利息赎回该债券。并非所有的债券都有固定的到期日，有些债券在签署时有附加赋予发行人或持有人改变到期日权利的条款。这些条款实际上是嵌入在债券上的期权，属于衍生品的范畴，其定价也比标准的债券复杂。本章介绍的债券定价方法只针对标准意义上的债券。

不同的到期日实际上决定了不同的期限。期限小于1年的债务凭证是货币市场凭证或称货币市场工具。货币市场工具的交易流通是在货币市场，而一般的债券是在资本市场上流通的债务工具，这些债务工具期限在1年以上。有些人士将1～5年的债券称为短期债券，将5～12年的债券称为中期债券，将12年以上的债券称为长期债券。迪士尼公司和可口可乐公司都发行过100年期的长期债券。英国政府也曾发行过没有期限的公债，称为“统一公债”，即英国政府承诺向债权人支付无限期的利息。

债券到期日的意义不只是在法律上规定债权人何时收回本金，它还决定了债券的收益和风险。在任意给定时点上，债券期限和收益率的关系代表了债权人投资不同期限的债券所能得到的收益率。这一关系一般用收益率曲线描绘。同时，债券期限的不同也表示了不同的利率风险。由于债券在其存续期内的价格受到利率波动的影响，所以，理论上债券价格的波动率取决于其期限。一般而言，在其他条件不变的情况下，债券的期限越长，利率波动对债券价格波动率的影响就越明显。

2.面值

面值是债券上注明的额度，也是债务人向债权人借入的本金。当债券到期时，债务人有义务按面值偿还给债权人。值得注意的是，债券的本金不等于债券的价格，债券的发行价格和交易价格都有可能偏离面值。

3.票面利率

票面利率是债券发行人每年支付给债券持有人的利息率。债券发行人支付的利息等于面值乘以票面利率。票面利率是在债券发行时就已经规定好的，所以，票面利率和债券持有人实际的收益率是有区别的。票面利率是债务人每年支付给债权人的利息率。对于那些半年支付一次或按季度、按月支付的债券来说，每次支付的利息等于年利息除以一年内的支付次数。

票面利率不仅表示债券持有人在指定日期上收到的利息的数额，还会影响债券价格对于市场利率波动的敏感性。一般而言，在其他条件不变的前提下，票面利率越高说明债券价格对利率的敏感度越低。

有些债券并不是指定派发固定的票面利息，比如有些债券规定每年票面利率按0.5%的幅度逐年递增，如果5年期债券第一年的票面利率为4.0%，则后面四年的票面利率依次为4.5%、5.0%、5.5%、6.0%。也有些是浮动利率债券，浮动利率债券的票面利率结构是"参考利率+基点数"，一个基点代表万分之一，即0.01%。如果一个浮动利率债券的票面利率是LIBOR+50基点，那么这表明该债券的每一期的支付利率等于当期LIBOR报价加上0.5%。如果另一份浮动利率债券的票面利率是LIBOR-80基点，那么该债券的每期应支付利率为当期LIBOR报价减去0.8%。当然，参考利率也不总是固定为LIBOR报价，债券发行人也可以选择国债收益率或存贷利率甚至股票指数收益率等作为参考利率。

4.期权条款

债券的衍生品常常是以嵌入期权的形式存在。常见的期权条款是可赎回可转换条款，或者是债券赋予债权人的权利。可赎回债券对于债权人的意义相当于持有看跌期权。可赎回债券规定当价格低于某一预先设定的价格（执行价格）时，债券持有人有权利要求债务人提前赎回债券，这样相当于避免了债券持有人面临大幅利率波动的风险。可转换债券则赋予债券持有人将债券转换为一定数量普通股的权利，当债权人预见未来该公司的普通股股价将走好时，把债权转换为股权对他来说是有利的。

（二）债券收益的度量

债券持有者持有债券期间的收益主要来自以下三方面：

第一，债券发行人支付的票面利息。

第二，资本利得，即债券持有人申购或买入债券时的价格与债券卖出或赎回时的价格之间的差异带来的盈利或损失。

第三，持有期间所获得的现金流再投资的收入。

以付息债券为例，持有期间的利息再投资是债券持有人收益的重要来源。假定一份面值为1 000元的债券，票面利率为7%，每半年支付一次利息，期限为15年，那么每半年应支付的利息为35元。假定该债券发行价格为769.4元（即到期收益率为10%），再假定利息可以以同样的年收益获利，即每半年约为5%，那么，15年分30次支付、每次支付35元，以5%的收益复利计算，到期时可获终值2 325.4元。名义票面利息的总额为15乘以70元，即1 050元，那么利息再投资收益为1 275.4元（2 325.4−1 050）；而债券的资本利得是230.6元（1 000−769.4）元。可见，在这三大收益来源中，利息的再投资收益占到了将近一半。当然，利息再投资收益率也是和市场波动有关，当市场利率下降时，再投资收益也会下降。

一般来说，测量跟债券潜在收益率相关的收益率都要考虑到这三方面的因素。当然，有些特例由于缺乏一些要素而使得收益率计算不用考虑某些来源。例如，零息债券在发行时以折价发行，存续期间不分派利息，到期时按面值赎回，其收益只来源于资本利得。当债券卖出价低于债券买入价的时候资本利得是负的，同样的情况出现在持有至到期投资时投资了溢价发行的债券。

1. 当期收益率

当期收益率是指每年票面利息除以市场价格的比率。当期收益率的计算方法如下：

$$CY_t = \frac{C_t}{P_t}$$

其中，CY（Currently Yield）表示当期收益率，C（Coupon）表示每年支付的票面利息，P（Price）表示市场价格，下标t表示对应的第t期。当债券发行时，折价发行的债券当期收益率高于票面利率，溢价发行的债券当期收益率低于票面利率。当期收益率指标的明显缺陷在于，它只是考虑了票面利息这一收入来源，而没有考虑到资本利得和利息再投资收益。

2. 到期收益率

到期收益率是使用较为广泛的收益率衡量方法。到期收益率是使得未来现金流的现值等于买入时的市场价格加上应计利息的折现率。计算到期收益率的常用方法是插值法。假设有一份8年期面值100元的债券，票面利率为7%，每半年支付一次；转让时正好付息结束，所以没有应计利息，转让价格为94.17元。债券持有人在剩余持有期内的现金流的现值和折现率的关系见表9-2。

表9-2 **现值和折现率的关系**

| 折现率(%) | 3.5 | 3.6 | 3.7 | 3.8 | 3.9 | 4.0 |
|---|---|---|---|---|---|---|
| 现值(元) | 100.00 | 98.80 | 97.61 | 96.44 | 95.31 | 94.17 |

从表9-2中可以看出，当折现率为4%时，债券的现值等于买入价，所以该债券持有人持有此债券的到期收益率（半年）为4%。习惯上，收益率都以年计，所以该债券的到期收益率为8%。

对于不含应计利息的债券，其卖出价格的不同决定了票面利率与当期收益率和到期收益率的关系，这种关系体现在表9-3中。

表9-3　　**债券卖出价、票面利率、当期收益率和到期收益率**

| 债券卖出价 | 关系 |
|---|---|
| 面值出售 | 票面利率=当期收益率=到期收益率 |
| 折价出售 | 票面利率<当期收益率<到期收益率 |
| 溢价出售 | 票面利率>当期收益率>到期收益率 |

产生表9-3的关系的主要原因在于到期收益率不仅考虑了票面收益还考虑了买卖价差，即资本利得。这样，折价出售的到期资本利得是正的，所以到期收益率大于当期收益率；溢价出售的到期资本利得是负的，所以到期收益率小于当期收益率。并且，到期收益率还考虑了利息再投资因素，在上例中的债券实际上假定了利息再投资年收益率也为8%。实际上，如果债券到期收益率是8%，那么这本身就是隐含着利息的再投资收益为8%。所以，当债券投资者以8%的收益率实现利息再投资且将债券持有至到期时，投资者才能实现8%的持有期收益率。这样看来，投资者为了实现8%的再投资收益率势必面临着风险：收益率可能大于也可能小于8%。这种风险称为再投资风险。显然，零息债券没有再投资风险。

（三）债券的风险分析

一般来说，债券的主要风险形式有利率风险、通货膨胀风险、政策风险、再投资风险、违约风险和流动性风险，前四种属于系统风险，而后两种属于非系统风险。

1.利率风险

利率风险是指市场利率变动导致债券价格与收益发生变动的风险。利率风险是固定收益类证券的主要风险。由于大多数债券有固定的利率及偿还价格，因此市场利率波动会引起债券价格的反方向波动。市场利率上升，导致债券需求下降，债券价格因此下跌。反之，市场利率下跌，使债券需求量上升，导致债券价格上涨。此外，债券利率风险与债券持有期限的长短密切相关，期限越长，利率风险就越大。

2.通货膨胀风险

通货膨胀风险又称为购买力风险，是指由于通货膨胀而使债券到期或出售时所获得的现金的购买力减少，从而使投资者的实际收益低于名义收益的风险。在通货膨胀情况下，货币的购买力就要下降，而债券是一种货币性资产，债券发行者在协议中承诺付给债券持有人的利息和本金都是事先约定好的固定金额，其结果是债券持有人从债券投资中得到的货币的实际购买力越来越低。

3.政策风险

政策风险是指由于国家或地方政府的经济政策变化导致债券价格发生波动而产生的风险。它具有多种形式，如投资人购买某种债券时，国家并不要求对其利息收入纳税，但在后期突然宣布债券要交利息税，就使投资者的实际收益率下降。又如，投资者购买免税的政府债券，就面临着利息税下调的风险，因为利息税越高，免税价值越大，该债券的价格就越高。

4.再投资风险

上文有涉及再投资风险的说明。投资者在持有债券期间取得的利息一般会用于再投资，再投资的收益决定了持有原债券的收益。决定投资风险的主要债券要素有：第一，债券期限，债券的期限越长表明债券利息再投资收益占总收益的比重越大，而且，期间利率波动的不确定性越大，市场风险也就越大；第二，票面利率，在给定到期日和到期收益率的情况下，票面利率越高，确定性收益的比重越大，那么利息再投资收益的比重越小，再投资利息引起总收益变动的风险就越小。

5.违约风险

违约风险也称为信用风险，是指债券发行人不能履行合约规定的义务，无法按期支付利息和偿还本金而产生的风险。企业发行债券后，其营运业绩、财务状况都直接反映在债券的市场价格上，一旦企业的营运状况不良，企业就有可能丧失还本付息的能力，债券的市场价格就会下降。一般来说，政府债券被认为是无违约风险的，故被称为"金边债券"。

6.流动性风险

流动性风险是指债券持有人出售债券获取现金时，其所持有债券不能按目前合理的市场价格在短期内出售而形成的风险，又称为变现能力风险。如果一种债券能够在较短时间内按市价大量出售，则说明这种债券的流动性较强，投资于这种债券所承担的流动性风险较小；反之，如果一种债券按市价卖出很困难，则说明其流动性较差，投资者会因此而遭受损失。一般来说，政府债券以及一些著名的大公司债券的流动性较强。

## 二、债券定价理论

### （一）债券定价基本原理

债券的理论价值是未来现金流用要求收益率折现的现值。正常的付息债券的定价表示为：

$$P=\sum_{t=1}^{N}\frac{C}{(1+r)^{t}}+\frac{F}{(1+r)^{N}}$$

其中，P表示价格，C表示票面年利息，F表示债券的面值，r是要求的到期收益率，N是债券的年限。对于每半年付息一次的债券，其定价公式为：

$$P=\sum_{t=1}^{2N}\frac{C/2}{(1+r/2)^{t}}+\frac{F}{(1+r/2)^{2N}}$$

1962年，马基尔（Malkiel）最早系统地提出了债券定价的五条定理。这五条定理基本都可以从以上定价公式中推导而出。鉴于这五条定理的规律性和基础性，至今它仍在债券定价中发挥重要作用。

定理1：债券价格与债券到期收益率呈反方向变动。当到期收益率上升时，债券的价格下降；反之亦然。因为，价格P对收益率r求导，发现其导数恒小于零。

定理2：给定债券的到期收益率不等于票面利率时，债券的年限越长，面值与价格的差异越大。

我们可以从债券定价公式中得到，当必要到期收益率等于票面利率时，债券的价格就是债券的面值。到期收益率不等于票面利率时，价格就和面值有差异。对于折价的债券，每一期的折现值都小于按票面利率折现的现值，所以期限越长，价格小于面值的幅度越大；对于溢价的债券，每一期的折现值都大于按票面利率折现的现值，所以期限越长，价格大于面值的幅度越大。

定理3：在定理2中，面值与价格的差异虽然随着年限N的增大而增大，但是增加的速率是递减的。

这一定理可以通过P对N求二阶导数，发现其二阶导数恒小于0证得。

定理4：对于期限既定的债券，由收益率下降导致的债券价格上升的幅度大于同等幅度的收益率上升导致的债券价格下降的幅度。也就是说，对于同等幅度的收益率变动，收益率下降引起价格上升的幅度大于收益率上升引起价格下降的幅度。

所以，收益率的上升和下降对债券价格影响程度是不对称的。

定理5：在给定一个收益率的情况下，债券的票面利率与债券价格的波动幅度之间呈反比关系，即票面利率越高，债券价格的波动幅度越小。

（二）凸性

债券价格的凸性是指价格与到期收益率的关系函数曲线是凸的。由马基尔定理1可知，价格曲线是到期收益率的减函数；由马基尔定理4知道，在任意给定一个收益率，收益率的上升（右移）比下降（左移）引起的价格更小，所以价格曲线应该是凸的。价格曲线的凸性如图9-2所示。

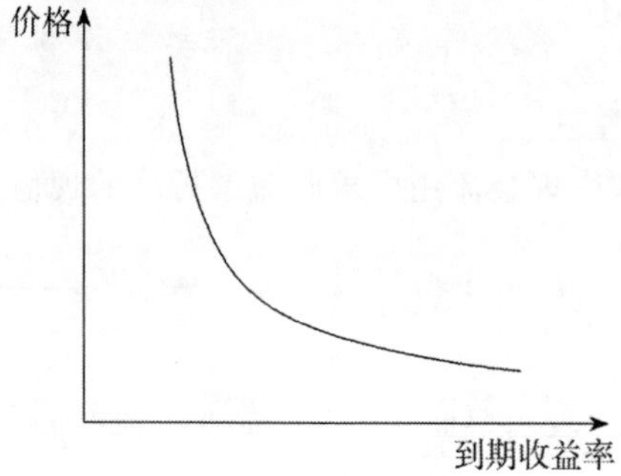


**图9-2　债券价格关于收益率的曲线**

（三）久期

久期又称持续期或麦考利久期，由麦考利于1938年提出，指的是与债券相关的支付现金流的平均到期时间。所用的权重是剩余现金流每一期的现值占当前买入价的比重。计算公式为：

$$D = \frac{\sum_{t=1}^{T} PV(C_t, r) \times t}{P_0}$$

其中，D表示久期，PV（$C_t$，r）表示第t期的现金流用到期收益率r折现的现值，T是剩余期限，$P_0$是当期价格。

对于零息债券，由于其支付现金流只有一次，到期收益率即为折价率，所以现金流的现值等于价格$P_0$。这样，零息债券的麦考利久期等于其剩余的时间期限T。

久期一般有如下几条规律：

第一，在到期时间相同的条件下，票面利率越高，久期越短。这是因为，票面利率越高，早期支付的现金流的权重越大，加权平均的到期时间就越短。

第二，在票面利率不变的条件下，到期时间越长，久期越长。对于平价和溢价的债券而言，到期时间越长，久期也越长，这是显而易见的。但是处于严重折价状态的债券，到期时间越长，久期可能反而越短。

第三，在其他条件不变的情况下，债券的到期收益率越低，久期越长。这是因为到期收益率越低，越远支付的现金流现值相对越大，其占债券价格的权重也越大。

**课堂小讨论**

中国股市为什么会出现“反晴雨表”现象？

## 本章小结

1. 资本市场是金融工具的期限在一年以上的金融市场。长期资本市场分为一级市场和二级市场。一级市场是发行市场，将社会剩余资本从盈余者手中转移到短缺者手中。二级市场是供在一级市场上发行后的金融工具流通和转让的市场。两者相互联系，密不可分。长期资本市场也可以分为股票市场和中长期债券市场。

2. 长期资本市场上交易的金融工具主要有债券、公司股票和证券投资基金等。按照债券发行人的不同，资本市场上的债券主要包括政府发行的中长期政府债券、金融机构发行的金融债券和企业发行的企业债券，另外还存在特殊的企业债券，即可转换债券和可分离债券。

中国企业发行的股票被分为A股、B股、H股和N股。按照在存续期内基金份额是否可以变动，证券投资基金主要分为封闭式证券投资基金和开放式证券投资基金。按照证券投资基金投资目标的差异，证券投资基金又分为股权基金、债券基金、混合基金等。按照基金投资所承担的风险差异，共同基金又分为成长型基金、收益型基金和平衡基金等。

3. 企业发行股票主要有首次公开发行（俗称IPO）和增资发行。长期资本市场工具的发行是由承销商来组织的。按照委托程度及承销商所承担的责任不同，承销可以分为全额包销、余额包销和代销三种方式，其中全额包销是资本市场工具发行中最常见的承销方式。在债券发行中，公开招标方式主要有美国式招标和荷兰式招标。

4. 二级市场交易包括交易所交易和场外交易。融资融券是有价证券的信用交易形式，即它是以投资者取得其所开立信用交易账户的证券公司的授信为基础的证券买卖活动。场外交易就是证券交易所交易大厅以外进行的各种证券交易活动的总称。中国的债券交易也有交易所交易和场外交易之分。中国的场外债券交易市场又分为银行间债券市场和柜台交易市场。银行间债券市场是只有金融机构参与其中的债券交易市场。

5．资本市场价格指数是反映资本市场工具二级市场价格总体变动的一个统计指标，主要包括股票价格指数、债券价格指数和基金指数等。股票价格指数有综合指数和成分指数之分，此外还有一些行业股票价格指数。股票价格指数有国民经济“晴雨表”之称，无论是对投资者还是对政府而言都具有非常重要的意义。

6．封闭式基金像股票一样，在交易所进行交易，而大部分开放式基金是不能入市交易的。开放式基金采用按金额申购和按份额赎回。

7．由于债券是有期限的，因而其一级市场比股票的一级市场多了一个偿还环节。发行合同书，是说明公司债券持有人和发行债券公司双方权益的法律文件，其中的限制性条款用来设法保护债权人利益，它一般可分成否定性条款和肯定性条款。债券评级是以企业或经济主体发行的有价债券为对象进行的信用评级，为投资者购买债券和债券的流通转让活动提供信息服务。评级是否具有权威性则取决于评级机构。债券的偿还一般可分为定期偿还和不定期偿还两种方式。

8．债券的二级市场分为证券交易所、场外交易市场以及第三市场和第四市场几个层次。证券交易所是债券二级市场的重要组成部分，在证券交易所申请上市的债券主要是公司债券，但国债一般不用申请即可上市，享有上市豁免权。没有在场内交易所上市并流通的债券一般通过银行和证券公司等中介进行交易，由于在银行或证券公司的柜台进行，故又称柜台交易，大多数债券的交易是在场外交易市场进行的，场外交易市场是债券二级市场的主要形态。

9．金融资产的价值一般等于其预期的未来现金流的折现。债券的到期日、面值、票面利率和期权条款等要素决定了债券的价值。债券收益主要来自票面利息、资本利得以及再投资的收入。债券的主要风险形式有利率风险、通货膨胀风险、政策风险、再投资风险、违约风险和流动性风险，前四种属于系统风险，而后两种属于非系统风险。

10．债券的理论价值是未来现金流用要求收益率折现的现值。马基尔最早系统地提出了债券定价的五条定理，至今仍在债券定价中发挥重要作用。债券价格的凸性是指价格与到期收益率的关系函数曲线是凸的。久期由麦考利提出，指的是与债券相关的支付现金流的平均到期时间。

## 关键概念

债券　可转换债券　股票　证券投资基金　封闭式基金　开放式基金　余额包销　代销　久期

## 综合训练

一、单项选择题

1．资本市场可以分为（　　）。

A．股票市场和债券市场　　　　B．短期资金市场和长期资金市场

C.证券市场和货币市场　　D.中长期信贷市场和证券市场

2.（　　）是2006年推出的主要为高科技成长企业提供的股票流通场所。

A.主板　　B.中小板　　C.创业板　　D.新三板

3.属于资本市场工具的是（　　）。

A.国库券　　B.可转让大额定期存单

C.债券　　D.回购协议

4.资本市场工具发行中最常见的承销方式是（　　）。

A.全额包销　　B.余额包销　　C.代销　　D.经销

5.债券折价出售时，（　　）。

A.到期收益率大于当期收益率　　B.到期收益率等于当期收益率

C.到期收益率小于当期收益率　　D.以上都有可能

## 二、多项选择题

1.按照债券合约条款的差异，债券市场可以分为（　　）。

A.普通债券市场　　B.可转换债券市场

C.混合资本债券市场　　D.公司债券市场

2.以下可以在交易所交易的基金有（　　）。

A.封闭式基金　　B.普通开放式基金

C.LOF　　D.ETF

3.按照基金投资所承担的风险差异，共同基金可以分为（　　）。

A.股权基金　　B.成长型基金

C.债券基金　　D.收益型基金

E.平衡基金

4.属于非系统性风险的是（　　）。

A.再投资风险　　B.利率风险　　C.通货膨胀风险　　D.政策风险

E.违约风险　　F.流动性风险

5.债券持有者持有债券期间的收益主要来自（　　）方面。

A.票面利息　　B.再投资收入　　C.资本利得　　D.股息收益

## 三、思考题

1.简述一级市场和二级市场的区别和联系。

2.简述股票市场的分类及各自的功能。

3.ETF与LOF有什么相同点和不同点？

4.竞争性投标和非竞争性投标的区别是什么？

5.简述股票发行与债券发行的不同之处。

6.党的十八届三中全会提出要健全多层次资本市场体系，这是完善现代金融市场体系的重要内容，也是促进我国经济转型升级的一项战略任务。请你谈谈对多层次资本市场体系的理解。

# 第三篇　商业银行及金融机构篇

# 第十章

## 存款类金融机构

**引例**

存款类金融机构是金融系统不可分割的一部分，作为金融中介机构，它在金融市场上发挥着举足轻重的作用。通过本章的学习，要求大家能够：了解存款类金融机构的分类；熟悉存款类金融机构的运作原理及作用；掌握商业银行组织形式；了解商业银行的经营原则；熟悉商业银行风险管理方法；了解政策性银行的特征及我国的政策性银行；熟悉合作金融机构的特点和作用。

19世纪40年代的鸦片战争以后，中国出现了最早的银行——丽如银行，它是英国在中国沿海城市开设的银行。此后，美国、法国、德国、日本等国银行的分支机构陆续进入了中国。当时，这些银行不仅可以进行贸易结算和进出口贷款业务，还享有很多控制中国金融业的特权。例如，丽如银行早期在华的业务活动，主要是汇兑，包括自身买卖汇票和充当供求双方汇票的中介者。但其在1892年因放款和投资不慎而倒闭。

1949年中国人民银行的成立，标志着新中国金融系统的诞生。新中国金融系统是在没收官僚资本银行，逐步改造民族资本银行和废除农村的高利贷组织的基础上建立起来的。从1953年开始，我国建立起了一个高度集中的国家银行体系，全国只有一家中国人民银行，它具有资金融通、资源分配和结算的功能，还兼有行政机构和监督管理的职能。这种金融系统又称为“大一统”模式，是计划经济的产物，有利于当时国家政策的贯彻实施。

1978年改革开放以后，随着经济改革和对外开放不断推进，金融系统也进行了比较大的调整。20世纪90年代以后，四大国有独资银行的建立为各类存款类金融机构的发展奠定了坚实的基础。

近年来，存款类金融机构无论是在我国还是在其他国家都取得了长足的发展。那么，在金融市场上有哪些存款类的金融机构呢？它们在金融市场上发挥着怎样的作用？我国的存款类金融机构又是如何发展的？本章将针对以上问题进行相应的阐述。

## 第一节 存款类金融机构的种类与运作原理

存款类金融机构是接受个人和机构存款并发放贷款的金融机构。其共同的特征是以存款为主要负债，以贷款为主要资产，以办理转账结算为主要中间业务，直接参与存款货币的创造过程。因为商业银行是最早产生的、最具存款类金融机构特点的机构，所以也有人将此类机构称为银行类金融机构。

### 一、存款类金融机构的种类与相互关系

#### （一）存款类金融机构的种类

1.按照业务活动的目标分类

按照业务活动的目标不同，可以将存款类金融机构分为管理性、商业性和政策性三类。管理性存款类金融机构是指中央银行。中央银行通过对金融机构的存贷业务展开对经济、金融运行的调控与管理，其业务活动的目标不是盈利而是宏观调控和金融稳定。商业性存款类金融机构主要是指商业银行、信贷协会、专业银行、信用社、财务公司等。这些机构主要通过对个人和企业的存贷业务实现盈利，其业务活动的目标是企业价值的实现。政策性存款类金融机构主要是指政策银行。政策银行有自己专门的业务范围，与政府政策意图密切相关，虽也办理存贷业务，但更多的是为了落实政策而非谋求盈利。

2.按照投资者的国别或业务范围分类

按照投资者的国别或业务范围不同，可以将存款类金融机构分为国际性、全国性和地方性三类。国际性存款类金融机构主要是指跨国银行，此外，国际货币基金组织、世界银行以及区域性的开发银行也可归为此类。跨国银行的业务范围跨越国境。随着经济全球化的不断推进，跨国银行已成为存款类金融机构的一个发展方向，在全球范围内吸收存款并开展贷款业务以获得更大的市场和更强的竞争力，如花旗银行、汇丰银行、德意志银行等都属于这类机构。全国性存款类金融机构是指其主要投资者和业务范围属于本国的存款类金融机构，比如我国的工、农、中、建、交五大银行。这类银行在一国银行体系中一般是中坚力量，其网点遍布、分支广泛，在一国银行业具有一定的市场垄断性。地方性存款类金融机构主要是指社区银行，城市信用社、农村信用社和小额信贷机构等。它们一般服务于地方经济，客户相对固定，规模较小。

需要指出的是，在存款类金融机构的发展过程中，以存、贷为主体的传统商业

银行历史久远。进入21世纪以来，随着金融市场的发展、金融业竞争的加剧以及信息技术的迅速发展与普及，传统意义上的商业银行无论在机构设置还是在业务发展上都已有所创新，比如：控股公司制已成为商业银行组织形式发展的新趋势；投资银行业务逐渐成为商业银行业务创新的选择；电子银行和网络银行生机勃发。

（二）存款类金融机构间的相互关系

存款类金融机构之间既有区别也有交叉。它们之间的关系主要体现在以下三个方面：

第一，通过提供不同的金融服务，形成在功能上相互补充的有机体系。各种存款类金融机构有各自特定的业务，在功能上不可替代。比如中央银行履行发行的银行、银行的银行、政府的银行职能，具有调控和管理宏观经济、金融运行的作用，其集中存款准备、最后贷款人以及支付清算的功能都是其他存款类金融机构无法替代的。商业银行的业务运作则立足于市场，利用商业化手段吸收存款、发放贷款或创造金融产品，发挥金融中介、信用中介、创造信用、提供服务、管理风险等功能。政策性银行的主要功能是纠正市场失灵。因为政策性银行不追求盈利，有政府的支持，可以对一国经济的均衡发展发挥积极的作用。由此看来，不同的存款类金融机构具有各自不同的功能，只有相互配合才能发挥存款类金融机构的整体作用。

第二，存款类金融机构的规模不同，所服务的区域、对象不同，需要其依据市场需求进行不同的市场定位，比如各种规模的商业银行、城市信用社、农村信用社以及财务公司，都有各自业务运作特点及专长，因而有不同的市场和客户，需要各自提供差异化的产品和服务才能满足各种客户的不同需求，也正是这样的组合才能满足整个市场需求。

第三，存款类金融机构间相互竞争，在优胜劣汰中不断发展。商业性存款类金融机构之间业务竞争激烈，机构的兼并重组不断涌现，为了求得生存，各类机构在产品、管理、制度等方面积极创新，从而大大促进了存款类金融机构的整体发展。从微观角度而言，有效竞争可以提升存款类金融机构的运作效率；从宏观角度而言，存款类金融机构对经济运行的融资支持、资源配置、支付便利以及风险管理方面都展现出不断发展的功能。

## 二、存款类金融机构的运作原理

（一）存款类金融机构的基本业务与特点

虽然不同的存款类金融机构在业务对象、业务市场等方面存在一些差异，但它们在业务运作上存在显著的共性。

存款类金融机构的基本业务是资产负债和表外业务。作为一种高杠杆企业，其自有资本低，所需的资金来源主要依靠外部负债，而负债业务的主要形式是各类存款和借入资金，其中存款规模的大小和稳定与否是其业务开展的重要保证。20世纪60年代以前，存款类金融机构一直以吸收各类存款作为其主要的负债业务，随着金融市场的发展，主动借入资金也逐渐成为其不可或缺的负债形式。存款类金融机构的资金运用主要表现为各类贷款和证券投资。由于通过负债业务可以将各部门闲散资金积少成多、续短成长，在资金筹集上具有规模优势，在资金的使用上也没有太多期限、对象与方向上的限制，因此能够对各部门开展较大规模或较长期限的各种贷款业务。但又因为资金来源的负债性，资产质量的好坏关乎其生存与发展，所以存款类金融机构在资金运用上会特别注重信用原则，具有追求信贷资产质量的内在动力，同时对利率变化特别敏感，存贷款利差的大小对其利润有决定性影响。

在开展资产负债业务的同时，存款类金融机构还承担着提供金融便利的表外业务，这类业务大都属于收取手续费、服务费的项目。自20世纪70年代以来，随着金融市场的深化与经济的发展，表外业务呈现出品种多样、潜力巨大的特征。时至今日，许多大银行的收入中60%以上都是表外业务带来的。

总结存款类金融机构的业务运作特点，主要体现为以下几方面：

1.信用性

存款类金融机构无论负债业务还是资产业务都遵循信用原则，即以还本付息为条件的借贷行为。因此，获得存款者的信任与挑选资信良好的贷款者是存款类金融机构正常运营的基础。此外，信用性决定了存款类金融机构的大量业务都具有一定的期限，表现为该类机构对存款者的延期支付或贷款者对此类机构的延期支付。这也直接导致了此类机构特别强调信用与期限的匹配，在其业务的定价中对信用与期限的匹配十分关注。

2.风险性

风险性首先体现为其高杠杆经营方式。存款类金融机构的自有资本比例很低，资金来源主要通过负债获得，负债往往又多是短期的、被动的，波动性大。在这样的条件下，资产运营具有较大的风险压力。一方面，只有获得抵补负债成本的资产收益，才能维持机构的正常运营；另一方面，要保证资产的安全，规避风险往往会影响收益。

风险性还体现在基于业务开展的信用性和高杠杆经营，使得在激烈的竞争中产生信用风险、经营风险、公信力风险、竞争风险、市场风险、操作风险等诸多风险。因此，风险管理成为存款类金融机构经营管理的重中之重。

3.服务性

提供金融服务便利是存款类金融机构的业务宗旨，不仅表现在资产负债业务中的中介服务，还通过开展大量表外业务提供各种服务便利。从历史视角看，货币鉴定、保管、汇兑等服务性业务是早期银行的业务；从未来视角看，服务性业务最能体现其第三产业的特征。存款类金融机构只有提供更多便利、满足更多人的金融服务需求，才可能有更大的生存与发展空间。

（二）存款类金融机构的职能与作用

1.充当信用中介，实现对全社会的资源配置

信用中介是存款类金融机构最基本、最能反映其经营活动特征的职能。存款类

金融机构通过负债业务把社会上的各种闲散货币资金集中起来，再通过资产业务投向需要资金的各部门，充当资金供求者之间的中介人，实现资金融通。通过信用中介职能，存款类金融机构将社会闲置资金积少成多、续短成长，并使其充分发挥作用，实现全社会储蓄向投资的转化，对社会资源配置及其发挥效率具有决定性作用。

2.充当支付中介，对经济稳定和增长发挥重要作用

货币的支付手段职能是通过存款类金融机构实现的。在现代信用经济社会，支付是各种交易完成的方式，存款类金融机构通过存款在不同客户账户上的转移、代理支付和兑现等，成为经济运行过程中支付链条的中心。通过支付中介职能的发挥，大大减少了现金的使用，节约了社会流通费用，尤其是电子支付系统和银行卡的使用，进一步加速了结算和货币资金周转的效率，有效降低了经济运行中的交易成本，对经济稳定和增长具有重要的意义。

3.创造信用与存款货币，在宏观经济调控中扮演重要角色

存款类金融机构在信用中介职能和支付中介职能的基础上，又形成了信用创造职能。从中央银行的货币发行，到商业银行等机构通过借贷活动扩展信用和创造存款货币，存款类金融机构承担着货币供给和向社会提供流动性的重要任务，在货币供求均衡和社会总供求均衡过程中具有重大影响，成为宏观经济调控的主要对象。

4.转移与管理风险，实现金融、经济的安全运行

在货币信用经济中，风险是客观存在的。存款类金融机构可以利用其特有的专业优势，通过创造各种金融工具和融资方式，为自身和其他各部门转移与管理风险。它们在经营管理中，通过各种金融工具的组合或业务创新，运用专业技术与管理方法分散、转移、控制与降低风险，有利于金融、经济的安全运行。

5.提供各种服务便利，满足经济发展的各种金融服务需求

在各种金融机构中，存款类金融机构所提供的金融服务种类最多，受益面最宽，服务群体最大，在提高社会经济的便利度和人民生活的质量方面起到了积极的作用。

当然，存款类金融机构的业务运作可能存在的负面作用亦不可忽视。首先，其发挥信用中介的积极作用建立在市场化条件的基础上，倘若其对资金运用缺乏有效的甄别与选择，则不仅其自身会出现不良资产，而且会导致社会资源配置失当。其次，因其自有资本低、负债经营，业务的开展遵循信用原则，在转移与管理风险的同时其自身也存在较大的风险。风险一旦成为现实，往往会对金融体系和社会经济造成极大的损害。

综上所述，存款类金融机构的业务运作具有其他金融机构无法替代的作用。也正因如此，存款类金融机构历来是各国金融体系中最重要的构成部分。

（三）存款类金融机构业务运作的内在要求

存款类金融机构能够开展业务并发挥作用基于三个必要的前提。

1.具有公信力

公信力是指获得公众信任的能力。只有公众对存款类金融机构有信心，存款类金融机构才能正常开展业务。存款类金融机构是负债经营的企业，其自有资本低，资金来源主要依靠吸收存款和借款，而公众选择是否存款主要取决于对此类机构的信任；同样，公众委托银行办理转账结算也是基于信任。但这种信任相对脆弱，因为公众为了存款的安全会根据各种信息调整对存款机构的信任程度。其他存款者的挤兑、相关指标的变动等都会影响公众的判断。一旦此种信任动摇，公众就会倾向提取存款；当信任丧失时就会发生挤兑，存款类金融机构将陷入危机。

2.具有流动性

存款类金融机构需要保持足够的可用资金的能力，以便随时应对客户提存以及支付的需要。对存款类金融机构的流动性要求既是其业务运作的基本保证，也是其存在的重要意义。一方面，存款类金融机构通过变现资产或增加资本或负债获得流动性；另一方面，通过合理安排资产负债的期限结构，尽量避免借短贷长，以降低流动性风险。

3.具有收集、辨识、筛选信息的能力

存款类金融机构通过收集、筛选潜在借款人的信息来确定他们偿还贷款的能力。但相对于机构，借款人更清楚他们的现状与前景，这就使得机构与借款人之间存在信息不对称，由此导致逆向选择和道德风险等问题，从而带来风险或造成损失。因此，对于存款类金融机构，避免由信息不对称产生的问题需要尽可能地收集、辨识、筛选信息，只有拥有更多的信息，更强的辨识、筛选信息的能力，才更可能减少信息不对称的风险，提高资产质量。

## 第二节　商业银行

商业银行是存款类金融机构中最具代表性和占比最大的机构。

传统意义上的商业银行专门指以存款为主要负债、以贷款为主要资产、以支付结算为主要中间业务，并直接参与存款货币创造的金融机构。随着经济社会的发展和金融业的创新，现代商业银行已成为全面经营货币信用商品和提供金融服务的特殊企业。

### 一、商业银行的演进

早期银行业的产生与国际贸易的发展有密切的联系。在14—15世纪的欧洲，由于优越的地理环境和社会生产力的发展，各地区之间商业往来日渐密切，尤其是位于地中海沿岸的意大利的威尼斯、热那亚等地是当时的贸易中心，商贾往来、交易十分频繁。然而，由于不同国家、地区所使用的货币在名称、成色上存在很大的差异，十分不利于交易的进行，因此必然会出现专门进行货币鉴定和兑换的需求，货币兑换商由此而生。随着异地交易和国际贸易的进一步发展，来自各地的商人为避免长途携带货币而产生的麻烦和风险，开始将自己的货币交存在货币兑换商那里，后来又发展为委托货币兑换商办理支付和汇兑。当货币兑换商同时办理货币的兑换、保管、收付、结算、汇兑等业务时，就发展成为货币经营业。随着货币经营业务的扩大，货币经营业者集中了大量的货币资金，当他们发现大部分的货币余额相当稳定时，开始将闲置的资金贷放出去，以取得高额利息收入。为了扩大资金来源，货币经营商从过去被动为客户保管货币转变为主动吸收客户存款，并以支付存款利息吸引客户存款，当货币经营者同时开展存贷业务时，意味着货币经营业转化成为银行业。可以说，商业银行的产生大致可概括为：货币兑换业—货币保管业—货币经营业—商业银行。

追溯历史，银行业最早的发源地是意大利。早在1272年，意大利的佛罗伦萨就已出现一家名为巴尔迪的银行，1310年又出现佩鲁齐银行，比较著名的银行是1580年设立的威尼斯银行。16世纪末17世纪初，银行业由意大利发展至欧洲其他国家，如1609年成立的荷兰阿姆斯特丹银行、1619年成立的德国汉堡银行等。早期银行放款带有明显的高利贷性质。随着社会化的大生产和工业革命的兴起，迫切需要能以合理的贷款利率和主要对工商企业服务的商业银行，其形成的途径大致有两条：一是从旧式的高利贷银行和机构转变而来；二是直接组建的股份制商业银行。1694，英国建立了第一家股份制商业银行——英格兰银行，其一成立就宣布以较低的利率向工商企业提供贷款和服务，适应了新兴资本主义生产方式的要求。英格兰银行也因此成为现代商业银行的鼻祖。

中国的银行业产生较晚。关于银钱业的记载较早的是南北朝时期的典当业。唐代出现的类似汇票的“飞钱”，是我国最早的汇兑业务。明末一些较大的经营银钱兑换业的钱铺发展为钱庄。钱庄除兑换银钱外还办理存款、汇兑业务，从事放贷，已有一些银行的特征，但最终限于当时的社会条件而逐渐衰落。清末也曾出现过票号这一信用机构，但都没能实现向现代银行的转型。1845年，英国丽如银行在中国香港设立的分行是中国的第一家现代商业银行。1897年，国人自办的中国通商银行成立之后，现代银行开始在中国发展壮大。

## 二、商业银行的组织形式

商业银行的组织形式可分为总分行制、单一银行制、控股公司制、连锁银行制等数种，不同的类型各有利弊。

### （一）总分行制

总分行制是银行在大城市设立总行，在各地普遍设立分支行并形成庞大银行网络的制度。采取总分行制的优点是：经营范围广、规模大，分工细，专业化程度较高，资金调度灵活，能够有效运用资金并分散风险；信息充分、服务种类多，具有较强的市场竞争力。其缺点是：因管理层次多而可能出现经营成本高、管理不灵活、效率不高等问题。目前，世界各国的商业银行普遍采用这种制度。

（二）单一银行制

单一银行制也叫单元制，是不设任何分支机构的银行制度，主要在美国采用。推行单一银行制的理由是地方性强，经营自主灵活，便于鼓励竞争，限制银行垄断。但单一银行制在业务经营与发展方面受限较多，整体实力相对薄弱，在同业竞争中常会处于不利的地位。随着经济的发展，20世纪70年代以来，美国有些州对于禁止银行开设分支机构的限制逐渐放松，目前大多数州在规定一些限制条款后，已允许银行设立分支机构。

（三）控股公司制

控股公司制是指由一家控股公司持有一家或多家银行的股份，或者是控股公司下设多个子公司的组织形式。控股公司控制下的各银行具有互补性，增强了整体经营实力。控投公司制是美国银行业规避管制的一种创新，通过控股公司这种安排可以解决银行业务发展中的两个问题：一是规避跨州设立分支机构的法律限制；二是通过设立子公司来实现业务多元化，有利于实现银行的综合经营。近年来，美国银行兼并大都采用这一形式，如美国花旗银行是花旗集团的全资附属机构，花旗集团以控股公司的形式出现。

（四）连锁银行制

连锁银行制是指由某一个人或某一个集团购买若干家独立银行的多数股票，从而控制这些银行的组织形式。连锁银行制与控股公司制一样，都是为弥补单一银行制的不足，规避对设立分支行的限制而实行的。与控股公司制不同的是连锁银行制没有控股公司的形式存在，即不必成立控股公司。同时，连锁银行制下的大银行对其他银行的控制不如控股公司制下的大银行控制力强，因为单个银行的资金实力一般要小于一个股份公司的资金实力。

各国采取何种银行组织形式主要取决于经济社会环境、法律规定和银行自身发展的要求。对银行组织形式的选择既有自然演进的诱致性原因，也有人为主导的强制性原因，无论如何，最终都要归结为该种模式能否给银行带来真正的效益和持续发展的空间。

### 三、商业银行的业务经营

商业银行的业务按是否进入资产负债表可分为表内业务和表外业务。表内业务包括负债业务和资产业务，表外业务包括服务性的中间业务和创新性的表外业务。商业银行的业务反映出其全部的经营活动，体现出商业银行的职能作用和组织管理能力。

（一）商业银行的表内业务

从简化的商业银行资产负债表（见表10-1）可以清晰地了解商业银行表内业务的主要种类和相互关系。

表10-1　　简化的商业银行资产负债表

| 资产 | 负债和资本 |
| --- | --- |
| 现金 | 存款 |
| 贷款 | 借款 |
| 投资 | 其他负债 |
| 其他资产 | 银行资本 |

1.资产业务

资产业务，是商业银行的资金运用项目，包括现金资产、信贷资产、证券投资等业务，反映出银行资金的存在形态及其拥有的对外债权。商业银行的资产业务是其取得收入的基本途径。

（1）现金资产。现金资产主要包括库存现金、存放中央银行和同业的存款等，是商业银行保持流动性最重要的资产项目。其中，库存现金是为应付客户取现和日常业务开支及收付需要而存放在银行金库中的现钞和硬币。在中央银行的存款由两部分组成：一是法定存款准备金，是按照法定比率向中央银行缴存的准备金，一般不动用；二是超额准备金，可随时用于支付或清算。存放在同业的存款主要用于同业间往来及清算，具有活期存款性质，流动性强。现金资产尽管流动性强但收益低。随着货币市场的发展，现金资产已不再是银行保持流动性的唯一形式，银行可以采取只保留少量现金资产，较多地采用持有国库券等短期债券或票据的办法来平衡流动性和收益之间的关系。

（2）信贷资产，信贷资产主要包括贷款和票据贴现。贷款业务是商业银行资产业务中最重要的业务。按照期限长短可以分为长期贷款（3年以上）、中期贷款（不足3年）和短期贷款（1年以内）；按照贷款对象可分为工商贷款、农业贷款、消费贷款等；按照贷款担保形式可分为贴现贷款、抵押贷款、担保贷款、信用贷款等。无论怎样划分，贷款的质量都是最重要的。因此，贷款风险管理是商业银行经营管理的重中之重。

（3）证券投资。商业银行买卖有价证券进行投资业务有以下目的：一是增加收益来源；二是实现资产多样化，分散风险，保持流动性。商业银行投资的证券主要包括政府债券和公司债券。其选择的标准是风险较低、信用度高、流动性较强。一般银行较少涉足企业股票，考虑到商业银行资本来源的公共性和安全性，有些国家更是对其投资于股票加以法律限制。

2.负债业务

负债业务是指形成商业银行资金来源的业务。商业银行的负债业务主要有三种形式：

（1）被动负债。被动负债是指商业银行通过吸收存款来筹集资金。由于存款的数量和种类主要取决于客户，故此类业务对银行而言具有相对的被动性。存款是商业银行最原始、最主要的负债业务，一般分为活期存款、定期存款和储蓄存款三类。活期存款是一种随时存取并可直接开立支票账户的存款，也称为支票账户存款或往来账户存款。活期存款如同现金，其作用主要是方便结算，一般不付利息。定期存款是指存期固定且较长、利息较高的存款。储蓄存款是指针对居民个人的计息存款，也分活期储蓄存款和定期储蓄存款，但一般不能签发支票。储蓄存款是商业银行吸收社会零散资金的一种重要方式。

（2）主动负债。主动负债是指商业银行通过发行各种金融工具主动吸收资金的业务。20世纪五六十年代以后，西方商业银行为应对激烈的市场竞争，增加筹资的主动性，开始不断创设一些金融工具，比如发行金融债券、大额可转让定期存单等进行筹资。这类工具期限较长，有利于商业银行资金来源的稳定，同时又能够在市场上流通转让，既能满足投资者对流动性的要求，又有较好的利息收入，很受市场欢迎。但对于银行而言，主动负债也增加了利息支付的负担，因此，此类负债的规模与期限需要有效管理。

（3）其他负债。其他负债包括借入款和临时占用资金两类。借入款主要是指商业银行向中央银行申请的再贴现或再贷款、向同业拆借的资金或向其他金融机构的借款，主要用于弥补暂时性的资金不足。临时占用资金是指商业银行在为客户提供服务的过程中临时占用的客户资金。

3.银行资本

银行资本即自有资本，其数量的多少能够反映银行自身经营实力以及御险能力大小。任何以营利为目的的企业，在业务发展初期都需要筹集并投入定量的资本金，并在以后的业务经营过程中不断加以补充，商业银行也是如此。各国均以法律形式规定商业银行开业时的注册资本金最低限额，如《中华人民共和国商业银行法》（简称《商业银行法》）规定，设立全国性商业银行和城市商业银行的注册资本金最低限额分别为10亿元和1亿元人民币，而设立农村商业银行的注册资本金最低限额为500 000元人民币。开业以后，商业银行在业务经营过程中还要随着规模的扩张或业务的发展通过各种方式补充资本金，如股份制银行通过发行股票、债券增资，国有银行通过国家财政注入资金等。银行资本有两项基本功能：一是商业银行开展各项业务的基础；二是发生意外损失时一定的弥补、保障。

银行资本按其来源可分为核心资本和附属资本。核心资本包括普通股、不可收回的优先股、资本盈余、留存收益、可转换的资本债券、各种补偿准备金等所有者权益，是银行真正意义上的自有资金。因此，核心资本在资本总额中所占的比重直接影响银行经营的安全性。依据《巴塞尔协议》的规定，商业银行资本充足率不能低于8%，其中，核心资本充足率不能低于4%。附属资本包括未公开的准备金、资产重估准备金、呆账准备金和长期次级债等。

（二）商业银行的表外业务

表外业务是指不直接进入资产负债表内的业务，主要有以下两类：

1.中间业务

中间业务是商业银行最古老的服务性业务。早期主要集中于货币的鉴定、兑换、保管、汇兑等类别，现代发展为结算、代理、信托、理财、信息咨询等业务。中间业务的基本特点是业务活动不需要动用资金，与客户之间不发生借贷性的信用关系，而是利用自身的技术、信誉和业务优势为客户提供金融服务，并从中获利。故这类业务的风险小、收益稳定，且有利于扩大表内业务并巩固客户关系。

2.创新的表外业务

创新的表外业务是指不直接列入资产负债表内，但同表内的资产业务或负债业务关系密切的业务，又可称为或有资产业务与或有负债业务，如贷款承诺、担保、回购协议、票据发行便利和衍生性的互换、期货、期权、远期合约等。20世纪80年代以来，金融机构间的竞争日趋激烈，商业银行为增强市场竞争力，开展了一系列资产负债表以外的金融创新业务，既满足客户对金融服务的新要求，又使其本身获得收益，比如提供各种担保、信贷承诺、票据发行便利以及进行衍生金融工具的交易等。其中，衍生金融工具交易成为商业银行表外创新业务的新宠。值得注意的是，衍生金融工具一方面使世界范围内金融业的活力和运转效率得到空前提高，成为新的利润增长点，并使银行的经营管理技术迈向了新的高度；另一方面在交易中如运用不当或稍有不慎，就会成为片面追求盈利而进行的投机性操作，有可能造成巨额损失，进而导致银行的破产和倒闭，甚至引发区域性或全球性的金融危机。因此，商业银行应科学、慎重地运用衍生金融工具。

（三）商业银行的业务发展趋势

1.在以客户为中心理念下发展业务

商业银行在发展业务过程中，强调以客户为中心的理念，真正将客户所需作为设计产品的基础，金融服务更趋于人性化，重视开发针对不同客户的特色产品，使银行提供的此类产品具有高附加值的倾向。

2.业务创新

20世纪70年代以来，商业银行的业务创新层出不穷，大体分为三类：一是为规避金融管制，巩固并开发资金来源，实现最优的资金运用的业务创新，比如大额可转让定期存单、货币市场共同基金、可转让支付命令等；二是为实现银行有效的风险管理获得收益与风险的匹配的业务创新，比如资产证券化、金融期货与期权、利率互换等；三是为实现可持续收入和多选择的利润来源渠道而展开的业务范围和品种的创新，比如网络银行业务、电子支付等。业务不断创新使商业银行更具市场竞争力。

3.业务电子化

商业银行充分利用新技术革命的成果，将电子计算机技术广泛应用于业务交流，前台的交易系统和后台的清算支付系统的电子化程度日益提高，对于银行运作速度、管理效率及成本控制具有较强的影响力，而电子银行服务和网络银行的迅速发展已成为银行新的竞争热点。

（四）商业银行的业务经营原则

作为特殊的金融企业，商业银行在业务经营中遵循的基本原则是安全性、流动性和盈利性，简称“三性”原则。

1.安全性原则

安全性是指商业银行在经营中要尽量减少经营风险，保证资金的安全。安全性是银行资产正常运营的必要保障，它要求商业银行在经营活动中尽可能防范和降低各种风险。商业银行是高负债经营，资金主要运用于贷款或投资，存在本息不能收回的风险，其自有资本比率低，抵御资产重大损失的能力较弱。因此，安全性是对商业银行生存和发展的基本要求。

2.流动性原则

流动性是指商业银行能够随时满足客户提取存款、转账支付及贷款需求的能力。流动性是商业银行所具备的一种不损失价值情况下的变现能力，一种能应付各种需求的资金可调用能力。这种能力体现为商业银行的资产流动性和负债流动性。资产流动性是商业银行所持有的资产能随时得以偿付或者在不贬值的条件下顺利变为现金资产；负债流动性是指商业银行能够轻易以市场成本随时获得所需资金。强调流动性是由银行这种特殊金融企业的性质所决定的，是银行正常开展各种业务的必要条件。流动性的强弱既反映了商业银行经营状况的好坏，也体现了商业银行管理能力的高低。

3.盈利性原则

盈利性是指追求利润最大化，是商业银行的经营目的。在商业银行各项收入与支出中，影响银行利润的因素主要有三方面：一是资产收益水平和资产损失。其中，资产收益水平取决于资产规模、盈利资产比率以及资产收益率等，资产损失主要由资产经营过程中各种风险和防范风险的能力所决定。收益与风险往往成正比，因此对收益的判断务必要考虑风险影响。二是经营成本，包括利息成本和非利息成本。为保证收益，商业银行需要严格控制成本，加强管理。三是其他营业收支，包括各种服务性收入和表外创新业务的收入。商业银行只有追求盈利，才能有效地充实资本、强化激励，获得持续发展。但若一味强调盈利而忽略风险和长期发展，不仅利润难得，还将危及生存。

商业银行经营的“三性”原则既是相互统一的，又存在一定的矛盾。其中，流动性与安全性是相辅相成的，流动性强则安全性高；而盈利性与流动性、安全性存在冲突，一般而言，流动性强、安全性高的资产盈利性低，而高盈利性往往伴随高风险性。由于“三性”原则之间的矛盾，商业银行在经营中必须统筹考虑三者的关系，综合权衡利弊，不能偏废其一。一般应在保持安全性、流动性的前提下，实现盈利的最大化。

## 四、商业银行经营管理的发展与创新

（一）商业银行经营管理理论的变迁与发展

商业银行在经营管理中如何才能实现安全性、流动性和盈利性的兼顾？在长期的实践和探讨中逐渐形成了商业银行经营管理理论。这些理论在实践中不断发展演变，经历了从最初的资产管理、负债管理到资产负债综合管理以及目前的一些新发展的过程。

1.资产管理理论

资产管理的思想可追溯到18世纪英国的商业银行管理。该理论注重资产运用的管理，重点关注流动性管理，认为银行资金来源的规模和结构是难以主动控制的，银行主要应通过资产项目的调整与组合来实现“三性”原则和经营目标。资产管理理论主要经历了三个不同的发展阶段：一是真实票据理论，即主张商业银行以真实票据为根据，主要应发放短期和商业性贷款以保持资产的流动性；二是可转换理论，即在金融市场发展的条件下，商业银行的资产运用范围可以扩大到投资于具有一定可转换性的资产，如兼备流动性和盈利性的有价证券，以增强银行调节流动性的能力；三是预期收入理论，强调借款人的预期收入是银行选择资产投向的主要标准之一，即商业银行不仅根据短期商业性需要发放贷款和投资于有价证券，而且只要借款人具有可靠的预期收入用于归还贷款，银行就可以对其发放贷款。

2.负债管理理论

负债管理理论认为，银行可以通过调整负债项目实现“三性”原则的最佳组合。该理论提出的背景是20世纪60年代初西方各国实施严格的利率管制，大量资金脱离银行进入金融市场，迫使商业银行通过负债业务创新，主动吸引客户资金，扩大资金来源，并根据资产业务的需要调整或组织负债，通过金融市场增强主动性负债的比重，让负债去适应和支持资产业务。负债管理的实施扩大了银行的资金来源，进一步拓宽了银行的业务规模和范围，给负债运营的成本与风险控制方面带来一定的压力。

3.资产负债综合管理理论

该理论强调将资产和负债综合考虑，通过统筹安排，实现“三性”的统一。资产负债综合管理的重点是主动利用对利率变化敏感的业务，协调和控制业务配置状态，保证银行获得正的利差和资本净值。最普遍采用的方法是缺口分析，缺口即利率敏感性资产与利率敏感性负债之间的差额。在管理中，商业银行可采取防御型战略，注意平衡利率敏感性资产与负债之间的数量，使净利息收入免受利率波动的影响；或采取主动战略，通过预测利率变化和调整组合，增加净利息收入。比如要在预测利率上升时建立一个正缺口（利率敏感性资产大于利率敏感性负债），在预测利率下降时建立一个负缺口，在预测正确的情况下可以增加净利息收入。

4.商业银行经营管理理论的新发展

上述商业银行经营管理理论的发展反映了人们对商业银行运作规律的认识在不断地深化，但这些理论都集中于对表内业务的经营管理方面。随着商业银行业务的创新与发展，商业银行表外业务比重不断提高。同时，商业银行提供各种金融服务的要求也不断加强，商业银行的服务性更加鲜明。因此，商业银行经营管理理论也更加关注表外业务、顾客满意度和企业价值，出现了很多新的理论，主要有：

（1）资产负债表外管理。该理论提倡从银行资产负债表外业务中去寻找新的经营领域，开辟新的盈利源泉。

（2）全方位满意管理。该理论是在全面质量管理的基础上发展起来的。它强调银行的一切活动都要追求顾客满意的管理理念，通过塑造独特的银行文化、提供令顾客满意的金融产品和服务，保有优质稳定的长期客户群，体现了银行作为金融服务业的本质要求。

（3）价值管理。该理论强调不过分追求企业的短期收益最大化，将长期的股东价值最大化作为管理目标，在业务安排上兼顾成本、风险与收益的匹配。

（二）现代商业银行经营管理的核心内容

在现代商业银行的经营管理中，由于风险的加大，风险管理日益重要，有效地防范、控制和管理风险是银行经营管理的核心。

1.商业银行面临的主要风险

（1）信用风险。信用风险又称违约风险，指借款人不能按契约规定偿还本息而使债权人受损的风险。这种风险一般与贷款和投资相关，但也与衍生品和其他银行信用形式有关。虽然银行倒闭的原因很多，但最重要和最主要的原因还是信用违约。信用风险是近年来银行倒闭的主要原因，也是银行管理者面临的最大风险。

（2）市场风险。市场风险一般是指由于市场价格波动而蒙受损失的可能性，主要有利率风险和汇率风险两类。利率风险是指市场利率变化给商业银行的资产和负债带来损失的可能性。由于利率是商业银行计算资金价格的基础，利率的升降就会影响商业银行所有业务经营的成果，因此，利率风险就成为商业银行面临的最大市场风险。汇率风险是指商业银行在国际业务中的外汇资产或负债因汇率波动而造成损失的可能性。汇率风险与国际货币制度密切相关，浮动汇率制度下的汇率风险要远大于固定汇率制度下的汇率风险。

（3）流动性风险。流动性风险指商业银行无法提供足额资金来应对客户的提现或贷款需求时引起的风险。流动性风险主要由资产和负债的差额及期限的不匹配所引起。流动性风险具有不确定性强、冲击破坏力大的特点。一旦银行流动性不足将导致存款人的挤兑或客户的流失，使银行陷入财务困境甚至破产倒闭。基于商业银行的高杠杆经营的特点，流动性风险的管理成为商业银行日常经营管理的重要内容之一。近年来，由于全球金融市场和银行业的流动性较为充裕，流动性风险并未引起商业银行或监管机构的应有关注。但是2007年爆发的美国次级债风波以及后来引发的全球流动性危机，深刻地暴露出全球银行流动性风险管理及监管制度中的一些弊端，也再次显示了稳健的流动性风险管理及其监管对于维持银行的持续经营与整个金融体系的安全与稳定的重要性。

（4）操作风险。操作风险是指由不完善或有问题的内部程序、员工和计算机系统以及外部事件所造成损失的风险。操作风险往往与银行内部控制不力、对操作人员的授权管理失误和管理失灵有关。因此，增强银行的内部控制能力是防范操作风险的有效渠道。

2.商业银行风险管理的主要内容

商业银行风险管理主要包括三方面内容：风险识别、风险衡量与风险控制。其中，风险识别是指揭示与认清风险，分析风险的起因与可能的后果，风险识别准确与否，直接关系到能否有效地防范和控制风险损失。风险衡量主要是估算损失风险发生的概率，预测风险损失程度及其相关损失的大小。风险控制是指在权衡收益与损失两种可能性的基础上，通过预防、分散、转嫁、对冲、补偿等方法将风险控制在可以承受的范围。传统风险管理的重点是信用风险，随着市场发展以及金融创新的深入，商业银行更加注重综合性的风险管理，并通过多种新兴的风险管理方法对风险进行控制。

3.商业银行风险管理的方法

20世纪70年代出现金融创新浪潮以后，世界银行业的经营风险有增无减，风险管理日益重要。各国商业银行在实践中探索各种风险管理的方法，采用较多的有以下几种：

（1）风险价值法（Value at Risk，VaR）。VaR是指在正常的市场环境下给定一定的时间区间和置信度水平，可以预测某种资产或资产组合最大损失的方法。VaR是测量市场风险的新方法，最引人注目。VaR之所以具有吸引力，是因为它回答了在概率给定情况下，银行投资组合价值在下一阶段最多可能损失多少，能够简单明了地表示市场风险的大小，任何专业背景的投资者和管理者都可以通过VaR值对金融风险进行评判。该方法还可以事前计算风险，不仅能计算单个金融工具的风险，还能计算由多个金融工具组成的投资组合风险，这是传统金融风险管理所做不到的。当然，VaR方法也有其局限性，因为其主要用于衡量市场风险，单纯依靠VaR方法，就会忽视其他风险如信用风险、操作风险等。从技术角度讲，VaR表明一定置信区间的最大损失，但并不能排除高于VaR值的损失发生的可能性，而且一旦发生，可能会造成灾难性的后果。所以在金融风险管理中，VaR方法并不能涵盖一切，仍需综合使用各种其他的定性、定量分析方法。

（2）信贷矩阵系统。1997年4月初，美国J.P.摩根财团与几个国际银行共同研究、推出世界上第一个评估银行信贷风险的模型。该模型以信用评级为基础，计算某项贷款违约率，然后计算上述贷款同时转变为坏账（损失）的概率。该模型通过对VaR数值的计算，力图反映出银行某个或整个信贷组合一旦面临信用级别变化或拖欠风险时，所应准备的资本金数值。

（3）风险调整的资本收益法。该方法是信孚银行首推的银行业绩衡量与资本配置方法。风险调整的资本收益（RAROC）是收益与潜在亏损值之比。使用这种方法的银行在对其资金使用进行决策的时候，不以盈利的绝对水平作为评判基础，而是以该资金投资风险基础上的盈利贴现值作为依据。在进行一项投资时，风险越大，其预期的收益或亏损也越大。决定RAROC的关键是潜在亏损即风险值的大小，该风险值或潜在亏损越大，投资报酬贴现就越多。RAROC可以较真实地反映交易员的经营业绩，并对其过度投机行为进行限制，有助于避免大额亏损现象的发生。此前出现的巴林银行倒闭、大和银行亏损和百富勤倒闭等事件中，都是由于对交易员业绩评价不合理所致，只考虑其盈利水平，没有考虑在获得盈利的同时承担的风险。

（4）全面风险管理模式。全面风险管理是对整个机构内各业务单位和各种风险进行通盘管理。这种管理模式要求将信用风险、市场风险和其他各种风险以及包含这些风险的各种金融资产、承担这些风险的各个业务单位纳入统一的体系中，对各类风险依据统一的标准进行测量并加总，对风险进行控制和管理。

需要指出的是，商业银行无论对风险采取何种方法进行管理，都不可能完全消除风险，因为只要从事金融活动，必然存在风险。而风险不仅仅只有损失的可能性，还包含了收益的可能性，即为银行带来风险收益。因此，商业银行风险管理的重点是将风险控制在可承受的范围之内。

## 第三节　政策性银行

政策性银行是指由政府发起或出资设立，按照国家宏观政策要求，在限定的业务领域从事银行业务的政策性金融机构。其业务经营目标是配合并服务于政府的产业政策和经济社会发展规划，推动经济的可持续与协调发展，促进社会和谐进步。

### 一、政策性银行的运作特征与作用

在市场经济中，一些投资期限长、规模大、风险高、短期收益不明显的行业或项目，不符合市场金融机制的选择要求，往往不能得到商业银行提供的信贷，也很难从其他融资渠道获得支持。但是这类行业或项目对于社会经济的可持续发展又极为重要，如重点出口产品行业企业的发展、基础设施建设、农林项目开发等。各国政府为了鼓励和扶持这些行业或项目的开发，普遍采用的做法就是成立政策性银行，为之提供金融支持和服务。

（一）政策性银行的运作特征

与市场经济中的商业银行和中央银行相比，政策性银行的运作具有如下特征：

1.不以营利为经营目标

政府设立政策性银行是为了弥补商业性融资机制的不足，通过提供比商业银行更优惠的利率、期限和担保条件的贷款，使那些利润低、投资期限长、数额大而社会需要发展的行业或项目获得金融支持，以实现社会经济的健康、协调、持续发展。所以，政策性银行的首要目标是为了实现社会整体效益，而不是自身的微观效益。需要指出的是，政策性银行不以为自身赚取盈利为经营目标，并不意味其经营活动不讲效益。政策性银行的经营仍然奉行有偿借贷、保本微利的原则，同样需要通过选择优质项目、控制成本、降低风险等活动来获得盈利或减少亏损。在实践中有不少国家的政策性银行能够盈利并做到自我发展。

2.具有特定的业务领域和对象

政策性银行只对那些社会经济发展急需，而又难以获得商业性融资的行业或项目提供支持，如农业、中小企业、进出口贸易、经济开发等领域。但并不是这些领域所有项目都能获得支持，如进出口贸易获得的支持并不是包括所有的项目，而是只与特定产业的产品或技术的进出口相关。因此，政策性银行一般不参与同商业银行的竞争，只是补充后者的不足。

3.资金运作的特殊性

一是不以吸收存款作为主要资金来源。其资金来源主要是国家预算拨款、发行债券集资或中央银行再贷款。二是资金运用以发放长期贷款为主，贷款利率和担保等贷款条件较同期商业银行更为优惠。三是资金运作受制于特定的法律法规，可以不受针对商业银行的监管约束。

（二）政策性银行的作用

1.补充和完善市场融资机制

政策性银行的融资对象，一般限制在那些社会发展需要而商业性金融机构又不愿意提供融资的行业或项目，因此可以补充商业性融资的缺陷，完善金融体系的功能。需要注意的是，政策性银行提供资金支持的具体范围随着社会、经济、技术等的发展在不断变化，但其辅助和补缺的定位是不变的。

2.诱导和牵制商业性资金的流向

一是政策性银行通过自身的先行投融资行为，给商业性金融机构指明了国家经济政策的导向和支持重心，从而消除商业性金融机构的疑虑，带动商业性资金参与；二是政策性银行通过提供低息或贴息贷款可以部分弥补项目投资利润低而无保证的不足，从而吸引商业性资金的参与；三是政策性银行通过对基础性或新兴行业的投入，可以突破经济发展的瓶颈或开辟新的市场，促使商业性资金的后续跟进。

3.提供专业性的金融服务

政策性银行一般为特定的行业或项目提供金融服务，具有很强的专业性，积累了丰富的实践经验和专业技能，聚集了一大批精通业务的技术人员，可以为这些领域提供专业化的金融服务。

## 二、政策性银行的种类

（一）按业务范围划分为全国性和地方性政策性银行

从各国政策性银行业务范围来看，全国性政策性银行所占比例较大，如中国、美国、日本、德国、法国等国家的政策性银行大多数是全国性的。地方性政策性银行一般设在比较偏远的地区，如日本北海道东北开发金融公库、冲绳振兴开发金融公库等。

（二）按机构设置划分为单一型和塔型分支机构型政策性银行

多数国家的政策性银行属于单一型，只有以专门服务的某个领域或行业命名的一家政策性银行，无分支机构，如进出口银行、农业银行等。塔型分支机构型政策性银行则是由一个总行机构领导，下设不同层次的分支机构或基层机构，整个组织系统结构呈塔状，常见于农业信贷银行，其中的基层机构一般是民间或合作性质的，而总行机构一般由政府所有或控制。

（三）按业务领域划分为农业、进出口、住房等政策性银行

政策性银行按业务领域可划分为农业、进出口、住房、经济开发等多种，其中以农业、进出口、住房和中小企业信贷银行比较普遍。

## 三、中国的政策性银行

在计划经济体制下，中国人民银行几乎包揽了所有的银行业务，包括商业性和政策性业务。改革开放初期，政策性业务分别由当时的四家国有专业银行（中国工商银行、中国建设银行、中国农业银行、中国银行）承担。随着市场化程度的提高，商业性业务与政策性业务的矛盾日益突出。1994年，为适应经济发展需要以及贯彻政策性金融与商业性金融相分离的原则，我国相继建立了国家开发银行、中国进出口银行和中国农业发展银行三家政策性银行。

（一）国家开发银行

国家开发银行是于1994年3月正式成立的中国第一家政策性银行。国家开发银行对其安排投资的国家重点建设项目，如国家基础设施、基础产业和支柱产业的大中型基本建设，在资金总量和资金结构配置上负有宏观调控职责，以提高投资效益，促进国民经济持续、快速、健康地发展。2008年，国家开发银行启动商业化改革，由中央汇金投资有限责任公司注资200亿美元，注资后国家开发银行的注册资本变为3 000亿元人民币。国家开发银行总部设在北京，同时在全国设有38个分行、3个代表处、4个公司、13家村镇银行、1个发展基金。

（二）中国农业发展银行

中国农业发展银行是主要承担国家规定的农业政策性金融业务的政策性银行。1994年6月30日，中国农业银行、中国工商银行向中国农业发展银行划转农业政策性信贷资产2 548.79亿元，同时等额划转了由开户企事业单位存款和中国人民银行再贷款构成的负债。1994年11月18日，中国农业发展银行正式投入营运。除在成立之初的国拨资本及中国人民银行的再贷款外，中国农业发展银行还可发行金融债券、吸收办理业务范围内开户企业的存款。截至2014年年底，中国农业发展银行共有各级各类机构2 177个，其中，总行1个，总行营业部1个，省级分行31个、省级分行营业部30个、地（市）分行303个、地（市）分行营业部138个、县级支行1 673个（含县级办事处2个）。

（三）中国进出口银行

中国进出口银行是承担机电产品和成套设备等资本性货物进出口金融业务的政

策性银行，1994年5月成立。其资金来源主要是向国内外发行债券，注册资本金总额为50亿元人民币。中国进出口银行总部设在北京，目前设有25个分行和西北非、东南非、圣彼得堡3个代表处。与1994年政策性银行成立之初相比，当前我国宏观经济环境、产业结构和市场需求都发生了许多变化，带有补贴性、政府指令的政策业务逐渐减少，而自营开发性业务逐渐增多，政策性银行的业务结构中市场化比重不断提高，面临继续发挥政策性银行作用和向市场转轨的任务。2006年，国务院明确提出深化并推进政策性银行改革的战略，由中国人民银行和财政部具体负责，三家政策性银行研究设计符合各自特点的改革方案。改革后三家政策性银行将凸显三个作用，即大力支持农业、进出口贸易和基础建设，促进区域协调和产业结构调整，加强对中小企业及教育、医疗的资金支持。

2015年4月12日，中国政府网同时发布三家政策性银行深化改革方案的批复。政策性银行要不要“商业化”的争议就此划上句号。

## 第四节 合作金融机构

### 一、合作金融机构概述

合作金融机构是指按照国际通行的合作原则，以股金为资本、以入股者为服务对象、以基本金融业务为经营内容的金融合作组织。

（一）合作金融机构的产生与发展

合作金融是合作经济的组成部分，具有悠久的历史。在小生产方式占主导的经济社会，民间自发存在各种合作金融活动，如我国战国时期的合会就是一种初始的信用合作形式。尽管民间自发的合作金融活动具有偶发性、散在性和不规范性等不足，但因可以满足小生产者之间互助合作的金融需求而具有顽强的生存适应能力。随着商品经济和市场关系的发展，合作金融亦从低层次向高层次发展，主要标志便是以稳定的金融机构为载体进行运作。现代意义上的合作金融始于19世纪中叶，历经100多年已逐步形成与商业性金融、政策性金融三足鼎立的现代金融体系格局。

合作金融机构经典的代表是舒尔茨式的以社员为核心的互助式城市信用合作社和雷发巽式的以农民为本位的农村信用合作社。从合作金融100多年的发展历程看，合作金融是许多国家金融制度安排中不可缺少的组成部分。不仅印度等发展中国家的合作金融发展较快，而且法国、美国、日本、韩国等发达国家的合作金融机构也自成体系，在市场经济的框架下稳定发展。尽管其中有些国家经济发达，有先进的通信和计算机技术，有财力雄厚的商业银行和垄断金融集团，但这些都没能彻底取代合作金融组织，相反，合作金融还相当发达。例如，日本、德国、法国、意大利的合作银行都是合作金融机构发展的成功范例。

（二）合作金融机构的运作特点和作用

1.合作金融机构的运作特点

（1）自愿性。自愿性表现为入社自愿，退社自由。当然，这种自由在承认合作社章程、符合章程规定的条件下才能实现。

（2）民主性。合作金融机构的所有成员地位平等，不以出资额排序。合作金融机构内部实行民主管理，重大事项集体决策。决策投票一人一票，收益共享，风险共担。

（3）合作性。一是资本的合作。合作社资本由社员集资组成，社员以货币资本入股为合作的起点，积累部分属社员集体共有。二是金融活动的合作。合作金融机构的首要宗旨是满足社员的经济和金融需求，为社员提供低成本和优先金融服务。三是与成员或任何的相关经济组织合作，在可能的范围内为成员谋取最大利益。

2.合作金融机构的作用

在社会经济发展过程中，合作金融机构所发挥的作用主要体现在两个方面：一是增强个体或弱势经济体在市场竞争中的生存能力，通过必要的资金支持和金融服务来扶持农民或小生产者，保护其生产积极性，使个体经济或小规模经济在互惠互利中增强生存发展能力。二是降低个体经济获取金融服务的交易成本。合作机构在相对较小的社区和群体中提供金融服务，有较强的信息对称性，风险较小，可降低金融服务的交易成本和管理成本。

（三）合作金融机构与商业银行、政策性银行的关系

合作金融机构与商业银行、政策性银行都是从事货币信用业务的存款类金融企业，在筹措资金、运用资本、风险控制管理等方面有很多的共性，但合作金融机构的特点和作用又决定了它与商业银行、政策性银行之间存在一些差异。首先，商业银行与借款者之间是纯粹的借贷关系；而合作金融机构与其成员之间不仅是借贷关系，更重要的还是利益同享、风险共担、互助互利的合作关系。其次，商业银行在小规模的个体经济或农村经济开展经营的交易成本过高，缺乏比较优势，过于分散的零售市场往往使商业银行无利可图甚至亏本；而合作金融机构则可以及时获得信息，并提供有效服务，充分发挥其交易成本方面的比较优势。最后，政策性银行是为支持国家政策而开展业务活动，难以满足零散市场小规模经济的多元化的金融服务需求；合作金融机构正好可以弥补其不足。因此，合作金融机构、商业银行以及政策性银行在满足金融服务需求方面存在互补的关系。

中国农村金融体制改革的方向体现了三者的关系，即在农村建立农业发展银行、农业银行和农村信用社等多种机构分工合作、功能互补的农村金融体系。在具体设计上，农业发展银行作为政策性银行，主要负责粮、棉、油等主要农产品的收购和储备资金以及农业综合开发贷款和扶贫贷款，即主要发放政策性贷款，发挥政策性的金融供给功能；农业银行主要负责农村内部工商企业规模较大及使用期限较长的生产性贷款，即主要发放商业性贷款，发挥商业性的资金融通功能；农村信用社负责为一般农户提供日常性信贷服务，主要发放小额、短期贷款，发挥合作性的

资金融通功能。

## 二、合作金融机构的种类

### （一）城市信用社

城市信用社是在城市中按一定社区范围，由城市居民和法人集资入股建立的合作金融组织，是具有独立法人地位的经济实体。

进入20世纪80年代后，中国加快改革开放步伐，为适应大量个体、私营及小集体企业急剧增长的金融服务需求，在城市地区陆续设立了大批城市信用社。最初，城市信用社的定位并没有严格遵循合作金融机构的性质，而是重在发挥对国有银行难以顾及的业务领域“拾遗补缺”作用。因此，城市信用社基本上是按股份制商业银行的模式发展组织起来的。1994年开始的金融体制深化改革，将城市信用社纳入了中国商业银行体系建设的改革轨道，将城市信用社组建成当地的股份制银行，成立的新机构仍采用合作银行的称谓，如北京城市合作银行等，但实际上并不具有合作金融的内涵，后来大部分改称为城市商业银行。1996年，国家明确了新的政策导向，对没有建立城市商业银行的城市中存在的城市信用社，逐步纳入合作金融的改革轨道，按照合作金融原则加以改造和规范。

### （二）农村信用社

农村信用社是由农民或农村的其他个人集资联合组建的，以互助为主要宗旨的合作金融组织。农村信用社创办时主要办理种植业的短期贷款，随着农村结构的调整和非农业人口的增加，发展到综合办理农林牧副渔业和农村工商业及社员消费性的短期贷款。由于其以扶持农业生产发展为主要任务，各国都对其实行各种鼓励政策，有些国家的农村信用社还集中在一定领域从事业务，如渔业生产信用合作社、农牧业生产信用合作社以及土地信用合作社。

我国的农村信用社在新中国成立初期的社会主义改造过程中，随公有化程度的提高和计划经济体制的建立，其合作性质被淡化，行政上受中国人民银行的领导。但是进入20世纪80年代以后，这种“官办”的制度安排已不适应改革中的农村经济，1984年开始推行以恢复组织上的群众性、管理上的民主性和经营上的灵活性为基本内容的改革。1996年，农村信用社与国有商业银行（中国农业银行）脱离行政隶属关系，开始按合作性原则加以规范。2003年6月，国务院下发《国务院关于印发深化农村信用社改革试点方案的通知》，文件指出：“按照‘明晰产权关系、强化约束机制、增强服务功能、国家适当支持、地方政府负责’的总体要求，加快农村信用社管理体制和产权制度改革，把农村信用社逐步办成由农民、农村工商户和各类经济组织入股，为农民、农业和农村经济发展服务的社区性地方金融机构，充分发挥农村信用社农村金融主力军和联系农民的金融纽带作用，更好地支持农村经济结构调整，促进城乡经济协调发展。”

### （三）农村合作银行

农村合作银行是由辖区内农民、农村工商户、企业法人和其他经济组织入股组建的股份合作制社区性地方金融机构，主要任务是为农民、农业和农村经济发展提供金融服务。股份合作制是在合作制的基础上，吸收股份制运作机制的一种企业组织形式。农村合作银行以盈利性、安全性、流动性为经营原则，实行自主经营，自担风险，自负盈亏，自我约束。

我国农村合作银行主要以农村信用社和农村信用社县（市）联社为基础组建。2003年9月12日，中国银行业监督管理委员会发布《农村合作银行管理暂行规定》，规定农村合作银行发起人不少于1 000人，注册资本金不低于2 000万元人民币，核心资本充足率达到4%，不良贷款比率低于15%，有具备任职专业知识和业务工作经验的高级管理人员，有健全的组织机构和管理制度，有符合要求的营业场所、安全防范措施和与业务有关的其他设施。农村合作银行是独立的企业法人，根据股本金来源和归属设置自然人股、法人股，自然人股和法人股分别设定资格股和投资股两种股权。资格股是取得农村合作银行股东资格必须缴纳的基础股金；投资股是由股东在基础股金外投资形成的股份。农村合作银行股东可获取农村合作银行的优先、优惠服务，股东持有的投资股可凭投资份额大小取得相应的投资分红。资格股实行一人一票。农村合作银行实行民主管理，其权力机构是股东代表大会，股东代表由股东选举产生，每届任期3年。

2003年4月8日，我国第一家农村合作银行——鄞州农村合作银行在浙江宁波挂牌成立。2005年6月10日，全国第一家省级农村合作银行——天津农村合作银行正式成立。2007年3月1日，中国第一家村镇银行——四川仪陇惠民村镇银行在仪陇县金城镇正式挂牌开业，标志着银监会放宽农村地区银行业金融机构准入政策取得新突破。我国农村金融机构的改革与创新对于促进农村地区投资多元、种类多样、覆盖全面、治理灵活、服务高效的新型农村金融体系的形成，进而更好地加强和改进农村金融服务，支持社会主义新农村建设，促进农村社会经济和谐发展和进步，具有十分重要的意义。

### 三、信用合作机构的主要业务与管理

#### （一）农村信用社与城市信用社的主要业务

农村信用社的主要任务是依照国家法律和金融政策的规定，组织和调节农村资金，支持农业生产和农村综合发展，支持各种形式的合作经济和社员家庭经济，限制和打击高利贷。其主要业务有：吸收农民和各种合作组织以及农村的机关、团体、学校等的储蓄存款；发放农民为解决临时生活困难所需的贷款，对农民和各种合作组织发放临时性的生产费用贷款；发放长期的生产设施贷款、开发性投资贷款及社员购买耐用消费品、建筑用房的贷款；办理农民、机关、团体等委托的信托业务；接受国有银行委托的代理农贷、公债和其他业务。

城市信用社经营的业务有：办理城市集体企业和个体经济的存、贷、汇业务，办理城市居民储蓄存款业务，代办保险及其他代收代付业务等。

（二）信用合作社在经营和管理上的特点

信用合作社经营管理具有经营目标的自为性，组织上的互助性，管理上的民主性，经营上的灵活性和业务上的专门性、区域性等特点。具体而言，信用合作社业务经营手续简便灵活、利率较低。其主要资金来源是合作社成员交纳的股金、公积金和吸收的存款，贷款主要用于解决其成员的资金需要。最初主要发放短期生产贷款和消费贷款，后来开始为解决生产设备更新、技术改造等提供中长期贷款。经营管理的人选是在民主基础上由社员选举指定并对社员负责。其最高权力机构是社员代表大会，负责管理具体事务和业务经营的执行机构是理事会。

## 本章小结

1．存款类金融机构都是以存款为主要负债，以贷款为主要资产，直接参与存款货币创造的过程。它们按业务活动可分为管理性、商业性和政策性；按投资者国别或业务范围分为国际性、全国性和地方性三类。各存款类金融机构之间既有区别又有交叉。

2．存款类金融机构的基本业务是资产负债和表外业务，其业务特点有信用性、风险性和服务性。存款金融机构的业务运作具有其他金融机构无法替代的作用。其业务发挥作用是以具有公信力、流动性和收集、辨别、筛选信息能力三个内在要求为必要前提的。

3．商业银行是存款类金融机构中最具代表性和占比最大的机构。商业银行的组织形式可以分为总分行制、单一银行制、控股公司制、连锁银行制等几种。不同类型的商业银行各有利弊。

4．商业银行的业务按是否进入资产负债表可分为表内业务和表外业务。表内业务包括负债业务和资产业务，表外业务包括服务性的中间业务和创新性的表外业务。商业银行的资本按来源可分为核心资本与附属资本，按照《巴塞尔协议》的规定，商业银行资本充足率不能低于8%，其中，核心资本充足率不能低于4%。

5．与市场经济中的商业银行和中央银行相比，政策性银行的运作具有不以营利为经营目标、具有特定的业务领域和对象、资金运作的特殊性等特征。政策性银行在金融市场上发挥着补充和完善市场融资机制、诱导和牵制商业性资金的流向、提供专业性的金融服务等作用。中国的政策性银行包括国家开发银行、中国农业发展银行和中国进出口银行。

6．从合作金融100多年的发展历程看，合作金融是许多国家金融制度安排中不可缺少的组成部分。合作金融机构的运作具有合作性、民主性、自愿性的特点。在经济社会发展中，合作金融机构所发挥的作用主要体现在两个方面：一是增强个体或弱势经济体在市场竞争中的生存能力；二是降低个体经济获取金融服务的交易成本。合作金融机构的种类有城市信用社、农村合作银行和农村信用社。

## 关键概念

总分行制　单一银行制　控股公司制　连锁银行制　资产业务　负债业务　银行资本　中间业务　政策性银行

## 综合训练

一、单项选择题

1.现代商业银行产生的标志是（　　）。

A.1694年英格兰银行成立

B.投资银行的出现

C.1933年美国国会通过《格拉斯-斯蒂格尔法》

D.巴塞尔协议的签订

2.下列国家中，（　　）的银行体系不属于全能型体系。

A.荷兰　　B.中国　　C.德国　　D.瑞士

3.《巴塞尔协议》规定，核心资本充足率不得低于（　　）。

A.4%　　B.6%　　C.7%　　D.5%

4.中央银行首要的、基本的职能，同时也是中央银行的一个重要标志的是（　　）。

A.充当最后的贷款人　　B.独占货币发行权

C.成为全国的资金清算中心　　D.管理国际储备

5.（　　）是形成商业银行资金来源的业务。

A.资产业务　　B.表外业务　　C.中间业务　　D.负债业务

二、多项选择题

1.商业银行的经营原则有（　　）。

A.流动性　　B.效益性　　C.安全性　　D.盈利性

2.现代商业银行的发展趋势有（　　）。

A.业务经营全能化　B.电子化　　C.国际化　　D.非货币化

3.下列各项中，属于商业银行负债业务的有（　　）。

A.存款　　B.贷款

C.从中央银行借款　　D.证券投资

4.下列各项中，属于商业银行资产业务的有（　　）。

A.贴现　　B.贷款　　C.自有资本　　D.证券投资

5.下列各项中，属于中央银行“银行的银行”职能的内容有（　　）。

A.充当最后贷款人　　B.代理国库

C.全国票据清算中心　　D.集中管理商业银行的存款准备金

三、思考题

1.什么是商业银行？其职能和作用有哪些？

2.商业银行在经营管理中必须坚持的原则包括哪些？各原则之间的关系如何？

3.简述中央银行产生的原因。

4.存款类金融机构的种类有哪些？它们的作用分别是什么？

5.什么是表外业务？这类业务为什么受到重视？

6.分析加入WTO后我国商业银行的经营发展战略。

# 第十一章

# 非存款类金融机构

**引例**

非存款类金融机构是金融体系的重要组成部分。非存款类金融机构比较多，本章主要介绍投资类金融机构、保险保障类金融机构以及其他非存款类金融机构。通过本章的教学，使学生理解投资类金融机构、保险保障类金融机构以及其他非存款类金融机构的基本理论，重点掌握这些机构具体业务和活动方式，对非存款类金融机构有一个整体的了解。

美林（Merrill Lynch）是一个领导性的国际金融管理及咨询公司，总体客户资产超过1万亿美元，在为个人和小型企业提供金融咨询与管理服务中处于领导地位。目前它已成为国际上最大的股票和债券承销人，同时也是企业、政府、机关和个人的战略性咨询者。

美林在世界负债市场中占主导地位，其在国际市场中拥有的权利与所处的姿态主要是对世界区域市场的改革性研究：通过2 000多个销售与贸易的专业人员的努力，研发适合客户需要的产品，提供能满足客户需求的分析研究。美林在美国的市政债务市场中有很长的主导历史，其在机构贸易、零售分销、研发、市政衍生品以及债务保险领域中不断取得傲人的成绩。

自1980年以来，美林一直是免税证券首席高级经理。仅在1996年，美林长期债券的保险额就高达2 200亿美元。美林的主要业务有投资银行、并购、金融期货与选择权和企业销售等。

经济的不断发展对金融服务的多元化、专业化要求越来越高。有的金融机构（如美林这样的大型国际金融管理机构）能够提供比较齐全的服务，有的仅提供各种保险保障服务，或者提供资信评估、信息咨询服务。我们把这些不以吸收存款为主要资金来源，不直接参与存款货币创造的金融机构统称为非存款类金融机构。本章将对这类金融机构展开阐述。

## 第一节　非存款类金融机构的种类与发展条件

经济的深入发展对金融服务的多元化、专业化需求越来越高，与之相适应，各种类型的金融机构也不断涌现。它们或是在证券市场提供投融资服务，或是提供各种保险保障服务，或是提供资信评估、信息咨询服务，这些金融机构的共同特点是不以吸收存款为主要资金来源，不直接参与存款货币的创造，故统称为非存款类金融机构。它们与存款类金融机构共同构成金融机构体系，促进社会经济的成长与发展。

### 一、非存款类金融机构的种类与业务特点

（一）非存款类金融机构的种类

依据非存款类金融机构所从事的主要业务活动和所发挥的作用，可以划分为投资类、保险保障类和其他非存款类金融机构三类。

1.投资类金融机构

投资类金融机构，是指为企业和个人在证券市场上提供投融资服务的金融机构，主要包括投资银行、证券公司、基金管理公司等。投资类金融机构多作为直接融资中介人，开拓资金流动渠道，通过各种证券、票据等债权、产权凭证，将资金供求双方直接联系起来，有利于全社会资金的有效配置与运转。

2.保险保障类金融机构

保险保障类金融机构，是指运用专业化风险管理技术为投保人或投保人指定的受益人提供某类风险保障的金融机构。这类机构是金融机构体系中十分重要的一类，主要包括各类保险公司和社会保障基金等。保险保障类金融机构一方面能够积聚资金、抵御风险、降低个体损失、提供经济保障，另一方面可以融通长期资金、促进资本形成。

3.其他非存款类金融机构

其他非存款类金融机构种类多样，业务差异较大，很难进行类别归纳，因此统称为其他非存款类金融机构，主要包括信托投资公司、金融租赁公司、金融资产管理公司、金融担保公司、资信评估机构以及金融信息咨询机构等。随着经济、金融发展的深化和金融创新的推动，此类金融机构的发展空间很大。

（二）非存款类金融机构的业务及特点

1.不直接参与货币的创造过程

非存款类金融机构的共同特点是在负债上不以吸收存款为主要资金来源，在资产上不以发放贷款为主要运用方式，在服务性业务上不提供支付结算业务。因此，

它们的经营活动不直接参与存款货币的创造过程，对货币供求及其均衡的影响相对较小。

2.资金来源与运用方式各异

与业务共性较多的存款类金融机构不同，非存款类金融机构的业务各异，导致其资产负债项目差异很大。如保险公司以吸收保费作为主要资金来源，资金主要运用于理赔和投资获益；基金公司的资金主要来源于发行基金证券，主要通过投资组合来运用资金；证券公司的资金主要来源于自有资本和发行债券，主要通过自营证券投资运用资金；信托投资公司的资金主要来源于信托资产，主要依据委托人的要求运用资金；金融租赁公司的资金主要来源于租金，资金主要运用于购买出租物。

3.专业化程度高，业务之间存在较大的区别

非存款类金融机构业务的专业化程度高，比如投资银行的证券承销和经纪业务、保险公司对保险产品的设计与管理以及基金公司的投资组合等，都需要专门的金融人才进行操作。同时，这些机构具有特定的服务对象和市场，各自业务的运作大不相同，即便在可归为一类的机构中，比如保险保障类机构，其相互间的业务也有较大差异。

4.业务承担的风险不同，相互的传染性较弱

非存款类金融机构的业务差异较大，其所承担的金融风险也不相同。相比之下，证券公司、基金公司风险较高，而保险公司和社会保障基金的风险较低，服务类的机构风险最小。因承担风险的差异性，在分业经营体制下，相互的传染性也较存款类金融机构小得多；在监管放松和混业经营的背景下并不尽然，比如美国次贷危机中投资银行、对冲基金、保险公司之间的业务往来导致风险加剧，最终酿成恶果。

5.业务的开展与金融市场密切相关，对金融资产价格变动非常敏感

非存款类金融机构的业务与金融市场的发达程度相辅相成。一个国家或地区非存款类金融机构种类的多少，往往代表着金融结构的复杂程度和金融市场的发达程度；而没有发达的证券市场，证券公司、基金公司就失去了存在的意义，没有健全的货币市场、保险市场，保障基金、保险公司也很难发展，相应的资信评估与信息咨询等机构也就没有用武之地。由于非存款类金融机构业务的开展依托于金融市场，市场动态对其业务运作影响极大，因此，它们对利率、汇率和证券价格等金融资产价格变动非常敏感。

## 二、非存款类金融机构发展的条件

在经济全球化、金融混业化的发展趋势下，大规模全能化经营已成为主要的发展方向，但专业细化、提供特定服务的金融机构仍将存在，许多专业特色突出的非存款类金融机构在自己的细分市场上大有作为。从总体上看，非存款类金融机构的发展有赖于所属经济体系的市场化程度与信息技术的发达程度、金融创新能力以及

相关法律规范的完善程度等。

（一）非存款类金融机构发展的经济与技术条件

1.经济发展对非存款类金融机构的发展起决定作用

随着经济市场化程度的提高，商品生产和流通不断扩大，交换关系日益复杂，不断产生多样化的金融需求。除了基本的货币流通、资金融通和支付清算等需要外，利用投融资活动实现保值增值、规避风险、专家理财等要求越来越成为主流需求，这些复杂的新金融需求决定了金融机构的专业化分工与合作，促使非存款类金融机构的迅速发展。比如随着经济的发展，股份公司成为经济组织的普遍形式后，以债券、股票等有价证券为工具的投资性金融活动日益活跃，出现了许多与证券相关的投资性需求和技术服务需求，由此产生了投资类金融机构和金融信息咨询服务机构等。

2.技术进步与普及增加了非存款类金融机构的业务能力和运作范围，大大提高了经营效率

与存款类金融机构相比，非存款类金融机构往往因为网点单一、信息成本高而受到业务能力和运作范围的限制。随着信息技术的进步与普及，互联网将触角伸入经济生活的方方面面，大量的金融、经济信息都可以借助信息技术进行传递、储存、显示、分析，各种金融交易可以利用计算机报价、撮合以及支付清算。这些好处显然为非存款类金融机构的发展带来更为广阔的市场与空间，同时也节约了信息成本和交易成本，提高了运营效率。

（二）非存款类金融机构的发展与金融创新

金融创新使得非存款类金融机构与金融市场的融合更为密切，大大拓展了其业务范围，提升了市场竞争力。比如货币市场共同基金的出现，对存款类金融机构的负债业务提出了挑战，而债券与票据市场的工具创新又使得那些原来依赖银行贷款的公司获得了新的融资渠道，进而削弱了存款类金融机构的资产业务。特别是融资证券化的创新对于投资银行等投资类金融机构而言，不仅在业务上得以扩展，而且也获得了丰厚的利润。总之，各种金融市场的创新为非存款类金融机构提供了更大的业务范围和更强的业务发展能力。

（三）非存款类金融机构的发展与法律规范及监管

非存款类金融机构的发展与完善的法律规范及监管密切相关。没有严肃、科学的法律规范要求和有效的金融监管，非存款类金融机构的发展就缺乏正确的方向与行为约束，其业务的可信度和持续性往往难以为继。比如在金融法律规范中提出的诚信原则、保密原则、禁止行为原则、资格认定原则、有效监管原则以及自律机制等，对非存款类金融机构而言都是必须遵守的。因此，非存款类金融机构的发展需要相关的法律规范配合与严格的监管。鉴于非存款类金融机构各自业务的相对独立性，与非存款类金融机构相关的立法与监管应注意各类机构的特点，使其有法可依、合法经营、违法必究，从而促进其健康持续地发展。

# 第二节　投资类金融机构

## 一、投资类金融机构概述

（一）投资类金融机构的种类

投资类金融机构主要包括证券公司、投资基金公司和其他投资类金融机构。

1.证券公司

证券公司是指由政府主管机关依法批准设立的在证券市场上经营证券业务的金融机构。其业务主要包括代理证券发行、代理证券买卖或自营证券买卖、兼并与收购业务、研究及咨询服务、资产管理以及其他服务，如代理证券还本付息和支付红利，经批准还可以经营有价证券的代保管及鉴证、接受委托办理证券的登记和过户等。

在美国和欧洲大陆所称的投资银行也是证券公司。投资银行是在资本市场上为企业发行债券、股票，筹集长期资金提供中介服务的金融机构，其基本特征是综合经营资本市场业务，既包括证券发行与承销、证券交易经纪、证券私募发行等传统业务框架，也包括企业并购、项目融资、风险投资、公司理财、投资咨询、资产及基金管理等。

2.投资基金

投资基金是指以金融资产为专门经营对象，以资产的保值增值为根本目的，把具有相同投资目标的众多投资者的资金集中起来，实行专家理财，通过投资组合将资金分散投资于各种有价证券等金融工具的金融机构。投资者按出资比例分享收益、承担风险。

3.其他投资类金融机构

此类机构主要指按揭证券公司、金融期货公司、黄金投资公司、投资咨询公司和证券结算公司等。按揭证券公司是指专门从事购买商业银行房地产按揭贷款，并通过发行按揭证券募集资金的金融机构。它是按揭市场的资金提供者，主要作用是增加按揭贷款的资金、降低按揭贷款利率、分散银行风险、促进债券市场发展等。金融期货公司是专门从事标准化金融期货合约交易的机构，它们在指定的期货交易所进行交易。黄金投资公司是专门在黄金市场从事黄金买卖交易的机构。投资咨询公司是指为适应证券市场专业化发展要求，向客户提供参考性的证券市场统计分析资料，对证券买卖提出建议，帮助投资者确定投资策略、投资方向的专业指导者。证券结算公司是指专门办理证券存管与交易、资金结算交收以及证券过户业务的服务机构。

（二）投资类金融机构的业务特点

1.主要以有价证券为业务活动的载体

投资类金融机构的业务活动以金融市场为中心，围绕着各种金融工具的发行和流通进行。这些金融工具主要包括票据、股票、债券以及各种金融衍生工具。

2.业务专业性要求高，风险较大

由于投资类金融机构主要为证券市场提供投资性服务，其所开展的业务或是促进证券发行与承销、促成证券交易的经纪、自营买卖，或是提供资本运营服务，或是基金管理、资产证券化和风险投资等，这些业务的开展都需要专门的金融知识、熟练的交易技能和金融创新能力，专业性要求很高。同时，这些业务以各种有价证券为载体，有价证券本身具有一定的风险，加之又都是围绕证券市场进行，一旦出现风险，投资类金融机构的安全就会受到影响，不利于证券市场的稳定。

3.业务活动必须遵循公开、公平和公正的原则

投资类金融机构所提供的各种投资服务具有信息密度高的特点，定期对外公布与传递信息是投资类金融机构的重要工作。因此，遵循公开、公平和公正的原则，依据法律法规发布准确信息，帮助投资者正确进行投资决策，是投资类金融机构业务活动的基本原则。

（三）投资类金融机构的作用

投资类金融机构发挥的主要作用是为投资服务，具体表现在以下三个方面：

1.促进证券投资活动的顺利进行

投资类金融机构参与证券发行和与证券经营相关的业务，开展各种投资业务服务，进行与投资活动相关的资本运营与公司理财等，以专业的素质和服务从诸多方面促使证券投资活动顺利进行。

2.降低投资者的交易成本和信息搜寻成本

投资类金融机构通过各种专业化的服务与规模经营为投资者降低投资成本。同时，通过广泛收集信息并利用其对信息的分析、加工能力为投资者提供所需的各种信息，大大降低了信息搜寻和处理的成本。

3.通过专业技术与知识为投资者规避、分散和转移风险提供可能

投资类金融机构依据对各种信息的专业化处理，通过提供灵活多样的金融工具、投资组合以及信息披露，为投资者获得有效的风险管理提供可能。

## 二、证券公司

证券公司是专门从事证券业务的金融机构，各国的称谓有所不同，美国和欧洲大陆称为投资银行，英国称为商人银行，日本和我国则称为证券公司。现代意义的证券公司产生于欧美，主要是由18世纪众多销售政府债券和贴现企业票据的金融机构演变而来。随着20世纪以来金融创新的推进，证券行业成为变化最快、最富有挑战性的行业之一。在我国，证券公司作为独立的非存款类金融机构，在内涵上与欧美的投资银行无异，既经营零售业务，也经营批发业务。

（一）证券公司的特点与作用

现代证券公司是直接融资市场上重要的组织者和中介人，它们提供与资本市场有关的智力服务，为客户量身定制可供选择的证券投资、资产组合、公司并购等各

种投融资方案，具有较强的金融创新意识和金融研发能力，主要依靠信用、经验、客户网络等占领市场。其收入的主要来源是各种服务的手续费或佣金。

证券公司在现代社会经济发展中发挥着沟通资金供求、构造证券市场、推动企业购并、促进产业集中和规模经济形成、优化资源配置等作用。作为资金需求和资金供给者相互结合的中介，证券公司以最低成本实现资金所有权和经营权的分离，为经济增长注入资本，为经济结构调整配置或转移资本。

（二）证券公司的类型

各国证券公司的类型主要有四种：一是独立的专业性证券公司，这种形式的证券公司广泛存在，一般有各自专长的专业方向；二是商业银行拥有的证券公司，主要是商业银行通过兼并、收购、参股现存的证券公司来从事投资银行业务；三是全能型银行直接经营证券公司业务；四是一些大型跨国公司的财务公司也从事证券业务。

在我国，证券公司主要分为两种：一是经纪类证券公司。这类公司是指接受客户的委托，以自己的名义从事证券买卖，收取一定佣金的经济组织。公司通常提供交易的基本条件和服务。二是综合类证券公司，这类公司既可从事经纪业务，又可开展自营、承销及其他业务。

（三）证券公司的主要业务

1.证券承销业务

证券公司借助自己在证券市场上的信誉和营业网点，在规定的发行有效期限内将证券销售出去，这一过程称为承销。承销是证券公司的基础业务之一，其作用是受发行人的委托，寻找潜在的投资公众，并通过广泛的公关活动，将潜在的投资人引导成为真正的投资者，从而使发行人募集到所需要的资金。证券公司在办理承销业务时可以为发行人提供证券市场准入的相关法规咨询，建议发行证券的种类、价格和时机，提供相关财务和管理的咨询等服务。在包销的情况下，发行人可以避免证券不能完全销售的风险。证券公司利用其在证券市场的广泛网络，通过分销商将证券销售给投资者，可协助企业通过发行市场筹募资金，扮演资金供给者与需求者之间桥梁的角色。在证券发行过程中，承销商在法律法规的限制下还可以进行稳定价格的操作，维护证券市场的稳定。

2.证券经纪业务

证券经纪业务是指证券公司通过其设立的营业场所（即证券营业部和服务部）和在证券交易所的席位，接受客户委托，按照客户的要求，代理客户买卖证券的业务。在证券经纪业务中，证券公司不向客户垫付资金，不分享客户买卖证券的差价，不承担客户的价格风险，只收取一定比例的佣金作为业务收入。证券经纪业务是随着集中交易制度的实行而产生和发展起来的。证券经纪业务的特点主要体现在业务对象的广泛性、证券经纪商的中介性、客户指令的权威性和客户资料的保密性等方面。

3.证券自营业务

证券自营业务是指证券公司用自己可以自主支配的资金或证券，以营利为目的，通过证券市场从事买卖证券的经营行为。证券自营业务按业务场所一般分为两类：场外（如柜台）自营买卖和场内（交易所）自营买卖。在我国，证券自营业务一般是指场内（交易所）自营买卖业务。

4.其他业务

以上三类是证券公司的基本业务和传统业务。随着市场需求的变化和金融市场的发展，证券公司越来越积极地参与企业并购、项目融资、风险投资、公司理财、资产管理、基金管理、资产证券化等市场活动，充当客户的投资顾问、财务顾问、金融顾问等，为客户的融资、财务管理、投资选择、公司购并等提供服务，并不断研究和开发新业务，争取市场份额。可以说，证券公司的业务发展体现了资本市场和金融体系发展的新要求。

### 三、投资基金管理公司

#### （一）投资基金管理公司及基金种类

投资基金管理公司是专门为中小投资者服务的投资机构，它通过发售基金份额，将众多分散的投资者的资金集中起来，形成独立财产，通过专家理财，按照科学的投资组合原理进行投资，与投资者利益共享、风险共担。证券投资基金最早产生于英国，20世纪20年代传入美国，并在其后得以充分发展。投资基金在不同国家或地区有不同叫法，美国称为“投资公司”或“共同基金”，英国和我国香港地区称为“单位信托基金”，日本和我国台湾地区称为“证券投资信托基金”等。为了保护投资者的利益，各国法律都规定，基金管理公司在成立时须配备高素质的有丰富证券从业经验的基金管理人才，要有明确可行的基金管理计划，科学分工的组织机构，同时，还要求建立健全内部管理制度，配备先进的技术设施，为对基金资产进行有效的管理和运用奠定基础。依据不同的标准，投资基金可以划分为不同的种类。

下面介绍两种常见的分类方法。

1.按组织形态分类

按组织形态划分，投资基金可分为公司型基金和契约型基金。

公司型投资基金，是具有共同投资目标的投资者依据法律组成的以营利为目的、投资于特定对象（如各种有价证券、货币）的股份制投资公司。这种基金公司通过发行股份的方式筹集资金，是具有法人资格的经济实体。基金持有人既是基金投资者又是公司股东，按照公司章程的规定，享受权利，履行义务。公司型基金成立后，通常委托特定的基金管理公司运用基金资产进行投资并管理基金资产。基金资产的保管则委托另一金融机构，该机构的主要职责是托管基金资产并执行基金管理人指令，二者权责分明。基金资产独立于基金管理人和托管人的资产之外，即使受托的金融托管机构破产，被托管的基金资产也不在清算之列。

契约型投资基金又称信托型投资基金，是根据一定的信托契约原理，由基金发起人和基金管理人、基金托管人订立基金契约而组建的投资基金。基金管理公司依据法律、法规和基金契约负责基金的经营和管理操作。基金托管人负责保管基金资产，执行管理人的有关指令，办理基金名下的资金往来。投资者通过购买基金单位享有基金投资收益。英国、日本和我国的投资基金多是契约型基金。

2.按是否可赎回分类

按是否可赎回，投资基金分为封闭式基金和开放式基金。封闭式基金发行在外的份额数（规模）是固定的，一旦完成发行计划，就封闭起来不再追加发行，若需要扩大规模，只有等封闭期满重新申请创设新的基金。开放式基金发行在外的份额数（规模）可以变动，投资人可以依基金的净值情况随时向基金公司申购或要求赎回基金份额。可见，封闭式基金管理公司经营时的压力小，因为投资者在二级市场上的交易不会影响基金规模，单位数量不会变；开放式基金公司压力大，一旦投资者失去信心就会要求赎回，基金管理公司就要卖出证券换取现金，所以要注意保持基金的流动性。封闭式基金常常存在于不完善的金融市场中，开放式基金存在于相对发达的金融市场中。

（二）投资基金的业务经营

投资基金的运作主要是通过发行基金单位的受益证券（即基金份额），集中投资者的资金，由基金托管人（通常是银行、信托公司等金融机构）托管，并由基金管理人负责基金的操作，即下达买卖指令，管理和运用资金，从事股票、债券、外汇、货币等金融工具投资，以获得投资收益和资本增值。同时，基金资产在托管人处拥有独立账户，即使基金管理公司或保管机构因经营不善倒闭，债权人也不能清算基金的财产。此外，资金的操作情况必须在季报中或年报中披露，并接受相应的监督，所以除行情波动或经理人操作优劣会有盈亏外，投资人的资金是安全有保障的。

（三）投资基金管理公司的特点

基金管理公司是基金产品的募集者和管理者，其最主要的职责就是按照基金合同的约定，负责基金资产的投资运作，在有效控制风险的基础上为基金投资者争取最大的投资收益。基金管理公司在基金运作中具有核心作用，基金产品的设计、基金份额的销售与注册登记、基金资产的管理等重要职能多半由基金管理公司承担。投资基金管理公司运作的特点主要有：

1.集合理财、专业管理

众多投资者的资金集中起来形成投资基金以后，委托基金管理人进行共同投资，表现出一种集合理财的特点，有利于发挥资金的规模优势，降低投资成本。基金管理公司一般拥有大量的专业投资研究人员和强大的信息网络，能够更好地对证券市场进行全方位的动态跟踪与深入分析，使中小投资者也能享受到专业化的投资管理服务。

2.组合投资、分散风险

中小投资者由于资金量小，一般无法通过购买数量众多、品种各异的有价证券来分散投资风险，而基金管理公司由于集中了大量资金，通常会购买几十种甚至上百种股票，对于个别投资者来说，购买基金就相当于用很少的资金购买了一揽子股票。在多数情况下，某些股票下跌造成的损失可以用其他股票上涨的盈利来弥补，因此可以充分享受到组合投资、分散风险的好处。

3.利益共享、风险共担

由于基金投资者是基金份额的所有者，基金投资收益在扣除由基金承担的费用后的盈余全部归基金投资者所有，并依据各投资者所持有的基金份额比例进行分配。基金管理公司和基金托管人只能按规定收取一定比例的管理费、托管费，并不参与基金收益的分配。

4.严格监管、信息透明

为切实保护投资者的利益，增强投资者的信心，各国监管机构都对基金业实行严格的监管，对各种有损投资者利益的行为进行严厉的打击，并强制基金管理公司进行及时、准确、充分的信息披露。

5.独立托管、保障安全

基金管理公司负责基金的投资操作，本身并不参与基金财产的保管，基金财产的保管由独立于基金管理公司的基金托管人负责，这种相互制约、相互监督的制衡机制为投资者的利益提供了重要的保障。

（四）投资基金管理公司的作用

1.提供高效的投资途径

在投资活动中，个人投资者要面对时间和投资专业知识方面不足的问题，并直接影响投资效果。而投资基金的经理人学有专长，在投资领域有丰富经验，对国内外的经济形势以及各公司营运和潜力有深入了解，因此由专业经理人所做出的投资决策以及获得的投资收益一般都会优于投资者个人。

2.能够更有效地分散投资风险

分散风险是证券投资的重要原则，即不要把所有的钱全部投资于某个特定的股票上。但是分散投资需要有足够的资金，由于一般的个人投资者财力有限，因而投资者自身无法有效地实现风险分散。而投资基金管理公司可以集中巨额资金投资多个品种，能够较充分地分散投资风险。不但如此，投资基金对资金的运作还能够获得规模经济效益，降低单位资金交易成本。

需要指出的是，在基金类机构中还有一类也称为基金，但又与一般互惠性的投资基金有很大区别，可称为对冲基金。对冲基金也称避险基金或套利基金，意为“风险对冲过的基金”，是指由金融期货和金融期权等金融衍生工具与金融组织结合后以高风险投机为手段并以营利为目的的基金，是投资基金的一种形式。对冲基金名为基金，实际与投资基金安全、收益、增值的投资理念有本质区别。

对冲基金起源于20世纪50年代初的美国，当时的操作宗旨在于利用期货、期权等金融衍生产品以及对相关联的不同股票进行买空卖空、风险对冲的技巧性操作，在一定程度上可规避和化解投资风险。1949年世界上诞生了第一个有限合作制的琼斯对冲基金，到了20世纪80年代，随着金融自由化的发展，对冲基金有了更广阔的投资机会，从此进入了快速发展的阶段。20世纪90年代，伴随着金融工具日趋成熟和多样化，对冲基金进入了蓬勃发展的阶段。经过几十年的演变，对冲基金已失去其初始的风险对冲的内涵，成为一种新的投资模式，即基于最新的投资理论和极其复杂的金融市场操作技巧，充分利用各种金融衍生产品的杠杆效应，承担高风险、追求高收益的投资模式。其经营特点也逐渐明晰，即投资效应的高杠杆性、投资活动的复杂性、筹资方式的私募性、操作的隐蔽性和灵活性。

## 第三节　保险保障类金融机构

保险保障类金融机构主要指各类保险公司和社会保障机构。保险公司与商品经济发展水平相适应，而社会保障机构的产生与国家政治有关。作为保险保障类金融机构，它们的运作原理是相同的，都是集中投保人的部分资金和特定范围的风险，为投保人提供风险损失的补偿。同时，在对保险资金运作的过程中，促进储蓄资金向投资的转化，充当金融中介。

### 一、保险保障类金融机构概述

#### （一）保险保障类金融机构的产生

保险公司具有悠久的历史。早在公元前5世纪至公元前4世纪就存在为个体和群体利益而采用的救灾和损失补偿方法，属于人寿保险和意外保险的原始形态。在公元14世纪前后，有关损失保证的保险经营逐渐开展起来。15世纪以来，贸易与海运促进了英国海上保险的发展，同时由于海上贸易中商人的生命安全与货物运输联系在一起，因此人身保险业务也随之发展起来。到了18—19世纪，英国的工业革命使社会分工更为深入，在新兴工业发展的同时，风险种类也不断增加，除各种海险、人身险以外，火险及其他意外险种相继出现，形成了以多种保险标的为内容的现代保险业。而社会保险和社会保障机构是在商业保险的基础上出现的，伴随社会经济的发展，除了对意外的不幸事件进行防范的保险需求外，预防失业、退休和生病等事项的保险需求也不断强化，相应产生了养老保险、失业保险和医疗保险等社会保险种类。20世纪50年代，社会保险迅速发展，最终形成了向劳动者群体提供以基本生活保障为核心的社会保障制度。

#### （二）保险保障类金融机构的运作特点

保险保障类金融机构的运作特点如下：

1.业务经营符合大数定律

保险公司之所以愿意集中并承保某种风险，是因为从全社会看，天灾人祸等风险是客观存在的，但却只有少数投保人才会出险，专业精算人员可以按科学计算的出险概率设计保险产品。基于这种特殊的经营规律，保险公司先将个体的风险集中，再运用自己特有的风险管理技术进行分散和转移，使少数人的风险损失由具有同种风险的众人共同分担。

2.业务具有独特的风险管理技术和要求

保险公司在运用专业的风险管理技术对承保的风险进行集中和分散管理时，需要对承保过程中所面临的风险进行概率计算，掌握出险概率（也称出险或然率，是在一定时间内一定数量的保险标的可能出险的概率），采用合理的保险分摊补偿方法。同时，保险保障类机构业务的投资范围也与其他金融机构不同，其运作的基本原则更强调保险基金的增值要建立在流动性和安全性的基础上。

3.通过收取保费，集合大量分散的储蓄资金，通过对资金进行充分、安全的投资运作，既可增强偿付能力，又能获得收益

保险费、保险公司的资本以及保险盈余构成了保险公司的保险基金，即补偿投保人损失及给付要求的后备基金。保险公司对于所形成的保险基金除了用于对约定范围的事故所造成的损失补偿外，还要对这部分资金进行积极的投资运作，提高保费的盈利水平，一方面用于加强自身的偿付能力，另一方面使保险公司获得收益，从而扩大保险经营范围，提高其在市场中的生存发展实力。

（三）保险保障类金融机构的作用

1.分散风险，补偿损失

保险保障类金融机构的基本作用，是把个体风险所致的经济损失分摊给其他投保人，用集中起来的保险基金补偿个体损失。这种作用使保险保障类金融机构与其他金融机构之间形成明确的产业分工。保险保障类金融机构作为风险的管理者，降低了每个投保人在经济运行中所承担的风险，也降低了经济运行的整体风险。

2.积蓄保险基金，促进资本形成，重新配置资源

保险公司和社保基金在运作过程中预提而尚未赔付出去的保费形成了巨额的保险基金，保险公司和社保基金可以利用这笔资金在资本市场上进行投资运作，在使保险基金保值增值的同时，参与社会资源的配置，为市场提供了大量资金，成为金融市场中举足轻重的机构投资者，对资本市场的稳健发展产生重要影响。

3.提供经济保障，稳定社会生活

保险保障类金融机构充当了社会经济与个人生活的稳定器，具体表现在为企业、居民家庭和个人提供预期的生产和生活保障，解决企业或居民家庭的后顾之忧，有利于受灾企业及时恢复生产经营，有助于遭难家庭维持正常生活，亦有利于履行民事赔偿责任，在社会经济的安定和谐方面发挥保障作用。

## 二、保险公司

保险公司是收取保费并承担风险补偿责任，拥有专业化风险管理技术的机构。各类保险公司构成了保险保障类金融机构的主体。

（一）保险公司的种类

依据不同的划分标准，保险公司可以划分为不同的类型。

1.根据保险的基本业务分类

根据保险的基本业务可以划分为人寿保险公司、财产保险公司、再保险公司。其中，人寿保险公司的保险产品是基于对被保险人寿命或健康状况预期而提供的健康保险、伤残保险。此外，人寿保险公司还提供年金、养老基金、退休金等产品。财产保险公司主要针对一定范围的财产损失提供保障。再保险是保险公司将其承担的保险业务向其他保险人投保，有“保险的保险”之称。除少数公司在人寿保险和财产保险、再保险领域都很活跃外，多数保险公司都专注于某一类保险业务，每类公司都有自己的一套产品。

2.根据经营目的分类

依据经营目的可以划分为商业性保险公司和政策性保险公司。商业性保险公司是经营保险业务的主要组织形式，多为股份制公司，如各种人寿保险公司、财产保险公司、海事保险公司、再保险公司等，任何有保险意愿并符合保险条款要求的法人、自然人都可投保。政策性保险公司则是指依据国家政策法令专门组建的保险机构。这种保险公司不以营利为经营目的，且风险内容关系到国民经济发展与社会安定，如出口信用保险公司、投资保险公司、存款保险公司等。政策性保险是保险市场中特殊的发展形式，往往是出于国家对某个领域保护意图而发展起来的。

3.根据保险经营方式分类

依据保险经营方式可以划分为互助保险、行业自保、机构承保等。互助保险是由一些对某种危险有相同保障要求的人或单位，合股集资积聚保险基金，组织起互助保险合作社经营保险业务。行业自保是指某一行业为本系统企业提供保险保障，行业自保的组织形式一般是成立自营保险公司。自保公司主要承保本系统企业的风险业务，并通过积累一定的保险基金作为损失补偿的后备。机构承保是以企业法人机构来承做保险业务，各类商业性保险公司均属此类。

（二）保险公司的主要业务与管理

从保险公司的经营活动来看，其基本业务运作包括筹集资本金、出售保单、给付赔偿款、经营资产等。

1.筹集资本金

各类保险公司根据国家保险管理机构的规定，在申请营业时必须拥有一定数量的开业资本，作为保险公司的经营基础。各国对保险公司的资本金要求有相当大的差别。英国最低需要200万英镑，美国最低需要300万美元，日本是10亿日元。根据《中华人民共和国保险法》（简称《保险法》）的规定，设立保险公司注册资本的最低限额为人民币2亿元。

2.出售保单

保险公司根据市场需求精心制作保单，包括设计险种和保险条款，合理规定保险责任，科学厘定保险费率。通过出售保单获得保费收入，这是保险公司的主营业务。依据保险业务不同，保单可分为多种类型，如人寿保险、财产保险、海上保险、农业保险、责任保险、保证保险、再保险等。在业务管理上，各国一般都实行寿险与财险分业经营，同时在经营保险业务以外不能过多兼营其他业务。

3.给付赔偿款

保险公司在售出保单的同时就相应承担了保险责任。与其他金融机构按一定利率支付利息或红利的负债不同，保险责任是根据用户需要定制的，保险公司向那些遭受火灾、伤残、疾病或死亡等意外事故的投保人或受益人直接支付赔偿。值得注意的是，所有保险公司在经营业务时都面临逆向选择和道德风险问题，因而保险公司要积极收集信息、筛选投保人，确定以风险为依据的保险费率和限制条款，努力降低经营风险。

4.经营资产

保险公司的资产主要来自于从保费中提取的各种准备金。证券投资是资产经营的主要方式。在对保险资产的投资运作上，监管部门要求保险公司必须加强投资组合管理，防止投机性投资危及保险公司自身清偿能力，损害投保人权利。各国为防止保险公司从事高风险投资，往往对保险公司的投资类型、质量、比例加以规定。如美国法律对寿险公司的投资规定了类型和各类投资占总资产或总盈余的最大比例，还规定了投资对象的质量标准；在财产保险方面，各州一般都要求财险公司的投资重点放在短期证券和政府债券之上，要在确保足够流动性的基础上安排投资结构。各国保险公司在其资产投向上更多的是持有各种债券。我国保险公司的投资渠道主要是国债和证券投资基金。2000年，中国证监会批准保险资金进入股市，允许保险资金由试点的保险基金管理公司运作，直接进入证券市场从事投资活动。

就不同的国家而言，保险公司管理运作的客观环境，诸如经济环境、人文历史、法律法规等方面存在差异，公司管理运作的水平也不尽相同，因此，保险公司业务发展的能力、经营发展的状况、发挥作用的程度就会有很大区别。由于保险公司在经济运行中具有非常重要的作用，其业务运作效果好坏直接关系到保险市场以及宏观经济运行的稳定与否，因此，各国政府一般均成立专门的监管机构，依据本国的保险法对保险公司进行必要的监管。在1998年以前，我国的保险公司保险业务的监管及有关法规的制定主要由中国人民银行负责。1998年11月18日，中国保险监督管理委员会（保监会）成立，保监会成为全国商业保险的主管机关和独立监管机构。保监会的主要职责是根据国务院授权履行行政管理职能，依照法规统一监管保险市场。

（三）保险公司的发展

历史上，银行与保险公司的业务各有侧重，但是进入20世纪60年代以后，银行和保险公司之间的界限开始被打破，形成金融业务一体化的趋势。与此同时，大保险公司为获得更大的市场，开始从事各种跨国保险业务，业务的国界限制也日益被突破。在具体业务领域，寿险公司在养老金领域非常活跃，并与商业银行、信托公司展开竞争。在激烈的市场竞争中，保险公司针对寿险业务不断开发许多具有投资特征的产品，扩大了发展空间。保险公司的业务创新一方面为其带来更为宽阔的收益渠道，拓展了市场，另一方面也加剧了自身的风险，在某种程度上有悖于保险公司的经营宗旨。因此，强调保险公司的业务运作特点，审慎开展金融创新是必要的，也是重要的。

目前，中国保险机构的构成大体遵循两个原则：一是从机构类型而言，包括保险集团控股公司、保险公司、保险资产管理公司、外资保险公司代表处以及保险专业中介机构等；二是从业务类型而言，包括综合性业务经营机构，专司人身险、财产险以及再保险的保险机构和保险专业中介机构。截至2012年年底，全国保险集团控股公司10家，财产险保险公司223家，人身险保险公司305家，再保险公司9家，保险资产管理公司11家，外资保险公司代表处177家和保险专业中介机构2 532家。

### 三、社会保障机构

社会保障是一种为丧失劳动能力和机会的人提供年费或补偿的制度，是保证社会安定的重要机制。社会保障制度是一种具有政策性、强制性的制度安排，旨在保障生存有困难的社会成员的基本生活需要，包括为劳动者提供基本生活保障、最低生活保障和一些特殊保障等。

社会保障通常被认为有三个最重要的功能：一是保障的功能。社会保障为遭遇到与劳动及收入相关风险的公民提供最基本的生活保障，通过国家和社会的帮助，使他们不至于被社会发展抛弃。二是互济的功能。特别是社会保险这种形式，通过按照同一比例缴纳保险费建立基金，使个别社会成员遭遇或可能遭遇的严重风险由全体社会成员分担，从而降低了风险程度。三是调节收入分配关系的功能。无论是社会保险计划，还是社会援助计划，都是一种社会再分配形式，实际存在高收入者向低收入者的转移支付，从而达到社会公正和稳定的目标。

社会保险是社会保障制度的核心内容，针对满足基本需求和基本生活保障可以设置养老保险、医疗保险、失业保险、生育保险等项目，一般均由政府出面干预实施。投保时有些险种的费用需要个人和企业缴纳，有些险种由政府给予财政支持。目前世界各国都通过政府参与来解决失业、退休养老等社会问题。在我国，与用人单位建立劳动关系的企事业单位的员工，只要按规定缴纳各项社会保险费，就可以享受相应的保障。

一般情况下，各国都会设立专门的社会保障机构来负责各种社会保险的管理事务，而社会保险资金的日常运作则由专业投资机构负责以实现保值增值。从社会保险资金运作机构的形式看，许多国家是由政府社会保障机构委托保险公司或基金管理公司运作。我国唯一一家统筹管理运作全国社保基金的机构是全国社会保障基金理事会，简称全国社保基金。该基金按照“规范、稳健、专业化、市场化”的运作要求，在《全国社会保障基金投资管理暂行办法》的规定范围内管理和运营全国社会保障基金。目前，全国社保基金已初步建立了直接投资运作制度，尝试引入专业的投资基金公司或保险公司运作社保基金。

## 第四节　其他非存款类金融机构

金融服务需求的多样化催生了非存款类金融机构的多元化和专业化发展，除投资类金融机构和保险保障类金融机构外，非存款类金融机构还包括一些满足特定服务需求和特定行业发展的金融机构，虽然它们在金融机构体系中的比重不大，但却发挥着不可或缺的作用。

### 一、信托投资公司

（一）信托与信托投资公司

从经济范畴考察信托，需要从委托人和受托人两方面来理解。从委托人的角度讲，信托就是委托人为收受、保存、处置自己的财产，在信任他人的基础上委托他人按自己的要求管理和处置归己所有的财产；从受托人的角度讲，信托就是受托人受委托人委托，并根据委托人的要求，替其本人或由其指定的第三者谋利益。在西方国家，信托制度是遍及社会各个领域的一种重要的财产管理制度，而且信托关系作为法律关系建立并普遍存在，几乎人人都与信托业务有某种联系。

"受人之托，代人理财"是信托的基本特征，其实质是一种财产转移与管理或安排。信托以信任为基础，信托成立的前提是委托人将自己的物权、债权、知识产权或其他无形财产权转移给受托人，受托人在管理信托财产时要履行谨慎义务。信托一经成立，信托财产即从委托人、受托人、受益人的自有财产中分离出来，而成为一种独立运作的财产，仅服务于信托目的，并具有独特的破产隔离功能和存续的连贯性。正是由于信托具有这些特征，使其在财产管理、资金融通、投资理财和社会公益等方面能够发挥独特的作用。

从事信托业务的机构包括各种信托投资公司、各种银行或非银行金融机构的信托部。信托投资公司是指以受托人身份专门从事信托业务的非存款类金融机构，其职能是接受客户委托，代客户管理、经营、处置财产。信托投资公司的运作特点是受人之托，为人管业和代人理财，具有财产管理和运用、融通资金、提供信息与咨询以及社会投资等功能。

英国是信托最早发展起来的国家，以个人受托为主；美国的信托是在独立战争之后由英国引入的，但从一开始就以公司法人受托的形式发展起来；日本的信托是在明治维新后从美国引入的，也从法人受托起步；中国的信托是1920年从日本引入的，也从法人受托开始发展。

（二）信托机构的经营特点

信托投资公司在其经营中表现出以下特征：

1.服务特征明显

信托业在经营中以"受托人"或"中间人"的身份出现，为委托人或受益人利益着想并为他们提供各种投资服务，收益来源为手续费。基于此经营特点，有关法律严格限制信托机构利用信托财产为自己牟利，而且必须把信托财产与信托机构本身的财产加以区分管理。

2.与资本市场关系非常密切

信托机构一方面通过为委托人提供再投资方面的专业经验和技术，将社会闲置资金导向正确的投资方向，另一方面对受托资金的管理主要通过与资本市场相关的特定信托业务来实现，因而成为社会闲置资金与企业对投资资金需求之间的金融中介，有利于充分实现储蓄向投资的转化，促进国民经济的健康发展。目前，国际上信托机构的投资业务大多分为两类：一是以某公司的股票和债券为经营对象，通过证券投资获取收益；二是以投资者身份直接参与对企业的投资。

3.服务对象范围相对广泛

具备法律行为能力的法人或个人都可成为委托人，而且在委托人信用方面没有特殊要求。

4.在经营中不需要提取准备金

信托机构作为受托人（而非债务人），在一定信托目的的前提下从容运用资金，不存在支付到期债务的问题，故不需要提取准备金。

## 二、金融租赁公司

### （一）租赁与金融租赁公司

租赁，作为一个复合词，表达着一种特定的双方关系："租"含有"以己之物借给他人使用"之意，而"赁"含有"借他人之物供自己使用"之意。租赁是由财产所有者（出租人）按契约规定，将财产租让给承租人使用，承租人根据契约按期支付租金给出租人的经济行为，属于对物品使用权的借贷活动。

金融租赁又叫资本租赁，是一种通过融资租赁形式获得资金支持的金融业务。通常情况下，由使用设备的机构或个人提出要求，租赁公司或其他金融机构作为出租人，出资购买设备并将其交给承租人使用。租期内由承租人向出租人以租金的方式支付资金使用成本。承租人对租赁的资产只有使用权，没有处置权。租期结束时租赁资产经残值处理后归承租人。

金融租赁公司是指专门为承租人提供资金融通的长期租赁公司，它以商品交易为基础将融资与融物相结合，既有别于传统租赁，又不同于银行贷款。其所提供的融资租赁服务是所有权和经营权相分离的一种新的经济活动方式，具有投资、融资、促销和管理的功能。

### （二）金融租赁公司的业务种类与主要作用

金融租赁公司具有融物和融资的双重功能，按照承担风险的不同可分为以下几种业务：

1.公司自担风险的融资租赁业务

（1）直接融资租赁。直接融资租赁是指金融租赁公司以收取租金为条件，按照用户企业确认的具体要求，向该用户企业指定的出卖人购买固定资产并出租给该用户企业使用的业务，分为直接购买式和委托购买式两类。

（2）经营租赁。经营租赁是指由出租人或承租人选择设备，出租人购买设备出租给承租人使用，设备所有权归出租人所有，使用权归承租人所有。设备反映在出租人固定资产账上，由出租人计提折旧。

（3）回租。回租是指承租人将自有设备出卖给出租人，同时与出租人签订租赁合同，再将该设备从出租人处租回的租赁形式。

2.公司同其他机构分担风险的融资租赁业务

此类业务主要有联合租赁和杠杆租赁两类。

（1）联合租赁。联合租赁是指多家租赁公司对同一个项目提供融资租赁，由其中一家租赁公司作为牵头人，各家租赁公司同牵头租赁公司订立体现资金信托关系的联合租赁协议。由牵头人出面与承租人订立买卖合同和融资租赁合同，各家租赁公司按照所提供的租赁融资额的比例承担该融资租赁项目的风险和享有该融资租赁项目的收益。

（2）杠杆租赁。杠杆租赁是指某融资租赁项目中大部分资金由其他金融机构以银团贷款的形式提供，但这些金融机构对承办该融资租赁项目的租赁公司无追索权，只按所提供的资金在该项目的租赁融资额中的比例直接享有租赁收益。

3.公司不承担风险的融资租赁业务

此类业务主要是委托租赁，是指融资租赁项目中的租赁物或用于购买租赁物的资金是一个或多个法人机构提供的信托财产，租赁公司以受托人的身份同委托人订立信托合同，该融资租赁项目的风险和收益全部归委托人，租赁公司则依据该信托合同的约定收取由委托人支付的报酬。

从微观看，融资租赁有利于解决企业更新设备与资金不足的矛盾，满足企业设备更新和技术改造的要求，从而提高企业的市场竞争力和技术进步能力，还有利于厂家促进销售，在盘活固定资产、优化资源配置，促进中小企业发展，引导消费与投资等方面发挥积极作用。从宏观看，融资租赁则有利于调整产业结构。融资租赁的介入能使企业解决设备投入以及更新所需资金的问题，强化了某类行业或企业在经济发展中的地位，进而推动产业结构的调整及合理构建。此外，融资租赁还有利于引进更多的外资，可以在不增加债务总量的同时引进国外的技术。因此，在发达国家金融租赁已经成为设备投资中仅次于银行信贷的第二大融资方式。

（三）金融租赁公司的业务运作特点

1.面对单一客户，客户管理很重要

金融租赁公司向承租人提供的是相当于设备全额资金信贷的等价物，实际是一种以向承租人提供设备的方式来替代提供资金，将融物与融资有机结合起来。由于融资租赁的租期很长，期限接近设备的经济寿命，当租期至期末时，设备仅剩一些残值，此时承租人可以以象征性价格购进设备并取得所有权。因此，融资租赁经常是对单一客户的租赁过程，客户管理极为重要。

2. 提供的租赁物通常是专用设备，经营风险较小

在融资租赁中，承租人有权选择所需设备及其生产厂家和供货商，出租方只是根据承租方的要求出资购进设备，然后租给承租方使用，对于设备的质量、规格、技术性能的鉴定验收等，都由承租方负责。因此，经营风险相对较小。

3. 长期占用资金，负债管理任务重

金融租赁公司向承租人长期租出设备，主要依靠租金回收资金，导致资金占用期限很长，需要通过多种方式筹集资金，包括吸收股东的定期存款、收取承租人的租赁保证金、向商业银行转让应收租赁款、发行金融债券、同业拆借或向金融机构借款等。负债管理的任务较为繁重。

## 三、金融资产管理公司

### （一）金融资产管理公司的目标与合理性

金融资产管理公司中专业处置银行不良资产的机构居多。金融资产管理公司通常是在银行出现危机或存在大量不良债权时由政府设立的，其主要目标是：通过剥离银行不良债权向银行系统注入资金，重建公众对银行的信心；通过有效的资产管理和资产变现，尽可能多地从所接受的不良资产中回收价值；尽量减少对有问题银行或破产倒闭银行重组所带来的负面影响。无论从金融、经济运行方面，还是从社会发展稳定方面而言，成立金融资产管理公司都具有一定的合理性。一方面，银行产生的大量不良贷款如果由自己处置，不仅资金实力不足，而且在法规限制和信息来源方面都有困难，而由政府出面组建金融资产管理公司来专门处置，有利于降低清理成本，盘活资产。另一方面，银行一旦出现危机，其传染的速度和力度都十分惊人，威胁到整个金融体系和社会的稳定，及时的处置与施救，无疑有利于恢复公众信心，减少负面影响。

### （二）金融资产管理公司的运作

金融资产管理公司首先审慎地收购资产，然后采取各种方式有效管理和变现资产，包括清收、拍卖、经营等。这是一项涉及面广、技术性强、专业化程度高的工作，除了对参与人员具有较高的专业素质要求以外，更需要政府部门的大力支持。这种支持不仅体现在资金的供应上，还需要政府给予相关法律、法规和行政规章的配合。

我国的金融资产管理公司，是指经国务院决定设立的收购国有银行不良贷款，管理和处置因收购国有银行不良贷款形成的资产的国有独资非银行金融机构。为处理国有商业银行的不良资产，我国于1999年成立了华融、东方、信达、长城4家金融资产管理公司，分别处理中国工商银行、中国银行、中国建设银行、中国农业银行的不良资产。我国金融资产管理公司的注册资本均为100亿元人民币，由财政部核拨。金融资产管理公司实行经营目标责任制，以最大程度保全资产、减少损失为主要经营目标，依法独立承担民事责任。

金融资产管理公司在其收购的国有银行不良贷款范围内，管理和处置因收购国

有银行不良贷款形成的资产时，可以从事下列业务活动：一是追偿债务；二是对所收购的不良贷款形成的资产进行租赁或者以其他形式转让、重组；三是债权转股权，并对企业阶段性持股；四是资产管理范围内公司的上市推荐及债券、股票承销；五是发行金融债券，向金融机构借款；六是提供财务及法律咨询、资产及项目评估等服务。金融资产管理公司管理、处置因收购国有银行不良贷款形成的资产，应当按照公开、竞争、择优的原则运作。金融资产管理公司转让资产，主要采取招标、拍卖等方式。金融资产管理公司终止时，由财政部组织清算组进行清算。金融资产管理公司处置不良贷款形成的最终损失，由财政部提出解决方案，报国务院批准执行。

根据国务院最初的设计方案，我国的金融资产管理公司存续期原则上不超过10年。因此，随着不良资产处置工作的不断推进，资产管理公司的未来发展成为业界十分关注的问题。从世界各国的实践来看，对金融资产管理公司最终发展方向的设计因国情差异各不相同，概括起来大致有三种模式：一是随着资产管理公司对不良资产处置的不断推进，逐步收缩机构和人员，待不良资产及外部债务全部处置完毕后，资产管理公司即解散清算，如美国资产重组托管公司（RTC）。二是由政府注资成立一家持续经营的金融资产管理公司，除接受政府委托处置银行不良资产外，还承担政府委托的其他不良资产处置任务，如韩国资产管理公司（KAMCO）。三是银行不良资产处置完毕后资产管理公司转型为商业性资产管理公司或投资银行，如瑞典的Secumm。我国的金融资产管理公司如何发展尚需根据国情研究探索。

## 四、汽车金融公司

汽车金融服务主要是指在汽车的生产、流通、购买与消费环节中提供的金融服务，包括资金筹集、信贷运用、抵押贴现、证券发行和交易以及相关保险、投资活动等，具有资金量大、周转期长、资金运动相对稳定等特点。汽车金融服务在国外已有近百年历史。

汽车金融公司是从事汽车消费信贷业务并提供相关汽车金融服务的专业机构，其设置与运作对于汽车工业的发展具有极为重要的作用。

首先，汽车金融公司在专业产品服务方面有丰富经验和良好的条件。汽车信贷只是汽车金融服务的一部分，实际上汽车金融服务对发展汽车制造、流通、消费等都具有重要意义。国外大部分汽车金融公司从事服务的第一任务并不是赚钱，而是促进母公司汽车产品的销售。汽车产品服务的专业性很强，如产品咨询、签订购车合同、办理登记手续、零部件供应、维修保养、保修、理赔、新车抵押、旧车处理等，银行由于不熟悉这些业务，做起来有很大的困难。

其次，汽车金融公司通常隶属于较大的汽车工业集团，不仅向消费者提供汽车消费服务，而且向企业提供优惠贷款，在企业的人事和经营方面有很大的发言权，这是银行无法相比的。

根据银监会制定的《汽车金融公司管理办法》的规定，我国的汽车金融公司是指经银监会批准设立的，为中国境内的汽车购买者及销售者提供金融服务的非银行金融机构。注册资本的最低限额为5亿元人民币或等值的可自由兑换货币，注册资本为一次性实缴货币资本。汽车金融公司的出资人为中国境内外依法设立的企业法人，其中主要出资人须为生产或销售汽车整车的企业或非银行金融机构。汽车金融公司出资人中至少应有1名出资人具备5年以上丰富的汽车金融业务管理和风险控制经验。银监会批准的汽车金融公司业务主要有：接受境外股东及其所在集团在华全资子公司和境内股东3个月（含）以上定期存款；接受汽车经销商采购车辆贷款保证金和承租人汽车租赁保证金；经批准发行金融债券；从事同业拆借；向金融机构借款；提供购车贷款业务；提供汽车经销商采购车辆贷款和营运设备贷款，包括展示厅建设贷款和零配件贷款以及维修设备贷款等；提供汽车融资租赁业务（售后回租业务除外）；向金融机构出售或回购汽车贷款应收款和汽车融资租赁应收款业务；办理租赁汽车残值变卖及处理业务；从事与购车融资活动相关的咨询、代理业务；经批准，从事与汽车金融业务相关的金融机构股权投资业务等。

## 五、金融担保公司

### （一）金融担保的发展

金融担保是一种以金融债权为对象的担保，包括直接融资担保和间接融资担保两部分，涉及的担保业务主要有借贷市场担保、履约担保和金融创新产品或衍生产品担保三类。借贷市场担保有企业借款、个人消费借款等项目的担保；履约担保有工程建设完工、项目融资、房地产借款、设备租赁、信用证和商业票据等项目的担保；金融创新或衍生产品担保有企业债券担保、信托产品担保、保本基金等。

进入21世纪，金融担保的发展空间越来越大。一方面，现代经济中的金融份额越来越大；另一方面，与此相伴而生的新型担保品种也越来越多。现代的新型担保虽然仍以债权为基础，但更侧重交易的促成，提供偿债保障是手段而非最终目的。它所起的作用就是分摊和弱化风险，实质上是风险管理和风险交易，体现了担保的金融本质。担保业务与金融业务特别是金融创新业务的紧密结合，是担保业务的未来发展方向，是担保成熟化、技术化和价值化的标志。

### （二）金融担保公司和中小企业发展

在中小企业发展中，金融担保需求很大，导致各国从不同路径成立金融担保公司以促进经济发展。金融担保公司是专业从事信用担保的金融中介组织，为受信者提供信用保证，是具有独特的信用增强作用和风险管理特征的非存款类金融机构。金融担保公司在中小企业与银行之间起着桥梁与纽带作用，能解决中小企业融资难与银行放贷难的两难处境，对于增强中小企业的信用，防范和化解银行信贷风险，通畅融资渠道，引导资金流向具有重要作用。因此，建立金融担保机构，缓解中小企业融资难的问题，是各国扶持中小企业发展的通行做法。

## 六、财务公司

财务公司又称金融公司，是为企业技术改造、新产品开发及产品销售提供金融服务，以中长期金融业务为主的非存款类金融机构。财务公司兴起于20世纪初，主要有美国模式和英国模式两种类型。美国模式财务公司是以推动商品流通、促进商品销售为特色，它依附于制造厂商，是一些大型耐用消费品制造商为了推销其产品而设立的子公司，这类财务公司主要是为零售商提供融资服务的，主要分布在美国、加拿大和德国。目前，美国财务公司在流通领域的金融服务几乎涉及从汽车、家电、住房到各种工业设备的所有商品，对促进商品流通起到了非常重要的作用。英国模式财务公司基本上都依附于商业银行，其组建的目的在于规避政府对商业银行不得从事证券投资的监管。这种类型的财务公司主要分布在英国、日本和中国香港。因为财务公司可以接受存款业务（大多是定期存款），所以也被称为非存款类金融机构中最具存款类金融机构特点的机构。在有些国家的存款类金融机构的统计口径中亦包括此类机构。

中国的财务公司不是商业银行的附属机构，是隶属于大型集团的非存款类金融机构。它们都是由企业集团内部集资组建的，其宗旨和任务是为本企业集团内部各企业筹资和融资，促进其技术改造和技术进步。中国的财务公司可以经营下列部分或者全部业务：对成员单位办理财务和融资顾问、信用鉴证及相关的咨询、代理业务；协助成员单位实现交易款项的收付；经批准的保险代理业务；对成员单位提供担保；办理成员单位之间的委托贷款及委托投资；对成员单位办理票据承兑与贴现；办理成员单位之间的内部转账结算及相应的结算、清算方案设计；吸收成员单位的存款；对成员单位办理贷款及融资租赁；从事同业拆借。此外，符合条件的财务公司，还可以向中国银行业监督管理委员会申请从事下列业务：经批准发行财务公司债券；承销成员单位的企业债券；对金融机构的股权投资；有价证券投资；成员单位产品的消费信贷、买方信贷及融资租赁。

### 七、金融信息咨询服务类机构

金融信息咨询服务公司是指集合各种必要的财务收支和经营活动信息，专业化地从事对特定对象进行财务分析、信用调查等经济活动，出具必要的分析报告或文件，为客户提供有关债务人清偿能力信息的专业信息服务饥构。这类机构虽未直接参与投融资活动，但却为投融资的顺利进行提供必要的信息服务，既是投融资活动的促进者，也是保障金融活动健康发展的重要力量。

金融信息咨询服务类机构的特点体现为其所提供的信息产品的专业化、机构的独立性和中立性。其中，向全社会投融资者提供专业化信息服务有赖于其专业化的经营资格和所具备的专业人才与技术条件。其专业化的经营资格能够使其拥有获得广泛经济金融信息的能力和向公众提供具有社会公信力的信息产品，而专业人才和技术条件则使其能够及时有效地收集、甄别和处理信息并提供特定的信息产品。金融信息咨询服务机构的独立性和中立性表现为金融信息咨询服务机构不直接经营资金，不参与投融资活动，较之存款类金融机构、投资类金融机构和保险保障类金融机构具有一定的信息优势，这种机构的独立性和专业性更易使其获得公众的认可和信任。

金融信息咨询服务类机构主要有三种类型：一是与直接融资活动和保险保障类金融机构业务活动密切相关的机构，如投资咨询公司、投资与保险代理机构等；二是专门从事信用评级和债券评级的机构，如资信评估公司、征信所等；三是专门从事企业财务信息服务和资格认证的机构，如会计师事务所、律师事务所等。金融信息咨询服务类机构的建立与发展能够反映出一个国家的基本信用环境和金融市场投融资的发达程度。

我国金融信息咨询服务机构的建设和发展从20世纪80年代中后期逐渐开始，起步晚、发展缓慢，尤其是服务对象主要是政府主管部门和监管机构，尚未形成广泛的社会效应和经济效应。进入21世纪以来，随着我国金融发展市场化程度的提高，对金融信息咨询的市场需求不断增加，这一类机构的发展也会具有广阔的市场空间和良好的前景。

## 本章小结

1．非存款类金融机构是不以吸收存款为主要资金来源，不直接参与存款货币的创造，它们与存款类金融机构共同构成金融机构体系，促进经济社会的成长与发展。依据非存款类金融机构所从事的主要业务活动和所发挥的作用，可以划分为投资类、保险保障类和其他非存款类金融机构三类。非存款类金融机构的业务运作的特点是：不直接参与货币的创造过程；资金来源与运用方式各异；专业化程度高，业务之间存在较大的区别；业务承担的风险不同，相互的传染性较弱；业务的开展与金融市场密切相关，对金融资产价格变动非常敏感。

2．从总体上看，非存款类金融机构的发展有赖于所属经济体系的市场化程度与信息技术的发达程度、金融创新能力以及相关法律规范的完善程度等。

3．投资类金融机构主要包括证券公司、投资基金公司和其他投资类金融机构。在美国和欧洲大陆所称的投资银行也是证券公司。投资类金融机构的业务特点是：主要以有价证券为业务活动的载体；业务专业性要求高，风险较大；业务活动必须遵循公开、公平和公正的原则。投资类金融机构具有降低投资者的交易成本和信息搜寻成本，促进证券投资活动的顺利进行，通过专业技术与知识为投资者规避、分散和转移风险提供可能的作用。

4．证券公司在现代社会经济发展中发挥着沟通资金供求、构造证券市场、推动企业并购、促进产业集中和规模经济形成、优化资源配置等作用。在我国，证券公司主要分为两种：一是经纪类证券公司；二是综合类证券公司。证券公司的主要业务有证券承销业务、证券经纪业务、证券自营业务和其他业务。

5．投资基金管理公司按组织形态划分，可分为公司型基金和契约型基金；按是否可赎回划分，投资基金分为封闭式基金和开放式基金。基金管理公司是基金产品的募集者和管理者，它运作的特点主要有：集合理财、专业管理；组合投资、分散风险；利益共享、风险共担；严格监管、信息透明；独立托管、保障安全。此外，基金管理公司具有提供高效的投资途径，能够更有效地分散投资风险的作用。

6.保险保障类金融机构主要指各类保险公司和社会保障机构。保险保障类金融机构的作用是分散风险，补偿损失；提供经济保障，稳定社会生活；积蓄保险基金，促进资本形成，重新配置资源。保险公司的基本业务运作包括筹集资本金、出售保单、给付赔偿款、经营资产等。社会保障机构通常有三个最重要的功能：一是保障的功能；二是互济的功能；三是调节收入分配关系的功能。

7.“受人之托，代人理财”是信托的基本特征，其实质是一种财产转移与管理或安排。信托机构的经营特点有以下四个：服务对象范围相对广泛；与资本市场关系非常密切；服务特征明显；在经营中不需要提取准备金。

8.金融租赁公司具有融物和融资的双重功能，按照承担风险的不同可分为以下几种业务：公司自担风险的融资租赁业务，其中包括直接融资租赁、经营租赁和回租；公司同其他机构分担风险的融资租赁业务，包括联合租赁和杠杆租赁；公司不承担风险的融资租赁业务。

9.金融担保是一种以金融债权为对象的担保，包括直接融资担保和间接融资担保两部分，涉及的担保业务主要有借贷市场担保、履约担保和金融创新产品或衍生产品担保三类。

**关键概念**

证券公司　投资基金　证券经纪业务　证券自营业务

**综合训练**

一、单项选择题

1.信托最突出的特征是对信托财产（　　）分割。

A.使用权　　B.租赁权　　C.所有权　　D.代理权

2.由大型企业集团内部成员单位出资组建并为各成员单位提供金融服务的非银行金融机构是（　　）。

A.财务公司　　B.投资公司　　C.资产管理公司　　D.基金公司

3.现代租赁的主要特点是（　　）。

A.租赁物品　　B.借贷资金

C.融资融物的结合　　D.经营租赁

4.证券公司的业务不包括（　　）。

A.证券承销与证券交易　　B.项目融资

C.企业兼并与收购管理　　D.吸收公众存款

5.（　　）是一种分摊意外事故损失的财务安排。

A.分散投资　　B.信托　　C.证券买卖　　D.保险

二、多项选择题

1.信托的基本功能是（　　）。

A．规避风险　　　B．融通资金　　　C．增加收益　　　D．降低成本

E．财产管理

2．投资类金融机构主要包括（　　）。

A．证券公司　　　　　　　　　　　　B．投资基金公司

C．其他投资类金融机构　　　　　　　D．金融期货公司

3．投资类金融机构的作用有（　　）。

A．降低投资者的交易成本和信息搜寻成本

B．促进证券投资活动的顺利进行

C．通过专业技术与知识为投资者规避、分散和转移风险提供可能

D．避免系统风险

4．信托机构的经营特点有（　　）。

A．服务特征明显

B．与资本市场关系非常密切

C．服务对象范围相对广泛

D．在经营中不需要提取准备金

5．公司自担风险的融资租赁业务包括（　　）。

A．直接融资租赁　　B．经营租赁　　　C．杠杆租赁　　　D．回租

三、思考题

1．将金融机构分为存款类金融机构和非存款类金融机构的理由有哪些？

2．信托投资公司与商业银行有什么共同点？它们之间的差异表现在哪些方面？

3．谈谈公司型基金和契约型基金的异同。

4．简述证券公司的主要业务。

5．在非存款类金融机构的发展中，我国与西方发达国际还存在一些差距，就中国的金融机构和西方发达国家的金融机构差异问题谈谈你的看法。

# 第十二章

# 金融衍生工具与定价理论

**引例**

自20世纪60年代以来，随着布雷顿森林体系的解体和世界性石油危机的发生，利率和汇率都出现了剧烈波动。宏观经济环境的变化使金融机构原有的经营模式和业务种类失去了市场，在新的金融理论和信息技术的支持下，金融创新日益活跃，衍生金融工具大量出现。金融衍生产品的出现不仅丰富了金融市场交易品种，而且由于其交易结构设计的复杂性还推动了金融产品定价方式及理论的发展。如今，金融衍生产品的交易规模已经超过了基础金融资产的交易量，金融衍生产品市场已经成为资本市场的重要组成部分，发挥着投资、保值和避险的作用。但是，金融衍生产品是一把双刃剑，它也带来了比基础金融资产更大的风险，很多个人或金融机构因为涉及金融衍生品而破产的案例屡见不鲜。

本章主要介绍远期交易、期货、期权及互换等主要金融衍生工具的概念、作用、定价理论，以及有效市场假说理论、资产组合理论、金融市场投资理论和行为金融学理论。通过本章的学习，可以对金融衍生产品的产生与发展有一定的认识，并能理解金融衍生产品的功能和定价理论。

## 第一节　金融衍生工具概述

### 一、金融衍生工具的概念和基本特征

（一）金融衍生工具的概念

金融衍生工具，又称金融衍生产品、派生金融工具，是相对于原生金融工具而言的，是指一种根据事先约定的事项进行支付的双边合约，合约价值取决于或派生于原生金融工具的价格及其变化。正如巴塞尔银行监管委员会的定义，金融衍生工具是“任何价值取决于相关比率或基础资产之价值或某一指数的金融合约”。

金融衍生工具是由传统金融产品派生出来的，这类能够产生衍生物的传统工具又称为基础资产，主要有三大类：一是外汇汇率；二是债务或利率；三是股票和股票指数等。虽然基础资产种类不多，但是借助各种技术在此基础上设计出来的金融衍生工具却品种繁多、五花八门。

（二）金融衍生工具的基本特征

1.杠杆性

金融理论中的杠杆性是指能以较少的资金投入控制较多的投资，俗称“以小搏大”。衍生工具在运作时多采用财务杠杆方式，即采用交纳保证金的方式进行交易，参与者只需投入少量资金，即可进行资金量巨大的交易。例如，金融期货和期权的杠杆比例可以达到50%以上。

2.虚拟性

虚拟性本来的含义是指在信用制度下，金融活动与实体经济偏离或完全独立的那一部分经济形态。金融衍生工具的虚拟性，是指人们进行交易的对象是虚拟化的产权、信用和风险，而不是真正的交易合约标的物本身的交换。这种虚拟性导致金融衍生工具价格的波动脱离现实的资产运动，即投资于衍生工具的损失与基础资产价格的波动没有直接的关系。

3.高风险性

金融衍生工具的虚拟性与高杠杆性决定了其高风险性和高投机性的特征，主要表现为：第一，金融衍生工具是远期交易，在契约签订后，双方权利和义务便已确定，而交易却要在将来某一时刻才能履行和完成；第二，金融衍生工具的交易属于表外交易，由于不在资产负债表上体现交易盈亏，损失具有隐蔽性，一旦风险变为现实，可能给投资者带来灾难性的影响。

### 二、金融衍生工具的分类

金融衍生工具的分类方法很多，按照不同的标准，主要有以下几种：

（一）根据基础资产不同分类

根据基础资产不同，可以将金融衍生工具分为股票衍生工具、利率衍生工具、货币或汇率衍生工具。股票衍生工具包括股票期权、股票价格指数期权、股票价格指数期货、可转换债券、与股权相关的债券等。利率衍生工具包括短期利率期货、债券期货、债券期权、利率互换、互换期权、远期利率协议等。货币或汇率衍生工具包括远期外汇合约、外汇期货、外汇期权、货币互换等。

（二）根据交易形式不同分类

根据交易形式即合约类型，金融衍生工具可以分为远期合约、期货合约、期权合约和互换合约四大类。这种分类方式是最基本和最普遍的分类方式。

（三）根据交易场所不同分类

根据交易场所不同，金融衍生工具可分为场内金融衍生工具和场外金融衍生工具。场内衍生工具，即在交易所交易的金融衍生工具，主要有期货合约和期权合约。场外衍生工具，是指交易双方直接成为交易对手的衍生工具。不同于场内交易，由于每笔交易的清算是由交易双方相互负责进行的，交易参与者仅限于信用程度高的客户。互换交易和远期交易是具有代表性的柜台交易的衍生产品。

## 三、金融衍生工具产生的原因

金融衍生工具产生于20世纪70年代，随着布雷顿森林体系的解体和世界性石油危机的发生，利率和汇率都出现了剧烈波动。宏观经济环境的变化使金融机构原有的经营模式和业务种类失去了市场，于是，金融机构开始了大量的金融创新活动。

金融衍生工具产生和迅速发展的主要原因有以下几种：

（一）转移风险的需要

20世纪70年代，随着美元的不断贬值，布雷顿森林体系解体，国际货币制度由固定汇率制走向浮动汇率制，各国货币汇率开始剧烈波动，加上1973年和1978年两次石油危机使西方国家经济陷于滞胀，通货膨胀风险、利率风险和汇率风险都急剧增大，从而迫使金融投资机构和企业寻找可以规避风险、进行套期保值的金融工具，金融衍生工具便应运而生。

（二）金融管制的放松及技术进步的推动

20世纪80年代开始的金融自由化改革进一步推动了金融衍生工具的发展。各国政府逐渐放松了金融管制。例如，美国《1980年银行法》废除了《1933年银行法》Q条例，规定从1980年3月起分6年逐步取消对定期存款和储蓄存款的最高利率限制。除此之外，通信技术、信息处理技术的进步等有利条件也促进了衍生工具飞速发展。先进技术的出现，不仅使实施套期保值、套利和其他风险管理策略的成本费用大大降低，也打破了少数大型金融机构垄断金融信息的局面，从而使衍生工具供给量大大增加。

（三）金融业的竞争给金融机构带来的压力所致

金融自由化和金融管制的放松，导致了金融市场的全球化，这也使金融业的竞争日益加剧，从而促使金融机构不断进行金融创新，推出新的金融衍生工具。这些金融衍生工具交易效率高、成本低，具有很强的市场竞争力。20世纪90年代以后，世界各大金融机构将开展金融衍生工具业务的收入视为主要的收入来源。

（四）金融衍生工具自身的特性决定

20世纪70年代以来，期权定价模型等衍生工具估价模型和技术取得了突破并有了长足的进步，这有利于投资者更为准确地对衍生工具进行估价、风险管理，有利于衍生工具的发行和使用，从而促进了衍生工具的快速发展。

## 第二节　金融衍生工具的种类

### 一、远期交易

（一）远期交易的概念

远期交易，是远期合约交易的简称，是一种相对简单的金融衍生工具，是指交易双方达成的在未来某一日期（远期）按照约定价格进行某种交易的协议。

在远期合约中，双方约定交易的资产称为标的资产；约定的价格称为协议价格；同意以约定的价格卖出标的资产的一方，称为空头；同意以约定价格买入标的资产的一方，称为多头。金融衍生工具可以帮助投资者避险，是基于这样的原则：通过持有额外的空头来抵消多头，或通过持有额外的多头来抵消空头。例如，如果某投资者买入一种证券，即持有多头，就可以签约在未来某日出售该证券（持有空头），从而实现避险的目的。相反，如果某投资者卖出一种证券，并约定在未来某日交割，即持有空头，就可以签约在未来某日购入该证券（持有多头），从而实现避险的目的。这一避险原理适合所有的金融衍生交易。

（二）远期合约的种类

远期合约主要有远期利率协议、远期外汇交易等。

1.远期利率协议

远期利率协议，是关于利率交易的远期合约，是指交易双方约定在未来某一日期，交换协议期间内一定名义本金基础上分别以合同利率和参考利率计算利息的一种远期金融合约。签订该协议的双方同意，交易将以某个预先确定时间（如3个月）的短期利息支付，用以锁定利率和对冲风险。其中，远期利率协议的买方支付以合同利率计算的利息，卖方支付以参考利率计算的利息。

例如，假定A公司预期在未来的3个月内将借款100万美元，借款期限为6个月。假定该公司准备以伦敦同业拆借利率（LIBOR）获得资金。现在LIBOR为5%，公司希望筹资成本不高于5.5%，为了控制筹资成本，该公司与B银行签署了一份远期利率协议。而作为交易对手的B银行可能是担心未来利率会下降，希望资金投资收益率为5%以上。在此协议中，A公司相当于买方，B银行相当于卖方。

假定最终协议约定的利率为5.25%，名义本金100万美元，协议期限为6个月，自现在起3个月内有效。这在市场上被称做3×9远期利率协议。协议规定，如果3个月有效期内市场的LIBOR高于5.25%，B银行将向A公司提供补偿，补偿的金额为利率高于5.25%部分的6个月期利息。如果在3个月有效期内，利率低于5.25%，A公司将向B银行提供补偿，补偿的金额则为利率低于5.25%部分的6个月期利息。如果在3个月有效期内规定利率正好为5.25%，则双方不必支付也得不到补偿。这样的话，无论在有效期内市场利率发生什么样的变化，双方都锁定了自己所需的利率。

协议中的参考利率常常选择那些不太容易被操纵的有明确定义的利率，比如LIBOR、银行优惠利率、短期国库券利率等。

2.远期外汇交易

远期外汇交易，也称远期外汇合约，或期汇交易，是指外汇买卖双方成交后并不立即办理交割，而是预先签订合约，先行约定各种有关条件（如外币的种类、金额、汇率、交割时间和地点），在未来的约定日期办理交割的外汇交易。远期外汇交易的主要目的是规避汇率风险，不论是有远期外汇收入的出口企业，还是有远期外汇支出的进口企业，都可以通过与银行订立远期外汇合约，避免外汇汇率波动风险。对于出口商而言，可与银行签订远期外汇卖出合约，以远期汇率卖出外汇，从而避免了外汇汇率下降的风险。同理，对于进口商而言，可与银行签订远期外汇买入合约，以远期汇率买进外汇，从而避免未来外汇汇率上升的风险。

例如，某进口商将于3个月后付款100万美元，假定当前的汇率是USD:RMB=1：6.25。在这3个月内，如果美元汇率上升0.01，进口商的成本就要增加1万元；如果美元汇率下降0.01，进口商的成本就会减少1万元。但是，比起少付出的这种可能性，作为风险厌恶者的进口商更担心成本增加的情况发生。因此，为了规避汇率上升风险，进口商可以与银行签订远期外汇买入合约，合约金额为100万美元。假定3个月期的远期汇率为6.23，这样，无论市场汇率如何变化，进口商已经将进口成本锁定在623万元了。

（三）远期合约的利弊

远期合约的优点在于可以灵活地满足交易双方的需求，这意味着，它可以使投资者完全规避其资产或负债的利率风险和汇率风险。

但是，远期合约存在两个方面的问题，严重制约了其作用的发挥。第一，交易对手问题，也称流动性问题，是指实现远期交易的难易程度问题。远期交易中很难寻找到交易对手，虽然经纪人能够匹配，但是，要找到交易双方对交易条件完全一致的对手仍是相当费成本的。第二，违约风险问题。远期交易中，当价格变动对某方不利时，某方很可能不愿意履行合同；或者远期合约到期时，一方已经破产而不复存在，远期合约也就无从履行。由于没有外部组织对该合约予以担保，受损一方只能诉诸法律，但这一过程成本很高。因此，由于缺乏流动性和违约风险，金融机构运用远期合约时受到了很大的限制。

## 二、期货交易

远期合约缺乏流动性，存在违约风险，亟需找到一种规避金融风险的方法，而1975年芝加哥交易所推出的金融期货合约就提供了这样一种方法。

（一）期货合约的含义和种类

1.期货合约的含义

期货合约，简称期货，是在远期合约的基础上发展起来的一种标准化的买卖合约。它是指由期货交易所统一制定的、规定在将来某一特定时间和地点交割一定数量标的物的标准化合约。金融期货合约，就是指以金融工具为标的物的期货合约。

2.金融期货的种类

金融期货基本上可分为三大类：货币期货、利率期货和股票指数期货。

货币期货，是交易双方约定在未来某一时间，依据现在约定的汇率以一种货币交换另一种货币的标准化合约的交易，它是以汇率为标的物的期货合约，主要用来规避汇率风险，是金融期货中最早出现的品种。目前，货币期货交易的主要品种有美元、英镑、欧元、日元、瑞士法郎、加拿大元、澳大利亚元等。

利率期货，是指交易双方同意在约定的将来某个日期按约定条件买卖一定数量的某种长短期信用工具的标准化期货合约。利率期货交易的对象有长期国库券、政府住房抵押证券、中期国债、短期国债等。由于利率与债券价格成反比，因此，利率期货价格与利率成反方向变动关系，即利率越高，利率期货价格越低；利率越低，利率期货价格越高。

股票指数期货（以下简称股指期货），是指交易双方同意在将来某一时期按约定的价格买卖股票指数的标准化期货合约。最具代表性的股票指数期货有美国的道·琼斯股指期货、标准普尔500股指期货、纳斯达克股指期货、英国的金融时报股指期货、中国香港的恒生股指期货、日本的日经225股指期货、韩国的KOSPl 200股指期货等。

股指期货是一种典型的“数字游戏”，因为它买卖的不是任何一种具体的商品或金融资产，而是根本无法实际交割的“数字”，股指期货合约到期只能以现金方式交割而不能以实物交割。在具体交易时，股票指数期货合约的价值是用指数的点数乘以事先规定的单位金额来加以计算的。如标准普尔指数规定每点代表500美元、中国香港恒生指数每点代表50港元、沪深300指数每点代表300元等。

（二）期货市场的基本功能

1.套期保值

所谓套期保值，是指投资者在现货市场和期货市场对同一种类的金融资产同时进行数量相等但方向相反的买卖活动，即在买进或卖出金融资产现货的同时，在期货市场上卖出或买进同等数量的该种金融资产期货，使两个市场的盈亏大致抵消，以达到防范价格波动风险目的的一种投资行为。因此，套期保值实际上是在“现”与“期”之间、近期和远期之间建立一种对冲机制，以使价格风险降低到最低程度。

套期之所以能够保值，是因为同一种特定资产的期货和现货的主要差异在于交货日期前后不一，而它们的价格则受相同的经济因素和非经济因素影响和制约，而且期货合约到期必须进行实货交割的规定使现货价格与期货价格还具有趋合性，即当期货合约临近到期日时，两者价格的差异接近于零，否则就有套利的机会。因而，在到期日前，期货和现货价格具有高度的相关性。在相关的两个市场中，反向操作必然有相互冲抵的效果。

2.价格发现

价格发现，也称价格形成，是指在一个公开、公平、高效、竞争的期货市场中，通过期货交易形成的期货价格，具有真实性、预期性、连续性和权威性的特点，能够比较真实地反映出未来商品价格变动的趋势。

期货市场之所以具有发现价格功能，主要是因为期货价格的形成有以下特点：

第一，期货交易的透明度高。期货市场遵循公开、公平、公正“三公”原则。交易指令在高度组织化的期货交易所内撮合，所有期货合约的买卖都必须在期货交易所内公开竞价进行，不允许进行场外交易。交易所内自由报价，公开竞争，避免了“一对一”的现货交易中容易产生的欺诈和垄断。

第二，供求集中，市场流动性强。期货交易的参与者众多，套期保值者和投机者通过经纪人聚集在一起竞争，期货合约的市场流动性大大增强，这就克服了现货交易缺乏市场流动性的局限，有助于价格的形成。

第三，信息质量高。期货价格的形成过程是收集信息、输入信息、产生价格的连续过程，信息的质量决定了期货价格的真实性。由于期货交易参与者大都熟悉某种资产的行情，有丰富的经营知识和广泛的信息渠道及一套科学的分析、预测方法，这样形成的期货价格实际上反映了大多数人的预测，具有权威性，能够比较真实地反映供求变动趋势。

第四，价格报告的公开性。期货交易所的价格报告制度规定：在交易所达成的每一笔新交易的价格，都要向会员及其场内经纪人及时报告并公之于众。通过发达的传播媒介，交易者能够及时了解期货市场的交易情况和价格变化，及时对价格的走势作出判断，并进一步调整自己的交易行为。这种价格预期的不断调整，最后反映到期货价格中，进一步提高了期货价格的真实性。

第五，期货价格的预期性。期货合约是一种远期合约，期货合约包含的远期成本和远期因素必然会通过期货价格反映出来，即期货价格反映出众多的买方和卖方对于未来价格的预期。

第六，期货价格的连续性。期货价格是不断地反映供求关系及其变化趋势的一种价格信号。期货合约的买卖转手相当频繁，这样连续形成的价格能够连续不断地反映市场的供求情况及变化。

因此，期货价格信息是企业经营决策和国家宏观调控的重要依据。

## 三、期权交易

(一) 期权交易的含义

期权，又称为选择权，是指一种能在未来某特定时间以特定价格买进或卖出一定数量的某种特定商品的权利。金融期权，则是以金融商品或金融期货合约为标的物的期权交易。在期权交易中，期权买方向期权卖方支付一定期权费后，就获得了能在未来某个时间以合约价格（也称执行价格）向期权卖方买进或卖出一定数量的某种金融商品或金融期货的权利。

可以看出，期权交易其实是一种权利交易，期权卖方是权利的出售者，期权买方是权利的购买者。该权利可能是未来以执行价格买进某金融资产的权利，也可能是未来以执行价格卖出某金融资产的权利。也就是说，期权的购买方可能是未来标的资产的买方，也可能是未来标的资产的卖方，这一点与远期交易或期货是有区别的。

对于初学者来说，容易混淆几个概念：期权费、执行价格、交易佣金。简单来说，期权费是权利的价格，即期权合约的市场价格，即期权价值，是变化的。执行价格是期权合约标的资产的买卖价格，是协议价格，是固定不变的。交易佣金，是指期权的买方在购买期权时被交易所或期货公司等收取的一定比例的手续费。

(二) 金融期权的基本种类

期权按照不同的标准进行划分，可分为以下几种：

1.看涨期权和看跌期权

看涨期权，也称买入期权，是指期权买方拥有在规定时间以执行价格从期权卖方买入一定数量标的资产的权利。当标的资产的市场价格上升到超过期权执行价格时，期权买方就选择执行期权，按执行价格从期权卖方手中购买相关标的资产，然后再按市场价格卖出，以赚取差价，扣除期权费后，剩余的就是期权买方的净利润。相反，当标的资产的市场价格下降到低于期权合约的执行价格时，期权买方就选择放弃执行期权，则仅损失期权费。

看跌期权，又称卖出期权，是指期权买方拥有在规定时间以执行价格向期权卖方出售一定数量标的资产的权利。当标的资产的市场价格下降到低于期权执行价格时，期权买方就选择执行期权，按市场价格低价买进，然后再按执行价格向期权卖方出售相关标的资产，以赚取差价。扣除期权费后，剩余的就是期权买方的净利润。相反，当标的资产的市场价格上升到高于期权合约的执行价格时，期权买方就选择放弃执行期权合约，则仅损失期权费。

2.欧式期权和美式期权

欧式期权，是指期权买方只能在期权到期日当天行使其选择权利的期权。因此，在欧式期权交易中，合约交割日等于合约到期日。目前，我国的外汇期权交易采用的就是欧式期权方式。

美式期权，是指期权买方可以在期权到期日之前的任何一个营业日行使其权利的期权。因此，美式期权交易的合约交割日小于等于合约到期日。目前，在世界主要的金融期权市场上，美式期权的交易量远大于欧式期权的交易量。由于美式期权赋予买方更多的选择，而卖方则时刻面临着履约的风险，因此美式期权的权利金相对较高。另有一种修正的美式期权，也称百慕大期权或大西洋期权，是指可以在期权到期日之前的一系列规定日期执行权利的期权。

（三）期权交易的特点

期权交易的最大特点是：允许交易者在获取价格有利变化的好处时，能大大降低价格不利变动的损失。因此，当价格变动对自己不利时，交易者选择放弃执行期权，仅损失期权费，而不是价差。期权交易的损益可用图 12-1 表示。

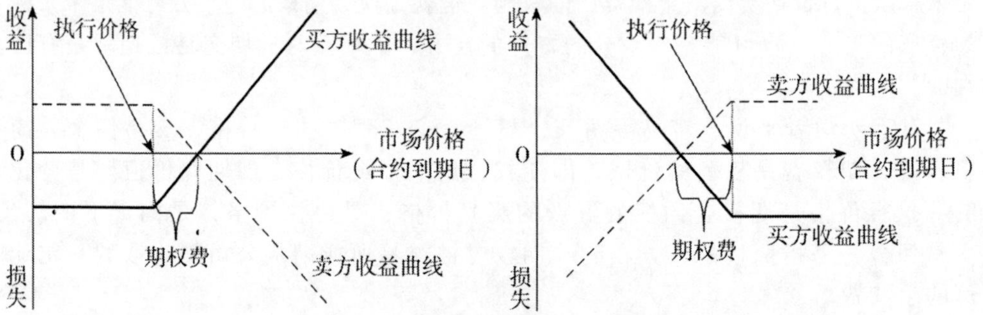


**图 12-1　期权交易双方可能的损益**

从图 12-1 可以看出，期权交易双方的盈亏具有以下特点：

（1）期权买方的最大损失就是期权费，期权卖方的最大收益也是期权费。

（2）期权买方的潜在收益是无限大的。相反，期权卖方的潜在损失也是无限大的。以看涨期权为例，对于看涨期权的买方来说，当市场价格高于执行价格时，他会行使买权，取得收益；当市场价格低于执行价格时，他会放弃权利，所亏损的仅限于期权费。因此，期权对于买方来说，可以实现“有限的损失”和“无限的收益”。

（3）对于看涨期权的交易双方来讲，其盈亏平衡点出现在“市场价格=执行价格+期权费”这一点上。对于看跌期权的交易双方来讲，其盈亏平衡点出现在“市场价格=执行价格-期权费”这一点上。

（4）期权合约买卖双方的损益之和等于零。期权本身是一个零和博弈，期权市场作为一个整体没有净收益或损失。

## 四、互换交易

除了远期交易、期货和期权外，交易者还使用另一种重要的金融衍生工具来管理风险——互换。

（一）互换合约的定义及种类

1.互换合约的定义

互换合约，简称互换交易，是指交易双方相互交换彼此现金流（并非资产）的合约。互换交易中交换的具体对象可以是不同种类的货币、债券，也可以是不同种类的利率、汇率、价格指数等产生的现金流。一般情况下，它是交易双方根据市场行情，约定支付率（汇率、利率等），以确定的本金额为依据相互替对方进行支付，以达到规避汇率风险和利率风险的一种金融衍生交易。

所以，互换交易中包括两个主要组成部分：一是互换双方根据互换协议的安排，先各自在自己的优势市场上融资，并相互交换；二是互换协议到期后，互换双方将互换的资金还给对方，或者是将利息按期支付给对方。

2.互换合约的种类

金融互换合约最主要和最常见的形式是利率互换和货币互换。互换合约中规定的交换货币是同种货币，则为利率互换；不同种货币的互换，则为货币互换。

利率互换是互换交易中发展最早又最为普遍的互换。简单地说，利率互换是指同一种货币的固定利率与浮动利率的互换。基本做法是：持有同种货币资产或负债的交易双方（也称为互换对手），以一定的本金为计息基础，其中一方以固定利率换成浮动利率，另一方以浮动利率换成固定利率。通过互换，达到降低融资成本和价格波动风险的目的。当然，在实际操作中，利率互换的交易双方只需由一方向另一方支付两种利息的差额即可。

货币互换也是常见的互换，是指交易双方按照协议汇率交换两种货币，并约定在将来一定期限内按照该协议汇率相互换回原来的货币的一种互换交易。在货币互换中，本金和利息一起交换，这一点不同于利率互换。简单地说，货币互换是指交易双方在一定期限内将一定数量的货币与另一种一定数量的货币进行交换。

（二）互换合约交易案例

以利率互换为例，例如A、B两家公司都需要1 000万美元的贷款，它们在金融市场的借款利率及比较优势见表12-1。

表12-1　**A、B两家公司的筹资成本比较**

| 借款方 | 固定利率 | 浮动利率 |
|---|---|---|
| A公司 | 9.00% | LIBOR+0.30% |
| B公司 | 10.50% | LIBOR+1.00% |
| 成本差异 | 1.50% | 0.70% |
| 比较优势 | A公司 | B公司 |

由表12-1可知，A公司无论在固定利率市场还是在浮动利率市场上都具有成本优势，即A公司具有绝对优势，这表明A公司的信誉等级高于B公司。但是，从二者在不同市场融资成本的差异来看，A公司在固定利率市场上的筹资成本比B公

司节约1.50%，大于它在浮动利率市场上的成本优势（在浮动利率市场上A公司比B公司只节约0.70%），所以，A公司在固定利率市场上有比较优势；相应地，B公司在浮动利率市场上有比较优势，因为它在固定利率市场上比A公司的筹资成本高出1.50%，而它在浮动利率市场上仅比A公司高出0.70%。

于是，A、B公司在银行的牵头下达成互换协议，A公司在固定利率市场上借款，B公司在浮动利率市场上借款，然后彼此互换。互换过程如下：

互换开始阶段：A、B两公司各自在其具有比较优势的市场上筹集资金，即A公司与银行签订固定利率贷款合同，取得利率为9.00%的1 000万美元借款。B公司与银行签订浮动利率贷款合同，取得利率为LIBOR+1.00%的1 000万美元借款。这表明：利率互换中的本金是不需要互换的，只是在利息支付阶段，彼此替对方支付利息。为了计算利息，必须确定本金额，从这一角度讲，利率互换合约的本金被称为“名义本金”。

互换执行阶段：A公司将固定利率交换给B公司使用，假定互换报价为9.20%，B公司将浮动利率交换给A公司使用，假定互换报价为LIBOR。这表明，在利息支付日，A公司将向B公司支付相当于LIBOR的利率，B公司再补上1.00%，然后偿还给贷款银行。与此同时，B公司向A公司支付9.20%的利率，A公司再向贷款银行偿还9.00%的固定利率。当然，以上互换报价利率水平是双方谈判确定的，与各自从银行贷款的报价利率水平是有差别的。

以上交易流程如图12-2所示。

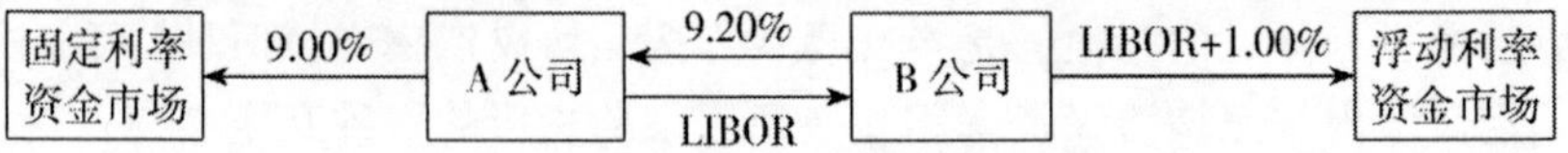


**图12-2　互换交易流程示意图**

从图12-2中可以看到，A公司的现金流有三笔，分别是：①支付给固定利率资金市场贷款人9.00%；②支付给B公司LIBOR；③从B公司收到9.20%。所以，A公司的筹资成本为浮动利率LIBOR减去固定利率0.20%，而A公司如果自己直接筹措浮动利率资金，其成本是LIBOR+0.30%，互换交易使A公司节约了0.50%（没有考虑浮动利率与固定利率计算习惯的不同，以下类似）的成本。B公司的现金流也有三笔，分别是：①支付给浮动利率资金市场贷款人LIBOR+1.00%；②支付给A公司9.20%；③从A公司收到LIBOR。由此可见，B公司筹资成本为固定利率9.20%，加上浮动利率1.05%，如果不考虑两种计息方法的差异，B公司筹资成本约为10.20%，而B公司如果自己筹措固定利率资金，其成本是10.50%，互换交易使B公司节约了0.30%的成本。也就是说，互换合约给双方带来的收益之和为0.80%，恰好等于固定利率成本差异与浮动利率成本差异之差。

当然，这不是这两家公司进行利率互换的唯一报价方式，它们亦可以选择其他的互换比率来分割这部分利率之差。

此外，由于信息不对称，两家公司恰好能达成互换的可能性很小，因此，在互换市场上，银行等金融机构发挥着重要的中介作用。银行等金融机构利用自己掌握的众多客户信息资源，为公司寻找互换的机会，并从中获取一定的收益。通常将在互换业务中充当中介作用的银行称为互换银行，一般由投资银行担任。

### 五、信用衍生产品交易

近年来，一种新型的衍生产品进入市场并用于规避信用风险。信用衍生产品是国际互换交易协会在1992年创造的一个名词，用于描述一种新型的场外交易合约。根据国际互换与衍生产品协会给出的定义：信用衍生产品是用来分离和转移信用风险的各种工具和技术的统称。其功能是将一方的信用风险转移给另一方，从而使金融机构能够通过增加或减少信用风险敞口头寸而达到管理信用风险的目的。具体而言，信用衍生工具是一种金融合约，是以贷款或债券的信用作为基础资产的金融衍生工具，提供与信用有关的损失保险。信用衍生产品最初形成于1993年，但由于信用衍生产品本身具有的独特吸引力，其交易量增长迅猛，速度惊人。下面介绍几种主要的信用衍生产品。

（一）信用违约互换

信用违约互换是一种金融合约，希望规避信用风险的一方（称为信用保护购买方）定期支付一笔固定费用，以换取另一方（称为信用保护出售方）由信用事件引发的或有性支付。因此，信用违约互换就是将基础资产的信用风险从信用保护购买方转移给信用保护出售方的交易。例如，某银行可以用信用违约互换来对其持有的100万美元的苹果公司债券的信用风险进行避险，该银行每年支付1 000美元的费用，如果苹果公司的信用评级被调低，从而债券价格下跌，银行则收到一笔支付来抵消此时卖出债券遭受的损失。因此，信用违约互换类似于保险的功能。

（二）信用违约期权与信用利差期权

信用违约期权，是以违约事件的发生与否作为标的物的期权合约。其中，期权的买方（即风险规避者）通过向卖方交付一笔期权费，从而获得在规定的日期将信用风险引起的损失转移给期权卖方的权利。银行可以在发放贷款时购买一个违约期权，与该笔贷款的面值相对应。当贷款违约事件发生时，期权出售方向银行支付违约贷款的面值；假如贷款按照贷款协议得以清偿，那么违约期权就自动终止。因此，银行的最大损失就是从期权出售方那里购买违约期权所支付的价格。

还有一种信用期权形式是信用利差期权。信用利差是指贷款或证券收益率与无风险收益率之差。贷款或证券称为敏感性证券，信用利差期权就是针对信用利差而设定的期权，信用利差期权分为看涨期权和看跌期权，允许到期时协议的买方可以单方面选择支付或不支付依据相应条款而事先约定的利差。通过信用价差期权，便可以将敏感性债券的信用风险从市场风险中剥离出来。假定某公司的信用评级为Baa，计划3个月后发行1 000万美元的1年期债券，并期望利差为1个百分点（即该公司债券的利率将高于1年期国债利率1个百分点），该公司担心3个月后市场上Baa级公司的信用风险被调高，导致其不得不支付更高的利率。为此，公司支付2万美元，购买一份基于1 000万美元Baa公司债券的信用利差期权，当利差超过1个百分点时，对方将会支付该公司（利差-1%）×1 000万美元的差额。利差达到2个百分点时，该公司将从购买的信用利差期权中获益10万美元。这些收益正好抵消了该公司将为1 000万美元债券所支付的超过利差1个百分点的利息支出。

（三）信用联系票据

信用联系票据是一种以表内业务的方式来管理违约风险的信用衍生产品，是为特定目的而发行的一种有价证券，其特性体现在该工具在发行时往往注明其本金的偿还和利息的支付取决于约定的参考资产的信用状况。信用保护买方向投资者发行与信用风险相联系的票据，投资者为获得高额收益率而承诺承担信用保护的责任。如在到期时，对应信用违约事件没有发生，信用保护方需支付票据的票面价值及利息；假如发生了信用违约事件，则只偿还部分金额。

例如，某银行向A公司发放了一笔价值为1 000万元的贷款，并同时向投资者发行与这笔贷款的信用风险相联系的票据。如果在有效期内A公司的贷款没有发生违约现象，则银行到期向投资者支付合同中规定的高额收益率（一般高于同类债券利率）；如果发生了违约，则银行向投资者支付的本息将大幅下降，甚至会低于投资者最初所支付的1 000万元本金。这样，通过信用联系票据，银行不仅将对A公司贷款的信用风险转移给了投资者，而且还可以同时收回贷款本金并用于其他项目的投资。当然，这一好处的代价就是银行要支付高额的票据利率。

## 第三节　金融衍生工具的定价理论

### 一、远期合约与期货定价

在商品市场上，影响远期合约价格与期货价格的因素是一致的，其定价原理也相同。商品价格对供求波动较为敏感。农产品收成会受到天气和自然灾害的影响，商品消费会受到技术进步、生产加工过程以及政治事件的影响。但从理论上讲，远期价格主要是受持有成本的影响。计算远期合约价格是用交易时的即期价格加上持有成本。根据商品的情况，持有成本要考虑的因素包括仓储、保险和运输等。

远期合约价格=即期或现金价格+持有成本

期货合约比起远期合约更具有金融工具的特征，因为期货合约是一个以后对应现货资产交易的临时替代物。期货合约不是真实的资产而是买卖双方之间的协议，双方同意在以后的某个时间进行现货交易，因此该协议开始的时候没有资金的易手。期货合约的卖方要以后才能交付对应现货得到现金，因此必须得到补偿来弥补因持有对应现货而放弃马上到手资金的机会成本；相反，期货合约的买方要以后才付出现金交收现货，必须支付使用资金头寸推迟现货支付的费用，因此期货价格必然高于现货价格以反映这些融资或持仓成本，这个融资成本一般用这段时间的无风险利率表示。期货定价的基本模型是：

期货价格=现货价格+融资成本（或利息成本）

远期合约、期货合约的标的资产按照合约存续期间是否产生现金流可以分为无收益资产远期合约、已知现金收益资产的远期合约、支付已知现金收益率资产的远期合约。后两种合约都能产生现金流，称之为标的资产在合约期限内提供的收益。因此，远期合约价格要向下调整相当于未来收益的幅度，将商品期货、金融期货统一考虑。远期合约与期货的基本定价模型为：

远期合约与期货价格=现货价格+持有成本+融资成本−标的资产在合约期限内的收益

## 二、远期合约与期货定价模型

（一）基本假设

远期合约（期货）定价模型不考虑交易费用和税收，且市场参与者能以相同的无风险利率借入和贷出资金；远期合约没有违约风险，允许现货卖空，交易市场为均衡市场，期货合约的保证金账户支付同样的无风险利率。

定价模型的基本变量包括：

T为远期合约（期货）的到期时间，单位为年。

t是现在的时间，单位为年。变量T和t是从合约生效日开始计算的，T−t代表远期合约（期货）中距离到期日的剩余时间。

S（t）为远期合约（期货）标的资产在时间t时的价格。

S（T）为远期合约（期货）标的资产在时间T时的价格（在t时刻这个值是个未知变量）。

K为远期合约中的交割价格。

f（t）为远期合约多头在t时刻的价值，即t时刻的远期合约价值。

F（t）为t时刻的远期合约和期货合约中的理论远期价格和理论期货价格，即远期合约价格和期货价格。

r为T时刻到期的以连续复利计算的t时刻的无风险利率，用年利率表示。

（二）无收益资产远期合约与期货的定价

无收益资产远期合约与期货定价模型建立在无套利定价原理基础之上，即构建两种投资组合，令其终值相等，则其现值一定相等，否则就可进行套利，即卖出现值较高的投资组合，买入现值较低的投资组合，并持有到期末，套利者就可赚取无风险收益。

远期合约到期时，两种组合都等于一单位标的资产，因此现值必须相等。

$$f(t)+Ke^{-r(T-t)}=S(t)$$

可以推出：

$$f(t)=S(t)-Ke^{-r(T-t)}$$

无收益资产远期合约多头的价值等于标的资产现货价格与交割价格现值的差额。一单位无收益资产远期合约多头可由一单位标的资产多头和$Ke^{-r(T-t)}$单位无风险负债组成，合约价值应该是两者的差价。

（三）已知现金收益资产的远期合约定价

已知现金收益资产是在到期前会产生完全可预测的现金流的资产，如附息债券和支付已知现金红利的股票。这里以付现金收益的资产为例说明远期合约定价。

组合A：一份远期合约多头加上一笔数额为$Ke^{-r(T-t)}$的现金。

组合B：一单位标的证券加上利率为无风险利率、期限为从现在到现金收益派发日、本金为未来现金收益现值I的负债。

远期合约到期时，两种组合都等于一单位标的资产，因此，二者在T时刻的价值应该相等。

$$f(t)+Ke^{-r(T-t)}=S(t)+I$$

可以推出：

$$f(t)=S(t)-I-Ke^{-r(T-t)}$$

支付已知现金收益资产的远期合约多头价值等于标的证券现货价格扣除现金收益现值后的余额与交割价格现值之差。一单位支付已知现金收益资产的远期合约多头可由一单位标的资产和$I+Ke^{-r(T-t)}$单位无风险负债构成。

由于使用的是I的现值，所以支付一次和多次现金收益的处理方法相同。

（四）支付已知现金收益率资产的远期合约定价

支付已知现金收益率资产是指在到期前将产生与该资产现货价格成一定比率收益的资产。定价模型中无风险利率的选择不能采用统一的标准，应区别对待。比如，货币期货合约应选择货币发行国的无风险利率；股指期货合约应该选择市场所在地同期限的无风险利率，且市场整体水平的红利率可以预测。

支付已知收益率资产的远期合约价值，同样采用两种组合：

组合A：一份远期合约多头加上一笔数额为$Ke^{-r(T-t)}$的现金。

组合B：$e^{-q(T-t)}$单位证券并且所有收入都再投资于该证券，其中q为该资产按连续复利计算的已知收益率。合约价值为：

$$f(t)=S(t)e^{-q(T-t)}-Ke^{-r(T-t)}$$

## 三、期权定价

（一）Black-Scholes期权定价理论与方法的发展

金融创新发展中的衍生工具定价是核心问题。其中，期权定价更为复杂，也是20世纪70年代初困扰应用数学领域最复杂的问题之一。1973年，数学家费雪·布莱克和经济学家迈伦·斯科尔斯创立了期权定价理论与方法，研究出一个期权定价公式，成为金融学发展中标志性的事件。经济学家默顿也发现了同样的公式及许多其他有关期权的结论。结果，两篇论文几乎同时在不同刊物上发表。所以，布莱克-斯科尔斯（Black-Scholes）定价模型亦可称为布莱克-斯科尔斯-默顿定价模型。1997年，诺贝尔经济学奖授予这三位杰出的学者。

Black-Scholes期权定价模型有其局限性，如只适用欧式期权定价、推导过程复杂等，许多经济学者试图在这方面有所突破。1976年，考克斯（Cox）和罗斯（Ross）提出了风险中性定价理论；1979年，考克斯、罗斯和鲁宾斯坦（Rubinsetein）在《金融经济学杂志》上发表了“期权定价：一种简化方法”一文，提出了二项式定价模型（Binomial Model），也称二叉树定价法，解决了美式期权定价的问题。同年，哈里森（Harrison）及克雷普斯（Kreos）提出了鞅定价法。期权定价模型基于对冲证券组合的思想，投资者可建立期权与其标的股票的组合来保证获得确定的报酬。在无套利均衡时，此确定报酬就是无风险利率。期权定价的这一思想与无套利定价的思想是一致的。

（二）Black-Scholes期权定价模型

Black-Scholes期权定价模型建立在五个假设前提之上，分别是：金融资产收益率服从对数正态分布；在期权有效期内，无风险利率和金融资产收益变量是恒定的；市场无摩擦，即不存在税收和交易成本；金融资产在期权有效期内无红利及其他所得（该假设后被放弃）；期权是欧式期权，即在期权到期前不可实施。该定价模型表达式为：

$$c(t) = SN(d_1) - Xe^{-r(T-t)}N(d_2)$$

其中：

$$d_1 = \frac{Ln\frac{S}{X} + \left(r + \frac{\sigma^2}{2}\right)(T-t)}{\sigma\sqrt{T-t}}$$

$$d_2 = d_1 - \sigma\sqrt{T-t}$$

式中：c（t）为期权初始合理价格；S为期权合约中资产的当前价格；X为看涨期权的执行价格；r为无风险利率的连续复利形式；T为期权有效期；σ为资产收益率年度化方差；N（d）为正态分布变量的累积概率分布函数。

该模型中无风险利率必须是连续复利形式。两者换算关系为：$r=Ln(1+r_0)$。例如，$r_0=0.06$，则$r=Ln(1+0.06)=0.0583$，即100以5.83%的连续复利投资第二年将获106，该结果与直接用$r_0=0.06$计算的答案一致。期权有效期采用相对数表示，即期权有效天数与一年365天的比值。如果期权有效期为100天，则T=100/365=0.274。

举例如下：假设纽约股票交易所BOA股票现价S为120美元，无风险连续复利利率r是0.0315，股票收益率$\sigma^2$为0.0642，那么交割价格X是122，有效期还有48天（T为0.1315）的期权初始合理价格计算步骤如下：

$$d_1 = \frac{\ln\frac{120}{122} + \left(0.0315 + \frac{0.0642}{2}\right) \times 0.1315}{\sqrt{0.0642 \times 0.1315}} = -0.0889$$

$$d_2 = -0.0889 - \sqrt{0.0642 \times 0.1315} = -0.1808$$

查标准正态分布函数表，得：

$N(d_1)=N(-0.09)=0.4641$

$N(d_2)=N(-0.18)=0.4286$

则：

$C=120\times0.4641-122\times e^{-0.0315\times0.1315}\times0.4286=3.619$

计算得出该期权的理论价格是3.619。如果该期权市场实际价格是3.50，那么这意味着该期权被低估。如果不考虑交易成本，购买该看涨期权有利可图。

（三）二叉树期权定价模型

方程模型是针对欧式期权的定价模型，对美式期权无法精确地定价，数学推导和求解过程也比较复杂。1979年，二项式期权定价模型由考克斯、罗斯、鲁宾斯坦和夏普等人提出，主要用于计算美式期权的价值。其优点在于比较直观简单，不需要太多数学推导，故被称为考克斯-罗斯-鲁宾斯坦定价模型或二项式期权定价模型。

二项式期权定价模型建立在一个基本假设基础上，即在给定的时间间隔内，证券的价格运动有两个可能的方向——上涨或者下跌，并假设在整个考察期内，股价每次向上（或向下）波动的概率和幅度不变。模型将考察的存续期分为若干阶段，根据股价的历史波动率模拟出股价在整个存续期内所有可能的发展路径，对每一路径上的每一节点计算期权行权收益并用贴现法计算出期权价格。对于美式权证，由于可以提前行权，每一节点上期权的理论价格应为期权行权收益和贴现计算出的期权价格两者较大者。

随着需要考虑的价格变动数目的增加，二项式期权定价模型的分布函数就越来越趋向于正态分布，这一点与布莱克-斯科尔斯期权定价模型相一致。二项式期权定价模型建立过程为：

到期日T前资产有涨跌两种可能，T分为很多小的时间间隔Δf，在每一个Δf，股票价格变化由S到Su或Sd。u为上涨幅度且大于1，d为下跌幅度且小于1大于0。如果价格上扬概率为p，那么下跌的概率为1-p。

Cu为资产价格上涨时看涨期权的内在价值，Cd为资产价格下跌时看涨期权的内在价值，H为期权执行比率。由于资产组合是无风险组合，那么存在：

$uHS-Cu=dHS-Cd$

推出：

$$H=\frac{Cu-Cd}{(u-d)S}$$

标的资产价格上涨时，期权的内在价值C会发生变化：

$(1+r)(HS-C)=uHS-Cu$

r为无风险利率，将H计算式代入上面公式，整理后得到：

$$C=\left(\frac{1+r-d}{u-d}\right)\frac{Cu}{1+r}+\left(\frac{1+r-d}{u-d}\right)\frac{Cd}{1+r}$$

其中，u、d、p的计算方法为：$u = e^{\sigma\sqrt{\Delta t}}$；$d = e^{-\sigma\sqrt{\Delta t}}$；$p = \frac{e^{r\Delta t} - d}{u - d}$。

期权价格与标的资产价格变化的对应关系可以用图12-3说明，这也是称之为二叉树期权定价模型的原因。

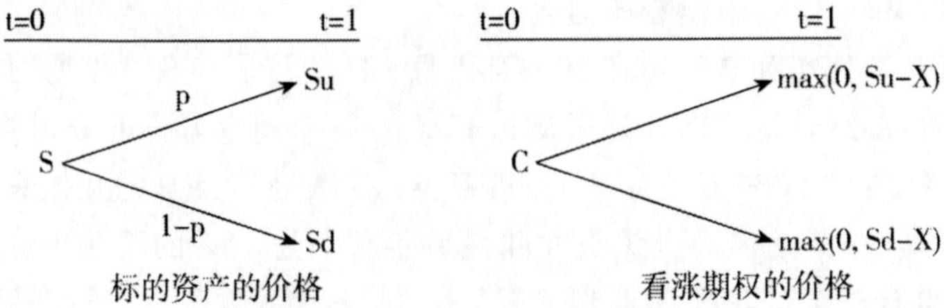


**图12-3 二叉树期权定价模型**

（四）风险中性定价理论

Black-Scholes期权定价模型主要针对标的资产的价格服从正态分布的期权进行定价，有关价格服从非正态分布的标的资产期权定价很快就成为理论研究的对象。1976年，罗斯和考克斯在《金融经济学》杂志上发表论文“基于另类随机过程的期权定价”，提出了风险中性定价理论，成为期权和其他衍生工具定价的重要理论基础。

风险中性定价理论表达了资本市场中的这样一个结论：在市场不存在任何套利可能性的条件下，如果衍生证券的价格依然依赖于可交易的基础证券，那么这个衍生证券的价格是与投资者的风险态度无关的。这个结论在数学上表现为衍生证券定价的微分方程中并不包含有受投资者风险态度影响的变量，尤其是期望收益率。

$$PV = \sum_{t=1}^{T} \frac{C_t}{(1+\mu)^t}$$

式中：PV是金融资产的现值；$C_t$为金融资产带来的现金流；$\mu$为折现率（期望收益率）。

而在一个理想化的风险中性市场中，某一金融资产的现值公式为：

$$PV = \sum_{t=1}^{T} \frac{E^*(C_t)}{(1+r_t)}$$

式中：$E^*(C_t)$为预期t时间段的现金流平均值；$r_t$为各时间段的无风险利率。

风险中性定价技术原理可以归结为：所有证券的预期收益率均为无风险利率，无风险利率是任何预期未来现金流最合理的折现率。

对风险中性定价理论存在不同的解释，进而更清晰地展示了衍生证券定价的分析过程。首先，在风险中性的经济环境中，投资者并不要求任何的风险补偿或风险报酬，所以基础证券与衍生证券的期望收益率都恰好等于无风险利率。其次，正由于不存在任何的风险补偿或风险报酬，市场的贴现率也恰好等于无风险利率，所以基础证券或衍生证券的任何盈亏经无风险利率的贴现就是它们的现值。最后，利用无风险利率贴现的风险中性定价过程是鞅（Martingale），现值的风险中性定价方法是鞅定价方法。

## 四、互换价格的确定

（一）货币互换定价

货币互换定价采用债券组合法。在没有违约风险的条件下，货币互换可以分解成一份外币债券和一份本币债券的组合。

假设美国的A公司和B公司在2008年8月1日签订了一份3年期的货币互换协议。协议约定：A公司每年向B公司支付12%的英镑利息并向B公司收取8%的美元利息，本金分别是2 000万美元和1 000万英镑。A公司持有的互换头寸可以看成一份年利率为8%的美元债券多头头寸和一份年利率为12%的英镑债券空头头寸的组合。A公司组合现金流状况见表12-2。

表12-2 **货币互换中A公司的现金流量表**

| 日期 | 美元现金流(万美元) | 英镑现金流(万英镑) |
|---|---|---|
| 2008年8月1日 | -2 000 | 1 000 |
| 2009年8月1日 | 160 | -120 |
| 2010年8月1日 | 160 | -120 |
| 2011年8月1日 | 2 160 | -1 120 |

假如采用$V_M$表示互换的价值，用$B_F$表示从互换中分解出来的外币债券的价值，$B_D$表示从互换中分解出来的本币债券的价值，$S_0$表示直接标价法的即期汇率，那么对收入外币、付出本币的一方（A公司）：

$$V_M = B_D - S_0 B_F$$

收入本币，付出外币的一方（B公司）：

$$V_M = S_0 B_F - B_D$$

假设英镑兑美元的即期汇率为2美元/英镑，市场美元与英镑的平价利率分别为7%和11%，那么，这笔互换中分解出来的债券价值（现值）分别为：

$$B_D = 160e^{-7\% \times 1} + 160e^{-7\% \times 2} + 2\,160e^{-7\% \times 3} = 149.18 + 139.10 + 1\,750.86 = 2\,039.14\text{（万美元）}$$

$$B_F = 120e^{-11\% \times 1} + 120e^{-11\% \times 2} + 1\,120e^{-11\% \times 3} = 107.50 + 96.30 + 805.19 = 1\,008.99\text{（万美元）}$$

A公司的互换价值为：

$$V_M = B_D - S_0 B_F = 2\,039.14 - 2 \times 1\,008.99 = 21.16\text{（万美元）}$$

可见，B公司的互换价值是-21.16万美元。

（二）利率互换价格的确定

利率互换通常是浮动利率和固定利率之间的调换，如果互换的浮动利率确定方式决定以后，互换的定价问题就是计算出使互换价值为零的互换固定利率。利率互换协议可以看作固定利率债券与浮动利率债券的组合，互换合约中分解出的固定利率债券的价值与分解出浮动利率债券价值之间的差就是利率互换价值。利率互换定价就是要确定使互换价值为零时的固定债券利率。

举例如下：A、B两家公司于2008年7月1日签订一份3年期的利率互换协议，名义本金是1亿美元。B公司向A公司按照年利率8%支付利息，A公司则按6个月期LIBOR向B公司支付利息，利息每半年支付一次。该利率互换可以视为：A公司向B公司出售了一份1亿美元的浮动利率（LIBOR）债券，同时向B公司购买了一份1亿美元的固定利率（8%的年利率，每半年付息一次）债券。A公司组合现金流见表12-3。

表12-3 **利率互换后A公司的现金流**

| 日期 | LIBOR(%) | 支付浮动利息（万美元） | 收到固定利息（万美元） | 净现金流（万美元） |
|---|---|---|---|---|
| 2008年6月1日 | 7.20 | | | |
| 2008年12月1日 | 7.80 | -390 | 400 | 10 |
| 2009年6月1日 | 8.00 | -400 | 400 | 0 |
| 2009年12月1日 | 8.40 | -420 | 400 | -20 |
| 2010年6月1日 | 8.80 | -440 | 400 | -40 |
| 2010年12月1日 | 9.10 | -455 | 400 | -55 |

如果用$V_I$表示利率互换的价值，$B_G$表示互换合约中分解出的固定利率债券的价值，$B_F$表示互换合约中分解出的浮动利率债券的价值，那么对于A公司来说，利率互换的价值是：

$$V_I = B_G - B_F$$

对于B公司而言，这个互换的价值是：

$$V_I = B_F - B_G$$

用L表示利率互换中的名义本金；$t_i$为距第i次支付利息的时间；$r_i$为到期日的LIBOR零息票利率，互换和其他柜台交易市场上的金融工具定价的时候，现金流通常用LIBOR零息票利率贴现；K为支付日支付的固定利息额。那么，固定利率债券的价值为：

$$B_G = \sum_{i}^{n} Ke^{-r_i t_i} + Le^{-r_n t_n}$$

根据浮动利率债券的性质，在紧接浮动利率债券支付利息的那一刻，浮动利率债券的价值为其本金L。假设利息下一支付日应支付的浮动利息额为$K^*$（这是已知的），那么在下一次利息支付时间$t_1$前的一刻，浮动利率债券的价值为：

$$B_F = L + K^*$$

折现的浮动利率债券的价值应该为：

$$B_F = \left(L + K^*\right)e^{-r_1 t_1}$$

在上例中，如果A、B公司互换还有1.25年的期限，3个月、9个月和15个月的LIBOR（连续复利率）分别为8.1%、8.8%和9.1%。上一次利息支付日的6个月LIBOR为8.2%（半年计一次复利）。A公司利率互换的价值计算如下：

K = 10 000 × 8%/2 = 400（万美元）

$K=10\,000\times 8.2\%/2=410$（万美元）

$B_G=400e^{-8.1\%\times 0.25}+400e^{-8.8\%\times 0.75}+10\,400e^{-9.1\%\times 1.25}$

$=391.98+374.45+9\,281.80=10\,048.23$（万美元）

$B_F=(10\,000+410)e^{-8.1\%\times 0.25}=10\,201.39$（万美元）

A公司利率互换的价值为：

$V_I=B_G-B_F=10\,048.23-10\,201.39=-153.16$（万美元）

B公司的利率互换价值为153.16万美元。

## 五、复制与无套利市场均衡

### （一）复制与复制技术

1.复制

在金融市场上，无论是原生投资品还是衍生工具，两个单个金融商品产生相同未来现金流的可能性很小，但是，不同的资产或金融工具组合所产生的未来现金流则完全可能与单个金融商品未来现金流相同。通过其他金融资产或工具组合实现与单个金融商品相同的未来现金流，那么，这样的资产组合与对应单个金融商品就是完全等价的，该资产组合就是所对应金融商品的复制品，原单个金融商品就是这一组合的被复制品。寻找、确定资产或工具组合的过程就是对单一金融商品的复制过程。

2.复制技术

复制过程要依赖一定的理论和技术手段。单个金融商品与复制金融商品组合是完全等价的，复制组合是对单个金融商品的分解，“分解”过程的原理和技术方法就是复制技术。复制过程基于风险中性原理，风险中性就是不存在任何风险的市场套利应该获得无风险回报。

举例如下：投资者甲以5元/股价格买入某公司股票1 000股，1年后的价格为S（不定）。采用复制技术做一等价的资产组合，可选资产有国债和股票期权，假定交易的手续费完全相同，在计算中不考虑。当前市场无风险利率为5%，1年期国债的面值100元，票面利率为5%，1年期股票期权的约定价格为5.25元，数量为1 000股。可以买入国债和股票看涨期权，复制投资者的股票现货投资。表12-4为复制与被复制资产的现金流比较。

表12-4 **复制与被复制投资现金流比较**

| 现金流状况 | 被复制的股票 | 复制股票的投资组合 |
| --- | --- | --- |
| 当前的现金流 | −5 000(买入1 000股) | $-5\,000\begin{cases}-5\,000(\text{买入国债})\\+\\0(\text{买入看涨期权})\end{cases}$ |
| 1年后的现金流 | 1 000S(卖出1 000股) | $1\,000S\begin{cases}5\,250(\text{兑付国债本息})\\+\\1\,000S-5\,250(\text{对冲期权})\end{cases}$ |

（二）无套利市场均衡

金融衍生品市场可以看成对原生品市场的复制，复制与被复制品任何一方市场价格或两个市场价格处于失衡状态时，市场就会产生套利空间，套利力量最终会使价格复位，套利空间消失。不存在套利机会的金融市场是均衡市场，这种市场均衡就是无套利市场均衡。

举例如下：某只股票的市价为20元。未来3个月内股票可能上涨到25元，也可能下跌到15元。一份该股票的欧式看涨期权，执行价格是22.5元，若3个月后股票价格为25元，该期权的价值为2.5元，若股票价格是15元，该期权的价值为0。

构建一个由一个单位看涨期权空头和N个单位的该股票多头组合，3个月后出现上述两种情况后该组合的价值分别为25N−2.5和15N−0。为了使该组合处于无风险状态，需要确定适当的N值，使3个月后该组合的价值不变，则有：25N−2.5=15N，N=0.25。该组合应是包含一个单位的看涨期权空头和0.25个单位的股票多头组合。3个月后无论股票价格如何变化，复制组合的资产价值始终为3.75元，组合资产的现值为：$3.75e^{-0.1\times3/12}=3.66$元。

该组合中期权价值为C，则：

$$20\times0.25-C=3.66$$

$$C=1.34\text{（元）}$$

本例便是复制技术与无套利市场均衡原理在期权定价中的应用。

## 本章小结

1．金融衍生工具是在基础性产品和原生金融资产的基础上派生出来的金融工具。金融衍生产品的出现不仅丰富了金融市场交易品种，而且由于其交易结构设计的复杂性还推动了金融产品定价方式及理论的发展。

2．金融衍生工具包括远期交易、期货、期权及互换等。金融衍生工具的基本特征有杠杆性、虚拟性、高风险性。此外金融衍生工具的分类方法很多。根据基础资产不同，可以将金融衍生工具分为股票衍生工具、利率衍生工具、货币或汇率衍生工具；根据交易形式即合约类型可以分为远期合约、期货合约、期权合约和互换合约四大类；根据交易场所不同，可分为场内金融衍生工具和场外金融衍生工具。

3．金融衍生工具产生于20世纪70年代，随着布雷顿森林体系的解体和世界性石油危机的发生，利率和汇率都出现了剧烈波动。宏观经济环境的变化使金融机构原有的经营模式和业务种类失去了市场，于是，金融机构开始了大量的金融创新活动。金融衍生工具产生和迅速发展的主要原因有以下几种：①转移风险的需要；②金融管制的放松及技术进步的推动；③金融业的竞争给金融机构带来的压力所致；④金融衍生工具自身的特性决定的。

4．信用衍生产品是国际互换交易协会在1992年创造的一个名词，用于描述一种新型的场外交易合约，它包括：信用违约互换、信用违约期权与信用利差期权、信用联系票据。

5．在商品市场上，影响远期合约价格与期货价格的因素是一致的，其定价原理也相同。商品价格对供求波动较为敏感。农产品收成会受到天气和自然灾害的影响，商品消费会受到技术进步、生产加工过程以及政治事件的影响。但从理论上讲，远期价格主要是受持有成本的影响。计算远期合约价格是用交易时的即期价格加上持有成本。根据商品的情况，持有成本要考虑的因素包括仓储、保险和运输等。

远期合约价格=即期或现金价格+持有成本

期货价格=现货价格+融资成本（或利息成本）

6．期权定价是金融衍生工具中定价较为复杂的一种，它的定价方法及模型有：Black-Scholes期权定价理论与方法的发展、Black-Scholes期权定价模型、二叉树期权定价模型、风险中性定价理论。

7．货币互换和利率互换定价建立在资产组合未来现金流现值均衡原理基础之上，将互换协议看成是债券与债务的组合，采用无风险利率贴现未来现金流，决定互换的协议的价值。

8．复制和无套利市场均衡是衍生工具定价的技术理论基础，任何一个原生资产投资带来的现金流都可以被两种以上的资产组合复制出等同的现金流。

## 关键概念

金融衍生工具　远期交易　套期保值　价格发现　欧式期权　美式期权

## 综合训练

一、单项选择题

1．下列选项中不是金融衍生工具的是（　　）。

A．期权　　B．期货　　C．股票　　D．互换

2．金融衍生工具的特性不包括（　　）。

A．杠杆性　　B．虚拟性　　C．高风险性　　D．收益性

3．金融衍生工具依照（　　）可以划分为股权类产品的衍生工具、货币衍生工具和利率衍生工具、信用衍生工具以及其他衍生工具。

A．基础资产分类

B．金融衍生工具自身交易的方法及特点

C．交易场所

D．产品形态

4．金融衍生工具产生的直接动因是（　　）。

A．规避风险和套期保值　　B．金融创新

C．投机者投机的需要　　D．金融衍生工具的高风险高收益刺激

5．金融衍生工具交易一般只需要支付少量的保证金或权利金就可签订远期大额合约或互换不同的金融工具，这是金融衍生工具的（　　）特性。

A.跨期性　　　　　　　　　　　　B.联动性

C.杠杆性　　　　　　　　　　　　D.不确定性或高风险性

二、多项选择题

1.与金融衍生产品相对应的基础金融产品可以是（　　）。

A.债券　　　　B.股票　　　　C.银行定期存款单　D.金融衍生工具

2.金融衍生工具的基本特征包括（　　）。

A.跨期性　　　　　　　　　　　　B.杠杆性

C.联动性　　　　　　　　　　　　D.不确定性或高风险性

3.金融衍生工具伴随的风险主要有（　　）。

A.汇率风险、利率风险　　　　　　B.信用风险、法律风险

C.市场风险、操作风险　　　　　　D.流动性风险、结算风险

4.关于金融衍生工具的产生与发展论述正确的是（　　）。

A.金融衍生工具产生的最基本原因是避险

B.20世纪80年代以来的金融自由化进一步推动了金融衍生工具的发展

C.金融机构的利润驱动是金融衍生工具产生和迅速发展的又一重要原因

D.新技术革命为金融衍生工具的产生与发展提供了物质基础与手段

5.套期保值的基本做法是（　　）。

A.持有现货空头，买入期货合约　　B.持有现货空头，卖出期货合约

C.持有现货多头，卖出期货合约　　D.持有现货多头，买入期货合约

三、思考题

1.如何定义金融衍生工具？怎样理解金融衍生工具的含义？

2.与基础工具相比，金融衍生工具有哪些特点？

3.简述金融衍生工具的产生与发展过程。

4.简述金融衍生工具对金融业的正、负两方面影响。

5.联系实际，分析中国金融衍生工具市场发展的进程与意义。

# 第十三章

# 中央银行

**引例**

当前，在我们的生活中随处可见各种各样的金融机构，商业银行、证券公司、保险公司、期货公司……在各种金融机构中，中央银行比较特殊，它并非通常意义上的银行。中国的中央银行是中国人民银行、美国的中央银行是美国联邦储备委员会、日本的中央银行是日本银行……在现代社会中，几乎没有人不知道中央银行。我们每天从新闻中获得的信息很多都与中央银行有关，就连我们日常使用的货币都是中央银行发行的。中央银行出台的每一项政策都会影响经济的运行，它作为一个领导者在指引着金融经济的走向。

那么，中央银行到底是一个什么性质的银行呢？它又发挥怎样的作用呢？中央银行在业务活动中奉行什么原则，与政府和各种金融机构之间是何种关系？世界各国的中央银行有很大的区别吗？本章将就上述问题进行讨论，主要介绍中央银行的制度发展、性质、职能和业务活动等内容，把握中央银行运行的原理。通过本章的学习，可以重点了解与中央银行相关的内容，为理解中央银行制定的政策打下基础。

在各种金融机构中，中央银行属于特殊的一类，虽然也被称为银行，但并非商业银行那种意义上的“银行”，其经营目的不在于营利。本章主要阐述现代中央银行的产生与发展，中央银行的性质与职能以及中央银行的主要业务。

## 第一节　中央银行的产生与发展

中央银行机构的出现及相应的中央银行制度的形成，并不是人为的主观臆造，而是一种历史发展的产物。通过对中央银行制度的历史考查可以发现，中央银行的产生是商品经济、货币信用制度及银行体系发展到一定阶段的必然结果。

### 一、中央银行产生的必要性

中央银行，是指专门从事货币发行、专门办理对一般银行的业务以及专门执行国家货币政策的银行。中央银行是银行业发展到一定阶段之后的产物。具体来说，它的产生有以下几方面原因：

（一）统一银行券发行的需要

在金本位制下，为了便利流通和节省流通费用，商业银行大多发行各自的银行券代替铸币流通。最初，几乎每家银行都拥有银行券发行权，市场上流通的银行券五花八门，这种由众多银行分散发行银行券的局面逐步暴露出严重的缺点：①不利于保证货币流通的稳定。为数众多的中小银行信用实力薄弱，其发行的银行券常常不能兑现，某些“野猫银行”则有意设在遥远地区，使人们难以向其兑现。尤其在危机时期，不能兑现的情况非常普遍，从而容易使货币流通陷入混乱局面。②不利于商品流通范围的进一步扩大。众多分散的小银行，其信用活动领域有着地区限制，它们所发行的银行券只能在有限的地区内流通，从而限制了商品跨地区流通。

（二）统一全国票据清算的需要

随着银行业务不断扩大，银行每天收受票据的数量日益增多，各银行之间的债权债务关系错综复杂。在银行业的发展初期，银行间的往来与票据交换往往是单独进行的，没有统一的清算系统，效率低下且极不安全。

于是，出现了新的票据交换和清算制度。刚开始时是银行的收款人员自发地聚集在某一固定的地点，交换手中所持有的由对方付款的票据，并相互结清差额。在此基础上，1773年英国伦敦成立了世界上最早的票据交换所，即集中办理同城或同一区域内各银行间应收应付票据的交换和资金清算的场所。银行早期的票据交换所虽然对清算效率的提高发挥了极为重要的作用，但一般仅局限于同城内的票据清算，而且结算后的差额仍须以现金（金属货币）清偿，不方便之处依然存在。因此，客观上需要有一个更权威的、全国性的、统一的清算中心。中央银行建立起来后，这一职责非常自然地就由有政府背景的中央银行承担起来。现代商业银行都在中央银行开立了账户，中央银行就可以通过银行账户为商业银行提供便利的票据清算了。

（三）最后贷款人角色的需要

最后贷款人，是指在商业银行发生资金困难而无法从其他银行或金融市场筹措时，中央银行对其提供资金支持的功能。

在经济发展的过程中，随着工商企业对银行贷款的需求不断增长，银行的贷款规模也随之扩大。当银行的贷款不能按期收回，或者受经济周期波动的影响而陷入资金周转困境时，银行往往陷入流动性不足的局面，严重时甚至会发生存款人挤兑现象，很多银行因无法应对流动性危机而破产倒闭。这既不利于经济发展，也不利于社会稳定。因此，客观上需要一家权威机构适当集中各商业银行的存款准备金作为后盾，在必要时为商业银行提供货币资金，发挥最后贷款人的角色，也即流动性支持，这一机构就是中央银行。

（四）金融宏观调控的需要

银行业经营竞争激烈，很多银行由于经营不善而在竞争中破产倒闭。银行的破产倒闭会给经济造成极大的震动和破坏。为了建立公平、有效和稳定的银行经营秩序，尽可能避免和减少银行的破产和倒闭，政府需要对金融业进行监督管理。而政府对金融业直接实施行政干预既是不经济的，也不具备相应的技术手段和操作工具，因此，客观上需要有一个能代表政府意志、与商业银行有业务联系、能够运用经济手段制约银行业务的金融机构专司金融业管理、监督、协调等工作，这一机构就是中央银行。中央银行是最早承担起金融监管职责的机构，也是目前绝大多数国家金融监管的最主要机构，在金融监管尤其是银行监管方面发挥着重要作用。

目前，世界各国大都设立了中央银行或类似中央银行的机构。它在金融体系中处于核心地位，担负着发行货币、制定和执行货币政策、调节和控制国民经济的发展等重任。

## 二、中央银行产生的途径

中央银行主要通过两个途径产生。

（一）由商业银行演变而来

中央银行产生的第一个途径是，由资本实力雄厚、社会信誉卓著、与政府有特殊关系的大商业银行逐步发展演变而来。在演变过程中，政府根据客观需要，不断赋予这家大银行某些特权，从而使之逐步具备中央银行的某些性质，并最终发展成为中央银行，如英国的中央银行——英格兰银行。

成立于1694年的英格兰银行，是最早真正发挥现代中央银行各项职能的金融机构，被称为中央银行的鼻祖，成为以后各国纷纷仿效的对象。

英格兰银行成立的最初目的是为了集资120万英镑按年息8%贷款给英国国王威廉三世，以支持其欧洲大陆的军事行动。当时，正值英法战争时期，英国政府庞大的战争开支使英政府入不敷出，英国财政陷入困境。为了弥补财政支出，英国皇室特许英格兰银行于1694年7月27日成立。因此，英格兰银行在成立时是一个较大的股份制银行，其实力和声誉高于其他银行，并且同政府有着特殊的关系，但它所经营的仍是一般银行业务，如对一般客户提供贷款、存款以及贴现等。

英格兰银行在成立之初，英国政府就给予了其他商业银行所没有的一项特权，即允许英格兰银行成为第一家无发行保证却能发行银行券的商业银行。在以后的发展中，英格兰银行不断补充资本，同时降低对政府的放款利率，并以此为条件，促使英国国会通过法案，限制其他银行的货币发行权，从而加强了英格兰银行货币发行的特权地位。1844年，英国国会通过银行法案《英格兰银行特许条例》（通常简称《比尔条例》），规定英格兰银行具有独立的货币发行权，从而加强了英格兰银行货币发行的特权地位。

19世纪，英国的商业银行发生了多次银行危机，引起了社会的广泛关注。在1875年的银行危机中，英格兰银行采取行动帮助有困难的银行，开始充当最终贷款人的角色。而且，商业银行在资金短缺时就向贴现行贴现，贴现行在资金短缺时就直接向英格兰银行贷款。英格兰银行表面上是充当贴现行的最终贷款人，实际上是间接地充当整个银行系统的最终贷款人。

另外，英格兰银行无论是成立的初衷，还是在以后的业务中，都与政府有着千丝万缕的联系。当政府资金短缺时，英格兰银行马上进行资金融通，如直接对政府放款、代为政府发行国库券和各种长期债券等，除此之外，英格兰银行还代理国库和全权管理国家金库。至此，英格兰银行实际上已演变为英国的中央银行。

1946年2月，英国颁布《英格兰银行法》，将英格兰银行的全部股本收归国有，英格兰银行也从此成为国有的中央银行，彻底改变了它自1694年以来尽管不断向政府贷款和与政府紧密合作，却一直保留的私营银行身份。它不再是为本身牟取利润的私营银行，也不再在商业业务上与普通银行竞争。该法案还终止了英格兰银行在名义上的独立性，使其成为国家机器的一个组成部分。

除了英格兰银行以外，瑞典国家银行、法兰西银行等中央银行的前身也为一些实力强大、信誉良好的商业银行，通过借助政府的力量，享有某些特权逐步垄断行使中央银行职能，最终成为一个国家的中央银行。

（二）由政府出面通过法律规定直接组建

中央银行产生的另一个途径是，由政府出面通过法律规定直接组建一家银行作为一国的中央银行，如成立于1913年的美国联邦储备体系。

1913年成立的联邦储备体系，是美国的中央银行。美国联邦储备体系的建立，标志着中央银行制度在世界范围的基本确立。

美国联邦储备体系的成立经历了一个长期的摸索过程。此前，18—19世纪，美国先后成立过美国第一银行和第二银行，这两家银行都具有一定程度的中央银行性质，但自身经营目标不明确，均在20年经营期满后被迫停业。

1908年5月，美国国会建立了国家货币委员会，专门调查研究各国银行制度，并于1912年决定建立兼顾各州利益又能满足银行业集中管理需要的联邦储备制度。1913年12月23日，美国国会通过了《联邦储备法》。根据法律规定，联邦储备银行的主要任务是提供一种有弹性的货币（也就是今天常说的“最后贷款人”），为商业票据提供再贴现，并实施对银行更有效的监管。联邦储备体系初步具有发行的银行、银行的银行和政府的银行的职能，使得现代中央银行制度终于在美国得以建立。

## 三、中央银行的历史演变

中央银行的产生与发展，经历了一个漫长的历史阶段，它是伴随着资本主义银行业的发展而产生的。中央银行的产生与发展经历了三个阶段，即中央银行萌芽和建立阶段、中央银行制度的建立与普遍推广阶段、中央银行制度的强化阶段。

### （一）中央银行萌芽和建立阶段

中央银行萌芽和建立阶段大约从1656年到1843年。这一时期有代表性的中央银行是瑞典国家银行和英格兰银行。

最先具有中央银行名称的是瑞典国家银行，它原是1656年由私人创办的银行，后于1668年由政府出面改组为国家银行，对国会负责，但直到1897年才独占货币发行权，成为真正的中央银行。因此，瑞典银行虽然在英格兰银行之前设立，但若以是否具有垄断发行权为标准，则其只能排在英格兰银行之后。

如前所述，成立于1694年的英格兰银行是最早真正发挥现代中央银行各项职能的金融机构，被称为中央银行的鼻祖，标志着中央银行的诞生。此后成立的中央银行主要有：法兰西银行（1800年）、芬兰银行（1809年）、荷兰银行（1814年）、奥地利国民银行（1817年）、挪威银行（1817年）、丹麦银行（1818年）等。

此阶段的中央银行具有以下特点：

1.多是基于政府的需要而设立

例如，为政府筹措经费、发行货币、代理国库等，这时的中央银行还只是政府的银行和发行的银行，没有履行银行的银行和管理金融的银行的功能。

2.兼营商业银行业务

在中央银行出现的初期，大商业银行演变为中央银行，履行中央银行的职责，但并没有放弃从事原来的商业银行业务。因此，这种机构同时身兼二职，既是中央银行，又是商业银行。

3.一般多是私人股份银行或私人与政府合股银行

不论是由大商业银行演变而来，还是由国家直接设立的中央银行，一般多是私人股份银行或私人与政府合股银行充当中央银行，政府只是部分参股。

4.不具备完全调节与控制金融市场的能力

由于各方利益集团的博弈和技术的不足，以及货币制度的不完善，早期的中央银行不具备完全调节与控制金融市场、干预和调节国民经济的能力，金融危机时有发生。

### （二）中央银行制度的建立与普遍推广阶段

1844年到第二次世界大战结束是中央银行的建立与普遍推广阶段。如前所述，1844年，英国国会通过《比尔条例》，规定英格兰银行具有独立的货币发行权，其他银行不得增发钞票，从而正式确立了英格兰银行的中央银行地位，由此奠定了现代中央银行组织的模式。其后，各个国家纷纷仿效，如比利时国民银行（1850年）、西班牙银行（1856年）、俄罗斯银行（1860年）、德国国家银行（1875年）、日本银行（1882年）等。到了1900年，主要的西方国家都设立了中央银行。

这一时期成立的有代表性的中央银行当属成立于1913年的美国联邦储备体系。如果从1656年最早成立中央银行的瑞典国家银行算起，到1913年美国建立联邦储备体系，中央银行的创立经历了257年的曲折历程。

当然，这一时期大量新设或改组的中央银行主要集中于20世纪20年代以后，这归因于布鲁塞尔国际金融会议。1920年，布鲁塞尔国际金融会议决定：凡是还未成立中央银行的国家，应尽快成立中央银行，以改变第一次世界大战后期汇率和金融混乱的局面。1922年，日内瓦国际会议又一次建议各国，尤其是新成立的国家尽快成立中央银行。

在国际联盟的帮助下，中央银行制度在世界各国得到迅速发展。这一时期成立的中央银行，如澳大利亚联邦银行（1924年）、中国中央银行（1928年）、希腊银行（1928年）、土耳其中央银行（1934年）、墨西哥中央银行（1932年）、新西兰储备银行（1934年）、加拿大银行（1935年）、印度储备银行（1935年）、阿根廷中央银行（1935年）等。

从20世纪初到第二次世界大战结束，是中央银行历史上发展最快的一个时期，这一时期的中央银行制度具有以下特点：

1.大部分中央银行依靠政府的力量成立

与前一时期相比，这一时期的大部分中央银行都不是由商业银行自然演进而成的，而是依靠政府的力量创建的，在较短时期内数量迅速增加，是中央银行历史上发展最快的一个时期。

2.设立中央银行的区域扩大了

不仅经济发达的欧洲国家普遍设立了中央银行，经济欠发达的美洲、亚洲和非洲等国家也纷纷设立中央银行。设立中央银行已成为全球性的普遍现象。

3.中央银行管理金融的职能得到加强

由于该阶段发生了20世纪30年代大危机，大量金融机构的倒闭给社会经济造成了巨大震荡和破坏，使人们认识到金融机构和金融体系保持稳定的必要性，中央银行日益成为管理宏观金融的重要机构，中央银行的职能逐步扩展。

（三）中央银行制度的强化阶段

从中央银行的发展历史来看，如果说第一阶段初创时期是中央银行的自然演变，第二阶段推广时期是政府力量推动中央银行的迅速创建时期，那么，第二次世界大战以后至今的发展时期则是政府对中央银行控制的加强和中央银行宏观经济调控职能进一步强化的时期。

第二次世界大战后，很多国家的经济陷入困境，为了摆脱困境重振经济，各国都开始信奉凯恩斯的国家干预主义理论，中央银行作为国家的银行的职能得以强化，各国纷纷利用中央银行干预和调节经济，中央银行由此得到极大发展。

与此相对应的是，政府对中央银行的控制也在加强，一些原来是私有股份制的中央银行被收归国有，中央银行的政府机构色彩浓厚起来。现代中央银行制度具有以下特点：

1.专门行使中央银行职能

过去的中央银行一般都兼营部分商业银行业务。第二次世界大战后，这些中央银行逐步放弃商业银行业务，专门行使中央银行职能。新成立的中央银行则一开始就不办理商业银行业务。

2.中央银行的国有化

英国、法国两国在第二次世界大战后，分别将英格兰银行和法兰西银行收归国有。目前只有少数国家的中央银行还有私人股份，如美国联邦储备体系，各会员银行按一定比例认购联邦储备银行的股份。

3.干预和调节经济的功能得到加强

现代中央银行日益运用法定存款准备金率、再贴现率和公开市场业务等政策工具对经济金融进行宏观调控。中央银行的货币政策日益成为重要的宏观经济政策之一。

4.各国中央银行加强国际合作

第二次世界大战后，成立了国际货币基金组织、世界银行、亚洲开发银行等国际性和区域性的金融组织，绝大多数国家的中央银行都代表本国政府参加了这些国际金融组织，从而加强了各国中央银行之间的国际合作。

## 四、中央银行在中国的发展

### （一）1948年以前的中央银行实践

中央银行在我国出现较晚，最早具有中央银行形态的是清政府时期的户部银行。户部银行于1905年8月（清光绪三十一年）在北京西郊民巷开业，它是模仿西方国家中央银行而建立的我国最早的中央银行。1908年，清政府将户部银行改称为“大清银行”，清政府赋予它经理国库及发行铸币等特权，但它并不是真正意义上的中央银行。第一，它不是“银行的银行”。当时的户部银行和后来的大清银行都经营大量商业银行的业务，如拆息放款、收存款项、保管要物、票据贴现、买卖金银等。第二，它不是“发行的银行”。清末是中国银行业的初创时期，这段时期内，许多银行（不是所有银行），诸如大清银行、中国通商银行、交通银行等都有银行券的发行权，大清银行并未也不可能独占货币发行。因此，只能说大清银行只是一家有某些中央银行性质的国家银行。

孙中山先生认为，“欲革命之成功，非特有健全之军队训练，尤需有完善之金融组织”。1924年8月，孙中山先生在广州组建国民革命政府并成立了国民革命政府的中央银行。1926年，北伐军在武汉成立了中央银行，这两家银行由于存在的时间都很短，所以并没有真正行使中央银行的基本职能。

1927年南京国民政府成立，制定了《中央银行条例》，并于1928年11月新成立了中央银行，总部设在上海。国民政府的中央银行完全仿效西方国家中央银行规范组建，在制度上符合国际中央银行惯例。该行享有发行纸币、经理国库、募集和经理内外债之特权。当然，该行成立之初尚未完全独占货币发行权，当时具有货币发行权的还有中国银行、交通银行和中国农民银行等几家银行。1942年7月1日，根据《钞票统一发行办法》，将中国银行、交通银行和中国农民银行三家银行发行的钞票及准备金全部移交给中央银行，由中央银行独占货币发行权，同时由中央银行统一管理国家外汇。随着内战的爆发，国民政府的中央银行制度被彻底毁掉，1949年12月，中央银行撤往中国台湾。

与此同时，中国共产党也开始了中央银行的实践。1932年2月，在江西瑞金成立了“中共苏维埃共和国国家银行”（简称“苏维埃国家银行”），并发行货币。从土地革命到抗日战争时期一直到中华人民共和国诞生前夕，人民政权被分割成彼此不能连接的区域。各根据地建立了相对独立、分散管理的根据地银行，并各自发行在本根据地内流通的货币。

1948年12月1日，以华北银行为基础，合并北海银行、西北农民银行，在河北省石家庄市组建了中国人民银行并发行人民币，成为中华人民共和国成立后的中央银行和法定本位币。

（二）新中国的中央银行

中国人民银行是新中国的中央银行。1949年2月，中国人民银行将总行迁往北京。中国人民银行成立初期的主要任务是运用经济、行政、法律手段稳定金融物价。

1983年以前，中国人民银行实行的是“大一统”的“一身二任”的“复合式”中央银行体制。中国人民银行身兼中央银行和专业银行两项职能，附属于财政部，充当财政出纳的角色，其职能没有充分发挥。

1983年9月，国务院发布了《关于中国人民银行专门行使中央银行职能的决定》，决定中国人民银行专门行使中央银行的职能，不再兼办工商信贷和储蓄业务，专门负责领导和管理全国的金融事业，并设立中国工商银行接管中国人民银行的专业银行业务。从1984年起，中国人民银行专门行使中央银行职能，有了明确的货币政策目标及宏观金融调节手段，宏观调控方式逐渐由直接控制向间接控制转换。

1995年3月18日，第八届全国人民代表大会第三次会议通过了《中国人民银行法》，首次以国家立法形式确立了中国人民银行作为中央银行的地位，标志着中央银行体制走向了法制化、规范化的轨道，是中央银行制度建设的重要里程碑。

按照《中国人民银行法》的规定，中国人民银行在国务院领导下，制定和执行货币政策，防范和化解金融风险，维护金融稳定。

## 第二节　中央银行制度

由于各国的社会制度、政治体制、经济发展水平、金融业务发达程度等千差万别，因而各国的中央银行制度也各有差异。

### 一、中央银行的所有制形式

按所有制形式，各国的中央银行可划分为以下五大类：

（一）全部资本归国家所有的中央银行

全部资本归国家所有是目前世界上大多数国家的中央银行所采用的所有制形式。这既包括中央银行直接由国家拨款设立，也包括国有化后的中央银行。这类中央银行包括英国、法国、德国、加拿大、澳大利亚、荷兰、挪威、印度等50多个国家的中央银行，中国人民银行也属于这种类型。

（二）国家资本与民间资本共同组建的中央银行

这类中央银行的资本由国家和民间资本共同持有，民间资本包括企业法人和自然人的股份，但国家资本大多在50%以上。并且，法律上一般都对非国家股份持有者的权利做了限定，如只允许有分取红利的权利而无经营决策权。属于这类中央银行的有日本、比利时、奥地利、墨西哥、土耳其等国的中央银行。以日本银行为例，日本银行成立于1882年10月，资本金为1亿日元，其中政府出资55%，民间出资45%，这一比率至今没有改变。日本银行的私人股东每年领取最高为5%的股息。

（三）全部股份由私人持有的中央银行

在这类中央银行中，国家不持有任何股份，全部资本为非国家所有，经政府授权行使中央银行职能。属于这类中央银行的有美国、意大利和瑞士等少数国家的中央银行。

美国联邦储备体系由12家地区联邦储备银行、约4 000家成员商业银行、联邦储备体系理事会、联邦公开市场委员会和联邦咨询委员会组成。各家联邦储备银行都是属于私营股份机构，其股东便是该储备区内作为联邦储备体系成员的私人商业银行，这些私人股东同样没有参与美联储经营管理权，每年只能领取不超过6%的股息。也就是说，成员银行被排除在联储的决策过程之外，没有任何实际的权力。

（四）无资本金的中央银行

这种类型的中央银行在建立之初没有资本金，而由国家授权行使中央银行的职能，中央银行运用的资金主要是各金融机构的存款和流通中的货币。目前，只有韩国的中央银行——韩国银行是唯一没有资本金的中央银行。1950年，韩国银行成立时，原定注册资本为15亿韩元，全部由政府出资，但1962年《韩国银行法》的修改使韩国银行成为“无资本的特殊法人”，该银行每年的净利润按规定留存准备金之后，全部汇入政府的“总收入账户”，会计年度中如发生亏损，首先用提存的准备金弥补，不足部分由政府的支出账户划拨。

（五）资本为多国共有的中央银行

这种类型的中央银行是指其资本不为某一国家所独有，而是由主权独立的两国以上的国家所共有。这类中央银行主要是指跨国中央银行，比如由贝宁、象牙海岸、尼日尔、塞内加尔、多哥和上沃尔特等国组成的西非货币联盟所设的中央银行，由喀麦隆、乍得、刚果、加蓬和中非共和国组成的中非货币联盟所设立的中非国家银行以及欧洲中央银行等属于这一类型。

上述分析表明，从历史上来看，中央银行制度的形成和发展存在着从私有到国有的转化，也是中央银行法律地位转化的过程，即从最初的特权商业银行，发展到准国家机关，最终成为国家机关。英格兰银行从1694年成立时的特许，到1844年《英格兰银行特许条例》，再到1946年《英格兰银行法》的国有化，就是一个突出代表。

## 二、中央银行的组织结构

从组织结构上看，中央银行可划分为以下四种类型：

（一）单一式中央银行制度

单一式中央银行制度是最主要的也是最典型的中央银行制度形式。它是指国家设立专门的中央银行机构，使之全面、纯粹地行使中央银行职能的制度。单一中央银行制又有如下两种具体情形：

1. 一元式中央银行

一元式中央银行制，是指一国只设立一家统一的中央银行机构来行使中央银行的权利和履行中央银行的全部职能。它一般采用总分行制的形式，通常在首都设立总行，根据社会经济发展和宏观调控的需要在全国范围内设立若干分支机构。中国人民银行也是如此。

2. 二元式中央银行

二元式中央银行制，是在一国国内设立中央和地方两极中央银行机构，中央级机构是最高权力或管理机构，地方级机构也有相应的独立权利，虽然要接受中央级机构的监督管理，两级机构分别行使各自的职权。这是一种联邦式的、具有相对独立性的两级中央银行制度。美国、原联邦德国、原南斯拉夫等国家的中央银行皆属此类。

（二）复合式中央银行制度

复合式中央银行制度，是指在一国内不设立专门的中央银行机构，而是由一家大银行来扮演中央银行和商业银行两个角色，即“一身二任”。这种体制主要存在于前苏联和前东欧等国。我国在1983年以前也实行这种中央银行制度。

（三）跨国中央银行制度

跨国中央银行制度，是指由参加货币联盟的所有成员国联合组成的中央银行制度。如前所述，第二次世界大战后，许多地域相邻的一些欠发达国家建立了货币联盟，并在联盟内成立参加国共同拥有的统一的中央银行。这种跨国的中央银行发行共同的货币，执行统一的金融政策。

（四）准中央银行制度

准中央银行制度，是指某些国家或地区只设立类似中央银行的机构，或由政府授权某个或某几个商业银行，行使部分中央银行职能的体制。

例如，新加坡中央银行的职能由新加坡金融管理局和新加坡货币局两个法定机构共同承担。根据1970年9月2日通过的《新加坡金融管理局法》，于1971年1月成立了金融管理局。作为新加坡事实上的中央银行，金融管理局的主要职能是制定和实施货币政策、监管金融业、为金融机构和政府提供各种服务等。根据《1967年货币法》成立的新加坡货币局享有在新加坡共和国发行货币的独占权。货币局以100%的外汇资产（包括黄金、英镑或其他外汇）为保证发行新加坡元。1972年6月英镑浮动后，新加坡将干预货币由英镑转为美元。由于新加坡元有100%的外汇资产为保证，有助于增强人们对新加坡元的信心，从而有助于维持物价和汇率的稳定。

## 第三节　中央银行的性质与职能

### 一、中央银行的性质

中央银行的性质是通过国家法律赋予中央银行的特有属性，这一属性可以表述为：中央银行是国家赋予其制定和执行货币政策，对国民经济进行宏观调控和管理监督的特殊的金融机构。这一性质表明：中央银行既是特殊的金融机构，又是特殊的国家机关。

（一）中央银行是特殊的金融机构

中央银行的性质集中体现在中央银行是一个“特殊的金融机构”，具体表现为：业务的特殊性和地位的特殊性。

1.业务的特殊性

与商业银行相比，中央银行的业务特殊性体现在：①经营目的的特殊性，中央银行不以营利为目的，它不能与商业银行和其他金融机构处于平等的地位，因此也不能开展平等的竞争。②经营对象的特殊性，中央银行不与普通的企业和个人进行业务往来，其业务对象仅限于商业银行、其他金融机构以及政府等。③业务性质的特殊性，中央银行在业务经营过程中拥有某种特权，如中央银行享有发行货币的特权，这是商业银行所不能享有的权力。除此之外，它还负责集中存款准备金、代理国库、管理国家黄金和外汇储备、维护支付清算系统的正常运行等职能。

2.地位的特殊性

中央银行就其所处的地位而言，处于一个国家金融体系的中心环节，它是全国货币金融的最高权力机构，也是全国信用制度的枢纽和金融最高管理当局。可见，中央银行的地位非同一般，它是国家货币政策的体现者，是国家干预经济生活的重要工具，是政府在金融领域的代理，也是在国家控制下的一个职能机构。它的宗旨是维持一国的货币和物价稳定、促进经济增长、保障充分就业和维持国际收支平衡。

（二）中央银行是特殊的国家机关

作为国家管理金融业和调控宏观经济的重要部门，中央银行具有一定的国家机关性质，负有重要的公共责任。但是，虽然国家赋予中央银行各种金融管理权，但它与一般的政府行政管理机构仍然存在明显不同。其特殊性表现如下：

1.履行管理职能的手段不同

中央银行行使管理职能时，不是单凭行政权力行使其职能，而是通过经济和法律的手段，如信贷、利率、汇率、存款准备金、有关法律等去实现。其中，尤以经济手段为主，如调整基准利率和法定存款准备金率、在公开市场上买卖有价证券等，这些手段的运用具有银行业务操作的特征，这与主要依靠行政手段进行管理的国家机关有明显不同。

2.履行管理职能的方式不同

中央银行对宏观经济的调控是间接的，有弹性的。通过货币政策工具操作，首先调节金融机构行为和金融市场的变量，再影响到企业和居民个人的投资与消费，从而影响整个宏观经济，其调控方式具有一定的弹性，也具有一定的时间差，即时滞。而一般的国家行政机关的行政决议可以迅速且直接地作用于各微观主体（如税率的调整），缺乏弹性，政策效果呈现出刚性。

3.履行管理职能时拥有一定的独立性

中央银行相对于政府具有相对的独立性，而一般的国家行政机关本身就是政府的组成部分之一。

## 二、中央银行的职能

中央银行的职能是其性质的具体体现。中央银行的性质和宗旨决定了其有三项基本职能：发行的银行、银行的银行和政府的银行。

（一）发行的银行

1.“发行的银行”的界定

所谓发行的银行，是指中央银行垄断货币的发行权，成为全国唯一的现钞发行机构。集中和垄断一国的货币发行权，是中央银行之所以成为中央银行的最本质特征。中央银行正是因为垄断了货币发行权，才相应地有了其他一些职能。由中央银行垄断货币发行权是统一货币发行、稳定货币价值的基本保证。

这里必须明确一点，发行的银行所指的“货币发行”这个概念中的“货币”通常专指银行券或现钞，而不包括存款形态的货币。目前世界上几乎所有国家的现钞都由中央银行发行，而对于辅币的铸造、发行，有些国家由中央银行负责，有些国家则由财政部负责，发行收入归财政。

作为发行的银行，中央银行需要承担两方面的责任：一是保持货币流通顺畅；二是有效控制货币发行量，稳定币值。中央银行垄断货币发行权，并不意味着中央银行可以任意决定货币发行量。在实行金本位制条件下，中央银行是依靠足额发行准备或部分发行准备来保证其发行银行券的可兑换性的。因而，中央银行必须集中足够的黄金储备，作为保证银行券发行与流通的物质基础，黄金储备数量成为银行券发行数量的重要制约因素。在货币流通均转化为不兑现的纸币流通后，虽然纸币不再是可兑换的了，但一国政府所提供的信用担保足可以保证一国货币的稳定。因此，此时的中央银行必须根据经济发展的需要来决定货币发行量，并有责任规范货币发行，以确保货币价值的稳定。如果滥用货币发行权，其结果必然是通货膨胀、货币贬值，严重时中央银行所发行的现钞甚至形同废纸。因此，必须对中央银行的货币发行进行适当的控制。

2.现钞发行程序

对于中央银行发行货币的程序，下面以我国的人民币发行为例来进行说明。

人民币的具体发行是由中国人民银行设置的发行基金保管库（简称“发行库”）和商业银行的业务库之间划拨来办理的。所谓发行基金是人民银行保管的已印制好而尚未进入流通的人民币票券。发行库在人民银行总行设总库，下设分库、支库，在不设人民银行机构的县，发行库委托商业银行代理。各商业银行对外营业的基层行处设立业务库。业务库保存的人民币，是作为商业银行办理日常现金收付业务时的备用金。为避免业务库过多存放现金，通常由上级银行和同级中国人民银行为业务库核定库存限额。

现金发行的具体操作程序是：当商业银行基层行处现金不足时，可到当地人民银行在其存款账户余额内提取现金。于是，人民币从发行库转移到商业银行基层行处的业务库，这就意味着这部分人民币现钞进入了流通领域，这一过程称为“出库”。当商业银行基层行处收入的现金超过其业务库库存限额时，超过的部分应自动送交人民银行，该部分人民币现钞进入发行库，意味着退出流通领域，这一过程称为“入库”。

总之，中央银行发行货币并不仅仅是印制新钞票并投入流通，而是要负责现钞货币的整个动态流动过程，包括：货币印制、货币调拨、货币保管、货币投放、货币流通、货币回笼、货币注销等流程。

（二）银行的银行

“银行的银行”有以下几层意思：一是中央银行的业务对象是商业银行和其他金融机构及特定的政府部门；二是中央银行在与其业务对象之间的业务往来中仍表现出银行所固有的“存、放、汇”等业务特征；三是中央银行为商业银行提供支持和服务的同时，也是商业银行的监督管理者。

作为银行的银行，中央银行的职能具体体现在以下方面：

1.集中存款准备金

按法律规定，商业银行和其他金融机构都要按法定比例向中央银行交纳存款准备金，同时，商业银行出于流动性考虑，也会将一定比例的资金存放于中央银行构成超额存款准备金。因此，中央银行集中和保管的准备金存款包括商业银行等金融机构的法定准备金存款和超额准备金存款。

中央银行集中保管存款准备金的意义在于：第一，加强存款机构的清偿能力。如遇到金融机构资金周转发生困难时，通过中央银行加以调剂，既能保障存款人的安全，又能防止银行发生挤兑而倒闭。第二，有利于中央银行控制商业银行的信贷规模控制货币供应量。因为中央银行有权根据宏观调控的需要，变更、调整法定存款准备金的比率，这就使存款准备金制度成为一个重要的货币政策工具。第三，中央银行吸收超额准备金存款有利于为商业银行等金融机构办理资金清算。

2.充当最后贷款人

最后贷款人，是指在商业银行发生资金困难而无法从其他银行或金融市场筹措时，中央银行对其提供资金支持。

“最后贷款人”一词最早是由沃尔特·巴杰特（Walter Bagehot）于1873年提出，他主张当某家银行出现流动性不足时，中央银行有责任对其予以贷款支持，以帮助其渡过难关，从而避免因银行破产倒闭而带来巨大的负面效应。最后贷款人可以发挥以下作用：一是支持陷入资金周转困难的商业银行及其他金融机构，以免银行挤兑风潮的扩大而最终导致整个银行业的崩溃；二是通过为商业银行办理短期资金融通，调节信用规模和货币供给量，传递和实施宏观调控意图。中央银行对商业银行和其他金融机构办理再贴现和再抵押贷款的融资业务时，执行的就是最后贷款人的职能。

3.组织全国的清算

中央银行为各商业银行及其他金融机构相互间应收应付的票据进行清算，就履行了“最后清算人”的职能。商业银行及其他金融机构在中央银行开立账户，并在中央银行拥有存款（超额存款准备金账户），这样，它们收付的票据就可通过其在中央银行的存款账户划拨款项，办理结算，中央银行将结算轧差直接增减各银行的准备金，从而清算彼此之间的债权债务关系。此时，中央银行充当了全国票据清算中心的角色。

中央银行参与组织管理全国清算，一方面加快了资金周转速度，减少了资金在结算中的占用时间和清算费用，提高了清算效率；另一方面，解决了非集中清算带来的问题，如不安全性以及在途资金占用过多等困难，有利于中央银行及时掌握各商业银行的头寸状况，便于中央银行行使金融监管的职能。目前，大多数国家的中央银行已成为全国资金的清算中心。

（三）政府的银行

所谓政府的银行，也称为“国家的银行”，是指中央银行代表国家从事金融活动，对一国政府提供金融服务，贯彻执行国家货币政策，实施金融监管。其具体表现如下：

1. 代理国库收支

中央银行代理经办政府的财政预算收支，政府的收入和支出都通过财政部门在中央银行系统内开设的各种账户来进行。具体包括：按国家预算要求代收国库库款；按财政支付命令拨付财政支出；向财政部门反映预算收支执行情况；经办其他有关国库事务等。

2. 代理政府债券的发行

当一国政府为调剂政府收支或弥补政府开支不足而发行政府债券时，通常由中央银行来代理政府债券的发行，并代办债券到期时的还本付息等事宜。

3. 为政府提供信用

中央银行作为国家的银行，在国家财政出现入不敷出时，一般负有提供信贷支持的义务。这种信贷支持主要有两种方式：一是直接向政府提供放款或透支；二是购买政府债券。第一种方式通常用以解决财政收支的暂时性不平衡的矛盾，因而是短期融资，这种信贷对货币流通总的影响一般不大。但在财政赤字长期化情况下，政府如果利用中央银行的信用弥补自己的支出，就会破坏货币发行的独立性，威胁到货币币值的稳定。因而，许多国家都限制财政向中央银行的无限制借款。对于第二种方式，又有直接在一级市场上购买政府债券和间接在二级市场上购买债券两种情况。直接在一级市场上购买政府债券，中央银行所支付的资金就成为财政收入，等同于直接向政府融资。因此，一些国家的中央银行法就禁止中央银行以直接的方式购买政府债券。我国《中国人民银行法》第二十九条明确规定：中国人民银行不得对政府财政透支，不得直接认购、包销国债和其他政府债券。间接在二级市场上购买债券，即公开市场业务，则资金间接流向财政。中央银行根据经济发展或宏观政策的需要，通过在二级市场上买卖政府债券可以改变基础货币的投放量，因而，公开市场业务已成为各国中央银行所积极采用的一项重要货币政策工具。

4. 充当政府的金融代理人，代办各种金融事务

作为国家的银行，中央银行充当政府金融代理人的内涵是多方面的。例如，保管和管理国家黄金外汇储备；制定和执行货币政策，调节货币供给量，实施宏观金融的监督和管理；代表政府参加国际金融组织和国际金融活动；对金融业实施监管等。

## 第四节　中央银行的支付清算业务

清算是每一笔经济业务及其对应资金运动的终结。中央银行通过其支付清算系统，实现金融机构之间债权债务的清偿以及资金的顺利转移，对于加速资金的周

转、调动资金的资源配置有着重要的意义。中央银行的支付清算是其最常见的业务活动。

## 一、支付清算体系的构成

支付清算体系是一个国家或地区对于金融机构及社会经济活动产生的债权债务关系进行清偿的系统。这个过程包括清算机构、支付系统及支付清算制度等。

### （一）清算机构

清算机构，是指提供资金清算服务的中介机构，在不同国家里，清算机构具有不同的组织形式，例如票据交换所、清算中心、清算协会等。清算机构大都实行会员制度，会员交纳会费并遵守清算机构的规章制度。大部分国家的中央银行是作为清算机构的成员直接参与支付清算业务的，也有少部分国家的中央银行不直接加入清算机构，而是通过实行监督、审计等方式为金融机构提供清算服务。

### （二）支付系统

支付系统，是由提供支付清算业务的中间机构和实现支付指令传送及资金清算的专业技术手段共同组成，用以实现债权债务清偿和资金转移的一种金融安排。中央银行在支付系统中通常负责监督管理，控制支付系统所面临的各类风险，一些国家由中央银行直接拥有并经营大额支付系统，从而保证货币政策的有效传导和金融体系的健康运转。

目前较为重要的几个支付系统有：全球银行间金融通信协会（SWIFT）、纽约清算所银行间支付系统（CHIPS）、欧洲间实时全额自动清算系统（TARGET）、中国现代化支付系统（CNAPS）。

### （三）支付清算制度

支付清算制度，是对清算业务的规章制度、操作管理、实施范围、实施标准的规定和安排。中央银行一般综合本国经济运转情况协同相关部门制定符合本国国情的支付清算制度。由于很多国家金融机构同业间业务发展较为迅速，业务量较大，因此一些中央银行还制定了同业间清算制度，用以保证同业间市场的健康运转。

## 二、支付清算体系的运作

中央银行为实现支付清算体系的运转，通常会设立中央清算中心和地方分中心，金融机构在中央银行开立存款或清算账户后，金融机构之间的债权债务关系便通过其在中央银行开立的账户进行借贷记录和资金划转。支付清算服务通常包括四个内容：票据交换和清算、异地跨行清算、证券和金融衍生工具交易清算及跨国清算。

### （一）票据交换和清算

票据交换是支付清算最基本的手段之一，有些国家由中央银行负责管理，而有些国家则是交由私营的清算机构组织运行，但最终都要通过各金融机构或清算机构在中央银行开立的账户完成。票据交换具体运作流程是：银行在收到客户提交的票据后，根据相应的票据交换方式，将代收的票据交付付款行，并取回其他银行代收的以己方为付款行的票据，从而进行债权债务的抵销和资金的清偿。

（二）异地跨行清算

其业务运行的原理为：付款人向其开户行发出支付通知，开户行向当地中央银行地方分支机构发出支付指令，中央银行则将资金从该银行账户中扣除并向汇入银行所在地中央银行分支机构发出向汇入银行支付的指令，汇入银行所在地区中央银行地方分支机构在收到指令之后，向汇入银行发出通知，并最后由汇入银行告知收款人。

（三）证券和金融衍生工具交易清算

鉴于证券和金融衍生工具交易数量大、不确定因素多、风险较大等特点，很多国家专门为证券和金融衍生工具的交易设立了清算服务系统，有些国家的中央银行也直接参与到了支付清算活动中，以更好地监督管理清算业务。例如，美国的政府证券交易主要通过美联储簿记证券系统完成资金的最后清算，我国的证券清算专门由中央登记清算公司完成。

（四）跨国清算

跨国清算服务具有全局性和涉外性，同时又涉及不同国家的币种，不同的支付清算安排，需要借助跨国支付系统及银行往来账户来实现跨国银行间清算。欧美大银行于1973年开发了SWIFT系统，目前该系统已经成为各国普遍使用的跨国支付清算系统，保证了国家间资金的正常流转和债权债务的及时清偿，促进了各国间经济业务的发展。

## 三、我国支付清算体系的构成

我国目前运行的主要支付系统如下：

（一）票据交换系统

票据交换系统是我国支付清算体系的重要组成部分。从行政区划上看，我国票据交换所有两种：地市内的票据交换所和跨地市的区域性票据交换所。其中，地市内票据交换所有1 918个，区域性票据交换所有18个。通常将地市内的票据清算称为“同城清算”，跨地市的清算称为“异地清算”。

（二）全国电子联行系统

全国电子联行清算系统是中国人民银行处理异地清算业务的行间处理系统，全国电子联行系统通过中国人民银行联合各商业银行设立的国家金融清算总中心和在各地设立的资金清算分中心运行。各商业银行受理异地汇划业务后，汇出、汇入资金由中国人民银行当即清算。其运行流程为：受理异地业务的商业银行中，发出汇划业务的为汇出行，收到汇划业务的为汇入行。汇出行向人民银行当地分行（发报行）提交支付指令（电子报文）：发报行借记汇出行账户后，将支付信息经卫星小站传送至全国清算中心，如汇出行账户余额不足，则支付指令必须排队等待。清算总中心按人民银行收报行将支付指令清分后，经卫星通信网络发送到相应的人民银行收报行，由其贷记汇入行账户，并以生成的电子报文通知汇入行。

（三）电子资金汇兑系统

电子资金汇兑系统是商业银行系统内的电子支付系统。目前，我国商业银行均由电子资金汇兑系统取代了原来的手工操作。

（四）银行卡支付系统

银行卡支付系统是由银行卡跨行支付系统以及发卡行内银行卡支付系统组成的专门处理银行卡跨行交易信息转接和交易清算业务，由中国银联建设和运营，具有借记卡和信用卡、密码方式和签名方式共享等特点。2004年，银行卡跨行支付系统成功接入中国人民银行大额实时支付系统，实现了银行卡跨行支付的实时清算。

（五）中国现代化支付系统

中国现代化支付系统（CNAPS）项目的总体设计始于1991年，1996年11月进入工程实施阶段，2002年10月8日，该系统正式在中国人民银行清算总中心上线运行。中国现代化支付系统是世界银行技术援助贷款项目，主要提供跨行、跨地区的金融支付清算服务，能有效支持公开市场操作、债券交易、同业拆借、外汇交易等金融市场的资金清算，并将银行卡信息交换系统、同城票据交换所等其他系统的资金清算统一纳入支付系统处理，是中国人民银行发挥中央银行作为最终清算者和金融市场监督管理者的职能作用的金融交易和信息管理决策系统。

中国现代化支付系统由大额实时支付系统和小额批量支付系统两个系统组成。大额实时支付系统实行逐笔实时处理支付指令，全额清算资金，旨在为各银行和广大企事业单位以及金融市场提供快速、安全、可靠的支付清算服务。小额批量支付系统实行批量发送支付指令，轧差净额清算资金，旨在为社会提供低成本、大业务量的支付清算服务，支撑各种支付业务，满足社会各种经济活动的需求。在物理结构上，中国现代化支付系统建立有两级处理中心，即国家处理中心（NPC）和城市处理中心（CCPC）。国家处理中心分别与各城市处理中心相连，其通信网络采用专用网络，以地面通信为主，卫星通信备份。

目前，中国正在努力建设和完善中国支付系统的电子网络和管理机制。中国的支付系统正在随着中国银行体制改革的深入而逐步完善起来。

## 第五节　中央银行的运作规范及与各方的关系

中央银行是具有特殊权力的银行，其地位由国家法律规定，其业务活动由国家权力进行保障；同样，其业务范围也受法律的限制。中央银行作为金融管理机关和宏观经济调控主体，为保证正常履职，国家必须赋予中央银行较高的相对独立性，而中央银行也需要正确处理好与政府部门、金融监管部门、金融机构及国际金融组织、外国中央银行的关系。

## 一、中央银行业务活动的法律规范与原则

### （一）中央银行业务活动的法律规范

现代中央银行作为宏观金融管理机构，其业务活动不仅对金融机构和金融市场的活动有支配性影响，而且对一国的整体经济运行具有重大的影响力和作用。特别是现代中央银行在进行与金融调控或管理相关的业务活动时带有某些强制性的特征，可以行使特殊权力，因此，通过法律规范中央银行的业务活动是极其必要和重要的。这既可以使中央银行开展业务活动有法律作保证，又可以对中央银行的业务活动进行必要的法律约束。为此，各国都制定与中央银行相关的法律，中央银行的业务活动必须依法进行。目前，各国对中央银行业务活动的法律规范大致可分为法定业务权力、法定业务范围、法定业务限制三个方面。

1.中央银行的法定业务权力

中央银行的法定业务权力是指法律赋予中央银行在进行业务活动时可以行使的特殊权力。根据目前各国的中央银行法，这种法定业务权力一般有以下几项：

（1）发布并履行与其职责相关的业务命令和规章制度的权力。

（2）决定货币供应增长率的权力。

（3）调整利率、存款准备金率和再贴现率的权力。

（4）决定对金融机构贷款数额和方式的权力。

（5）灵活运用相关货币政策工具的权力。

（6）依据法律规定对金融机构和金融市场监督管理的权力。

（7）法律规定的其他权力。

2.中央银行的法定业务范围

中央银行作为发行的银行、银行的银行、政府的银行，其法定业务范围主要有以下几项：

（1）货币发行和货币流通管理业务。

（2）存款准备金业务。

（3）为在中央银行开立账户的金融机构办理再贴现及再贷款业务。

（4）在公开市场从事有价证券的买卖业务。

（5）黄金外汇经营管理业务。

（6）代理国库业务，代理政府债券发行、兑付业务。

（7）组织或协助组织金融机构间的清算业务。

（8）对全国的金融活动进行统计调查与分析预测，统一编制全国金融统计数据、报表，按照国家规定定期予以公布。

（9）对金融机构和金融市场的相关监督管理。

（10）法律允许的其他业务。

3.中央银行的法定业务限制

为了确保中央银行认真履行职责，防止中央银行为了追逐自身利益而损害金融

机构和公众利益，维护中央银行的信誉和权威性，各国中央银行法都对中央银行的业务活动进行必要的限制，如《中国人民银行法》规定：

（1）中国人民银行不得对银行业金融机构的账户透支。

（2）中国人民银行对商业银行贷款的期限不得超过一年。

（3）中国人民银行不得对政府财政透支，不得直接认购、包销国债和其他政府债券。

（4）中国人民银行不得向地方政府、各级政府部门提供贷款，不得向非银行金融机构以及其他单位和个人提供贷款，但国务院决定中国人民银行可以向特定的非银行金融机构提供贷款的除外。

（5）中国人民银行不得向任何单位和个人提供担保。

（二）中央银行业务活动的一般原则

中央银行的全部业务活动都是为其履行职责服务的，是其行使特定职权的必要手段，因此，其业务活动原则必须服从于履行职责的需要。在具体的业务经营活动中，中央银行一般奉行非营利性、流动性、主动性、公开性四个原则。

1.非营利性

非营利性是指中央银行的一切业务活动不是以营利为目的。中央银行的特殊地位和作用决定了中央银行以调控宏观经济、稳定货币、稳定金融、为银行和政府服务为己任，是宏观金融管理机构而非营业性金融机构，由此决定了中央银行不能以追求营利为目标，只要是宏观金融管理所必需的，即使不盈利甚至亏损的业务也要去做。当然，这并不意味着不计成本和收益。在实际业务活动中，中央银行业务开展的结果也往往能获得一定的利润，但这只是一种客观的经营结果，并不是中央银行主观追逐的业务活动目的。

2.流动性

流动性主要是指中央银行一般不做期限长的资产业务。因为中央银行进行货币政策操作和宏观经济调控时，所拥有的资产必须具有较强的流动性，才能及时满足其调节货币供求、稳定币值和汇率、调节经济运行的需要。如《中国人民银行法》第28条规定：中国人民银行根据执行货币政策的需要，可以决定对商业银行贷款的数额、期限、利率和方式，但贷款的期限不得超过一年。同时，在公开市场买卖有价证券时，也要尽量避免购买期限长、流动性弱的证券。

3.主动性

主动性主要是指中央银行在进行金融监管或货币政策操作时，要独立判断并主动采取措施。

4.公开性

公开性主要指中央银行的业务状况公开化，定期向社会公布业务与财务状况，并向社会提供有关的金融统计资料。保持公开性，一是可以使中央银行的业务活动置于社会公众监督之下，有利于中央银行依法规范其业务活动，确保其业务活动的公平合理性，保持中央银行的信誉和权威；二是可以增强中央银行业务活动的透明度，使国内外有关方面及时了解中央银行的政策、意图及操作力度，有利于增强实施货币政策的告示效应；三是可以及时、准确地向社会提供必要的金融信息，有利于各界分析研究金融和经济形势，也便于他们合理预期，调整经济决策和行为。

总之，中央银行的业务活动是运用法律赋予的特权在法定范围内展开的，各国中央银行的业务活动都是以服从履行职责的需要为基本原则，坚持业务活动的非盈利性、流动性、主动性和公开性，确保中央银行职责的顺利履行。

## 二、中央银行的独立性及其与各方面的关系

### （一）中央银行的独立性问题

#### 1. 中央银行的独立性的含义

中央银行的独立性，是指中央银行履行自身职责时法律赋予或实际拥有的权力、决策与行动的自主程度。中央银行的独立性问题比较集中地反映在中央银行与政府的关系上。

从总体上看，当各国社会经济处于平稳发展的时候，政府与中央银行的关系是比较协调的，中央银行能够比较自主地履行自己的职责。但当经济、金融出现困难甚至危机的时候，政府与中央银行往往出现不协调的情况，政府较多地考虑就业、保障等社会问题，中央银行较多地考虑货币金融的稳定问题。因此，中央银行独立性问题既是一个理论问题，又是一个现实选择问题。

#### 2. 中央银行独立性的辩证关系

中央银行的独立性需要从以下两个方面来辩证地看待：

（1）中央银行应对政府保持一定的独立性。中央银行是特殊的银行，其职能的发挥要求必须保持一定的独立性。一是因为中央银行的业务活动必须符合金融运行的客观规律和自身业务的特点，这是由经济与金融的关系和金融行业的特殊性质决定的；二是中央银行的运作具有很强的专业性和技术性；三是中央银行与政府两者所处地位、行为目标、利益需求及制约因素有所不同，如果中央银行完全按政府指令行事而缺乏独立性，可能出现用货币发行弥补政府赤字、降低货币政策稳定性等问题；四是可以与政府其他部门之间的政策形成一个互补和制约关系，增加政策的综合效力和稳定性，避免因某项决策或政策失误而造成经济与社会发展全局性的损失；五是可以使中央银行和分支机构全面、准确、及时地贯彻总行的方针政策，避免各级政府的干预，保证货币政策决策与实施的统一。

（2）中央银行对政府的独立性是相对的。在现代经济体系中，中央银行作为国家的金融管理当局，是政府实施宏观调控的重要部门，中央银行要接受政府的管理和监督，服从于社会经济大系统的运转和国家根本利益，在国家总体经济社会发展目标和政策指导之下履行自己的职责。中央银行的货币政策目标和宏观调控目标要与国家社会经济发展的总体目标相一致，目标的实现也需要其他政策特别是财政政策的协调与配合，与其他部门的关系也需要由政府来协调。尤其在特殊情况下（如战争、特大灾害等），中央银行则必须完全服从政府的领导和指挥。因此，中央银

行对政府的独立性只能是相对的，不能完全独立于政府，不能不受政府的任何制约，更不能凌驾于政府之上。

3.中央银行独立性的实践

目前，世界各国中央银行的独立性程度差异较大，主要有三类：一是独立性较强的，如德国联邦银行、美国联邦储备体系、瑞典银行等；二是独立性较弱的中央银行，如意大利银行、法兰西银行等；三是独立性居中的中央银行，如英格兰银行、日本银行等，一些新兴的工业化国家的中央银行也大致属于这种类型。

《中国人民银行法》对独立性问题有专门的规定。法律在规定中国人民银行必须接受国务院领导的同时，也对其独立性给予了一定范围的授权。从总体上看，中国人民银行在重要事项决策方面的独立性是较弱的，但这只是对中央政府而言，对地方政府和各级政府部门等，法律赋予中央银行完全的独立性。同时，在货币政策操作、业务活动等方面，中央银行的独立性就更强一些。从发展的角度看，中国人民银行的独立性明显有逐步增强的趋势。

（二）中央银行与政府部门之间的关系

不论中央银行对政府的独立性是强还是弱，中央银行与政府部门之间都有一定的联系。一般来说，独立性较强的中央银行与政府部门之间的联系相对松散，而独立性较弱的中央银行与政府部门之间的联系大都比较紧密。

与中央银行联系最为密切的是财政部门。由于财政部门在经济方面最能代表政府，所以中央银行与政府的关系在很大程度上反映在中央银行与财政部门的关系上，政府对中央银行的管理和干预在许多方面是通过财政部门进行的。因此，中央银行与政府部门之间的关系，最主要的是与财政部门的关系，主要反映在：①中央银行资本金的所有权大都由财政部门代表国家或政府持有；②绝大多数国家中央银行的利润除规定的提存外，全部交国家财政，如有亏损则由国家财政弥补；③财政部门掌管国家财政收支，而中央银行为其代理国库；④中央银行代理政府债券发行，必要时按法律规定向政府财政融资；⑤许多国家财政部门的负责人参与中央银行的决策机构，有的是决策权，有的是列席权；⑥在货币政策和财政政策的制定和执行方面需要协调配合。

除财政部门之外，中央银行还与其他政府部门具有一定的联系，如经济运行的管理调节部门、贸易管理部门、经济方面的有关决策部门和咨询部门、统计部门等。中央银行与这些部门之间的关系体现在协作、信息交流、政策配合等方面，无隶属关系，除了中央银行因代理国库与这些部门在国家预算资金拨付上有所联系之外，一般也无其他业务往来关系。

中国人民银行与财政部门的关系基本上也反映在前几个方面。中国人民银行的全部资本金由财政部代表国家出资，属于国家所有；中国人民银行实行独立的财务预算管理制度，其预算经财政部审核后纳入中央预算，接受财政部的预算执行监督，每一会计年度的收入减除该年度支出并按财政部核定的比例提取总准备金后的净利润全部上缴中央财政，如有亏损由中央财政拨款弥补；中国人民银行代理国库，按照批准的国家预算要求代收财政收入即国库款，按财政支付命令拨付财政支出，反映预算收支执行情况并经办有关国库事务；在需要时中国人民银行代理财政部向各金融机构组织发行、兑付国债和其他政府债券；财政部一位负责人参加中国人民银行货币政策委员会；中国人民银行和财政部作为货币政策和财政政策的制定者和执行者必须协调配合；在行政关系上，中国人民银行和财政部同属国务院组成部门，均承担着国家宏观经济调控的任务，但互不隶属。除财政部之外，与中国人民银行联系比较密切的政府部门还有国家发展和改革委员会、国家统计局、商务部等。中国人民银行与这些部门的关系主要是政策协调配合的关系。

（三）中央银行与金融监管部门之间的关系

国际上金融监管体制各不相同，有些国家由中央银行负责，有些国家则由中央银行和独立分设的监管机构共同承担。但不管采用何种体制，中央银行都是对金融业实施监督管理的核心机构，与其他金融监管机构的关系极为密切。

中国目前实行分业监管的体制。中国人民银行负责制定和执行货币政策，实施金融宏观调控，防范和化解金融风险，维护金融稳定。同时，中国银行业监督管理委员会、中国证券监督管理委员会和中国保险监督管理委员会分别承担中国银行业、证券业和保险业的监督管理。在具体的金融监督中，中国人民银行与三个监督管理委员会还有一定的业务交叉。如金融机构业务活动涉及的银行间同业拆借市场和银行间债券市场、外汇市场等，中国人民银行负责直接的监督管理；当银行业金融机构出现支付困难，可能引发金融风险时，中国人民银行经国务院批准，有权对这些机构检查监督。为了实现金融业的整体稳健运行和健康发展，中国人民银行与三个监督管理委员会建有信息共享机制和工作联系机制。

（四）中央银行与商业银行等金融机构之间的关系

从中央银行在现代金融体系中的地位来看，中央银行处于领导和核心地位。从金融运行来看，中央银行是全社会货币供给的源头，是货币流通的中心、资金运动的中心和社会信用活动的中心，从而是整个金融活动的中心，也是金融活动的调节者。从中央银行与商业银行等金融机构的业务关系看，中央银行是各类金融机构从事金融业务活动的支持者和保证者。从中央银行承担监督管理金融业、维护金融稳定、规范金融运作等方面的职责来看，中央银行是商业银行等金融机构的领导者和管理者。因此，中央银行与商业银行等金融机构之间基本上是领导与被领导、管理与被管理的关系。

但与一般行政部门的上下级关系不同，中央银行与商业银行等金融机构不是行政意义上的隶属关系，中央银行的领导与管理主要通过制定和实施有关政策来体现，并且主要是通过具体的金融业务活动实现的。从这一点上说，中央银行与商业银行等金融机构之间又是业务往来关系，中央银行根据法律授权从事有关的金融业务活动，其业务对象便是商业银行等金融机构，一般不对工商客户和居民个人开展业务。

（五）中央银行的对外金融关系

在经济一体化与金融全球化的趋势下，各国的经济与社会政策、货币政策、利率和汇率政策、国际收支状况和国际储备，乃至经济周期与波动，都会对其他国家产生深刻的影响。货币政策已越来越超越国界而成为一种国际性的政策。在这种形势下，大力发展一国对外金融关系，建立、发展与各国中央银行间的密切联系，彼此进行政策协调与合作，已成为必然之举。中央银行的对外金融关系主要体现在以下几个方面：

1.充当对外金融总体发展战略的制定者

对外金融发展战略是一国经济与社会发展战略的重要构成部分，是一个巨大而复杂的系统工程。中央银行要在持续的、全面的国际金融调查研究的基础上，结合本国特点和情况研究制定并推行对外金融的总体发展战略与政策。

2.充当政府对外金融活动的总顾问和全权代表

中央银行代表政府参与国际货币基金组织、世界银行、国际清算银行等国际金融组织的活动，并与之建立合作关系，参与区域性、地区性国际金融组织活动。

3.参与各国中央银行间的各种交流合作活动，并在国外需要的地方设立中央银行代表处，与各国中央银行进行官方结算与协商

各国之间一旦出现国际收支差额可以由中央银行出面，以黄金和特别提款权等储备资产为手段进行最终清算，或者经常采用改变官方负债的方法加以调整。

4.进行资本国际流动的调节管理和对外负债的全面监测

中央银行通过汇率政策、外汇管制政策，规定国际借贷的条件或额度控制、调整利率、要求缴纳特别准备金等手段，控制和调节资本的流入或流出。

5.充当各国黄金和外汇储备的管理者

黄金与外汇储备资产是一国最基本的支付手段或最后清偿手段，是一国保持汇率稳定和从事国际经济活动的基础。中央银行负责保管黄金，在外汇储备的运用中调整数量、币种结构和期限结构，并保证外汇储备的安全性。

6.进行外汇交易

中央银行将外汇交易作为一种重要的干预和管理手段，以缓和由于临时性原因而造成的外汇收支不平衡所引起的短期资本流动，或者为了平抑汇价或避免外汇市场的某种波动所带来的损失。此类交易是外币公开市场业务的重要组成部分。

7.进行国际货币政策协调

中央银行主要通过汇率政策协调和利率政策协调，保持汇率稳定，以促进国际贸易的发展和国际资本的流动，有助于实现国际收支的平衡或调节国际收支的不平衡状态，有利于促进国际金融市场的稳定，防止出现市场行情的大起大落。

## 本章小结

1. 中央银行，是指专门从事货币发行、专门办理对一般银行的业务以及专门执行国家货币政策的银行。中央银行是银行业发展到一定阶段之后的产物。具体说

来，它的产生是适应了以下几方面需求的结果：①统一银行券发行的需要；②统一全国票据清算的需要；③最后贷款人角色的需要；④金融宏观调控的需要。

2. 中央银行主要通过两个途径产生：由商业银行演变而来、由政府出面通过法律规定直接组建。中央银行的产生与发展，经历了一个漫长的历史阶段，它是伴随着资本主义银行业的发展而产生的。中央银行的产生与发展经历了三个阶段，即中央银行萌芽和建立阶段、中央银行制度的建立与普遍推广阶段、中央银行制度的强化阶段。

3. 我国的中央银行最早可以追溯到清朝光绪年间的“大清银行”，但由于功能不健全，只能说大清银行只是一家有某些中央银行性质的国家银行。而在新中国成立之前，1924年8月，孙中山先生在广州组建国民革命政府并成立了国民革命政府的中央银行，1926年北伐军在武汉成立了中央银行，这两家银行由于存在的时间都很短，所以并没有真正行使中央银行的基本职能。1927年南京国民政府成立，制定了《中央银行条例》，并于1928年11月新成立了中央银行。

新中国成立前夕，1948年12月1日，以华北银行为基础，合并北海银行、西北农民银行，共产党人在河北省石家庄市组建了中国人民银行并发行人民币，成为中华人民共和国成立后的中央银行和法定本位币。1995年3月18日，第八届全国人民代表大会第三次会议通过了《中国人民银行法》，首次以国家立法形式确立了中国人民银行作为中央银行的地位，标志着中央银行体制走向了法制化、规范化的轨道，是中央银行制度建设的重要里程碑。

4. 由于各国的社会制度、政治体制、经济发展水平、金融业务发达程度等千差万别，因而各国的中央银行制度也各有差异。按所有制形式，各国的中央银行可划分为以下五大类：①全部资本归国家所有的中央银行；②国家资本与民间资本共同组建的中央银行；③全部股份由私人持有的中央银行；④无资本金的中央银行；⑤资本为多国共有的中央银行。从组织结构上看，中央银行可划分为以下四种类型：①单一式中央银行制度；②复合中央银行制度；③跨国中央银行制度；④准中央银行制度。

5. 中央银行的性质是通过国家法律赋予中央银行的特有属性，这一属性可以表述为：中央银行是国家赋予其制定和执行货币政策，对国民经济进行宏观调控和管理监督的特殊的金融机构。这一性质表明：中央银行既是特殊的金融机构，又是特殊的国家机关。中央银行的职能是其性质的具体体现。中央银行的性质和宗旨决定了其有三项基本职能：发行的银行、银行的银行和政府的银行。

6. 清算是每一笔经济业务及其对应资金运动的终结，中央银行通过其支付清算系统，实现金融机构之间债权债务的清偿以及资金的顺利转移，对于加速资金的周转、调高资金的资源配置有着重要的意义。中央银行的支付清算是其最常见的业务活动。

支付清算体系由清算机构支付系统支付清算制度构成。支付清算服务通常包括四个内容：票据交换和清算、异地跨行清算、证券和金融衍生工具交易清算及跨国清算。我国目前运行的主要支付系统如下：①票据交换系统；②全国电子联行系统；③电子资金汇兑系统；④银行卡支付系统；⑤中国现代化支付系统。

目前，中国正在努力建设和完善中国支付系统的电子网络和管理机制。中国的支付系统正在随着中国银行体制改革的深入而逐步完善起来。

7.中央银行是具有特殊权力的银行，其地位由国家法律规定，其业务活动由国家权力进行保障；同样，其业务范围也受法律的限制。中央银行作为金融管理机关和宏观经济调控主体，为保证正常履职，国家必须赋予中央银行较高的相对独立性，而中央银行也需要正确处理好与政府部门、金融监管部门、金融机构及国际金融组织、外国中央银行的关系。

## 关键概念

一元式中央银行制　二元式中央银行　复合式中央银行制度　跨国中央银行制度　准中央银行制度　最后贷款人　支付清算体系

## 综合训练

一、单项选择题

1.中央银行之所以成为中央银行，最基本、最重要的标志是（　　）。

A.集中存款准备金　　B.集中与垄断货币发行

C.充当“最后贷款人”　　D.代理国库

2.中国最早的中央银行是（　　）。

A.1905年清朝政府的户部银行　　B.1912年成立的中国银行

C.1928年南京政府的中央银行　　D.1948年新中国的中国人民银行

3.目前我国的中央银行制度是（　　）。

A.单一一元式中央银行制度　　B.单一二元式中央银行制度

C.复合式中央银行制度　　D.准中央银行制度

4.最早的中央银行是（　　）。

A.阿姆斯特丹银行　　B.威尼斯银行

C.米兰银行　　D.英格兰银行

5.我国目前运行的主要支付系统有（　　）。

A.票据交换系统　　B.全国电子联行系统

C.电子资金汇兑系统　　D.银行卡支付系统

E.中国现代化支付系统

二、多项选择题

1.中央银行的组织结构包括（　　）。

A.权力分配机构　B.内部设置机构　C.结算机构　D.监管机构

2.中央银行的资本组织类型包括（　　）。

A.全部资本为国家所有的中央银行

B．股份为国家与民间混合所有的中央银行

C．全部股份非国家所有的中央银行

D．无资本金的中央银行

E．资本为多国共有的中央银行

3．中央银行是“政府的银行”具体体现为（　　）。

A．代理国库

B．代理政府债券的发行

C．为政府融通资金，提供特定信贷支持

D．为国家持有和经营国际储备

E．代表国家政府参加国际金融组织和各项国际金融活动

4．下列是中央银行的是（　　）。

A．中国银行　　B．中国人民银行　　C．日本银行　　D．美国银行

5．关于中央银行独立性的说法，正确的是（　　）。

A．完全独立

B．对政府保持一定的独立性

C．中央银行对政府的独立性是相对的

D．中央银行对政府的独立性是绝对的

三、思考题

1．请分析中央银行制度的建立与发展过程。

2．请比较不同中央银行体制的基本特点。

3．如何看待中央银行在现代经济体系中的地位？

4．如何看待中央银行的独立性？如何理解中央银行与政府部门、监管机构和一般金融机构的关系？

5．中央银行的必要性体现在哪些方面？

# 第四篇　货币政策篇

# 第十四章

# 货币需求

**引例**

据俄罗斯卫星新闻网2015年2月24日报道，印度观察家研究基金会高级研究员杰西瑞·森古普塔表示，金砖国家需要能与美元同时使用的货币，中国的人民币可能会成为这种货币。森古普塔在回答“金砖国家建立银行是否会加快去美元化进程”的问题时说：“特别在考虑到俄中货币互换协议的情况下，去美元化的时间会到来。同时必须有一种与美元同时使用的货币，人民币完全有可能承担起这种货币的作用。南亚区域合作联盟所有成员国以及东盟都在同中国进行贸易。”

3月19日，中国发布的最新离岸人民币指数显示，离岸人民币指数由1年前的0.91%增至2014年第四季度的1.2%，提升0.29个百分点，境外人民币需求微升。中国银行相关负责人分析，去年以来，境内外人民币的利率和汇率环境发生了变化，离岸人民币使用活跃度始终攀升，与美元、欧元等其他主要国际货币的差距不断缩小，人民币国际化进入“新常态”。中行行长陈四清表示，未来“一带一路”建设与人民币资本输出将进一步激发境外的人民币需求。目前中行已考虑在“一带一路”沿线加大网点布局，并根据其需求创新产品。

人民币是货币的一种，货币需求是一种派生需求，派生于人们对商品的需求。那么，货币需求理论经历了怎样的发展过程？主流的货币需求理论的内容是什么，相互之间有什么联系和区别？本章将会对这些问题进行详细的阐述。

## 第一节　古典货币数量论

### 一、费雪方程式

费雪在1911年出版的《货币购买力》一书中提出了货币需求的费雪方程。若以P表示价格水平，T表示实物总产出，V为货币流通速度，M为货币总量，则有如下等式关系：

$$M \times V = P \times T$$

上式就是著名的费雪方程式。在这一等式中，P×T表示名义总收入，或通常所说的名义GDP，货币流通速度V是同一货币在既定时期内媒介商品交换的次数，也就是货币的周转率。比如，同一货币在一年中媒介了三次商品交易，那么，该货币在这一年的流通速度就是三次。当然，在费雪方程式中，货币流通速度V是全社会所有货币存量的平均值。费雪方程式表明，货币存量与货币流通速度之积必与名义总收入相等。

但是，费雪方程式只是一个恒等关系而已，它并没有说明货币存量M的变动是否会引起名义收入的等量同向变动，也没有说明货币存量增加后，货币流通速度V是否会自然地下降，从而使名义收入保持不变。比如，假定原来的货币存量为5 000亿元，货币流通速度为4次，物价水平为2，实际产出为10 000亿元，因此有费雪的恒等关系：

$$5\,000(M) \times 4(V) = 2(P) \times 10\,000(T)$$

当货币存量增加到了10 000亿元后，名义收入是增加到40 000亿元还是依然为20 000亿元？当货币流通速度下降到了2次又如何呢？上面的等式本身并不能回答这样的问题。

费雪认为，货币流通速度V是由习惯、制度、技术等因素决定的，但由于制度和技术的变迁极其缓慢，因此，只有在长时间内它们才会对货币流通速度产生影响，所以在短期内可以将货币流通速度视为一个常量。也就是说，在上面的例子中，货币流通速度不会在短时间内一下子从4次降低到2次。

由于货币流通速度V在短时间内不会发生较大的变动，因此，当货币存量M发生变化后，名义收入P×T就会同向等比例地发生变动，即：当货币存量增加一倍时，名义收入也会增加一倍；当货币存量减少一半时，名义收入也会减少一半。在上面的例子中，货币存量从原来的5 000亿元增加到10 000亿元时，名义收入会增加到40 000亿元，而不会保持在原来的20 000亿元。

但是，名义收入P×T的增加是由物价水平P增加了一倍引起的还是由实物总产出T增加了一倍引起的呢？古典经济学家认为，工资和价格具有完全灵活性，只要有过剩的劳动力，工资就会下降，促使对劳动力的需求增加，从而降低失业率，直到达到充分就业为止。这样，在价格和工资具有完全灵活性时，经济总能保持在充分就业状态下，既不会有劳动力的过剩（失业），也不会有对劳动力的过度需求。由于经济始终处于充分就业状态，所以实际产出T的变动也很小。这样，当货币存量从5 000亿元增加到10 000亿元后，实际产出T是不会从10 000亿元猛增到20 000亿元的。可以想像一下，当货币存量翻了一番以后，全国上下生产的彩电、计算机、汽车、服装、食品等都会在很短的时间内跟着翻一番吗？不会！既然货币流通速度V和实际产出T都不会在短时间内发生较大变动，那么，要保持等式的平衡就只有依靠物价水平P的变动了。也就是说，在上面的例子中，当货币存量从5 000亿元增加到10 000亿元后，物价水平会从原来的2上涨到4。这样，在费雪方程式看来，货币数量的变动会引起物价总水平的等比例同向变动。

## 二、剑桥方程式

剑桥大学的马歇尔和庇古等经济学家认为，人们之所以愿意持有货币，是由于货币具有交易媒介和价值储藏的职能。人们在买卖商品和服务时，需要以货币为媒介。与费雪一样，马歇尔等经济学家认为，货币需求与交易水平正相关，即交易的商品和服务越多，对货币的需求也越高；反之，交易的商品或服务越少，对货币的需求也会越少。此外，马歇尔等人还认为，财富水平也会影响人们的货币需求。财富越多，人们就会持有更多的货币来储藏财富，因而，随着财富的增长，对货币的需求也会增加。同时，他们还认为，人们的财富水平与名义收入之间也呈正相关关系，从而货币需求也与名义收入之间存在一种正相关的比例关系。

以$M_d$表示货币需求量，P和T分别表示物价水平和真实产出，K为货币需求比例，则剑桥方程式可表示为：

$$M_d = K \times P \times T$$

将上式两边同除以K就得到一个与费雪方程式很接近的等式：

$$\frac{M_d}{K} = P \times T$$

很明显，剑桥方程式中的货币需求系数K的倒数与费雪方程式中的货币流通速度相同。虽然两个方程式在形式上很相近，但背后各自的经济含义却相差极大。在剑桥方程式中，货币需求系数K并不像费雪方程式中的货币流通速度V那样是假定不变的。马歇尔等人认为，人们用多少货币来储藏财富受到财富的预期回报率的绝对水平，以及相对于其他财富储藏手段的相对回报率的影响。如果其他资产的回报率上升，而货币储藏财富的回报率没有什么变化，那么，作为财富储藏的货币需求就会减少；反之，则会增加。因此，剑桥方程式中的货币持有系数实际上也同时是人们的资产选择系数，即意味着人们有选择货币数量的自由。

## 第二节 凯恩斯的货币需求理论

### 一、货币需求动机

马歇尔等剑桥大学的经济学家虽然在剑桥方程式中同时强调了货币的交易媒介和价值储藏职能，并且认为作为财富储藏的货币需求要取决于它的绝对回报率和相对回报率，但他们没有进一步分析。1929—1933年的经济大危机后，凯恩斯在1936年出版了《就业、利息和货币通论》，提出了流动性偏好货币需求理论，更深入地研究了个人持有货币需求的原因。他认为，人们持有货币的动机有三个，即：交易动机、谨慎动机、投机动机。

（一）交易动机

费雪方程式和剑桥方程式都认为人们之所以持有货币，是因为可以用货币购买到人们所需的商品和服务，即人们是出于交易动机才持有货币的，凯恩斯也承袭了这一传统，但他又将人们的交易动机区分为个人的收入动机和企业的营业动机。从个人收入的获得到支出的发生，或从企业销售收入的获得到生产和销售费用的支出，总有一段时间间隔。为了应付这种日常交易，人们就必须在这一段时间内持有一定数量的货币。凯恩斯与古典经济学家的看法一致，认为交易性货币需求与收入水平成正相关关系，即收入越高，交易性货币需求就越大；收入越低，交易性货币需求就越小。

（二）谨慎动机

谨慎动机是指人们为应付始料未及的意外支出或为不失去突然来到的机会而持有一定的货币。譬如，你多年未见的老朋友突然出现在你面前，“有朋自远方来”，自然是“不亦乐乎”。于是，你想找一家上档次的咖啡厅去喝咖啡，聊聊天，叙叙旧。朋友的出现带给你意外的惊喜，但同时，也给你带来了“意外”的支出。再如，在季节变换的时候，你不幸患上了病毒性感冒，咳嗽、发烧，痛苦不堪。为了早日恢复健康，就必须到医院去接受治疗，这笔花销也是始料未及的。在这种时候，为预防不测之需而持有的货币就派上大用场了。

凯恩斯认为，预防性货币量也与人们的收入水平成正比，收入水平越高，预防性货币需求也就越多；反之，预防性货币需求就越少。这一点其实不难理解。就拿上面来了朋友的例子来说，如果你的收入特别高，除了到咖啡馆喝咖啡叙旧外，你可能还会请他去打高尔夫球，甚至一拍胸脯把人家的返程机票也包了，你的“意外”支出可能会高达好几千元。但如果你的收入并不高，把朋友请到你的陋室里，两人开怀畅饮，也其乐融融，这时的“意外”支出也不过几十元就打发了。

基于交易动机和谨慎动机的货币需求都是交易性货币需求，它们都与收入水平呈正相关关系。以$M_1$表示交易性货币需求，Y表示收入水平，则交易性货币需求可以表示为：

$M_t = f(Y)$

（三）投机动机

投机动机是指为了在未来某一恰当时机进行投机活动而保持一定数量的货币，典型的投机活动就是买卖债券。债券不仅能给其持有者带来一定的利息收入，还可因债券价格的波动获得资本收益。但是，债券价格的波动依赖于市场利率的波动：利率上升，债券价格就会下跌；利率下降，债券价格就会上升。若利率大幅上升，债券价格急剧地下跌，投资于债券的资本损失超过了所得的利息收入时，投资债券不仅不能增值，反而还要亏本。这时，人们大概不会持有债券，虽然持有货币不能得到资本增值和利息收入，但至少本钱还是保住了。

凯恩斯认为，每个人心中都有一个正常的利率水平。若利率低于这一正常值，那么，预期利率就会上升，债券的价格就会下跌。为了避免债券价格下跌造成的损失，人们就会愿意持有更多的货币，减少债券的持有量，导致货币需求增加。反之，当利率超过了人们认为的正常利率时，预期利率就会下降，债券价格则会上升，因而人们在目前购进债券将会获得一定的资本收益。利率越高，预期持有债券的资本收益就越高，人们就会愿意持有更多的债券，减少对货币的需求。因此，投机性货币需求与利率水平呈负相关关系，即利率水平越高，投机性货币需求越少；反之，利率水平越低，投机性货币需求会越多。

以 $M_s$ 表示投机性货币需求，i表示利率水平，投机性货币需求函数可表示为：

$M_s = f(i)$

## 二、完整的凯恩斯货币需求函数

将交易性货币需求与投机性货币需求结合在一起，就得到了完整的凯恩斯货币需求函数：

$M_d = M_s + M_t = f(Y, i)$

这就是凯恩斯的流动性偏好货币需求函数。它表明，对货币的需求与利率呈反向变动，与收入水平呈正向变动。可见，凯恩斯的流动性偏好货币需求函数与费雪认为货币需求与利率水平没有什么相关性的观点存在很大的差别。

根据凯恩斯的货币需求函数，货币流通速度并不是一个不变的量，即使是在短期内，技术条件没有发生什么变化，货币流通速度也将是不稳定的。为了看到这一点，将凯恩斯货币需求函数代入费雪方程式就可以得到：

$f(Y, i) \times V = P \times Y$

从上式可以进一步得到货币流通公式：

$$V = \frac{P \times Y}{f(Y, i)}$$

由于利率上升时，投机性货币需求减少，使f（Y，i）下降，这样，货币流通速度就会加快；反之，利率水平下降时，由于对投机性货币需求增加，因此，货币流通速度也会下降。由于利率水平是经常变动的，所以货币流通速度也会经常变动。显然，这就与费雪认为在短时间内是不变的观点存在天壤之别。

此外，凯恩斯还认为，人们是持有更多的货币还是持有更多的债券，取决于现实利率与人们心目中的正常利率水平之间的差距。如果现实利率低于人们心目中的正常利率，预期利率就会上升，债券价格则会下跌，因此会持有更多的货币；反之，则会持有较少的货币和更多的债券。因此，当人们心目中的正常利率水平发生变化时，就会改变现实的利率与主观的“正常”利率之间的差距，从而改变人们对未来现实利率的预期值。如果人们心目中的正常利率下降，则预期利率也会下跌，债券价格就会上升。在这种情况下，人们就会持有更多的债券，对投机性货币的需求会减少，即f（Y，i）下降，货币流通速度加快。反之，如果人们心目中的正常利率上升，则预期利率就会上升，债券价格会下跌。为了避免资本损失，人们就会持有更多的货币和更少的债券，即f（Y，i）上升，货币流通速度减慢。由于货币流通速度还取决于人们心目中的正常利率，而且还会随人们的预期而不断地变化，因此，投机性货币需求也是不稳定的，这就导致了货币流通速度的起伏波动。

## 第三节　凯恩斯主义对凯恩斯货币需求理论的发展

凯恩斯的流动性偏好货币需求理论认为交易性货币需求不受利率的影响，只与收入水平正相关，投机性货币需求只取决于货币与债券的相对回报率。这些都受到了鲍莫尔、托宾等人的质疑，他们对凯恩斯货币需求理论进行了发展和完善。

### 一、交易需求

鲍莫尔认为，交易性货币需求不仅与收入水平相关，而且利率和交易成本也会影响对交易性货币的需求。假定你每月的工资是2 000元，每月的1日领取工资。你觉得自己应该好好地享受生活，决定将2 000元的收入全部用于泡吧喝咖啡或约朋友去听音乐会等消费上。假定这2 000元是你在每个月当中的必要支出，而且每月都一样多，因此，你在月初领取工资后，手头的现金为2 000元，到该月最后一天，这2 000元就花得精光，就等明天领取下个月的工资了。这样的话，你每月的平均现金持有额为1 000元。你每月的现金余额变动情况就如图14-1所示。

现在假定，存款的月利率为1%。如果你在月初收到2 000元的工资收入后，将其中的1 000元用于存款，手头只留1 000元的现金，但支出流量还是如往常一样，而你在月中时手头的现金余额就为零了。为了应付接下来的支出，就必须到银行去将月初存入的1 000元取出来接济接下半个月的开销，月末时，又将这1 000元花光了。等到下月1日发工资后，又作出一样的决策，月初存入1 000块钱，手头留余1 000元，月中时再去提取另外1 000元。这样的话，你每月持有的平均现金余额为500元。这样对你有什么好处呢？你在每个月初存入的1 000元，可以得到5元钱的利息收入（1 000×1%÷2=5）。

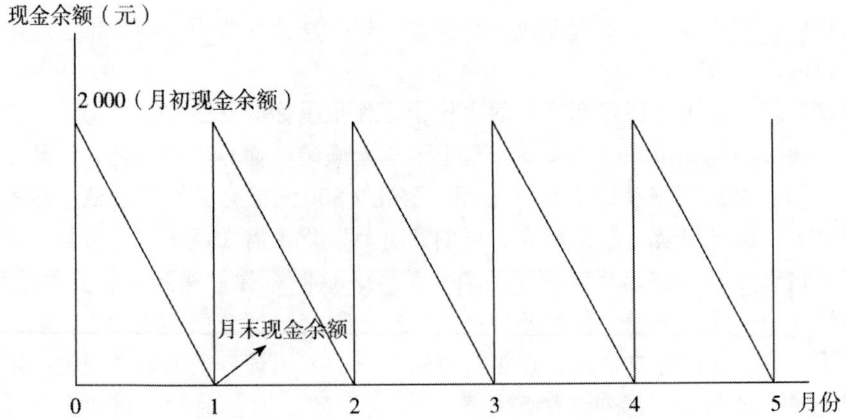


**图14-1　均匀支出时的现金余额变动**

但是，如果你在月初收到2 000元的工资后，将1 500元存入银行，手头只留500元的现金。若每月是30天，过了七天半你就将这500元花光了，然后再到银行从月初存入的1 500元中提取500元。又过了七天半后，你提的这500元又用光了，半个月后，你又必须去提取500元，如此循环下去。这样，你在这个月里持有的现金余额平均就只有250元了。在月初存入1 500元，并在这个月里频繁地取款，得到的利息收入总共有多少呢？计算一下，总的利息收入为：

$$1\ 500\times1\%\times\frac{7.5}{30}+1\ 000\times1\%\times\frac{7.5}{30}+500\times1\%\times\frac{7.5}{30}=3.75+2.5+1.25=7.5(\text{元})$$

这比在月初时只存入1 000元多赚了2.5元的利息收入，可以买一只冰淇淋了。推而广之，如果你在月初持有的现金余额越少，存入的钱越多，你所得的利息收入就越多。

既然有这样的好处，你会在月初收到2 000元工资后，手头只留66.67元的现金而将其余1 933.33元存入银行，又每天早晨再去取66.67元现金吗？显然不会这样做。这样固然可多得一点利息，但也会很麻烦，你取款会有交易成本，包括你往返于银行和排队取款所浪费的时间。如果你这笔钱不是用于存款，而是用于购买可公开交易的债券，买卖债券时还要缴纳佣金。若遇到行情不好，债券价格下跌，你还会不幸地遭到资本损失。

总之，如果每个月持有的平均现金余额越少，那么，就可将更多的现金用于存款或购买债券，赚取更多的利息，但同时，你取款或卖出债券的次数也会越多，交易所花费的成本也越高。总之，利率越高，你手持交易性货币需求的动机就会减弱；反之，则会增强。但是，随着取款次数的增多和交易成本的增加，你持有交易性货币的动机也会增强；反之，则会减弱。所以，交易性货币需求不仅与收入水平正相关，而且也与利率水平负相关，与交易成本正相关。

## 二、惠伦的谨慎性货币需求

凯恩斯认为谨慎性货币需求也只与收入水平有关，但后来惠伦等人认为，影响谨慎性货币需求的因素主要有非流动性成本、持有谨慎性货币余额的机会成本以及收入支出波动的方差。

假设你是一位正处在热恋之中的小伙子，你很爱你的女朋友。有一天，你们俩一起逛商场时，你那位漂亮的女朋友看上了一套服装。你心里很清楚，她是很想要这套服装的。可这套服装实在价格不菲，要花2 800元！为了取悦于她，你决定花血本为她买下这套服装，原来没有想到的“意外”货币需求就来了。可是，你身上并没有带这么多钱，你已将钱买了股票或债券，这时，你就遇到了非流动性问题。为了不让你的女朋友失望，你有两种办法：第一，卖出部分债券或股票，取回部分现金；第二，向亲朋好友借钱。在第一种情况下，卖出债券或股票要缴纳一定的佣金和印花税，如果应了那句“情场得意、赌场失意”，卖出时的价格比买进时还要低，你就又要遭受资本损失。在第二种情况下，如果借给你钱的那位朋友很不够义气，趁机宰你一把，要求3%的利率，你又要发生一笔额外的支出了。虽然你的目的达到了，女朋友也很高兴，可你心里难免会为遭受的非流动性成本之痛而闷闷不乐。

经过这一次教训之后，你变得精明了。为了在与女朋友一起逛商场时应付上述突发性的意外货币支出，你决定随身揣上6 000元钱，够买一两套高档服装了。但是，这6 000元钱在你的钱包里闲置了3个月后，你女朋友才又再次突发购买高档服装的欲望。如果年利率为3%，在这3个月里又损失了45元利息，你又遇到了机会成本。虽然不多，但也足够你们俩来回两趟出租车钱的。这里的机会成本就是指因持有这些货币余额而放弃一定的利息收益。

非流动性成本和持有预防性货币余额的机会成本构成了持有谨慎性货币余额的总成本。如果你为预防不测而持有较多的货币，你就减少了非流动性的预期成本，但同时却增加了持有谨慎性货币余额的机会成本；反之，你持有较少的谨慎性货币余额，固然降低了持有谨慎性货币余额的机会成本，但又提高了非流动性成本。因此，你必须在这两者之间权衡。如果在急需资金时，你的朋友能够解囊相助，或者如果债券或股票交易的佣金和印花税都很低，且行情一直看好，那么，你为了应付这种突发性的支出而持有这么多的货币余额的动机就会弱些。另外，利率越高，你持有这么多的货币余额的动机也会减弱。因此，根据惠伦的分析，谨慎性货币需求随着非流动性成本的上升而增加，随着机会成本的上升而下降；反之，则随着非流动性成本的下降而减弱，随着机会成本的下降而增强。

上面分析的只是一次购买的情形。下面我们再来看看多次遇到突发支出的情况。这也可以分为两种情况。第一，你的女朋友虽然要买什么东西并不确定，有时买化妆品，有时买服装，有时则是听音乐会或去现场听演唱会，但是，每次支出都只有1 000元，即突发性支出额没有什么波动。这时，为了应付突发性支出，你只需持有1 000元的谨慎性货币余额就足以打发了。第二，她每次的突发支出额并不确定，有时兴致所至，要求你跟她一起去肯德基，支出只不过100元左右；但有时候你得为她花上2 800元买一套高档服装。这样，尽管每次的平均支出还是只有1 000元，但你每次在她身上的突发性支出数额波动很大。显然，在这种情况下，如果你还是只持有1 000元的货币余额，当你的女朋友要买那套2 800元的高档服装时，就要陷入窘迫的境地了。这样，你就会暗暗盘算，钱包里随时带上3 000元可能更为妥当。这表明，随着你在她身上突发性支出波动方差的增大，你为她而持有的谨慎性货币余额需求也会增大；反之，则会减少。

### 三、托宾的投机性货币需求

凯恩斯对投机性货币需求的分析也有其不完善之处。他认为，当债券的预期回报率低于货币的预期回报率时，人们会只持有货币来储藏财富；反之，当债券的预期回报率高于货币的预期回报率时，人们会只持有债券，而不持有货币；只有货币和债券的预期回报率相同时，人们才会同时持有货币和债券。很明显，凯恩斯的投机性货币需求实际上暗地里排除了人们同时持有债券和货币作为财富储藏手段的可能性，这与现实存在很大的出入。

为了弥补凯恩斯投机性货币需求的这一缺陷，托宾发展了新的投机性货币需求理论。托宾的基本观点是，人们在作出持有哪种资产的决策时，不仅会比较各种资产之间的相对预期回报率，而且还要考虑持有各种不同的资产所面临的风险。我们在前面已经分析，所谓风险是指未来遭受损失的可能性。而且，我们在金融工具的特性中也已经看到，一项金融工具的收益率与它的风险之间是正相关的，即收益率越高，风险也越高。譬如，你投资于某种股票，买进和卖出的时机都恰到好处，那么，你可能在很短的时间里就赚取了很高的收益；但是，如果你运气欠佳，购买股票后价格马上下挫，甚至连你解套的机会也不给，你就不仅赚不了钱，反而还要亏本。因此，你在选择是持有股票还是持有货币时，不仅要考虑它们各自给你带来的预期收益，而且还要考虑它们的风险。

人们对待风险的态度有三种，即风险偏好者、风险中立者和风险规避者。风险偏好者就是那些愿意承担较大的风险，以期获得异乎寻常的收益的人。赌徒是典型的风险爱好者。风险规避者则是愿意持有风险较低、同时预期回报率也相对较低的资产的人。保守者就是风险规避者。风险中立者则介于这两者之间，他们对于风险与收益之间的评价是无差异的，即对是冒更高的风险以获得更高收益还是宁愿少获得一点收益也不愿意去冒险这两种选择，他们觉得无所谓。

托宾认为，大多数人都是风险规避者，他们不会冒风险去追求“蝇头小利”。与货币相比，债券价格波动剧烈，因而风险较大。因此，即使债券的预期回报率超过货币的预期回报率，人们也还是愿意将货币作为财富储藏的手段，这仅仅是因为持有货币的风险较小。因此，根据托宾的资产选择的货币需求理论，人们对投机性货币的需求不仅取决于利率的高低，而且还取决于各种金融资产的相对收益率和风险状况。这样，资产选择理论就解释了凯恩斯的流动性偏好理论所无法说明的人们同时持有货币、债券以及其他多种资产的现象。

## 第四节　现代货币数量论

### 一、现代货币数量论的基本内容

米尔顿·弗里德曼于1956年发表了《货币数量论：一种新的解释》一文，提出了“现代货币数量论”。弗里德曼把货币当作一种资产，或财富的持有方式，因此，弗里德曼的货币需求理论实际上是一种资产选择理论。

以$M_d/P$表示实际货币余额的需求，$Y_p$表示人们的恒久性收入，ω表示非人力财富对人力财富的比重，$r_m$表示货币的预期回报率，$r_b$表示债券的预期回报率，$r_e$表示股票的预期回报率，$\pi^e$表示预期通货膨胀率，弗里德曼将他的货币需求函数表达如下：

$$\frac{M_d}{P}=f\left(Y_p,\omega,r_b-r_m,r_e-r_m,\pi^e-r_m\right)$$

在弗里德曼看来，恒久性收入也会对货币需求有正向的影响，即恒久性收入越高，货币需求也越高。恒久性收入是长期收入预期的平均值，它在短期内的波动非常小。例如，在经济周期的扩张阶段，收入增长很快，由于收入增长中有些是临时性的，所以长期收入的平均值变动不大。因此，在经济繁荣时期，恒久性收入比此时的收入增加要小得多。相反，在经济衰退时，收入的减少中也有一部分是暂时性的，所以长期收入的平均值比当时收入的减少也要小得多。由于恒久性收入的波动较小，它又是货币需求的一个主要决定因素，因此，货币需求在很大程度上并不随经济周期的波动而波动。

此外，弗里德曼还认为，个人财富总额是决定货币需求的主要因素。财富总额包括收入或消费与劳动的所有来源。财富分为人力财富和非人力财富。人力财富就是指个人赚钱的能力，非人力财富则主要是指持有债券、股票和其他实物财富等。只有将人力财富转化为非人力财富后，才能给人们带来具有实质意义的效用。假如你具有一技之长，这时你拥有的只是人力财富，但只有把你的一技之长用于实践中，才能获得你所需要的收入。但是，由于受到制度和劳动力市场方面的约束，人力财富向非人力财富的转化会受到很大的限制。尽管“天生我材必有用”，但也常常有“英雄无用武之地”的无奈，人力财富的市场是很不完全的，尤其是当经济不景气时，更难以把人力财富转变为可以支配的货币收入。相反，非人力财富之间具有较高的替代性，你可以很方便地在证券交易所卖出你所持有的股票，购入国债或将钱转存到银行。所以，人力财富在总财富中所占的比重越高，对货币的需求也就越大；反之，则对货币的需求会减少。

人们持有非人力财富的意愿取决于其相对于货币的回报率。其中，货币的回报率受两个因素的影响。其一，货币的利息收入。持有货币（现金和存款）的利息收益越高，持有货币的预期回报率也就越高，因而持有货币的动机也越强。第二，银行服务的便利。如果银行服务质量很好，就会提高你持有货币的隐含回报率，因而会降低你持有现金的意愿。

$r_d-r_m$和$r_e-r_m$分别表示债券和股票与货币回报率之差，这一差值越大，说明债券和股票相对于货币的回报率越高。我们已经知道，债券的回报由持有期内所得的利息收入和债券价格波动而引起的损益两部分构成；持有股票的回报则包括在持有期内所得的股息收入和股票价格变动而引起的资本损益。它们一旦提高，则货币相对的预期回报率就会减少，从而会降低人们持有货币的意愿。相反，则货币的需求会增加。譬如说，如果国债的年收益率达到了10%，银行存款的利率只有2%，你是购买国债还是将钱存入银行，抑或是持有现金呢？如果不是急着用钱，大概你会将收入中用于消费后所节余下的大部分都用来购买国债。

总之，在弗里德曼的现代货币数量论中，影响货币需求的主要因素是恒久性收入、人力财富在人们总财富中所占的比重和货币相对于债券、股票等其他非人力财富的相对回报率。恒久性收入越高，对货币的需求量也会越高。恒久性收入的波动很小，因此，货币需求量也不会有太大的波动。人力财富在总财富中所占的比重越高，则对货币的需求量也会越高。货币相对于股票或债券等其他非人力财富的回报率越低，则对货币的需求量越少。

## 二、现代货币数量论与凯恩斯货币需求理论的差异

如果仅从弗里德曼货币需求函数中的变量来看，现代货币数量论似乎只是凯恩斯学派资产选择分析的一种沿袭，只是将更多的变量纳入到了影响货币需求的函数之中。弗里德曼与凯恩斯或凯恩斯主义者的货币需求理论似乎并没有实质性的区别。但是，弗里德曼为什么又要将他的货币需求理论冠之以“货币数量论”之名呢？这主要是因为这两种货币需求理论之间其实还是有很大区别的。

第一，在凯恩斯的流动性偏好需求中，将货币之外的其他一切金融资产都统归为债券。他之所以这样做，是因为他认为这些资产的回报率通常会一起波动，债券的预期回报率就足以代表其他金融资产预期回报率的变动，其他金融资产不必在货币需求函数中列出来。相反，弗里德曼在现代货币数量论中，债券和股票，甚至实物商品都被当作了货币的替代品，因此，除了利率外，还有其他很多因素能对货币需求产生重要的影响。

第二，由于弗里德曼将货币和实物商品视为替代品，货币需求量的变动就可能对总支出产生直接的影响。在凯恩斯的流动性偏好理论中，影响货币需求的只有收入和利率两个因素，货币需求的变动不会直接影响总支出。

第三，与凯恩斯不同，弗里德曼认为货币的预期回报率并不是一个常数。利率上升时，银行可从贷款中获得更高的利润，它们将设法吸收更多的存款，扩大贷

款，赚取更多的利润。若没有利率管制，银行将会支付更高的利率来吸收存款，银行存款的回报率将随着债券和贷款利率的上升而上升，银行对存款的竞争一直会持续到没有超额利润为止。因此，$r_b-r_m$会保持相当的稳定。若存在利率管制，虽然银行不能通过提高存款利率来争夺存款，但可通过改善服务质量来提高隐含的货币回报率，从而使$r_b-r_m$保持相当的稳定。所以，弗里德曼认为利率对货币需求的影响很小；相反，在凯恩斯的偏好货币需求中，利率是决定货币需求的重要因素。

在弗里德曼看来，货币需求之所以对利率不敏感，不是因为货币需求对其他资产相对于货币的机会成本的变动不敏感，而是因为利率变动对货币需求函数中各项机会成本影响很小。因此，当利率的上升引起其他资产的预期回报率增加时，货币的预期回报率也会相应上升，两者抵消后，货币需求函数中各项机会成本保持相对不变，所以，利率变动对货币需求的影响甚微。

第四，虽然凯恩斯与弗里德曼的货币需求函数中都有收入变量，但弗里德曼强调的是恒久性收入，即未来长期收入预测值的平均值，它的波动很小。另外，利率变动对货币需求的影响也很小，因此，他认为货币需求的随机波动很小，可以通过货币需求函数准确地预测货币需求。由于货币需求是可以预测和相对稳定的，因此，货币流通速度也是可以预测和相对稳定的。这样，货币供应量的变化就只会影响总支出和物价水平的变动，从而得出了与古典货币数量论一样的结论。正因为如此，弗里德曼才将他的货币需求称为“货币数量论的重新表述”。

## 第五节　开放经济中的货币需求：货币替代与资产替代

我们需要在此强调一点，以上部分我们是在封闭经济条件下讨论货币需求的。事实上，开放经济条件下的货币需求更为复杂，因为在开放经济条件下，有更多的资产可供人们选择。分析开放经济中的货币需求，必须弄清货币替代与资产替代。

### 一、什么是货币替代与资产替代

货币替代，简单地说就是指在本国的居民持有外国或其他地区货币，作为价值尺度、交易媒介或价值储藏的手段。例如，在深圳购物时，很多人都直接使用港币，这就出现了交易媒介上的货币替代。当人们取得外币和支出外币在时间上不一致时，外币就成了“购买力的暂栖所”，这时，就出现了价值储藏功能上的货币替代。同样地，到中国香港的内地游客越来越多，在香港花钱采购一番是“旅行”必不可少的内容，许多香港商场的收银员也是乐于接受内地客人用人民币购物的。人们持有的外币增加额与当年本国货币的增加额之间的比率被称为货币替代率。在表14-1中，2000年中国居民部门持有的外币存款增加额为1 488.5亿元，而当年的本币存款增加额为6 609.9亿元，因此，2000年中国的货币替代率为22.5%。2003年和2004年，由于人民币升值预期的加强，居民纷纷将美元存款兑换成了人民币存款，导致这两年的货币替代率为负。

表 14-1　　**中国居民部门的货币替代（当年新增额）**　　（单位：亿元）

| 年份 | 1992 | 1994 | 1997 | 1998 | 1999 | 2000 | 2003 | 2004 |
|---|---|---|---|---|---|---|---|---|
| 外币存款 | 138.90 | 390.9 | 344.1 | 1 001.8 | 1 167.8 | 1 488.5 | -318.7 | -436 |
| 本币存款 | 2 693.9 | 6 169.8 | 7 496.0 | 9 257.1 | 7 280.5 | 6 609.9 | 16 388 | 15 500.9 |
| 货币替代率(%) | 5.16 | 6.32 | 4.59 | 10.82 | 16.04 | 22.5 | -1.95 | 2.81 |
| 年份 | 2005 | 2006 | 2007 | 2008 | 2009 | 2010 | 2011 | 2012 |
| 外币存款 | -1 254.0 | -360.0 | -249.0 | -141.8 | 362.4 | -46 | -10.6 | 98.8 |
| 本币存款 | 21 642.0 | 20.665.0 | 14 162.2 | 46 256.2 | 42 646.7 | 43 727.7 | 39 665.6 | 58 146 |
| 货币替代率(%) | -5.79 | -1.74 | -1.76 | -0.31 | 0.85 | -0.17 | -0.03 | 0.17 |

资料来源：根据《中国人民银行统计季报》、中国人民银行网站信贷收支相关数据计算。

随着金融工具的日益多样化，除单纯的货币替代外，又产生了资产替代，即本国居民持有境外发行、以外币计值的金融资产。比如，日本的居民和企业持有美国的政府债券就属于资产替代，中国居民购买在纽约证券交易所上市的美国公司的股票也属于资产替代。资产替代是人们对国内外资产的风险和收益比较后作出的全球性资产分配组合。从本质上说，除了像债券、股票这些标准化的金融资产外，持有的外币现钞和存款也可以算作是资产替代的一部分，只不过人们持有它们的主要目的不是为了资产的增值，而是真正意义上的“购买力的暂栖所”，所以，本国居民持有现钞和外币存款被单独当作货币替代来看待。再比如，中国现在有QFII（境外合格投资者），它们不仅可以在中国购买股票，也可以购买一些债券；与之对应的QDII（境内合格投资者），就可以在中国内地以外的其他国家或地区（至少部分资本账户开放）购买金融资产。

资产替代的一个隐性表现就是资本外逃。资本外逃也称资本转移或资本逃避，是指那种为了规避风险或当局管制而出现的非正常资本外流。根据权威人士统计，1992—1996年的5年时间里，中国资本外逃的总规模达875.3亿美元之巨。这实际上加剧了中国的资产替代。当存在本币的强烈贬值预期（尤其是在本币汇率急剧贬值或货币危机）时，资本外逃现象就更加严重。

## 二、货币替代与货币需求

货币替代会影响对本国货币的需求。一般来说，货币替代程度越强，对本国的货币需求越少；反之，货币替代越弱，则对本国的货币需求量会相对增加。这是因为，当经济体系中可供人们购买的商品量一定时，用外币作为交易媒介的商品量越多，则用本币媒介的商品交易量就会越少，因而这会减少对本币的交易性货币需求。当人们的储蓄总量一定时，外币存款总量越多，则对本币的存款需求会越少。总之，货币替代与本国货币的需求之间存在着此消彼长的关系。

这样的话，一切影响到货币替代率的因素都会影响对本币的需求。因此，要弄清货币替代与本币需求的关系，就必须对货币替代作更深入的分析。一般而言，影响货币替代的主要因素有以下几个方面：国内外的利率水平、预期的汇率变动、国内外其他资产的预期回报率的差异与货币兑换的成本等。

当国内外的利率出现高低差别时，就会产生套利机会。人们将利率较低的国内的货币资产换成利率较高的外国货币资产，就可以获得更高的收益。因此，当国外的利率越高于国内利率时，人们进行货币替代的动机会越强，货币替代率可能会越高。

汇率的波动会带来资本的损益。如果人们预期本币的汇率会大幅度贬值，那么，为了避免本币贬值带来的损失，人们就会事先将本币资产换成外币资产，从而产生货币替代。当本币汇率贬值到足够程度时，人们再将外币资产转换成本币资产。因此，预期本币贬值的幅度越大，人们进行货币替代的动机就越强。由于对汇率的预期会影响到货币替代率，因此，一切影响汇率波动的因素都会影响到货币替代率，并进而影响到对本国货币的需求。

最后，货币替代率还会受到货币兑换成本的影响。货币兑换的成本越高，在将本国货币兑换成外国货币或者将外国货币换回本国货币所花费的支出就越高。货币兑换的成本包括兑换货币的便利程度，比如，很多国家的货币并不是可自由兑换的，在这种情况下，要将本国货币换成外国货币会很麻烦。此外，货币兑换的成本还包括买入汇率与卖出汇率之间的差异，这一差异越大，在货币兑换时的损失也会越高。总之，货币兑换的成本越高，货币替代的动机就会相应减弱。

这样看来，收入水平、收入与支出波动状况、利率、其他资产的相对回报率、人力财富与非人力财富之比、国外的利率水平与资产的回报率、预期汇率和货币兑换的成本等因素对货币需求都有很大的影响。

## 第六节　货币的迷失和货币流通速度

### 一、货币的迷失

我们将费雪方程式两边同时取自然对数，得：

$$\ln M + \ln V = \ln P + \ln T$$

再对上式两边求微分得到：

$$m' + v' = p' + t'$$

式中：m′为货币需求增长率，v′为货币流通速度增长率，p′为物价上涨率，t′为经济增长率。又由于当货币市场处于均衡时，货币需求等于货币供给，所以m′为货币供给的增长率。

根据上式我们可以得出这样的结论：当货币流通速度不变时，货币供给的增长率等于物价上涨率与经济增长率之和。

但是，从表14-2中看到，改革开放以来，中国的货币供给增长率远远超过了物价上涨率与经济增长率之和，人们把超过的这一部分货币称作迷失的货币。

表14-2　**经济增长率、物价上涨率与货币供应增长率**　（单位：%）

| 年份 | 经济增长率t′ | 物价上涨率p′ | 货币供应增长率m′ | m′-(p′+t′) |
|---|---|---|---|---|
| 1990 | 11.0 | 3.1 | 34.23 | 20.13 |
| 1993 | 13.4 | 14.7 | 37.31 | 9.21 |
| 1994 | 11.8 | 24.1 | 34.53 | -1.37 |
| 1997 | 8.8 | 2.8 | 19.58 | 7.98 |
| 2001 | 7.4 | 0.7 | 17.6 | 9.5 |
| 2005 | 10.2 | 1.8 | 17.6 | 5.6 |
| 2006 | 10.7 | 1.5 | 16.9 | 4.7 |
| 2007 | 11.4 | 4.8 | 16.7 | 0.5 |
| 2008 | 9.6 | 5.9 | 17.8 | 2.9 |
| 2009 | 9.2 | -0.7 | 27.7 | 19.2 |
| 2010 | 10.3 | 3.3 | 19.7 | 9.4 |
| 2011 | 9.3 | 5.4 | 13.6 | -1.1 |
| 2012 | 7.8 | 2.6 | 13.8 | 3.4 |

资料来源：根据国家统计局、中国人民银行公布数据制图。

是什么原因导致了货币的迷失呢？关键在于，我们在推导上述恒等式时有一个极强的假定：货币的流通速度是不变的。但货币流通速度是一个常数吗？费雪认为货币流通速度在短时间内是稳定的。可事实上，货币流通速度是经常变化的，无论是在发达国家还是发展中国家都是如此。譬如，在图14-2中我们可以看到，改革开放以来，除了个别年份的货币流通速度较其上一年有所上升外，中国的货币流通速度的基本变动趋势是连续下降的。其中，M0相比M1的下降速度尤甚。因此，要分析货币的迷失，我们就必须探讨导致货币流通速度下降的原因。

## 二、货币迷失探源：货币流通速度的下降

仔细分析起来，导致中国货币流通速度下降，并进而导致货币迷失的原因主要有以下几个方面：货币化、货币价值储蓄职能更充分的发挥、金融市场的快速发展、资本外流。

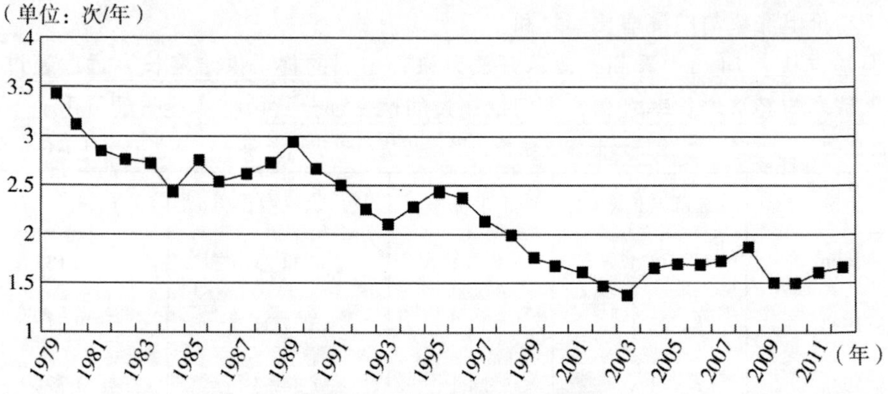


**图14-2　中国货币流通速度**

资料来源：根据国家统计局、中国人民银行公布数据制图。

（一）解释之一：货币化

改革开放以来，中国货币流通速度下降的首要原因是货币化的加深。根据货币的职能，货币化的基本含义有两层：首先是交易媒介的货币化，即在国民收入中以货币为媒介的商品交易量所占比重上升的过程。譬如，在计划经济下，住房就是福利性分配的，基本上没有通过在商品房市场上进行交易，而现在取消了住房的福利分配，要住房就得买房；原来企业的投入品，大多都是通过计划调拨的，而现在企业需要什么投入品都得到要素市场上去购买。这些都说明，中国的货币化加深了。其次是价值储藏职能的货币化，即金融储蓄取代实物储蓄的过程。交易媒介的货币化程度的加深要求吸收更多的货币，即使在实际的货币流通速度没有下降的情况下，它也会使计算的名义货币流通速度下降。

举例如下：假定原来的国民收入总额为10 000亿元，货币化的比率只有0.4，即只有4 000亿元是通过货币为媒介进行交易和分配的，而其余的6 000亿元是通过行政调拨来分配的。再假定经济中的货币总量为2 000亿元，按照货币化比率计算的真实货币流通速度为2次（4 000÷2 000=2），可按照名义总收入计算的货币流通速度却达到了5次（10 000÷2 000=5）。现在进一步假定货币化加深了，货币化上升到了0.8，实际货币流通速度依然没有变化，还是2次，名义总收入依然是10 000亿元，其中有8 000亿元是通过货币为媒介进行交换的，在货币流通速度还是2次时，货币总量增加到了4 000亿元，这时，按照名义总收入计算的货币流通速度就下降到了2.5次（10 000÷4 000=2.5）。

（二）解释之二：价值储藏职能更充分的发挥

除了交易的媒介外，货币的另一个重要职能就是价值储藏，也就是所谓的“购买力的暂栖所”。货币执行价值储藏的职能越强，货币流通速度就会下降。由剑桥方程式$M_d=kPY$可得：

$$\frac{M_d}{kY}=P$$

其中，$M_d$代表货币需求量，k代表货币持有系数，Y表示国民收入，P表示物价水平。在均衡时，货币需求量$M_d$等于货币供给量$M_s$。将$M_s$代入上式后，两边同时取对数可得：

$$m'-k'-y'=p'$$

式中：m′表示货币供应增长率，k′表示货币持有系数增长率，y′表示国民收入增长率，p′表示物价上涨率。

在上式中，我们可以看到，货币持有系数的提高和国民收入的增长，可以减轻货币供给增长对物价水平的冲击。货币供应的增长，并不一定导致物价水平的上升。进一步地，货币供应量的增长是否会引起物价水平的上涨，取决于经济增长率和货币持有系数之和是否大于货币供应的增长率。当经济增长率一定时，货币持有系数提高，就减轻了货币供应的增长对物价水平的冲击。我们在前面章节已经看到，改革开放以来，中国居民的金融储蓄不断上升，表明价值储藏职能的货币化增强了。价值储藏职能的强化，相应减少了作为交易媒介的流通中的货币，增加了非流通中的货币。而只有流通中的货币才会影响物价水平，所以货币价值储藏职能更充分地发挥，会降低货币的平均流通速度。

（三）解释之三：金融市场的快速发展

在费雪方程式中，货币只是媒介实物商品的交换，如购买彩电、冰箱乃至方便面和一杯可乐都是以货币为媒介的。但是，除了这些我们耳熟能详的实物商品外，现在的金融市场已经很发达，每天都有数额巨大的金融资产的交易，如股票、债券的交易成了很多人的职业，这些金融资产的交易也都是以货币为媒介的。因此，凯恩斯提出了一个修正的费雪方程式：

以P表示价格水平，T表示实物总产出，V为货币流通速度，M为货币总量，A和$P_a$分别表示金融资产总量和价格。因此，修正后的费雪方程式为：

$$M\times V=P\times T+P_a\times A$$

假设名义国民收入为10 000亿元，货币总量为5 000亿元，但其中有2 500亿元的货币在媒介金融资产的交易，这样，媒介实物产品和服务的货币量就只有2 500亿元了。这2 500亿元货币的真实商品和服务交易流通速度为4次（10 000÷2 500=4），不剔除媒介金融资产交易的货币来计算的平均流通速度却只有2次（10 000÷5 000=2）。因此，根据上述修正后的费雪方程式来计算的货币流通速度比真实的货币流通速度可能要低。

（四）解释之四：资本外流

货币资本的外逃也会降低货币的平均流通速度，这是因为流入到国外土地上的国内资本并不媒介国内的商品和服务的交换。因此，资本的外流使本国流通中的货币减少了，从而降低了货币的平均流通速度。过去一段时间，中国的货币替代率和资本外逃都曾不断增加，这必然会降低中国的货币平均流通速度。

**课堂小讨论**

互联网金融的发展对货币需求产生什么变化？主要影响货币需求的哪些方面？

## 本章小结

1. 货币需求理论主要有：古典货币数量论、凯恩斯的货币需求理论、现代货币数量论、开放经济中的货币需求：货币替代与资产替代。

2. 古典货币数量论包括费雪方程式和剑桥方程式。(1) 费雪方程式：若以P表示价格水平，T表示实物总产出，V为货币流通速度，M为货币总量，则有如下等式关系：$M \times V = P \times T$。(2) 剑桥方程式：以$M_d$表示货币需求量，P和T分别表示物价水平和真实产出，K为货币需求比例，则剑桥方程式可表示为：$M_d = K \times P \times T$。

3. 凯恩斯认为，人们持有货币的动机有三个，即交易动机、谨慎动机、投机动机。

4. 凯恩斯的流动性偏好货币需求理论认为交易性货币需求不受利率的影响，只与收入水平正相关，投机性货币需求只取决于货币与债券的相对回报率。这些都受到了鲍莫尔、托宾等人的质疑，他们对凯恩斯货币需求理论进行了发展和完善。

5. 现代货币数量论的基本内容：以$M_d/P$表示实际货币余额的需求，Yp表示人们的恒久性收入，ω表示非人力财富对人力财富的比重，$r_m$表示货币的预期回报率，$r_b$表示债券的预期回报率，$r_e$表示股票的预期回报率，$\pi^e$表示预期通货膨胀率，弗里德曼将他的货币需求函数表达如下：

$$\frac{M_d}{P} = f\left(Y_p, \omega, r_b - r_m, r_e - r_m, \pi^e - r_m\right)$$

6. 货币替代，简单地说就是指在本国的居民持有外国或其他地区货币，作为价值尺度、交易媒介或价值储藏的手段。资产替代的一个隐性表现就是资本外逃。资本外逃也称资本转移或资本逃避，是指那种为了规避风险或当局管制而出现的非正常资本外流。货币替代会影响对本国货币的需求。一般来说，货币替代程度越强，对本国的货币需求越少；反之，如果货币替代越弱，则对本国的货币需求量会相对增加。

7. 货币迷失：货币供给增长率远远超过了物价上涨率与经济增长率之和，人们把超过的这一部分货币称作迷失的货币。导致货币迷失的原因主要有以下几个方面：货币化、货币价值储蓄职能更充分的发挥、金融市场的快速发展、资本外流。

## 关键概念

谨慎动机　投机动机　货币替代　资产替代　迷失的货币

## 综合训练

### 一、单项选择题

1. 费雪方程式中，货币需求量与（　　）无关。

A. 价格水平　　B. 实物总产出　　C. 货币需求比例　　D. 货币流通速度

2.按照凯恩斯的货币理论，当市场利率相对稳定时，人们的货币需求主要是（　　）。

A. 交易动机　　B. 谨慎动机

C. 交易动机和投机动机之和　　D.交易动机和谨慎动机之和

3.在正常需求下，市场利率与货币需求量（　　）。

A.正相关　　B.负相关

C.正负相关都有可能　　D.不相关

4.现代货币数量论认为（　　）。

A.货币之外的其他一切金融资产都统归为债券

B.影响货币需求的只有收入和利率两个因素

C.货币需求函数中强调的是恒久性收入

D.认为货币的预期回报率是一个常数

5.下面（　　）属于货币替代。

A. 在深圳购物时，很多人都直接使用港币

B. 中国居民购买在纽约证券交易所上市的美国公司的股票

C.中国居民持有的外币现钞和存款

D.中国政府持有美国的国债

二、多项选择题

1.费雪方程式与剑桥方程式的区别在于（　　）。

A.货币需求分析的侧重点不同

B.货币需求的决定因素不同

C.前者重视货币的速度和数量，后者重视个人的持币动机

D.在形式上完全不同

2.凯恩斯认为，人们持有货币的动机有（　　）。

A.交易动机　　B.谨慎动机　　C.投资动机　　D.投机动机

3.在弗里德曼的现代货币数量论中，影响货币需求的主要因素有（　　）。

A.暂时性收入

B.恒久性收入

C.人力财富在人们总财富中所占的比重

D.货币相对于债券、股票等其他非人力财富的相对回报率

4.凯恩斯货币需求理论认为（　　）。

A.货币之外的其他一切金融资产都统归为债券

B.影响货币需求的只有收入和利率两个因素

C.货币需求函数中强调的是恒久性收入

D.认为货币的预期回报率并不是一个常数

5.导致货币迷失的原因主要有（　　）。

A.货币化　　B.货币价值储蓄职能更充分的发挥

C.金融市场的快速发展　　　　　　　D.资本外流

## 三、思考题

1.费雪方程式与剑桥方程式所体现的货币需求思想有何差异?

2.凯恩斯货币需求理论的主要观点是什么?

3.现代货币数量论与凯恩斯货币需求理论的差异在哪里?

4.如何看待货币迷失现象?

5.我国人民币的需求受到哪些因素的影响?

# 第十五章

# 货币供给

**引例**

中国人民银行发布的数据显示，2015年1月人民币贷款增加1.47万亿元。广义货币（M2）同比增长10.8%，创1986年12月以来新低。市场一般将M2增速当作衡量信贷或流动性的指标，2014年货币供应量低迷的状态已经呈现。去年全年，M2增速滑落至12.2%，创8个月最低，也低于央行全年约13%的增长目标。央行调统司司长盛松成在分析2014年M2的增速较低时给出了解释，称因为外汇占款明显减少、同业业务监管加强，导致货币派生能力下降。对于1月份M2继续走低，兴业银行首席经济学家鲁政委表示，M2仅为10.8%创出新低，一方面与M2统计口径调整有关，另一方面也反映了目前经济活跃度下降、货币乘数降低，内生动力趋弱的趋势需要警惕。澳新银行大中华区研究总监刘利刚认为，央行再次降准和降息势在必行。他认为，M2增速的下降主要是由于中国企业偿还美元债务造成资本流出，为了将货币供应保持在合理水平，央行应继续向市场注入流动性，尽快再放松货币政策。管清友也表示，货币宽松仍会延续，降准降息指日可待。不过鲁政委认为，从1月份数据看，信贷1.47万亿元增速仍然稳定，社会融资2.1万亿元总量不少，近日降息难以成真。

本章将详细介绍货币供给相关理论，我们将会了解什么是基础货币及其影响因素有哪些，银行体系怎么创造派生货币，货币乘数及其受到哪些因素的影响。此外，本章还会介绍货币供给的内生性和外生性。

# 第一节　基础货币与基础货币方程式

## 一、基础货币

基础货币又叫高能货币，是指在部分准备金制度下能够通过银行体系创造出多倍的存款货币，它等于流通中的现金C加上银行体系R的准备金总额。以MB表示基础货币，则有：

$$MB = C + R$$

弄清了什么是基础货币，那么，基础货币又是如何供给的呢？影响基础货币供给的主要因素有哪些？这就要从基础货币方程式谈起。

## 二、基础货币方程式

考察基础货币方程式，应首先从中央银行资产负债表着手。在不同的国家，中央银行资产负债表的内容有较大的差异，因而影响基础货币供给的因素也不尽相同。表15-1是一个简化了的中央银行资产负债表，它反映了中国人民银行资产负债表的主要项目。在资产方，主要有国外资产、对政府债权和对金融机构的债权。其中，国外资产又包括外汇占款和黄金，对政府债权则包括中央财政过去从央行借入而未偿还的款项、中央银行购买的政府债券，对金融机构债权又包括对存款性金融机构的债权和对其他金融机构的债权。在负债方，主要包括流通中现金、金融机构存款（即准备金）、中央银行债券、政府存款、国外存款和其他项。当然，在负债方还有少量的自有资本。在这里，负债方只考察中央银行债券和政府存款。根据资产负债表平衡关系，有：

$$A_1 + A_2 + A_3 = C + R + L_1 + L_2$$

从而得：$A_1 + A_2 + A_3 - (L_1 + L_2) = C + R$

进一步有：$MB = \sum_{l=1}^{3} A_1 - \sum_{i=1}^{2} L_i$

表15-1　　**中央银行资产负债表**

| 资产 | 负债 |
|---|---|
| $A_1$:国外资产 | C:流通中现金 |
| $A_2$:对政府债权 | R:金融机构存款(准备金) |
| $A_3$:对金融机构再贷款 | $L_1$:中央银行债券 |
| | $L_2$:政府存款 |

等式两边各项都会影响基础货币的供给。具体而言，中央银行资产负债表的

资产方——对金融机构的再贷款（债权）、对政府债权、国外资产的增加都会引起基础货币的等额扩张；反之，这些资产项目的减少又会相应地减少基础货币的供应。

等式右边的中央银行债券、政府存款、国外存款和其他项的增加则会减少基础货币的供给；反之，它们的减少则会增加基础货币的供给。

### 三、中央银行资产对基础货币的影响

下面具体分析影响基础货币的主要因素。

（一）国外资产

国外资产是指中央银行持有的外汇储备、黄金和在国际货币基金组织的特别提款权。由于黄金储备和特别提款权是很稳定的，所以它们对基础货币的影响很小。在国外资产中，对基础货币的影响几乎唯一地来自于外汇储备。

外汇储备之所以影响基础货币，是由于我国实行了结售汇制。在结售汇制下，出口企业所得的出口收入要卖给外汇指定银行，这叫结汇；当企业需要外汇进口商品或设备时，可以申请购买外汇，这对银行来说叫售汇。外汇指定银行在结汇后，又要将外汇卖给中央银行，这就直接影响到了中央银行的资产负债表。假定有一家企业出口获得了1 000万美元的收入，它收到外汇款项后，必须卖给它的外汇往来银行，比如说中国银行。假定当时汇率为1美元兑6.28元人民币，那么，中国银行在收到1 000万美元的外汇后，其T形账户为：

| 资产(万元) | | 负债(万元) | |
|---|---|---|---|
| 外汇 | 6 280 | 存款 | 6 280 |

中国银行结汇后，又要将它卖给中央银行（中国人民银行）。为方便起见，我们还是假定汇率为1美元兑6.28元人民币。这时，中央银行和中国银行的T形账户分别为：

**中央银行的T形账户**

| 资产(万元) | | 负债(万元) | |
|---|---|---|---|
| 外汇 | 6 280 | 中国银行在央行存款 | 6 280 |

**中国银行的T形账户**

| 资产(万元) | | 负债(万元) |
|---|---|---|
| 在中国人民银行存款 | 6 280 | |
| 外汇 | –6 280 | |

中国银行将6 280万元的外汇资产卖给中央银行后，资产方外汇减少了6 280万元，但同时在中央银行的储备资产则增加了6 280万元，因此，基础货币增加了6 280万元。

（二）中央银行购买政府债券

中央银行资产负债表中的“对政府债权”包括政府过去从中央银行的借款和中央银行购买的政府债券。鉴于1994年之后中国政府不能从中央银行借款或透支，所以这里只分析中央银行购买政府债券的情形。

中央银行购买政府债券要分两种情况来分析：第一是中央银行从商业银行手中购买政府债券；第二是从公众手中购买政府债券。

1.从商业银行体系中购买政府债券

假定中央银行从中国银行购买了1 000万元政府债券，且用1 000万元的支票支付。中国银行在得到1 000万元的支票后，可以将它存在其在中央银行的账户上，也可以兑现，将现金纳入库存。但无论是存入中央银行，还是提现，都将使中国银行的储备资产增加1 000万元。这一交易完成后，对中央银行和中国银行的T形资产负债表的影响如下：

**中央银行从中国银行购买1 000万元政府债券后的T形账户**

| 资产(万元) | | 负债(万元) | |
|---|---|---|---|
| 政府债券 | +1 000 | 中国银行在央行坏存款 | +1 000 |

或者：

**中国银行提现时中央银行的T形账户**

| 资产(万元) | | 负债(万元) | |
|---|---|---|---|
| 政府债券 | +1 000 | 通货 | +1 000 |

中央银行从中国银行购买1 000万元的政府债券后，使中央银行的资产负债表的资产方增加了1 000万元的政府债券，在负债方，增加了1 000万元的中国银行在中央银行存款，或增加了1 000万元的通货，即基础货币增加了1 000万元。

2.从公众手中购买政府债券

设想你是一位富翁，除了持有很多股票外，还持有几千万元的政府债券。如果中央银行从你手中购买了1 000万元的政府债券，其影响又如何呢？如果你将1 000万元的政府债券卖给中央银行后，中央银行给你开出一张支票，你将支票存入你在招商银行的存款账户，那么，这时你的T形账户就进行了如下的调整：

**你卖出1 000万元政府债券并将支票存入招商银行时的T形账户**

| 资产(万元) | | 负债(万元) | |
|---|---|---|---|
| 政府债券 | −1 000 | | |
| 存款 | +1 000 | | |

当你将支票存入招商银行后，招商银行的T形账户就要作如下调整：

**招商银行的T形账户**

| 资产(万元) | | 负债(万元) | |
|---|---|---|---|
| 储备 | +1 000 | 存款 | +1 000 |

即招商银行的资产方的储备和负债方的存款同时增加了1 000万元。

对中央银行资产负债表的影响是，资产方增加了1 000万元的政府债券，负债方也增加了1 000万元的储备，即：

**中央银行的T形账户**

| 资产(万元) | | 负债(万元) | |
|---|---|---|---|
| 政府债券 | +1 000 | 储备 | +1 000 |

这样，由于招商银行的储备增加了1 000万元，因此，基础货币也相应地增加了1 000万元。

如果你收到中央银行购买1 000万元的政府债券而开出的支票后，并没有将它存入招商银行，而是将它变成了现金，这时，你的存款没有增加，但手持现金增加了1 000万元，因此，你的T形账户如下：

**你提取现金后的T形账户**

| 资产(万元) | | 负债(万元) | |
|---|---|---|---|
| 政府债券 | −1 000 | | |
| 现金 | +1 000 | | |

对中央银行的资产负债表的影响是，在资产方增加了1 000万元的政府债券，同时负债方也增加了1 000万元的流通中现金，即中央银行的T形账户调整如下：

**你提取现金后中央银行的T形账户**

| 资产(万元) | | 负债(万元) | |
|---|---|---|---|
| 政府债券 | +1 000 | 流通中的现金 | +1 000 |

因此，如果你将卖出1 000万元的政府债券所得到的支票变换成了现金，对银行体系的储备没有影响，但增加了1 000万元的流通中现金。因此，中央银行购买政府债券是增加银行体系的储备还是增加流动中的现金，取决于政府债券的出售者是将支票存入银行还是将支票变为现金。如果将支票存入银行，就会使银行体系的储备增加；如果将支票变成现金，则对储备没有影响，但增加了流通中的现金。虽然有这样的差别，但都增加了基础货币。

（三）对金融机构的再贷款

对银行等金融机构的再贷款是我国投放基础货币的主要渠道之一。在上面的例子中，假定中央银行不是向中国银行购买1 000万元的政府债券，而是给中国银行提供1 000万元的再贷款，中国银行得到这一笔贷款后，将它存入了在中央银行的账户上，这时，对中央银行和中国银行的T形账户的影响分别是：

**中央银行向中国银行提供1 000万元再贷款时的T形账户**

| 资产(万元) | | 负债(万元) | |
|---|---|---|---|
| 对金融机构再贷款 | +1 000 | 储备 | +1 000 |

**中国银行的T形账户**

| 资产(万元) | | 负债(万元) | |
|---|---|---|---|
| 储备 | +1 000 | 从中央银行借款 | +1 000 |

这一行动的结果是使中国银行的储备增加了1 000万元。若中国银行将这1 000万元变换成了现金，同它出售政府债券后将支票变成了现金一样，使T形账户的库存现金增加1 000万元，负债方没有变化；对中央银行的T形账户的影响是，在负债方流通中现金增加了1 000万元，资产方仍是对金融机构再贷款增加了1 000万元。中央银行和中国银行的T形账户分别如下：

**中央银行的T形账户**

| 资产(万元) | | 负债(万元) | |
|---|---|---|---|
| 对金融机构再贷款 | +1 000 | 流通中的现金 | +1 000 |

**中国银行的T形账户**

| 资产(万元) | | 负债(万元) | |
|---|---|---|---|
| 库存现金 | +1 000 | 从中央银行借款 | +1 000 |

尽管存在这样的差别，但不管是增加了中国银行的储备，还是增加了中国银行的库存现金，都使基础货币增加了1 000万元。

## 四、政府存款

从中央银行资产负债表和基础货币方程式中，我们看到，中央银行资产负债表的负债方项目的增加会减少基础货币。这里主要讨论政府存款和中央银行票据（债券）对基础货币的影响。

（一）国外资产

政府通过征税和出售政府债券所得的资金，先是存入商业银行的账户，然后再从商业银行账户转入中央银行账户。现在假定，财政部发行了1亿元的国库券，国库券发行完后所得资金最初存在商业银行，然后再转入中央银行账户，这时，财政部的T形账户就会发生如下变动：

**财政部的T形账户**

| 资产(亿元) | | 负债(亿元) | |
|---|---|---|---|
| 在商业银行存款 | −1 | | |
| 在中央银行存款 | +1 | | |

现在商业银行失去了1亿元的存款，准备金减少了1亿元，因而商业银行的T形账户会发生如下变动：

**商业银行的T形账户**

| 资产(亿元) | | 负债(亿元) | |
|---|---|---|---|
| 准备金 | -1 | 财政部存款 | -1 |

由于财政部和商业银行的T形账户的变动，使中央银行的T形账户也发生了如下变动：

**中央银行的T形账户**

| 资产(亿元) | | 负债(亿元) | |
|---|---|---|---|
| | | 商业银行准备金 | -1 |
| | | 政府存款 | +1 |

由此可见，政府存款增加的结果，使银行系统准备金减少了1亿元，即基础货币减少了1亿元。

（二）中央银行债券：央行自己创造负债

除了政府存款外，中央银行还可以自己创造负债，即发行中央银行债券（又称央行票据）来调控基础货币。央行票据是中央银行为了调控基础货币的需要而发行的债务凭证，在中央银行的平衡表上反映为中央银行债券。

假设中国人民银行发行了100亿元的中央银行票据，全部由A商业银行购买了。这一交易对A银行和中央银行的T形账户影响如下：

**A银行的T形账户**

| 资产(亿元) | | 负债(亿元) | |
|---|---|---|---|
| 中央银行债券 | +100 | | |
| 准备金 | -100 | | |

**中央银行的T形账户**

| 资产(亿元) | | 负债(亿元) | |
|---|---|---|---|
| | | 商业银行准备金 | -100 |
| | | 中央银行票据 | +100 |

中央银行发行100亿元的央行票据，使中央银行的T形账户的负债方A银行准备金减少了100亿元，同时负债方增加了100亿元的央行票据。而A银行的T形账户的资产方增加了100亿元的央行票据，但资产方减少了100亿元的准备金存款。因而，发行央行票据会等额地减少基础货币供给。反之，若中央银行赎回央行票据，则会等额地增加基础货币供给。

## 五、中国基础货币的供给和调控

以上从中央银行的资产和负债两个方面分析了基础货币变动的途径。下面我们就具体地看一看中国人民银行资产和负债的变动对基础货币的影响，分析的基础依然是基础货币方程式。

（一）中国人民银行资产方面的变动

1.国外资产

中国人民银行资产负债表中的国外资产，主要是外汇占款。1994年，我国外汇管理体制改革后，实行了强制结售汇制；同年，还实行了人民币汇率的并轨，实行了有管理的浮动汇率制，在汇率并轨的同时，人民币汇率还贬值了60%左右，这导致了中国大量的外贸顺差。自此之后，外汇占款一直是我国基础货币投放的主渠道。到了2000年之后，外汇占款对基础货币供给的影响又出现了新的变化，由于人民币的存款利率长期高于国外的利率，加之又出现了人民币升值的强烈预期，这些因素导致了大量的游资进入中国以期套取无风险的利差与汇差收益，使中国的外汇占款持续不断地增大。2002年西方七国财长会议之后，美国、日本等国的财长纷纷向中国施加压力，要求人民币汇率升值，更进一步导致了市场对人民币汇率升值的预期空前高涨。国际投机资本的大量涌入，再加上中国持续增长的贸易顺差，使得2003年之后的几年里，中国的外汇占款出现了急剧扩张之势，直接导致了我国基础货币被动地扩张。如图15-1所示，国外资产占中国人民银行总资产的比重，由1994年前后的12%左右上升到了2012年的80%左右。由此可见，在1994年之后，国外资产的增加是中国人民银行投放基础货币的主渠道。因此，结售汇制使得中国人民银行的资产并进而使基础货币的供给受到了非常大的外部冲击。

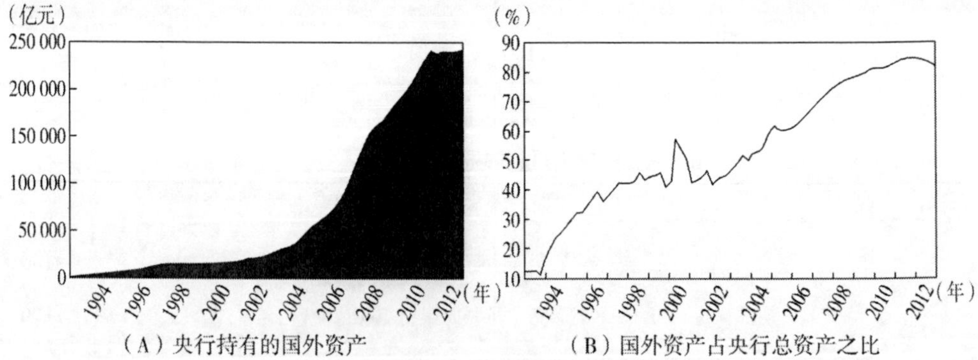


（A）央行持有的国外资产　　（B）国外资产占央行总资产之比

资料来源：根据《中国人民银行统计季报》各期数据制图。

**图15-1　央行资产方面的变动**

2.中国人民银行对金融机构再贷款

中国人民银行对金融机构的再贷款反映在资产负债表的对存款性金融机构的债权和对非存款性金融机构的债权中。对非存款性金融机构的债权包括金融资产管理公司、证券公司在内的其他金融机构的再贷款等。如图15-2所示，与外汇占款在1993年之后呈不断增长之势不同，1999年对商业银行的再贷款余额达到了15 373.9亿元，这表明，在这段时间里对存款性金融机构的债权增加同样是供给基础货币的一个重要渠道。2000—2007年，中国人民银行对存款性金融机构的债权不断减少，因而对基础货币的供给起到了收缩的作用。外汇占款使得基础货币出现刚性的扩张，对金融资产管理公司的再贷款又对基础货币的供给造成了一次性的冲击。中央银行对商业银行的再贷款的调整便是应付这些对基础货币冲击的一个有力工具。

2009—2012年，中国人民银行对存款性金融机构的债权又大幅上升了，因而对基础货币起到了扩张的效果，这也表明，在这段时间里央行的货币供给具有扩张性。

对非存款性金融机构的债权，重要的变化有两个。其一，2000年，为了让金融资产管理公司收购国有商业银行的不良资产，中国人民银行对它们的再贷款（对其他金融机构的债权）就增加了4 767.3亿元，这是当年基础货币供给的一个主要渠道。2000年之后，对非存款性金融机构债权并没有明显地变化，这一因素对基础货币的冲击已经减弱。其二，2005—2006年，中国人民银行对非存款性金融机构的债权有一个跳跃性的增加，最高达到了约2.2万亿元，这主要是对一些证券公司在内的金融机构的流动性救助造成的，因而，央行对金融机构的流动性救助会造成基础货币的扩张。

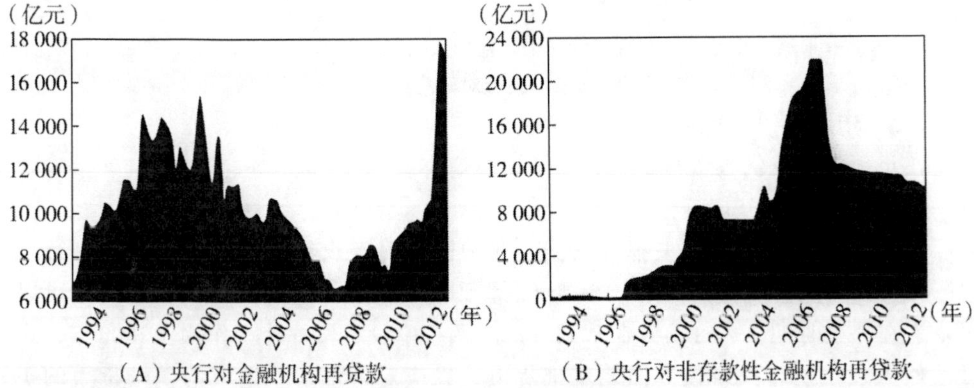

（A）央行对金融机构再贷款　　（B）央行对非存款性金融机构再贷款

资料来源：根据《中国人民银行统计季报》各期数据制作。

**图15-2　央行对金融机构的贷款**

3.中国人民银行对政府的债权

1994年以前，中央政府的财政赤字基本上是通过向中央银行借款或透支来弥补的。1994年之后，财政赤字只能通过发行政府债券来弥补，从而割断了财政赤字与基础货币发行之间的脐带关系。正是这一变化，使中央银行对基础货币控制的独立性相对地增强了。现在，中央银行资产中对政府债权的变化主要是由中央银行公开市场操作买卖政府债券而引起的。当中央银行需要回笼基础货币时，便可以出售政府债券，这会使中央银行的资产中对政府债权减少。反之，当中央银行需要投放基础货币时，便可以通过公开市场操作购买政府债券，这会使中央银行对政府的债权增加。如图15-3所示，2001年，中央银行对政府债权增加了1 238.5亿元，相应地造成了基础货币增加了1 238.5亿元；2002年之后，中央银行对政府的债权处于相对较为稳定的水平，这是因为，中央银行主动调整了自己的负债结构来控制基础货币的增长。2007年，中国人民银行对政府债权也有一次跳跃性增长，这主要是因为当年设立了中国国家外汇投资公司，财政部发行了约15 500亿元的债券，为中投公司筹集资本金。这次财政部发行的债券，先由中国农业银行购买。为了避免对市场资金供给造成较大的不利影响，紧接着，中国人民银行就从农业银行悉数买入了这些债券。

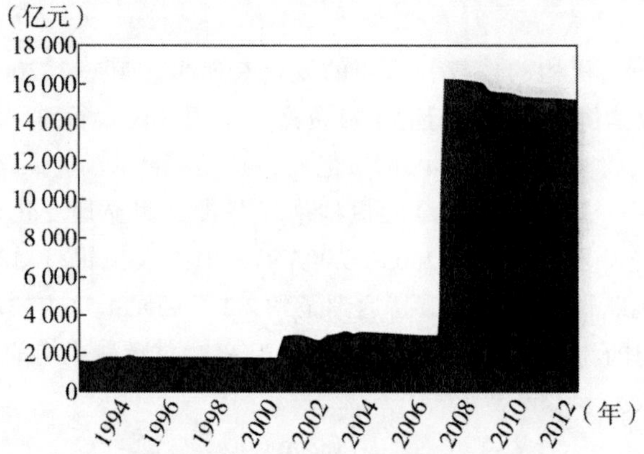


资料来源：根据《中国人民银行统计季报》各期数据制作。

**图15-3　央行对政府债权**

（二）中国人民银行负债方面的变动

在负债方，我们着重考察央行债券与政府存款的变动。

1.央行债券

中央银行债券也叫中央银行票据。在中国的财经媒体中，通常使用“央行票据”而不是“央行债券”。从图15-4可以看到，1993—2001年，央行债券几乎可以忽略，在那个时期，央行债券在基础货币的调控中没有发挥什么作用。2002年，央行开始大规模发行央行债券回笼基础货币，以应对外汇占款造成的基础货币的扩张。接下来的几年里，发行央行债券成了中国人民银行冲销外汇占款（国外资产）的基本手段。由于外汇占款的大量增加，中央银行为了稳定基础货币的供给，也不得不大量发行央行债券。2002—2009年，央行债券余额大幅上升，最高时曾达到4.7万亿元左右。央行债券是中央银行主动创造的一种负债，通过这种方式来调节基础货币较为主动，可以根据需要确定中央银行票据的发行规模。但是，在2010年之后，央行债券余额不断下降，这表明央行债券冲销国外资产扩张的作用日趋式微。

2.政府存款

政府存款增加会起到收缩基础货币的作用；反之，政府存款减少则会增加基础

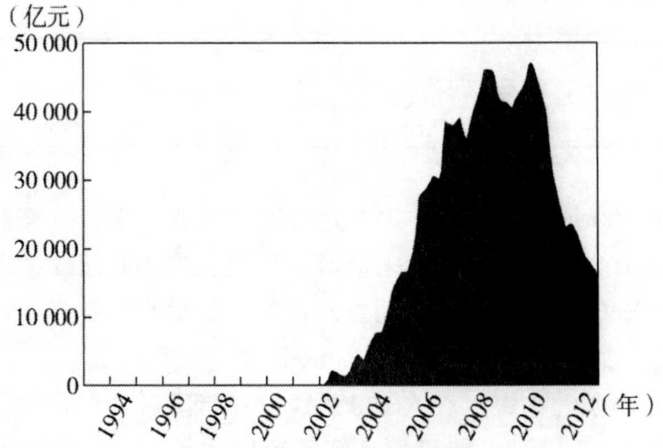


资料来源：根据《中国人民银行统计季报》各期数据制图。

**图15-4　央行债券（票据）余额**

货币。自1994年以来，政府存款在总体上呈增加趋势，这对中央银行回笼基础货币发挥了一定的积极作用。政府存款余额变化的另一个显著特点，就是它呈锯齿状波动，通常而言，每年第四季度时，政府存款余额都会大幅度地下降，因而在年底时，政府存款余额的变化通常会增加基础货币。2010年之后，政府存款余额有下降趋势（如图15-5所示）。出现这一变化，实际上与国库现金管理密不可分。所谓国库现金管理，即财政部把原来由央行代理的国库资金，委托中国人民银行进行利率招标，将部分财政存款转而存入出价（利率）最高的商业银行。因此，国库现金管理会减少央行负债方的政府存款。尽管政府存款的增加可以起到回笼基础货币的作用，但是政府存款的变化主要取决于财政收支的变化，国库现金管理体制的改革也会影响央行资产负债表中的政府存款，中央银行无法控制政府存款的变动。更确切地说，央行负债方的政府存款余额反映了基础货币的被动投放或收缩，它并不是中央银行调控基础货币的一个工具。

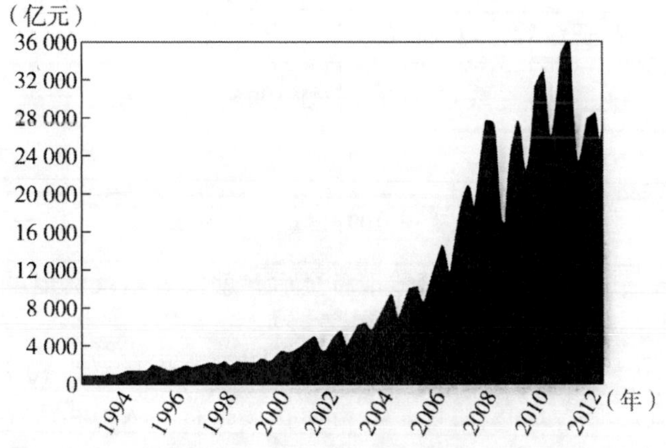


资料来源：根据《中国人民银行统计季报》各期数据制图。

**图15-5　政府存款余额**

## 第二节 银行体系派生存款的创造

你在银行存入100元钱，会变成几百元钱吗？乍看起来，这样的问题似乎很荒唐。我在银行存入100元钱，到明年来取时，还是只有100元钱，顶多再获得一点利息收入，在我的账户上不可能变成几百元钱的，如果真是那样，岂不是真有所谓的摇钱树了？

一点儿没错，你今天在银行存入100元钱，一年以后，在你的存款账户上，这100元不会变成500元。但是，如果你理解了银行体系放款的功能及其放款结算的方式后，你也许会豁然开朗：原来，我在银行存入100元钱，在整个银行体系可能会被放大至数百元钱，尽管我自己的账户上没有增加多少钱。这一过程就是存款货币或叫做派生存款的创造。所谓派生存款，就是指商业银行体系通过发放贷款而创造的存款。下面我们就分析派生存款的创造过程。

### 一、100%的法定存款准备金与100%提取现金

我们先看两种特殊的情况。

第一种是中央银行要求商业银行缴存100%的法定存款准备金，即商业银行所吸收的存款必须如数全部存入其在中央银行的准备金账户。如果你在某银行存入了100元，这时，这家银行的T形资产负债表为：

| 资产(元) | | 负债(元) | |
|---|---|---|---|
| 库存现金 | 100 | 存款 | 100 |

该银行收到你的100元存款后，由于必须缴纳100%的准备金，因此，在缴存中央银行法定存款准备金后，该银行的T形资产负债表变为：

| 资产(元) | | 负债(元) | |
|---|---|---|---|
| 库存现金 | 0 | 存款 | 100 |
| 法定准备金 | 100 | | |

该银行在缴存中央银行法定存款准备金后，就没有剩余资金可用于发放贷款了，因此，这种情况下不可能创造出派生存款来。

第二种是100%提取现金。现在假定法定存款准备金比率为10%，但借款者得到银行的贷款后提取了100%的现金。当你在该银行存入100元后，该银行按照10%的法定存款准备金比率的要求提取10元的准备金后，其资产负债表的初始状态为：

| 资产(元) | | 负债(元) | |
| --- | --- | --- | --- |
| 库存现金 | 90 | 存款 | 100 |
| 法定准备金 | 10 | | |

该银行在缴存10元的法定准备金后，还有90元的剩余现金。与100%的法定准备金要求不同，它还可利用剩余的90元现金放款。假定借款者A从该银行获得了90元的贷款，并全部以现金提取，这时，该银行的T形资产负债表变为：

| 资产(元) | | 负债(元) | |
| --- | --- | --- | --- |
| 库存现金 | 0 | 存款 | 100 |
| 法定准备金 | 10 | | |
| 贷款 | 90 | | |

如果借款者A提取现金后并没有存入其往来银行账户中，那么你最初存入的100元，在整个银行系统中现在还是只有100元的存款。

## 二、部分准备金与不提取通货时的存款创造

100%的法定存款准备金和100%的提取现金都是不现实的假定。在很多情况下，借款者获得贷款后都是通过支票转账结算的。借款者取得银行的贷款后，贷款行为其开出一张支票，然后，借款者就将支票存入其往来银行的账户。

该银行在吸收你的100元的存款后，按照10%的法定准备金比率的要求提取10元的法定存款准备金后，还剩90元可用于发放贷款。借款者A获得该银行的贷款后，该银行为其开出一张支票，借款者A拿到支票后，将它存入其往来银行，如银行甲。银行甲在收到90元的支票存款后，其T形账户为：

| 资产(元) | | 负债(元) | |
| --- | --- | --- | --- |
| 准备 | 90 | 存款 | 90 |

银行甲也必须按照10%的法定存款准备金比率的要求提取9元的法定准备金。提取法定准备金后，银行甲的T形账户变为：

| 资产(元) | | 负债(元) | |
| --- | --- | --- | --- |
| 准备 | 81 | 存款 | 90 |
| 法定准备金 | 9 | | |

因此，提取9元的法定准备金后，银行甲还有81元可用于发放贷款。假定它将这81元钱全部贷给了借款者B，这时，银行甲的T形账户又变为：

| 资产(元) | | 负债(元) | |
| --- | --- | --- | --- |
| 法定存款准备金 | 9 | 存款 | 90 |
| 贷款 | 81 | | |

借款者B又将从银行甲取得的81元借款存入其往来的银行，如银行乙。银行乙收到81元的存款后，同样按照10%的法定准备金比率提取8.1元的法定准备金，将剩余的72.9元发放贷款。在整个银行系统中如此循环下去，最后就形成了如下所示的情况：

| 银　行 | 存款(元) | 法定准备金(元) |
| --- | --- | --- |
| 某银行 | 100 | 10 |
| 银行甲 | 90 | 9 |
| 银行乙 | 81 | 8.1 |
| 银行丙 | 72.9 | 7.29 |
| 银行丁 | 65.61 | 6.651 |
| ⋮ | ⋮ | ⋮ |
| 银行体系合计 | 1 000 | 100 |

这样，你最初在某银行中存入100元钱，在提取10%的法定准备金后，就在银行系统中创造出了1 000块钱，它是原来你存入100元钱的10倍，这就是存款乘数，它等于法定存款准备金比率的倒数。由于我们在这里还没有考虑其他因素，因此，它也被称为简单存款乘数。相反，如果你是从银行提取100元的存款，又会引起多倍的存款货币的收缩，收缩的倍数也仍然是法定存款准备金比率的倒数。

### 三、货币创造中的漏损

（一）存款货币创造中的漏损之一：超额准备

一般来说，除了法定存款准备金要求外，为了应付存款者的取款和流动性管理，商业银行也会保留一些超额准备金。商业银行提取超额准备金后，它创造存款货币的能力就受到了削弱。假定所有的商业银行体系提取的超额准备金比率都是10%，现在看一下商业银行体系的货币创造受到了什么样的影响。

当你在银行存入100元钱后，这家银行首先按照10%的法定存款准备金比率要求提取10元的法定准备金，然后又根据流动性需要提取了10元的超额准备金，最后，就将剩余的80元全部贷给了A企业，这时，其T形账户如下：

**存在超额准备时某银行的T形账户**

| 资产(元) | | 负债(元) | |
|---|---|---|---|
| 法定准备金 | 10 | 存款 | 100 |
| 超额准备金 | 10 | | |
| 贷款 | 80 | | |

A企业获得这家银行给它的贷款后，将支票又存入其往来银行，如银行甲。银行甲在得到A企业的80元支票存款后，同样先提取10%的法定存款准备金8元，然后又提取10%的超额准备金8元，最后又将余下的64元全部贷给B企业。这时，银行甲的T形账户就是：

**存在超额准备时银行甲的T形账户**

| 资产(元) | | 负债(元) | |
|---|---|---|---|
| 法定准备金 | 8 | 存款 | 80 |
| 超额准备金 | 8 | | |
| 贷款 | 64 | | |

以此类推，最后就得到了如下的存款货币创造过程：

**存在超额准备时的存款创造**

| 银　行 | 存款(元) | 法定准备金(元) | 超额准备金(元) | 总准备金(元) |
|---|---|---|---|---|
| 某银行 | 100 | 10 | 10 | 20 |
| 银行甲 | 80 | 8 | 8 | 16 |
| 银行乙 | 64 | 6.4 | 6.4 | 12.8 |
| 银行丙 | 51.2 | 5.12 | 5.12 | 10.24 |
| ⋮ | ⋮ | ⋮ | ⋮ | ⋮ |
| 银行体系合计 | 500 | 50 | 50 | 100 |

因此，由于商业银行体系提取了超额准备金，银行体系创造存款货币的能力削弱了。在商业银行体系提取了10%的超额准备金后，你最初存入100元钱，现在最后创造出来的总存款就由原来的1 000元减少到了500元。

（二）存款货币创造中的漏损之二：现金漏损

企业得到银行的贷款后，并不一定是将所有的贷款都以支票的形式存入其往来银行，而会提取一部分现金，然后再将剩余的部分存入银行。现在假定，法定存款准备金比率和超额准备金比率都还是10%，但A企业在得到贷款后提取了10%的现金，即提取了8元钱的现金，然后再将剩下的72元存入银行甲，银行甲收到A企业的存款后，同样分别提取10%的法定存款准备金和超额准备金，然后将剩下的

57.6元贷给了B企业，这时银行甲的T形账户就变成了：

| 资产(元) | | 负债(元) | |
|---|---|---|---|
| 法定准备金 | 7.2 | 存款 | 72 |
| 超额准备金 | 7.2 | | |
| 贷款 | 57.6 | | |

B企业在得到银行甲给它57.6元的贷款后，同样也提取了10%的现金，然后再将剩余的存入了与之往来的银行乙，银行乙收到存款后，又同样分别提取了10%的法定存款准备金和超额准备金，最后将剩下的贷给了C企业……这样在经济体系和银行体系中循环下去，最后就形成了存款货币创造过程（见表15-2）。

表15-2　**存在超额准备和现金漏损时的存款货币创造**

| 银　行 | 存款(元) | 法定准备金(元) | 超额准备金(元) | 总准备金(元) |
|---|---|---|---|---|
| 某银行 | 100 | 10 | 10 | 20 |
| 银行甲 | 72 | 7.2 | 7.2 | 14.4 |
| 银行乙 | 51.84 | 5.184 | 5.184 | 10.368 |
| ⋮ | ⋮ | ⋮ | ⋮ | ⋮ |
| 银行体系合计 | 333 | 33.3 | 33.3 | 66.6 |

因此，当存在现金漏损时，存款货币的创造就进一步地受到了削弱。

## 第三节　货币乘数

### 一、货币乘数值模型的推导

我们以一个数学公式来表示基础货币与货币供应量之间的关系：

$$M = k \times MB$$

k就是货币乘数。货币乘数表示基础货币的变动会引起货币供应量变动的倍数。那么，这个倍数值是多少呢？

设C为流通中的现金，R为准备金总额，$R_r$为法定存款准备金，$R_e$为超额准备金，则有：

$$R = R_r + R_e$$

$$MB = C + R = C + R_r + R_e$$

再设法定存款准备金比率为r，超额准备金比率为e，活期存款总额为$D_d$，定期存款为$D_t$，因此有：

$$D = D_d + D_t$$

$$R_r + R_e = D \times r + D \cdot e = D(r+e)$$

流通的现金比率为c，则：

$$C = c \times D$$

所以有：$MB = D(c+r+e)$

根据货币层次的划分，M1等于流通中现金与银行活期存款之和，即有：

$$M1 = C + D_d = c \times D + D_d$$

再设定期存款在存款总额中所占的比率为t，则：

$$D_d = D \times (1-t)$$

因此：$M_1 = C + D_d = D \times (1+c-t) = k_1 \times D \times (c+r+e)$

从而得到M1的货币乘数值：

$$k_1 = \frac{1+c-t}{c+r+e}$$

$$M2 = M1 + D_t = D \times (1+c) = k_2 \times D \times (c+r+e)$$

从而得到M2的货币乘数值：

$$k_2 = \frac{1+c}{c+r+e}$$

我们用具体的例子来说明。假定法定存款准备金比率为8%，流通中的现金总量为2 000亿元，存款总量为10 000亿元，其中活期存款和定期存款各为5 000亿元，商业银行持有的超额准备金为1 000亿元。

根据以上数据计算得：

流通中的通货比率为：$c = \frac{2\,000}{10\,000} = 0.2$

商业银行的超额准备金比率为：$e = \frac{1\,000}{10\,000} = 0.1$

定期存款占存款总额的比率为：$t = \frac{5\,000}{10\,000} = 0.5$

因此，计算得M1和M2的乘数值分别为：

$$k_1 = \frac{1+0.2-0.5}{0.2+0.08+0.1} \approx 1.84$$

$$k_2 = \frac{1+0.2}{0.2+0.08+0.1} \approx 3.16$$

## 二、影响货币乘数的因素

现在我们分析一下，在其他变量不变时，货币乘数中各个因素值的变化会对货币乘数值带来什么样的影响。

### （一）法定存款准备金比率r的变动

假定其他变量保持不变，如果提高法定存款准备金比率，就需要商业银行提取更多的储备，可用于发放贷款的资金减少了，相应地减少了存款货币的创造，从而使得货币乘数值趋于下降。如果基础货币没有变化，那么，货币供应总量就会减少。

反之，如果中央银行降低法定存款准备金比率，则商业银行可用于发放贷款的储备会增加，提高了商业银行创造存款货币的能力，因此，货币乘数值会上升。

假定在上面的例子中，中央银行将法定存款准备金比率从原来的8%提高到了10%，其他因素都没有变化，这时M1和M2的货币乘数值分别为：

$$k_1 = \frac{1 + 0.2 - 0.5}{0.2 + 0.1 + 0.1} = 1.75$$

$$k_2 = \frac{1 + 0.2}{0.2 + 0.1 + 0.1} = 3.0$$

中央银行将法定存款准备金比率提高后，M1和M2的货币乘数值分别降低到了1.75和3.0。

如果中央银行将法定存款准备金比率从原来的8%降低到了6%，其他因素也没有变化，这时M1和M2的货币乘数值分别变为：

$$k_1 = \frac{1 + 0.2 - 0.5}{0.2 + 0.06 + 0.1} \approx 1.94$$

$$k_2 = \frac{1 + 0.2}{0.2 + 0.06 + 0.1} \approx 3.33$$

可见，中央银行降低法定存款准备金比率后，M1和M2的货币乘数值分别提高到了1.94和3.33。

我们从这一分析中得到一个结论：中央银行提高法定存款准备金比率会降低货币乘数；相反，如果中央银行降低法定存款准备金比率，则会提高货币乘数。

（二）通货比率c的变化

我们在前面分析存款货币的创造时已经看到，如果在存款货币创造的每一个环节，借款者都要提取一定比率的现金，那么，商业银行体系创造存款货币的能力就会降低，这又会进一步影响到整个货币的乘数值。

如果在上面的例子中，流通中的通货总量不是2 000亿元，而是3 000亿元，法定存款准备金比率和超额准备金比率依然为0.08和0.1，那么，M1和M2的乘数值分别为：

$$k_1 = \frac{1 + 0.3 - 0.5}{0.3 + 0.08 + 0.1} \approx 1.67$$

$$k_2 = \frac{1 + 0.3}{0.3 + 0.08 + 0.1} \approx 2.71$$

流通中通货比率提高到0.3以后，M1和M2的乘数值分别降到了1.67和2.71。相反，如果流通中的通货从原来的2 000亿元减少到了1 000亿元，同样可以计算出M1和M2的乘数值分别为：

$$k_1 = \frac{1 + 0.1 - 0.5}{0.1 + 0.08 + 0.1} \approx 2.14$$

$$k_2 = \frac{1 + 0.1}{0.1 + 0.08 + 0.1} \approx 3.93$$

通货比率降低到0.1后，M1和M2的乘数值分别提高到了2.14和3.93。

因此，我们又得出另一个结论：货币乘数值随通货比率的上升而下降，随通货比率的下降而上升。

（三）超额准备金比率的变动

银行增加超额准备金比率使可用于创造贷款的储备减少了，从而削弱了银行体系创造存款货币的能力。这同流通中通货比率的上升一样，会降低货币的乘数值，当基础货币不变时，货币供应总量就会减少。相反，如果商业银行降低超额准备金比率，那么，用于创造贷款的储备就会增多，从而提高银行体系创造存款货币的能力，并进一步提高货币乘数值，当基础货币不变时，货币供应总量就会增加。

若其他条件不变，商业银行体系的超额准备金从原来的1 000亿元增加到了2 000亿元，那么，超额准备金比率e就变为0.2了，这时，M1和M2的乘数值分别为：

$$k_1 = \frac{1 + 0.2 - 0.5}{0.2 + 0.08 + 0.2} \approx 1.46$$

$$k_2 = \frac{1 + 0.2}{0.2 + 0.08 + 0.2} \approx 2.5$$

可见，超额准备金比率从0.1提高到0.2后，M1和M2的乘数值分别降低到了1.46和2.5。相反，如果超额准备金比率从0.1降低到了0.05，则可计算得M1和M2的乘数值会分别增加到2.12和3.64。

因此，货币乘数值会随着银行体系的超额准备金比率的上升而下降，随着银行体系超额准备金比率的下降而上升。

## 第四节 决定货币乘数因子的背后因素

上面我们分析了通货比率和超额准备金比率的变动对货币乘数值的影响，现在我们要进一步分析影响通货比率和超额准备金比率的诸多因素。在深入分析之前，让我们先来看看近年来中国货币乘数值的波动吧（如图15-6所示）。

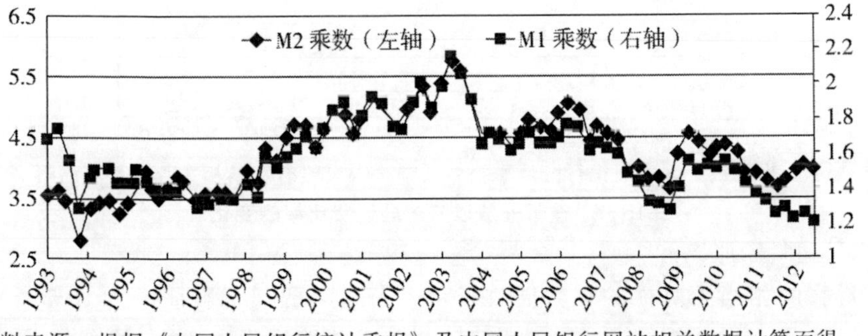


资料来源：根据《中国人民银行统计季报》及中国人民银行网站相关数据计算而得。

**图15-6 中国货币供给乘数值的变化**

从图15-6可以看到，自改革开放以来，中国的货币乘数并不是一个常量，而是处于不断波动之中。当然，世界其他各国的货币乘数值也不是一个恒定不变的量，各年之间都有一些变化。之所以如此，是因为除了法定存款准备金比率的变化外，更重要的是，通货比率和商业银行持有的超额准备金比率也是不断变化的，而决定通货比率和超额准备金比率的因素众多，也很复杂。

## 一、影响通货比率的因素

流通中的现金比率是一个常量吗？答案是否定的。这一比率经常会发生变化。在20世纪80年代初期，中国流通中的通货与存款之间的比率曾有过轻微的下降；1983—1988年间，这一比率又呈上升趋势，1988年的通货与存款之间的比率曾经达到了25%以上；1989—1992年间又相对下降了，但1993年和1994年又有较大幅度的上升；1994年之后，就一直呈下降趋势，到1999年下降到了15%以下；进入21世纪以来的10余年里，通货与存款之比进一步下降到了10%以下。可见，通货与存款之间的比率在这30年间波动较大，但总体趋势是下降的。那么，究竟是哪些因素促成了通货比率的变动呢？

（一）收入水平或财富

通常而言，随着收入水平的提高和财富的增长，尽管对通货总的需求会增加，但通货与存款之间的比率会相应地下降。若你的月收入为10 000元，那么，你可能将每个月10 000元收入中的7 000元存入银行，将剩下的3 000元留在腰包里供平时花销，这时，你持有的通货与你的存款之比就约为42.86%。另一个极端是，一个下岗工人每月只能领取300元的失业救济金，这300元的收入供他每月油盐酱醋的支出都还捉襟见肘，根本就没有剩余来存款，因此，他的通货与存款之间的比率近于无穷大。随着收入水平的提高和人们财富的积累，通货与存款之间的比率会趋于下降。因此，国民收入水平越高，经济越发达，通货比率越有下降的趋势，进而货币乘数值有随经济增长而上升的趋势（如图15-7所示）。

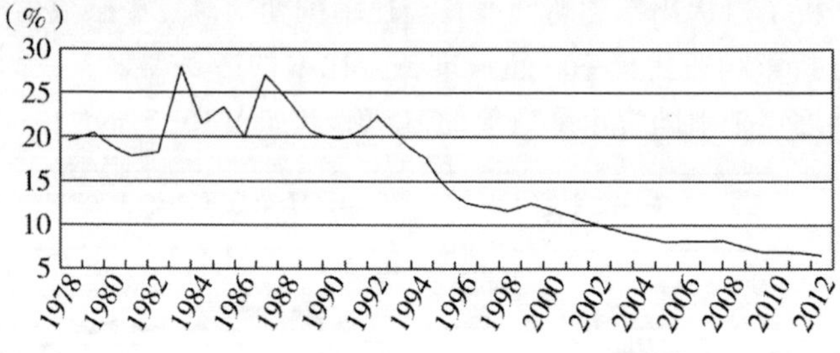


资料来源：根据《中国人民银行统计季报》及中国人民银行网站相关数据计算而得。

**图15-7 改革开放以来中国通货比率的变化**

（二）通货膨胀率

通货膨胀相当于对你的存款征收了税，若每年的通货膨胀率为10%，那么，年初在银行存入10 000元钱，你到明年年初就只能购买到9 000元的东西了，通货膨胀使你无辜地损失了1 000元。所以，通货膨胀率越高，存款就越不划算。在高通货膨胀时期，人们会提取存款，手持现金购买实物资产用以保值，从而使通货与存款的比率上升。反之，在通货紧缩时期，货币的价值储藏功能就可以得到较好发挥，人们存款就很划算了，通货比率就会下降。1993—1994年通货比率的急剧上升与这两年的高通货膨胀率有关，而1994年之后通货比率的下降在很大程度上与我国通货紧缩的逐步形成有关。

（三）存款的名义收益

存款是一项金融投资，人们存款的目的之一就是要获取一定的收益。存款的名义收益就是银行支付给的利率。2009年1月1日一年期存款的利率为2.25%，它就是你在银行一年期定期存款的名义收益率。若你在当天存入10 000元，到2010年1月1日时，连本带利共10 225元。若银行支付的不是2.25%，而是-2.25%，即你还要向银行倒贴钱，你现在存入10 000元钱到银行，一年后只能取出9 775元钱，你会觉得这还不如把钱压在枕头底下划得来，自然就不会到银行去存款了。显然，存款利率越高，我们到银行去存款的动机就越强；反之，存款利率越低，我们到银行去存款的动机就会相应减弱。

当然，银行的名义存款利率只是影响我们是否到银行去存款的重要因素之一。名义存款利率的下降是否一定会减少银行存款呢？不一定。比如，2008年9月和第四季度，政府为了应对金融危机，大幅降低了存款利率，但截至2009年10月末，金融机构人民币存款总额达到了58万亿元之巨，较2008年底增长了10万亿元。到2012年年底，中国的存款余额已达19万亿元。这说明，存款利率的下降，甚至是零利率，也不一定意味着我们不需要银行的存款服务了。如果你有几百万元的现金，你将它存在家里的话，一定会提心吊胆的，过得很不安宁。但将它存在银行就安全多了。所以，财富量越大，通货比率会越低；反之，通货比率会越高。

（四）享受银行服务的便利程度

银行提供的服务是否方便也会影响人们持有现金的意愿。生活在大城市里，不多远就能找到一家银行的营业网点，还有24小时的自助银行，存款取钱所花的时间并不太多，还算比较方便；在偏远的农村可就不一样了，在方圆几十公里的一个乡就只有一家农村信用社，交通又极不便利。在这样极不便利的山区，对现金需求就会高些，自然也会提高通货存款比率，故城市化会降低通货比率。

更为明显的例子是，银行卡极大地降低了我们对现钞的需求。现在，去商场购物或在宾馆享受住宿服务大都可以用银行卡取代传统的现金支付方式。这就极大地降低了通货存款比率。我国1994年的通货膨胀率比1988年还要高，但通货存款比率却相对下降了，这与我国1988年之后银行卡的大量发行有着较大的关系。

（五）银行恐慌

银行恐慌是指存款者因对银行失去了信心，纷纷到银行挤提存款而导致银行流动性严重不足，进一步导致银行大量倒闭的现象。发生银行恐慌时，人们担心在银行的存款血本无归，就会聚集在银行的门口排起长龙提取存款，导致银行存款的急剧下降，通货比率急剧上升。想像一下，假如某家银行要倒闭了，它的大门口排起了急着取款的长龙，你在该银行又存有数额巨大的一笔钱，当你听到这个传言后，你还会安心地坐在办公室上班吗？大概不会。例如，1930—1933年的大萧条期间爆发的银行恐慌就导致了美国的通货比率在该时期的急剧上升。

（六）地下交易

在我们的周围还存在大量的地下交易。地下交易是指违反现行法律或规章制度的交易，如贩毒、黄色交易、赌博、黑市、拐卖等都属地下交易。在这些地下交易中，都会采用现金结算的办法。此外，交易者为了逃避税收义务也会用现金支付，而不会采取支票转账的办法。所有这些交易中，如果用支票进行结算，很容易被监管者进行监控，就会大大提高他们进行地下交易的风险。因此，地下交易活动越猖獗，对现金的需求也越高，从而会提高通货对存款的比率。

## 二、影响商业银行超额准备金比率的因素

图15-8反映了1993年以来我国商业银行超额准备金比率的变动，超额准备金比率起伏不定，我们可以从图中发现一些基本规律和趋势。

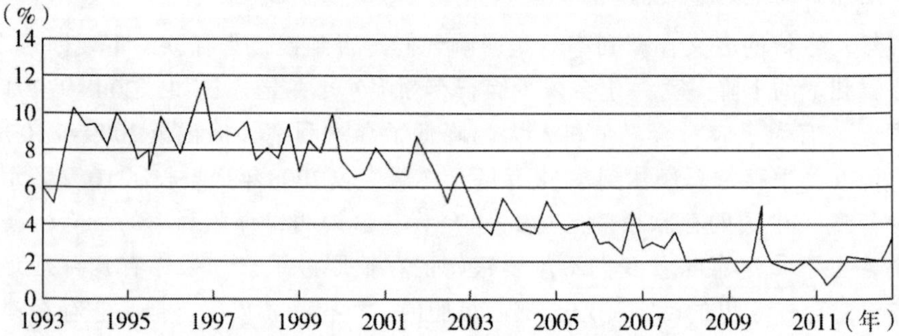


资料来源：根据《中国人民银行统计季报》、《中国货币政策执行报告》各期相关数据计算。

**图15-8　中国银行业金融机构超额准备金比率**

超额准备金比率呈锯齿状波动，在一年之中，第四季度的一级超额准备金比率最高；自1996年以来，超额准备金比率的波动幅度较1996年之前要小，且呈明显下降趋势。

商业银行可以酌情调整超额准备金比率，这与法定存款准备金比率不同。是哪些因素在影响商业银行的超额准备金比率呢？我们认为主要有：银行投资工具的收益率、贷款的风险、预期的存款外流、存款流量的稳定性、借入准备的难易程度。

（一）银行投资工具的收益率

商业银行用于超额准备的金额越多，可用于发放贷款或购买其他收益证券的金额就越少，因此，除了向存款者支付存款利息外，商业银行持有超额准备金还有机会成本。如果机会成本越高，商业银行持有超额准备的收益损失也就越大。比如，如果银行每年贷款的收益率为5%，那么，商业银行持有1 000万元的超额准备金就失去了每年赚取50万元收益的机会。因此，银行投资工具的收益率越高，持有超额准备金的机会成本也越高，这样，商业银行持有超额准备的动机也就越弱。反之，商业银行可用于投资的工具的收益率越低，那么，它持有超额准备的收益损失则越小，机会成本也越低，因而，持有超额准备的动机可能会越强。

（二）贷款的风险

银行贷款会面临很多的风险。商业银行面临的最大风险就是借款者的信用风险，如果借款者到期不能偿还贷款，银行贷放出去的本金就极有可能颗粒无收。因

此，借款者的信用风险越高，银行发放贷款的意愿就越弱，因为在这时发放贷款，不仅得不到利息，而且还要连老本都亏进去。经济衰退，企业的存货普遍增加，资金周转缓慢时，商业银行面临的信用风险增加，它的超额准备金比率也会大幅度地上升。反之，当经济繁荣、资产价格上升和企业销售前景良好时，银行放贷活动面临的因信息不对称导致的逆向选择和道德风险问题就会弱化，信用风险降低，因而银行会积极地放贷。这时，银行就会减少超额准备金。

（三）预期的存款外流

超额准备的主要功用之一就是便于银行进行流动性管理，即当商业银行面临存款者大量取款的需求时，不必出售有价证券、收回贷款或从中央银行和同业拆借市场借入资金来满足这一需求。如果商业银行预期存款可能大量外流，它就必须提高超额准备，以应付存款者的取款需求。例如，中国的商业银行的超额准备金比率在每年的第四季度较其他三个季度要高，其重要原因就在于第四季度有国庆长假、圣诞节，又临近我国传统佳节——春节，在年末各单位都会发年终奖，人们的节日消费支出也会较平时大量增加，这时，人们取款的需求也会增加，故第四季度是一年当中商业银行超额准备金比率最高的季节。

（四）存款流量的稳定性

如果在某一时期存款和取款的变动在统计上没有规律可循，商业银行就无法预测某一天取款额与存款额之间的差额的统计区间，为了应付突发性的存款外流，它也要随时持有更多的超额准备金。想像一下，假如你每个月的收入都稳定在10 000元，你的收入流量很稳定，你就可以很好地安排持有多少现金，拿多少钱去买股票或国债了。但是，如果你的收入流量很不稳定，好的时候，一个月可以有15 000元的收入，差的时候则不足1 000元，这样你就可能将收入多的月份的收入中的6 000元留作现金之用，将剩下的9 000元用于金融投资了。同样的道理也完全适用于银行对超额准备金比率的选择。存款和取款流量越稳定，银行面临突发性的流动性冲击的可能性越小，从而对超额准备金比率的需求也越低。

（五）借入准备的难易程度

我们在前面也分析了银行可以通过借入准备来进行流动性管理。当商业银行面临流动性冲击时，如果它能很容易地从中央银行或同业拆借市场上借入资金，而且借入准备的成本又较低，那么，它所需要的超额准备就较少；反之，如果从中央银行或同业拆借市场借入准备越麻烦，成本越高，那么，它所需要的超额准备就越多。因此，商业银行对超额准备的需求与借入准备的难易程度呈反方向变化。这一点解释了我国商业银行超额准备金比率变动态势的第三个方面。我国在1996年正式经中央银行组织建立了全国统一的银行间同业拆借市场，商业银行可以自由地在该市场上拆借资金满足它的流动性需求，因此，可以有效地应付临时性取款需求的流动性冲击，从而商业银行的一级超额准备金比率相对较为稳定，可以将更多的资金用作二级准备，即购买政府有价证券，赚取投资收益。

## 第五节　货币供给的内生性和外生性

### 一、什么是货币供给的内生性和外生性

货币供给是由中央银行能够独立控制得了的吗？这就涉及货币供给的内生性与外生性问题。如果中央银行能够对货币供给量加以独立控制，则货币供给是外生的；反之，如果中央银行不能够对货币供应量加以控制，货币供应是在经济体系运行之中决定的，那么，它就是内生的。

实际上，在讨论货币供给是内生性与外生性时，可以沿着基础货币与货币乘数两个方面的思路来展开。基础货币的供给是由中央银行的资产和负债来决定的，我们在前面已经看到，在中央银行资产负债表的多个项目中，只有中央银行债券是完全能够由中央银行控制的。在结售汇制下，央行持有的外汇资产是贸易顺差、资本流入与流出的结果。中央银行对政府的债权，现在主要是公开市场买卖政府债券的结果，大体可以由中央银行控制。对金融机构的债权，中央银行给它贷多少、贷给谁，似乎也是中央银行可以说了算的，但是事实并非如此。比如，在遇到金融危机，金融机构陷入流动性困境时，中央银行不得不向金融机构提供贷款，这时，对金融机构的债权在相当程度上依赖于金融体系的稳健性。在负债方，政府存款取决于财政收支的变化和国库管理体制，也不是由中央银行所能决定的。就影响货币乘数值的因素而言，我们在前面也看到，只有法定存款准备金比率是由央行能够决定和调整的，超额准备金比率和流通中的现金比率都是由多种因素决定，它们既会影响经济的运行，但又是经济运行的结果。从这几个方面来看，货币供给具有很强的内生性。

围绕货币供给是内生的还是外生的，形成了两种不同的理论主张。

### 二、货币供给外生性理论

凯恩斯将货币供给的外生性作为宏观经济研究的一个重要前提，即中央银行可以完全控制货币供应量，中央银行可以根据经济运行的变化自主地变动货币供给量和调节利率，没有中央银行的决策，流动性的货币供应量不会变动，因此，货币供给是独立于实体经济运行的外生变量。

货币供给的外生性得到了货币学派的推崇。弗里德曼认为，货币供给量主要是由货币当局决定的，具有外生性，货币当局可以通过发行货币、规定存款准备比率等来控制货币供给量。在弗里德曼的货币供给模型中，货币供给量的决定因素主要有基础货币、准备金比率、通货比率。在这三项决定因素中，基础货币反映中央银行的行为，准备金比率反映商业银行的行为，通货比率反映非银行部门的行为。假定准备金比率和通货比率为一常数，或者变化较为稳定，则货币供给量就完全取决

于基础货币的变动；而基础货币变动本身又处于中央银行的控制之下，因而中央银行可以控制货币供给量；可以说，货币供给量是由货币当局在经济货币体系以外决定的，是外生的、可控的变量。货币主义者认为，货币需求函数在长期内是极为稳定的，名义收入的变动主要由货币供给量的变动引起的。而货币又是由货币当局直接控制的外生变量，货币供给量的变动就成为影响经济活动变动的根本原因，货币当局完全可以通过控制货币供给量的变动来控制产出和价格的波动。

### 三、货币供给内生性理论

#### （一）货币供给的新观点

1959年，英国《拉德克利夫报告》的中心论点认为，对经济有真正影响的不是传统意义上的货币供给，而是整个社会的流动性；决定货币供给的是包括商业银行和非银行金融机构在内的整个金融系统；货币当局所应控制的是包括货币供给在内的整个社会的流动性。后来，格利和肖提出了两个支持货币供给内生性的结论：一是私人部门发行的“初级证券”可以向金融机构换取存款单、基金股份等“间接证券”，在发达金融市场上，间接证券很多与通货一样具有支付手段的职能；二是当货币当局承担了买进一些私人初级证券的义务，初级证券的发行可直接导致货币供应的增加。商业银行在货币创造过程中，会受到其他金融机构的竞争，因而，货币供给不仅取决于商业银行本身，还取决于其他金融机构和社会公众的行为。货币统计的口径越大，货币供给的内生性越大。

托宾认为，中央银行与一般银行不是可以任意创造货币与信用的，也不是每新增一笔准备金就会相应地增加贷款，其信用创造受贷款边际收益与存款边际成本的制约。除了本身的价格和收益外，货币的供给和需求还决定于其他所有资产的价格和收益。若各经济主体根据收入、利率、风险等选择资产结构的结果增加了货币需求，则利率会提高，这时，银行就会想法解决准备金问题，以更多的货币供给来满足额外的货币需求；若货币需求减少，则多余的货币供给会被公众以还债等方式回笼到银行体系之中。货币供给受到货币需求的制约而有内生性。同时，随着金融体系的发展及竞争的加剧，使得各类金融机构在资产与负债上相互交叉，彼此融合，冲淡了货币与其他金融资产、商业银行与其他金融机构的传统区别。结果，公众可选择的资产持有形式的多样化及其相互替代性的增强，商业银行的存款和资产规模要受人们的资产偏好、银行贷款、投资机会的影响，其他非银行金融机构的存款创造能力也会随其贷款融资活动的增加而提高。就货币创造能力而言，它们并无本质上的区别。公众资产结构调整又是实际经济活动变动的结果，这就使货币供给的变动是内生的，而不是游离于经济活动之外的外生货币，货币供应量是由货币当局、商业银行和非银行部门在经济体系以内共同决定的。

托宾虽然力主货币供给的内生性，但他并不否认货币当局控制货币供应量的有效性。他指出，商业银行的存在，即便它不受控制，也并不意味着通过基础货币供给所实行的货币控制对经济没有影响；非银行金融机构的存在也并不意味着对商业银行的货币控制形同虚设。即使不受控制的非银行金融机构的资产和债务的增减完全能够抵消受控制的商业银行的货币资产强制性的反向变动，货币当局对货币供应量的控制仍然起作用。问题只是在于货币资产与其他金融资产之间、商业银行的货币创造能力与非银行金融机构的货币创造能力之间的替代性，会大大降低货币当局对货币供应量的控制效果。

（二）其他内生性货币供给理论

温特劳布认为，假定劳动生产率是相对稳定的，若名义工资率增长率超过平均劳动生产率的提高，那么，物价就会上升，名义收入会因此而增加，这会进一步导致货币需求的增加。在此情况下，若中央银行不相应地增加货币供给，利率就会上升，投资、实际收入以及就业量就会缩减，但这并不是中央银行和政府当局愿意看到的结果。因此，只要货币工资在谈判桌上外生地决定，货币当局就只能保证货币的充分供给，以消除充分就业和经济增长的障碍，这样货币供给就具有内生性。卡尔多认为，中央银行的基本职责是作为最后的贷款人，通过贴现窗口，保证金融部门的偿付能力。为了防止信贷紧缩导致灾难性的债务紧缩，中央银行就会提供大量的货币供给，否则，整个金融系统都将面临流动性不足的困难。换言之，金融体系的不稳定往往会“倒逼”货币供应量的增加，货币供给是内生的。

莫尔又将上述理论进一步深化，他从以下几个方面来考察货币供给的内生性：

信用货币的供给内生。莫尔把货币分为三种，商品货币、政府货币和信用货币。商品货币是从各种实物演变而来，并最终体现在黄金上的货币。政府货币是由政府发行债券而沉淀在流通中的货币。他认为，商品货币和政府货币都是外生的。信用货币是商业银行发行的各种流通和存款凭证，它们是商业银行发放的贷款形成的，而这又取决于公众对贷款的需求和贷款的期限，信用货币的供给并不能脱离于贷款的需求，因而，具有内生性。

基础货币的内生性。中央银行买卖有价证券的对象是商业银行，但商业银行通常已经将其资产用于有价证券或者商业贷款，商业贷款有规定的偿还日期，很难提前收回。商业银行是否出售其持有的有价证券，取决于其自身的成本与收益的比较，中央银行不能通过公开市场操作随心所欲地决定基础货币量。就再贴现而言，中央银行处于更加被动的地位，提高再贴现率虽可遏制商业银行的贷款需求，但它却不能阻止商业银行通过贴现窗口获得新的准备金。中央银行虽然拥有拒绝贴现的权力，但这会形成沉重的政治压力，甚至危及银行系统的流动性。反过来，中央银行希望降低贴现率增加货币供给应量时，商业银行是否愿意获取更多的再贴现，也要取决于商业银行对成本、收益及贷款或投资风险的判断。

负债管理使货币有内生性。莫尔指出，金融创新使商业银行可以直接在金融市场上筹集资金，无需等待中央银行注入基础货币。商业银行已由原来的资产管理转向负债管理，主要资金来源已由吸引存款为主，转变为直接在金融市场上发行融资工具为主。由于所有可上市的金融工具几乎都不受中央银行直接控制，因而商业银行对中央银行的依赖性越来越弱。商业银行负债管理的变化也使得货币供给具有内生性。

银行角色转换传导的内生性。莫尔把金融市场分成批发市场和零售市场，前者是商业银行筹集资金的市场，后者是商业银行发放贷款的市场。在批发市场上，商业银行是贷款条件的接受者和贷款数量的决定者；在零售市场上，商业银行则是贷款条件的决定者和贷款数量的接受者。这就是说，公众在零售市场上对于资金的需求将通过商业银行直接传导至包括中央银行在内的批发市场予以满足，货币供给因而由货币需求决定。此外，莫尔还否定货币乘数的意义，认为它不能解释创造货币过程中的因素及其创造的过程，以往的货币供给等于基础货币乘以乘数的等式仅仅是对现象的描述，而不是对现象的解释。因而，政府无法控制信用货币的供给。

**课堂小讨论**

联系我国的情况，你认为我国货币供给量是内生变量还是外生变量？为什么？

## 本章小结

1．基础货币又叫高能货币，是指在部分准备金制度下能够通过银行体系创造出多倍的存款货币，它等于流通中的现金C加上银行体系R的准备金总额。以MB表示基础货币，则有 $MB = C + R$。

2．考察基础货币方程式，应首先从中央银行资产负债表着手。在资产方，主要有国外资产、对政府债权和对金融机构的债权。在负债方，主要包括流通中现金、金融机构存款（即准备金）、中央银行债券、政府存款、国外存款和其他项。

3．中央银行资产对基础货币的影响主要因素：(1) 国外资产，是指中央银行持有的外汇储备、黄金和在国际货币基金组织的特别提款；(2) 中央银行购买政府债券，包括政府过去从中央银行的借款和中央银行购买的政府债券；(3) 对金融机构的再贷款，对银行等金融机构的再贷款是我国投放基础货币的主要渠道之一。

4．从中央银行资产负债表和基础货币方程式中我们看到，中央银行资产负债表的负债方项目的增加会减少基础货币。

5．关于中国基础货币的供给和调控，可以从中央银行的资产和负债两个方面分析。

6．货币创造中的漏损主要有两个，一是超额准备，二是现金漏损。

7．货币乘数值模型：由 $M1 = C + D_d = D \times (1 + c - t) = k_1 \times D \times (c + r + e)$ 得到M1的货币乘数值 $k_1 = \dfrac{1 + c - t}{c + r + e}$，由 $M2 = M_1 + D_t = D \times (1 + c) = k_2 \times D \times (c + r + e)$ 得到M2的货币乘数值 $k_2 = \dfrac{1 + c}{c + r + e}$（k就是货币乘数，C为流通中的现金，$D_d$为活期存款总额，$D_t$为定期存款，r为法定存款准备金比率，e为超额准备金比率，c是流通的现金比率，t是定期存款在存款总额中所占的比率）。

8．影响货币乘数的因素主要有法定准备金比率r的变动、通货比率c的变化、超额准备金比率的变动。

9.自改革开放以来，中国的货币乘数并不是一个常量，而是处于不断波动之中，之所以如此，是因为除了法定存款准备金比率的变化外，更重要的是，通货比率和商业银行持有的超额准备金比率也是在不断变化的。

10.对于货币供给是外生性还是内生性的问题，如果中央银行能够对货币供给量加以独立控制，则货币供给是外生的；反之，如果中央银行不能够对货币供应量加以控制，货币供应是在经济体系运行之中决定的，那么，它就是内生的。

## 关键概念

基础货币　国外资产　货币乘数　银行恐慌　货币供给的内生性和外生性

## 综合训练

一、单项选择题

1.在基础货币方程式中，下列（　　）属于负债。

A.国外资产对金融机构的债权　　B.对政府债权

C.对金融机构的债　　D.中央银行债券

2.结售汇制会使得（　　）。

A.基础货币的供给受到了大的外部冲击

B.基础货币供给无影响

C.基础货币的供给受到了大的内部冲击

D.无法判断

3.基础货币又叫（　　）。

A.派生货币、高能货币　　B.派生货币、强力货币

C.高能货币、强力货币　　D.派生货币、初始货币

4.下面（　　）不影响M2的货币乘数值。

A.法定准备金比率r

B.通货比率c

C.定期存款在存款总额中所占的比率t

D.超额准备金比率e

5.关于货币供给是内生性还是外生性的研究中，凯恩斯认为（　　）。

A.货币供给是独立于实体经济运行之外的

B.货币供给量的决定因素主要有基础货币、准备金比率、通货比率

C.决定货币供给的是包括商业银行和非银行金融机构在内的整个金融系统

D.货币的供给和需求还决定于其他所有资产的价格和收益

二、多项选择题

1.中央银行资产对基础货币的影响主要因素有（　　）。

A.国外资产　　B.中央银行购买政府债券

C. 对金融机构的再贷款　　　　　　D. 中央银行购买国外债券

2. 当中央银行打算减少存款货币创造时会（　　）。

A. 提高法定准备金比率

B. 提高定期存款在存款总额中所占的比率

C. 增加超额准备金比率

D. 降低定期存款在存款总额中所占的比率

3. 影响货币乘数的因素主要有（　　）。

A. 法定准备金比率r的变动

B. 通货比率c的变动

C. 定期存款在存款总额中所占的比率t的变动

D. 超额准备金比率e的变动

4. 影响商业银行超额准备金比率的因素有（　　）。

A. 银行投资工具的收益率　　　　　　B. 贷款的风险

C. 预期存款外流　　　　　　　　　　D. 存款流量的稳定性

5. 下列经济学家中，（　　）支持货币供给内生性理论。

A. 托宾　　　　B. 温特劳布　　　　C. 莫尔　　　　D. 凯恩斯

## 三、思考题

1. 什么是原始存款和派生存款？派生存款是如何创造的？

2. 什么是基础货币和货币乘数？

3. 中央银行是如何控制货币供给量的？

4. 影响货币乘数的因素有哪些？

5. 若有家商业银行活期存款为10亿元，定期存款为40亿元，流通于银行体系之外的现金为1亿元，活期存款准备金为10%，定期存款准备金率为5%，超额准备金率为4%，请计算此时的基础货币、货币乘数以及货币供给量。

# 第十六章

# 货币供求与经济均衡

**引例**

2009年2月23日，广东公安机关破获一起代号为“090204”的特大伪造货币案，缴获假人民币8 502万元，为“09行动”开展以来缴获假币最多的案件。经查，2008年10月，犯罪嫌疑人方某、李某合谋印制假人民币，方某出资购买印制假币的机器设备、油墨和纸张，提供印制假币的胶片，并负责销售假币；李某负责出资搭建印制假币的窝点。同年11月至2009年2月，李某在广东省惠州市某园林工程有限公司院内搭建了预制板房，并聘请了宋某、陈某等人为“技术员”负责印刷，方某购买了印刷机、烫有金属线的纸张、假人民币胶片等设备、工具和原料，开始印制假币。公安机关于2月23日查获了该印制窝点，先后抓获方某、李某等全部13名犯罪嫌疑人，当场缴获胶印机、切纸机、晒版机、假币胶片等一大批设备工具以及百元面额假人民币8 502万元。该案现已侦查终结，并移送审查起诉。

2009年3月11日，广东省深圳市公安机关在该市龙岗区成功摧毁一特大制贩假币犯罪团伙，这是“09行动”开展以来全国公安机关破获的第一起利用普通打印机伪造人民币的案件。2月上旬，深圳市公安机关获悉一条使用假币案件线索，经深挖扩线，掌握了一伙广东电白籍犯罪分子在该市龙岗区爱联新屯村一带贩卖假币的重要情况，随即成立专案组开展侦查。在摸清掌握该制贩假币犯罪团伙主要活动情况后，于3月11日17时采取收网行动，一举打掉该制售假币犯罪团伙，端掉一个伪造货币窝点，抓获犯罪嫌疑人李某某等16人，缴获制作假币用的彩色打印机22台，彩色复印机1台，电脑4台，切割机1台，现场缴获假人民币成品200余万元。

这表明，一国的货币不是随便就可以印刷的，假币的制造和流通会对社会正常的货币供应和流通造成严重的危害。本章我们将介绍货币的供求及经济均衡问题。

现代市场经济是高度货币化的经济，货币均衡在社会总供求均衡中居于核心地位，货币供给与货币需求的变化直接影响到经济中的各个部门和市场，因而货币供求关系在宏观调控中也居于核心地位。货币供求的变化会产生什么样的效果？货币政策如何与其他经济政策相结合达到预期的宏观经济目的？本章将借助IS-LM模型和总需求总供给模型对这些问题给予回答，并分别考察当代西方经济学主要流派关于货币供求如何影响经济的观点。

## 第一节　货币供求均衡与经济均衡：IS-LM模型

我们现在把决定国民经济的各个变量综合起来，进而看货币因素如何影响国内生产总值（GDP）和一般经济均衡。在此假定通货膨胀率是固定的，货币供给的增加不影响通货膨胀率，从而也不会影响价格水平，但会长久地降低利率。

假设投资的边际效率提高了，投资乘数为2，如果每年增加投资100亿元，那么收入会不会每年增加200亿元？答案是否定的，因为我们忽略了投资增加和收入增加对利率等因素的影响以及利率变化对收入的反作用。当投资增加和收入增加时，货币需求将增大，从而使利率上升，然后又使收入减少。所以，由于收入先升后降，怎么能肯定投资增加真的会增加收入呢？我们好像掉入了一个循环，为了知道收入的情况，必须了解利率的情况，然而利率又部分地取决于收入的状况。所以我们必须通过同时考察商品、劳务市场和货币市场来分析收入和利率，它将保证我们在决定收入过程中假定的利率，同以收入和其他变量一起决定利率时所运用的利率相一致。IS-LM模型可以说明当商品、劳务市场和货币市场同时处于均衡状态时，收入和利率的相互关系以及货币市场的变动对于整体经济的影响。

### 一、商品与劳务市场的均衡：IS曲线

对全部经济活动产出的需求总量，称为总需求（Aggregate Demand，AD）。总需求方程式如下：

$$Y^{AD}=C+I+G+NX$$

式中：C表示消费（Consumption）；I表示投资（Investment）；G表示政府支出（Government Expenditure）；NX表示净出口（Net Export）。

一项货币政策的实施通过货币供给量变动影响到利率，再通过利率影响到上述各个因素，最终对总需求产生影响。总需求曲线是向下倾斜的，并因货币供应的变动而相应移动。消费、投资、政府支出和净出口以及人们预期的不确定性会导致总需求曲线的移动。

运用供求分析的基本概念，当产出的供给总量（生产出来的总产出Y）等于产出的需求总量$Y^{AD}$时，经济达到均衡，即：

$Y = Y^{AD}$

在该均衡条件得到满足时，生产者由于能够售出所有的产品，因而不会改变他们的生产，社会的总产出等于社会总需求。

一般而言，投资取决于投资的边际效率和市场利率，投资的边际效率越高，则投资越多；市场利率越高，则投资越少。图16-1把利率与收入水平联系起来，图16-1（A）表示投资曲线的边际效率以及在三种利率（即$r_0$、$r_1$和$r_2$）水平上发生的投资，图16-1（B）是凯恩斯45°交叉线图。

图16-1（A）的各种投资水平在图16-1（B）中都会带来特定的收入水平。当利率从$r_0$下降到$r_1$时，投资增加到$I_1$，收入增加到$Y_1$。同样，当利率降到$r_2$时，收入增加到$Y_2$，这样，每个利率水平都意味着特定的收入。

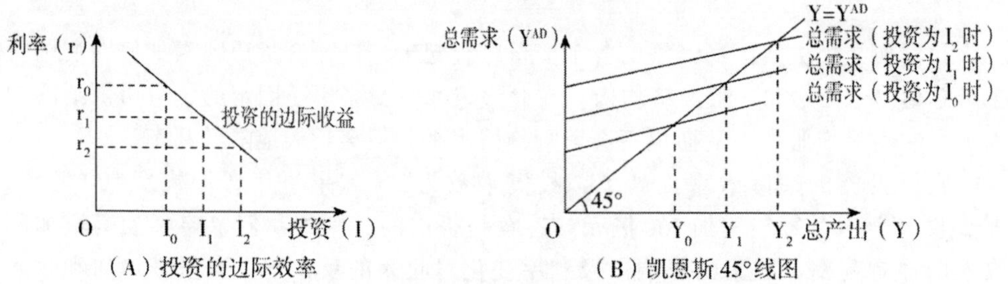


**图16-1 利率变动如何影响产出**

现在，我们可以运用利率与投资之间的关系考察利率和总产出均衡水平的关系。图16-2表示当利率水平分别处于$r_0$、$r_1$和$r_2$时，所对应的总需求水平分别是$AD_0$、$AD_1$和$AD_2$。当利率由$r_0$下降到$r_1$时，投资由$I_0$增加到$I_1$，总需求由$AD_0$增加到$AD_1$，从而产出水平由$Y_0$增加到$Y_1$。将这些点连接起来得到的一条曲线，称为IS曲线。IS曲线表示当商品劳务市场处于均衡状态时，计划投资等于计划储蓄。它把各种利率与相对应的收入水平联系起来。换句话说，利率决定投资水平，随后投资水平和乘数一起决定收入水平。

迄今为止，我们不太确切地假定了利率变动只影响投资，而不影响其他支出。然而，利率也会影响消费，还要影响进口和出口。如果本国的利率上升，外国人将要购买更多的本国证券，为此就需要本币。与此同时，本国人将减少购买外国证券，从而减少对外币的需求。由于本币需求增加而外币需求减少，所以在外汇市场上本币将升值，本国商品对外国人来说变贵了，而外国的商品在本国则变得更为便宜，从而造成本国出口减少和进口增加。如此一来，对本国产品的需求以及本国的国内生产总值将下降，甚至政府对商品和劳务的支出（只包括纳入国内生产总值的那些政府支出）也会受到利率的影响。利率越高，则政府对到期公债支付本息的成本越高。如果存在对赤字数额的政治或法律约束，那么，政府支付的利息越多，它对商品与劳务的开支就越少。所以从现在起，我们把IS曲线同国内商品和劳务的全部支出相联系，而不仅仅是同投资相联系。

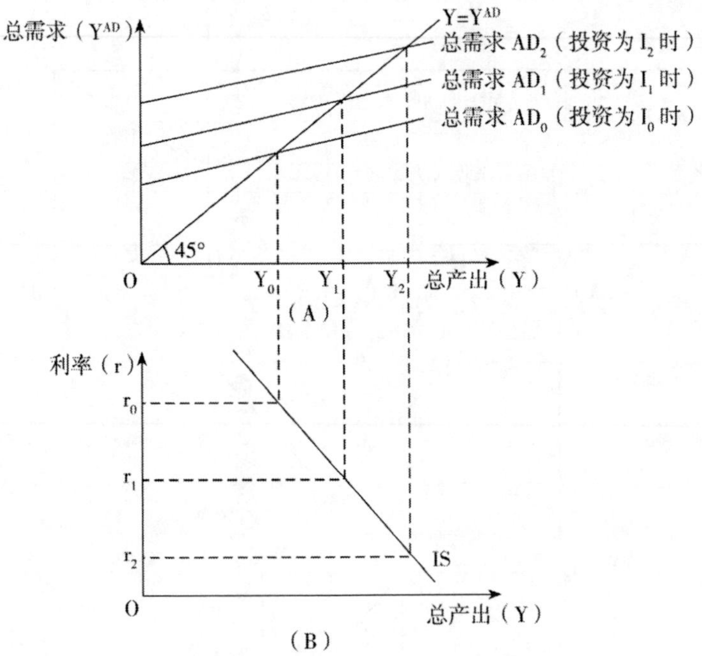


图 16-2　IS 曲线

## 二、货币市场均衡：LM 曲线

在现实世界中，利率并不是任意确定的，而是由货币的供给和需求所决定的。决定利率的变量很多，假定除了一种变量之外其余变量都不变，我们就可以看出该变量如何影响利率。我们在这里先选择收入变量，收入通过LM曲线和利率相联系。这条曲线既不是供给曲线也不是需求曲线，实际上，它是一条货币市场均衡曲线，即用来表示能使货币供给等于货币需求的利率和收入的全部特定组合的曲线。它是向上倾斜的，因为收入越高，货币需求就越大。所以，就需要更高的利率使公众愿意持有的货币数量不超过现有的货币供给。换句话说，货币需求和收入成正比，与利率成反比，因而存在着收入和利率的一定组合使得货币需求刚好等于既定的货币供给。图 16-3 显示了 LM 曲线的推导。其中，图 16-3（A）表示货币的供给和需求。当收入为 $Y_1$ 时，货币供给和货币需求在利率为 $r_1$ 时正好相等。但是，当收入上升到 $Y_2$ 时，货币需求超过了货币供给，利率被迫上升至 $r_2$，使货币供给和货币需求再次相等。这样，如图 16-3（B）所示，在货币市场上，每一种收入水平都是和特定的利率相联系的。

## 三、IS-LM 模型

既然在图 16-2 和图 16-3 的坐标轴上的变量相同，那么我们就可以把它们合并为一个图，即图 16-4。

（一）IS 曲线与 LM 曲线的结合

在 IS 曲线上的任何一点，商品和劳务市场都处于均衡状态。同样，在 LM 曲线

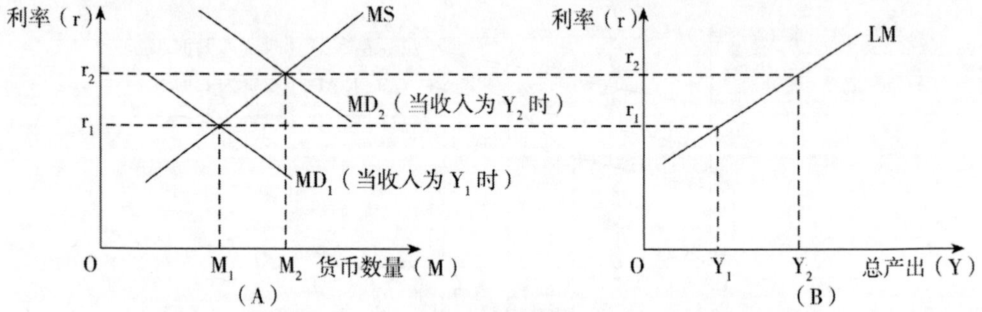


图16-3　LM曲线

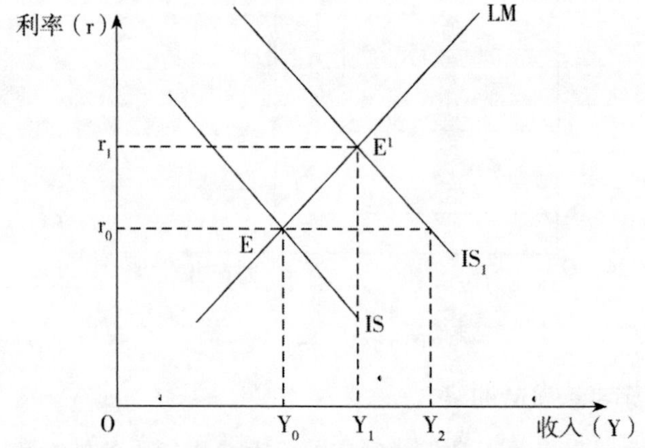


图16-4　IS-LM曲线

上的任何一点，货币市场都处于均衡状态。所以，只有在这两条曲线相交的点上，货币市场和商品市场才能同时达到均衡——从而整个经济处于均衡状态。换句话说，只有在这两条曲线的相交处，IS曲线所假定的利率才能和货币市场上实际确定的利率相等。从另一种方式来看，这里有两个未知变量（即收入和利率）和两个方程式，即IS方程（Y=a+bI）和LM方程（Y=c+dI）。如果把系数a、b、c、d当作已知的，从这两个方程中就可同时求出收入和利率的解。

假设投资的边际效率提高，在各种利率水平上，企业厂商都会增加投资，从而相对于各种利率水平的收入将增加。在图16-4中，随着IS曲线从IS移到$IS_1$，收入也从$Y_0$增加到$Y_1$，这将使利率从$r_0$上升到$r_1$。这时没有人会因为投资的增加提高了利率以及利率的上升又会减少收入，而认为投资的增加会减少收入，对收入的这种反馈作用已经通过LM曲线的向上倾斜而被考虑过了。如果收入的增加不会使利率上升（这可能是由于中央银行把货币供给增加到足以使利率保持在$r_0$点），那么，收入将上升到$Y_2$而不是$Y_1$。

为了弄清为什么只有在IS和LM曲线的相交点才能达到均衡状态，我们也可以分析一下在其他点上将出现的情况。在图16-5（A）中，A点的利率$r_1$如此之高，它需要收入等于$Y_1$才能使人们愿意持有现有的全部货币供给。但IS曲线告诉我们，当利率为$r_1$时，收入只能是$Y_2$。所以，如果利率因某种原因等于$r_1$时，收入将下降。当收入减少时，利率也将下降。因此，收入和利率都移向它们的均衡点 $Y_0$ 和 $r_0$。对于图 16-5（B），如果利率因某种原因等于 $r_1$，根据 IS 曲线则收入将为 $Y_1$。但是，LM 曲线告诉我们，当利率为 $r_1$ 时，收入必须等于 $Y_2$，以使货币供给等于货币需求，所以 B 点不可能是均衡点。

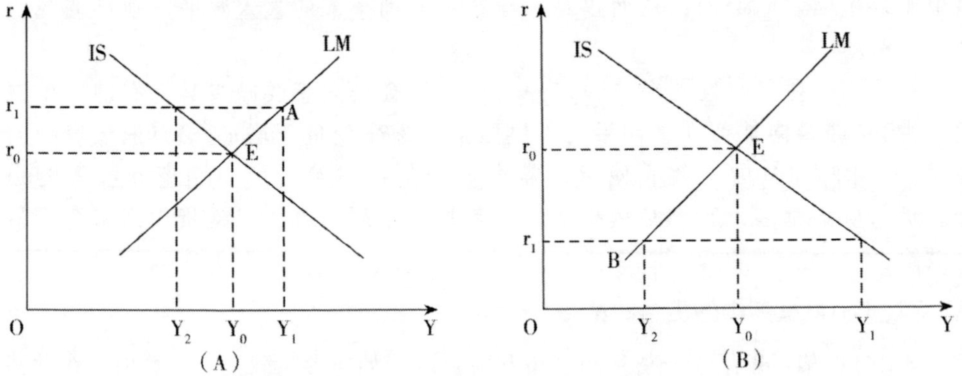


图 16-5　IS-LM 图形中的非均衡点

（二）IS 曲线与 LM 曲线的斜率

IS 曲线的斜率取决于具有弹性的支出对利率变动的反应程度和投资乘数值。支出斜率越大，或者乘数值越大，则利率下降一定幅度时引起的收入增加幅度就越大，从而导致 IS 曲线也越趋于平滑。在支出斜率为零的极端情况下，IS 曲线就是一条垂直线。尽管利率下降，收入将完全不变。在另一种极端的情况下，支出斜率无限大，利率的无穷小下降将导致收入的无穷大增加，从而 IS 曲线是一条水平线。

LM 曲线的斜率更为复杂。LM 曲线表示那些使社会公众的货币需求正好等于现有的货币供给的利率和收入水平的组合。假设收入增加 1 元，人们将大幅度地增加对货币的需求，则利率就必须大幅度上升以防止货币需求超过货币供给。这样，X 轴（收入）上的极少变动跟 Y 轴（利率）上的大幅度变动相联系，因而 LM 曲线是很陡峭的。如果利率的少量上升导致人们大量地减少货币持有量，那么当收入增加时，利率只要稍微上升就可以释放出人们想要持有的额外货币。这样，X 轴上的既定变动仅仅要求 Y 轴上的较少变动，因此，LM 曲线就会相当平滑。

所以，货币需求对收入变动的反应程度越大，LM 曲线就越陡峭；而货币需求对利率变动的反应程度越大，LM 曲线就越平坦。在极端的情况下，利率的极少下降会使人们需求的货币趋于无穷大。这时的 LM 曲线是一条水平线。另一种极端情况是利率变动对货币需求毫无影响，在这种情况下，LM 曲线将是一条垂直线。

LM 曲线的斜率还取决于货币供给对利率变动和收入变动的反应。如果货币供给随利率上升而增加，则 LM 曲线较为平坦。在极端的情况下，货币供给的弹性无限大，这时 LM 曲线是一条水平线。由于下述两个原因，货币供给可能随利率的上升而增加：其一，货币乘数是利率的正函数；其二，为了缓和利率的上升，中央银行可能要求增加储备。

（三）IS曲线与LM曲线的移动

IS曲线把各种利率水平同特定的收入联系起来，所以，任何导致各种利率水平下的收入发生变动的因素都会使IS曲线移动。例如，如果企业厂商要在不同的利率水平上增加投资，都会使IS曲线向外移动。如果消费、出口或政府支出由于外生因素而增加，从而提高了导致不同利率下的收入水平，则IS曲线也会向外移动。

如果针对利率和收入水平的多种组合，社会公众想要减少其持有的货币数量，则LM曲线向外移动。如果货币供给由于外生变量而增加，LM曲线也会向外移动，因为LM曲线代表使货币需求等于货币供给的所有利率和收入的组合。货币供给越多，利率必然越低，或者收入必须更高，以使货币需求等于货币供给。

## 四、IS-LM框架中的货币政策

IS-LM框架可以用来分析货币政策和财政政策如何影响国民生产总值。在此我们仅讨论货币政策的影响。

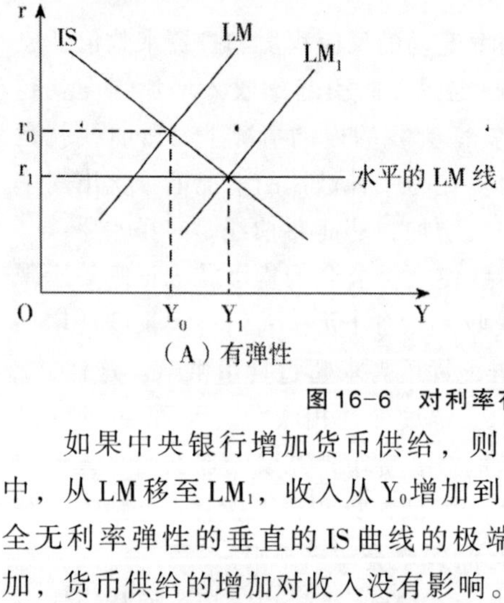

（A）有弹性

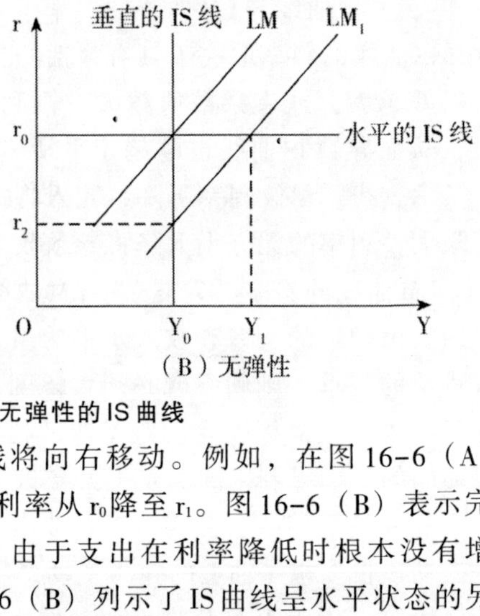

（B）无弹性

图16-6　对利率有弹性和无弹性的IS曲线

如果中央银行增加货币供给，则LM曲线将向右移动。例如，在图16-6（A）中，从LM移至$LM_1$，收入从$Y_0$增加到$Y_1$，而利率从$r_0$降至$r_1$。图16-6（B）表示完全无利率弹性的垂直的IS曲线的极端情况。由于支出在利率降低时根本没有增加，货币供给的增加对收入没有影响。图16-6（B）列示了IS曲线呈水平状态的另一种极端情况。由于支出对利率的弹性无穷大，所以利率的微小降低就会使支出增加到足以吸收全部增加的货币供给。这样，货币供给的增加全部转化为收入的增加，在图16-6（B）中从$Y_0$增加到$Y_1$。再有一种极端情况是，货币需求对利率的弹性无穷大，从而使LM曲线成为水平的，我们在图16-6（A）中可看到这种情况，货币政策变得软弱无力。

**课堂小讨论**

现实生活中你对货币的需求有哪些，其中何种需求占主要地位？

## 第二节　总需求-总供给分析

前面讨论IS-LM模型时曾经假定价格水平是固定不变的，通过假定在现行价格水平上有多大的产品需求就有多大的产品供给，我们研究了货币供给的影响。那么，增加货币供应量对价格水平和产出将会有什么影响呢？总需求-总供给模型是研究产出和价格水平决定的基本宏观经济模型。现在，我们利用总需求曲线和总供给曲线作为基本工具将价格水平和通货膨胀（价格水平的变动情况）引入分析中。对于总需求曲线上的任意一点，产品和货币市场均处于均衡状态。这是由IS和LM曲线的交点所决定的均衡。例如，给定价格$P_0$，$Y_0$是使商品和货币市场达到匀衡的产出。总供给曲线AS刻画了价格水平与厂商愿意供应的产品数量之间的关系。比如，在价格$P_0$上，厂商愿意供给产出$Y_0$。

### 一、总需求曲线

总需求曲线反映的是在商品和货币市场同时处于均衡时价格水平和产出水平的组合。对于总需求曲线上的任意一点，如图16-7中的E点，我们将看到给定价格水平$P_0$以及使得商品和货币市场处于均衡的产出水平$Y_0$。

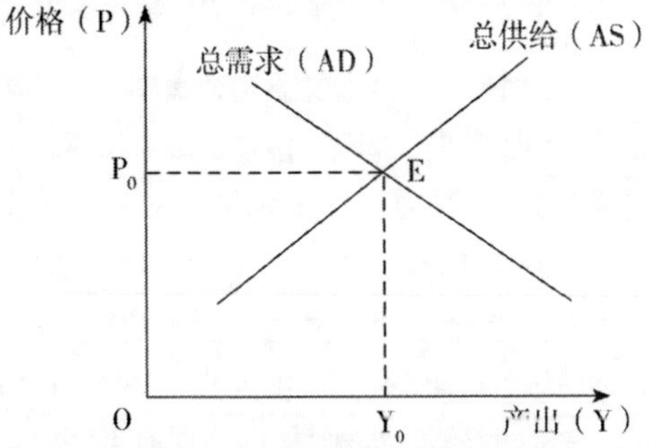


图16-7　总需求和总供给曲线

我们简单解释一下总需求曲线向下倾斜的原因。假设价格水平$P_0$给定，商品和货币市场在诸如$Y_0$的产出水平上达到均衡状态。现假定价格水平下降了，在名义货币存量既定的情况下，价格水平的下降将导致实际货币余额数量增加。这会降低利率，刺激投资需求，因而增加总支出，相应地，当价格水平下降时，均衡支出水平增加。所以，AD曲线是向下倾斜的。

对于任意给定的价格水平，都可以运用IS-LM模型决定商品和货币市场实现均衡的产出。图16-8（A）中给出了IS-LM模型：IS曲线的位置取决于财政政策；LM曲线是根据既定的名义货币量M和既定的价格水平$P_0$，也就是既定的实际货币存量$M/P_0$画出的；均衡利率为$r_0$，均衡产出为$Y_0$。

考察价格水平由$P_0$降为$P_1$的影响。价格水平的降低使得实际货币存量由$M/P_0$

增加到 $M/P_1$。实际货币存量增加之后，为了出清货币市场，要么利率必须下降，使得公众持有更多的现金余额；要么产出必须上升，以增加货币的交易需求。

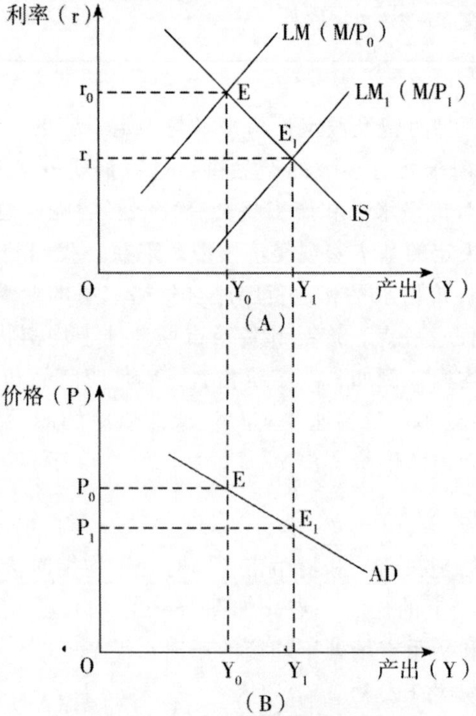


**图 16-8　总需求曲线的推导**

在图 16-8（A）中，LM 曲线向右下方移动到 $LM_1$。新的均衡由 $E_1$ 点表示，在这一点不仅货币市场重新出清（因为位于 LM 曲线上），而且产品市场也重新出清了（因为位于 IS 曲线上）。新的均衡产出为 $Y_1$，它对应着更低的价格水平 $P_1$。因此，给定名义货币量，价格水平降低，将导致均衡产出和支出的增加。

从图 16-8（B）可以看出 AD 曲线的推导过程。经济的初始均衡位于 E 点。均衡利率是 $r_0$，产出是 $Y_0$，对应的价格水平为 $P_0$，现在价格水平跌至 $P_1$。在图 16-8（A）中，由于 LM 曲线移动到 $LM_1$，均衡点随之移动至 $E_1$，与图 16-8（A）的 $E_1$ 点相对应的是图 16-8（B）的 $E_1$ 点，价格为 $P_1$，收入和产出水平为 $Y_1$。

这样一来，图 16-8（B）的 E 和 $E_1$ 点皆成为 AD 曲线上的点。现在我们可以设想所有可能的价格及其相对应的实际余额水平。对于每个实际余额水平在图 16-8（A）中都有一条不同的 LM 曲线。与每条 LM 曲线相对应的均衡收入水平，都在图 16-8（B）中加以标示，此时的价格恰好是决定图 16-8（A）相对应的 LM 曲线位置的那个价格水平。连接所有这些点便得出了一条向下倾斜的总需求曲线 AD，如图 16-8（B）所示。

AD 曲线向下倾斜是因为在均衡支出与价格水平之间存在着一种确定的关系：价格水平越高，实际余额就越低，于是均衡支出和产出水平也就越低。

对于图16-8还需要注意一点，利率随着AD曲线的点向下移动而不断变化。$E_1$点的利率$r_1$要低于E点的利率$r_0$。也就是说，随着沿AD曲线向右下方移动，利率会随着价格水平一同下降。

## 二、总供给曲线

总供给的主要特点是，当价格水平上升时，产出品的供给量在短期内相应增加。图16-9表示产出品的供给量与价格水平间的正向关系。假定原来价格水平为$P_1$时产品供给量为$Y_1$，通过点$A_1$表示。价格水平上升到$P_2$时，会导致短期内产出品供给量增加到$Y_2$（通过点$B_1$表示）。连接点$A_1$和点$B_1$的线，说明了短期内产出品供给量和价格水平的关系，叫做总供给曲线，该曲线是向上倾斜的。

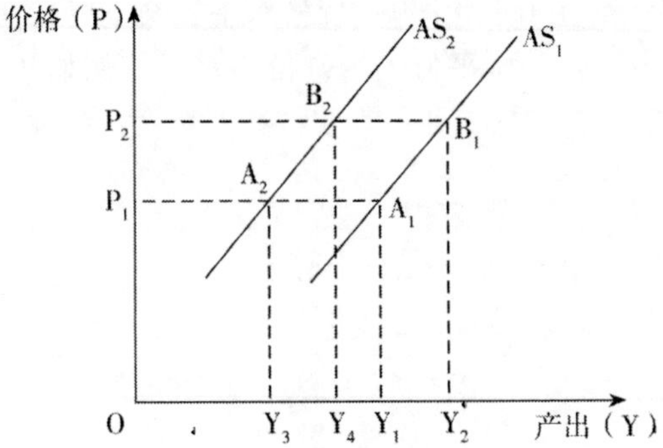


图16-9　短期总供给曲线

为了弄懂总供给曲线为什么是向上倾斜的，必须了解引起供给量变动的因素。企业的目标是利润最大化。企业利润总量（R）等于单位产品利润（P-C）乘以产量（Q），即R=（P-C）Q。短期内，生产商品和劳务的许多要素成本是固定不变的，例如，工资通常是根据劳动合同在一段时间里固定不变，原材料通常是由企业根据合同所规定的价格购买的。当价格总水平上升时，单位产品的价格相对于生产成本就会上升，单位产品的利润就会增加，企业就会增加产出，总产出增加，使得总供给曲线向上倾斜。

前面强调短期成本不变，但在长期内却会发生变化，总供给曲线（图16-9中的$AS_1$）可能随时间变动。如果产品的单位生产成本增加，单位产品的利润下降，产品的供给量将减少。当价格水平为$P_1$时，生产成本增加会有什么影响？由于企业单位产出的利润减少，便削减生产规模，产品供给量从$Y_1$（点$A_1$）下降到$Y_3$（点$A_2$）。同样考虑点$B_1$的情况，总供给产出量下降到$B_2$。因此，当生产成本增加时，总供给曲线左移；当成本下降时，总供给曲线右移。虽然在短期内产品价格上涨不会影响到生产成本，但在较长的时间里它必然会传递到生产成本。因此，当人们预期价格将继续上涨，从而成本将上升的时候，总供给曲线将向左边移动；反之，则向右边移动。这正是货币学派代表人物弗里德曼提出的附加预期的菲利普斯曲线。

### 三、总供给与总需求均衡的分析

在总需求等于总供给时，形成均衡的产出和价格水平。然而，在总需求总供给分析中，有两种均衡——短期均衡与长期均衡。

(一) 短期均衡

图 16-10 表示总产出的需求量等于其供给量的短期均衡，即总需求曲线（AD）和总供应曲线（AS）相交的点E。总产出量的均衡水平为$Y^*$，价格的均衡水平为$P^*$。

首先考察价格水平高于均衡价格水平$P^*$时的情况。如果价格水平为$P_2$，在点D的总产出的供给量大于点A的总产出的需求量。既然人们想要卖掉的商品和劳务超过了人们想买的数量（供过于求状况），价格水平就会下降，一直要持续到点E达到均衡的水平$P^*$为止。当价格水平低于均衡价格水平（例如$P_1$），则产品的需求量大于供给量，价格水平就会上升，并一直要持续到再次达到在E点的均衡$P^*$为止。

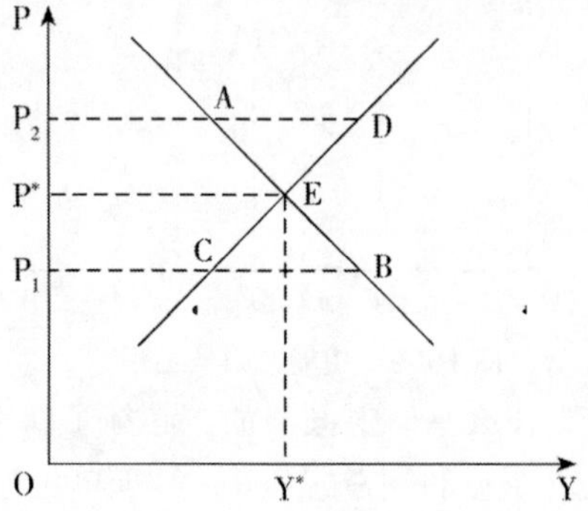


图 16-10 短期均衡

(二) 长期均衡

通常在供求分析中一旦找到需求量等于供给量的均衡时，便无需进一步讨论了。可是，在总供给与总需求分析中，情况并非如此。即使总产出的需求量等于供给量时，也还有一些因素会使均衡点随时间的推移而移动。为了解其中的原因，必须记住，如果生产成本变动，总供给曲线就会位移。

生产成本中最重要的组成部分是工资成本（约占生产成本的70%），它由劳动力市场决定。如果经济繁荣，雇主们就会发现他们难以雇到合格的工人，甚至难以留住现有的雇员。在这种情况下，雇主们就会提高工资以吸引所需要的工人，这将增加生产成本。生产成本的提高，将降低每一价格水平下单位产出的利润，使总供给曲线左移（如图 16-9 所示）。

与此相反，如果经济发生衰退，劳动力市场由于劳动力供过于求而显得萧条，找不到工作的工人就愿意接受较低工资的工作。此外，已经有工作的工人也愿意在工资方面作出让步，以免失去工作。因此，在劳动力供过于求的萧条的劳动力市场上，工资下降，生产成本下降，总供给曲线就会右移。

分析表明，总供给曲线的位移，视劳动力市场供求状况而定。如何确定是紧还是松，自然失业率的概念可能有助于回答这个问题。自然失业率就是指仅存在自愿失业和结构性失业时的失业率。当失业率低于自然失业率时，劳动力市场就吃紧，工资就会上升，总供给曲线就会左移。当失业率高于自然失业率时，劳动力市场需求就会疲软，工资会下降，总供给曲线就会右移。只有当失业在自然失业率水平时，劳动力市场上才没有使工资上升或下降的压力，总供给曲线就无需位移。

在自然失业率条件下的总产出水平称作产出的自然率水平。由上可知，当失业和总供求偏离正常水平时，总供给曲线不会保持不变，因此，需要观察短期均衡是如何对以下两种情况作出反应而随时间变动的：①原来的均衡低于自然率水平；②原来的均衡高于自然率水平。

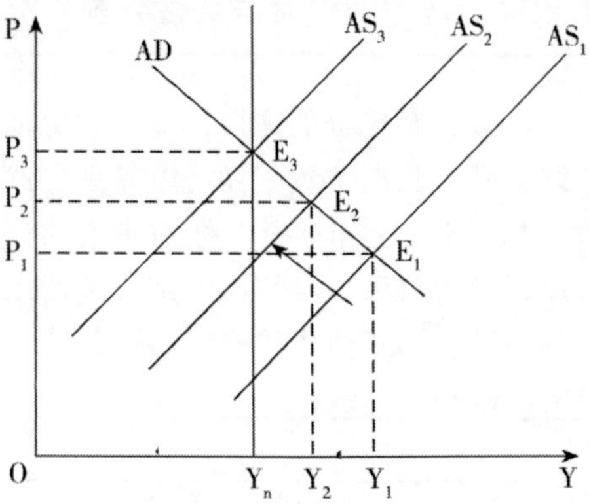

（A）$Y>Y_n$ 时的初始均衡

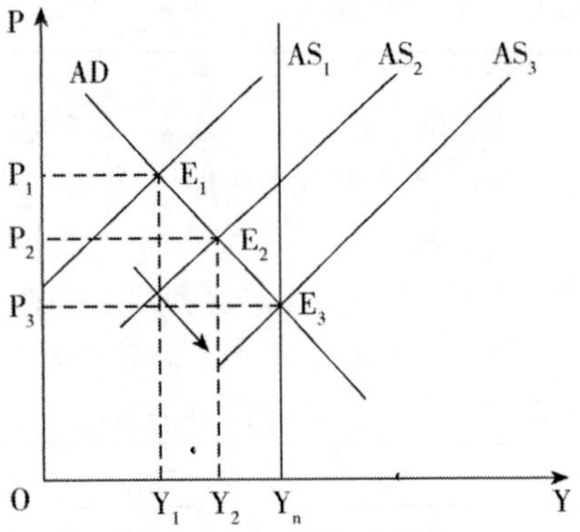

（B）$Y<Y_n$ 时的初始均衡

**图 16-11 总供给与总需求分析中长期均衡的调整**

在图 16-11（A）中，原来的均衡在点 $E_1$，即总需求曲线（AD）和原来的总供给曲线（$AS_1$）相交处。由于产出量的均衡水平 $Y_1$ 高于自然率水平即 $Y_n$，所以失业率低于其自然率，劳动力市场存在过紧现象。这促使工资上升，提高生产成本，使总供给曲线移到 $AS_2$。现在的均衡在点 $E_2$ 上，产出量下降到 $Y_2$。由于总产出依然高于自然率水平（$Y_2>Y_n$），工资继续上升，最终使总供给曲线位移到 $AS_3$。在点 $E_3$ 形成的均衡正好在 $Y_n$ 的垂直线上，因而是长期均衡。既然产出处在自然率水平，工资便不再受到上升的压力，因而总供给曲线也不再有位移的倾向。

图 16-11（A）的曲线移动表明，经济活动不会停留在高于自然率水平的产出水平上，因为总供给曲线会左移，提高价格水平，使经济活动沿着总需求曲线向上滑动，直到在通过产出的自然率水平 $Y_n$ 的垂直线上的一点才会停止。既然通过 $Y_n$ 的垂直线是总供给曲线停止移动的唯一位置，这条垂直线便表明在任何给定的价格水平上长期产出品的供给量，我们把这称作长期总供给曲线。

图 16-11（B）中，在点 $E_1$ 的原来均衡位置上，产出 $Y_1$ 低于自然率水平。由于失业率高于其自然失业率，工资就会开始下降，使总供给曲线右移，一直到达 $AS_3$ 为止。经济活动则沿着总需求曲线向下滑动，一直到长期均衡点 $E_3$，即总需求曲线 AD 与长期总供给曲线相交在 $Y_n$ 处为止。在这种情况下，与图 16-11（A）一样，当

产出又回到自然率水平时，经济便稳定下来。

图16-11的显著特点是：不管产出量原来在什么位置，它终究会回到自然率水平。这个特点可以这样描述：经济活动具有一个自我校正机制。

对于政策制定者而言，重要问题是这种自我校正机制多快才起作用。许多经济学家，特别是凯恩斯学派，认为自我校正机制费时太长，所以达到长期均衡太慢。这一观点反映在常被引用的凯恩斯的一句话中："在长期中，我们都已不复存在了。"这些经济学家认为，自我校正机制很慢，因为高失业率的条件下工资下调是不容易的。工资和价格调整缓慢意味着总供给曲线不能迅速移动，使经济达到自然失业率的水平。因此，失业率较高时，这些经济学家（称为主动论者）更可能觉得，政府应主动采取积极的政策使经济活动恢复到充分就业状态。

其他的经济学家（尤其是货币学派）认为，工资具有充分的弹性，工资和价格的调整过程是相当迅速的。因此，总供给曲线调整到其长期位置，经济恢复到自然产出水平和自然失业率水平，也是迅速的。所以，这些经济学家（称为非主动论者）认为，当失业率较高时，政府没有必要采取积极的政策使经济恢复到自然产出水平和自然失业率水平。货币学派提倡采用一种规则，即货币供给或货币基数依一个不变率增长，从而使可能导致产出波动的总需求波动最小。

## 第三节　货币中性与非中性

### 一、经济政策有效性的争论

在经济学和货币金融领域，自由主义与干预主义的经济思潮一直交替起伏，数百年来都是如此。这种争论的核心实际上是政策的有效性问题。

在1929年以前，西方国家推崇自由经济理论，主张政府制定游戏规则，然后由市场力量对经济进行自发调节，这实际上是古典经济学派的指导思想。在古典经济学派所构建的宏观经济模型中，商品市场上的价格和劳动力市场上的工资都具有伸缩性，商品和劳动力的供给与需求自动趋于相等，使两个市场都能出清。资本市场也是如此。当各个市场各自处于均衡状态时，所有市场便同时达到均衡，总供给自动等于总需求，实现充分就业。既然经济具有自动走向充分就业的内在调节机制，政府就无必要干预经济，宏观调控是多余且无效的。这种思想在早期资本主义社会中一直占据着正统地位。

然而，1929—1933年发生在西方资本主义国家的大危机却彻底推翻了上述理论，这次危机表明资本主义市场机制无法使经济自动达到充分就业的均衡。面对历史上空前严重的大危机，古典经济学派根本无法在理论上对此进行解释，更无法在实践上提出任何行之有效的对策。在这种情况下，凯恩斯在1936年出版了《就业、利息和货币通论》，开始了"凯恩斯革命"，其政策理论核心便是主张政府应积极采取行动对经济进行干预，也即承认政府政策对经济活动调节的有效性。这一理论一经提出，便得到西方国家政府的大加推崇。西方国家将凯恩斯理论付诸实践，并将资本主义经济一度拉出了萧条的深渊。此后，凯恩斯的学说逐渐占据了西方经济学的主导地位，这标志着经济自由放任主义的终结和国家干预主义新时期的开始。其后，凯恩斯主义者又对菲利普斯曲线进行了重新解释，进一步论证了政府实施政策对经济干预的有效性，该曲线也因此成为西方国家实施宏观经济政策的依据和指导。

第二次世界大战以后，凯恩斯主义一直是西方国家制定宏观经济政策的依据。到了20世纪70年代，西方国家普遍出现了"滞胀"现象，而凯恩斯主义对此无法提出有效对策，于是一些经济学家对政府干预主义的理论基础——政策的有效性提出了质疑，并且再次提出了政策无效的命题。其中，以货币主义所提出的"货币中性论"和卢卡斯的"货币周期模型"最为典型。他们都从不同角度对凯恩斯主义的菲利普斯曲线进行了修正和解释，得出政府宏观经济政策无效的结论，并提出政府放任经济自由的政策建议，希望从根本上否定凯恩斯主义的政府干预理论。

此后，以政策有效性问题为基础所引申开来的经济自由主义和政府干预主义两大思潮的论战又趋向白热化，主张自由主义的学派主要有货币主义、供给学派和新古典宏观经济学派。至20世纪80年代，一个主张政府干预主义的"新"学派——新凯恩斯主义学派逐渐崭露头角，与信奉经济自由主义的新古典宏观经济学派形成分庭抗礼之势。新凯恩斯主义在分析中引入了厂商利润最大化和家庭效用最大化的假设，完善了原凯恩斯主义的微观基础，同时吸纳了理性预期学派所强调的理性预期假设。根据新凯恩斯主义的分析，在经济中出现需求或供给冲击后，工资和价格的黏性使市场不能出清，经济会处于非均衡状态，即使在存在理性预期的情况下，国家经济政策也可以对就业和产量等产生积极作用。此外，新凯恩斯主义还对菲利普斯曲线进行了新的阐述，以进一步论证政策的有效性。下面，我们将介绍各学派关于政策有效性命题的观点、论据和政策主张。

## 二、凯恩斯主义的菲利普斯曲线

菲利普斯曲线是凯恩斯主义理论的重要组成部分，通过对菲利普斯曲线的分析，我们可以对其理论主张有更加清晰的了解。

1938年，英国经济学家菲利普斯发表了《1861—1937年英国的失业和货币工资率的变化率之间的关系》一文。他根据失业率与货币工资的统计数据提出了一条反映两者关系的经验曲线（如图16-12（A）所示），论证了失业率和货币工资变动之间存在一种经验的非线性负相关关系。

1960年，凯恩斯主义学派的经济学家保罗·萨缪尔森和罗伯特·索洛提出了经修正的菲利普斯曲线，并将之运用于经济政策分析。其中，他们以平均物价水平的上升率（通货膨胀率）代替货币工资上升率，从而使菲利普斯曲线直接反映通货膨胀率与失业率之间的负相关关系，也就形成了真正意义上的凯恩斯主义的菲利普斯曲线（如图16-12（B）所示）。

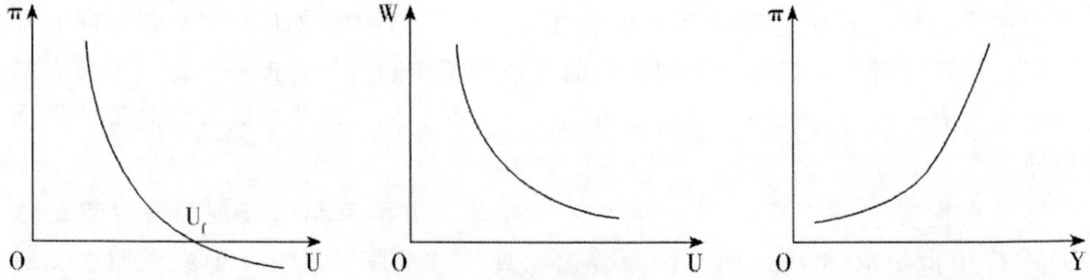


（A）失业率与货币工资变动的关系　（B）失业率与通货膨胀率的关系　（C）经济增长与通货膨胀率的关系

**图16-12　菲利普斯曲线与总供给曲线**

菲利普斯曲线上的每一点都表示一定的通货膨胀率与一定的失业率的组合，其中曲线与横轴交点$U_f$代表的失业率为自然失业率。政府当局可根据适用于本国的菲利普斯曲线选择较为适合的某种组合，以作为制定经济政策的依据。菲利普斯曲线是可供政策制定者“在不同程度的失业率和价格稳定性之间作出选择的菜单”。当失业率或通货膨胀率超过人们可接受的限度时，政府可据此分别实行扩张性的财政货币政策或紧缩性的财政货币政策，以较高的通货膨胀率来换取较低的失业率，或以较高的失业率来换取较低的通货膨胀率。由于菲利普斯曲线表明了通货膨胀与失业负相关、与经济增长正相关，这就为政策制定者选择不同的政策目标组合提供了理论依据，从而成为主张政府干预的凯恩斯主义的重要理论支柱之一。

早期菲利普斯曲线的一个重要政策含义就是货币政策是有效的。当经济出现萧条、失业率上升时，中央银行采取相机抉择政策，扩大货币供给量，就可起到增加就业和产量的积极作用；反之，当经济过热、通货膨胀率高企时，中央银行可削减货币供应量，给经济降温，那么这种政策就不可避免地带来失业率上升的后果。

早期的菲利普斯曲线能较好地解释西方国家20世纪30—60年代经济运行的现实，但对70年代后西方国家出现的“滞涨”现象却无法给予合理的解释，如图16-13所示。

### 三、货币主义的货币中性论

早期货币中性理论的典型代表是传统货币数量说。这种理论认为，货币流通速度和商品交易量在长期中不受货币量变动的影响，所以货币数量的增减只会引起一般物价水平的升降而不会改变商品间的相对价格，因而也不会对生产和就业产生任何影响。

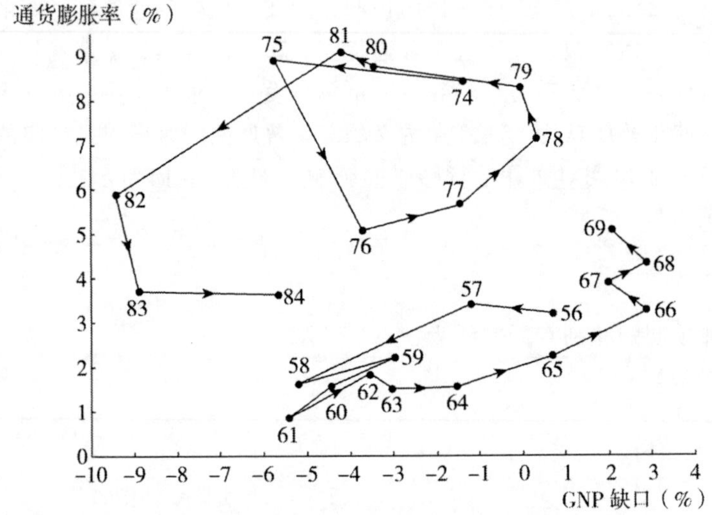


**图 16-13　美国的通货膨胀与 GNP 缺口**

瑞典经济学家魏克赛尔认为，货币是影响经济的重要因素，并提出了“中性货币”的概念。“中性货币”是指在经济活动中只充当交换媒介而不对实际经济活动产生影响的货币。魏克赛尔认为，当货币利率与自然利率一致时，一般物价水平就会稳定，经济就会均衡，货币对于经济就是中性的。

其后，哈耶克对此做了进一步的修改，接受了魏克赛尔关于货币中性的概念以及对货币利率与自然利率是否一致的分析，但对货币中性的条件做了调整。他提出，只要货币数量保持不变，从而使货币利率等于自然利率，那么货币便是中性的。哈耶克认为，对实际经济产生影响的是相对价格而非一般物价水平。在此基础上，哈耶克提出了中性货币政策，主张维持货币数量不变，反对实行弹性通货制，主张依靠自愿储蓄发展经济。

货币主义者弗里德曼继承并发展了传统货币数量理论。他认为，货币是至关重要的，物价、就业、产出等的变化都源于货币的变化，只有正确合理的货币政策才能保持经济的稳定和发展。但是，这种重要性也只是就短期而言的，在长期中，货币供给变化只会引起物价水平的波动，而不会引起实际产出和收入的变动，其实质为货币中性论。他于1970年发表了《货币分析的理论构架》和《名义收入的货币理论》两篇文章，认为货币供给变动必然导致名义国民收入的变动。名义国民收入是由物价水平和实际产出两个因素决定的。在短期内，货币供给的变动既引起物价水平的变动，又引起实际产出的变动；而在长期中，货币供给的变动只会引起物价水平的变动，而不会引起实际产出的变动。也就是说，在长期中，实际产出只受实际因素影响而与货币供给的变动无关。

弗里德曼提出的附加预期的菲利普斯曲线清晰地阐明了货币学派关于货币政策有效性问题的基本观点。弗里德曼附加预期的菲利普斯曲线是建立在适应性预期、自然率假说和黏性价格的基础上的。所谓适应性预期，就是人们以过去的实际通货膨胀率为依据，对未来通货膨胀率作出预期，用实际发生的通货膨胀率来一步步地调整原来的预期，使它被动地适应实际通货膨胀率；而自然失业率就是在没有货币因素影响的条件下，由劳动力市场和商品市场自发的供求力量决定的处于均衡状态时的失业率。弗里德曼认为，凯恩斯主义的菲利普斯曲线之所以是稳定的，原因在于忽略了通货膨胀预期对实际通货膨胀的影响（如图16-14所示）。如果将早期菲利普斯曲线表示为：

$$\pi_t = f\left(\frac{Y_t - Y^N}{Y^N}\right)$$

那么附加预期的菲利普斯曲线为：

$$\pi_t = \pi_t^e + f\left(\frac{Y_t - Y^N}{Y^N}\right)$$

$$\pi_t^e = f(\pi_{t-1}, \pi_{t-2}, \cdots)$$

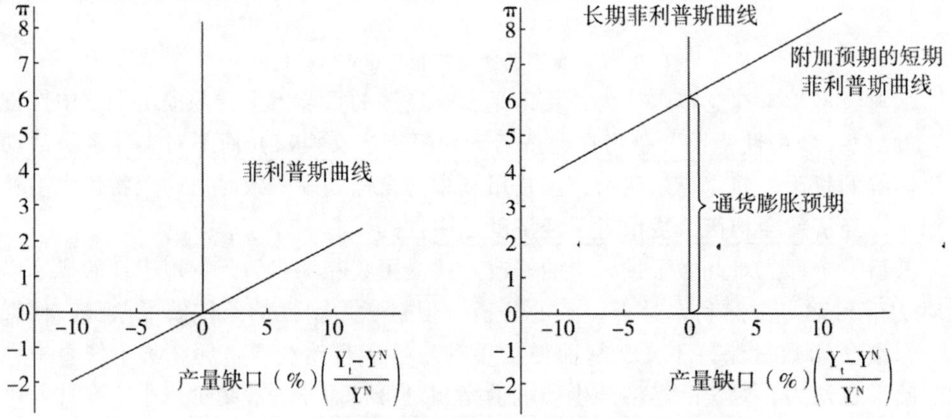


**图16-14　弗里德曼提出的附加预期的菲利普斯曲线**

从图16-13和图16-14可见，附加预期的菲利普斯曲线较好地解释了早期菲利普斯曲线不能解释的西方国家20世纪70—80年代的经济运行状况。由于短期内工人和企业主都存在货币幻觉，在经济扩张过程中，人们预期的通货膨胀率将低于实际通货膨胀率。因此，在短期内，通货膨胀率与失业率之间存在交替关系，实际失业率可以降低到低于自然失业率，凯恩斯主义的菲利普斯曲线是适用的。但在长期中，人们发觉实际通货膨胀率高于其预期的通货膨胀率时，便会逐渐调整其通货膨胀预期。于是通货膨胀率便会不断上升，但失业率却无法降到低于自然失业率的水平，在长期内，菲利普斯曲线是一条处于自然失业率水平的平行于纵轴的垂直线。因而，弗里德曼首次区分了短期菲利普斯曲线和长期菲利普斯曲线。

其政策含义在于：从长期来看，政府实行的旨在降低失业率的扩张性的政策，由于公众适应性预期的存在，只能使通货膨胀率一步步地上升，而不能使失业率降低到自然失业率以下。更进一步地说，凯恩斯主义者所主张的国家干预政策，在长期是无效的，只会导致通货膨胀率高企。因此，他主张由市场力量自发地调节经济。具体到货币政策，他则反对凯恩斯主义的相机抉择的货币政策，认为货币政策能防止货币本身成为经济混乱的主要根源并能为经济提供一个稳定的环境，因而力主以货币供应量作为货币政策的唯一控制指标，而排除利率、信贷流量和准备金等因素，提出常数增长规则的货币政策。

### 四、卢卡斯的政策无效性命题

货币政策无效性命题最初是由卢卡斯（1973）提出的，后由萨金特和华莱士作了更明确的阐述。该命题是建立三个假说之上的，即市场完全出清、自然率和理性预期。其中最重要的是理性预期假说，即认为在竞争的社会里，任何行为人的经济行为都合乎理性，在有效利用一切可获信息的前提下，对经济变量作出的在长期中平均来说最为准确的，并与所使用的经济理论和模型相一致的预期。同时，这种理性预期是处于不完全信息条件下的，即任何经济人都无法获得有关经济运行的全部信息，在这种情况下同样存在未预期到的经济因素。任何经济人都会利用一切可供利用的信息资源来谋求最大利益。

基于上述假设，根据卢卡斯的货币周期理论，经济波动的根源是货币冲击，而这种冲击一般是由中央银行的货币政策所引起的。货币冲击首先影响到一般物价水平，经济人经过一段时间才能分清这种变化不是相对价格的变化，而是总需求变化。在短时期内货币冲击的确能够影响产出。但是，理性预期的经济人能利用有关的货币政策规则的知识，很快地形成对未来价格的正确预期，纠正错误的产量决策，使社会总产量恢复到自然率水平。也就是说，宏观经济政策的有效性在于其能否造成非预期的通货膨胀，从而造成经济行为人的货币幻觉。但由于理性预期的存在，人们不会持续地犯认识上的错误，因而对未来通货膨胀率的预期总是与实际发生的通货膨胀率完全一致。对于政府而言，若要影响实际产出，就只能随机改变货币政策，不让经济人把握货币政策变动的规律，其代价将是经济的剧烈波动。显然，理性的政府是不会采取这种政策方式的。那么，无论在长期还是在短期，政府采取的旨在降低失业率的经济政策都是无效的，这就是卢卡斯的政策无效性命题。卢卡斯的政策无效性命题可用卢卡斯总供给曲线来解释（如图16-15所示）。

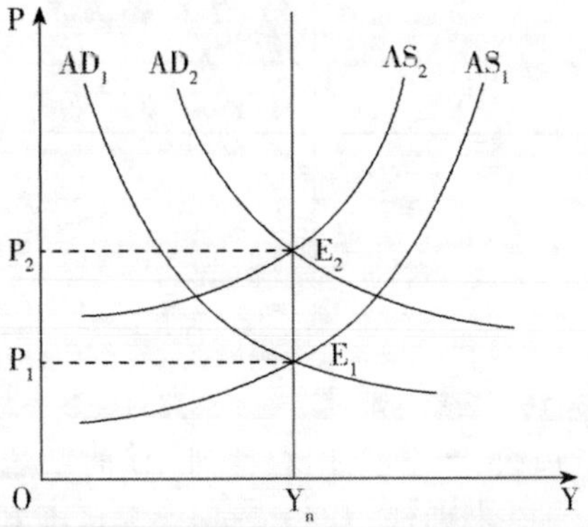


图16-15　卢卡斯的政策无效性命题解释

假定中央银行由于失业率太高，决定购买大量的债券，实行扩张性的货币政策，从而使总需求曲线右移至$AD_2$。由于预期是合乎理性的，公众意识到扩张性货币政策使AD右移，预期价格总水平上升到$P_2$，于是工人要求提高工资，厂商提高价格，那么总供给曲线将左移至$AS_2$与$AD_2$交于$E_2$点，最后总产出仍位于自然率水平（$Y_n$），而价格水平将上升到$P_2$。因而，扩张性的货币政策是无效的。

卢卡斯政策无效论的逆命题是无衰退的反通货膨胀政策。由于预期是理性的，政府只要宣布其反通货膨胀政策并坚定不移地执行，总需求从$AD_2$左移到$AD_1$，总供给曲线$AS_2$右移到$AS_1$，通货膨胀将从$P_2$下降到$P_1$，而产出仍将维持在自然率水平$Y_n$不变，从而实现无衰退的反通货膨胀治理。当然，这只是一种理论假设，现实中并没有哪一个国家实现了这种无衰退的通货膨胀治理。

### 五、新凯恩斯主义的菲利普斯曲线

货币主义、供给学派和理性预期学派一起形成了新古典宏观经济学派，积极倡导自由主义理论和政策无效性理论，对凯恩斯主义构成了极大挑战。在凯恩斯主义陷入困境时，出现的新凯恩斯主义沿袭了凯恩斯主义市场非出清（黏性价格）的假设，并引入了理性预期概念，加强了市场失灵的微观基础的分析。对于菲利普斯曲线的重新阐述是新凯恩斯主义发展与变革的重要方面。

新凯恩斯主义认为，由于西方国家采取成本加成定价模型确定商品的价格，因此，工资和价格并非完全伸缩性的，经济中存在着某些因素妨碍着工资和物价完全随预期价格水平的上升而上升。其中，长期劳资合同是阻碍工资和物价完全伸缩性的原因之一，工资和价格不能充分响应预期价格水平的变动现象称为“工资-价格黏性”。而高昂的谈判成本也是价格黏性存在的原因。同时他们引入了理性预期，得出基本结论为：不论预期或非预期的政策对总产出都会产生影响，但非预期的政策对总产出有更大的影响。其分析如图16-16所示。

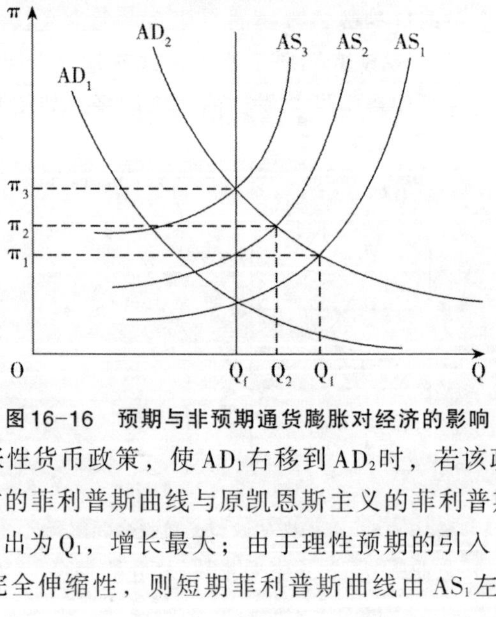


**图16-16　预期与非预期通货膨胀对经济的影响**

当政府采取扩张性货币政策，使$AD_1$右移到$AD_2$时，若该政策出乎公众预料之外，那么事实上此时的菲利普斯曲线与原凯恩斯主义的菲利普斯曲线是一致的，通货膨胀率为$\pi_1$，则产出为$Q_1$，增长最大；由于理性预期的引入，该政策被公众预期到，如果价格具有完全伸缩性，则短期菲利普斯曲线由$AS_1$左移到$AS_3$，则产出为

$Q_f$，仍维持在自然增长水平，货币政策无效。但由于工资-价格黏性的影响，工资及价格无法迅速调整，短期菲利普斯曲线仅由$AS_1$左移到$AS_2$，则通货膨胀率为$\pi_2$，产出扩大为$Q_2$，货币政策仍然有效，但效率比非预期条件下更差。可见，新凯恩斯主义者认为，尽管理性预期的存在削弱了政府政策的效应，但由于工资-价格黏性的存在，政策实际上是有效的。

图16-17显示了中国改革开放以来经济增长与通货膨胀的关系，从中可见，它们之间存在明显的正相关关系（短期菲利普斯曲线关系），但在不同时期它们的关系并不相同。这说明短期菲利普斯曲线受预期和价格黏性的影响而发生移动。货币政策并非完全无效，但也不可能无代价（经济减速）地治理通胀。

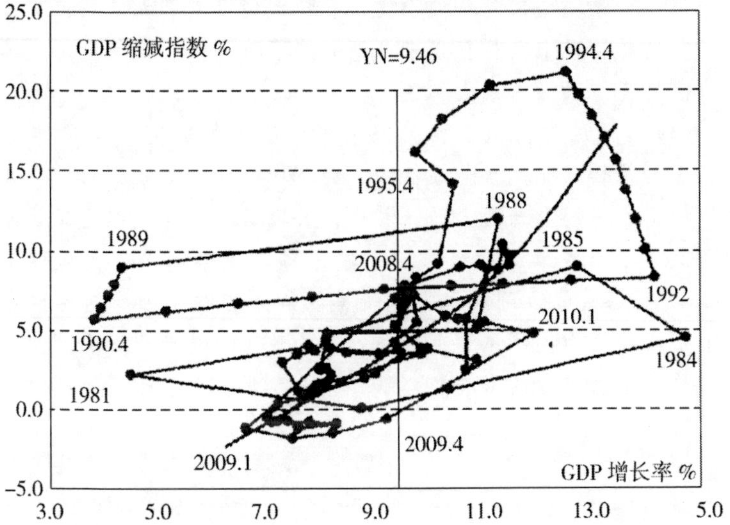


图16-17　中国改革开放以来的经济增长和通货膨胀关系

**课堂小讨论**

发行央行票据对基础货币量会产生什么影响？

## 本章小结

1. IS-LM模型可以说明当商品、劳务市场和货币市场同时处于均衡状态时，收入和利率的相互关系以及货币市场的变动对于整体经济的影响。一般而言，投资取决于投资的边际效率和市场利率，投资的边际效率越高，则投资越多；市场利率越高，则投资越少。

2. 总需求曲线反映的是在商品和货币市场同时处于均衡时价格水平和产出水平的组合。总供给的主要特点是，当价格水平上升时，产出品的供给量在短期内相应增加。在总需求等于总供给时，形成均衡的产出和价格水平。然而，在总需求总供给分析中，有两种均衡——短期均衡与长期均衡。

3. 由于菲利普斯曲线表明了通货膨胀与失业负相关、与经济增长正相关，这就为政策制定者选择不同的政策目标组合提供了理论依据，从而成为主张政府干预的凯恩斯主义的重要理论支柱之一。早期菲利普斯曲线的一个重要政策含义就是货币政策是有效的。当经济出现萧条、失业率上升时，中央银行采取相机抉择政策，扩大货币供给量，就可起到增加就业和产量的积极作用；反之，当经济过热、通货膨胀率高企时，中央银行可削减货币供应量，给经济降温，那么这种政策就不可避免地带来失业率上升的后果。

4.货币政策无效性命题是建立在三个假说之上的，即市场完全出清、自然率和理性预期。其中最重要的是理性预期假说，即认为在竞争的社会里，任何行为人的经济行为都合乎理性，在有效利用一切可获信息的前提下，对经济变量作出的在长期中平均来说最为准确的，并与所使用的经济理论和模型相一致的预期。同时，这种理性预期是处于不完全信息条件下的，即任何经济人都无法获得有关经济运行的全部信息，在这种情况下同样存在未预期到的经济因素。任何经济人都会利用一切可供利用的信息资源来谋求最大利益。

5.新凯恩斯主义认为，由于西方国家采取成本加成定价模型确定商品的价格，因此，工资和价格并非完全伸缩性的，经济中存在着某些因素妨碍着工资和物价完全随预期价格水平的上升而上升。其中，长期劳资合同是阻碍工资和物价完全伸缩性的原因之一，工资和价格不能充分响应预期价格水平的变动现象称为“工资–价格黏性”。而高昂的谈判成本也是价格黏性存在的原因。同时他们引入了理性预期，得出基本结论为：不论预期或非预期的政策对总产出都会产生影响，但非预期的政策对总产出有更大的影响。

## 关键概念

总需求曲线　IS曲线　LM曲线　货币中性　菲利普斯曲线

## 综合训练

### 一、单项选择题

1.在正常情况下，市场利率与货币需求（　　）。

A.正相关　　B.负相关　　C.正负相关都可能　　D.不相关

2.货币供给的主体是（　　）。

A.中央银行　　B.商业银行　　C.政策性银行　　D.金融机构

3.弗里德曼的货币需求理论认为，货币需求具有（　　）。

A.不稳定性　　B.不确定性　　C.相对稳定性　　D.相对不稳定性

4.货币均衡的实际意义是（　　）。

A.货币供应量与货币需求量相等

B.货币供应量大于货币需求量

C.货币供应量小于货币需求量

D.货币供应量与货币需求量大体相适应

5.在我国，收入变动与货币需求量变动之间的关系是（　　）。

A. 同方向　　B. 反方向　　C. A和B都可能　　D. 无任何直接关系

## 二、多项选择题

1. 货币需求包括对（　　）的货币的需求。

A. 执行流通手段职能　　B. 执行支付手段职能

C. 执行贮藏手段职能　　D. 执行世界货币职能

2. 货币政策无效性命题是建立在（　　）假说之上。

A. 市场完全出清　　B. 自然率　　C. 理性预期　　D. 非理性预期

3. 下列关于货币均衡描述正确的是（　　）。

A. 货币均衡具有相对性

B. 货币均衡是动态性概念

C. 货币均衡的实现主要依靠利率机制

D. 它是社会总供求均衡的反映

4. 决定货币供给量的有（　　）。

A. 银行　　B. 政府　　C. 企业　　D. 公众

5. 弗里德曼货币需求理论的政策含义有（　　）。

A. 主张宽松的货币政策对经济具有刺激作用

B. 主张实行"单一规则"的货币政策

C. 不能把充分就业作为货币政策目标

D. 不能把利率作为货币政策目标

## 三、思考题

1. 如何理解货币供给和货币需求的含义？

2. 影响货币需求的因素有哪些？

3. 什么是货币供求均衡？实现货币供求均衡的条件和途径是什么？

4. 简要分析收入状况和市场利率对货币需求的影响。

5. 试述货币供求与社会总供求之间的关系。

6. 简述传统的货币数量理论。

# 第十七章

# 通货膨胀

**引例**

2015年6月，津巴布韦央行宣布采取“换币”行动，从2015年6月15日起至2015年9月30日内，175千万亿津巴布韦元可换5美元，每个津元账户最少可得5美元。此外，对于2009年以前发行的津元，250万亿津元可兑换1美元。津巴布韦的货币津巴布韦元将在9月份停止流通，津巴布韦实行多货币政策。2014年，津巴布韦央行就已经宣布，该国接受人民币、日元、澳元和印度卢比作为该国的法定支付货币。这样，连同2009年宣布的美元、南非兰特、博茨瓦纳普拉、英镑和欧元，津巴布韦理论上的法定货币同时有9种之多。

为什么会这样呢？津巴布韦21世纪初曾经历世界上最恶劣的通货膨胀，通货膨胀率已飙至天文数字，津央行为长期以来靠开动印钞机解决经济问题的做法付出了惨重代价。2009年，津央行曾发行100万亿面值的津元纸币，成为世界上“零”数最多的纸币。于是，2009年4月，津政府宣布不再流通本国货币，以美元、南非兰特等外国货币取而代之。

津巴布韦的通货膨胀不是近期内造成的，20世纪80年代，被称为非洲的“菜篮子”和“米袋子”的津巴布韦是非洲最富裕的国家之一。到了2008年4月4日，继2008年1月津巴布韦中央银行发行最大面值为1000万津元后，又发行了当今世界上面额最大的2.5亿津元纸币，可仍旧有人提议要发行更高面值的纸币。在津巴布韦，人们对货币的使用早已不是论张，而是论“堆”或用秤来“称量”。津巴布韦是世界上百万富翁最多的国家，然而它却又是最贫困的国家之一。如果在津巴布韦乘坐出租车，即使全用5万面额的纸币付费，数钞票付给司机所要花费的时间也差不多与路途全程所用时间相当，其2008年通货膨胀率高达2200000%！每一个到津巴布韦旅行的游客，都会摇身一变成为百万富翁。这样的恶性通胀不仅严重影响了民众的生活，还严重制约了津巴布韦正常的经济发展。据统计，2002年津巴布韦国内生产总值（GDP）增长率为-11.9%，2007年则为-4.4%。而2001年津巴布韦人均国内生产总值为258美元，2007年则仅为130美元。同时，受居高不下的通货膨胀的影响，国民的生活水平迅速下降。2006年，津巴布韦的失业率在60%以上，而2007年这一比率更是达到了80%以上。超高的失业率，使国民收入水平迅速下降，而即使依然在工作的一部分劳动力，其收入水平也比较低。在津巴布韦，人们不敢在手头上持有过多货币，生怕货币贬值，货币在津巴布韦似乎成了烫手山芋，人们一有货币，就想方设法把它变成商品。然而，津巴布韦国内资源短缺问题严重，食用盐、味精、鸡蛋、牛奶、面粉等还经常断货。据统计，津巴布韦国民的预期寿命仅仅为39岁，为了躲避这场灾难，无数津巴布韦国民逃离至邻国南非。

该案例表明，通货膨胀会对人们的生活产生很大的影响。那么，究竟什么是通货膨胀？通货膨胀是如何产生的？通货膨胀有哪些影响？我们将在本章讨论有关通货膨胀的问题。

## 第一节　通货膨胀的定义及度量

### 一、通货膨胀的定义

通货膨胀作为一种市场经济现象普遍地存在于社会生活中，从日常消费的衣服、食品到住房等价格的逐年上涨，再到工业原料、工业制品价格的不断上升，通货膨胀深刻影响着社会经济的运行。经济学界对于通货膨胀的解释并不完全一致，一般分为两派：物价派和货币派。

物价派主要是凯恩斯主义经济学家，主张用一般物价水平或总物价水平的上升来定义通货膨胀，如托宾所下的定义："通货膨胀是指物品与劳务货币价格的普遍上升。"

货币派则强调物价上升不同于通货膨胀，通货膨胀真正的含义应该是指货币数量的过度增长，这种增长会导致物价上涨，但物价上涨本身不是通货膨胀，如哈耶克所言："通货膨胀一词的原意和真意是指货币数量的过度增长，这种增长会合乎规律地导致物价的上涨。"

经济学中一般认为，通货膨胀是一种货币现象，其表现形式是一个经济体中大部分商品和劳务的价格在一段时期内持续地、普遍地上涨。

需要引起注意的是，定义中的物价上涨不是指一种或几种商品的物价上升，也不是物价水平一时的上升，而是指在一段时期内一般物价总水平持续普遍地上升，或者说是货币价值在一定时期内持续地下降。物价总水平或一般物价水平是指所有商品和劳务交易价格总额的加权平均数，也就是价格指数。

## 二、通货膨胀的度量

衡量通货膨胀率的价格指数主要有：消费价格指数（CPI）、GDP缩减指数。此外，有时也会用到生产者价格指数（PPI）。

### （一）消费价格指数

消费价格指数（CPI）又称零售物价指数或生活费用指数，是衡量各个时期居民个人消费的商品和劳务零售价格变化指标。它是度量一组代表性消费商品及服务项目的价格水平随时间而变动的相对数，是用来反映居民家庭购买消费商品及服务的价格水平的变动情况。居民消费价格统计调查的是社会产品和服务项目的最终价格，同人民群众的生活密切相关，同时在整个国民经济价格体系中也具有重要的地位。它是进行经济分析和决策、价格总水平监测和调控及国民经济核算的重要指标。其变动率在一定程度上反映了通货膨胀或紧缩的程度。一般来说，物价全面地、持续地上涨就被认为发生了通货膨胀。消费价格指数的计算公式如下：

$$\text{消费价格指数}=\frac{\text{一组固定商品按当期价格计算的价值}}{\text{一组固定商品按基期价格计算的价值}}\times 100\%$$

例如，对于某国一个普通的家庭支出来说，在1995年购买具有代表性的一组商品的费用为800元，而在2000年购买这一组商品的费用为1 000元，那么该国2000年的消费价格指数 $CPI=\frac{1\,000}{800}\times 100\%=125\%$，也就是说物价水平上涨了25%。

### （二）GDP缩减指数

GDP缩减指数又称GDP折算指数，是指没有剔除物价变动前的GDP（名义GDP）增长与剔除了物价变动后的GDP（实际GDP）增长之比。该指数也用来计算GDP的组成部分，如个人消费开支。它的计算基础比CPI更广泛，涉及全部商品和服务，除消费外，还包括生产资料和资本、进出口商品和劳务等。因此，这一指数能够更加准确地反映一般物价水平走向，是对价格水平最宏观测量。其计算公式如下：

$$\text{GDP缩减指数}=\frac{\text{名义GDP}}{\text{实际GDP}}\times 100\%$$

假设某经济生产部门分别生产大米、猪肉与棉布三种产品，表17-1为1978年和1998年中所生产的产品数量与价格。

表17-1　　1978年和1998年中所生产的产品数量与价格

| 项　目 | 1978年价格 | 1998年价格 | 1998年产量 |
|---|---|---|---|
| 大米(kg) | 0.4 | 2.2 | 200 |
| 猪肉(kg) | 2.8 | 16 | 100 |
| 棉布(m) | 2.4 | 6 | 150 |

根据公式，以1978年为基年，可以算出1998年度的名义GDP为：

$$名义GDP = 200 \times 2.2 + 100 \times 16 + 150 \times 6 = 2940(元)$$

1998年的实际GDP为：

$$实际GDP = 200 \times 0.4 + 100 \times 2.8 + 150 \times 2.4 = 720(元)$$

进而可得：

$$1998年GDP缩减指数 = \frac{1998年名义GDP}{1998年实际GDP} \times 100\% = \frac{2940}{720} \times 100\% = 408.3\%$$

由此计算得出的1978—1998年GDP的价格调整指数为408.3%。若指定1978年为基年，意味着1978年的GDP价格调整指数为100%，表明1998年按产出量的价格加权平均水平比1978年上涨了3.083倍，或者上涨了308.3%。由于在GDP价格调整指数的计算中包括了该国所有产品与劳务的数量和价格信息，因此它可以被看作总物价水平一般性的衡量指标。很多国家就是根据GDP价格调整指数百分比的变化来判断一个经济体系中总体物价水平的变动状况的。

在日常生活中我们更关心的是通货膨胀率，它被定义为从一个时期到另一个时期价格水平变动的百分比。其公式为：

$$T = \frac{P_t - P_{t-1}}{P_{t-1}}$$

式中：T为t时期的通货膨胀率，$P_t$和$P_{t-1}$分别表示t时期（表示报告期）和t-l时期（代表基期）的价格水平。

### 三、通货膨胀的分类

一般来说，通货膨胀存在多种划分标准，常见的有：以通货膨胀的剧烈程度分类、以通货膨胀的形成原因分类、以通货膨胀的表现形式分类、以对通货膨胀的预期分类。

#### （一）以通货膨胀的剧烈程度分类

若以通货膨胀的剧烈程度分类，通货膨胀可分为温和的通货膨胀、奔腾的通货膨胀、恶件通货膨胀。

温和的通货膨胀的特点是：通货膨胀低而且物价水平较为稳定，价格长期地以一个稳定的、较低的速率上涨，我们将其定义为年通货膨胀率为10%以内的通货膨胀。此时的物价相对来说比较稳定，人们对货币比较信任。

奔腾的通货膨胀，又称为加速的通货膨胀，其特点是：通货膨胀率较高，一般在两位数以上，而且还在加剧。这种通货膨胀局面一旦形成并稳固下来，便会出现严重的经济扭曲。

恶性通货膨胀，又称超速通货膨胀，其特点是：通货膨胀率非常高，一般在三位数以上，此时物价时刻在增长，会引起经济体系的崩溃乃至于政权更迭。

#### （二）以通货膨胀的形成原因分类

若以通货膨胀的形成原因分类，通货膨胀可分为需求拉动型的通货膨胀、成本推动型通货膨胀、输入型通货膨胀和结构型通货膨胀。

需求拉动型通货膨胀指的是因社会总需求过度增长，超过了社会总供给的增长幅度，导致商品和劳务供给不足、物价持续上涨的通货膨胀类型，其特点是自发性、诱发性、支持性。

成本推动型通货膨胀又称成本通货膨胀或供给通货膨胀，是指在没有超额需求的情况下由于供给方面成本的提高所引起的一般价格水平持续和显著的上涨。

输入型通货膨胀是指由于国外商品或生产要素价格的上涨，引起国内物价的持续上涨现象（汇率所致）。

结构型通货膨胀是指物价上涨是在总需求并不过多的情况下，而对某些部门的产品需求过多造成部分产品的价格上涨现象。

（三）以通货膨胀的表现形式分类

若以通货膨胀的表现形式分类，通货膨胀可分为公开型通货膨胀和隐蔽型通货膨胀。

公开型通货膨胀是指在较为完善的市场机制条件下，由于价格对供求反应灵敏，过度需求通过价格的变动得以消除，通货膨胀通过一般物价上涨形式表现出来。

隐蔽型通货膨胀是指物价水平的上涨并没有完全通过公开的物价指数上涨表现出来。由于价格被政府管制而不能或不能完全、充分地上涨，在现行价格水平及相应的购买力条件下，就会出现商品普遍短缺、有价无货、凭票证供应、黑市猖獗等现象。这与公开型通货膨胀是不同的。

（四）以对通货膨胀的预期分类

若以对通货膨胀的预期分类，通货膨胀可分为完全预期的通货膨胀和不完全预期的通货膨胀。

通货膨胀预期说，主要通过对通货膨胀预期心理作用的分析来解释通货膨胀的发生。该理论认为，在完全竞争的市场条件下，如果人们普遍预期一年后的价格将高于现在的价格，就会在出售和购买商品时将预期价格上涨的因素考虑进去，从而引起现行价格水平提高，直至其达到预期价格以上。这种在市场预期心理作用下发生的通货膨胀被称之为“预期的通货膨胀”。西方经济学家对通货膨胀预期如何形成有两种不同的观点。

一种观点认为，人们在形成预期时是“向后看”的，即主要根据以往的经验来形成对未来的预期，这种观点被称之为“适应性预期假说”；另一种观点则认为，人们在形成预期时是“向前看”的，即主要根据各方面的信息，分析有关变量发展变化的可能，从中形成对未来的预期，这种观点被称之为“理性预期假说”。

实际上，人们在形成通货膨胀预期时是二者兼而有之的。在物价持续上涨时期，一旦人们形成通货膨胀预期，就会在各种经济活动中将预期的通货膨胀考虑进去，政府也会根据预期的通货膨胀率制定财政、货币政策，从而使通货膨胀产生惯性。这种由于预期通货膨胀率而持续存在的通货膨胀被称之为“惯性通货膨胀”。预期通货膨胀率会随着市场供求关系的变化和政府调控政策的实施而相应调整。其惯性的大小主要取决于预期形成的方式。如果人们在形成预期时是向后看的，预期通货膨胀率通常会有较大的惯性；如果人们在形成预期时是向前看的，预期通货膨胀率就会有较小的惯性。

完全预期通货膨胀是指在经济生活中，人们预计将要发生通货膨胀，为避免经济损失，在各种交易、合同投资中将未来的通货膨胀预先计算进去。这种类型的通货膨胀会带来一定的成本：第一是“皮鞋成本”，即由于持币成本增加，人们不愿意将过多的货币携带在身边，因此需要更多地到银行取款，这个过程需要花费一定的成本；第二是菜单成本，由于在通货膨胀时期需要对产品价格进行调整，由此产生一定的成本；第三是经济低效或无效，由于菜单成本导致价格黏性，因此通货膨胀会引起相对价格变动，使得资源配置中的微观经济无效；第四是增加税收负担，如果征税不是针对真实收入，而是名义收入，那么，通货膨胀会加重个人所得税负担；第五是导致生活不方便，因为货币作为价值尺度总是在变，个人金融计划变得更复杂。

不完全预期通货膨胀是指人们在经济活动中并未将通货膨胀因素考虑进去，即未预期到通货膨胀的发生。未预期的通货膨胀会产生一种特殊的成本：它将以一种既与才能无关又与需要无关的方式重新分配财富，这种再分配的发生是因为经济中许多贷款是按计价单位——货币来规定条款的，这种成本总会使合同的一方受损，另一方受益。例如，企业与员工按预期通货膨胀率签订工资合同，若通货膨胀比预期的高，企业将受益，因为未预期到的通货膨胀使工资和物价水平下降，降低了合同工资的实际货币价值，因而将使员工的情况变得更加糟糕；若通货膨胀比预期的低，员工将受益，因为未预期到的通货紧缩将使合同工资的实际货币价值提高，企业将承受损失。

**课堂小讨论**

我们去超市购物时，发现商品价格上涨了，是不是说发生了通货膨胀？

## 第二节　通货膨胀的成因

通货膨胀是人类社会面临的最严重的一种经济现象，通货膨胀对各个国家以及整个世界的安稳有着不可估量的破坏作用，第二次世界大战足以说明通货膨胀后果的严重性。对通货膨胀产生原因的了解是正确解决恶性通货膨胀问题的前提，也是各个国家以及世界安宁稳定的前提。一般来说，对通货膨胀的成因分析存在两种不同的解释：一个是通货膨胀的货币供求解释，另一个则是通货膨胀的总供求解释。

### 一、通货膨胀的货币供求解释

现代货币学派代表人物弗里德曼曾说过：“通货膨胀永远而且到处是一种货币现象。”通货膨胀的货币供求解释从货币数量论的角度出发，认为经济中存在货币数量决定货币价值和物价水平，货币量增长是通货膨胀的主要原因。货币供求解释存在三个假定。

第一是假定货币供给$M_s$由中央银行决定；第二是决定真实货币需求量$M_d$的重要因素是人们的交易动机，并且名义货币需求与物价水平正相关，即：

$$\frac{\Delta M_d}{\Delta p} > 0$$

第三是由于物价水平与货币价值存在反向关系，所以名义货币需求与货币价值存在反向关系。

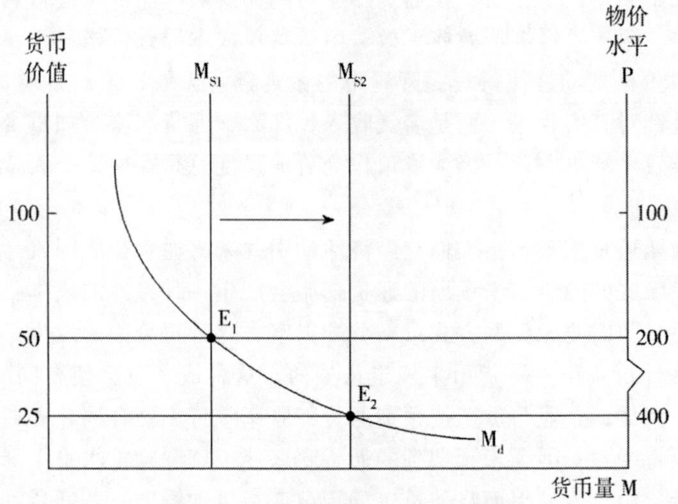


图 17-1　通货膨胀的货币供求解释

当经济中的货币处于供求平衡的时候，物价将稳定在一个水平上。如图 17-1 所示，当货币供给量为$M_{s1}$时，此时均衡物价水平处于$E_1$处，$P_1$=200；当货币供给量增加时，即由$M_{s1}$移向$M_{s2}$时，均衡点由$E_1$移向$E_2$，此时物价水平为$P_2$=400，即货币供给的增加引起物价水平的提高，即通货膨胀率的提高。

根据货币数量论的公式：

$$P = \frac{VM}{Q}$$

式中：P表示物价水平，V表示货币流通速度，M表示货币供应量，Q表示真实产出数量。该公式表明由于商品交换总是经过货币完成的，经济中真实产出的货币价值与流通中的总货币价值相等。

古典经济学家认为V（即货币流通速度）是稳定的，他们还相信，在充分就业条件下，经济增长的步幅也是稳定的，即Q保持不变，因此货币供应量M变化会表现为价格水平P变动。

## 二、通货膨胀的总供求解释

在总供求框架中，其他条件不变时，任何移动总需求和总供给曲线的因素，都可能导致物价水平变动。其中，短期通货膨胀分为两类：需求拉动型通货膨胀和成本推动型通货膨胀。长期通货膨胀主要表现为结构型通货膨胀。

（一）需求拉动型通货膨胀

这是从总需求的角度来分析通货膨胀的成因，认为通货膨胀的原因在于总需求过度增长，总供给不足，即“太多的货币追逐较少的货物”，或者是“因为物品与劳务的需求超过按现行的价格可得到的供给，所以一般物价水平便上涨”。总之，就是总需求大于总供给所引起的通货膨胀。

对于引起总需求过大的原因又有两种解释：一是凯恩斯主义的解释，强调实际因素对总需求的影响；二是货币主义的解释，强调货币因素对总需求的影响。凯恩斯主义认为，当经济中实现了充分就业时，表明资源已经得到了充分利用。这时，如果总需求仍然增加，就会由于过度总需求的存在而引起通货膨胀。可以用膨胀性缺口这一概念来说明这种通货膨胀产生的原因。膨胀性缺口是指实际总需求大于充分就业总需求时，实际总需求与充分就业总需求之间的差额。凯恩斯强调了通货膨胀与失业不会并存，通货膨胀是在充分就业实现后产生的。当总需求增加后，总供给的增加并不能迅速满足总需求的这种增加，产生短缺，价格上升。但由于经济中没有充分就业，价格的上升刺激了总供给，国民收入也增加了。如图17-2所示，当总需求从$AD_1$移动到$AD_2$时，经济均衡点从$E_1$移动到$E_2$，真实产出从$Y_1$上升到$Y_2$，一般物价水平从$P_1$上升到$P_2$。

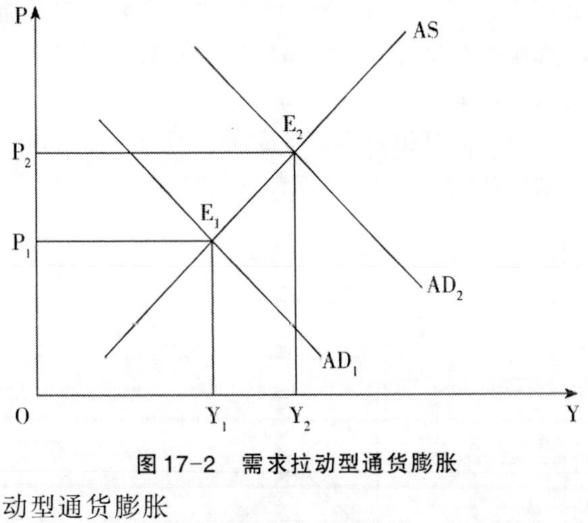


**图17-2　需求拉动型通货膨胀**

（二）成本推动型通货膨胀

这是从总供给的角度来分析通货膨胀的成因。供给就是生产，根据生产函数，生产取决于成本。因此，从总供给的角度看，引起通货膨胀的原因在于成本的增加。成本增加意味着只有在高于从前的价格水平时，才能达到与以前一样的产量水平，即总供给曲线向左上方移动使国民收入减少，价格水平上升，这种价格上升就是成本推动的通货膨胀。

引起成本增加的原因并不相同，因此，成本推动的通货膨胀又可以根据其成因分为以下几种：

1.工资成本推动的通货膨胀

经济学家认为，工资是成本中的主要部分。工资的提高会使生产成本增加，从而导致价格水平上升。在劳动市场存在工会的卖方垄断的情况下，工会利用其垄断地位要求提高工资，雇主迫于压力提高了工资之后，就把提高的工资加入成本，提高产品的价格，从而引起通货膨胀。工资的增加往往是从个别部门开始的，但由于各部门之间工资的攀比行为，个别部门工资的增加往往会导致整个社会的工资水平上升，从而引起普遍的通货膨胀。而且，这种通货膨胀一旦开始，还会形成“工资–物价螺旋式上升”。这样一来，工资与物价不断互相推动，会形成严重的通货膨胀。

2.利润推动的通货膨胀

利润推动的通货膨胀，又称价格推动的通货膨胀，指市场上具有垄断地位的厂商为了增加利润而提高价格所引起的通货膨胀。在不完全竞争市场上，具有垄断地位的厂商控制了产品的销售价格，从而就可以提高价格以增加利润。通货膨胀是由于利润的推动而产生的。尤其是工资增加时，垄断厂商以工资的增加为借口，更大幅度地提高物价，使物价的上升幅度大于工资的上升幅度，其差额就是增加的利润。这种利润增加使物价上升，形成通货膨胀。

3.进口成本推动的通货膨胀

这是指在开放经济中，由于进口的原材料价格上升而引起的通货膨胀。在这种情况下，一国的通货膨胀通过国际贸易渠道而影响到其他国家。这种通货膨胀发生时，物价的上升会导致生产减少，从而引起萧条。

与这种通货膨胀相对应的是出口型通货膨胀，即由于出口迅速增加，以致出口生产部门成本增加，国内产品供给不足，引起通货膨胀。

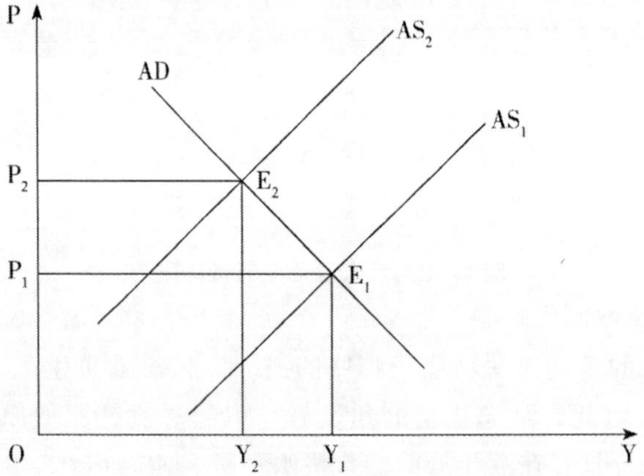


图 17-3　需求拉动型通货膨胀

如图 17-3所示，给定短期总供给曲线$AS_1$，均衡产出与价格水平组合为$Y_1$和$P_1$。假定某种外生因素变动使成本提升，总供给线向左上方移动到$AS_2$，新产出价格组合为$Y_2$和$P_2$，造成成本推动型通货膨胀。

（三）结构型通货膨胀

结构型通货膨胀是指生产结构的变化导致总供求失衡或者导致部分供求失衡而引发的通货膨胀。结构型通货膨胀是长期的，是由于结构失衡而引发的通货膨胀，其传导机制是价格刚性机制和价格攀比机制。

当各个行业、各种工资结构成为刚性时，只要有一部分行业由于劳动生产率提高导致工资上升，其他劳动生产率没有提高的行业工资也会有相应提高时，就会导致结构性通货膨胀。

结构型通货膨胀是由鲍莫尔在1967年提出的。他把经济活动分为两个部分：一是劳动生产率不断提高的先进部门（工业部门）；二是劳动生产率保持不变的保守部门（服务部门）。当前者由于劳动生产率的提高而增加货币工资时，由于攀比，后者的货币工资也以同样的比率提高。在成本加成定价的通常做法下，整个经济必然产生一种由工资成本推进的通货膨胀。因此，在经济结构的变化中，某一部门的工资上升，将引起其他部门向它看齐，从而以同一比率上升。随着理论的不断发展，结构型通货膨胀又分化为以下几种：

1.需求结构转移型通货膨胀

在总需求不变的情况下，某个部门的一部分需求转移至其他部门，而劳动力及其他生产要素却不能及时转移，这时，需求增加了的部门的工资和产品价格上涨，而需求减少了的部门的产品价格却未必相应下降，结果导致物价总水平的上升。

2.部门差异型通货膨胀

英国的萨尔沃教授用部门间的差异来解释结构型通货膨胀。一般来说，产业部门生产率的增长快于服务业部门，但两大部门的货币工资增长速度却相同，而且这种增长速度是由产业部门生产率的增长速度所决定的，结果，服务业部门货币工资的增长速度便超过其生产率的增长速度。这种部门间生产率增长速度的差异和货币工资的一致增长，就造成了服务部门成本持续上升的压力，从而成为一般物价水平上涨的原因。

3.小国型通货膨胀

挪威经济学家奥德·奥克鲁斯特将结构型通货膨胀同开放经济结合起来分析，创立了著名的“小国开放模型”。所谓“小国”，不是针对国土和人口因素而言的，而是指该国在世界市场上只是价格接受者，而不能决定商品的国际价格。“小国开放模型”所要研究的是处于开放经济中的“小型国家”如何受世界通货膨胀的影响而引起国内通货膨胀。这个模型将一国经济划分成两大部门，一是“开放经济部门”，即产品与世界市场有直接联系的部门，如制造加工业等；二是“非开放经济部门”，即产品与世界市场没有直接联系的部门，如服务业、建筑业等。由于小国在世界市场上是价格接受者，因此，当世界市场上的价格上涨时，开放经济部门的产品价格也随之上涨，结果也会使开放经济部门的工资相应上涨。一旦开放经济部门的工资上涨后，非开放经济部门也必然会向开放经济部门看齐而提高工资，结果非开放经济部门的生产成本上升，其产品价格也必然随之提高。这样，就导致了

"小国"全面的通货膨胀。

4.落后经济的结构型通货膨胀

这种类型的通货膨胀主要发生在发展中国家。这种观点是由拉丁美洲的结构主义经济学家所提出来的。结构主义者认为，在发展中国家，由于落后的、不合理的经济结构不适应经济发展的需要，尤其是农业、外贸和政府部门具有的制度性的刚性，使物价水平随着经济的发展一起上涨。他们认为：在农业部门，由于存在着过时的土地所有制，限制了农业投资的增长和农业生产技术的改进，使农业生产结构僵化，导致农业生产率及供给弹性低下，结果农业部门所生产的农产品不能满足工业化及经济发展和人口增长的需要，使农产品价格上涨。由于农产品价格是一种基础价格，其上涨会引起一系列连锁反应，从而它又会带动整个物价水平上涨；从理论上来说，对农产品的过度需求可以通过进出口贸易来加以解决，即通过出口工业品来换取农产品。然而，发展中国家的外贸部门（尤其是出口部门）生产率也十分低下，进出口结构很不合理，出口以初级产品为主，初级产品在国际市场上需求的价格弹性很低，贸易条件十分不利，再加上出口部门供给弹性不足，致使出口增长十分缓慢；此外，进口又以资本品及中间投入品为主，这些进口品是维持国内生产及经济增长所必不可少的，而为促进国内经济增长就必须大量增加进口。这样一来，出口收入的增长便赶不上进口支出的增加，结果势必导致国际收支的逆差。在这种情况下，本币的贬值就不可避免。而本币贬值以后，进口品的国内价格就会立即上升。在进口需求呈刚性的情况下，进口品的价格上涨就会推动国内生产成本和物价水平的上涨；在政府部门，由于发展中国家的人均收入水平低，故税收体制以间接税为主，所得税所占的比重很小，而间接税税收的收入弹性很低，其税收的增长速度赶不上国民收入的增长速度。同时，由于面临着发展经济的艰巨任务，发展中国家的政府又必须不断扩大支出（特别是投资支出）以推动经济的增长，结果形成越来越大的结构性财政赤字，而这种财政赤字最终势必以增发货币的形式来加以弥补，这样，通货膨胀就会接踵而至。

总之，各种复杂的结构性因素综合在一起，就从总体上推动了一般物价水平普遍的和持续的上涨。

## 第三节　通货膨胀的效应

通货膨胀作为一种普遍存在的经济现象，常常是一种不受欢迎的经济现象：它使得物价不断上涨，货币购买力不断下降，由此引起工人实际工资急剧下降，生活日益贫困。而农民等小生产者则因为在物价上涨过程中，工农业产品价格"剪刀差"的扩大，不得不以高价购买工业生产的生活资料，低价出卖自己的农产品和手工产品，因而更加贫困；通货膨胀也严重影响一般公职人员和知识分子的生活，因为他们的薪金也不能按物价上涨的幅度而相应增长；通货膨胀给垄断资产阶级带来极大利益，他们不仅会通过政府订货和价格补贴等，把国家用滥发纸币从劳动人民那里掠夺来的大部分收入转入自己的腰包，而且可以利用实际工资下降，或者用贬值的货币偿还债务，以及利用物价飞涨乘机进行囤积居奇等，获得巨额的利润，通货膨胀是资产阶级或统治阶级加强对基层劳动人民剥削和掠夺的重要手段。

总而言之，通货膨胀给人们的生活带来了众多的困扰，低通货膨胀常常与高失业、低产出相联系，政策制定者常常面临两难问题，因此无论是政府还是学术界在政策的制定上常常存在巨大的争议，由此也形成了关于通货膨胀对经济影响的三种观点：一是促进论，认为通货膨胀可以促进经济增长；二是促退论，认为通货膨胀会损害经济增长；三是中性论，认为通货膨胀对经济增长既有正效应也有负效应。

## 一、通货膨胀的经济增长效应

### （一）通货膨胀“促进论”

1958年，新西兰经济学家菲利普斯（A.W.Phillips）在其发表的《1861—1958年英国的失业率与货币工资率的变化率之间的关系》一文中提出，通货膨胀具有促进经济增长的作用。通过分析，菲利普斯发现在失业率与货币工资上升率之间存在一种比较稳定的替代关系，即在失业率较低的时期，货币工资上升得较快，而在失业率较高的时期，货币工资上升得较慢，甚至可能由上升变为下降。菲利普斯当时在统计上验证了通货膨胀与失业率这一反向关系，但其研究缺乏理论依据。

1960年，加拿大经济学家利普赛（R.G.Lipsey）在理论上验证了菲利普斯的研究结论，他通过研究劳动力市场上的供求情况，认为货币工资增长率与劳动力的超额需求之间存在线性关系，劳动力的超额需求越大，货币工资上升趋势越显著。同时，劳动力的超额需求越大，失业率越低。因此，这两点共同验证了货币工资增长率与失业率之间呈现反向关系，也就是菲利普斯曲线，如图17-4所示。

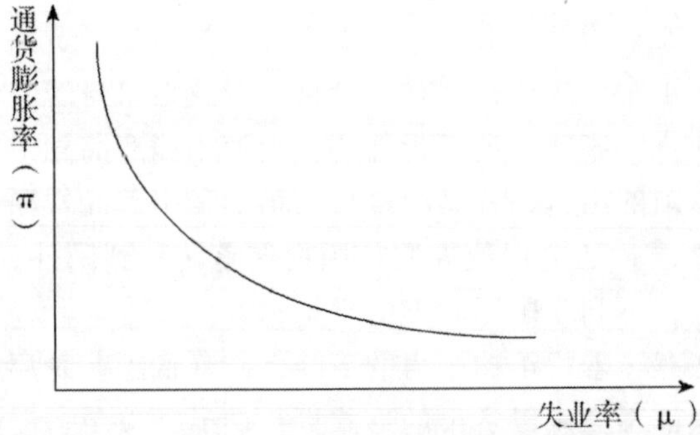


图17-4 菲利普斯曲线

菲利普斯曲线被发现后，不仅在理论上被人们普遍接受，还得到政策制定者的广泛运用，通过研究这一具体关系，政府有效地将通货膨胀与失业控制在可接受的范围之内。

支持通货膨胀促进论的观点大多从凯恩斯的有效需要分析出发，认为经济增长缓慢的重要原因是有效需求不足，因此要刺激经济增长就要增加有效需求，例如增加财政支出，增加货币供应量，实行膨胀性政策，刺激投资和消费，其主要观点如下：

第一，在通货膨胀的情况下，由于“货币幻觉”的存在和工人对通货膨胀预期的不充分，工资的上涨往往慢于物价的上涨，结果实际工资下降，降低厂商的生产成本，提高了利润，刺激了厂商投资，从而促进经济增长，这主要是一种短期效应。

第二，通货膨胀是一种有利于高收入阶层（即利润收入阶层）而不利于低收入阶层（即工资收入阶层）的收入再分配。由于高收入阶层的边际储蓄货币较高，因此，通货膨胀会促使社会储蓄率的提高，根据哈罗德-多马经济增长模型，社会储蓄率提高会提高经济增长率，加快经济发展。

第三，通货膨胀实际上是货币发行者（即政府部门）从货币持有者（即私人部门）手中获得收入的过程，政府通过发行货币，无偿获得对一部分商品或劳务的支配权，而货币持有者手中的货币却因通货膨胀不断贬值，其购买力降低，这实质上是政府向所有货币持有者征税（通货膨胀税），从而使政府收入增加。如果政府将所获得的这种通货膨胀税收收入用于投资，则将会提高社会的投资率，从而推动经济增长。

（二）通货膨胀“促退论”

另外，有一些经济学家则认为通货膨胀不仅不能促进经济的增长，反而会对经济运行产生巨大的危害。其主要观点如下：

第一，在持续性的通货膨胀过程中，市场价格机制将遭到严重破坏。由于市场价格机制失去了其应有的调节功能，往往会促使消费者和生产者作出错误的决策，从而导致经济资源的不合理配置和严重浪费，使经济效率大大下降。

第二，通货膨胀会动摇人们对货币的信心，并促使人们更多地持有那些价格随通货膨胀不断上涨的实物资产、黄金、外汇以及各种高档消费品或从事房地产等投机活动，而不去从事正常的生产性活动，结果将严重地阻碍经济增长。

第三，一国的通货膨胀率长期高于外国，会使本国产品相对于外国产品的价格上升，从而不利于本国的出口，并刺激进口的增加，引起经常项目的逆差。本国通货膨胀率长期高于外国，还会促使人们将国内储蓄转移到国外，导致资金的外流，引起资本项目的逆差，不利于国际收支的平衡。

第四，通货膨胀意味着货币购买力的下降，它降低工薪阶层的实际收入水平和储蓄价值，因此公众都不愿意以货币的形式进行储蓄，以免遭受经济损失。在预期物价会进一步上涨的心理支配下，公众势必为避免将来物价上涨所造成的经济损失减少储蓄而增加目前消费，这会使社会储蓄率下降，经济增速下降。

## 二、通货膨胀的再分配效应

通货膨胀的发生必将对社会经济生活产生影响。如果通货膨胀率是稳定的，人们可以完全预期，那么通货膨胀率对社会经济生活的影响很小。因为在这种可预期的通货膨胀之下，各种名义变量（如名义工资、名义利息率等）都可以根据通货膨胀率进行调整，从而使实际变量（如实际工资、实际利息率等）不变。这时，通货膨胀对社会经济生活的唯一影响，是人们将减少他们所持有的现金量。但是，在通货膨胀率不能完全预期的情况下，通货膨胀将会影响社会收入分配及经济活动。因为这时人们无法准确地根据通货膨胀率来调整各种名义变量，以及他们应采取的经济行为。

（一）通货膨胀不利于靠固定的货币收入维持生活的人

对于固定收入人群来说，通货膨胀将使他们财富随着时间的推移而减少，由于收入是固定的并且落后于上涨的物价水平，其购买力将随价格的上升而下降。受影响最为明显的是领取固定养老金的老人、靠福利和转移支付维持生活的低收入阶层。

在公共养老金制度下，退休者在退休初期可以按照一定的替代率获取一部分养老金。由于预期寿命的延长，使得多数退休者退休期持续时间较长。假设这部分名义养老金固定不变，由于经济的波动，每年物价水平的变化，退休者用这部分养老金所能购买的生活资料和服务的数量就会有很大的不同。即使是相对适度的通货膨胀率，最终也会严重侵蚀每月这部分固定退休收入的购买力。我们举例说明，如果通货膨胀率为5%（大致相当于意大利20世纪70年代的水平），则退休收入的购买力在5年以后减至50%，16年以后（约一半的退休者仍存活）只相当于初始购买力的10%多一点。在许多OECD国家的平均退休期间，即使是适度的通货膨胀率，也会对这部分公共养老金产生严重的侵蚀。即使是适度的通货膨胀率，由于它具有幂级数效应，因而在相当长的退休期间内也需要建立退休收入购买力的调整机制，以保障退休者的最基本的生活需要。

（二）通货膨胀对储蓄不利

随着价格上涨，存款的实际价值或购买力就会下降，那些口袋中有闲置货币和存款在银行的人受到严重打击。同样，像保险金、养老金以及其他固定价值的证券财产等，在通货膨胀中，其实际价值也会下降。

（三）通货膨胀有利于债务人不利于债权人

在通常情况下，借贷的债务契约都是根据签约时的通货膨胀率来确定名义利息率，所以当发生了未预期的通货膨胀之后，债务契约无法更改，从而就使实际利息率下降，债务人受益，而债权人受损。其结果是对贷款，特别是长期贷款带来不利的影响，使债权人不愿意发放贷款。贷款的减少会影响投资，最后使投资减少。

（四）通货膨胀将有利于雇主而不利于工人

这是因为，在不可预期的通货膨胀之下，工资增长率不能迅速地根据通货膨胀率来调整，从而即使在名义工资不变或略有增长的情况下，导致实际工资下降。实际工资下降会使利润增加，而利润的增加有利于刺激投资，这正是一些经济学家主张以温和的通货膨胀来刺激经济发展的理由。

（五）通货膨胀将有利于政府而不利于公众

由于在不可预期的通货膨胀之下，名义工资总会有所增加（尽管并不一定能保持原有的实际工资水平），随着名义工资的提高，达到纳税起征点的人增加了，有许多人进入了更高的纳税等级，这样就使得政府的税收增加。但公众纳税数额增加，实际收入却减少了。政府由这种通货膨胀中所得到的税收称为“通货膨胀税”。一些经济学家认为，这实际上是政府对公众的掠夺。这种通货膨胀税的存在，既不利于储蓄的增加，也影响了私人与企业投资的积极性。

**课堂小讨论**

如果张三欠你100万元，发生通货膨胀对你而言是好还是坏？为什么？

## 第四节　通货膨胀的治理

对于通货膨胀的危害，经济学家凯恩斯曾指出，再没有什么比通过摧毁一国的货币来摧毁一个社会的基础更容易的事情了。也就是说，通货膨胀通常是由货币泛滥引起的，而通货膨胀出现或恶化不仅会导致市场价格的严重扭曲，而且也会导致一国货币的严重贬值，并由此破坏整个市场的运作法则。由于通货膨胀对一国经济、社会和政治生活均产生较大影响，如何治理通货膨胀就成为各国政府都很关心的课题。又因各国经济学家对通货膨胀的成因看法不同，因此提出的治理通货膨胀措施也有一定的差异，归纳起来，主要有以下几种：

### 一、抑制总需求

（一）紧缩性货币政策

由于通货膨胀是纸币流通条件下出现的经济现象，引起物价总水平持续上涨的主要原因是流通中的货币量过多，因此，各国在治理通货膨胀时所采取的重要措施之一就是紧缩货币政策，即中央银行实行紧缩银根政策，通过减少流通中货币量的办法以提高货币购买力，减轻通货膨胀压力。掌握货币政策工具的中央银行一般采取以下一系列措施：

（1）出售政府债券，这是公开市场业务的一种操作方法，中央银行在公开市场上出售各种政府债券，就可以缩减货币供应和货币供应潜在的膨胀，它是最重要且被经常使用的一种抑制政策工具。

（2）提高贴现率和再贴现率，以影响商业银行的利息率，这势必带来信贷紧缩和利率上升，有利于控制信贷的膨胀。

（3）提高商业银行的法定准备金，以减少商业银行放款，从而减少货币供应。

（4）直接提高利率，紧缩信贷。利率的提高会增加使用信贷资金的成本，货币供应量将因此减少，同时，利率提高还可以吸收储蓄存款，减轻通货膨胀压力。

（二）紧缩性财政政策

用紧缩性财政政策治理通货膨胀就是紧缩财政支出、增加税收、谋求预算平衡、减少财政赤字。

中华人民共和国成立以来，国民经济运行的常态是社会总需求大于总供给，几次国民经济调整中都采取了紧缩性财政政策，以矫治经济发展速度过快、比例严重失调和通货膨胀的弊端。

## 二、收入政策

抑制通货膨胀的收入政策就是政府在通货膨胀时期用来限制货币收入水平和物价水平的经济政策，它通常是由政府制定一套关于物价和工资的行为准则，由劳资双方共同遵守。其目的在于控制通货膨胀而不至于陷于“滞胀”。收入政策一般包括下列内容：

（一）确定工资-物价指导线，以限制工资-物价的上升

这种指导线是由政府当局在一定年份内允许总货币收入增加的一个目标数值线，即根据统计的平均生产力的增长，政府当局估算出货币收入的最大程度增长，而每个部门的工资增长率应等于全社会劳动生产率增长趋势，不允许超过。只有这样，才能维持整个经济中每单位产量的劳动成本的稳定，因而预定的货币收入增长就会使物价总水平保持不变。

（二）工资管制（或冻结工资）

强制推行的控制全社会职工货币工资增长总额和幅度，或政府强制性规定职工工资在若干时期内再增加必须固定在一定水平上的措施。管制或冻结工资被认为能降低产品成本，从而减轻成本推动型通货膨胀的压力。这是通货膨胀相当严重时采取的非常措施，但正是因为通货膨胀严重，使人民收入生活水平持续下降，从而使冻结或管制工资措施实施起来更为困难。

（三）以纳税为基础的收入政策

通过一种对过多地增加工资的企业按工资增长超额比率征以特别税款的办法，来抑制通货膨胀。一般认为，实行这种税收罚款办法，可以使企业有所依靠，拒绝工资超额提高，并同工会达成工资协定，从而降低工资增长率，降低通货膨胀率。

## 三、供给政策

以拉弗等为首的供给学派认为，通货膨胀是与供给联系在一起的。无论什么原因的通货膨胀最终的结果都是物价上涨，物价上涨在竞争的市场环境下总是表现为与货币购买力相比的商品供给不足。因此，治本的方法就是提高劳动生产率，降低商品成本，增加有效供给。供给政策的主要内容包括：减税，即降低边际税率；削减社会福利开支；稳定币值；精简规章制度，给企业松绑，刺激企业创新积极性，提高生产率等。

## 四、价格政策

通过反托拉斯法限制价格垄断，这是价格政策的基本内容。价格垄断有可能出现定价过高和哄抬物价的现象，为了治理通货膨胀，就必须限制价格垄断。美国在20世纪70年代早期（尼克松主政下），曾试验过这种方法。其中一个主要的问题是，这些政策与刺激需求同时实施。经济学家一般视物价控制为不良做法，因其助长短缺、降低生产品质，从而扭曲经济运行。然而，若能避免因经济严重衰退导致成本升高，或在抵抗战时通货膨胀的情形下，这样的代价或许值得。实际上，物价控制可能因抵抗通货膨胀而使经济衰退更具影响力（因降低需求而提高失业率），而经济衰退可在需求高涨时防止物价因控制产生歪曲。

## 五、结构调整

这种政策在反通货膨胀的过程中，不仅能压缩社会总需求，而且在经济结构调整和增加社会有效供给方面都能发挥重要的作用。

我国从2010年下半年开始的通货膨胀势头是综合性的，其中既有需求拉动的成分，又有国际输入的成分，但更重要的是成本推进型的通货膨胀压力。这大体上由以下四方面原因形成：一是原材料、燃料价格因成本上升而上升；二是农产品价格因成本上升而上升；三是用工成本上升推动了价格上升；四是地价和房价的上升推动了成本的上升。应对成本推进型的通货膨胀压力，不宜单纯采取宏观紧缩政策。但由于当时我国的通货膨胀势头是综合性的，所以由适度从宽的货币政策转向稳健的货币政策是可行的，保持积极的财政政策也是必要的。当时的迫切问题是，要让货币流量回归到合理的水平，这有助于治理成本推进型通货膨胀。但控制信贷规模一定要适度，要适可而止，否则就可能出现“滞胀”，通货膨胀率压不下来，或下降得不多，而失业人数增多了，并且居高不下。所以，治理成本推进型通货膨胀一定要从结构调整方面着手。

**课堂小讨论**

讨论一下通货膨胀与通货紧缩的危害及表现，并比较两者谁的危害更严重。

## 本章小结

1.通货膨胀作为一种市场经济现象普遍地存在于社会生活中，从日常消费的衣服、食品到住房等价格的逐年上涨，再到工业原料、工业制品价格的不断上升，通货膨胀深刻影响着社会经济的运行。经济学界对于通货膨胀的解释并不完全一致，一般分为两派：物价派和货币派。经济学中一般认为通货膨胀是一种货币现象，其表现形式是一个经济体系中大部分商品和劳务的价格在一段时期内持续地、普遍地上涨。

2.衡量通货膨胀率的价格指数一般有三种：消费价格指数（CPI）、生产者价格指数（PPI）、GDP缩减指数。

3.以通货膨胀的形成原因分类，可分为需求拉动型的通货膨胀、成本推动型通货膨胀、输入型通货膨胀和结构型通货膨胀。

4．通货膨胀作是一种不受欢迎的经济现象：它使得物价不断上涨，货币购买力不断下降，由此引起工人实际工资急剧下降，生活日益贫困；农民等小生产者则因为物价上涨过程中，工农业产品价格“剪刀差”的扩大，不得不以高价购买工业生产的生活资料，低价出售自己的农产品和手工产品，因而更加贫困；通货膨胀也严重影响一般公职人员和知识分子的生活，因为他们的薪金也不能按物价上涨的幅度而相应增长；通货膨胀给垄断资产阶级带来极大利益，他们不仅会通过政府订货和价格补贴等，把资产阶级国家用滥发纸币从劳动人民那里掠夺来的大部分收入转入自己的腰包，而且可以利用实际工资下降，或者用贬值的货币偿还债务，以及利用物价飞涨乘机进行囤积居奇等，获得巨额的利润，通货膨胀是资产阶级或统治阶段加强对基层劳动人民剥削和掠夺的重要手段。

5．治理通货膨胀的措施归纳起来，主要有抑制总需求、收入政策、供给政策、价格政策、结构调整等。

## 关键概念

通货膨胀　消费价格指数　GDP缩减指数　通货膨胀率

## 综合训练

### 一、单项选择题

1．认为通货膨胀的原因在于经济发展过程中社会总需求大于总供给，从而引起一般物价水平持续上涨，是（　　）。

A．需求拉上论　　B．成本推进论

C．开放型通货膨胀　　D．隐蔽型通货膨胀

2．通货膨胀对策中，通过公开市场业务出售政府债券属于（　　）。

A．控制需求　　B．改善供给

C．收入指数化政策　　D．紧缩性财政政策

3．通货膨胀对策中，工资管制属于（　　）。

A．收入政策　　B．改善供给

C．收入指数化政策　　D．紧缩性财政政策

4．通货膨胀的度量指标中，消费者物价指数的优点是（　　）。

A．容易获取，公布及时

B．反映了企业经营成本的变动

C．能较为全面地反映总体价格水平变化趋势

D．能较为灵敏地反映企业生产成本的变动趋势

5．价格水平下降和上升20%将导致实际货币存量（　　）。

A．下降和上升20%　　B．上升和下降20%

C．上升25%和下降16.7%　　D．不变

## 二、多项选择题

1. 导致通货膨胀的非直接原因有（　　）。

A. 货币供应过多　B. 货币贬值　C. 纸币流通　D. 物价上涨

2. 下列属于治理通货膨胀的措施有（　　）。

A. 提高利率　B. 增加税收　C. 工资-价格管制　D. 人民币升值

3. 下列属于通货膨胀效应的是（　　）。

A. 不利于债权人　B. 利于雇主　C. 不利于大众　D. 利于储蓄

4. 通货膨胀的类型有（　　）。

A. 需求拉动型　B. 成本推动型　C. 结构型　D. 输入型

5. 通货膨胀的衡量指标有（　　）。

A. PPI　B. CPI　C. PMI　D. GDP缩减指数

## 三、思考题

1. 如何理解通货膨胀的含义？
2. 通货膨胀的治理措施有哪些？
3. 试述通货膨胀的成因。
4. 试述通货膨胀的后果及效应。
5. 根据菲利普斯曲线，中央银行在失业率和物价上涨之间能进行哪些选择？

# 第十八章

# 通货紧缩

**引例**

作为纸币制度下的经济现象，通货紧缩同通货膨胀一样，已成为现代经济学研究的重要课题。自20世纪30年代以来，世界主要国家大都出现了程度不同的通货紧缩，时至今天，通货紧缩的阴影仍在许多国家和地区徘徊。日本自20世纪90年代起，经济便一直处于萧条时期，1985—1989年，日本经历了泡沫经济形成、发展、最后破灭的过程。由于极度扩张性的货币政策，大量的过剩资金涌入股票和房地产市场，导致股票和房地产价格暴涨。1989年年底，以日经指数由38915点的历史高位急剧下挫为标志，日本的泡沫经济宣告破灭，从此进入战后持续时间最长的经济萧条时期，尤其在1998年之后，各种迹象表明日本经济已处在"通货紧缩螺旋"的边缘。2002年，日本政府出台了"反通货紧缩综合对策"，以寻求经济的复苏。由此可见，通货紧缩同通货膨胀一样，严重地危害一国经济的健康发展，从长期来看，通货紧缩的危害性比通货膨胀更为严重，通货紧缩最坏的情况将导致经济崩溃。

从上例可以看出，如何科学地定义并衡量通货紧缩，正确揭示其成因以及如何有效地治理和防范就显得尤为关键。究竟什么是通货紧缩？通货紧缩是如何产生的？通货紧缩有哪些影响？本章即将对此进行相应的阐述。

## 第一节　通货紧缩的定义及度量

通货紧缩是19世纪频繁出现的经济现象，第二次世界大战后鲜有发生。但从

20世纪90年代起，特别是90年代中期日本资本市场泡沫破灭、1997年亚洲金融危机发生以后，通货紧缩再次引起关注。

## 一、通货紧缩的含义及特征

通货紧缩是与通货膨胀相对应的一种货币现象。通货紧缩主要有如下三个特征：一是物价的持续下跌，货币供应量持续减少；二是有效需求不足，失业率居高不下；三是经济衰退，GDP负增长或大幅度下滑。

关于通货紧缩的判定，目前理论界说法不一。归纳起来，主要有“单因素说”、“两因素说”、“三因素说”三种。

（一）单因素说

“单因素说”认为通货紧缩是指物价水平普遍、持续地下降。但是持“单因素”定义的学者又有不同的具体标准：第一种标准，认为价格水平持续下降半年以上即为通货紧缩；第二种标准，认为价格水平持续下降2年以上为通货紧缩；第三种标准，认为通货膨胀率由正变负为轻度通货紧缩，由正变负超过1年为中度通货紧缩，由正变负超过2年为严重通货紧缩；第四种标准，认为通货膨胀率低于1%即为通货紧缩。

（二）两因素说

“两因素说”认为通货紧缩是指物价水平与货币供应量两者的持续下降。持“两因素”定义的学者认为，通货紧缩是一种货币现象，与减少货币流通量相关。

（三）三因素说

“三因素说”认为通货紧缩是指物价水平、货币供应量的持续下降，并伴随经济衰退或萧条，即经济增长率下降。持“三因素”定义的学者，对货币供应量和经济增长率的下降有两种不同标准：第一种标准，认为必须是绝对量的下降，即货币供应量的负增长和经济的负增长；第二种标准，认为不必是绝对量的下降，可以是相对量的下降，即货币供应量的增长率和经济增长率的下降。

综合上述三种观点，一个最一般的、争议最小的定义是：通货紧缩是一般物价水平全面、持续、公开的下跌。单一商品价格或某一部门商品价格水平下降并不构成通货紧缩，只有一般物价水平持续下跌才是通货紧缩。

## 二、通货紧缩的度量

通货紧缩是与通货膨胀互为对称的一种货币现象，它们都要反映在物价变动上，通过物价水平的变动幅度，可以大致测定通货紧缩的程度。因此价格波动度量方面，通货紧缩与通货膨胀的度量是一样，主要有消费者物价指数、生产者价格指数、批发物价指数、GDP平减指数，这里不再具体描述。除此以外，判断经济活动中某一时期是否出现通货紧缩现象，除观测价格变动外，还要看通货量是否萎缩、经济是否不景气，因而还有其他方面对通货紧缩的度量，如货币供应量、投资增长率和经济增长率。

（一）货币供应量

货币供给的状况也是度量通货紧缩的重要标志，其或是表现为货币供给总量（M）增长率下降乃至负增长，或是表现为货币流通速度（V）明显减缓。因为这两者的乘积（MV）缩小，表明社会总需求正在萎缩。弗里德曼研究日本20世纪六七十年代经济增长与货币供应量的关系后得出的结论是：在经济高速发展时期，货币供应量增长率与经济增长率的比例保持在2∶1是适宜的。

（二）投资增长率和经济增长率

物价和货币供给持续下降，必然影响实体经济增长。因为货币供应量（M）的减少，引起利率（R）的上升，致使公众的资产偏好转向真实市场，引起市场价格（Q）的下降，从而抑制真实投资，最终导致经济增长率（Y）的降低。所以，从投资增长率和经济增长率的变化，可以确认一国经济是否发生了通货紧缩现象。

## 第二节　通货紧缩的类型

### 一、长期通货紧缩与短期通货紧缩

从通货紧缩持续的时间来分析，可以分为长期通货紧缩和短期通货紧缩。例如，像英美两国1814—1849年长达35年的通货紧缩，美国1866—1896年长达30年的通货紧缩，英国1873—1896年长达23年的通货紧缩都是长期性、趋势性通货紧缩。与以上情况不同，我国2009年的通货紧缩相对而言，则是短期通货紧缩。

### 二、温和型通货紧缩和危害型通货紧缩

根据通货紧缩危害程度的不同，分为温和型通货紧缩和危害型的通货紧缩。前者对经济是有益的，后者会极大地损害经济发展，甚至引发社会危机。

温和型通货紧缩又称为无害型通货紧缩或技术进步型通货紧缩，这种通货紧缩最重要的现象是价格水平下降，但总产出水平上升。它常常是由于技术进步加快和竞争机制的引入，降低了生产成本，从而促进产品价格下降。

危害型通货紧缩是由于生产能力过剩和需求低迷所致。这类通货紧缩不仅降低总体物价水平，而且减少了总产出。其深刻根源在于总需求持续低于总供给，或实际经济增长趋势持续地低于潜在经济增长趋势。如果这种通货紧缩的扩大趋势得不到有效遏制，便有可能引起经济衰退。

### 三、外生性通货紧缩和内生性通货紧缩

依据通货紧缩形成的机理可以分为外生性通货紧缩和内生性通货紧缩。

外生性通货紧缩，是指货币当局的货币政策所引致的货币供应增长率低于“正常合适”指标，从而导致物价水平、投资增长率和经济增长率持续下降的一种经济现象。这里又分为两种情形，一是货币当局对货币供应量的调节未能满足实体经济

增长的需要，导致流通中的货币相对于满足经济增长的需要显得不足，而导致的通货紧缩；二是货币当局反通货膨胀政策使用过度所产生的通货紧缩。

内生性通货紧缩，是指实体经济运行本身的因素冲击或经济收缩所引起的货币创造机制障碍——如有效需求不足、金融体系货币传导机制存在问题，导致货币供应量增长率持续下降，从而引发物价水平、投资增长率和经济增长率进一步下滑。

## 第三节　通货紧缩的原因

### 一、有效需求不足

有效需求包括四部分：消费需求、投资需求、政府需求和出口需求。这四种需求的大幅度减少都有可能形成通货紧缩。

（一）消费需求不足

在收入水平不变的情况下，消费需求的减少有两方面的因素：一是在居民有货币购买力时，由于生产结构与消费结构不吻合，往往会造成一部分需求得不到满足；二是因预期因素造成的消费需求不足，居民的收入可以用于消费，也可以用于储蓄。消费和储蓄是此消彼长的关系。在收入水平一定的情况下，居民对收入增长和未来经济形势的预期不乐观，会导致边际消费倾向下降和边际储蓄倾向上升，造成消费需求不足。

（二）投资需求不足

决定投资变化的主要因素有利率和边际资本收益率。实际利率上升和预期边际资本收益率下降都可能造成投资需求不足。在当期边际资本收益率较低时，企业对未来的边际资本收益率的预期也会较低，因而投资的动力不足，造成投资需求不足。在这种情况下，各种投资品的价格会下降，进而影响到消费品，当物价水平整体下降后，即使名义利率不变，实际利率也会因为物价水平的下降而上升，进一步抑制投资需求。

（三）政府需求减少

根据凯恩斯的理论，在消费需求和投资需求不足时，通过扩张性货币政策来刺激消费需求和投资需求的效果是有限的，但通过扩张性财政政策，直接增加政府支出带动有效需求的提升是重要的政策措施。当然，政府支出减少的原因是复杂的，如果政府支出减少的这一部分能够被消费需求、投资需求或出口增加弥补，则不会出现有效需求的下降；反之，在其他需求不变的情况下就有可能出现因政府支出减少而造成有效需求的下降，严重时甚至引起通货紧缩。

（四）出口减少

一国实行钉住强币的汇率制度时，本币汇率高估，会减少出口，扩大进口，加剧国内企业经营难度。对于依赖国外市场的国家来说，出口减少将直接造成对本国产品需求的减少，使本国的生产出现供过于求的矛盾，进而造成某些出口产品价格的下降，其影响进一步扩散，就有可能导致一般物价水平的下降。

### 二、生产能力过剩

生产能力过剩有两种表现形式：一是绝对过剩；二是相对过剩。前者是指与主观愿望上的社会需求相比，生产能力显得过大了，这种情况并不常发生。在大多数情况下，生产能力过剩是相对的，即相对于有支付能力的购买力需求来说，生产能力过剩了。无论是绝对过剩，还是相对过剩，其必然结果就是市场出现商品供过于求，在竞争性的市场经济中，商品的价格就会下降。当一国经济中的大多数产业部门都出现了生产能力过剩时，一般物价水平的下降是不可避免的。

### 三、劳动生产率的提高

在一个竞争性的市场中，企业一般采用成本加成法定出价格。在其他条件不变的情况下，劳动生产率的提高会使产品的生产成本下降，表现在产品价格上有两种情况：第一，同样的产品其价格不断下降；第二，在价格不变的情况下，产品的性能和质量不断提高。工业革命以后各主要西方国家的物价水平呈现不断下降的趋势，就是这个原因。第二次世界大战以后的新技术革命在创造出一些新的产业部门的同时，也大大提高了原有产业部门的劳动生产率，可见劳动生产率的提高也是通货紧缩的成因。

### 四、经济政策的影响

在出现通货膨胀的情况下，国家实行紧缩的财政政策和货币政策，紧缩政策执行到一定阶段就要防止掌握不当而走向通货紧缩。紧缩的财政政策和货币政策不可避免地要付出高昂的代价，这是惯性作用所致。

### 五、心理预期

当企业对经济发展前景失去信心，认为经营效益难以保证时，会缩减投资，从而产生银行信贷的内生性萎缩，导致经济进一步恶化。与此相应，企业、银行的不景气亦会引发人们对未来的悲观预期。当居民预期未来支出将要增加，而收入的增加将减缓时，将会缩减消费，增加储蓄。在投资和消费需求缩减的情况下，会导致生产能力和商品的过剩，加剧社会总供求的不平衡，导致价格下降，加剧通货紧缩。

### 六、国外经济的影响

随着经济全球化的发展，一个国家经济上出现问题也会波及与其经济联系紧密的其他国家。例如，1997年亚洲爆发金融危机，发生金融危机的国家出现了经济衰退、货币贬值、国内需求减少、商品以低廉的价格进入国际市场的情况。而中国则保持人民币不贬值的对策，导致出口减少，进口商品价格下降，加大了国内商品供过于求的矛盾，加剧了通货紧缩。

### 七、制度变革的影响

我国近年来所进行的一系列改革，包括国有企业改革、人事制度改革、社会保障制度改革、教育改革与住房制度改革，造成了居民预期收入的下降与预期支出的提高，并增加了未来的不确定性，从而强化了居民的持币行为与观望气氛，使居民当期消费减少，出现需求萎缩的效应。

## 第四节　通货紧缩的经济影响与对策

### 一、通货紧缩的经济影响

如同通货膨胀会对经济运行产生种种影响一样，通货紧缩也会对经济产生影响。

（一）通货紧缩对消费的影响

通货紧缩对消费的影响体现在价格效应和收入效应两个方面。

1.价格效应

在通货紧缩情况下物价持续下降，物价的持续下降意味着货币的购买力不断提高，消费者可以以更低的价格得到相同数量和质量的商品和服务，因此消费者会推迟消费，以等待将来更低价格的出现，从而在增加储蓄的同时降低了消费者的个人消费。

2.收入效应

通货紧缩使得就业预期和工资收入随着经济增幅下降而趋于下降，收入的下降迫使消费者减少消费。

因此，在通货紧缩的条件下，价格效应使消费者缩减消费，收入效应使消费者缩减支出，二者共同作用，最终抑制了社会总需求，对经济造成不利影响。

（二）通货紧缩对投资的影响

通货紧缩可以通过影响投资成本和投资收益来影响投资，并且通过资产价格变化而对投资产生间接影响。

通货紧缩所导致的持续的物价下降，意味着实际利率提高，投资的成本随之增加。这种成本的增加不仅使原来的债务负担加重，而且在价格预期下降的情况下，投资项目预期的未来重置成本会趋于下降，这样就使当期的投资不合算，因此投资者会推迟当期投资。

通货紧缩还将导致投资的预期收益下降。投资的预期收益主要由商品的未来市场需求以及商品价格趋势所决定，在通货紧缩的条件下，远期市场供过于求的态势相对加剧，因此价格水平进一步趋于下降，进而导致投资倾向下降。从投资方面看，通货紧缩可以通过降低社会投资倾向来影响经济稳定和社会发展。

（三）通货紧缩对分配的影响

在通货紧缩背景下，由于物价普遍下跌，大部分企业的利润降低且产品销售不畅；同时，因为通货紧缩会导致实际利率上升，企业债务负担也会加重。加重的债务负担一方面削减了企业的净资产，另一方面将使得企业陷入债务泥潭。

通货紧缩还会加剧分配的不公。其结果是导致收入从低收入阶层向高收入阶层转移，即产生收入或财富从消费支出倾向高的低收入阶层，向消费倾向低的高收入阶层的转移效应。此时，由于高收入阶层不愿意消费，而愿意消费的低收入阶层被分配的收入又比较少，因此通货紧缩会进一步加剧。

## 二、通货紧缩的对策

根据各国经济发展的历史分析，通货紧缩比出现的通货膨胀要少得多，因此各国政府比较重视对通货膨胀的治理，对于通货膨胀的研究也远比通货紧缩深入得多。然而，在当前经济发展过程中，通货紧缩的发生也开始日益频繁，它对经济的破坏力与通货膨胀是一样的，甚至有过之而无不及。

造成通货紧缩的成因是各种各样的，这样也就决定了通货紧缩的治理手段的多样性。必须根据不同国家不同时期的具体情况进行分析，才能采取有针对性的措施加以治理。一般情况下，通货紧缩的对策大致可以归结为以下几个方面：国内的宏观经济政策，包括财政政策和货币政策；国际经济政策，如汇率政策以及产业结构调整政策等。下面简要介绍这些政策措施。

（一）扩张性的宏观经济政策

无论通货紧缩形成的具体原因如何，它的基本特征就是有效需求不足，因此治理通货紧缩，关键是对总需求不足的调节，即如何扩大需求，包括消费需求和投资需求。对此就要采用扩张性的宏观政策，具体包括扩张性的货币政策和扩张性的财政政策。

1.扩张性的货币政策

通货紧缩首先表现为货币现象。货币供应过程及货币供给与货币需求的相互关系是通货紧缩形成的最直接原因。因而，解决通货紧缩问题必须首先调整货币政策，实施积极的货币政策。作为反经济周期的政策，中央银行应在经济过热时反通货膨胀，在经济萧条时反通货紧缩。因此，要走出通货紧缩状态，中央银行首先要加大货币政策的调控力度，增加中央银行资产运用和基础货币投放量，实行扩张性的货币政策，迅速扭转中央银行资产运用规模和基础货币下降的势头，扩大投放，增大货币政策对总需求和经济增长的拉力，使货币政策能够真正调整公众心理预期，促进经济增长和稳定市值。

扩张性货币政策的主要内容是，中央银行采取有效措施扩大商业银行和非银行金融机构的信贷规模，增加货币供应量，以刺激经济发展。中央银行在实施扩张性货币政策时主要采用的政策工具包括：在金融市场上购进政府债券、降低再贴现率、再贷款率、法定存款准备金比率。

2.扩张性的财政政策

在通货紧缩条件下，中央银行的基础货币收缩具有被动性，单纯放松基础货币的政策有可能会失灵。因为通货紧缩条件下国民经济运行低水平循环的一个关键问题，是生产者和消费者的信心不足，因此，为打破国民经济运行低水平循环，恢复生产者和消费者的信心是至关重要的。而要做到这一点，就必须在积极地运用货币政策的同时，加大财政政策对总需求的刺激力度。刺激总需求包括刺激消费需求和投资需求，由于在这两大需求中，消费需求的增长相对稳定，不易发生急剧的变动，而投资需求则上下波动很大，其振动幅度对总需求的影响也较大，因此要在刺激需求的同时，加大对投资需求的刺激。

扩张性财政政策的主要内容有两个方面：①减少税收。减少税收虽然减少了财政收入，但可以直接增加社会总需求。例如，降低个人所得税的税率，可以增加消费需求；降低企业所得税税率，可以增加企业的投资需求。减税涉及税法和税收制度的改变，不能作为一种经常性调控手段，但在对付较为严重的通货紧缩时也会被采用。②扩大政府支出。扩大政府支出可以增加政府需求。在财政收入既定或减少的条件下，扩大政府支出的资金主要来源于发行国债和财政赤字。

（二）加快产业结构调整，提高经济增长质量

无论是扩张性的财政政策，还是扩张性的货币政策，其作用都是有限的，对于因经济周期变化而导致的生产能力过剩等长期因素造成的通货紧缩，要从根本上解决问题就必须进行生产结构的调整，以推动产业结构转型升级。

产业结构的调整，主要是推动产业结构的升级，培养新的经济增长点，同时形成新的消费热点。产业组织结构的调整也是在中长期内治理通货紧缩的有效手段。在生产能力过剩时，很多行业会出现恶性市场竞争，为了争夺市场，价格战会不断出现，行业利润率不断下降，如果价格战能够在较短的时间内使一些企业退出市场，或者在行业内部出现较大范围的兼并与重组，即产业组织结构调整，则在调整后的产业组织结构中，恶性市场竞争会被有效制止，因恶性竞争带来的物价水平大幅度下降的情况可能因此避免。

（三）改革僵化的汇率制度

僵化的固定汇率制度容易使本国货币币值高估，产生输入型的通货紧缩。因此，有必要废弃这种僵化的固定汇率制度，采取更为灵活的汇率制度。

灵活的汇率制度能有效地联系对外经济关系，从而政策当局可以根据国内经济形势的需要及时调整汇率水平，提高经济对外竞争力。在通货紧缩的条件下，通过改革僵化的固定汇率制度，可以使国内价格水平上涨，从而降低人们的通货紧缩预期，进而调整人们的消费和投资行为，带动商业活动的恢复，有利于摆脱通货紧缩的陷阱。

在特定的条件下，货币贬值对一个国家治理通货紧缩是必需的。当国家面临对外经济缺乏竞争力、净出口需求下降、价格下跌和经济增长下滑时，往往需要采取货币贬值的政策。适当的货币贬值有助于经济的恢复，因为更弱的货币有利于把国

外需求转化为国内需求，从而增加该国的总需求，减缓通货紧缩的压力。

如果出现了全球性的通货紧缩，采取货币贬值政策是于事无补的。因为在全球生产能力都出现过剩的情况下，货币贬值只不过是在进行“零和博弈”，即把需求从一国移向另一国，不会增加世界范围内的总需求。此时，采取以邻为壑的货币贬值政策将引起全球性的经济混乱，最直接的是贸易保护主义的盛行，这在经济史中可以找到很多例证。

（四）金融风险防范制度

通货紧缩的根本是实体经济方面的问题随着现代社会经济的货币化程度不断加深。对居于现代经济核心地位的金融部门来说，如果其运行出现问题，就可能在出现通货紧缩苗头时不仅不能有效遏止其发展势头，甚至可能加速其发展。一般来说，如果金融制度运行出了问题，导致全社会的信用危机甚至信用崩溃，则通货紧缩就会伴随着全面的经济衰退。为了防患于未然，金融部门要建立健全金融风险的防范制度，以避免大规模的系统性风险的出现。治理和防范通货紧缩的金融制度建设包括：建立银行内部风险防范机制；建立存款保险制度；促进信贷供给结构和信贷需求结构相吻合。

## 本章小结

1.通货紧缩是一种与通货膨胀相对应的货币现象，其特征主要包括：物价的持续下跌，货币供应量持续减少；有效需求不足，失业率居高不下；经济衰退，GDP负增长或大幅度下滑。

2.通货紧缩主要有三种判定理论，归纳而言，通货紧缩即为一般物价水平全面、持续、公开的下跌。如果单一商品价格或某一部门商品价格水平下降，并不构成通货紧缩，只有一般物价水平持续下跌，才是通货紧缩。

3.通货紧缩的衡量除与通货膨胀相一致的价格变动指数外，还包括：货币供应量、投资增长率和经济增长率。

4.从通货紧缩持续的时间来分析，可以分为长期通货紧缩和短期通货紧缩。根据通货紧缩危害程度的不同，分为温和型通货紧缩和危害型的通货紧缩。依据通货紧缩形成的机理，可以分为外生性通货紧缩和内生性通货紧缩。

5.通货紧缩形成的原因有多种，主要包括：有效需求不足（消费需求、投资需求、政府需求和出口需求）；生产能力过剩；劳动生产率的提高；经济政策的影响；心理预期；国外经济的影响及制度变革的影响。

6.如同通货膨胀会对经济运行产生种种影响一样，通货紧缩也会对经济产生影响。在通货紧缩的条件下，价格效应使消费者缩减消费，收入效应使消费者缩减支出，二者共同作用，最终抑制了社会总需求，对经济造成不利影响。同时，通货紧缩使得投资成本增加，投资者倾向推迟当期投资，通货紧缩还将导致投资的预期收益下降从而降低社会投资倾向影响经济稳定和社会发展。与此同时，通货紧缩还会加剧分配的不公。

7．造成通货紧缩的成因是各种各样的，这样也就决定了通货紧缩的治理手段的多样性。一般情况下，通货紧缩的对策大致可以归结为：国内的宏观经济政策，包括财政政策和货币政策；国际经济政策，如汇率政策以及产业结构调整政策等。

## 关键概念

通货紧缩　扩张性货币政策　扩张性财政政策

## 综合训练

一、单项选择题

1．判定某个时期出现了通货紧缩，其主要依据是在该时期出现了（　　）。

A．个别商品或劳务价格的下降　　B．物价的持续下降

C．物价一次性地大幅下降　　D．季节性因素引起的部分商品价格下降

2．通货紧缩特征不包括（　　）。

A．有效需求不足　B．货币供应量持续减少

C．物价的持续下降　D．GDP大幅增长

3．通货紧缩有利于（　　）。

A．债权人　B．债务人　C．生产者　D．投资者

4．通货紧缩对经济的影响有（　　）。

A．物价持续上涨　　B．分配不公加剧

C．导致社会财富放大　　D．投资预期收益上升

5．通货紧缩有可能引发银行危机，其原因是通货紧缩（　　）。

A．有利于债权人而有损于债务人　　B．有利于债务人而有损于债权人

C．有利于银行而有损于储蓄者　　D．有利于企业而有损于银行

二、多项选择题

1．下列指标不是从价格变动角度观察通货紧缩程度的有（　　）。

A．货币增长率　B．投资增长率　C．GDP平减指数　D．经济增长率

2．根据通货紧缩危害程度的不同，可分为（　　）。

A．外生性通货紧缩　　B．温和型通货紧缩

C．危害型的通货紧缩　　D．内生性通货紧缩

3．通货紧缩的危害有（　　）。

A．导致经济过热　　B．加速经济衰退

C．加剧分配不公　　D．社会财富缩水

4．治理通货紧缩的主要政策措施有（　　）。

A．扩大对外贸易　　B．积极的财政政策

C．稳健的货币政策　　D．加快产业结构调整

5．要消除通货紧缩缺口，政府应该（　　）。

A．增加公共工程支出　　B．增加福利支出

C.增加税收　　　　　　　　　　D.允许预算出现赤字

三、思考题

1.通货紧缩的判定理论有哪些？你赞同哪一种？为什么？

2.试述通货紧缩的成因。

3.试述通货紧缩的后果。

4.如何治理通货紧缩？

5.试分析1997—2001年我国通货紧缩的形成原因。

# 第十九章

# 货币政策

**引例**

中国人民银行于2015年4月19日宣布，自20日起下调各类存款类金融机构人民币存款准备金率1个百分点。在此基础上，有针对性地实施定向降准措施。这是央行今年2月4日宣布全面降准并定向降准以来，第二次出手全面降准并定向降准。我们可以预见，降准对银行理财的可配置资产会产生重要影响，会导致理财可投资资产的减少和资产收益率的下降，反过来会倒逼银行理财收益率的下降。同时，此次降准超预期，对股市及房地产行业均将产生较大影响。业内人士就在此消息发布后表示，次日股市可能再次高开。事实上，此次降准既是因宏观经济大环境的变化，也是应对货币供应新情况的必要调整。最近一段时期以来，中国外贸低位运行，美元预期走强，使得过去长期充当基础货币主要投放方式的外汇占款明显减少，广义货币供应量M2增速偏低。由此造成流动性缺口，仅靠日常公开市场操作难以有效弥补，这使得商业银行的资金面偏紧，影响了银行对实体经济的支持能力。近年来，央行多次采用调整存款准备金来调控经济，作为货币政策的一大重要工具，存款准备金制度正发挥着越来越重大的作用。

除了存款准备金制度，还有哪些货币政策与我们的生活、社会经济密切相关呢？什么是货币政策？我国的货币政策目标又是什么？国家的相关货币政策工具又是如何实施并对经济产生影响的呢？本章我们将对此进行解读。

# 第一节 货币政策目标

货币政策在国家宏观经济政策中居于十分重要的地位，同财政政策一起构成国家调节经济的两大宏观政策。货币政策，是指中央银行为实现特定的经济目标而采用的各种控制和调节货币、信用及利率等变量的方针和措施的总和。一个完整的货币政策体系包括货币政策目标、货币政策工具和货币政策传导机制三大部分。作为一国宏观经济政策体系的组成部分，货币政策是中央银行制度的产物，也是中央银行调控宏观经济的主要职能体现。

货币政策目标，是指中央银行采取调节货币和信用的措施所要达到的目的。按照中央银行对货币政策的影响力、影响速度及施加影响的方式，货币政策目标可划分为两个层次：最终目标和中介目标。

## 一、货币政策最终目标

货币政策最终目标，是指货币政策在一段较长的时期内所要达到的目标，目标相对固定，基本上与一国的宏观经济目标一致，因此，最终目标也被称为货币政策的战略目标或长期目标。

（一）货币政策最终目标的内容

概括而言，世界货币当局货币政策所追求的最终目标主要有四个：稳定物价、充分就业、经济增长和国际收支平衡。

1.稳定物价

稳定物价，又称稳定币值，是指社会一般物价水平在一定时期内大体保持稳定，不发生明显的波动，也就是要求既要防止物价上涨又要防止物价下跌。

由于在现代信用货币流通条件下，物价波动总体呈上升趋势，因此，货币政策的首要目标就是将一般物价水平的上涨幅度控制在一定范围内，以防止通货膨胀。至于物价水平控制的范围，因各国国情不同，所设定的容许幅度也有差异，但从各国货币政策的实际操作来看，大都比较保守，一般要求物价上涨率应控制在5%以下，以2%～3%为宜。

稳定物价是最早出现的货币政策目标，这一目标的确立可以追溯到20世纪30年代以前。众所周知，30年代以前自由主义经济思潮盛行，西方经济学家普遍持“货币面纱观”，主张货币中性论。在这种理论框架下，货币对实体经济领域没有什么实质性的影响，货币数量的变动只是影响社会一般物价水平。因此，西方经济理论界普遍认为中央银行的基本职责就是保证流通的货币量适应商品流通的需要，以防止货币贬值和物价上涨。

2.充分就业

充分就业目标反映了劳动力的就业程度，它是通过失业率的高低来体现的。所谓充分就业，是指有劳动能力并愿意参加工作者，都能在较合理的条件下找到适当的工作，此时劳动力市场处于均衡状态。通常用失业率反映充分就业状况，一般来说，中央银行把充分就业目标定位于失业率不超过4%为宜。

必须说明，充分就业并非人人都有工作。失业可以分为由于需求不足而造成的周期性失业和由于经济中某些难以克服的原因而造成的自然失业。消灭了周期性失业的就业状态就是充分就业，充分就业与自然失业的存在并不矛盾，充分就业时仍然有一定的失业。这是因为，经济中有些造成就业的原因是难以克服的，劳动力市场是不十分完善的。人们把实现了充分就业时的失业率称为自然失业率，当失业率等于自然失业率时就实现了充分就业。

另外，还有两种失业情况也不包括在充分就业目标中，一种是摩擦性失业，即由短期内劳动力供求失调或季节性原因而造成的失业；二是自愿失业，即劳动者不愿意接受现行的工资水平或自愿放弃工作机会而不愿意寻找工作所造成的失业。这两部分失业在社会失业量中所占的比重非常小。

20世纪30年代，世界经济危机震撼了整个世界。在这场危机中，美国的物价水平下跌了22%，国民生产总值减少了31%，失业率高达25%。1936年，凯恩斯的《就业、利息与货币通论》问世，系统地提出了国家调节经济的理论，以解决失业问题。第二次世界大战结束后的1946年，美国国会通过就业法案，具体地将充分就业列入经济政策的目标。从此，充分就业就成为货币政策的主要目标之一。

3.经济增长

经济增长是针对国民经济发展状况这一宏观问题而设置的宏观经济目标，其含义是国民生产总值要求保持较高的增长速度，不要停滞，更不能出现负增长。经济增长的核算通常依靠国内生产总值GDP、国民生产总值GNP等统计数据，又以前者为主。基本方法一般以本年度的GDP总量对比往年的GDP总量，而得出经济增长的百分比。如果一个国家的国内生产总值增长为负数，即当年国内生产总值比往年减少，就叫做经济衰退。通常情况下，当国内生产总值连续两个半年持续减少，会被称为经济衰退。

经济增长的目的是为了增强国家实力，提高人民生活水平。但是，经济增长并不一定代表发展。批评家们往往质疑经济增长的实际意义，其原因是因为经济增长的衡量尺度是GDP，而GDP的增长不一定代表了生产力的发展。举例来讲，A国每生产1吨钢材需要2吨的煤，而同样生产1吨钢材，B国只要1吨的煤，那么从GDP的角度讲，假设这就是两国全部的经济事件，那么A国的GDP=1吨钢材+2吨煤，而B国的GDP=1吨钢材+1吨煤。所以A国的GDP是大过B国的，但是很显然A国的生产效率是落后于B国的。

世界各国由于发展阶段和发展条件不同，在增长率的选择上也往往存在差异。大多数发展中国家较发达国家更偏好高的经济增长率，也因此对货币政策提出了相应的要求。通常认为人均GDP大于5%的经济增长率是可接受的。

经济增长指标作为货币政策的最终目标，起源于20世纪50年代后。自20世纪

50年代起，世界经济得到了迅速的恢复和发展。

4.国际收支平衡

国际收支状况是一个国家同世界其他国家之间的经济关系的反映。国际收支平衡，是指一国对其他国家的全部货币收入和货币支出持平，略有顺差或略有逆差。国际收支平衡又可分为静态平衡和动态平衡。静态平衡指以1年内的国际收支数额持平为目标，而动态平衡是指一定周期内（如3年、5年）的国际收支数额持平。目前在国际收支管理中动态平衡正受到越来越多的重视。由于国际收支状况与国内市场的货币供应量有着密切关系，所以，对于开放条件下的宏观经济而言，国际收支平衡也成为一国货币政策目标之一。

国际收支平衡作为货币政策目标之一确立于20世纪70年代初。由于自20世纪60年代开始，美国国际收支出现逆差且不断扩大，并最终导致布雷顿森林体系的解体，美元大幅贬值。因此，美国在70年代初将国际收支平衡列为货币政策目标。随着浮动汇率制的合法化，各国的国际收支都出现了剧烈动荡，并对国内经济产生了不利影响，这种状况促使其他国家也纷纷将“国际收支平衡”作为货币政策目标之一。

（二）货币政策最终目标之间的相互关系

上述四大目标几乎具有同等重要的社会福利含义，但在实际的政策操作中，它们却并非总是协调一致，相互间往往存在矛盾，尤其短期内的矛盾更为突出，导致政策目标的选择只能是有所侧重而很难兼顾。一般认为，除经济增长和充分就业之间存在正相关，具有较多的一致性之外，其他几个目标之间都存在相互矛盾。

1.充分就业和稳定物价之间的关系

充分就业和稳定物价之间存在着矛盾与冲突，可能是失业率较高的物价稳定或通膨胀率较高的充分就业。

对二者关系最经典的描述是所谓的菲利普斯曲线，它是用来表示失业与通货膨胀之间替代取舍关系的曲线，由新西兰经济学家菲利普斯于1958年在《1861—1957年英国失业和货币工资变动率之间的关系》一文中最先提出。此后，经济学家对此进行了大量的理论解释，尤其是萨缪尔森和索洛将原来表示失业率与货币工资率之间交替关系的菲利普斯曲线发展成为用来表示失业率与通货膨胀率之间交替关系的曲线。

1958年，菲利普斯根据英国1867—1957年失业率和货币工资变动率的经验统计资料，提出了一条用以表示失业率和货币工资变动率之间交替关系的曲线。这条曲线表明：当失业率较低时，货币工资增长率较高；反之，当失业率较高时，货币工资增长率较低，甚至是负数。根据成本推动的通货膨胀理论，货币工资增长率可以表示通货膨胀率。因此，这条曲线就可以表示失业率与通货膨胀率之间的交替关系，如图19-1所示。失业率高表明经济处于萧条阶段，这时工资与物价水都较低，从而通货膨胀率也就低；反之，失业率低，表明经济处于繁荣阶段，这时工资与物价水平都较高，从而通货膨胀率也就高。失业率和通货膨胀率之间存在着反方向变动的关系。

因此，对于中央银行而言，可能的选择只有三种：①通货膨胀率较高的充分就业，如图19-1中的A点；②失业率较高的物价稳定，如图19-1中的B点；③在物价上涨率和失业率之间进行组合，即所谓的相机组合，如图19-1中A、B之间的区域。

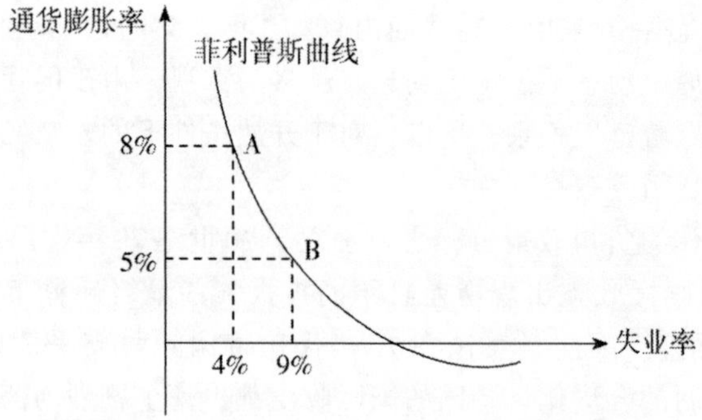


图19-1　失业率与通货膨胀率之间的矛盾

但是，菲利普斯曲线无法解释20世纪70年代以后西方国家出现的高失业率和严重通货膨胀并存的"滞胀"现象。

2.物价稳定与经济增长之间的关系

物价稳定与经济增长之间存在着矛盾与冲突，表现为：可能会出现经济增长缓慢的物价稳定或通货膨胀率较高的经济繁荣。但是，对于这个问题颇有争议。有人认为，通货膨胀可作为经济增长的推动力；也有人认为，通货膨胀与经济增长是形影不离的；还有人认为，除非保持物价稳定，否则不能实现经济增长。

总的来讲，物价稳定与经济增长是货币政策目标的核心内容，但在短期内这两个目标往往存在着冲突。比如，在经济衰退时期采取扩张性货币政策，以刺激需求、刺激经济增长和减少失业。但这常常会造成流通中的货币数量大于与经济发展相适应的货币需求量，导致物价上涨。相反，在经济扩张时期，为了抵制通货膨胀，保持物价稳定而采取紧缩性货币政策，减少货币供应量，这又往往会阻碍经济增长并使就业机会减少。可见，在短期内物价稳定与经济增长之间有一定的矛盾，但是从长期看，经济的增长与发展，为保持物价稳定提供了物质基础，两者在根本上是统一的。因此，选择这两个目标的一个最优结合点，便成为货币政策选择的一个重要问题。

3.经济增长与国际收支平衡之间的关系

经济增长与国际收支平衡之间也存在一定的矛盾与冲突。一般情况下，经济的增长，一方面会导致贸易收支的逆差，因为经济增长会导致国民收入的增加和支付能力的增强，如果此时出口贸易的增长不足以抵消增长的进口需求，必然会导致贸易收支的逆差；另一方面，经济的增长也可能引起资本与金融账户的顺差，这是因为经济增长需要大量的资金投入，在国内资金来源不足的情况下，必然要借助于外资的流入，这在一定程度上可以弥补由贸易逆差导致的国际收支赤字。但是，能否确保国际收支平衡依赖于二者是否能相互持平。因为外资流入后还会有支付到期本息、分红、利润汇出、撤资等后续流出要求，所以是否平衡最终要取决于外资的实际利用效果。

4.物价稳定与国际收支平衡之间的关系

物价稳定与国际收支平衡之间的矛盾与冲突表现为：可能会出现本国通货膨胀（别国相对物价稳定）下的国际收支逆差或本国物价稳定（别国相对通货膨胀）下的国际收支顺差。

对于开放经济条件下的宏观经济而言，中央银行稳定国内物价的努力往往会导致经常项目和资本与金融账户的顺差。例如，假如国内发生了严重的通货膨胀，货币当局为了抑制物价上涨，有可能提高利率以降低货币供应量。在资本自由流动的条件下，利率的提高会导致资本流入，资本项目出现顺差。同时，由于国内物价上涨势头的减缓和总需求的减少，出口增加而进口减少，经常项目也可能出现顺差。反之亦然。由此可见，稳定物价与国际收支平衡并非总是协调一致的。

货币政策最终目标之间的冲突关系，是当代各国政府及经济学家所面临的一个最大难题，为了实现一个目标而采取的货币政策措施，可能会损害另外一个目标的实现，或者会破坏另外一些已达到很好状态的目标。所以，金融调控面临的任务是，要在这些既相互统一又相互冲突的目标之间做出最优的选择取舍；进行目标的最优组合。

（三）中国货币政策的最终目标

长期以来，中国理论界对货币政策最终目标的理解与认识一直存在着分歧。比较有代表性的观点有两种：单一目标论和双重目标论。前者主张以稳定货币或者经济增长为货币政策目标；后者认为，货币政策目标不应是单一的，而应当同时兼顾发展经济和稳定物价两方面的要求。

从实践来看，对政策目标的提法也在不断发生变化。1986年国务院颁布的《中华人民共和国银行管理条例》中首次对包括中央银行和商业银行在内的所有金融机构的“任务”做了界定，即“发展经济、稳定货币、提高社会经济效益”，这可以算是对中国货币政策目标的首次表述。1994年国务院《关于金融体制改革的决定》以及1995年通过的《中国人民银行法》中，货币政策的目标被表述为“保持币值的稳定，并以此促进经济增长”。

## 二、货币政策中介目标

事实上，货币当局本身并不能直接控制和实现诸如稳定、增长这些货币政策最终目标，它只能借助于货币政策工具，并通过对中介目标的调节和影响实现最终目标。因此，中介目标是货币政策作用过程中一个十分重要的中间环节，也是判断货币政策力度和效果的重要指示变量，跟踪这些变量的变化，中央银行就可以较快地判断其政策是否处于准确的轨道上。

（一）中介目标的含义及选择标准

1.中介目标的含义及意义

所谓货币政策中介目标，是指中央银行在货币政策实施过程中为更好地观测货币政策的效力并保证最终目标的实现，在货币政策工具和最终目标之间插入的一些过渡性指标。货币政策中介目标的概念最早是20世纪60年代美国经济学家提出的，但当时的中央银行并不是从宏观控制的角度来考虑中介目标的，直到20世纪70年代中期，货币政策中介目标的思想才得到发展，中介目标才逐渐成为各国中央银行的货币政策传递机制的主要内容之一。

货币政策中介目标，是中央银行为实现货币政策最终目标而选择作为调节对象的目标。中介目标之所以重要，在西方货币理论看来主要有两点原因：一是人们长久以来认识到货币政策作用机理具有滞后性和动态性，因而有必要借助于一些能够较为迅速地反映经济状况变化的金融或非金融指标，作为观察货币政策实施效果的信号；二是为避免货币政策制定者的机会主义行为，因此需为货币当局设定一个名义“锚”，以便社会公众观察和判断货币当局的言行是否一致。

2.中介目标的选择标准

货币政策中介目标的选择主要是依据一国经济金融条件和货币政策操作对经济活动的最终影响确定的。一般认为，货币政策中介目标的选取必须符合以下三个标准：

（1）可测性。可测性有两个方面的含义：一是中介目标应有比较明确的定义，以便于观察、分析和监测；二是中央银行能够迅速获取有关中介目标的准确数据。

（2）可控性。可控性是指中央银行能够运用各种货币政策工具，对所选的金融变量进行有效的调节和控制，指标能够在足够短的时间内接受货币政策工具的影响，并且按照货币政策设定的方向和力度发生变化，且较少受经济运行本身的干扰。

（3）相关性。相关性是指中介目标与货币政策最终目标之间必须存在密切、稳定的和统计数量上的相关性。只要能达到中介目标，中央银行在实现或接近实现货币政策最终目标方面就不会遇到障碍和困难。

一些学者针对转型经济国家的实际情况，又提出了中介目标选择的另外两个标准，即抗干扰性和与经济金融体制的适应性。货币政策在实施过程中常会受到许多外来因素或非政策因素的干扰。只有选取那些受干扰程度较低的中介指标，才能通过货币政策工具的操作达到最终目标。经济及金融环境不同，中央银行为实现既定的货币政策目标而采用的政策工具不同，选择作为中介指标的金融变量也必然有区别，这是不言自明的。

根据以上标准所确定的中介目标一般有：利率、货币供应量、超额准备金和基础货币等。根据这些指标对货币政策工具反应的先后和作用于最终目标的过程，又可分为两类：一类是近期中介目标，即中央银行对它的控制力较强，但离货币政策最终目标较远，如超额准备金和基础货币，又称为操作指标；另一类是远期中介目标，即中央银行对它的控制力较弱，但离最终目标较近，又称为中间目标，如货币供应量和利率。

（二）近期中介目标

近期中介目标，也称操作指标，是指中央银行对它的控制力较强，但与货币政策最终目标相距较远的中介目标。它主要有以下几种：

1.短期货币市场利率

经常被选作操作指标的短期利率是指银行同业拆借利率。银行同业拆借市场作为货币市场的基础，其利率是整个货币市场的基准利率。中央银行通过调控银行同业拆借利率就可以影响货币供应量，以影响长期利率，从而有较强的相关性。中央银行可以很方便地得到有关银行同业拆借利率的水平和变动情况，当央行根据既定的中介目标认为有必要维持或改变现有利率水平和结构时，它就可以利用公开市场操作或再贴现等政策工具来调控同业拆借，使其能体现货币政策意图，并进而作用于中介目标，所以从可测性和可控性方面看，短期利率也是符合要求的。

2.银行准备金

银行准备金是指商业银行和其他存款机构在中央银行的存款余额及其持有的库存现金。准备金的用途主要有：用于满足客户的提款需要；用于满足法定存款准备金的要求；用于银行之间的资金清算。

准备金又可进一步划分为不同种类。

（1）按准备金的需求性质，准备金可以划分为法定存款准备金和超额准备金两部分。法定存款准备金是银行按照法律规定所必须上缴的那部分准备金，其数量取决于银行吸收存款的数量和法定准备金率。超额准备金是总准备金扣除法定准备金后的那部分。

（2）从准备金的供给看，准备金分为借入准备金和非借入准备金。借入准备金由中央银行的贴现窗口获得，在使用额度、频率和用途上有明确的限制。非借入准备金由银行通过贴现窗口之外的其他渠道获得，其中，中央银行通过公开市场操作买进政府债券是银行非借入准备金供给的一个最主要渠道。此外，一些“技术性因素”如财政存款余额、在途资金、流通中现金等也会影响非借入准备金的供给。

准备金是中央银行通过各种货币政策工具影响远期中介目标的主要传递目标。中央银行通过法定准备金率的变动可直接引起法定准备金的变动，再引起远期中介目标的变动；公开市场业务可以改变商业银行的非借入准备金再影响远期中介目标等。因此，银行准备金是央行货币政策的操作目标之一。

3.基础货币

基础货币，由流通中的通货和银行准备金组成，它构成了货币供应量倍数伸缩的基础。一般认为，基础货币是比较理想的操作指标，它具有以下特点：

（1）可测性强。基础货币直接表现为中央银行的负债，其数额随时反映在中央银行的资产负债表上，很容易为中央银行所掌握。

（2）可控性强。通货可以由中央银行直接控制，中央银行可以通过公开市场操作随意控制银行准备金中的非借入准备金，借入准备金虽不能完全控制但可以通过贴现窗口进行目标设定，并进行预测，也有很强的可控性。

（3）相关性强。货币供应量等于基础货币与货币乘数之积。只要中央银行能够控制基础货币的投放，也就等于间接地控制了货币供应量，从而就能进一步影响利率、价格及国民收入，实现其最终目标。

（三）远期中介目标

远期中介目标，有时简称中介目标，是指中央银行对它的控制力较弱，但与货币政策最终目标较近的中介目标，又称为中间目标。它主要有以下几种：

1.长期利率

从货币政策最终目标来看，选作政策远期中介目标的主要是长期利率，这是因为长期利率对投资的影响显著，对不动产及机器设备的投资尤其如此。但实践中，经常操作的中介指标是短期利率，主要是银行同业拆借利率。

利率的优点是：①可控性强。中央银行可直接控制对金融机构融资的利率，而通过公开市场业务或再贴现政策，也能调节市场利率的走向。②可测性强。中央银行在任何时候都能观察到市场利率的水平及结构。③货币当局能够通过利率影响投资和消费支出，从而调节总需求。

利率作为远期中介指标也有一定的局限性。首先，中央银行能够调控的是名义利率而非实际利率，它说明不了借贷的实际成本；其次，作为经济的内生变量，在经济繁荣时期利率因信贷的需求而上升，在经济萧条时期，利率则随信贷需求的减少而下降。然而，作为政策变量，当经济过热时应提高利率、抑制需求，当经济疲软时应降低利率以刺激需求，也就是说，利率作为经济的内生变量和政策变量往往难以区分，使政策效果和非政策效果混杂在一起，导致中央银行无法确定政策是否有效，容易造成错误的判断。值得注意的是，并非每个国家都适合以利率作为货币政策的中介指标，特别是在利率还没有市场化的条件下，利率既不能正确地反映货币需求，也不能有效地调节货币需求，选择利率作为中介指标也就失去了意义。

2.货币供应量

这是以弗里德曼为代表的现代货币主义者所推崇的中介目标。把货币供应量作为中介目标的理由是：①可测性强。M0、M1、M2等指标都有很明确的定义，分别反映在中央银行、商业银行及其他金融机构的资产负债表内，可以很方便地进行测算和分析。②在可控性方面，现金直接由中央银行发行并进入流通；通过控制基础货币，中央银行也能有效地控制M1和M2。③就相关性而言，一定时期的货币供应量代表了一定时期的有效需求总量和整个社会的购买力，对最终目标有直接影响，因此其与最终目标直接相关。

但问题是，以哪一个口径的货币供应量作为中介目标？20世纪90年代以前，M1是大多数国家执行货币政策的主要依据，但是到了90年代以后，随着金融创新的迅猛发展，新型金融工具在金融市场上大量涌现，模糊了货币的边界，使得越来越多的国家将M1、M2甚至M3作为货币政策的中介目标。目前，货币供应量的计量日趋复杂，中央银行对货币供应量的控制也日益困难，使其作为货币政策中介指标的可测性和可控性均受到冲击。

3.汇率

相当一部分国家由于特定经济金融条件的原因，将汇率作为货币政策的中介目标。这些国家或地区的货币当局确定其本币同另一较强国家货币的汇率水平，并通过货币政策操作，紧盯这一水平，以此实现最终目标。

主要有两类情况：一是开放的小型市场经济国家或地区，即一些具有高度外向型经济的国家或地区（比如新加坡和我国的香港），由于对外依存度很高，国际经济对其经济稳定非常重要，理所当然会将汇率作为货币政策的中介目标。二是发生恶性通货膨胀的国家，在克服恶性通货膨胀的过程中，将本国货币与外国较强的货币强行挂钩，试图借此来增强对本币的信心。在这一挂钩过程中，汇率也就自然被当作货币政策的中介目标了。如墨西哥在1987年经济危机后的调整中，通过将本币与美元强行挂钩，成功地将墨西哥的通货膨胀率从调整前的159%下降到1994年的7.1%。

## 三、利率目标与货币供应量目标的选择

货币政策远期中介目标，是选用货币供应量还是选用利率，这是一个存在争议的课题。通常将货币供应量指标称为总量指标，将利率指标称为结构指标。必须明确的是，在实际操作过程中，总量指标与结构指标一般不能同时都选作中介目标，两者之间存在着冲突。

货币供应量目标和利率目标之间的矛盾可以通过货币供求曲线来加以说明，如图19-2所示。

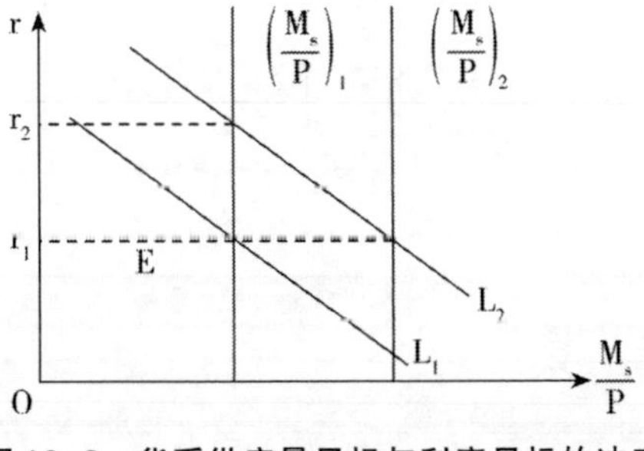


图19-2 货币供应量目标与利率目标的冲突

假定开始时货币市场正处于货币当局所希望的均衡点E处，利率为$r_1$，实际货币供应量为（$M_s/P$）$_1$。但是，由于收入增加，或者某些其他因素的变化，使得货币需求曲线由$L_1$右移到$L_2$，此时货币当局将面临以下两种选择：一种是继续维持原来的货币供应量目标（$M_s/P$）$_1$，从而听任利率由$r_1$上升至$r_2$；另一种是继续维持原来的利率目标，为达到这一目标，货币当局就必须将实际货币供应量由（$M_s/P$）$_1$增加到（$M_s/P$）$_2$。总之，无论货币当局坚持哪一个目标，都要被迫放弃另一个目标。那么，我们究竟应该如何在利率目标和货币供应量目标之间进行选择呢？实际

上这也是凯恩斯主义者和货币主义者经常争论的一个问题。

由于凯恩斯主义者倾向于认为货币需求函数较不稳定，而货币主义者则认为货币需求函数很稳定，因而双方在关于货币政策中介目标的选择上存在很大的分歧。凯恩斯主义者主张以利率为中介目标，而货币主义者主张以货币供应量为中介目标。

受理论上的这种分歧的影响，在各国货币政策实践中，中介目标也经历了一个发展变化的过程。20世纪70年代以前，受凯恩斯主义经济学的影响，西方主要国家货币当局一般采用利率作为货币政策的中介目标，对宏观经济实施积极调控。然而随着西方国家在20世纪70年代普遍出现经济滞胀现象，主张宏观干预政策无效的货币主义理论逐渐兴起，货币供应量目标开始受到货币政策制定者的青睐。进入20世纪90年代以后，某些西方国家实行以反通货膨胀为唯一目标的货币政策，放弃了以货币供应量作为中介目标的监控方法，货币政策目标就是盯住通货膨胀。部分国家建立了以短期利率为主要操作手段、实现通货膨胀目标的货币政策体系，货币政策操作直接盯住通货膨胀目标，而不再依赖于其他中介目标。

至此，我们已分析了货币政策目标体系，货币政策目标体系由最终目标、近期中介目标（操作目标）、远期中介目标（简称“中介目标”）构成，从图19-3不难看出，货币政策工具由操作目标、中介目标到最终目标是一个依次传递的过程，对中央银行而言，这些目标的可控性依次减弱，从经济分析的角度看，则宏观性渐强。

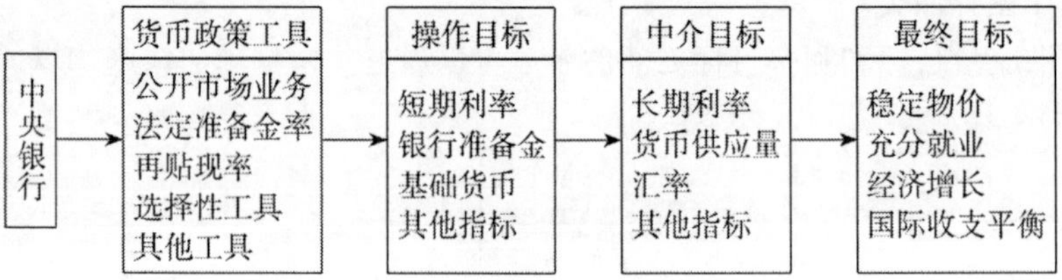


**图19-3　货币政策目标体系**

## 第二节　货币政策工具

货币政策工具是中央银行为达到货币政策目标而采取的手段。货币政策要达到其最终目标需要经过一个传导过程，一般是：中央银行运用货币政策工具—操作目标（近期中介目标）—远期中介目标—最终目标。也就是说，中央银行通过货币政策工具的运作，影响商业银行等金融机构的活动，进而影响货币供应量，最终影响宏观经济指标。根据货币政策工具的调节职能和效果来划分，货币政策工具可分为以下四类：一般性货币政策工具、选择性货币政策工具、直接信用控制和间接信用指导。

## 一、一般性货币政策工具

一般性货币政策工具，或常规性政策工具，是中央银行所采用的、对整个金融系统的货币信用扩张与紧缩产生全面性或一般性影响的手段，是最主要的货币政策工具，包括存款准备金制度、再贴现政策和公开市场业务，俗称中央银行的“三大法宝”。它主要是从总量上对货币供应和信贷规模进行调节。

（一）存款准备金制度

存款准备金制度，也就是法定存款准备金制度，是指在国家法律所给予的权利范围内，通过规定和调整商业银行交存中央银行的存款准备金率，控制商业银行的信用创造能力，间接地调节社会货币供应量的政策工具。

1.法定存款准备金制度的作用机理

中央银行变动法定存款准备金率将通过以下主要途径发挥作用：

（1）通过影响商业银行的超额准备金余额从而调控其信用规模。如中央银行提高法定存款准备金率，商业银行交存中央银行的法定准备金就会增加，在其他条件一定的情况下，用于发放贷款的超额准备金就会减少，促使商业银行收缩信贷规模，使货币供应量减少，利率回升。

（2）通过影响存款乘数从而影响商业银行的信用创造能力。由于法定存款准备金率与商业银行的存款乘数成反比，因此，当中央银行提高法定存款准备金率时，将会引起货币乘数的下降，从而大大降低商业银行存款货币创造的能力，进而引起货币供应量的倍数收缩。

2.法定存款准备金制度的特点及发展趋势

法定存款准备金率，被认为是货币政策中最猛烈的工具之一，其政策效果表现在：第一，法定存款准备金率是通过货币乘数来影响货币供给量的，因此，即使法定存款准备金率调整幅度很小，也会引起货币供应量的巨大波动。第二，即使法定存款准备金率不变，它也在很大程度上限制了存款机构创造派生存款的能力。第三，即使商业银行等存款机构由于种种原因持有超额准备金，法定存款准备金率的调整也会产生效果，如提高法定存款准备金率将冻结一部分超额准备金。

但是，法定存款准备金制度也存在着以下局限性：第一，由于效果过于强烈，不宜作为中央银行日常调控货币供给的工具。第二，由于同样的原因，它的调整对整个经济和社会心理预期都会产生显著的影响，以至使它有了固定化的倾向。第三，存款准备金对各类银行的影响不同，因而货币政策实现的效果可能因为这些复杂情况的存在而不易把握。因此，对法定存款准备金率的调整应持谨慎态度。

将存款准备金集中于中央银行的做法最初始于英国，但以法律的形式规定商业银行必须向中央银行交存存款准备金，则始于1913年美国的联邦储备法。该法案硬性地规定了法定存款准备金率，即中央银行要求的存款准备金占金融机构存款总额的比例，目的是确保银行体系不因过度放款而发生清偿危机。法定存款准备金率作为中央银行调节货币供给的政策工具，普遍始于20世纪30年代经济危机以后。

就目前而言，凡是实行中央银行制度的国家，一般都实行法定存款准备金制度。

在实行存款准备金制度的早期，许多国家都对不同期限的存款规定不同的准备金率。一般情况下，存款期限越短，其流动性越强，规定的准备金率就越高。20世纪50年代以后建立存款准备金制度的国家，大多采用单一的存款准备金率，即对所有存款均按同一比例计提准备金。

存款准备金制度自产生以来经历了历史性的演变过程，从最初的保持银行的清偿能力，到调节货币供应量的有效手段，无论是准备金制度本身还是它的作用都发生了很大的变化。20世纪90年代以来，为了减轻金融机构的负担，主要工业国家中央银行陆续将利率指标确定为货币政策调控的中介目标。新兴市场经济国家与发达国家一样也存在降低法定存款准备金率的趋势，整体而言，新兴市场经济国家的法定存款准备金率普遍高于发达国家。

虽然大多数新兴市场经济国家的法定存款准备金率也经历了一个不断下降的过程，但改革的力度与发达国家相比还有一定的差距。一些国家大幅度降低法定存款准备金率，甚至完全取消了存款准备金要求。例如英国、加拿大、澳大利亚、丹麦、瑞典等国家就已经完全取消存款准备金要求，这些取消存款准备金制度的国家大部分都已实行通货膨胀目标制。在这些国家，大多数商业银行的准备金水平降低到了只与其日常清算需要相应的水平。与此同时，这些国家采取了各自不同的措施协助银行在无指令性存款准备金要求情况下有效地管理准备金和进行公开市场操作。

在一些发展中国家频繁调整准备金率的同时，同样的背景下，西方国家却很少使用法定存款准备金率这一工具。从西方国家的货币政策实践情况来看，法定存款准备金率在20世纪90年代前一直作为信贷总量调节工具；而20世纪90年代以后，存款准备金在西方国家的信用调节功能日益减弱。目前主要发达国家的存款准备金水平已基本降为0，大部分国家已放弃使用法定存款准备金率作为货币政策工具。

3.我国的存款准备金制度

我国的存款准备金制度开始于1984年。1984年，中国人民银行按存款种类规定了法定存款准备金率，企业存款为20%，农村存款为25%，储蓄存款为40%。过高的法定存款准备金率使当时的专业银行资金严重不足，人民银行不得不通过再贷款（即中央银行对专业银行贷款）的形式将资金返还给专业银行。为克服法定存款准备金率过高带来的不利影响，中国人民银行从1985年开始将法定存款准备金率统一调整为10%。1987年和1988年，中国人民银行为适当集中资金，支持重点产业和项目的资金需求，也为了紧缩银根，抑制通货膨胀，两次上调了法定准备金率。1987年从10%上调为12%，1988年9月进一步上调为13%。这一比例一直保持到1998年3月20日。

我国的法定准备金存款不能用于支付和清算，金融机构按规定在中国人民银行开设一般存款账户，统称备付金存款账户，用于资金收付。中国人民银行从1998年3月21日起，对存款准备金制度进行了改革，主要内容是：将原来各金融机构在中国人民银行的准备金存款和备付金存款两个账户合并，称为准备金存款账户；法定存款准备金率从13%下调到8%，超额准备金及超额准备金率由各金融机构自行决定。1999年11月18日，中国人民银行决定：从11月21日起下调金融机构法定存款准备金率，由8%下调到6%。从2003年9月21日起，中国人民银行提高存款准备金率1个百分点，即存款准备金率由6%调高至7%。从2004年4月25日起，中国人民银行实行差别存款准备金率制度，即对不同类型的金融机构收取不同比例的法定存款准备金。总而言之，我国法定存款准备金率的调整过于频繁，调整幅度过大，但对货币流通量的调控作用有限。

（二）再贴现政策

再贴现政策，是指中央银行通过制定或调整再贴现利率和条件来干预和影响市场利率及货币供应量，从而调节宏观经济的一种政策工具。

1.再贴现政策的内容

商业银行等金融机构将通过贴现业务获得的票据再卖给中央银行的行为，称为再贴现。中央银行在确定其票据合格的前提下，根据当时的再贴现率，从票据金额中扣除再贴现利息后，将余额付给商业银行等金融机构。在这里，使用“再贴现”这一名词以区别于初始的“贴现”。但在当今的美国，由于各银行拿到联邦储备银行申请贴现的已不再是商业票据而是政府债券，因此，也就不再使用“再贴现”这一名词而用“贴现”取而代之。

一般来说，再贴现政策包括两方面的内容：一是再贴现率的调整；二是规定向中央银行申请再贴现的资格。前者着眼于短期，主要影响商业银行的准备金和社会的资金供求；后者则着眼于长期，主要是影响商业银行及全社会的资金投向。

2.再贴现政策的作用机理

中央银行调整再贴现率将主要通过影响商业银行的融资成本来发挥作用。

再贴现政策的作用，在于影响银行融资成本，从而影响商业银行的准备金，以达到松紧银根的目的。例如，当中央银行降低再贴现率，使其低于市场一般利率水平时，商业银行通过再贴现获得资金的成本会下降，促使其增加向中央银行借款或贴现，导致商业银行超额准备金增加，相应地扩大对社会大众的贷款，从而引起货币供给量的增加和市场利率的降低，刺激有效需求的扩大，达到经济增长和充分就业的目的。反之，可采用提高贴现率的办法来促使物价稳定目标的实现。

此外，再贴现政策还可以进行结构调整。其方式主要有两种：一是中央银行可以规定并及时调整可用于再贴现的票据种类，从而影响商业银行的资金投向；二是对再贴现的票据进行分类，实行差别再贴现率，从而使货币供给结构与中央银行的政策意图相吻合。

3.再贴现政策的特点

再贴现政策的优点主要体现在：第一，作用较为温和。再贴现政策是通过影响金融机构的借贷成本间接地调节货币供应量，其作用过程是渐进的，不像法定存款准备金政策那样猛烈。第二，对市场利率有强烈的告示作用。再贴现率的变动向社会明确告示了中央银行的政策意图。如再贴现率的升高，表明政府判断市场存在过热现象，因此有紧缩意图；反之，则有扩张意向，这对短期市场利率常有导向作用。第三，具有结构调节效应。中央银行通过规定再贴现票据的种类和审查再贴现申请时的一些限制条件，可以设定资金流向，对不同用途的信贷加以支持或限制，从而使得货币的供给结构与国家的经济政策导向相符合，达到调整国家产业结构的目的。

再贴现政策的局限性在于：第一，缺乏主动性。商业银行是否愿意到中央银行申请再贴现，或再贴现多少，决定于商业银行。如果商业银行可以通过其他渠道融资而不依赖中央银行，则再贴现政策的效果势必大打折扣。第二，利率高低有限度。如在经济调整增长时期，无论再贴现率多高，都很难抑制商业银行向中央银行再贴现或借款；反之亦然。第三，再贴现率是市场利率的重要参照，再贴现率的频繁调整会导致市场利率的经常性波动，使企业和银行无所适从。因此，在货币政策工具中，再贴现政策不处于主要地位。

（三）公开市场业务

公开市场业务，是指中央银行在金融市场上公开买卖有价证券（主要是政府债券）用以调控货币供应量的一种政策工具。

1.公开市场业务的作用机理

目前，各国中央银行从事公开市场业务主要是买卖政府债券。一般情况下，当经济停滞或衰退时，中央银行就在公开市场上买进有价证券，从而向社会投放一笔基础货币。无论基础货币是流入社会大众手中，还是流入商业银行，都必将使银行系统的存款准备金增加，银行通过对准备金的运用，扩大了信贷规模，增加了货币供应量。反之，当利率、物价不断上升时，中央银行则在公开市场上卖出有价证券，回笼货币，收缩信贷规模，减少货币供应量。公开市场操作是20世纪20年代美国联邦储备系统为解决自身收入问题买卖收益债券时意外发现的，从此它成为联邦储备系统最重要的政策工具，并在其他国家货币政策工具中占据了越来越重要的地位。

2.公开市场业务的特点

与前两种货币政策工具相比，公开市场业务的优越性是显而易见的：第一，传递过程的直接性。中央银行通过公开市场业务可以直接调控银行系统的准备金总量，进而直接影响货币供应量。第二，主动性。通过公开市场业务，中央银行可以“主动出击”，避免了贴现政策的“被动等待”。第三，可以进行微调。由于公开市场操作的规模和方向可以灵活安排，中央银行有可能对货币供应量进行微调，从而避免法定存款准备金政策的震动效应。第四，可进行频繁操作。中央银行可以在公开市场上进行连续性、经常性及试探性操作，也可以进行逆向操作，以灵活调节货币供应量。

然而，公开市场业务也有一定的局限性。它要有效地发挥作用，必须具备一定的条件：第一，中央银行必须具有强大的、足以干预和控制整个金融市场的资金实力。第二，中央银行对公开市场业务的操作必须具有弹性操纵权，可以根据经济需要和货币政策目标自行决定买卖证券的种类和数量。第三，金融市场必须具有相对的广度和深度，这样，中央银行的公开市场操作才能顺利进行。需要注意，公开市场业务操作效果会被其他因素所抵消。比如资本的流动、国际收支不平衡、商业银行通过其他方式弥补准备金不足或者在准备金增加时并不马上扩张信用等因素，会部分抵消央行买卖有价证券的效果。另外，公开市场业务易受经济周期影响。当经济萧条时，尽管中央银行可以买进证券，扩张信用，促使利率下降，但仍有可能有生产者不愿借款，信用需求不随利率下降而增加。

## 二、选择性货币政策工具

选择性货币政策工具，是指中央银行针对某些特殊的信贷或某些特殊的经济领域而采用的工具，是针对某些个别部门、个别企业或某些特定用途的信贷所采用的货币政策工具。与一般性货币政策工具不同，选择性的货币政策工具对货币政策与国家经济运行的影响不是全局性的而是局部性的，但也可以作用于货币政策的总体目标，是一般性货币政策工具的必要补充。选择性政策工具主要有消费者信用控制、证券市场信用控制、不动产信用控制、优惠利率、预缴进口保证金等。

### （一）消费者信用控制

消费者信用控制，是指中央银行对不动产以外的各种耐用消费品的销售融资予以控制。控制的主要内容有：规定以分期付款方式购买各种耐用消费品时第一次付款的最低金额；规定分期付款的最长期限；规定可用消费信贷购买的耐用消费品的种类，并就不同的耐用消费品规定相应的信贷条件等。

### （二）证券市场信用控制

证券市场信用控制，是指中央银行对有关证券交易的各种贷款进行限制，以抑制过度的投机，其中较为常用的是对证券信用交易的保证金比率作出规定。所谓证券信用交易的保证金比率，是指证券购买人首次支付占证券交易价款的最低比率，也即通常所说的保证金比率。中央银行根据金融市场状况选择调高或调低保证金比率，就可以间接控制证券市场的信贷资金流入量，从而控制最高放款额度。

### （三）不动产信用控制

不动产信用控制，是指中央银行对商业银行及其他金融机构的房地产贷款所采取的限制措施，以抑制房地产的过度投机。如对金融机构的房地产贷款规定最高限额、最长期限，以及首次付款和分摊还款的最低金额等。

### （四）优惠利率

优惠利率，是中央银行对国家重点发展的经济部门或产业（如出口工业、农业等），所采取的鼓励措施。优惠利率不仅在发展中国家多有采用，在发达国家也十分常见。

### （五）预缴进口保证金

预缴进口保证金，是中央银行要求进口商向指定银行预缴相当于进口商品总值一定比例的存款，目的在于抑制进口的过快增长。这种做法在国际收支长期为赤字的国家较为常见。

## 三、直接信用控制

直接信用控制，是指中央银行依法对商业银行创造信用的业务进行直接干预而采取的各种措施，主要有信用分配、直接干预、流动性比率、利率限制等。

（一）利率最高限额

利率最高限额，即规定商业银行对定期及储蓄存款所能支付的最高利率。如在1980年以前，美国Q条例规定，活期存款不准付息，定期存款和储蓄存款利率不得超过上限，其目的在于防止银行用抬高利率的办法竞相吸收存款，以及为了取得高回报在资产运用方面承担过高的风险。

（二）信用配额

信用配额，是指中央银行根据金融市场状况及客观经济需要，分别对各商业银行的信用规模加以分配，限制其最高数量。这是一个颇为古老的做法，目前在许多发展中国家，由于资金供给相对于资金需求严重不足，这种做法被广泛采用。

（三）规定商业银行的流动性比率

流动性比率，是指流动性资产占存款的比重。一般来说，流动性比率与收益率成反比。为保持中央银行规定的流动性比率，商业银行必须缩减长期贷款，扩大短期贷款及增加易于变现的资产等。

（四）直接干预

直接干预，是指中央银行直接对商业银行的信贷业务、放款范围等加以干预，如直接限制放款额度，直接干预商业银行对存款的吸收，对业务经营不当的商业银行拒绝再贴现或采取高于一般利率的惩罚性利率等。

## 四、间接信用指导

间接信用指导，是指中央银行凭借其在金融体系中的特殊地位，通过与金融机构之间的磋商、宣传等，指导其信用活动，以控制信用的措施。其方式主要有窗口指导和道义劝告。

（一）窗口指导

1.“窗口指导”的含义及产生背景

所谓“窗口指导”，是指中央银行根据产业行情、物价走势和金融市场动向，规定商业银行每季度的贷款增减额，并要求其执行，属于温和的、非强制性的货币政策工具。如果商业银行不按规定的增减额对产业部门贷款，中央银行可削减对该银行贷款的额度，甚至采取停止提供信用等制裁措施。

窗口指导产生于20世纪50年代的日本。这是由当时特殊的条件所决定的：其一，日本政府对经济的干预程度比一些西方国家高，因而日本银行更注重对信贷量的控制；其二，由于历史和传统的原因，日本政府和金融当局更倾向于用行政和法律手段对经济活动进行干预和控制；其三，日本的金融市场尤其是资本市场在第二次世界大战后较长时期不甚发达，利率的杠杆作用受到抑制，银行信贷是占主导地位的融资方式，因此，英、美等国家中央银行传统的三大货币政策工具在日本缺乏有效的市场运行基础。

2.“窗口指导”的特点

实行窗口指导的直接目的是通过调控贷款资金的供求以影响银行同业拆放市场利率；间接目的是通过银行同业拆放市场的利率功能，使信贷总量的增长和经济增长相吻合。日本银行利用其在金融体系中所处的中央银行地位和日本民间金融机构对其较大的依赖关系，劝告它们自动遵守日本银行提出的要求，从而达到控制信贷总量的目的。有时，窗口指导也提出民间金融机构的贷款投向，以保证日本经济中重点倾斜部门的资金需要，达到调整产业结构的目的。

因此，窗口指导的特点在于：以限制贷款增加额为主要目的。作为一种货币政策工具，虽非法律规定，只是劝告性指导，但由于这种指导来自享有很高声望和权威的中央银行，实际上带有很大程度的强制性。如果民间金融机构不听从指导，尽管不承担法律责任，但最终要承受因此带来的其他方面的经济制裁。

3.中国的“窗口指导”

自1987年以来，中央银行与专业银行建立了比较稳定的联席会与碰头会制度。行长联席会或业务部门碰头会平时根据需要不定期举行，在经济活动高峰期的第四季度则往往每旬举行一次。在上述会议上，专业银行向中央银行报告即期的信贷业务进展情况，中央银行则向专业银行说明对经济、金融形势的看法，通报货币政策的意向，提出改进专业银行信贷业务管理和调整信贷投向的建议。虽然联席会或碰头会采取温和的道义劝告方式，指导性政策建议不具有法律约束力，但专业银行通常都能接受这些建议或劝告，成为中央银行与专业银行及时互通情况、贯彻货币政策的有效途径。中央银行和专业银行除总行一级外，各级分行也建立了具有类似作用的联席会和碰头会制度。

（二）道义劝告

“道义劝告”，是指中央银行利用其特殊的声望和地位，对商业银行和其他金融机构经常发出劝告、指示或与各金融机构的负责人举行面谈，劝告其遵守政府政策并自动采取贯彻政策的各种措施。比如，在国际收支出现赤字时劝告各金融机构减少海外贷款；在房地产和证券市场投机盛行时要求商业银行缩减对这两个市场的贷款等。道义劝告的操作思路与窗口指导类似。

## 第三节　货币政策的传导机制

中央银行制定货币政策后，从政策的实施到政策发挥作用必须经历一系列传导过程。货币政策传导机制就是要描述货币政策影响经济变量的这一过程，具体是指中央银行根据货币政策目标，运用货币政策工具，通过金融机构的经营活动和金融市场传导至企业、居民，对其生产、投资和消费等行为产生影响的过程。以下分别介绍凯恩斯学派的传导机制、现代货币学派的传导机制、资产价格渠道机制和金融中介学派的传导机制。

### 一、凯恩斯学派的货币政策传导机制

凯恩斯学派自诞生以来，一直占据着经济学的中心地位，在货币政策传导机制问题上，它认为货币政策工具必须影响到利率才能发挥作用，这就是其经典的利率传导机制理论。

（一）利率传递渠道的局部均衡分析

利率在凯恩斯主义的货币政策传导机制中占有重要的位置。在简单的凯恩斯模型中，既存在两个部门——公共部门和私人部门，还存在两类资产——货币和政府债券。这种货币传导机制可简单描述为：通过货币供给 $M_s$ 的增减影响利率 r（主要是债券利率），利率的变化则通过资本边际效益的影响使投资以乘数方式增减，进而影响社会总支出E和总收入Y。以扩张性货币政策为例，用符号表示为：

$M_s \to r\downarrow \to I\uparrow \to E\uparrow \to Y\uparrow$

在这个传导机制中，发挥关键作用的是利率：货币供应量的调整首先影响利率的升降，然后才使投资乃至总支出发生变化。

在一个标准的IS-LM模型中，利率传导效应也是十分明显的，如图19-4所示。

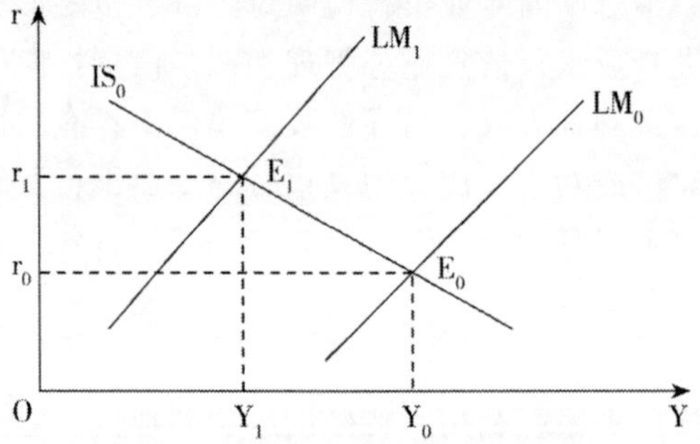


图19-4　货币政策的利率传导过程

IS-LM模型对于货币政策的传导作用可简述如下：在货币量一定的情况下，货币市场均衡线LM曲线与商品市场均衡线IS曲线的交点 $E_0$ 就是经济的均衡点。当货币当局实现紧缩性货币政策时，会使LM曲线向左移动，譬如从 $LM_0$ 移至 $LM_1$，利率会相应地由 $r_0$ 上升为 $r_1$，利率的上升会抑制投资，这将导致均衡产出从 $Y_0$ 下降到 $Y_1$。而当货币当局实行扩张的货币政策时，会产生相反的效果：LM曲线会向右移动，利率会下降，而由于利率的下降会刺激投资，投资上升，均衡产出相应增加。

上述分析从局部均衡的角度，揭示了货币市场对商品市场的初始影响。但是，没有考察商品市场对货币市场的影响，没有反映出两个市场之间的相互作用过程，

因此，这也是一种局部分析方法。

（二）利率传递渠道的一般均衡分析

考虑到货币市场与商品市场的相互作用，凯恩斯学派进行了进一步的分析，称之为一般均衡分析。其传递过程如下：

第一，假定货币供给增加，当产出水平不变，利率会相应下降；下降的利率会刺激投资，并引起总支出增加，总需求的增加又推动产出上升。这是货币市场对商品市场的作用。

第二，产出和收入的增加，必将引起货币需求的增加，这时如果没有增加新的货币供给，则货币供求的对比会导致下降的利率回升。这是商品市场对货币市场的作用。

第三，利率的回升，又会使总需求减少，产量下降；而产量下降又会导致货币需求下降，利率又会回落。这是货币市场和商品市场往复不断的相互作用过程。

第四，上述过程最终会逼近一个均衡点，这个点同时满足货币市场和商品市场两方面的供求均衡要求。在这个点上，可能利率较原来的均衡水平低，而产出量则较原来的均衡水平高。

凯恩斯学派的利率传导渠道较为间接，传导效果如何将取决于三个参数的影响：①货币需求对利率的敏感性，它决定了货币供给的变动能在多大程度上影响利率。②私人投资对利率的敏感性，它决定了利率的变动对私人投资的影响。③投资乘数，它决定了私人投资的变动能够在多大程度上影响国民收入。按照凯恩斯学派的观点，货币需求对利率十分敏感，存在着“流动性陷阱”，所以，任何货币供给的增加都会被公众所持有，而不会引起利率的变化。而且，凯恩斯学派认为私人投资对利率是不敏感的，决定私人投资的因素是投资者对投资前景的预期。因此，凯恩斯学派认为，虽然存在着这样的货币传导机制，但其实施效果却很不理想，据此认为货币是无关紧要的。

## 二、现代货币学派的货币政策传导机制

以弗里德曼为代表的现代货币学派认为，利率在货币政策传导机制中不起主导作用，而更强调货币供应量在整个传导机制中的直接效果。他们认为，货币政策的传导机制主要不是通过利率间接地影响投资和收入，而是通过货币供应量的变动直接影响支出和收入，用符号表示为：

$M \rightarrow E \rightarrow I \rightarrow Y$

（一）货币供应量的变动直接影响支出水平

M→E，表示货币供应量的变动直接影响支出。其原理是：①货币需求有其内在的稳定性。②弗里德曼货币需求函数中不包括任何货币供给的因素，因而货币供给的变化不会直接引起货币需求的变化；至于货币供给，现代货币主义学派将其视为外生变量。③当作为外生变量的货币供给改变，比如增大时，由于货币需求并未

改变，公众手持货币量会超过其愿意持有的货币量，从而必然增加支出。

（二）支出作用于投资

E→I，表示变化了的支出作用于投资的过程，货币主义者认为这将是资产结构调整的过程。其原理是：①超过愿意持有的货币或用于购买金融资产，或用于购买非金融资产，直至人力资本的投资。②不同取向的投资会相应引起不同资产相对收益率的变化，如投资金融资产偏多，金融资产市值会上涨，收益率会相应下降，从而刺激非金融资产投资，如产业投资；产业投资增加，既可能促使产出增加，也会促使生产品的价格上涨。③相应会引起资产结构的调整，在这一调整过程中，不同资产收益率的比值重新趋于相对稳定的状态。

（三）投资影响名义收入

I→Y，表示变动了的投资影响名义收入的过程。Y是价格和实际产出的乘积，由于M作用于支出，导致资产结构调整，由此带动投资的变化，并最终导致Y的变化，这一变化究竟能在多大程度上反映实际产出的变化，又有多大比例反映在价格水平上，货币主义认为，货币供给的变化短期内对两方面均有影响，但就长期而言，则只会影响价格。

## 三、资产价格渠道传导机制

在凯恩斯关于货币政策对经济影响的分析中，货币学派主要批评的是凯恩斯学派过分关注于一种资产价格形式——利率，而忽视了其他资产价格形式。

自托宾（1969）的投资q理论以及莫迪利亚尼的生命周期理论诞生后，资产价格也成为货币政策传导机制中一个备受关注的渠道。主要的资产价格传递机制如下：

（一）托宾q理论

耶鲁大学的詹姆斯·托宾认为，凯恩斯所分析的投资传导机制只是一种局部均衡分析，而一般均衡分析还需考虑商品市场和货币市场的相互关系。因此，托宾等沿着一般均衡分析的思路扩展了凯恩斯的模型，提出了一种关于货币政策变化通过影响股票价格而影响投资支出的理论，该理论被称为q理论。该理论强调了资产结构调整在货币传导过程中的作用。

所谓的q，是指一个比值，它等于企业市值与企业重置成本之比，用公式表示为：

$$q=\frac{\text{企业市值}}{\text{企业重置成本}}=\frac{V}{P_kK}$$

式中：V为企业的市场价值，即企业的股票总市值；$P_k$为每单位实物资本的价格；K为企业的实物资本总数，二者相乘即为企业重置成本。

托宾认为，q和投资支出之间是正相关。q的高低反映了企业的投资愿望，企业的投资决策取决于q值是否大于1。如果q值大于1，意味着企业的市值高于其资本重置成本，相对于企业的市值而言，新的厂房和设备的投资比较便宜，因而企业可通过发行股票获得价格相对低廉的投资品，从而增加投资和总需求；反之，如果q值小于1，则企业的市值低于其资本的重置成本，企业就不会购买新的资本品。如果在此时企业仍希望获得资本品，它们可以以较低的价格购买其他企业来获得这些企业已有的资本品，投资支出即新资本品的购买就会减少。因此，q值是决定新投资的主要因素。

那么，货币供给的变动又会对q产生什么影响呢？托宾强调了资产结构调整在货币传导过程中的作用。假如货币政策变动导致货币供应量增加，公众发现手中货币多了，因此增加了支出，从而增加对股票的需求，引起股票价格的上涨，q值相应上升，企业投资支出增加，从而刺激生产扩张。这一过程用符号描述如下：

$M\uparrow \rightarrow r\downarrow \rightarrow P_e\uparrow \rightarrow q\uparrow \rightarrow I\uparrow \rightarrow Y\uparrow$

因此，一个扩张性的货币政策会使得股票价格上升，降低资本成本，从而增加了投资和产出。

（二）财富效应渠道

尽管经济学家大多较为关心投资的波动，但消费的影响也是不容忽视的。因为消费支出是国民收入中最重要的部分（它一般占国民收入的2/3以上），因而消费也可能在货币传导机制中扮演重要的角色。

莫迪利亚尼（1971）提出了“生命周期理论”，补充了货币供给量的变化对私人消费的影响，提出了货币政策的财富效应渠道。货币政策的财富效应渠道，是指货币政策通过货币供给的增减影响股票价格，使公众持有的以股票市值计算的个人财富发生变动，从而影响其消费支出进而影响国民收入的传导效应。

莫迪利亚尼所指的消费，是指用在非耐用消费品和服务上的开支，它取决于消费者毕生的财富，而不是取决于消费者的当期收入。他认为，消费者所获得的毕生财富包括人力资本、实物资本和金融财富，这决定了他的支出水平。

消费者毕生财富的一个重要组成部分是金融资产，而股票又往往是金融资产的主要组成部分。因此，当实施扩张性的货币政策时，货币供应量增加使普通股的价格上升，金融资产的市场价值上升，消费者的毕生财富（用W表示）也增加，进而消费增加（用C表示），乃至产出均将上升。财富效应的货币政策传导机制用符号表示为：

$M\uparrow \rightarrow P_e\uparrow \rightarrow W\uparrow \rightarrow C\uparrow \rightarrow Y\uparrow$

在20世纪90年代中后期，美国股市持续走高，美国公众持有的金融资产的市场价值上升，这对同期消费支出增加和经济稳定增长具有重要作用。需要说明的是，财富效应中影响消费者支出的是其“毕生财富”，所以，只有股市持续较长时间的上涨才会增加消费者整体的“毕生财富”，这时才具有财富效应，而股市短时间的暴涨暴跌是不具有财富效应的。

（三）汇率渠道

汇率渠道，也称为净出口传导渠道。在国际交往越来越频繁、世界经济越来越走向一体化的今天，当一国对外开放市场并实行了浮动汇率制以后，必须将国际的因素也考虑进来。货币政策的传导机制主要表现在汇率的变动对净出口的影响上，它是对利率渠道的补充，或者说是一种延伸。

假定本国的货币供给增加，从而使本国的利率下降，那么投资者持有本国银行存款的利息收益就下降，因而他们将渴望把本国的货币兑换成外国的外币，以获得外国较高的利息收入。当许多投资者都在外汇市场抛出本国货币、买进外国货币时，本币将贬值，而本币的贬值将有利于扩大本国的出口，减少本国的进口，从而净出口增加。因此，货币供给的增加可以通过净出口的增加而使总需求增加。这一传导机制可表述如下：

$M\uparrow\rightarrow r\downarrow\rightarrow e\uparrow\rightarrow NX\uparrow\rightarrow Y\uparrow$

式中：e代表直接标价法下本币的汇率，NX代表净出口。

当然，这种传导效应也是有前提条件的，它们是：外币可以自由流入；本币可以自由兑换；实行浮动汇率制。缺乏这三个条件，汇率渠道就不会产生作用了。

## 四、信用渠道传导机制

由于对传统的利率传导机制和货币主义的不满，经济学家提出了基于金融市场信息不对称问题的解释，这种观点被称为信用渠道。这种观点主要提出两种类型与信贷市场问题的传导机制：一种是通过信息问题对银行贷款的影响发挥作用；另一种则是通过影响企业和消费者的资产负债状况发挥作用。

### （一）理论基础——均衡信贷配给理论

斯蒂格利茨等人于1981年提出了“均衡信贷配给理论”，也被称为“信贷可得性理论”。该理论认为，以往货币主义学者在分析经由利率的货币政策传导机制时，往往只认定利率对储蓄和借款者的影响，而忽视了利率对贷款者的影响。因而，他们在发现借款者对利率的变动并不敏感时，就怀疑经由利率传导的货币政策的有效性。然而，事实上，贷款人对利率的变动是十分敏感的，并且他们的行为会独立地影响社会经济活动。

1.银行贷款利率相对于市场利率具有黏性

均衡信贷配给理论是建立在信息经济学的基础上的。信息经济学认为，信贷市场和货币市场存在差异，信贷市场具有其特殊性。在信息不对称条件下，由于逆向选择、道德风险或监督成本的存在，银行贷款利率相对于市场利率具有黏性，即银行贷款利率不会随货币供给的增减而作出相应变动。因此，信贷市场的利率并不是一个使信贷市场供求相等的均衡利率，而是一个比均衡利率更低的利率。

为什么会存在“贷款利率黏性”现象呢？在某些情况下，政府对贷款利率的限制可能是一个原因，比如在发展中国家就是如此。但是，为什么在许多不存在利率管制的国家，也存在“贷款利率黏性”呢？这是由“信息不对称”所导致的。假定银行采取提高利率的办法，则可能对银行收益产生两方面的负面影响。

第一，逆向选择增强。利率提高后，那些收益率较低而安全性较高的项目将会因为投资收益无法弥补借款成本而退出借款申请者的行列；而剩下的愿意支付高利率的借款人往往是高风险的，他们之所以愿意接受高利率，是因为他们知道其归还贷款的可能性很小。

第二，道德风险提高。由于高利率，使得一些低收益的项目变得无利可图，在贷款利率一定的条件下，那些获得贷款的人将倾向于投资高风险高收益的项目，从而使得道德风险变得更加严重。

因此，对于银行来说，利率并不是越高越好，而是有一个限度，超过了这一限度，由于贷款风险增加，银行预期收益反而减少。

2.信贷市场存在“信贷配给”现象

由于银行贷款利率具有黏性，也就是说，并非只要借款人支付一个足够高的利率，就可以获得所需的贷款，而是在一个特定的利率水平上，有些企业和个人可以获得贷款，另外一些企业和个人即使愿意支付更高的利率，银行也不会给予贷款，这就是“信贷配给”现象，经济行为主体从金融机构得到的信贷支持是有规模限制的。该理论认为，信贷配给是与银行理性行为相一致的长期均衡现象。

存在信贷配给的原因除了贷款利率黏性以外，还可从流动性角度加以解释。贷款人必须保持足够的流动性，以保证银行业务的正常运行。对贷款人来说，其流动性主要表现在资产构成上。如流动性不佳，贷款人就将调整其资产构成，以补充流动性，这就必然会影响其信用供给的数量，从而影响社会的信用可得性。同时，贷款人在考虑流动性时，还必须考虑其资产的收益情况。在中央银行进行公开市场操作而变更利率时，贷款人会根据其资本收益情况，独立地买进或卖出政府债券，并根据其对安全和收益的权衡，调整其资产构成，按借款人的资产和财务状况、经营能力及担保情况来选择借款人，加强信用的配给。这样，贷款人的行为就将大大地影响社会的信用可得性，从而影响了整个社会的经济活动。

3.货币传导机制的“信贷渠道”

在传统的分析中，货币供应量的变动影响公众对于货币和债券两种资产价格组合的持有和配置，从而影响债券市场利率，它充分体现在传统凯恩斯主义的IS-LM模型中。而现实中，对于银行来说，它们还持有更多贷款形式的资产，企业不仅可以从债券市场融资，还可以通过贷款融资。尤其是在信息不对称的条件下，对于中小企业来说银行的贷款融资是不可或缺的。因此，企业本身与银行之间共同构成了一个“信贷市场”，从而引申出货币传导的信贷传导渠道。信贷传导渠道的核心思想是，货币当局可以通过特定政策的实施来调节银行的金融头寸，改变银行提供贷款的能力，再通过贷款市场利率的升降，最终影响总产出，这就是货币传导机制的“信贷渠道”。其简单传递过程如下：

货币政策（如公开市场业务）→利率→（贷款者、借款者、储蓄者）→信贷可得性变动→投资变动→总产出变动

货币政策的信贷传导机制理论一经提出，就在西方经济学界引起了很大的反响，特别是受到了斯科特和托宾的极力推崇。很明显，这一理论既坚持了货币政策经由利率而影响经济活动的传导机制理论，又修正了过去货币经济学家在货币政策

传导机制问题上的理论偏差，从而丰富了货币政策的传导机制理论，为货币政策的有效性提供了理论依据。这一理论把对货币政策传导机制的研究从研究利率对投资的影响转到研究利率对信用可得性的影响上，这不仅对凯恩斯所谓的利率变动直接影响支出的观点提出了挑战，而且拓宽了人们对利率机制研究的思路。

（二）银行借贷渠道

银行借贷渠道，产生于20世纪80年代后期。伯南克与布林德（1988）认为，在信息不对称环境下，银行贷款与其他金融资产不完全可替代，特定借款人的融资需求只能通过银行贷款满足，因此，除了一般的利率传导渠道之外，还存在银行信贷变化影响投资和消费增加，从而推动经济增长的途径。

以宽松的货币政策为例，假定中央银行通过货币政策工具，导致货币供应量（M）增加，使得银行存款（D）相应增加，进而增加银行可发放贷款（L）的数量。银行贷款的上升，使那些依赖银行贷款融资的特定借款人必须增加投资和消费，带动总支出增加，总产出L上升。用符号表示为：

$$M\uparrow \rightarrow D\uparrow \rightarrow L\uparrow \rightarrow I\uparrow \rightarrow Y\uparrow$$

这一传导过程的特点，是不必通过利率机制。这一理论表明，即使有所谓“流动性陷阱”的存在，致使传统的利率传导渠道失效，但信贷传导渠道的存在使得货币政策可以通过信贷供给的变化引起投资消费的变化，从而对实体经济发挥作用。

这种传导机制理论的重要含义在于：相比能够通过股票市场和债券市场融资的大企业而言，小企业更依赖于银行贷款，所以货币政策对于小企业的投资作用更为明显。

当前，随着金融创新的不断加快，融资渠道也越来越广泛，银行信贷渠道的重要性不断地下降。

（三）资产负债表渠道

尽管银行借贷渠道的重要性正在下降，但另一种信用渠道——资产负债表渠道却并非如此。

资产负债表渠道，又称“净财富额渠道”，是指货币政策通过影响股票等金融资产价格，导致企业净值、现金流量及个人金融财富的变化，在存在逆向选择和道德风险的情况下，导致银行贷款、投资规模及收入水平都会受到影响，从而发挥政策传导作用。因此，货币政策资产负债表传导渠道又分为公司资产负债表渠道和个人资产负债表渠道。

1.公司资产负债表传导渠道

货币政策可以通过多种途径来影响公司的资产负债表，至少表现为以下两个方面：

（1）通过影响公司净值来发挥传导作用。在这种渠道下，货币政策通过影响借款人的授信能力来发挥货币政策影响力的作用。由于借款人只有凭流动资产或可抵押品才能获得银行信用，公司资本净值可以作为借款时的担保品，当资本净值下降时，意味着贷款者实际上对他们的贷款获得很低的担保，来自借款人逆向选择和道德风险的损失会增加（因为较少的资本净值意味着所有者在他们的企业中拥有更低的股本回报，便刺激他们投资于风险项目），因而导致银行贷款减少，从而投资支出减少。

货币政策可以影响企业的资产负债状况。紧缩的货币政策会导致股票价格下跌，进而降低企业净值，企业可获得银行贷款的能力降低，投资减少。其传导过程如下：

$M\downarrow \rightarrow P_e\downarrow \rightarrow$ 资本净值$\downarrow \rightarrow$逆向选择和道德风险$\uparrow \rightarrow L\downarrow \rightarrow I\downarrow \rightarrow Y\downarrow$

（2）通过影响公司现金流量来发挥传导作用。该理论认为，货币供给量的变动，将影响借款者净现金流（NCF）的状况。例如，紧缩的货币政策使名义利率上升，这将引起公司资产负债表的恶化，因为货币供应量的减少和利率的上升，将直接导致利息等费用支出的增加，会减少净现金流，同时又间接影响销售收入，也会减少净现金流。公司现金流量越小，其偿还能力越差，同样会引起逆向选择和道德风险问题的增加，从而导致银行贷款量的减少，投资下降，产出回落。其传导过程如下：

$M\downarrow \rightarrow r\uparrow \rightarrow NCF\downarrow \rightarrow$逆向选择和道德风险$\uparrow \rightarrow L\downarrow \rightarrow I\downarrow \rightarrow Y\downarrow$

2.个人资产负债表传导渠道

资产负债表传导渠道不仅限于对企业的支出起作用，同样也适用于消费支出。由货币紧缩引起的银行贷款下降势必引起消费者对耐用消费品和住房购买的下降，因为他们没有其他的信用来源。同样，利率的提高也会引起家庭收支的恶化。其具体表现如下：

（1）通过耐用消费品支出的传递。货币政策通过耐用消费品支出的传递，是指货币政策通过引起利率的变动来影响消费者对耐用消费品支出的决策，进而影响总需求的效应。耐用消费品支出主要指消费者对住房、汽车及家用电器等耐用品的支出。由于消费者用于耐用消费品的支出常常是通过借贷的方式来筹措的（如贷款买房、贷款买车的行为），利率降低会使在这方面支出的筹资成本降低，从而鼓励消费者增加耐用消费品的支出。扩张性货币政策降低利率，消费者通过贷款或延期支付等方式购买汽车等耐用消费品的利息支出便会下降，因而对耐用消费品的购买将更为踊跃，从而刺激耐用消费品支出增加。这一货币传导机制可以表述为：

$M\downarrow \rightarrow r\downarrow \rightarrow$耐用消费品和住房支出$\uparrow \rightarrow Y\uparrow$

（2）流动性效应的传递。流动性效应是指货币政策通过影响股票价格，使消费者持有的金融资产价值及其资产的流动性发生变化，从而影响其耐用消费品支出变化的政策效应。人们在进行耐用消费品消费时，通常会根据自己的资产负债状况得出一个关于资产流动性的判断，若流动性高，人们则会增加对耐用消费品的支出；反之，则会减少对耐用消费品的支出。当预计会遇到财务困难时，无论是个人还是企业都愿意持有流动性强的金融资产而不是流动性不足的实物资产。金融资产，如银行存款、股票、债券等，可以很快在市场上出售，而且在变现时价值损失的可能性也比较小，流动性高。但想很快出售耐用消费品等实物资产，则可能会出现两种结果：一是找不到合适的买主，二是可能收不回该耐用消费品的完全价值。因此，当发生财务困难的可能性增大时，人们就会减少对耐用消费品的支出；反之，则会增加对耐用消费品的支出。

那么，货币政策如何影响消费者的财务状况呢？一般情况下，当消费者持有的金融资产数量远比其债务多时，他们对未来发生财务困难可能性的估计会很低，因而会较愿意购买耐用消费品。例如，当实施扩张性货币政策时，股票价格上升，金融资产价值也会上升，人们对发生财务困难可能性的估计会降低，就会愿意增加对耐用消费品的支出。随着消费水平的上升，物价水平随之上升，消费者的实际债务水平下降，结果与债务额相比，金融资产的价值上升，使得财务困难发生的可能性大大降低，于是消费者用于购买耐用消费品的支出大幅增加。这一流动性效应的传导机制可以表述为：

$M\uparrow \rightarrow P_e\uparrow \rightarrow$金融资产价值$\uparrow \rightarrow$财务困难的可能性$\downarrow \rightarrow$耐用消费品和住房支出$\uparrow \rightarrow Y\uparrow$

信用渠道是货币政策传导机制极为重要的组成部分，这主要有三个方面的原因。其一，从理论上讲，信贷渠道分析核心是信贷市场的信息不对称，而这一理论被广泛应用于解释金融市场存在的很多重要现象，如为什么有这么多金融机构，为什么金融体系结构是现在这个样子等。其二，新兴市场国家的利率是长期受到管制的，资本市场发育不健全，间接融资比重大大高于直接融资，银行信贷是主要的融资渠道，甚至存在所谓的过度银行化现象。信用渠道不仅是存在的，而且可能是主要的传导渠道。其三，大量实证表明，信贷市场不对称的类型，的确对企业的支出及雇佣决策有重要影响。

长期以来，我国信贷政策是货币政策的主要内容，或者说只有信贷政策，而没有现代市场经济意义上的货币政策。改革开放以来尤其是20世纪80年代中期，中央银行制度确立以来，在相当长的一段时间内，信贷规模仍然是受控制的，信贷政策在货币金融政策中处于极其重要的地位。90年代市场经济体制初步建立以来，逐步建立了以货币供应量为中间目标、以稳定货币为最终目标的间接货币政策体系，利率杠杆在货币政策中的作用越来越大，但直到1998年信贷规模控制才最终取消，间接货币政策体系最终确立。近年来，发展货币市场、推进利率市场化是货币政策体系建设的一个重要任务，利率渠道在货币政策传导中的作用必将越来越大。

## 第四节　货币政策效果的影响因素

制定和实施货币政策的目的是为了实现调节经济的政策目标。货币政策能否实现和能够在多大程度上实现其政策目标，即货币政策效应如何，既是货币政策制定者十分关心的问题，也是理论界长期争论的问题。本节重点介绍影响货币政策效果的因素。

在货币政策的传导过程中，各种可能对政策效应产生影响的因素同样需要引起人们的关注。这方面的因素主要有以下几点：

## 一、货币政策时滞

### （一）货币政策时滞的内涵

任何政策从制定到获得主要或全部效果，都必须经过一段时间，这段时间即称为“时滞”。所谓货币政策时滞，是指货币政策从制定到最终目标的实现所必须经过的一段时间。货币政策时滞由内部时滞和外部时滞两个部分组成，内部时滞又分为认知时滞和决策时滞，如图19-5所示。

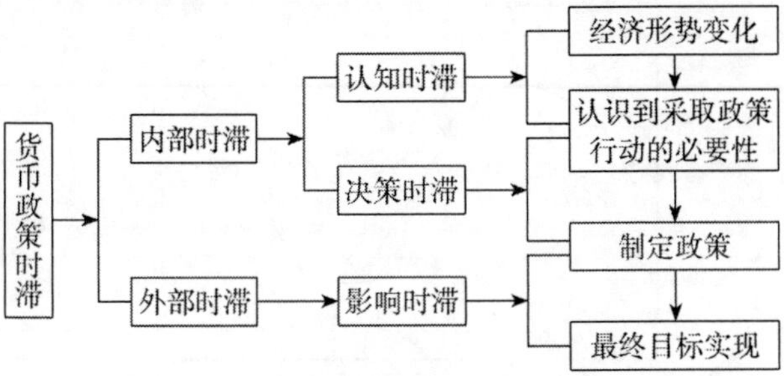


图19-5　货币政策时滞构成图

1.内部时滞

内部时滞，是指从经济形势发生变化需要制定政策加以矫正，到中央银行实际采取行动的时间过程。它又可分为两个阶段：

（1）认知时滞，即从形势变化需要货币当局采取行动到它认识到这种需要的时间过程。

（2）决策时滞，即从货币当局认识到需要采取行动到实际采取行动所需经历的时间过程。

内部时滞的长短取决于货币当局对经济形势发展的预见能力、制定政策的效率和行动的决心等因素，一般比较短暂，也容易缩短。只要中央银行对经济活动的动态能随时、准确地掌握，并对今后一段时期的发展趋势作出正确的预测，中央银行就能迅速作出反应，并采取相应的措施，从而可以大大缩短内部时滞。

2.外部时滞

外部时滞，又称“影响时滞”，是指从货币当局采取货币政策措施到对经济活动产生影响、取得效果所需经历的时间过程，也是货币政策从宏观传导到微观再反映到宏观的时间。一般来说，外部时滞所需的时间比较长，货币当局采取货币政策措施后，不会立即引起最终目标的变化，它需要经由影响中介目标的变化，通过货币政策传导机制再影响到社会各经济单位的行为，最后影响到货币政策的最终目标，这个过程需要时间。但究竟这种时滞有多长时间，以及对货币政策效果的影响力度如何，西方学者有不同的看法：有的学者认为这一时滞相当长，约2年左右，有的学者则认为时滞不过6～9个月而已。

（二）时滞是影响货币政策效应的重要因素

由于时滞的存在往往会使货币政策预期效应发生较大的偏差，因此一定程度上导致了货币政策的局限性。如果为遏制某一经济现象发展而采取的货币政策能够在较短时间内生效，那么，该货币政策对宏观经济的运行就是有利的。但是，如果货币政策需要较长时间方能生效，而在这段期间内国民经济的运行又受其他因素的影响，出现了与制定该货币政策时完全不同的形势，那么，该货币政策就失去了其有效性，不能起到熨平经济波动的作用，反而还会加大经济周期的波动，使国民经济更加不稳定（如图19-6所示）。

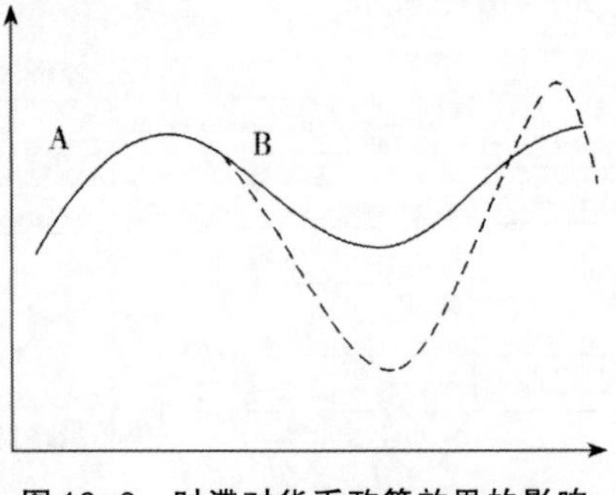


**图19-6　时滞对货币政策效果的影响**

在图19-6中，假定货币当局在经济繁荣时期制定并推行了一项政策（A点所示），旨在抑制经济的过热势头，如果该政策在一年半后方能发挥其主要的效力（B点所示），那么，这项政策便会使正常的经济周期（实线所示）的波动幅度（虚线所示）增大。这显然是货币当局不愿看到的结果。

正是看到了有产生上述结果的可能，货币主义者坚决反对凯恩斯主义者所倡导的反周期货币政策。弗里德曼认为，依据现在掌握的技术知识手段，人们很难准确地估算出货币政策的时滞，因而也很难理智地选择货币政策的施行时机。在这种情况下，如果仅仅依据反经济周期的规则行事，便极有可能事与愿违。货币当局的明智之举是根据经济长期增长的需要，确定一个稳定的货币增长率，并不受任何干扰地实施（即单一规则）。

如果货币政策可能产生的大部分影响较快地有所表现，那么货币当局就可根据期初的预测值，考察政策生效的状况，并对政策的取向和力度作出必要的调整，从而使政策能够更好地实现预期的目标。假定政策的大部分效应要在较长的时间后产生，在这段时间内经济形势可能会发生很大的变化甚至可能会变得相反，这样就很难证明货币政策的预期效应能否实现，甚至还可能成为助推通货膨胀或者加剧经济紧缩的帮凶。因此，中央银行在制定货币政策时必须考虑时滞的影响，以正确地选择实施的时机并预测政策实施的效果。

## 二、微观主体预期对于货币政策效应的对消作用

对货币政策有效性或效应高低构成挑战的另外一个因素是微观主体的预期。这

是由理性预期学派提出的。

（一）理性预期学派的货币政策有效性研究

理性预期学派由美国经济学家穆斯提出，并经过卢卡斯、萨金特、华莱士等经济学家的共同努力而影响一时。从货币政策有效性的角度看，理性预期学派突出强调了经济行为者的预期行为对宏观调控效果的显著制约作用，并宣称在理性预期的前提下，主动的宏观调控基本上是无效的。

理性预期学派假定，人都是理性的经济人，他们能够在信息充分的基础上对经济变动作出明智的反应，不会发生系列性的错误，即使有时会发生错误的判断，但是这些错误都是随机的、偶然性的，而且平均值为零。在合理预期的条件下，宏观政策之所以失败，是由于经济行为者已经将政府宏观政策的变动趋势和规律纳入了其预期之中；对于政府宏观经济政策的变化，经济行为者已经设想了相应的对策措施。于是，宏观政策的预期效果总是被经济行为者的合理预期作用所抵消，政府的宏观政策基本上是无效的。这一原理对货币政策同样起作用。

例如，政府用扩张性的货币政策来刺激经济增长和就业增加，在存在理性预期的条件下，企业家会很快从有关信息渠道掌握信息并形成扩张性预期，了解到需求扩张是扩张性货币政策造成的，并且这种扩张过程会继续下去，于是，企业家会及时提高价格而不是产量，其他经济主体也会采取预防性的措施，如工人要求提高工资、消费者提前购买、商业银行提高利率等。于是，政府的扩张性货币政策在理性预期的影响下，最终只是导致价格水平、利率水平等名义变量的上升，实际的产量和就业水平并没有增加，政府的政策目标没有完全实现。

并且，当宏观政策发生变化时，一切经济行为主体之间，如雇主与工人之间、债权人和债务人之间、供给者和需求者之间的关系都将因理性预期而不断作出新的安排或发生相应的变化，从而引起失业状况的持续和通货膨胀程度的加剧，并使反经济周期的货币政策失效。

因此，在理性预期学派看来，经济行为者的预期会对货币政策产生抵消作用和逆反作用，从而会对货币政策的有效性产生重要影响。

（二）在理性预期影响下的货币政策效应

鉴于经济行为者的理性预期，似乎只有在货币政策的取向和力度没有或没有完全为公众所知晓的情况下才能生效或达到预期效果。但是，货币当局不可能长期不让社会知道它所要采取的政策，这是否意味着货币政策无效呢？

实际情况不是这样的，货币政策在经济行为者的理性预期下仍然是有效果的，只是公众的预期行为会使其效果大打折扣。其理由如下：

1.理性的预期难以形成

从理性预期学派的理论框架看，有一些假定和推论是与现实经济状况不相符的。例如，人们在预期的形成过程中会受到社会阶层、知识水平、认识水平的局限，所获得的信息也必然是不全面、不真实的，因而理性的预期是难以形成的。在这种状况下，货币政策是有一定效力的。

2.价格调整需要一个时间过程

理性预期学派假定市场机制能够充分发挥作用，价格水平会及时根据其变动作出调整。但事实上，实际经济生活中存在一种“工资-物价黏性”，长期性的劳资合同使得工资和价格不能充分响应预期的价格水平变动。同时，生产者和消费者、债权人和债务人等签订的大多是固定价格合同，价格刚性同样存在。所有刚性的因素都会使工资和价格缺少灵活性，于是，预期价格水平的上升不一定会完全转化为工资和物价的调整。因此，在假定预期是合理的，但在工资和价格具有变动上的刚性的情况下，无论是预期到的宏观政策，还是没有预期到的宏观政策，都能够在一定程度上影响实际产出水平和就业水平，货币政策在此时就是有一定效果的。

### 三、其他因素

除时滞和微观主体预期因素外，货币政策的效果也受其他外来或体制因素的影响。

（一）政治因素

任何一项货币政策方案的实施，都可能给不同阶层、集团、部门或地方的利益带来一定的影响。这些主体如果在自己利益受损时作出较强烈的反应，就会形成一定的政治压力，当这些压力足够大时，就可能会迫使货币政策调整。

（二）经济条件因素

一项既定的货币政策出台后总要持续一段时间，在这段时间内，如果客观经济条件发生变化，而货币政策又难以作出相应的调整时，就可能出现货币政策效果下降甚至失效的情况。比如，在实施扩张性货币政策中，生产领域出现了生产要素的结构性短缺，这时纵然货币、资金的供给很充裕，由于瓶颈部门的制约，实际的生产也难以增长，扩张的目标就无法实现。再如，实施紧缩性货币政策以期改善市场供求对比状况，但在实施过程中出现了开工率过低、经济效益指标下滑过快等情况，这就是说，紧缩需求的同时，供给也减少了，改善供求对比的目标也不能实现。

## 第五节　货币政策与财政政策的协调配合

### 一、货币政策与财政政策的一般作用

货币政策主要包括信贷政策和利率政策。收缩信贷和提高利率是“紧”的货币政策。收缩信贷可直接减少信贷资金量，提高利率可增加贷款使用的成本。因此，“紧”的货币政策能够减少货币供应量，对控制物价有利，能够抑制社会总需求，但对投资和短期内发展有制约作用。放松信贷和降低利率则是“松”的货币政策。放松信贷可直接扩大信贷资金量，降低利率可以减少贷款使用的成本。因此，

“松”的货币政策能够增加货币供应量，扩大社会总需求，对投资和短期内发展有利，但容易引起通货膨胀率的上升。

财政政策包括国家税收政策和财政支出政策两个方面。增税和减支是“紧”的财政政策。增税使企业和公众可支配的利润及收入减少，减支可直接减少政府需求。所以，“紧”的财政政策可以减少社会需求总量，但对政府投资不利。减税和增支是“松”的财政政策。减税使企业和公众持有的货币增加，增支可直接扩大政府需求。所以，“松”的财政政策有利于投资，但社会需求总量的扩大容易导致通货膨胀。

### 二、货币政策与财政政策协调运用的必要性

货币政策与财政政策是当代各国政府调节宏观经济最主要的两种政策。虽然这两项政策在宏观经济运行中都有较强的调节能力，但由于它们本身固有的特点，二者都有一定的局限性。无论是货币政策调节还是财政政策调节，仅靠某一项政策很难全面实现宏观经济的调控目标，没有双方的配合，单个政策的实施效果将会大大减弱，这就要求二者相互协调、密切配合，充分发挥它们的综合优势。

### 三、西方国家货币政策与财政政策的搭配

在西方国家，货币政策和财政政策有时单独使用，有时配合使用。各国政府同时利用两大政策干预经济时，就会形成“松紧搭配”，即“松”或“紧”的两大政策进行匹配运用。松紧搭配一般有四种组合：第一，“紧”货币、“松”财政；第二，“紧”财政、“松”货币；第三，财政、货币“双紧”；第四，财政、货币“双松”。在这几种组合中，政府究竟采用哪一种组合取决于客观的经济环境，实际上主要取决于政府对客观经济情况的判断。概括地说，“一松一紧”主要是解决结构问题，单独使用“双松”或“双紧”主要为解决总量问题。

在总量平衡的情况下，调整经济结构和政府与公众间的投资比例，一般采取货币政策和财政政策“一松一紧”的办法。“紧”财政，使政府的支出和投资直接减少；“松”货币，使公众能够以较低的成本获得较多的资金，并使因增税而导致的收入减少得到补偿。其结果是调整了政府与私人企业的投资结构。相反，“松”财政，直接扩大了政府的支出和投资；“紧”货币，使企业和公众的借贷数额减少和借贷成本增加。其结果是企业投资和居民的一般性投资减少。

在总量失衡较为严重的情况下，政府要达到扩张或紧缩的目的，一般同时使用财政政策和货币政策两种手段，即“双松”或“双紧”。在经济萧条后期，设备大量闲置，工厂开工不足，而失业率又很高，为刺激生产和投资、启动闲置的生产能力，政府一般实行“双松”政策。在社会总需求过度膨胀、物价持续上涨、经济生活极不安定的情况下，政府一般采取“双紧”政策。在总量失衡与结构失调并存的情况下，政府一般采用先调总量后调结构的办法，即在放松或紧缩总量的前提下调整结构，使经济在稳定中恢复均衡。

## 四、我国货币政策与财政政策的协调配合

由于商品经济的共性，上述货币政策与财政政策的一般作用和松紧搭配的政策效果也基本适用于我国。在社会主义市场经济中，货币政策和财政政策是国家履行宏观经济管理职能的两个最重要的调节手段。在我国，由于根本利益的一致和共同的总体经济目标，货币政策和财政政策的实施具有坚实的基础，同时这两大政策具有内在的统一性，这为它们之间的协调配合奠定了牢固的基础。但由于这两大政策在我国也是各有其特殊作用，调节的侧重点也不同，因此，这两大政策又具有相对独立性。二者既不能简单地等同或混合，也不能各行其是，而应该相互协调、密切配合，以实现宏观经济管理的目标。

在我国，货币政策与财政政策的协调配合，需注意以下几个问题：

（一）两大政策的协调配合要以实现社会总供求的基本平衡为共同目标

国家宏观经济调节的首要目标是实现社会总供求的基本平衡。这种平衡不仅要求在总量上实现供求平衡，而且要求在结构上也达到供求平衡，而结构的均衡与否取决于国民经济的结构是否协调。货币政策和财政政策对总量和结构的平衡都有较强的调节能力，但二者又有各自的侧重点。一般来说，货币政策调节的侧重点在总量平衡方面，财政政策的侧重点在结构协调上，二者需要互相补充、密切配合，才能实现社会总供求基本平衡的目标。

（二）两大政策的协调配合应有利于经济的发展

发展经济不单纯是指经济发展的速度有多快或产值增长有多大，更重要的是指社会生产能力的扩大、经济效益的提高和经济结构的改善。因此，两大政策协调配合的成功与否也应以此为标准，不能片面地以速度或产值的高低来衡量两大政策的实施效果。

（三）两大政策既要相互支持，又要保持相对独立性

在我国，由于货币政策和财政政策的调节领域、调节对象、调节目标、调节过程既有所不同，又相互联系，因此，二者既需要互相支持，又需要保持相对的独立性，以加强调节效果。从调节对象和目标看，货币政策的调节主要发生在流通领域，而财政政策的调节重点在分配领域。货币政策的调节对象主要是国有商业银行和其他各类金融机构，调节的目标主要是货币供应量和信用总量；而财政政策调节的对象主要是纳税人和财政支出的对象，调节的目标是财政收支的总量与结构。从传导特点看，货币政策由于要经过国有商业银行或其他各类金融机构才能影响到市场和经济单位的行为，因此从政策实施到效果显现有一个较长的反应过程；而财政政策无论是征税还是拨款，都直接影响经济单位的购买力，进而直接影响经济单位的投资或消费行为，故调节过程较短。这些差异的存在，说明两大政策不能简单地画等号或相互取代，而应充分发挥它们各自的优势。货币政策和财政政策之间又是互相关联的，存在广泛的密切联系，一个政策的调节必然会不同程度地对另一个政策的调节产生影响。这种影响可能是同方向的，即一种政策的调节有助于另一种政

策的调节，二者在效果上是相互加强的；但也可能是不同方向的，即一种政策的调节抵消或削弱了另一种政策的调节。因此，一国政府在运用两大政策时要注意到相互间的影响，加强彼此间的支持和配合。

（四）从实际出发进行两大政策的搭配运用

科学地搭配货币政策和财政政策，是进行有效的宏观经济调节的客观要求，也是一项高超的调节艺术。究竟应该采取什么样的货币政策和财政政策组合，必须从实际情况出发。采用哪一种组合方式，取决于对国民经济运行状况的透彻分析和对宏观经济形势的正确判断，实事求是、切合国情是十分重要的。

货币政策和财政政策的协调配合，是实现国家宏观经济管理目标的客观要求和必要条件。两大政策协调配合的效果，不仅取决于正确确定两大政策的搭配方式及其具体操作，在很大程度上还取决于外部环境的协调配合，如需要产业政策、收入分配政策、外贸政策、社会福利政策等其他政策的协同，良好的国际环境和稳定的国内社会政治环境，合理的价格体系和企业（包括金融企业）运行机制，政府各部门和地方政府的支持配合等。

## 本章小结

1．货币政策，是指中央银行为实现特定的经济目标而采用的各种控制和调节货币、信用及利率等变量的方针和措施的总和。一个完整的货币政策体系包括货币政策目标、货币政策工具和货币政策传导机制三大部分。

2．货币政策的最终目标是指货币政策在一段较长的时期内所要达到的目标。目标相对固定，基本上与一国的宏观经济目标一致，主要有四个：稳定物价、充分就业、经济增长和国际收支平衡。一般认为，最终目标之间除经济增长和充分就业之间正相关，具有较多的一致性之外，其他几个目标之间都存在相互矛盾。

3．货币政策中介目标，是指中央银行在货币政策实施过程中为更好地观测货币政策的效力并保证最终目标的实现，在货币政策工具和最终目标之间插入的一些过渡性指标。中介指标应具备的条件包括可观测性、可控性及相关性。中介目标一般有利率、货币供应量、超额准备金和基础货币等。

4．货币政策工具是中央银行为达到货币政策目标而采取的手段，可分为以下四类：一般性货币政策工具、选择性货币政策工具、直接信用控制和间接信用指导。

5．货币政策传导机制就是要描述货币政策影响经济变量的这一过程。具体是指中央银行根据货币政策目标，运用货币政策工具，通过金融机构的经营活动和金融市场传导至企业、居民，对其生产、投资和消费等行为产生影响的过程。凯恩斯学派的传导机制，认为货币政策工具必须影响到利率才能发挥作用；以弗里德曼为代表的现代货币学派认为，利率在货币政策传导机制中不起主导作用，而更强调货币供应量在整个传导机制中的直接效果；此外，资产价格也成为货币政策传导机制中一个备受关注的渠道，主要包括有托宾q理论、财富效应渠道、汇率渠道；基于金融市场信息不对称问题的解释提出的观点被称为信用渠道。

6.制定和实施货币政策的目的是为了实现调节经济的政策目标。货币政策能否实现和能够在多大程度上实现其政策目标，即货币政策效应如何，既是货币政策制定者十分关心的问题，也是理论界长期争论的问题。影响货币政策的因素主要包括货币政策时滞和微观主体预期对于货币政策效应的对消作用。

7.货币政策要正常地发挥作用并取得预期的效果，必须与财政政策积极配合，这也是实现国家宏观经济管理目标的客观要求和必要条件。

## 关键概念

货币政策　货币政策最终目标　货币政策中介目标　存款准备金制度　再贴现政策　公开市场业务　货币政策传导机制　托宾q理论　货币政策时滞

## 综合训练

### 一、单项选择题

1.货币政策的制定者和执行者是（　　）。

A.中央政府　　B.商业银行　　C.财政部　　D.中央银行

2.我国货币政策的目标是（　　）。

A.稳定物价，促进经济增长

B.保持货币币值稳定，并以此促进经济增长

C.保持货币币值稳定，促进经济增长

D.稳定物价，促进经济发展

3.菲利普斯曲线说明了货币政策之间存在矛盾的是（　　）。

A.经济增长与充分就业　　B.经济增长与稳定物价

C.稳定物价与充分就业　　D.经济增长与国际收支平衡

4.窗口指导属于（　　）。

A.一般性货币政策工具　　B.直接信用控制

C.间接信用指导　　D.选择性货币政策工具

5.在货币政策传导中，货币政策的操作目标（　　）。

A.介于货币政策中介目标与最终目标之间

B.是货币政策实施的远期操作目标

C.是货币政策工具操作的远期目标

D.介于货币政策工具与中介目标之间

### 二、多项选择题

1.扩张性货币政策是指中央银行通过增加货币供应量，使利息率下降，从而增加投资，扩大总需求，刺激经济增长。其主要措施有（　　）。

A.降低法定准备金率，以提高货币乘数，增加货币供应量

B.提高货币利率

C. 降低再贴现利率，以诱使商业银行增加再贴现，增加对客户的贷款和投资能力，增加货币供应量

D. 公开市场业务，通过购进证券，增加货币供应

2. 货币政策的最终目标包括（　　）。

A. 稳定物价　　B. 充分就业　　C. 经济增长　　D. 国际收支平衡

3. 货币政策中介目标的选择标准有（　　）。

A. 可观测性　　B. 可比性　　C. 可控性　　D. 相关性

4. 中国的货币政策工具主要有（　　）。

A. 存款准备金制度　　B. 公开市场业务　　C. 抵押贷款　　D. 信用贷款

5. 认为资产价格是货币政策传导机制中一个备受关注的渠道的理论有（　　）。

A. 托宾q理论　　B. 财富效应渠道

C. 资产负债表渠道　　D. 现代货币学派货币传导机制理论

三、思考题

1. 什么是货币政策？其基本特征有哪些？

2. 货币政策的最终目标包括哪些？它们之间的相互关系如何？

3. 选择货币政策中介目标的标准是什么？如何评价我国当前的货币政策中介目标？

4. 什么是货币政策传导机制？试比较凯恩斯学派和货币学派的观点。

5. 试分析货币政策时滞产生的原因。

# 第五篇　金融监管篇

## 第二十章

## 金融抑制与金融创新

**引例**

20世纪70年代，经济学家以发展中国家的金融问题为研究对象，认为在发展中国家存在着严重的金融约束和金融抑制现象。这既削弱了金融体系聚集金融资源的能力，又使金融体系发展陷于停滞甚至倒退的局面。因此，经济学家分别从“金融抑制”与“金融深化”两个不同角度，将货币金融理论与发展理论结合起来，全面论证了货币金融与经济发展的辩证关系。

创新概念是由熊彼特提出的，是指新的产品的生产、新技术或新的生产方法的应用、新的市场开辟、原材料新供应来源的发现和掌握、新的生产组织方式的实行等。金融创新背后的根本经济力量是竞争，它通常会导致执行金融功能的方式的改进。随着社会主义市场经济体制的确立，金融发展将主要依靠社会经济机体的内部力量——金融创新来推动。国有商业银行的股份制改造，各种新型理财品种的推出，深圳证券交易所中小企业板的建立等都在一定程度上促进了我国金融体系的完善。但与此同时，金融市场的结构不合理、企业的融资结构不合理、金融工具品种单一、金融产品的发展不规范、无法律保护等问题仍然存在，如何将金融创新对金融发展的推动效应发挥到最大?如何消除制约金融创新的因素?中国未来金融创新的发展方向和重点是什么?

究竟什么是金融抑制和金融深化？什么是金融创新？衡量金融发展的指标有哪些？金融抑制在经济中的效应包括哪些内容？本章将对这些问题进行详细论述。

## 第一节　金融发展与经济发展的一般关系

### 一、金融发展

按照美国耶鲁大学经济学名誉教授雷蒙德·W.戈德史密斯的解释：一个社会的金融体系是由众多的金融工具、金融机构组成的。不同类型的金融工具与金融机构组合，构成不同特征的金融结构。有的社会金融体系中金融工具种类多、数量大、流动性高，同时金融机构的规模大、数量多、服务范围广，具有较强的竞争力；而有的社会金融工具种类少、数量不多、流动性差，同时金融机构的种类少、规模不大、服务范围有限、服务效率低。一般而言，金融结构是构成金融总体（或总量）的各个组成部分的规模、运作、组成与配合状态。一个国家或地区的金融结构是金融发展过程中由内在机制决定的、自然的客观结果或金融发展状况的现实体现。金融发展就是金融结构由低到高的变化过程。金融发展程度越高，金融工具和金融机构的数量、种类越多，金融效率也就越高。

如何衡量一个国家金融发达程度，西方经济学家提出了衡量金融发展的基本指标。

### 二、衡量金融发展的基本指标

（一）金融相关率

根据对金融发展的定义，衡量金融发展的程度，实际上是衡量金融结构的状态。为此，戈德史密斯提出了五个需要考虑的数量指标：

第一个指标：金融资产总额与实物资产总额的比值。

第二个指标：金融资产与负债在各金融机构间的分布。

第三个指标：金融资产与负债在金融机构与非金融机构之间的分布。

第四个指标：各经济部门拥有的金融资产与负债总额。

第五个指标：由金融机构发行、持有的金融工具总额。

在对不同国家金融结构进行比较时，可能遇到统计数字不全的困难。为此，戈德史密斯提出了将金融相关率作为金融比较的工具。该指标因其简单、适用、合理而被广泛使用。所谓金融相关率，是指一定时期内社会金融活动总量与经济活动总量的比值。计算金融相关率，首先面临的问题是以何种金融总量作为考察基础及如何选取观测指标。由于按不同的标志划分有不同的金融活动总量，因此，衡量金融活动总量可以从多个角度进行。

1.按金融资产性质统计金融活动总量

从宏观考察，最广义的金融活动总量是全社会的金融总资产，即全社会成员持有的所有金融资产的总值。全社会的金融总资产大致可以划分为三类：第一，货币性金融资产，主要包括现实中的货币和各类存款；第二，证券类金融资产，主要包括各类有价证券（政府债券、金融债券、企业债券、股票、企业和银行票据及各类投资基金凭证）；第三，具有专门指定用途、以保障为中心的各类专项基金，包括保险基金、失业保险基金、养老保险基金、医疗基金、住房基金及各类公积金等。

按照现代经济学的分析方法，社会成员可以分为个人部门、企业部门、政府部门、对外部门和金融部门五大部门，这些部门持有的现实货币作为发行者对公众的负债反映在中央银行资产负债表的负债一方，这些部门拥有的全部存款则反映在存款中介机构资产负债表的负债一方，因此，货币性金融资产的统计可以通过金融机构的资产负债总表反映。证券类金融资产的统计要复杂一些，一般来说，个人（家庭）部门是各类证券持有部门，他们持有的各类有价证券和投资基金反映在证券市场的有关统计中；企业基本上是有价证券（企业债券和股票）的发行部门，但同时也会持有一些其他部门发行的证券；政府部门是国家债券的发行部门，一般不持有国内其他证券，政府部门持有的国外证券和外汇储备反映在中央银行资产负债的对外资产中；金融部门既是证券的发行部门（金融债券和股票），也是证券持有部门（主要持有政府债券、部分企业债券、股票），它们发行和持有的证券均能在金融机构的资产负债表内反映。因此，全社会的证券类金融资产有一部分体现在金融机构的资产负债表内，另一部分则必须通过证券市场反映。具有专门用途、以保障和风险防范为中心的各类专项基金中，商业保险部分可以在保险市场的统计中反映，其他社会保障基金则需要从不同的主管部门统计。

在社会金融资产的统计中，有两个问题非常重要：第一，避免重复计算。由于社会金融资产分布比较复杂，简单汇总往往重复夸大金融资产总量。例如，如果把金融机构资产负债表中的总资产（或总负债）的数据全部统计在社会金融总资产中，那么证券市场统计中就应减去金融机构所发行和持有证券的数量，否则就形成重复计算。如果把证券市场发展规模统计在社会金融总资产中，金融机构总资产（或总负债）中也只能计算货币性金融资产部分。第二，证券类金融资产的计算方法。在证券市场上，证券面值与市值差别很大，究竟采用何种价值计算金融总资产，需要认真分析。

2. 按金融工具统计金融活动总量

戈德史密斯对金融结构文献研究就采用了金融工具总值代表金融资产总量的方法，他将金融工具分为三种：第一种，非金融部门发行的金融工具，即股票、债券和各种信贷凭证等；第二种，金融部门发行的金融工具，即中央银行、存款银行、清算机构、保险组织和二级金融交易中介发行的金融工具，如通货与活期存款、居民储蓄、保险单等；第三种，国外部门发行的金融工具。

当统计出全社会金融活动总量后，除以经济活动总量（国民生产总值）就可得金融相关率指标。无论以金融资产的性质为口径统计全社会的金融活动总量，还是以金融工具的发行者为口径统计全社会金融活动总量，从统计上看都是对同一主体从不同观察角度得出的结果，金融工具对持有人来说是金融资产，对发行人来说即为金融负债。

戈德史密斯通过对过去150～200年间许多国家金融史的研究，认为“存在唯一的一条金融发展道路”：发达国家有着共同的发展趋势，发展中国家早晚会走上发达国家已经走过的道路，这条道路可由金融相关率反映出来。从纵的方向看，在一国经济发展过程中，金融资产的增长比国民财产的增长更为迅速，因此，金融相关率有提高的趋势，其间还会发生迅速提高的“爆发运动”，但金融相关率的提高不是无止境的，一旦金融发展到一定水平，该比率的变动即趋于稳定。从横的方向看，发展中国家的金融相关率比欧洲和北美国家低得多，这也体现了两类国家在金融发展上的时代差别。金融相关率还受一国经济结构的基本特征，如生产集中程度、财富分配状况、投资动力、储蓄倾向的影响。这些特征反映在非金融部门发行的债权和股权证券与国民生产总值的比率中。该比率越高，说明储蓄与投资的分离程度越高。随着金融发展，银行资产占金融机构全部资产的比重趋于下降，非银行金融机构的资产比重相应提高。目前在一些发达国家，非银行金融机构的金融资产总额已超过银行资产总额。例如，在美国整个金融资产中，商业银行（包括储蓄贷款协会）所占比例变化如下：1912年为79.3%，1948年为68.2%，1980年为56.2%，1997年为46.9%。

（二）货币化率

货币化率即指社会的货币化程度，是指一定经济范围内通过货币进行商品与服务交换的价值占国民生产的比重。随着商品经济的发展，使用货币作为商品与服务交换媒介的范围越来越广，对于这种现象，可称为货币化程度不断提高。由于货币是金融资产的一个重要组成部分，用货币化率反映一个社会的金融发展也是可行的。在使用货币化指标时，必须注意货币的定义、一国的经济状况、金融制度和支付体系等具体问题。例如，国际货币基金组织1996年提供的一份报告中给出了1994—1995年间各国的货币化率，美国为57%、德国为70%、韩国为44%、马来西亚为89%、泰国为70%、日本为114%、中国为106%。中国这一比率远大于许多金融发达的西方国家（除日本外）及周边发展中国家的原因，主要是长期以来较高的通货膨胀率水平、交易手段落后以及支付体系效率低下，而非较高金融发展水平的直接体现。

## 三、金融发展与经济发展的相互作用

（一）金融发展对经济发展的促进作用

金融发展对于经济发展的积极作用可归纳为以下三个方面：第一，金融发展有助于实现资本的积聚与集中，可以帮助实现现代化大规模生产经营，获得规模经济的效益。在金融高度发达的国家和地区，金融不仅可以帮助迅速集中国内资源，还可迅速调动国外资源，推进经济发展的国际化和全球一体化。第二，金融发展有利于提高资源的使用效率，从而提高社会经济效率。发达的金融体系为投资人提供了众多可选择的投资工具和理想的投资工具流通市场；在充分竞争和较充分竞争的金融市场上，各种金融工具的价格趋于合理水平，投资者理智的投资行为，有助于社会资源的合理配置，提高资源的使用效率。第三，金融发展有助于提高金融资产进行储蓄的比例，因而有助于提高社会的投资水平。投资对储蓄的依赖在很大程度上是对金融资产储蓄的依赖。金融业的发展可以提高金融资产的流动性，使品种和收益率多样化，从而提高人们持有金融资产的兴趣，增加金融资产形式的储蓄份额，促进产业投资和技术进步。

（二）经济发展对金融发展的促进作用

经济发展对金融发展的促进作用表现在两个方面：第一，经济的发展使人们收入水平不断提高，因而提高了人们对金融投资和理财服务的需求。这种需求是金融业发展的原动力。第二，经济发展形成越来越多的大企业集团，这些大企业集团要求与其融资需求相匹配的现代化金融机构为之提供服务。这意味着金融机构的融资规模必须扩大、融资效率必须提高、融资手段必须多样化和承担风险能力必须增强，从而推动了金融发展。

## 第二节　发展中国家的金融抑制

金融抑制是指市场机制的作用没有得到充分发挥的发展中国家存在过多金融管制、利率限制、信贷配额、金融资产单一的现象。西方一些发展经济学家认为，欠发达国家和地区除具有生活水平低、劳动生产率低、人口增长率高和抚养负担重、高的失业和不充分就业水平、对农产品和初级产品出口依赖、在国际关系中处于劣势地位等共同特征外，还有一个显著的特征即存在较普遍的金融抑制。

### 一、发展中国家金融体制的一般特征

与发达国家的金融体制相比，发展中国家的金融体制有如下特征：

（一）金融资产形式单一，数量有限

与发达国家种类繁多、设计复杂的金融工具相比，发展中国家的金融资产形式非常单一。国内正式金融市场能提供的金融资产一般只限于现金、活期存款、定期存款及初级市场上的政府债券等，金融相关率水平较低。

（二）金融体系存在着明显的“二元结构”

发展中国家的金融体系被分割为截然不同的两大阵营：以现代大银行为代表的现代部门和以钱庄、当铺为代表的传统部门。前者主要集中在大城市和经济发达地区，后者普遍存在于落后的农村。

（三）金融机构单一

商业银行在金融活动中居于绝对主导地位，非银行金融机构则极不发达，金融机构专业化程度极低，有些国家（如前社会主义国家）直到近些年才实现中央银行和商业银行分离的银行体制。分工程度低的结果导致了整个金融体系的效率十分

低下。

（四）直接融资市场落后

发展中国家的证券市场极不发达，主要作为政府的融资工具存在，企业资金来源主要靠自我积累和银行贷款。

（五）金融资产价格严重扭曲

发展中国家的政府对金融实施全面干预，其中最重要的内容是对金融资产的价格实行严格管制，使其无法反映资源的相对稀缺性。突出表现是，发展中国家为了降低工业化成本，通常将实际利率压到很低的水平，有时甚至是负数。

（六）外汇和外贸管制

极低的国内利率，一方面使贸易融资活动从国外市场转到国内市场，另一方面又刺激存款人投资于国外金融市场。这显然与鼓励国内投资和储蓄的初衷相悖。因此，双重汇率和外汇管制就不可避免，进出口许可证制度、出口信贷及双重关税制度也应运而生。

这种落后的金融体制显然无法对发展中国家的经济增长起到有效促进作用。相反，由于不能有效动员和分配储蓄，这种金融体制往往成为发展中国家经济发展的巨大障碍，导致经济增长十分缓慢。落后的经济增长反过来又制约金融体系的发展，因此不少国家陷入金融落后和经济落后的恶性循环而不能自拔。

## 二、金融抑制的理论和政策

针对发展中国家金融市场的普遍落后状态，不少发展经济学家努力研究这种落后的原因及摆脱落后的政策。1973年，两本有影响力的论述金融与经济发展的著作几乎同时出版，一本是爱德华·肖的《经济发展中的金融深化》，另一本是罗纳德·麦金农的《经济发展中的货币与资本》。两人以精到和有说服力的证据表明，金融部门与经济发展之间存在着密切关联：一个健全的金融体制有助于有效地动员储蓄，并将稀缺资源进行有效配置，从而促进经济发展；一个落后和缺乏效率的金融体制则会严重束缚经济发展，并且反过来又受落后的经济发展水平制约，从而陷入金融呆滞和经济呆滞的恶性循环。他们指出，发展中国家不能取得令人满意的成就，其抑制性的金融政策是一个十分重要的原因。

（一）金融抑制的政策

肖和麦金农认为：发展中国家金融体制落后，部分源于发展中国家落后的经济现实，但更主要的还在于发展中国家所实施的压抑金融发展的政策。这种政策使实际金融规模非常有限，增长极其缓慢，有时出现持续下降。这种人为干预主要出于财政上的动机：政府希望积极推动经济发展，但或是因为缺少政治意愿，或是由于缺乏直接财政手段，因此政府倾向于有意或无意干预或压抑金融体系，以为其发展融资。这种压制的金融政策主要体现在以下几个方面：

1.通过规定存贷款利率和实施通货膨胀人为压低实际利率

为了降低公共部门的融资成本，阻止私人部门同公共部门竞争资金，发展中国家通常以设定存贷款利率上限的方式来压低利率水平；同时，由于发展中国家政府常常不得不依靠通货膨胀政策来弥补财政赤字，所以通货膨胀率居高不下。其结果是，发展中国家的存贷款利率通常很低，有时甚至为负数。过低的实际利率，一方面使得持有货币者实际收益十分低下，降低人们对实际货币的需求，金融资产的实际规模也无法得到发展；另一方面，较低的实际利率还会带来其他的效率损失。

2.普遍采用信贷配给方式来分配稀缺的信贷资金

在实际利率为负的条件下，储蓄者不愿增加储蓄；借款者的借款需求却格外强烈，必然导致资金需求大于供给，政府可能采用选择性或部门性的贷款配给政策，引导资金流向政府偏好的部门、产业、项目。在这种情况下，能够获得贷款的大多是享有特权的国有企业和与官方金融部门有特殊关系的私营企业，这就给腐败的滋生提供了土壤。大量民营企业只能转向非金融组织市场和高利贷求贷。加上发展中国家的金融机构热衷于城市，广大农民和小工商业者的贷款需求很难得以满足，资金分配效率十分低下。

3.对金融机构严格控制

这种控制包括：对金融实施较高的法定存款准备金率和流动性要求。许多发展中国家规定的各种准备金，往往达到未清偿活期存款、储蓄存款和定期存款50%的超常水平，结果使大量可贷资金离开资金市场的商业信贷活动，用于中央银行各种补贴用途，政府本身成了银行系统合理合法的无息借款人，专业政府信贷机构盛行。与发达国家不同，发展中国家设立了以开发银行、开发公司为代表的特殊信贷机构，其贷款补贴极少来自财政部门预算盈余，政府大多是运用提高法定准备金率或直接命令中央银行以低利率向这些专业信贷机构贷款。严格限制资金流向、严格限制某类金融机构的发展、实施金融机构国有化等结果使金融部门成本高昂、效率低下，金融机构种类单一，专业化程度低。

4.人为高估本币汇率

发展中国家为了降低进口机器设备的成本，常常高估本币汇率，使其严重偏离均衡的汇率水平。这种决策导致发展中国家外汇严重短缺，因为本币高估阻碍了这些国家的商品出口，也不利于其他国家的资本输入。外汇供不应求，导致只有享受特权的机构和阶层才能以官方汇率获得外汇，这必然助长外汇黑市交易；商品出口受阻，致使持有官方执照的进口商利用享有的特权赚取超额利润。许多发展中国家的“进口替代政策”引起了这些国家对重工业的关注和对农业、轻工业的轻视。

（二）金融抑制政策的负面效应

金融抑制对经济和金融的发展、成长有四个方面的负效应。

1.负收入效应

许多奉行金融抑制政策的发展中国家都存在严重的通货膨胀。作为实际货币余额（M/P）的持有者和使用者，公众和企业为了避免物价上涨带来的损失，就会减少货币形式的储蓄。随着人们持有实际货币余额的增加、储蓄下降，致使投资减少，总需求下降，国民收入增长缓慢，国民经济和收入的增长速度都进入负循环之中。

2. 负储蓄效应

由于通货膨胀率既不稳定也无法预测，官方的低利率又不能抵补价格上涨给储蓄者造成的损失，加上实际货币余额的增加，人们往往通过增加储蓄物质财富、增加消费支出和向国外转移资金的方式规避风险，储蓄率的提高大受阻碍。

3. 负投资效应

金融抑制限制了许多发展中国家对传统部门的投资，农业投资减少致使农业产出下降，增加了这些国家对粮食和原材料进口的需求，这种需求在一定程度上不得不靠境外供给来满足。本币高估和对中小生产者贷款的限制，严重阻碍这些国家劳动密集型产品的出口，这反过来提高了它们对境外供给的依赖；同时，这些国家的领头部门存在较高的资本–劳动比率，不熟练的生产技术和经常性的过剩生产能力，降低了边际生产力；另外，城市基础设施建设落后，恶化了投资环境和条件，最终阻碍了这些国家的投资增长。

4. 负就业效应

除了上述负收入和负投资效应造成就业机会的减少以外，金融抑制对传统部门的抑制也是导致负就业效应的重要原因。因为在向城市转移的大量劳动力中，只有小部分能被工资水平相对较高的资本密集型产业吸纳，未被吸纳的部分，或是滞留于相对较低工资水平的行业、企业之中，或处于失业状态。他们在城市中形成贫民窟，形成不充分就业的城市无产者阶层；在农村则形成财富没有增加或不断减少的农村阶层。城市化和工业化过程对就业产生积极影响的过渡效应、溢出效应或联结效应，在金融抑制的国家都得不到充分体现。

（三）金融抑制模型

由于肖与麦金农对金融抑制与金融深化的论述大致相同，因而西方经济学家将他们两个的理论归纳为同一个金融发展模型（如图20–1所示）。该模型论证了金融发展与经济增长之间相互促进、相互制约的辩证关系。

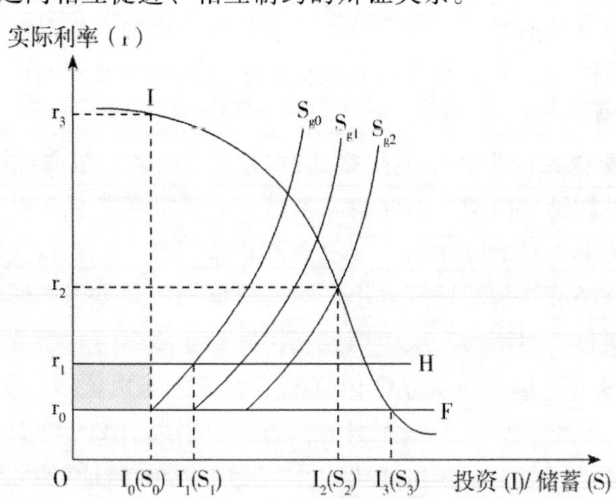


图20–1　金融抑制模型

在图20-1中，r为实际利率；$S_{g0}$表示在经济增长率为$g_0$时的储蓄，它是实际利率的增函数；I代表投资，它是实际利率的减函数；F代表金融抑制，这里是指人为规定固定名义利率，使实际利率$r_0$低于其均衡水平。假定储蓄可以全部转化为投资，而且没有国外融资，实际投资总额$I_0$便等于实际利率$r_0$相对应的储蓄总额$S_0$。

由图20-1可以看出，在实际利率为$r_0$时，投资总额为$I_0$（$S_0$），而愿意投资总额（贷款需求）却是$I_3$（$S_3$），这就形成了资金供求的较大缺口$I_3-I_0$。由于可贷资金不足，这就必然导致非价格性的信贷配给，信贷分配往往不取决于投资项目的预期回报率，相反，裙带关系、政治压力、贷款规模及信贷人员私下收受好处都可以成为获得投资（贷款）的重要影响因素，其结果是投资效率下降。因此，肖和麦金农认为，发展中国家实行低利率政策，不仅不能加快经济发展，反而会导致经济发展速度下降。为了促进经济发展，至少应当适当地提高利率。

当经济增长率为$g_0$时，若将利率由$r_0$提高到$r_1$，则可能导致两种结果：第一，随着存款利率的上升，储蓄总额上升，投资总额也相应增加。当存款利率从$r_0$提高到$r_1$，储蓄额将由$S_0$增加到$S_1$，投资额将从$I_0$增加到$I_1$；第二，随着贷款利率的上升，原来那些收益率略高于$r_0$但低于$r_1$的投资项目（图20-1中斜线部分）便成了亏损项目被排除在投资选择外，取而代之的是那些收益率高于$r_1$的投资项目，投资的平均收益率将明显提高。随着投资效率的提高，经济增长率由$g_0$上升到$g_1$，储蓄曲线$S_{g0}$移动到$S_{g1}$。因此，根据肖和麦金农的分析，实际利率提高能从增加资本形成的数量和提高资本形成的质量两个方面推进经济增长和发展。

由图20-1可知，在经济增长率为$g_1$的条件下，当实际利率由$r_1$再上升到$r_2$时，储蓄曲线由$S_{g1}$移到$S_{g2}$，投资总额为$I_2$，经济增长率达到$g_2$，因此，$r_2$是最为理想的利率水平。这个利率就是肖与麦金农所说的资本市场上的均衡利率。按照这个逻辑，肖和麦金农为金融抑制开出的政策处方就是彻底废除一切对利息率的干预和管制，同时采取积极措施，遏制通货膨胀或提高名义利率使实际利率能够等于或尽可能接近于均衡利率。

总之，肖和麦金农认为利率上限将通过以下几种途径扭曲经济，阻碍经济发展：第一，低利率鼓励现期消费而非将来消费，导致储蓄率低于社会最优水平。第二，借款者可能从事相对低收益的直接投资而不将资金存入银行贷给收益较高的项目，这降低了整个经济体系的投资效率。第三，低利率贷款将鼓励借款人选择资本相对密集的投资项目，而制约发展中国家在国际竞争中具有比较优势的劳动密集型产业的发展。第四，选择性和指导性信贷配给程序无法保证银行资金的优化配置，从而弱化银行资产质量，加大金融体系的脆弱性。因此，必须实行金融自由化，允许实际利率在市场机制的作用下自动趋于均衡，从而保证经济发展以最优速度进行。

## 第三节 金融深化

### 一、金融深化的概念和程度指标

（一）金融深化的概念

金融深化是指政府放弃对金融体系的过分干预，并有效地控制通货膨胀之后，使利率和汇率能充分反映资金和外汇供求状况，金融体系一方面能以适当的利率吸收大量闲置资金，另一方面也能以适当的放款利率满足各经济部门的资金需求，从而推动经济的增长和金融体系的扩展。肖认为，对于促进发展中国家的经济增长，国外资金流入固然重要，但动员国内储蓄是一个更应引起重视的因素。在西方经济学的经济增长模型中，通常把储蓄倾向假定为一个常数。而金融深化理论则认为，如果考虑到收入增长率和实际利率水平等金融因素的影响，则应将储蓄看成变量，即一旦放松金融抑制，人们持有货币的意愿会增强，自愿持有的实际货币余额会增加。这不仅直接刺激了储蓄，而且在收入开始增长后，还会通过金融活动过程创造更多储蓄。

（二）度量金融深化的指标

在《经济发展中的金融深化》一书中，肖首先给出了几种度量金融深化的指标：

1.金融存量

在一个金融深化的经济中，由于消除了金融资产价格方面的扭曲，人们更愿意持有各种流动性金融资产。因此，金融资产存量与国民收入的比率较高，金融资产占有形财富存量的比重也较高。

2.金融资产流量

金融深化会使私人储蓄增加，各种形式的资本外逃减少，从而缓解财政的压力和对国外储蓄的需求。

3.金融体系的规模和结构

金融深化必然扩大金融体系的实际规模，同时也为银行之外的其他金融机构（如证券交易商和保险公司等）带来获利机会。因此，金融深化意味着金融职能和金融机构的专业化，同时相对于外汇市场和场外非法市场而言，有组织的国内金融机构和金融市场取得了较大发展。

4.金融资产价格

这是金融深化与否的最重要的表征。在金融抑制的经济中，金融资产的需求被低利率所抑制，初级证券的供给则为信贷配给所限制，甚至场外非法市场也被高利贷和政府管制所制约。随着金融深化的展开，利率逐渐能准确地反映客观存在的、替代现实消费的投资机会和消费者对推迟消费的愿意程度，实际利率将逐步提高，各种利率之间的差别将逐步缩小。另外，汇率的扭曲也得以纠正，黑市和远期外汇市场上本币汇率下跌状况将得到有效抑制。

## 二、金融深化的核心

金融深化的核心内容是促进实际货币需求的增长，麦金农将发展中国家实际货币需求函数表述为：

$$(M/P)^d = L(Y, I/Y, d - P'')$$

式中：$(M/P)^d$表示实际货币需求量，P″表示投资-收入比率，d-P″表示实际存款利率（其中：d是各类存款利率的加权平均数；P″为预期的通货膨胀率）。

麦金农认为：发展中国家经济发展需要大量货币资金投入，在政府替代金融过程具有不充分性、所有经济单位只限于内源融资的条件下，积累实际货币是投资的前提。而只有在持有实际货币的收益率较高时，人们才会增加对实际货币的需求，进而增加储蓄和投资，促进经济增长。所以，d-P″代表实际收益率在决定实际货币需求量方面起着十分重要的作用。因此，金融深化政策的首要任务就是保持一个较高的“货币存款实际收益”，以此来刺激人们对实际货币余额的需求。

## 三、金融深化的政策主张

面对发展中国家金融抑制产生的种种不良现象，发达国家的经济学家提出了发展中国家金融深化的政策主张。

### （一）取消不合理的利率限制，控制名义货币增长率

考虑到发展中国家存在较为严重的通货膨胀，必须取消不恰当的利率上限，保证货币资产的实际收益为正数，以此来吸收储蓄，优化投资结构。较高的利率会促使资金流向高效益企业，这就在全社会范围内实现了资本的优化配置；同时，较高的利率会促进借款企业努力改进技术，提高资本使用效率。此外，放松利率管制并不意味着政府对宏观金融调控的放松，相反，政府应对名义货币量进行有效调节，因为名义货币量及其增长率对稳定市场价格具有十分重要的作用。这两种政策搭配既保证了市场价格的稳定，又不会阻碍经济增长。

### （二）放松外汇管制

高估本币汇率只会使进口许可证和外汇配额持有者获得垄断利益并滋生寻租行为，出口行业受到歧视，并导致国际收支逆差。将高估的本币贬值，可有效减少对外汇的过度需求，并刺激出口，改善国际收支状况。在汇率制度的选择上，肖赞成弹性汇率制。因为国外投资者希望保持投资收益的稳定性和资本的流动性，当一国国内通货膨胀率上升，而固定汇率又不能作出相应的调整时，国外投资者的收益率就会受到影响。而只有采用弹性汇率，国外投资者的收益才会随该国通货膨胀率的变动而同向变动。当然，金融深化还包括本币的自由兑换，允许国外投资者将其所赚利润换成外汇汇往国外，对于缺乏资金的发展中国家来说，这是吸引大量外资的前提条件之一。

（三）实行财政改革

第一，合理地规划财政税收，采取一系列税收减免政策，特别是降低“存款利息税”，让储蓄者的利益得到切实保障。第二，减少不必要的财政补贴和信贷配给，代之以按市场利率发放的贷款。第三，进行税制改革，减少财政赤字，缓和和消除通货膨胀。通过这些改革，深化金融体系的资金集散功能，而金融的深化又将导致收入和财富的增加，财政税收基础也因此扩大。

（四）采取其他措施

可采取的其他措施包括：放松对金融业过多的限制，鼓励银行之间的竞争；增加期限长、利率高、数量大的贷款，促进技术进步；适当扩大有组织的金融机构对城乡小规模经济单位的信贷；大力发展各类金融市场、增加金融工具；改善对外贸易和吸收外资的环境等。

## 第四节　金融深化理论的批评与发展

麦金农和肖提出的金融深化理论第一次把金融和经济发展密切地结合起来，克服了传统经济发展理论对金融部门的忽视，并成为20世纪70年代后半期开始至20世纪80年代席卷发展中国家金融自由化浪潮的主要依据。但是，金融深化理论也受到了许多批评，正是这些批评推动了金融深化理论的发展。

### 一、高利率的负面影响

斯蒂格利茨和维斯在《不完全信息市场下的贷款利率》一文中指出：利率抑制和信贷配给并不像麦金农和肖所认为的那样天然和政府干预联系，相反，它也可以是银行在信息不对称条件下追求收益最大化的理性行为的结果。银行的收益率不仅取决于利率高低，还取决于贷款的回收率。在信息对称即银行既不能在贷款之前对借款人有充分了解，也不可能在贷款之后对借款人进行监督的条件下，高利率对银行产生两个方面的消极影响：第一，逆向选择，即劣币驱逐良币现象。利率提高后，那些收益率较低而安全性较高的项目将因投资收益无法弥补借款成本而退出申请者行列，而愿支付高收益的往往是高风险的借款人，他们之所以愿支付高收益是因为知道归还贷款的可能性很小或根本不打算归还贷款。第二，逆向鼓励。由于高利率使得一些收益率较低的项目变得无利可图，在有限责任条件下，那些获得贷款的借款人将倾向选择高风险收益项目，从而使道德风险问题变得严重。因此，银行从自身出发，也会愿意将利率定在低于均衡利率的水平上，然后通过各种手段对借款人进行筛选，从中找出银行认为比较安全的借款人。由此看来，低于均衡水平的利率并不一定是政府干预的结果，而是银行的理性选择，是合理的。在这种情况下，使政府放松对利率的管制，也不一定带来利率的显著上升和信贷规模的大幅扩张。

## 二、金融自由化的条件和先后顺序

### （一）金融自由化的条件

综合福莱、世界银行等多方面的研究和金融自由化实践，成功进行金融自由化的条件可以概括为以下五个方面：

1.宏观环境的稳定

宏观经济失衡可视为金融危机最具基础性的诱因，是推行金融自由化的最大障碍。宏观环境不稳定所引致的风险为系统风险，金融体系无法通过资产管理来有效消除这些风险。在巨额财政赤字、高通货膨胀、经常性账户巨额赤字的条件下实施金融自由化改革会损害银行的资本积累能力，加剧银行的脆弱性，破坏银行的营业计划和信誉评价的信息基础，导致高利率，从而使贷款组合风险提高。因此，发展中国家应严守财经纪律，避免过分扩张的财政货币政策，控制通货膨胀和保持国际收支平衡。

2.金融企业制度初步建立

发展中国家的银行业通常为少数银行所垄断，加上信息不对称，银行之间并不是完全竞争的。如果在金融机构的独立性没有效解决、金融机构的内部管理制度不健全、银行本身也存在严重道德风险的条件下，金融自由化将给经济体系带来新的不确定性，风险加大。其结果可能是利率的急剧上升和信贷质量的急剧下降，最终爆发金融危机和整个经济体系的崩溃。因此，发展中国家必须重视与产权相关的金融机构的独立性和金融机构内部现代企业制度的建立，提高决策层、管理层评估和控制风险的能力。只有在金融市场能够展开适当竞争的条件下才能进行利率自由化。

3.金融脆弱性的及时消除

发展中国家在金融抑制的环境中，银行业往往积累了大量的不良资产。一旦进行金融自由化改革，这些不良资产很快就会暴露。不良资产的存在，使银行无法按市场原则来经营。第一，银行继续背着自由化之前积累的不良贷款，需要中央银行的信贷支持，这样，私有银行的信贷也受到政府的约束。第二，银行为了保证过去融资的归还不得不向企业提供关系型高风险融资。关系型融资一旦形成，在很多情况下会形成自增强制。如果企业破产机制不健全（内部人控制结构），融资道德风险就会演变为企业对银行的道德公害：在微观和宏观上形成资金寻租和货币漏损现象，进而降低整个货币政策的效率。

4.良好的社会制度环境

巴塞尔委员会在《银行业有效监管核心原则》中将制度环境称为市场基础设施，包括十分广泛的内容。例如，高度发达的公共基础设施，包括公司法、破产法、合同法、消费者保护法、私人财产保护法；综合的符合国际惯例的会计体系和规则；独立的审计体系；严格有效的支付和清算体系；有效的市场纪律，公开可信、准确、及时的信息披露制度；系统化的社会安全网等。在社会制度不健全的国家，即使在金融自由化前能保持宏观经济稳定，但在金融自由化过程中也会发生难以控制的金融不稳定。

5.金融监管框架基本形成

在金融自由化环境下，若金融监管框架没有基本形成，银行经理可能会由于利率管制的消除和银行特许权价值的降低发放过量的风险贷款。很多国家在银行部门引入竞争机制和赋予银行自主权的同时，却没有采取措施控制这些相反的激励。这一点成为金融自由化后发生金融危机的主要原因之一。因此，金融自由化并不否认金融监管，但金融自由化过程中的金融监管是一种建立在尊重银行自主权基础上的审慎监管。它与金融管制的根本区别在于：它对银行是一种以防范金融风险和促进竞争为目的的规范性的品质管理，银行具有充分的自主权，而不是银行的大部分具体决定直接由政府机构作出。审慎监管的中心工作在于鼓励和强迫金融机构及时、全面、公开地向公众披露信息，增加透明度。在信息可得的基础上，通过广大市场参与者以自由选择行为来发挥对金融机构的监督和制约。

（二）金融自由化的顺序

金融自由化的顺序有两个层次，一是国内实际部门自由化与金融部门自由化顺序的问题；二是国内金融部门自由化与外部金融部门自由化顺序的问题。

国内实际部门的自由化包括两个方面：一是价格的自由化；二是贸易自由化。麦金农以日本和拉美的例子作对比极力主张贸易自由化先于金融自由化。托宾也反复指出，发展中国家应优先考虑商品和服务领域的世界贸易，不应急着将它的国内金融市场与国际金融市场接轨。金融体系的功能在于将资金通过价格机制配置到生产率最高的经济部门，而这个“价格”必须能够传导真正的稀缺信息而不是反映政府保护带来的扭曲程度。

总之，关于金融自由化的顺序方面，目前已达成的共识是：先实行国内实际部门自由化再实行国内金融部门自由化；先实行国内金融部门自由化再实行外部金融部门自由化。如果国内金融部门超前自由化，资金在扭曲的价格体系引导下会产生错误配置。倘若外部金融部门超前自由化，在国内利率仍由于管制而低于国际水平时，会产生大规模的资金外逃，同时，国内银行业受到各种管制措施的制约，也难以与国际银行业竞争。

## 第五节　金融创新

面对世界经济一体化、金融风险加剧、金融管制环境变化的现实，自20世60年代以来，西方发达国家的金融业经历了一次革新浪潮，这就是所谓的“金融创新”，即有别于以往的新业务、新技术、新工具、新机构、新市场与新制度安排的总称。从经济意义上说，金融创新是指通过引进新的金融要素或将已有的金融要素重新组合，在最大化原则基础上构造新的金融生产函数。金融创新是金融深化的必然趋势，也是经济发展到一定程度的必然要求。研究金融创新的背景、内容、影响及金融创新理论，对指导加入WTO后我国金融体制改革、健全社会主义市场机制具有十分重要的作用。

## 一、金融创新的动因

关于金融创新动因的分析很多，现简要归纳如下：

### （一）规避管制论

美国经济学家凯恩把金融创新视为金融业逃避严厉管制的一种手段。该理论认为，金融创新主要是金融机构为获取利润而回避政府管制引起的。因此，金融创新可解释为政府有形的金融控制与市场无形规避行为相互作用的过程。例如，美国历史上关于利率上限的Q条例导致银行NOW账户和ATS账户的开设；关于跨州银行业务和银行证券分业管理的结合，导致金融控股公司兴起。

### （二）规避风险论

20世纪60年代，西方发达国家的通货膨胀不断加剧、利率不断上升，布雷顿森林体系崩溃后，汇率波动频繁且幅度较大，为了避免通货膨胀、利率和汇率风险及国际资本流动与国家风险，引发了大量的金融业务与金融工具的创新。例如，为了防范通货膨胀风险，产生了浮动利率存单和浮动利率贷款；为了防范利率和汇率风险，推出了利率（外汇）期货、期权、利率（货币）互换、利率上限、利率下限等工具；为了防范资本市场风险，出现了对冲基金、指数化基金及指数联结产品。

### （三）竞争加剧论

20世纪70年代以来，西方国家出现的金融管制放松和金融自由化势头使金融业的竞争加剧。具体表现在：第一，银行间的竞争加剧。生产资本的不断集中促进了银行资本的集中和垄断。为了应对银行之间的激烈竞争，各银行都加紧了金融手段和金融技术的创新，并作为占领市场份额的有力武器。第二，银行与非银行金融机构的竞争加剧。随着金融管制的放松和金融自由化，金融市场除了原有的银行金融机构外，各种非银行金融机构大量涌现，它们为了自身的生存和发展展开了激烈竞争，在竞争中各金融机构一方面致力于新金融产品的开拓，另一方面也相互致力于金融产品与服务的模仿，从而使保险产品与商业银行储蓄产品具有一定的替代性，商业银行的某些货币市场产品与共同基金份额之间非常接近。第三，与国外金融机构的竞争加剧。随着生产资本的国际化，跨国公司的全球扩张，客观上要求金融业实现经营和服务的国际化和全球化。在金融机构国际化、全球化的过程中，金融服务和金融市场的深度和广度得以拓展，一些新型的金融机构得以建立。

### （四）技术进步论

20世纪60年代以来，西方国家在计算机通信技术方面取得了极大的进步，新技术在金融业的运用是促进金融创新的主要原因。首先，新技术在金融业的大规模应用，改善了金融交易和清算系统。目前流行的各种电子货币、网络货币、电子清算系统就是一个典型例子。其次，新技术的应用提高了传统金融业务和金融工具的效率。例如，芝加哥商业交易所（CME）原来有一个流行的S&P 500指数期货合约，由于采用了新的电子交易系统，于2000年推出了E-S&P 500指数期货合约，从交易时间、合约规模等方面来看均比原来的合约科学合理，受到市场参与者的欢迎。

## 二、金融创新的内容

### （一）金融战略的创新

1.在管理战略上从被动到主动

从以往被动地接受存款、安排贷款转向主动根据贷款需要去争取存款，变资产管理为负债管理、联合管理。例如，商业银行在资产业务方面大力推行消费贷款、住房按揭贷款、银团贷款、收益分享贷款、平行贷款和组合性资产等新的贷款方式，并将一部分资产业务表外化，形成为数众多的表外业务，如票据发行便利、信贷限额、备用信用证等。在负债业务方面推出了大额定期存单、可转让支付命令等新产品，增强商业银行与非银行金融机构的竞争力。在中间业务领域，如充当衍生品交易中介，参与信托和融资租赁业务，提供现金管理、咨询和代客理财等。

2.根据自身的实际情况，制定不同的经营战略

不同于以往的经营战略包括：征服战略，在自身占优势的市场上进一步积极进取，扩大市场份额，打败竞争对手，甚至主动兼并；变革战略，在势均力敌的市场上通过改善内部管理改进服务，增加新的工具来吸引更多的服务对象，争取竞争的主动地位；合并策略，在不占优势的市场中寻找合作对象，通过兼并、合资或者合营方式进行联合重组，依靠合力竞争。

### （二）金融工具创新

1.规避行政管理的创新

（1）欧洲美元。欧洲美元指存于美国国外的美元。美国银行从美国境外借入欧洲美元，可以不用保留法定存款准备金，并且也不受Q条例的限制。在扩大银行负债的同时，提高了银行资金盈利能力。

（2）银行商业票据。银行商业票据是指银行持股公司发行的商业票据。这样的资金来源不属于存款，所以和欧洲美元一样，既不用保留法定存款准备金，也不受Q条例的限制。

（3）可转让支付命令账户（NOW）。在美国，可转让支付账户是一种互助储蓄银行、储蓄贷款协会及商业银行发行的年息储蓄支票账户。该账户与支票账户唯一的区别仅在于，由于此账户签发的付款命令叫可支付命令而不是支票，故不受关于支票账户不能支付利息的限制。

（4）自动转账服务（ATS）。自动转账服务是这样一种安排：银行为存款者同时提供两个账户，一个是不付利息的支票账户，另一个是支付利息的储蓄账户，支票账户和支付利息的账户之间自动实现转账，支票账户内一定金额之上的余额将自动转入支付利息的账户。而客户签发支票要求支付时，所需资金也会自动从支付利

息的账户转入支票账户进行结算。由于支付利息的账户不是支票账户，从法律上讲它可以支付利息，这样就规避了支票存款不能支付利息的限制。

（5）隔日回购安排。这是另一种形式的自动转账服务。银行利用所谓“清理账户”来从事隔日回购安排。当一家公司营业日终止时，其支票账户内一定金额以上的全部存款都“全部清扫出去”，投资于隔日回购协定，而隔日回购交易是向客户支付利息的。这样，尽管支票账户在法律上不能支付利息，但客户支票账户的资金就通过隔日回购安排这种方式获得利息。

（6）货币市场互助基金（MMMF）。MMMF发行的一种股份，所获资金投资于货币市场，已购股份者可以获得利润，同时持股者还能对其股份签发支票。MMMF的股份实际上就是有利息的支票账户。但在法律上，这并非存款，利润也非利息，所以不受利率上限的限制。

2.规避利率风险手段的创新

（1）浮动利率工具，也称可变利率工具，主要是钉住某种具有代表性的短期利率。由于未来利率的变动具有不确定性，浮动利率工具对资金的供应方和需求方都能起到降低利率风险的作用，因此受到广泛欢迎。

（2）远期和期货交易。远期交易是指买卖双方事先约定在未来某一时刻以既定的协定价格购进或出售某种金融商品的交易。期货交易则是在专门的交易机构，按标准化的期货合约和事先约定的价格买进和卖出特定数量金融商品的交易。这样，投资者就可通过套期保值来化解风险。金融期货合约的买方和卖方都能达到锁定未来成本或收益、避免风险的目的。

（3）金融期权。金融期权是指期权的购买者（持有者）在规定的到期日或在此之前按事先约定的价格购买和出售一定数量金融商品的权利，而且只有权利而没有义务，即金融期权的买方可以选择履行或不履行合约。如果市场情况利于自己则履行合约，否则可能不履行合约。期权合约的购买方必须事先向另一方支付一定的费用。实际上，期权类似于保险业务，购买方支付保险费，以保证自己的利益不受损失。

（4）金融互换协议。金融互换协议主要是通过场外交易市场进行，交易双方签订互换协议，在未来一定时期内交换具有不同内容或不同性质的现金流。金融互换产生于20世纪80年代，主要有货币互换即交易双方协议把一种货币表示的现金流与对方的另一种货币表示的现金流相交换；利率互换又称息票互换，是指交易双方签订合同，同意在未来一段连续支付期内，交换同种货币、债务的利率支付。利率互换可以是固定利率和浮动利率互换，也可以是两种不同的浮动利率互换。利率互换与货币互换可以调整银行不恰当的资产／负债头寸，使资产与负债结构匹配。

3.结构化金融工具创新

结构化产品是金融创新潮流中出现的一类新的金融产品，它们以金融工程学为基础，利用基础金融工具和衍生金融工具进行不同的组合得到。它主要包括：

（1）可转换公司债券。可转换公司债券是指发行人依照法定程序，在一定时期内依据约定的条件可以转换成股份的公司债券。可转换公司债券一般由公司债券与股票买入期权复合而成，同时具有公司或企业债券、股票和期权的有关特性，特别是转换债券有时还会设计一些约束性附加条款，使得转换债券的结构更加复杂。

（2）指数化货币期权票据（IGONs）。这种债券的持有者在债券到期日的金额随某一外汇汇率的变化而变化。

（3）附加条件的债务工具。与ICONs相类似，有些公司将发行债券时的偿付条件与其主营商品价格联系在一起，减少了融资风险。例如，1986年，标准石油公司发行的零息票债券的发行条件为：面值1 000美元，到期日除偿还本金外，还根据石油行情，支付一部分额外金额。额外金额等于170×（每桶价格-25美元），上限为2 550美元。

（4）指数联结结构化产品。它主要是指各投资银行发行的指数联结产品。

4.技术创新

近半个世纪来，计算机和通信技术的快速发展有力地刺激了金融创新，比如信用卡的出现。信用卡的历史可以追溯到第二次世界大战前的美国，当时信用卡的经营成本很高，发展极为缓慢。到20世纪60年代后期，随着计算机技术的迅速发展，使得信用卡服务的交易成本大大降低，银行卡业务因此得到了较快的发展，知名的信用卡（如VISA和MASTER）成为在异地乃至全世界各地主要使用的支付手段。

5.信息化

银行业进入信息化时代的表现是：在银行内部，体现为电算化业务处理以及银行管理信息系统网络化，不仅大大提高了银行的工作效率，而且大大提高了银行管理决策的科学水平；在银行与客户之间，银行通过各种服务终端向客户提供便利的自助服务。

（三）金融机构和金融制度的创新

1.金融机构的创新

金融机构的创新表现为大量新兴金融企业的出现，它们丰富了整个金融界，对实体经济的发展起到了重要的推动作用。

（1）风险投资公司。风险投资公司是20世纪90年代随“新经济”浪潮兴起的一类新型金融机构，它们是专门管理风险基金（风险资本），把所掌管的资金有效投入到富有盈利潜力的企业，并通过对企业的培育使之上市或并购获得资本报酬的企业。相对于传统金融机构，风险投资公司有如下特点：一是它不再简单地充当金融“中介”，而是直接投身于实体经济运行中，不仅进行投资，而且直接参加所投资企业的经营管理和决策；二是风险投资公司突破金融业传统稳健经营的理念，它不追求项目风险最小化，而是力图通过分散投资使风险分散化，并从所承担的风险中获得高额回报。

（2）对冲基金。对冲基金是一种投资于多种证券的私营有限合伙制企业。在对冲基金中，存在两种合伙人：一名一般合伙人和众多有限合伙人，前者负责交易活动和日常基金业务，并获得基金净收益20%左右的业绩报酬；后者提供资金但不涉足经营活动。对冲基金与共同基金的区别为：一是共同基金由专门的投资公司（或基金管理公司）运作，受证券监管机构的监管，而对冲基金不受金融制度的监管；二是共同基金通过公开募集方式获得，很少投入自己的资本，而对冲基金通过私募方式进行，通常一般合伙人也投入一部分资金；三是共同基金的投资者按投资份额分享投资收益，而对冲基金的一般合伙人有权收取奖金和管理费；四是共同基金的投资选择面比对冲基金窄，一般仅投资于传统资本市场和货币市场，较少涉足衍生产品投资和真实领域投资，而对冲基金均涉足。

（3）金融集团和跨国金融机构。金融集团和金融控股公司是金融混业经营及金融企业兼并收购浪潮中出现的一类综合性混合型金融集团公司。这类公司往往同时控股商业银行、投资银行、保险公司、信托机构、信用卡机构，甚至还包括非金融企业，以发挥规模经济和范围经济的优势。

2.金融制度的创新

金融制度的创新是指作为金融法律、法规的变革以及这种变革引起的金融业经营环境和经营内容上的新变化。金融制度创新有两条主线：一是金融监管适应时势变化，在一定程度上放松金融管制。例如，20世纪80年代以来随着各国放松商业银行管制、金融机构的地域限制，放弃外汇管制和放宽市场准入条件。1999年11月4日，美国参众两院通过了《金融服务现代化法案》，该法案的核心是废止1933年通过的《格拉斯-斯蒂格尔法》以及其他一些相关法律中有关限制商业银行、证券公司和保险公司三者跨界经营的条款，鼓励银行业、证券业、保险业之间联合经营，提高金融业效率和国际竞争力。二是根据结构的变化，改进金融监管的手段和方法，以期获得金融创新环境下有效监管的效果。

## 第六节　金融创新的影响

金融创新是一个不断发展的动态过程。目前，学者们在金融创新的微观经济分析方面取得了共识，但在金融创新宏观影响的讨论中分歧较大。从微观层面看金融创新的影响，具体表现在：第一，金融工具的创新增加了投资人和发行人在市场避险、投机和套利工具的选择范围，鼓励和扩大了对初级证券的投资。第二，金融服务技术和手段的创新、服务项目的增加和金融市场范围的拓展，降低了交易成本，增加了金融资产的流动性，为资金需求部门和个人提供了低成本多渠道的筹资来源。第三，现代科学技术在金融业的广泛应用及金融机构与金融制度的创新减少了信息不对称和代理成本的问题，提高了资金的运用效率。

下面我们就金融创新对货币需求、货币供应的影响进行分析。

## 一、金融创新对货币需求的影响

（一）减弱了货币需求，改变了货币结构

尽管经济的发展、商品货币化程度加深、市场交易规模扩大和通货膨胀下物价水平的上升都会导致货币需求处于一种绝对增长趋势，但金融创新却通过金融电子化和金融工具多样化，使人们在经济活动中对货币的使用自然减少，降低了货币在广义货币和金融资产中的比重。究其原因，主要体现在：

第一，金融创新中涌现出大量货币性极强的新型工具，如MMMF、CD等具有良好支付功能和变现能力的金融工具，它们在为人们提供高收益的同时，在很大程度上满足了人们对流动性的需求，使人们对货币需求减少。

第二，金融创新带来的金融电子化和支付结算系统改革，缩小了现金的使用范围，减弱了人们对货币的流动性偏好，导致货币需求下降。

第三，金融创新带来金融市场高度发达的证券化趋势，使得介于资本市场和货币市场之间的金融工具大量增加。这些新型金融工具是对原有金融资源流动性、盈利性的重新组合，既能获得交易支付便利，又可获得高投资回报，降低了支付手段和储藏手段之间的转化成本，相对提高了持币成本，人们会在资产组合中尽量减少货币持有量，增加非货币性的金融资产，结果是货币需求减少，货币在全部资产中的比重下降。

（二）降低了货币需求的稳定性

金融创新对货币需求稳定性的影响主要通过两个途径发生，具体表现为：

第一，金融创新改变了人们持有货币的动机，引起货币需求的变化。因此，交易性、预防性的货币需求减弱，投机性货币需求的动机增强。由于交易性的货币需求受规模变量（主要是收入）的影响较大，具有相对稳定的特点，而投机性货币需求取决于机会成本和个人预期等复杂因素，变幻莫测，很不稳定。在货币需求中投机性货币需求上升，交易性、预防性货币需求下降，必然降低货币需求的稳定性。

第二，金融创新使货币需求的决定因素变得更为复杂和不稳定，例如货币需求的利率弹性不稳定、货币流通速度难以把握和测算、市场利率多变不稳定等，也会使货币需求多变和不稳定。

## 二、金融创新对货币供给的影响

（一）扩大了货币供给主体

金融创新推动了金融业务综合化和金融机构同质化趋势，模糊了商业银行和其他非银行金融机构之间的业务界限，混淆了二者在货币创造功能上的本质区别。例如，电子资金划拨系统、可转让存单、电话付款、证券化贷款业务的逐渐完善，使得存款货币的创造不局限于商业银行，其他非银行金融机构也有创造存款的功能，而且随着创新的深入，这种能力还有不断增强的趋势。

（二）扩大了货币乘数，增加了金融机构创造货币的能力

由于任何一时点上的货币供给量都可以看成基础货币与货币乘数的乘积，因

此，在中央银行提供的基础货币既定时，货币乘数的增加会对货币供应增加起关键作用。对货币乘数起决定作用的因素有：通货比率、定期存款比率、法定存款准备金率和超额储备。金融创新对这四个因素的影响为：

第一，通货比率下降，货币乘数增加。金融创新从提高持币成本和促进金融制度创新两个方面使通货比率下降，货币乘数提高。

第二，定期存款比率不稳定，货币乘数不稳定。定期存款比率是公众保有的定期存款与活期存款的比率，它与货币乘数反向变动。随着金融创新中大量非存款金融工具的涌现，定期存款作为价值贮藏手段的吸引力可能降低，一部分定期存款将可能转化为证券类金融资产，这将降低定期存款比率，扩大货币乘数。但如果银行在金融创新中不断推出有吸引力的定期存款工具，当活期存款比率不变时，定期存款的比率有可能提高，所以定期存款比率可能出现忽高忽低的情况，使货币乘数不稳。

第三，法定存款准备金率下降，货币乘数增加。在金融创新中商业银行不断创造出介于活期存款和定期存款之间的账户或逃避提缴法定准备金的新账户，使法定存款准备金率的实际提缴下降，货币乘数提高。

第四，超额准备金率下降，货币乘数增加。金融创新使银行交纳超额准备金的机会成本减少，拆借市场的发达使拆借资金的价格降低，公众对通货偏好减弱使银行保有的通货需求量减少，这一切最终导致超额准备金率下降，货币乘数提高。

（三）货币供应的内生性增加

货币供给的内生性主要指货币供给受经济体系内部因素支配的程度，它与中央银行的可控性是此消彼长的关系。金融创新一方面通过发挥减少货币需求、充分动用闲置资金、节约头寸、加快货币流通速度等作用，改变货币供应相对量；另一方面通过扩大货币供给主体、加大货币乘数、创造新型存款货币等对现实货币供应产生决定性影响，致使货币供给在一定程度上脱离中央银行控制，而越来越多地受经济体系内部因素的支配。因此，在经历了金融创新后，货币供给量不再是完全受中央银行控制的外生变量了。除基础货币外，它受经济变量和金融机构、企业、居民等内生因素的支配大大增强，货币的内生性增强，大大削弱了中央银行对货币供应的控制能力和控制程度。

**课堂小讨论**

金融抑制的政策包括哪些？

## 本章小结

1．金融发展就是金融结构由低到高的变化过程。金融发展程度越高，金融工具和金融机构的数量、种类越多，金融效率也就越高。

2．金融抑制是指市场机制的作用没有得到充分发挥的发展中国家存在过多金融管制、利率限制、信贷配额、金融资产单一的现象。

3．金融深化是指政府放弃对金融体系的过分干预，并有效地控制通货膨胀之后，使利率和汇率能充分反映资金和外汇供求状况，金融体系一方面能以适当的利率吸收大量闲置资金，另一方面也能以适当的放款利率满足各经济部门的资金需求，从而推动经济的增长和金融体系的扩展。

4.麦金农和肖提出的金融深化理论第一次把金融和经济发展密切地结合起来，克服传统经济发展理论对金融部门的忽视，并成为20世纪70年代后半期开始至20世纪80年代席卷发展中国家金融自由化浪潮的主要依据。但是，金融深化理论也受到了许多批评，正是这些批评推动了金融深化理论的发展。

5.金融创新，即有别于以往的新业务、新技术、新工具、新机构、新市场与新制度安排的总称。从经济意义上说，金融创新是指通过引进新的金融要素或将已有的金融要素重新组合，在最大化原则基础上构造新的金融生产函数。金融创新是金融深化的必然趋势，也是经济发展到一定程度的必然要求。

关于金融创新动因的分析很多，它们都有一定的解释力，主要有：规避管制论、规避风险论、竞争加剧论、技术进步论。

6.金融创新对货币需求的影响：减弱了货币需求，改变了货币结构；降低了货币需求的稳定性。金融创新对货币供给的影响：扩大了货币供给主体；扩大了货币乘数，增加金融机构创造货币的能力；货币供应的内生性增加。

## 关键概念

货币化率　金融抑制　金融深化　金融创新

## 综合训练

### 一、单项选择题

1.发行人依照一定法定程序，在一定时期内依据约定的条件可以转换成股份的公司债券是（　　）。

A.可转换公司债券　　B.企业债券

C.记名公司债券　　D.不记名公司债券

2.对冲基金是近年来国际上流行的一种（　　）。

A.公募基金　　B.私募基金　　C.不一定　　D.都不是

3.浮动利率工具，也称可变利率工具，主要是跟随某种具有代表性的（　　）。

A.短期利率　　B.长期利率　　C.浮动利率　　D.固定利率

4.金融创新使银行交纳超额准备金的机会成本减少，拆借市场的发达使拆借资金的价格降低，公众对通货偏好减弱使银行保有的通货需求量减少，这一切最终导致超额准备金率（　　）。

A.不变　　B.增加　　C.减少　　D.无法确定

5.金融创新潮流中出现的一类新金融产品，它们以金融工程学为基础，利用基础金融工具和衍生金融工具进行不同的组合得到。这样的产品称为（　　）。

A.结构化产品　　B.技术类产品　C.信息类产品　D.创新类产品

二、多项选择题

1.金融抑制对经济和金融发展、成长有四个方面的负效应，主要包括（　）。

A.负就业效应　　B.负投资效应　　C.负收入效应　D.负储蓄效应

2.货币性金融资产，主要包括（　）。

A.现实中的货币　B.各类存款　　C.保险基金　　D.企业债券

3.在社会金融资产的统计中有两个问题非常重要，主要包括（　）。

A.证券类金融资产的计算方法　　B.避免重复计算

C.核算方法　　　　　　　　　　D.金融资产的类型

4.发展中国家的证券市场极不发达，主要作为政府的融资工具存在，企业资金来源主要靠（　）。

A.自我积累　　　B.定期存款　　C.银行贷款　　D.证券公司保证金

5.实际部门的自由化主要包括（　）。

A.价格的自由化　B.利率自由化　C.信息自由化　D.贸易自由化

三、思考题

1.金融创新对货币需求的影响包含哪些方面？

2.发展中国家金融体制的一般特征有哪些？

3.金融的发展对于推进经济发展可能发挥的积极作用主要表现在哪些方面？

4.金融深化的政策主张主要涉及哪些内容？

5.请阐述金融抑制模型。

6.在市场经济体制下，不少国家存在金融抑制，说一说你对发展中国家的金融抑制的理解。

# 第二十一章

# 金融风险与金融监管

**引例**

金融是现代经济的核心，金融市场是整个市场经济体系的动脉。而金融本身的高风险性及金融危机的多米诺骨牌效应，使得金融体系的安全、高效、稳健运行对经济全局的稳定和发展至关重要。我国凭借人民币资本项目下尚未开放已挤去大量经济泡沫的双重保护，在亚洲金融危机中幸免于难。然而在庆幸之余，我们应清醒地认识到，中国金融领域也同样存在很多深层次问题。

金融机构在规模小、创新能力弱、历史包袱沉重的现实状况下与外资金融的进入相竞争.因此，在经济全球化和金融开放的前提下，强调防范和化解金融风险，保障金融安全，成为金融机构开展经营的一个基本要求。金融市场失灵主要是指金融市场对资源配置的无效率。金融监管试图以一种有效方式来纠正金融市场失灵，但实际上关于金融监管的讨论，更多地集中在监管的效果而不是必要性方面。

在现代市场经济中，金融领域是竞争最激烈、风险程度最高的领域，没有风险就没有金融活动。因此，想要避免金融风险是不可能的，对于决策者来说，有决策参考意义的是关注系统金融风险或全局性金融风险。系统金融风险或全局性金融风险一直存在，个别金融风险或局部性金融风险每天都在出现，生生不息，如何化解得了？在危机尚未出现时，我们要做的工作也只能是降低其发生的可能性。

什么是风险？风险是如何产生的？什么是金融风险以及如何进行风险管理？本章将进行相应的阐述。

# 第一节 金融风险概述

## 一、金融风险的基本概念

（一）风险的含义与要素

风险是客观存在的，它是指在特定情况下、特定期间内，某一事件导致最终损失的不确定性。这一定义强调风险具有客观性、损失性和不确定性三个特性。这里的不确定性包括以下三层含义：①发生与否不确定；②发生的时间不确定；③发生的空间不确定。

风险是由风险因素、风险事故和损失的可能性三个要素有机构成的。风险因素增加或产生风险事故，风险事故导致损失，三者的关联构成了风险形成机制。风险因素是促使和增加损失发生的频率或严重程度的条件。风险事故是造成损失的直接的或外在的原因，它是使风险造成损失的可能性转化成现实性的媒介。损失是非故意的、非预期的和非计划的经济价值的减少或消失。

（二）金融风险

金融风险是指经济主体在金融活动中遭受损失的不确定性或可能性。金融风险包含以下三个要素：第一，金融风险的风险因素是有关主体从事了金融活动，金融活动的每一个参与者都是金融风险的承担者；第二，金融风险的风险事故是某些因素发生意外的变动；第三，金融风险中损失的可能性是经济损失的可能性。

金融风险的概念有广义和狭义之分。广义的金融风险一般是指金融市场活动主体在投融资过程中，由于不确定因素引起其收益的不确定性和资产损失的可能性。狭义的金融风险是指金融机构在经营过程中由于决策失误、客观情况变化或其他原因使资金、财产、信誉遭受损失的可能性。

## 二、金融风险的特征

金融风险的特征是金融风险本质及其发生规律的外在表现。金融风险具有如下特征：

（一）客观性

风险是不依赖于人们的主观愿望而客观存在的。在市场经济中，经济主体面临的市场行情瞬息万变。由于人的有限理性和信息的不完全性，任何人都不可能完全掌握市场的运动规律。只要有金融业务活动存在，金融风险总是不以人们意志为转移而必然存在。

（二）可测性

运用现代数理统计方法，能够根据历史或者相关资料的分析计算主要风险指标，对风险程度作出综合判断。例如，可以通过计算预期收益和方差，表示风险的大小。

（三）可控性

尽管金融风险是客观存在的，但也是可控的。所谓金融风险可控性，是指金融主体依据一定方法和制度对风险的事前识别和预测、事中防范以及事后的化解。

（四）扩散性

金融风险不同于经济中其他风险的一个最显著的特性是，金融机构的风险损失或失败不仅影响自身的生存和发展，更突出的是会导致众多的储蓄者和投资者的损失或失败。这就是金融风险的扩散性。

（五）隐蔽性

在金融危机或存款支付危机爆发前，金融风险往往因信用特点而掩盖金融不确定性损失的实质。例如，中国曾一度出现的“白条”、“绿条”和强迫储蓄事件等，就是这金融风险隐蔽性的典型反映。尽管隐蔽性可以在短暂期限内为金融机构提供一些缓冲和弥补的机会，但是它终究不是金融风险控制和防范的有效机制。

（六）迭加性或加速性

金融风险一旦爆发，不同于经济中其他风险爆发只在既定范围内匀速变动，而会因信用基础失去而加速变动。所以，金融风险一旦爆发，往往都伴有突发性、加速性，直到金融危机。充分认识金融风险加速性的特征，对于认识金融风险的社会危害性是非常必要的。

（七）损失与收益的对立统一性

不确定因素使投资者可能遭受损失，也可能从中获利。当不确定因素增强时，一方面会使两者发生的概率提高，另一方面也会使两者的幅度变大。

### 三、金融风险的类型

由于角度不同，金融风险类型的划分也存在差别。为国际社会所普遍接受和采用的分类方法，是将金融风险划分为信用风险、市场风险、流动性风险、操作风险、法律风险与合规风险、国家风险、声誉风险和系统风险。

（一）信用风险

信用风险产生于交易对方不守信用。不守信用可以从广义和狭义两个方面来认识，因此，也就可以从广义和狭义两个角度来界定信用风险。

广义的信用风险是指交易对方所有背信弃义、违反约定的风险。例如，不仅在金融机构经营的信贷业务中，而且在金融机构经营的担保、承兑、信用证、信用卡、证券投资、信托、租赁、外汇交易和金融衍生产品交易中，都广泛地存在着交易对方到期不履行自己承诺义务的情况。这对于金融机构而言，承担的就是广义的信用风险。

狭义的信用风险是指交易对方在货币资金借贷中还款违约的风险。具体可以定义为：有关主体在享有债权时，由于债务人不能如期、足额还本付息而蒙受经济损失的可能性。

信用风险的风险因素是有关主体贷出货币资金，成为债权人。信用风险的风险事故是有关债务人不能如期、足额还本付息。就债务人而言，其不能如期、足额还本付息，主要基于两个原因：一是缺乏偿还意愿；二是丧失偿还能力。尽管不能如期、足额还本付息是债务人的行为，但是，如果债权人对风险事故在事先能够予以预测和规避，在事后能够予以监测和控制，则信用风险可以得到有效的回避和控制。

债权人在信用风险上的损失是可以用货币计量的经济损失。这种经济损失首先是债权人的“收益性”损失，由直接财务损失和间接财务损失两部分构成。直接财务损失就是未收回的本金和利息的损失；间接财务损失就是机会收益损失，即债权人丧失了在利率上升的条件下，将收回的本金和利息再贷放出去获利的机会收益。债权人的经济损失还表现在“流动性”的损失上，即因不能如期、足额收回本金和利息而降低了资产的流动性，影响到资金循环周转计划，在特殊情况下，还可能因此而丧失支付能力，导致破产倒闭。

（二）市场风险

市场风险源于市场中的金融市场。有关主体在金融市场上从事金融产品、金融衍生产品交易时，因金融市场价格发生意外变动，而蒙受经济损失的可能性，就是市场风险。

市场风险的风险因素是有关主体在金融市场上从事货币资金借贷、金融产品或金融衍生产品交易。例如，在外汇市场上从事外汇交易；在货币市场或资本市场上从事货币资金借贷，从事短期、中期或长期附有利率的公开市场工具的交易；在资本市场上从事股票交易；在金融衍生产品市场上从事金融期货、金融期权等金融衍生产品交易等。

市场风险的风险事故是金融市场价格发生意外变动。金融市场价格包括汇率、利率、股价、金融期货价格和金融期权价格等。这些金融市场价格发生意外变动，是指发生在方向上不利于有关主体的变动，从而会使有关主体的成本增加或收益减少，成本或收益处于这样一种可能提高或下降的损失状态。

市场风险包括汇率风险、利率风险和投资风险三种类型。

1.汇率风险

汇率风险是指有关主体在不同币种货币的相互兑换或折算中，因汇率在一定时间内发生意外变动，而蒙受经济损失的可能性。

汇率风险分为交易风险、折算风险和经济风险三种类型。交易风险是指有关主体在因实质性经济交易而引致的不同货币的相互兑换中，因汇率在一定时间内发生意外变动，而蒙受实际经济损失的可能性。例如，在以外币结算的对外贸易中，如果外币对本币升值，进口商会多支付本币；如果外币对本币贬值，出口商会少收入本币。折算风险又称会计风险，是指有关主体（主要是跨国公司）在因合并财务报表而引致的不同货币的相互折算中，因汇率在一定时间内发生意外变动，而蒙受账面经济损失的可能性。例如，跨国公司在将海外分公司或子公司的资产负债表同母公司的资产负债表合并时，如果东道国货币对母国货币贬值，折算出的资产金额会减少；如果东道国货币对母国货币升值，折算出的负债金额会增多。经济风险是比交易风险和折算风险更为复杂的一种汇率风险。有关企业在长期从事年复一年、循环往复的国际经营活动中，如果未来的现金收入流和现金支出流在货币上不相匹配，则必然会发生不同货币之间的相互兑换或折算。当汇率发生始料未及的变动时，这些企业就会蒙受以本币计量的未来现金收入流减少或现金支出流增多的经济损失。这种情形就是经济风险。

2.利率风险

利率风险是指有关主体在货币资金借贷中，因利率在借贷有效期内发生意外变动，而蒙受经济损失的可能性。

下面分别从借方、贷方和借贷双方组合体三个角度来具体认识利率风险。

从借方来看，其利率风险有三种情形：一是以固定利率的条件借入长期资金后利率下降，借方蒙受相对于下降后的利率水平而多付利息的经济损失；二是以浮动利率的条件借入长期资金后利率上升，借方蒙受相对于期初的利率水平而多付利息的经济损失；三是连续不断地借入短期资金，而利率不断上升，借方蒙受不断多付利息的经济损失。

从贷方来看，其利率风险也有三种情形：一是以固定利率的条件贷出长期资金后利率上升，贷方蒙受相对于上升后的利率水平而少收利息的经济损失；二是以浮动利率的条件贷出长期资金后利率下降，贷方蒙受相对于期初的利率水平而少收利息的经济损失；三是连续不断地贷出短期资金，而利率不断下降，贷方蒙受不断少收利息的经济损失。

从同时既是借方又是贷方的借贷双方组合体（如商业银行）来看，其利率风险主要有两种情形：一是利率不匹配的组合利率风险，即贷出资金采用固定利率而借入资金采用浮动利率，此时利率不断上升，或贷出资金采用浮动利率而借入资金采用固定利率，此时利率不断下降，有关主体的利差收益会因此而不断减少，甚至可能出现利息倒挂的亏损；二是期限不匹配的组合利率风险，即借短放长（依靠借入短期资金支撑贷出长期资金，而贷出的长期资金采用固定利率）的不匹配，此时利率不断上升，或借长放短（依靠借入长期资金支撑贷出短期资金，而借入的长期资金采用固定利率）的不匹配，此时利率不断下降，有关主体的利差收益会因此而不断减少，甚至可能出现利息倒挂的亏损。

3.投资风险

投资风险是指有关主体在股票市场、金融衍生产品市场进行的投资中，因股票价格、金融衍生产品价格发生意外变动，而蒙受经济损失的可能性。从股票投资来看，如果在投资期内股票价格下降，则投资者蒙受相应的资本损失。从金融期货投资来看，如果做金融期货多头后金融期货价格下降，或做金融期货空头后金融期货价格上升，则投资者蒙受相应的资本损失。金融期权的投资风险可以分别从金融期权的买方和卖方两个角度来把握。从金融期权的买方来看，如果买入看涨期权，在投资期内对应的金融基础产品价格下跌，则蒙受资本损失；如果买入看跌期权，在投资期内对应的金融基础产品价格上涨，则蒙受资本损失。这里的损失以期权费为上限。从金融期权的卖方来看，如果卖出看涨期权，在投资期内对应的金融基础产品价格果然上涨，则蒙受资本损失；如果卖出看跌期权，在投资期内对应的金融基础产品价格果然下跌，则蒙受资本损失。

（三）流动性风险

流动性风险是指金融机构（特别是商业银行）所掌握的现金资产，以合理价格变现所获得的资金，或以合理成本所筹集的资金不足以满足即时支付的需要，从而蒙受经济损失的可能性。

流动性风险表现为流动性短缺，主要现象是金融机构所持有的现金资产不足、其他资产不能在不蒙受损失的情况下迅速变现、不能以合理成本迅速借入资金等。

（四）操作风险

在不同国家和巴塞尔银行监管委员会的层面上，对操作风险存在不同的认识和界定，主要有以下的角度和分类：

1.狭义的操作风险与广义的操作风险

狭义的操作风险是指金融机构的运营部门在运营的过程中，因内部控制的缺失或疏忽、系统的错误等而蒙受经济损失的可能性。广义的操作风险是指金融机构信用风险和市场风险以外的所有风险。

巴塞尔银行监管委员会在《巴塞尔新资本协议》中，将操作风险定义为："由不完善或有问题的内部程序、人员及系统或外部事件所造成直接或间接损失的风险，包括法律风险，但不包括策略风险和声誉风险。"该定义是介于狭义的操作风险和广义的操作风险之间的定义。

2.操作性杠杆风险与操作性失误风险

操作性杠杆风险主要是指由金融机构外部因素变化所导致的操作风险。例如，由于外部冲击导致金融机构的收入减少，这些外部冲击包括税制和政治方面的变动；法律和监管环境的调整；竞争者的行为和特性的变化等。

操作性失误风险主要是指由金融机构内部因素变化所导致的操作风险。这些内部因素主要包括处理流程、信息系统、人事等方面的失误。

（五）法律风险与合规风险

法律风险是指金融机构与雇员或客户签署的合同等文件违反有关法律或法规，或有关条款在法律上不具备可实施性，或其未能适当地对客户履行法律或法规上的职责，因而蒙受经济损失的可能性。

2005年4月29日，巴塞尔银行监管委员会发布了《合规与银行内部合规部门》的文件。该文件给出了合规风险的定义："本文件所称'合规风险'是指，银行因未能遵循法律、监管规定、规则、自律性组织制定的有关准则，以及适用于银行自身业务活动的行为准则，而可能遭受法律制裁或监管处罚、重大财务损失或声誉损失的风险。”

（六）国家风险

国家风险是与国际经济金融交易伴生的。从不同的角度认识，国家风险呈现出不同的形态。

1.狭义的国家风险与广义的国家风险

从狭义方面来看，国家风险是指一国居民在与他国居民进行经济金融交易中，因他国经济、政治或社会等政策性或环境性因素发生意外变动，而使自己不能如期、足额收回有关资金，从而蒙受经济损失的可能性。如在出口中的延期付款、工程承包、银行信贷、国外存款、债券股票等证券投资和直接投资等交易中，由于交易对方的内部因素或外部因素，债权人或投资者不能如期收回现金形态的款项、本金和利息、利润或变现的投资等。

从广义方面来看，国家风险是指一国居民在与他国居民进行经济金融交易中，因他国各种政策性或环境性因素发生意外变动，而使自己蒙受各种损失的可能性。如除上述情况外的国际投标、国际并购过程中的国家介入或政策改变、政府腐败、政客别有用心的误导、主流媒体的负面报道、排外或恐怖活动、制裁性的冻结资产、自然灾害，核事故、国际制裁或冲突，导致商业机会的丧失、声誉损失或其他损失等。

2.主权风险与转移风险

如果与一国居民发生经济金融交易的他国居民为政府或货币当局，政府或货币当局为债务人，不能如期足额清偿债务，而使该国居民蒙受经济损失，这种可能性就是主权风险。

如果与一国居民发生经济金融交易的他国居民为民间主体，国家通过外汇管制、罚没或国有化等政策法规限制民间主体的资金转移，使之不能正常履行其商业义务，从而使该国居民蒙受经济损失，这种可能性就是转移风险。

3.经济风险、政治风险与社会风险

经济风险在于他国因经济状况、国际收支状况、国际储备状况、外债状况等经济因素恶化，出现外汇短缺，而实行外汇管制，限制对外支付等。

政治风险在于他国因政权更迭、政局动荡、战争等政治因素恶化，而不能正常实施经济政策，导致无力或拒绝对外支付等。

社会风险是指由于经济或非经济因素造成特定国家的社会环境不稳定，从而使金融机构不能把在该国的款项汇回本国而遭受损失的风险。

（七）声誉风险

声誉风险是指金融机构因受公众的负面批评，而出现的客户流失、股东流失、业务机遇丧失、业务成本提高等情况，从而蒙受相应经济损失的可能性。

（八）系统风险

系统风险是指金融机构从事金融活动或交易所在的整个系统因外部性因素的冲击或内部性因素的牵连而发生的剧烈波动、危机或瘫痪，使单个金融机构不能幸免，从而蒙受经济损失的可能。

系统风险主要表现为本国政府政策、法律或法规发生变化，本国出现经济危机或金融危机，本国个别银行或其他金融机构违约或破产产生多米诺骨牌效应和连锁反应，外国的经济危机或金融危机向本国传递等。

## 第二节 金融风险的内部管理

金融风险的内部管理包括对金融风险的识别、度量和控制。风险识别就是辨别导致风险产生的原因，并对它可能产生的后果进行估测的过程。本节从《巴塞尔协议》关于金融风险的划分角度介绍金融企业如何加强金融风险的内部防范。

### 一、信用风险的管理

信用风险是指由于借款人不能偿还其债务而遭受损失的可能性。其产生的原因主要有金融企业资产负债结构不合理、资产管理不完善、借款企业还款能力不强等。金融企业在经营中不可能完全避免风险，但可以采取措施对风险加以防范和控制。

（一）信用风险的防范策略

1.风险对称策略

风险对称策略是指按照资产负债对称原则，使资产运用结构与负债偿还期保持协调，按照资金来源流转速度和负债期限长短确定资金运用期限，避免借短贷长，防止资金周转失灵，减少流动性风险的策略。

2.风险分散策略

风险分散是指金融企业要实现资产多元化，不要集中在少数企业或一种资产上的策略。风险分散策略包括：资产投向和投量分散化，即资产不能集中于某一地区或某一领域；资产期限分散化，即长期、中期、短期贷款与投资的比例要分布适当；贷款与投资方式多样化，即实行贴现、抵押和担保等多种贷款方式，优化金融资产结构，分散贷款风险。

3.风险转移策略

风险转移也称风险转嫁，是利用合法交易方式和业务手段，将风险尽可能转移的策略。转移方式有转让和保险等。

（1）转让方式是指金融企业将持有的风险转让出去，包括证券转让和贷款转让两种方式。证券转让是在证券市场上进行买卖活动；贷款转让主要依靠发行可转让贷款证进行。

（2）保险方式是指要求借款人对抵押品向保险公司投保，产生意外损失能得到赔偿，将风险转移给保险公司的方式。

4.信用择优策略

信用择优是按照流动性、安全性和盈利性相统一原则，对各类资产的盈利能力与所承担风险程度进行最优选择。当金融企业本身存在较大信用风险时，应当选择那些安全性较高、盈利能力较差的资产，这样不至于继续增加风险；反之，可选择盈利能力较高的资产，以提高金融企业收益水平。

（二）信用风险的管理

1.机制管理

机制管理就是建立起针对信用风险的管理机制。对商业银行而言，信用风险的管理机制主要有如下几种：

（1）审贷分离机制，即在内部控制机制的框架下建立起贷款的审查与贷款的决策相分离的机制，避免将贷款的审查与决策集中于一个职能部门或人员。

（2）授权管理机制，即总部对所属的职能部门、下属的分支机构，根据层级和管理水平的高低等因素，分别授予具体的最高信贷权限。

（3）额度管理机制，即总部对全系统给予某一特定客户在某一特定时期的授信规定最高限额。

2.过程管理

过程管理就是针对信用由提供到收回的全过程，在不同的阶段应采取不同的管理方法。对商业银行而言，主要有以下三个方面：

（1）事前管理。事前管理是指商业银行在贷款的审查与决策阶段的管理。在此阶段，商业银行审查的核心是借款人的信用状况，决策的核心是贷与不贷、以什么利率水平贷。要分析借款人的信用状况，商业银行一方面可以直接利用社会上独立评级机构对借款人的信用评级结果，另一方面可以自己单独对借款人进行信用的“5C”、“3C”分析。“5C”、“3C”分析主要围绕借款人的还款意愿和还款能力两个方面开展分析。“5C”分析主要包括借款人的偿还能力（Capacity）、资本（Capital）、品格（Character）、担保（Collateral）和经营环境（Conditions）。“3C”分析主要包括借款人的现金流（Cash）、管理（Control）和事业的连续性（Continuity）。

（2）事中管理。事中管理是指商业银行在贷款的发放与回收阶段的管理。在此阶段，商业银行关注的重点是贷款不要被挪用、贷款是否被有效使用、跟踪借款人信用状况的变化、出现异常及时采取应对措施。在事中管理阶段，商业银行要进行贷款风险分类，如目前采用的贷款五级分类方法。

（3）事后管理。事后管理是指商业银行在贷款完全回收以后的管理。在此阶段，商业银行要回顾与反思贷款过程中的经验与教训，固化经验，融入制度，形成长效机制；吸取教训，亡羊补牢，填补和加强制度中的空白点和薄弱环节。如此循环往复，螺旋式上升，不断提高信用风险的管理水平。

## 二、市场风险的管理

（一）利率风险的管理

利率风险是由于利率水平的不确定变动导致行为人受到损失的可能性。其显著特征是：导致现金流量（净利息收入或支出）的不确定，使收益和融资成本不确定；导致资产（或负债）市场价值不确定，从而使收益不确定；对浮动利率的资产负债产生直接影响，对于固定利率的资产负债，也会带来间接损失。

西方金融机构有多种衡量和管理利率风险的工具和方法，主要包括：利率优选、借贷期限调整、利率敏感性缺口管理、持续期缺口管理和利用利率衍生工具套期保值。

1.利率优选

选择有利的利率，即基于对利率未来走势的预测，债权人或债务人选择有利于自己的固定利率或浮动利率。

2.借贷期限调整

调整借贷期限，即当预测到利率正朝着不利于自己的方向变动时，债权人或债务人可以选择提前收回债权或提前偿还债务。

3.利率敏感性缺口管理

利率敏感性缺口（IRSG）是指一定时期内利率敏感性资产与利率敏感性负债的差额。利率敏感性资产和利率敏感性负债是指那些在某一时期内到期的或需要重新确定利率的资产和负债。利率敏感性资产主要包括浮动利率贷款、即将到期的或短期的贷款、短期投资、同业拆出和买进的可回购协议等。利率敏感性负债主要包括活期和短期存款、同业拆入、出售的回购协议等。利率敏感性缺口用公式可表示为：

利率敏感性缺口=利率敏感性资产-利率敏感性负债

如果一家银行的利率敏感性缺口为正值，说明它的利率敏感性资产大于利率敏感性负债。当市场利率上升时，该银行一方面需要对利率敏感性负债支付更高的利息，另一方面又可以从利率敏感性资产中获取更多的收益。由于利率敏感性资产大于利率敏感性负债，当所有利率同时以等幅上升时，利息收入的增长快于利息支出的增长，净利差收入就会增加。同理，当利率下降时，银行的净利差收入就会下降。如果银行的利率敏感性资产小于利率敏感性负债，利率敏感性缺口为负，那么当利率上升时，利息收入的增长慢于利息支出的增长，银行的净利差收入会下降；反之，若利率下降，银行的净利差收入就会增加。

利率敏感性缺口管理，即金融机构在资产与负债中分别区分出利率敏感性资产与利率敏感性负债，并计算出利率敏感性资产减去利率敏感性负债后的缺口，在预测到利率上升或下降时，将缺口调为正值或负值，以提高或稳定银行的净利息收益。

4.持续期缺口管理

持续期也称为久期，是由美国经济学家弗雷得里·麦克莱于1936年提出的。

持续期是指某项资产或负债的所有预期现金流量的加权平均时间，也就是指某种资产或负债的平均有效期限。一般来说，当持续期缺口为正，银行净值随着利率上升而下降，随利率下降而上升；当持续期缺口为负，银行净值随市场利率升降而反方向变动；当持续期缺口为零时，银行净值价值免遭利率波动的影响。

简言之，持续期缺口管理就是商业银行分别计算和预测出利率性资产和利率性负债的持续期，再计算出利率性资产的持续期减去利率性负债的持续期后的持续期缺口，当利率上升或下降时，将持续期缺口调为负值或正值，以增加或稳定银行净值。

5.利用利率衍生工具套期保值

利用利率衍生工具交易，即通过利率期货或利率期权交易进行套期保值，通过利率互换交易把不利于自己的固定利率或浮动利率转换为对自己有利的浮动利率或固定利率，通过签订远期利率协议提前锁定自己的借款利率水平，通过利率上限、利率下限和利率上下限锁定借方最高成本、贷方最低收益和借贷最高成本与最低收益的区间。

（二）汇率风险的管理

汇率风险产生于汇率变动，汇率变动受外汇供求变化支配，所以影响外汇供求变化的经济发展状况、国际收支、物价水平、市场利率、货币政策、经济政策、心理预期、政府更迭、外汇投机、自然灾害等因素均构成汇率风险的形成因素。

汇率风险管理的主要方法有：

1.选择有利的货币

基于对汇率未来走势的预测，外币债权人或债务人选择有利于自己的硬币、软币或软硬货币组合。

2.提前或推迟收付外币

当预测到汇率正朝着不利于或有利于自己的方向变动时，外币债权人提前或推迟收入外币，外币债务人提前或推迟偿付外币。

3.进行结构性套期保值

对方向相反的风险敞口进行货币的匹配和对冲，例如针对交易风险将同种货币的收入和支出相抵，针对折算风险将同种货币的资产和负债相抵，针对经济风险在收入的货币和支出的货币之间建立长期的匹配关系。

4.进行远期外汇交易

进行远期外汇交易，提前锁定外币兑换为本币的收入或本币兑换为外币的成本。

5.货币衍生产品交易

例如，通过货币期货交易或货币期权交易进行套期保值，通过货币互换交易把不利于自己的软币或硬币转换为对自己有利的硬币或软币。

（三）投资风险的管理

1.股票投资风险的管理方法

股票投资风险的管理方法主要有：一是根据对股票价格未来走势的预测，买入价格即将上涨的股票或卖出价格即将下跌的股票；二是根据风险分散原理，按照行业分散、地区分散、市场分散、币种分散等因素，进行股票的分散投资，并根据市场发展走势不断调整投资组合；三是根据风险分散原理，在存在知识与经验、时间或资金等投资瓶颈的情况下，不进行个股投资，而是购买股票型投资基金；四是同样根据风险分散原理，开展股指期货交易或股指期权交易，作为个股投资的替代，以规避个股投资相对集中的风险。

2.金融衍生产品投资风险的管理方法

可供选择的方法有：一是加强制度建设，即建立科学合理的内控制度，在金融衍生产品投资中，通过前台后台、职员的合理分工和分离，清楚划分和界定不同层次人员的权力责任，达到相互制约和牵制的效果；二是进行限额管理，即建立风险资本限额、风险限额、交易限额和止损限额等系列的限额管理制度，从而把相应的投资风险控制在可接受的水平即风险容忍度上；三是进行风险敞口的对冲与套期保值。

## 三、操作风险的管理

操作风险是由于不完善或有问题的内部程序、人员、系统或外部事件造成直接或间接损失的风险。该风险来源于金融机构的日常运营，主要由人为因素所致，发生频率很低，一旦发生，损失极大。因此，加强操作风险的防范和管理越来越受到金融机构的重视。

### （一）制度管理

制度管理就是建立和不断完善内部控制制度，不给由人的因素而产生的操作风险提供机会和环境。一是建立相应的授权体系，实行统一法人管理和法人授权；二是建立必要的职责分离，以及横向与纵向相互监督制约关系的制度；三是明确关键岗位、特殊岗位、不相容岗位及其控制要求；四是对于重要活动应实施连续记录和监督检查；五是对于产品、组织结构、流程、计算机系统的设计过程，应建立有效的控制程序；六是建立信息安全管理体系，对硬件、操作系统和应用程序、数据和操作环境，以及设计、采购、安全和使用实施控制；七是建立并保持应急预案和程序，确保业务持续开展。

### （二）信息系统管理

信息系统管理就是基于信息系统对操作风险进行管理和对由信息系统产生的操作风险进行管理。一是建立涵盖操作风险管理的风险管理信息系统，该系统由应用结构、数据结构和技术结构构成。二是在所有业务运行和管理运行基于现代信息系统的条件和环境下，确保信息系统的安全运行。

### （三）流程管理

流程管理就是设计和采用科学的操作风险管理流程与不断优化和严格执行业务流程。就操作风险管理流程而言，目前一个较为科学完整的流程包括这样五个环节：操作风险识别、操作风险评估与量化、操作风险控制与缓释、操作风险监控、操作风险报告。针对业务流程中的操作风险管理，要兼顾提高效率与实现牵制制约的要求，不断改进和优化业务流程，并使之得到严格执行，防止在执行中出现遗漏或忽视某些环节、增加不必要的环节等情况。

（四）职员管理

职员管理就是对由内部欺诈、失职违规、知识技能匮乏和核心职员流失等内部职员因素所带来的操作风险进行管理。

（五）风险转移

风险转移就是充分利用保险和业务外包等机制和手段，将自己承担的操作风险转移给第三方。就保险而言，操作风险保险主要有两种类型：一是特定风险保险，如董事与高级职员责任保险、错误与遗漏保险、雇员忠诚保证保险、雇员行为责任保险等；二是“一篮子”风险保险，如机构责任保险等。

全球金融机构越来越多地将原先自行承担的业务转交外包服务商完成，金融机构通过外包，可以将风险管理及合规等职责转交给不受监管且能进行离岸操作的服务商进行运作。从操作风险管理的角度看，被外包业务中的操作风险也就转移给了承接外包的机构。金融机构需要关注外包机构的技术水平、是否有足够财力以履行责任或提供补偿、防范承接外包机构的欺诈或失误等。

## 四、其他风险的管理

（一）流动性风险的管理

流动性风险管理的主要着眼点有三方面：一是保持资产的流动性，如建立现金资产的一级准备和短期证券的二级准备；提高存量资产的流动性，将抵押贷款、应收信用卡账款等资产证券化，出售固定资产再回租等。二是保持负债的流动性，如增加大额存单、债券、拆借、回购、转贴现、再贴现等主动型负债，创新存款品种，通过开展其他业务带动存款等。三是进行资产和负债流动性的综合管理，实现资产和负债在期限或流动性上的匹配。

（二）法律风险与合规风险的管理

法律风险与合规风险管理的主要机制和方法是：加强文化建设；加强组织与制度建设；加强人力资源管理；加强过程管理。

（三）国家风险的管理

1.国家层面的管理方法

由于国家风险牵涉其他国家，因此，国家层面应当运用经济、政治、外交等多种手段，为本国居民管理其所承受的国家风险创造良好的条件和环境。例如，与他国签订双边投资促进与保护协定；设立官方的保险或担保公司对国家风险提供保险或担保；积极参与各国际组织、区域性组织的多边投资保护协定的谈判活动，将对外投资保护工作纳入国际保护体系；加强外交对外经贸活动的支持；金融监管当局在金融监管中要求商业银行对有关国家的债权保持最低准备金等。

2. 金融企业层面的管理方法

金融企业管理国家风险的主要方法有：将国家风险管理纳入全面风险管理体系；建立国家风险评级与报告制度；建立国家风险预警机制；设定科学的国际贷款的审贷程序，在贷款决策中必须评估借款人的国家风险；对国际贷款实行国别限额管理、国别差异化的信贷政策、辛迪加形式的联合贷款和寻求第三者保证等；在二级市场上转让国际债权；实行经济金融交易的国别多样化；与东道国政府签订"特许协定"；投保国家风险保险；实行跨国联合的股份化投资，发展当地举足轻重的战略投资者或合作者等。

（四）声誉风险的管理

针对因自己操作失误或违反有关法律、法规而产生的公众负面评价，金融机构应当严于律己，加强操作风险或法律风险、合规风险的管理，借以规避或控制这类声誉风险。

## 第三节　金融危机

一家金融机构因经营不善而出现危机，有可能对整个金融体系的稳健运行构成威胁；一旦发生系统风险，金融体系运转失灵，必然会导致全社会经济秩序的混乱，甚至引发严重的政治危机。

### 一、金融危机概述

金融危机的内涵极其丰富，因此要给金融危机下一个统一定义并不是一件很容易的事。著名经济学家戈德史密斯就曾经幽默地指出，金融危机如同西方文化中的美女一样难以定义，但一旦相遇却极易识别。他本人以及其他许多经济学家都曾对金融危机从不同角度进行过定义。

在《新帕尔格雷夫经济学大辞典》中，金融危机是指全部或大部分金融指标——短期利率、资产（证券、房地产、土地）价格、商业破产数和金融机构倒闭数——的急剧、短暂、超周期的恶化。金融危机往往与金融风险不断累积但并未集中爆发的金融脆弱性紧密联系，两者通常被统称为金融不稳定。

从历次金融危机发生的表现形式看，可以将金融危机划分为货币危机、银行危机、债务危机、资本市场危机和混合型危机。

（一）货币危机

货币危机是指对某种货币购买力或汇兑价值的投机性冲击导致货币币值的急剧下降，而当局为维护本币币值的行为又迅速地耗尽外汇储备的经济现象。如1992—1993年欧洲货币体系危机就是典型的货币危机。

（二）银行危机

银行危机是指实际或潜在的银行运行障碍或违约导致银行中止其负债的内部转

换，储户对银行丧失信心从而发生挤提，银行最终破产倒闭或需要政府提供大量援助的经济现象。20世纪90年代中期，日本和东南亚危机中的各个国家就曾发生大批金融机构的经营困境和破产倒闭。

（三）债务危机

债务危机是指在国际借贷领域中大量负债，超过了借款者自身的清偿能力，造成无力还债或必须延期还债的经济现象。1982年，墨西哥宣布不能偿还到期外债本息引发发展中国家的债务危机。

（四）资本市场危机

资本市场危机主要是指股票市场危机，表现为大量抛售股票，造成股票指数急剧下跌的经济现象，如20世纪90年代日本的经济衰退就是从股票危机开始的。

（五）混合型危机

现实中的金融危机越来越表现为多种危机的混合形式，难以严格区分为哪一类，并且在不同类型之间不断演变。典型的混合型危机如日本的经济衰退和东南亚金融危机，都是货币危机、资本市场危机和银行危机互相交织在一起。

**二、当代金融危机的基本特点**

（一）金融危机具有快速和广泛的连锁性与传染性

金融体系的网络化特征随着经济、金融一体化的发展越来越明显。投资者过度敏感的金融恐慌心理、国际上资金调动的电子化程度的进一步提高，快速的信息传递，一旦某个环节出现问题，在引发一国范围金融危机的同时，还可以迅速波及国外的金融网络。一个国家的金融危机往往可能波及周边国家或国际资本市场，引起地区性的或全球性的金融危机，这就是人们常说的“多米诺骨牌效应”。

（二）金融危机具有生成的潜伏性

金融风险不一定导致金融危机，金融风险积聚到一定程度才可能产生金融危机。当代金融危机在爆发之前都表现出一定的潜伏性，金融危机爆发前的积累过程往往伴随着危机发生的国家和地区的经济金融改革的日益深化。虽然当代金融危机爆发得很突然，但金融危机的爆发是长期潜伏的综合性经济危机的总爆发。

（三）金融危机的爆发具有内源性

金融危机暴露政府的宏观政策存在一定的问题，导致了金融危机爆发。首先，金融自由化战略失当，超过了本国经济承受和金融监管能力。其次，政府对经济的过分保护，使得市场经济的作用大大受到抑制。再次，在开放资本市场的情况下，固守已经僵化的钉住汇率制。最后，政府的监管手段和措施赶不上无法有效监控金融市场衍生工具使用带来的风险。

（四）当代金融危机爆发的频率增高

20世纪20年代末在美国爆发了金融危机之后，近半个世纪世界经济保持相对稳定。但是从20世纪80年代末期爆发的墨西哥金融危机、90年代初的日本银行赤字风暴、1994年的墨西哥比索贬值危机、1995年的日本银行坏账危机、1997年的东南亚金融危机和2007年次贷危机引发的全球金融危机可以看出，金融危机层出不穷，而危机的间隔时间越来越短，金融危机爆发的频率明显增高。

（五）国际游资成为当代金融危机爆发的导火索

国际游资具有规模大、停留时间短、反应灵敏、破坏性强的特点。因游资冲击而导致危机的国家和地区的共同特点有：国内储蓄偏低；对短期国际资本依赖性高；资本市场开放度高，金融秩序不够完善；交易风险的管理水平不足；市场机制的法律、法规不健全。

（六）货币危机是金融危机的爆发点

墨西哥金融危机和亚洲金融危机都是由货币危机引发的。当代金融危机常常是货币危机在前，即货币危机是金融危机的爆发点。

（七）危机后果的严重性

金融危机爆发后，会对国内经济和世界经济产生严重的影响。以东南亚金融危机为例，危机的爆发使各国经济发展蒙上了一层阴影：外汇管理制度遭到致命打击，各国外汇市场管理体制一度陷入瘫痪，对危机的发展丧失控制能力；货币大幅度贬值，促使通货膨胀率上升；利率的高企，投资不足，使经济发展发生停滞甚至衰退；投资的悲观情绪浓烈。

## 三、金融危机的扩散

（一）金融危机的国内传导

货币危机向资本市场危机、银行业危机传导，进而向全面的金融危机演变。

1.从货币危机到资本市场危机

当一国金融泡沫破裂后，会使该国货币出现大幅贬值，债务负担大幅增加，企业出现支付困境甚至破产，股市下挫。一方面，货币贬值可能使某些公司因货币贬值而获利；另一方面，贬值能迫使政府痛下决心解决经济结构问题。万一结构性改革失败，货币贬值和证券市场下挫就会进一步加剧，直到政府和企业真正严肃、认真地去解决金融和财务问题为止。

2.从货币危机到银行业危机

在通常情况下，由货币危机导致银行业危机的途径有两条：第一，国际储备大量流失，迫使该国放弃固定汇率制，如不阻止这种流失，就可能引起贷款的急剧紧缩，非金融企业破产增加，银行不良资产增加，结果就形成银行危机。第二，贬值使得非银行金融机构丧失清偿力，银行的财务状况恶化，增加银行业风险。

如果中央银行允许国内贷款过度扩张，直接或隐含地为银行或存款人融资，那么银行危机就可能引发国际收支危机。如果政府通过发行大量内债对这种挽救进行融资，那么市场参与者可能会预期当局有通过通货膨胀或货币贬值来减轻债务负担的动机，这就可能导致自我实现的金融危机。

3.从货币危机到全面的金融危机

货币危机引起全面的金融危机主要有以下三种机制：

(1）第一种机制：货币贬值通过加重外债负担直接恶化公司收支状况。如果债务合约以外币计价，本币贬值时，公司的债务负担加重；如果资产及其收益以本币计价，公司的资产贬值。两者导致公司净值减少，企业的逆向选择和道德风险问题加剧，贷款萎缩，投资和经济活动缩减。

(2）第二种机制：货币贬值通过加重国内债券的利息负担恶化公司收支状况。投机攻击，货币急剧贬值，实际和预期通胀水平大幅上升，利率大幅上涨，公司的债务负担大大增加，收支状况恶化，公司的流动性状况恶化，信息不对称问题加大，贷款和经济活动大幅萎缩。

(3）第三种机制：本币贬值导致银行系统的收支状况恶化，进而导致全面的金融危机。银行以外币计价的债务由于货币的贬值而急剧增加，而银行收支中资产一方贷款方面的损失加大，银行的收支恶化，银行的净值减少。

另外，银行以外币计值的债务的期限很短，其债务价值的大幅增加导致了银行的流动性问题。银行收支的恶化和弱化的资本基础迫使银行减少贷款。当银行贷款大幅萎缩后，整个经济将面临严重危机。

（二）金融危机的国际传导

1.金融危机扩散过程中的示范效应

在金融危机扩散过程中，成功的投机攻击为攻击其他具有类似条件的国家提供了一种示范，投机者必然会对其他类似国家发动攻击。类似国家发生金融危机，货币贬值预期迅速上升；预期一国货币即将贬值时，必然抛售本币，抢购外币，增强投机攻击力量，加速本币贬值。

2.金融危机扩散过程中的竞争性贬值效应

当前，世界经济、金融趋于全球化，在金融危机冲击下，只要出现一个国家货币率先贬值，必然会带来其他国家货币的相继贬值。竞争性贬值的原因在于：相关国家货币贬值，一个国家的货币不贬值，其出口将下降，如果没有其他方法来弥补这种出口下降带来的损失，该国的经济福利总水平将下降。因此，每个国家被迫使用的贬值方法作为政策工具以便减少对国内经济的冲击，同时作为报复手段来抵消其他国家货币贬值的负面影响。

## 四、金融危机的防范与治理

金融危机对一国经济的影响是巨大的，往往造成该国经济严重衰退。因此，应加强对金融危机的预警与防范，以便及时采取措施，遏制金融危机的爆发。

（一）金融危机的防范

考察20世纪90年代以来的金融危机，可以发现引发金融危机的主要因素有：国际资本的流动；金融机构放款和货币供给过快增加，并且资金投向失衡；国内外经济形势的剧烈变动；不切实际的金融自由化进程；外债规模超过实体经济的承受能力，外债结构畸形；实行不合理的汇率制度、政府对经济活动的过度干预，从而扭曲了市场机制；金融创新与金融监管不适应等。据此，金融危机的防范措施主要有：

1.健全金融危机预警指标体系，加强金融危机的监测和预警

墨西哥金融危机发生以后，IMF曾提出七项经济预警指标：短期债务与外汇储备的比例是否失调；经常项目逆差与GDP之比；消费比例是否过大；财政预算赤字占GDP之比；资本流入结构是否合理；汇率定值是否适度；货币供应量增加是否适当。各国可结合实际情况加强监测和预警。

2.审慎对待资本账户自由化

资本账户自由化是金融一体化的重要内容，是各国所面临的必然选择。成功的资本项目自由化应具备如下条件：良好的宏观经济政策以消除金融部门整体不平衡；有效的激励政策以刺激个人的风险管理意识；充分的监督管理以保证金融部门的安全运转。

3.抑制金融资产泡沫的膨胀

执行严格的以控制通货膨胀为目标的独立的货币政策。杜绝以货币扩张来促进经济增长的政策倾向，积极进行结构调整和基础设施建设。有效引导游资活动，防范和制止过度投机行为，吸引资金投向生产领域。对于活跃在金融市场上的资金，要注意培育和规范机构投资者，达到稳定市场、减少盲目投资的目的。加强金融资产市场的监管，规范市场行为，保护市场的公开、公平与公正，打击欺诈和操纵市场的行为。

4.消除信息不对称

消除信息不对称，可以防止逆向选择、道德风险和“羊群效应”等。

（二）金融危机治理

金融危机治理是在金融危机已经爆发的情况下，针对金融危机的扩散、蔓延而采取的反危机手段。金融危机治理应根据一定的原则，针对不同类型的金融危机，采取不同的治理方式。

1.治理金融危机的原则

治理金融危机的原则包括：属性原则，即要考虑某种反危机政策适用的内外部条件；成本-收益原则，即选择任何一种政策必须权衡其成本与收益；综合评判原则，即全面考虑多种反危机对策同时使用时的综合效应。

2.金融危机治理的方式

金融危机治理的方式包括：对货币危机的治理，重点应放在控制货币供给量、稳定物价、稳定股市、稳定汇率、维护公众对货币的信心等方面；对银行危机的治理，重点应放在救助金融机构（治理方法主要有整顿、接管、购并、合并和破产等）、维护债权债务关系（增加银行启动性贷款或股东注资等流量处理法，破产冲抵、债务豁免、债权拍卖、债务重组、债转股和资产剥离等存量处理法）、保障金融秩序（如金融监管制度改革、银行体系改革）等方面。

3.充分发挥国家财政和中央银行的职能作用

国家财政可以发挥的职能作用包括：用公共资金直接购买不良资产；直接收购

和接管破产的金融机构；向金融机构注入资本，提高资本充足率，以对金融机构进行救助；税收优惠政策。中央银行发挥最后贷款人职能，保证整个金融体系的安全与稳定。在确认金融机构无法挽救时，中央银行对其进行接管，并促进金融机构间的购并、重组等。当然，对出现极为严重问题的银行，中央银行也会根据具体情况，促使其破产清算。除了救助和接管外，中央银行通常还可采取强制性措施，如提高银行体系的资本充足率、加大对银行的监管力度和信息公布等措施来增强金融机构的抗风险能力。

## 第四节　金融监管

### 一、金融监管概述

（一）金融监管的内涵及发展

金融监管是指政府或权力机构为保证金融机构遵守各项规定，避免不谨慎的经营行为，通过法律和行政措施对金融机构进行的监督与指导。金融监管的范围是整个金融领域，目标是消除信息不对称，优化金融资源配置，维护市场主体的公平交易。

由此可见，金融监管是金融监督与金融管理的复合称谓。金融监管有狭义和广义之分。狭义的金融监管是指中央银行或其他金融监管当局依据国家法律法规的授权对整个金融业（包括金融机构和金融机构在金融市场上所有的业务活动）实施的监督管理。广义的金融监管是在上述监管之外，还包括金融机构的内部控制与稽核、同业自律性组织的监管、社会中介组织的监管等。

金融监管是伴随着近代银行的产生而开始的。中央银行制度建立之前，金融监管主要体现在商业银行的内部管理上。中央银行制度建立后，金融监管成为其重要职责之一，在一定意义上说，正是金融监管的必要性促进了中央银行制度的诞生。早期的金融监管主要是对商业银行发行银行券和保证支付方面的监管，主要包括确定银行券的发行资格和发行准备、建立存款准备金制度等。现代的金融监管是随着各国经济和金融的发展，尤其是在实行不兑现的信用货币制度后，金融的作用和风险日益突出，金融监管的职能也逐步强化，其内容和范围大大扩展。

（二）金融业的特点和监管的必要性

第一，现代经济是商品经济，银行信用替代商业信用成为最主要的信用方式，银行信用既有加速资金周转、促进资源合理配置的积极方面，也有脱离社会实际需要盲目发展、刺激个别部门过度扩张、造成经济结构失衡的消极方面，需要对银行信用进行适当调控和限制。

第二，金融机构经营以货币为主的特殊商品，金融机构对这些商品的绝大部分仅有使用权，在经营活动中比一般商品经营者增加了负责收回使用权和向所有者归还使用权的环节，各个金融机构之间形成了债务锁链，增大了经营风险。由于银行承担全社会的各种债权债务的支付和结算，因此，个别银行的倒闭将引起整个信用系统的不稳定。

第三，与一般商品经营不同，金融机构经营规模的大小在一定条件下可以不受资本金多寡的制约，而一部分金融机构冒险行为的后果又可能由整个金融体系承担。因此，需要对金融机构的冒险行为进行一定限制。

第四，虽然金融机构的经营规模在一定条件下可以脱离资本金的数量限制，但是，金融业的特殊性又具有非常明显的规模效应，有利于大型金融机构，容易造成垄断。并且，金融业的竞争有利于提高效率，但过度竞争也容易造成金融不稳，不利于经济运行和发展，需要对竞争进行适当限制。

第五，准确、及时的信息是制定货币政策的依据，也是货币政策是否有效的关键。因此，需要对反映金融机构经营内容的有关数据的形成进行规定。

第六，金融国际化以后，不仅需要对货币政策进行协调，还需要对国际间的金融活动进行监管。

（三）金融监管的目标

金融监管的目标是实现金融有效监管的前提和监管当局采取监管行动的依据。金融监管的目标可分为一般目标和具体目标。

世界各国都认为，一般目标应该是促成建立和维护一个稳定、健全和高效的金融体系，保证金融机构和金融市场健康的发展，从而保护金融活动各方特别是存款人的利益，推动经济和金融发展。世界大多数国家的具体监管目标体现在各国的银行法或证券法等金融法规上。目前，各国无论采用哪一种监管组织体制，监管的目标基本上是一致的，通常称作三大目标体系：第一，维护金融业的安全与稳定；第二，保护公众的利益；第三，维持金融业的运作秩序和公平竞争。

我国现阶段的金融监管目标可概括为：

1.一般目标

防范和化解金融风险，维护金融体系的稳定与安全；保护公平竞争和金融效率的提高，保证中国金融业的稳健运行和货币政策的有效实施。

2.具体目标

保证经营的安全性、竞争的公平性和政策的一致性。经营的安全性包括两个方面：保护存款人和其他债权人的合法权利；规范金融机构的行为，提高信贷资产质量。竞争的公平性是指通过中央银行的监管，创造一个平等合作、有序竞争的金融环境，保证金融机构之间的适度竞争。政策的一致性是指通过监管，使金融机构的经营行为与中央银行的货币政策目标保持一致。

（四）金融监管的原则

为了实现金融监管的多元化目标，在金融监管的立法与实践活动中，一般需要遵循以下一些基本原则：

1.依法管理原则

金融法规的完善和依法管理是金融监督有效实施的基本前提。依法管理最主要体现为两点：一是金融机构必须接受国家金融管理当局的监督与管理，不能有例外；二是金融监管必须依法进行。

2.监管主体独立性原则

监管主体的独立性是金融监管机构实施有效金融监管的基本前提。

3.适度竞争原则

竞争和优胜劣汰是一种有效机制。金融管理的重心应该在创造适度竞争上，既要避免金融高度垄断，排斥竞争从而丧失效率和活力，又要防止过度竞争、恶性竞争从而波及金融业的安全稳定，引起经常性的银行破产和剧烈的社会动荡。

4.外部监管和自律并重原则

既不能完全依靠外部强制管理（如果金融机构不配合，难以收到预期效果），也不能寄希望于金融机构自觉地自我约束来避免冒险经营和大的风险，必须将两个方面结合起来。

5.安全稳健与经济效益结合的原则

这历来是金融监管的重心，为此所设的一系列金融法规和指标体系都是着眼于金融业的安全稳健和风险防范。但是金融业的发展毕竟在于满足社会经济的需要，要讲求效益，所以金融监管要切实把风险防范和促进效益协调起来。

6.统一性原则

统一性原则是指金融监管要做到使微观金融和宏观金融相统一，以及国内金融和国际金融相统一。

（五）金融监管的传递机制

金融监管机关要把监管目标和监管原则传递到各金融机构，可以通过以下渠道：一是法规。通过建立和健全法律与规章，造就一个稳定的金融监管制度基础，以规范和约束金融机构的行为，使之符合监管目标的要求。二是“道义”劝告。尽管这并不在法律约束范围内，但可以使金融机构领悟到金融监管当局褒贬的态度。三是同业公会。通过同业协调，阐明金融监管当局的监管方针或近期的监管重点。

## 二、金融监管的对象与内容

（一）金融监管的对象

金融监管的对象具有阶段性特征。20世纪早期，商业银行在金融业中占据绝对的统治地位，而且银行本身具有货币创造功能，对经济的影响也就比非银行金融机构大得多。因此，当时金融监管的对象主要是商业银行。

第二次世界大战后，随着资本主义国家经济的迅猛增长，金融结构也日趋复杂化，非银行金融机构的种类、数量和资产负债规模大幅扩张，尤其是金融创新的推进，金融衍生产品不断涌现，货币定义变得越来越模糊，金融国际化步伐也在不断加速。在这种情况下，金融监管的对象变得更加广泛，从银行到非银行金融机构、从金融机构到金融市场、从金融市场再到金融体系。

总之，金融监管的对象是金融机构及其经营的金融业务。金融机构包括银行机构、非银行金融机构、合作金融机构等在内的所有经营货币业务的机构及其分支机构；金融业务是指贷款、结算、汇兑等传统银行业务以及其他与资金融通相关的业务。

（二）金融监管的内容

从金融监管的内容来看，金融监管主要分为事前监管、事中监管和事后监管三个方面。

1.事前监管

事前监管即预防性管理，是指金融监管当局在金融机构成立前，对其设立条件、经营范围、营业规模、资本要求等加以规定和审查的管理活动。事前监管是金融监管的第一道安全防线，事前监管主要包括以下三个方面的内容：

（1）机构设立的审批。审批金融机构的条件如下：有足够的自有资本；具有较高素质的管理人员；确有较好的发展前景；有组织章程；规定经营范围；有固定的经营场所及必要的经营条件等。

（2）资本金管理。为了保证金融机构的正常运作与健康发展，各国金融监管当局除了对金融机构规定最低资本金限额外，通常还要求金融机构达到必要的资金比率条件，即资本充足条件。在满足资本充足条件下，金融机构的资本既能应付坏账损失的风险，又能保证金融机构的正常运作。因此，资本充足性是衡量金融机构经营状况是否稳健的一个重要标志。

（3）清偿力管理。清偿力管理即资产流动性问题。一直以来，金融机构尤其是银行资产的流动性问题都是金融监管当局关注的主要问题。它要求金融机构要持有一定比例的现金和一定比例变现能力较强的资产；要求金融机构资产和负债的期限结构和利率结构搭配得当。各国对金融机构进行清偿力管理的具体方法也不尽相同，但普遍都是通过对各种流动性比率和资产负债表中的某些具体项目之间的比例关系的监控来完成的。

2.事中监管

事中监管的具体内容主要包括对金融机构的业务活动范围管理与风险管理两个方面。

（1）业务活动范围管理。在20世纪30年代以后的大多数时间里，世界各国流行分业经营、分业管理，对金融机构业务活动范围的管理大体上涉及长期金融业务与短期金融业务的选择限制、直接金融业务与间接金融业务的选择限制等方面。20世纪末期，随着世界各国混业经营格局的形成，西方主要发达国家又开始放松对金融机构业务活动范围的限制，允许金融机构之间混业经营。

（2）风险管理。对金融机构的风险管理主要包括贷款集中风险管理、国家风险管理和外汇风险管理。贷款集中风险管理的目的主要是对银行大额贷款实施监控，以控制单个客户的贷款集中风险和对特定部门或行业的贷款集中风险。国家风险主要是由三种原因造成的风险：因政府借款人不能或不愿履行偿债义务而给贷款人带来的风险；由政府担保的私人或公共部门实体因政府不愿或不能履行担保而违约拖欠，由此给贷款人带来的风险；因借款人无法将本国货币兑换为外汇而给贷款人带来的风险。外汇风险管理是对银行外币资产、外币负债有关的各种风险进行监督和控制。

3.事后监管

事后监管的主要内容包括对金融机构的检查稽核和保护性措施。

（1）检查稽核。金融监管当局对金融机构的检查稽核分为非现场检查稽核和现场检查稽核。①非现场检查稽核的主要手段是对金融机构定期报送的财务报表进行分析，以判断金融机构的经营和财务状况是否正常，分析的主要内容包括自有资本是否充足、资产质量、收益水平及质量、资产流动性等。②现场检查稽核作为对金融机构实施监管的主要手段，检查的重点一般包括资本充足率、流动性、盈利能力、资产质量、管理水平及遵纪守法情况等。

（2）保护性措施。对金融机构的保护性措施包括存款保险制度和最后援助。存款保险制度起源于1933年大萧条后的美国，当时美国紧急银行法决定建立联邦存款保险公司和联邦储蓄贷款保险公司，并于1934年正式确立存款保险制度，从而开创了银行存款保险制度的历史。直到20世纪60—80年代，市场经济国家相继建立了存款保险制度，另有一些国家则成立了存款保险基金，而大多数发展中国家目前尚未建立存款保险制度。

最后援助只是在金融机构发生清偿困难时，由金融监管当局提供紧急援助。这是金融体系安全的最后一道防线。其主要措施包括直接贷款（当金融机构出现流动性困难时，通常是由金融监管当局和存款保险机构以票据贴现、抵押或非抵押贷款等方式提供支持）、组织大金融机构救助小金融机构、由政府出面援助（一般适用于大型金融机构）等。

## 三、金融监管的方法

金融监管的方法包括常规方法与特殊方法。其中，常规方法包括市场准入筛选法、金融机构定期报告分析法、现场检查分析法等；特殊方法包括自我监督管理法、内外部稽核结合法、发现问题及时处理法等。

（一）市场准入筛选法

它是指金融机构设立前的审查批准和注册登记。各国对金融机构的设立都有着严格的事先检查筛选制度，以严把市场准入关。在各类金融机构设立前，金融监管当局一般都要对拟设立机构的地址、规模、股东人数、最低资产额、资本结构状况、管理层的组成和管理水平、是否妨碍竞争、未来收益和增长是否有保证、是否有利于社会经济的发展等，进行严格的审查。通过市场准入筛选，可以防止和减少不合格金融机构的产生，从源头上控制金融风险，减少或消除金融体系运行中的潜在隐患。

（二）金融机构定期报告分析法

各国金融监管当局一般都依法规定了各类金融机构的定期报表制度，如年报、半年报、季报、月报及临时报告制度等。报表提供的数据是金融监管当局监测的主要依据，也是金融监管政策出台的重要参考。

（三）现场检查分析法

它是由金融监管机构派员到银行和非银行金融机构进行实地检查，以了解这些金融机构的资本充足率、资产质量、收入及盈利状况、清偿能力、风险控制能力等，在此基础上作出全面的综合评估。

（四）自我监督管理法

一般地，各国金融监管当局都要求银行和金融机构根据法律法规进行自我约束、自我管理，并强调金融机构要在自觉自愿的基础上进行自我约束。自我监督管理法也是对金融机构加强对自身安全运营管理的一项重要而必需的工作方法。

（五）内外部稽核结合法

内部稽核是金融机构对自己进行的审查和核对，外部稽核则是金融机构聘请有资格的稽核师对其经营及财务状况进行审核。目前，各国一般都采用内部稽核与外部稽核相结合，以及政府金融监管当局稽核部门对各类金融机构进行的强制性稽核与独立的社会稽核机构进行的非强制性稽核相结合的办法来加强金融监管。

（六）发现问题及时处理法

当金融机构的业务活动违法或不符合金融法规规定，经营或财务状况不良，或有危害公众利益的行为时，金融监管当局应对出现问题的金融机构及时进行处理。

## 四、金融监管体制与模式

金融监管体制是金融监管的职责划分、权力分配的方式及组织制度。根据不同的分类标准，金融监管体制有不同的类型。

（一）按照金融监管主体划分

从世界各国金融监管主体来看，主要有以下三种模式：

1.双线多头金融监管模式

中央和地方两个政府层次的多个政府部门共同负责监管。世界上实行这种监管模式的国家不多，以美国、巴西为主要代表。

2.单线多头金融监管模式

金融监管权力集中于中央，但在中央一级又分别由两个或两个以上机构负责金融业的监督管理。这种模式通常是以财政部或中央银行为主体开展工作。世界上实行这一监管模式的国家比较多，代表国家如法国。前两种模式又称为分业监管模式，都是对不同金融机构按照所属行业划分，由不同的监管部门分别监管。早期的金融市场多采用这一监管模式。

3.统一监管模式

由单一的中央级机构（如中央银行或专门的监管机构）对金融业进行监督和管

理。可以由几家金融监管机构共同负责多种监管目标，如澳大利亚的审慎监管局和证券投资委员会；也可以由一家金融监管机构全面负责多种监管目标，如英国的金融服务局。后者是统一监管模式的极端形式，也被称为超级监管模式。一般来说，世界上绝大多数国家实行统一的金融监管模式。

（二）按照金融监管的客体划分

从金融监管的客体即金融监管标的角度，可分为机构性监管、功能性监管和目标性监管。

1.机构性监管

机构性监管是一种传统的金融监管模式，即按金融机构种类分设相应的金融监管当局进行监管。由于传统的金融业务分为银行业、证券业和保险业等，采取机构性监管模式时，一般设有银行监管机构、证券监管机构和保险监管机构。

2.功能性监管

功能性监管是指各类金融机构的同一类型业务统一由一个监管机构监管，不同类型业务由不同监管机构分别监管。

3.目标性监管

目标性监管则按照金融监管的不同目标分别设立监管部门，对各种类型金融机构统一监管。

（三）按照金融监管的内容划分

从金融监管的主要内容来看，金融监管主要包括事前的合规性监管、事中的风险监管和事后的救助措施。

（四）按照金融监管的范围划分

按照金融监管机构的监管范围划分，金融监管制度可分为集中统一的监管体制、分业监管体制和不完全集中统一的监管体制。

1.集中统一的监管体制

集中统一的监管体制又称为单一的、一元化的监管模式。该监管体制就是将不同的金融业作为一个相互联系的整体，由中央银行或另外设立的专门监管机构承担对金融业集中统一监管职责的体制模式。

实行集中统一监管体制的一般是金融业混业经营的国家，从此角度说该监管体制又称为混业监管模式。混业经营有两种表现形式：一种是全能银行，即银行可以直接经营银行、证券、保险等金融业务；另一种是银行通过投资证券公司、保险公司等，持有股份或控股，间接地从事非银行业务。

实行集中统一监管体制的原因主要有三个方面：一是取决于银行机构提供金融服务的水平。银行机构的多元化发展程度越高，就越能够为工商企业提供全方位、高质量的服务。二是取决于金融监管的水平。金融监管水平越高，控制和防范金融风险的能力就越强，也就有能力和条件实行混业经营、集中监管。三是取决于金融自由化和金融创新的发展程度。金融自由化为金融机构混业经营提供基础，同时金融创新也为货币市场和资本市场的更加紧密联系提供了新的工具。

由一个机构对整个金融业监管的体制具有监管成本较低，避免重复监管和出现监管真空现象发生等优点。当然，该种监管体制也存在缺乏金融监管的竞争性，容易导致金融监管的低效率和官僚主义等缺陷。目前实行此种监管体制的主要有英国、日本、新加坡、瑞典、丹麦等国家。

2.分业监管体制

该体制是由多个监管机构对金融业的不同主体及其业务范围分别进行监管的组织形式。分业监管体制主要是在银行、证券和保险等不同金融领域分别设立专职的监管机构，负责对各行业进行审慎监管。实行分业监管体制的大多是金融业实行分业经营的国家或地区。

实行分业监管体制的主要原因是：在混业经营的状态下，如果金融机构的内控机制不够健全，尤其是金融监管没有达到一定水平，在风险产生时，金融风险将迅速传导到整个金融行业，扩大金融危机的影响范围，增大金融风险所造成的损失。同时，在市场规则不健全的情况下，极易造成行业间不合理的资金流动，如大量信贷资金流入证券市场，产生泡沫经济。证券市场动荡风险又会通过银行体系扩散，引发金融危机。为了防止金融机构的过度竞争，防范金融风险，20世纪30年代大危机后，以美国、英国、日本、法国为主要代表的西方国家实行了分业监管体制。

相对于集中统一的监管体制，分业监管体制分工明确，具有不同监管机构之间存在竞争性、监管效率高等优点。但同时也存在监管机构多、监管成本较高、机构协调困难、容易出现重复交叉监管或监管真空问题等缺陷。

目前，实行此种监管体制的美国，对银行业的监管机构主要有货币监理局、联邦储备系统、联邦存款保险公司、联邦国内贷款委员会、国民信贷委员会和各州有关监管机构等，对证券业的监管机构是证券交易委员会。我国香港特别行政区也实行分业监管体制，金融监管局对银行业实施监管，证券及期货事务监察委员会对证券业实施监管，保险业务监理处和保险业咨询委员会对保险业进行监管。而英国在1986年、日本在1996年分别通过相关法律，打破分业经营体制，实行混业经营，并在20世纪90年代末期将金融监管模式转变为集中监管模式。

3.不完全集中统一的监管体制

此种体制是对集中统一监管体制和分业监管体制的改进型体制。该体制可以分为“牵头式”和“双峰式”两类监管体制。前者是在多重监管主体之间建立磋商与协调机制，指定一个监管机构作为牵头机构负责不同监管主体之间的协调工作。后者是根据监管目标设立两类金融监管机构，一类负责对所有金融机构进行审慎监管，防范与控制金融体系的系统性风险；另一类监管机构负责对不同的金融业务经营活动进行具体监管。

巴西是典型的“牵头式”监管体制，由国家货币委员会牵头，负责协调对不同金融行业监管机构的监管活动，实现对金融业的全面审慎监管。澳大利亚是“双峰式”监管体制，目前其审慎监管局负责对所有金融机构的审慎监管，证券投资委员会负责对银行、证券、保险业业务活动进行监管。

## 五、金融监管的国际协调与合作

（一）金融监管国际合作的必要性

20世纪80年代以来的金融国际化趋势，使得跨国银行和国际资本的规模及活动日益扩大，呈现纵横交错、无所不及的格局。金融全球化向各国金融监管当局提出挑战，具体表现为：国际金融体系的系统性风险加大，金融业风险的国际扩散威胁着各国的金融稳定，单凭一国的监管力量难以控制；国际金融活动跨越多国国境，造成各国的监管管辖权范围不明确；各国金融监管制度的差异导致国际金融市场上的不公平竞争。对此，大力推动金融监管的国际协调与合作，制定国际统一的金融监管标准，加强金融风险管理十分迫切。

（二）金融监管国际协调的方式

金融监管的国际协调主要是指国际经济组织、金融组织与各国以及各国之间，在金融政策、金融行动等方面采取共同步骤和措施，通过相互间的协调与合作，达到协同干预、管理与调节金融运行并提高其运行效益的目的。金融监管国际协调的主体主要是各国政府监管当局以及国际社会成立的各种机构，如国际货币基金组织、世界银行、国际清算银行协会、世界贸易组织、巴塞尔银行监管委员会、国际证券委员会、国际保险监管者协会等。

从形式上看，金融监管的国际协调有规则性协调和相机性协调。规则性协调主要由全球性的经济金融组织通过制定明确的规则来指导各国采取政策措施从而达到国际协调，优点是权威性、连续性强，缺点是规则一旦确定就不能随时更改，要延续一段时间，可能与实际情况脱节。相机性协调是针对某一特定情况各国采取的政策组合和共同行动措施，其优点是灵活性、时效性、针对性比较强，其缺点是协调成本高、约束力较弱。从地域上看，金融监管的国际协调又分为全球性的国际协调、区域性的国际协调；从协调所涵盖的内容看，分为综合性的国际协调、专门化的国际协调；从协调频率上分为经常性的国际协调和临时性的国际协调。

（三）金融监管国际协调的机制

1.信息交换

两国或多国之间的信息交换是国际协调最基本的内容之一。信息交换作为一项协调的基础形式，有助于各方了解情况和解决分歧，找到问题和风险的根源。可交换的信息包括各国的宏观经济形势、汇率、干预外汇市场的意愿、金融政策的制定等。信息交换可以由监管机构直接交流，也可以通过国际性的金融监管机构（如IMF）进行。

2.政策的相互协调

在信息交流基础上，各国可以进一步采取一致的经济金融政策，各国在确定自身的政策同时应当考虑其他国家的目标和政策立场，避免政策所带来的溢出效应，寻求共同目标价值。同时，各国应对政策工具及其规模和运用作出合理的时间安排，以避免同其他国家产生矛盾和冲突。

3.危机管理

针对金融领域突发的、影响特别严重的事件，各国应该协调和采取共同的政策以避免危机的传播，寻求政策合力共同解决金融风险。这是一种偶然的、临时性的协调形式，目的在于防止各国独善其身的政策以及政策实施不当使危机加重。

4.联合行动

各国通过信息交换，达成共同的目标价值后便可以开展联合行动。联合行动是共同协调的最高形式，往往可以很快起到明显的效果。东南亚金融危机和美国次贷危机已经显示了联合行动的必要性。

（四）金融监管的国际规则

1.银行业的国际监管

近年来，经济金融全球化的发展日益加快。一方面，跨国银行集团的发展形成了国际银行间的竞争；另一方面，国际资本流动包括国际借贷的增加，使银行风险国际化。

为了维护成员国的共同利益，加强监管合作，统一监管的原则和标准，1975年2月，由国际清算银行发起，西方10个主要国家在瑞士的巴塞尔成立了银行管理和监督实施委员会，简称巴塞尔银行监管委员会。

（1）《巴塞尔协议》。1987年12月，国际清算银行召开中央银行行长会议通过“巴塞尔提议”。在该“提议”的基础上，于1988年7月由巴塞尔银行监管委员会通过的《关于统一国际银行的资本计算和资本标准的协议》（简称《巴塞尔协议》）即为国际银行监管方面的代表性文件。制定该协议旨在通过制定银行的资本与其资产间的比例，确定计算方法和标准，以加强国际银行体系的健康发展；制定统一的标准，以消除在国际金融市场上各国银行之间的不平等竞争。

该协议的主要内容有：第一，关于资本的组成，把银行资本划分为核心资本和附属资本两档。第一档是核心资本，包括股本和公开准备金，这部分至少占全部资本的50%；第二档是附属资本，包括未公开的准备金、资产重估准备金、普通准备金和呆账准备金。第二，关于风险加权的计算。协议制定了对资产负债表上各种资产和各项表外科目的风险度量标准，并将资本与加权计算出的风险挂钩，以评估银行资本所应具有的适当规模。第三，关于准备比率的目标。协议要求银行经过5年过渡期逐步建立和调整所需的资本基础。到1992年年底，银行的资本对风险加权化资产的标准比率目标为8%，其中核心资本至少为4%。这个协议的影响广泛而深远，面世以来，不仅跨国银行的资本金监管须视协议规定的标准进行，就是在各国国内，其货币当局也要求银行要遵循这一准则，甚至以立法形式明确下来。例如，中国在《商业银行法》中规定商业银行的资本充足率不得低于8%。

（2）《银行业有效监管核心原则》。进入20世纪90年代，特别是90年代中期以来，许多国家银行系统的弱点逐渐暴露出来，银行系统的巨额坏账、银行违规操作造成损失、倒闭乃至连锁的破坏性反应，严重威胁到各国和全世界的金融稳定。严格银行监管，强化各国金融体系，成为国际上高度关注的焦点。1997年9月，巴塞尔银行监管委员会正式通过了《银行业有效监管核心原则》（以下简称《核心原则》），为规范银行监管提出了国际统一的准则。《核心原则》的主要内容有：①必须具备适当的银行监管法律、法规；监管机构要有明确的责任、目标、自主权等。②必须明确界定金融机构的业务范围。③严格银行审批程序；对银行股权转让、重大收购及投资等，监管者有权审查、拒绝及订立相关标准。④重申《巴塞尔协议》关于资本充足率的规定；强调监管者应建立起对银行各种风险进行独立评估、监测、管理等一系列政策和程序，并要求银行必须建立起风险防范及全面风险管理体系，以及要求银行规范内部控制等。⑤必须建立和完善持续监管手段，监管者有权对银行未能满足审慎要求或当存款人安全受到威胁时采取及时的纠正措施，直至撤销银行执照。⑥对跨国银行业的监管，母国监管当局与东道国监管当局必须建立联系，交换信息，密切配合；东道国监管者应确保外国银行按其国内机构所同样遵循的高标准从事当地业务。

与1988年制定的《巴塞尔协议》不同，《核心原则》的监管内容和范围极为广泛，从制定银行开业标准、审批开业申请、确定机构设置和业务范围，到审慎监管以确保银行制定并执行合理的发展方针、业务程序，以及建立管理信息系统和风险防范系统等，几乎涉及银行运行的全过程。

（3）《巴塞尔协议Ⅱ》。2004年6月26日，十国集团的中央银行行长一致通过《资本计量和资本标准的国际协议：修订框架》，即《巴塞尔协议Ⅱ》的最终稿，并决定于2006年年底在十国集团开始实施。此后，25个欧盟成员国、澳大利亚、新加坡和中国香港等发达国家和地区也表示将利用新协议对商业银行进行监管，部分发展中国家（如南非、印度、俄罗斯等）也表示将采取积极措施克服困难实施新协议。

与1988年资本协议相比，《巴塞尔协议Ⅱ》的内容更加广泛、更加复杂，它摒弃了以往"一刀切"式的资本监管方式，提出了计算资本充足率的几种不同方法，供各国选择。新资本协议在以下几个方面有重大创新：一是除最低资本充足率8%的数量规定以外，新协议提出了监管部门监督检查和信息披露两方面要求，从而构成了新资本协议的三大支柱；二是除计算信用风险的标准法外，新协议允许风险管理水平较高的银行使用自己的内部评级体系计算资本充足率；三是在计算信用风险的标准法中，采用评级公司的评级结果确定风险权重，废除以往按是否为经合组织成员确定风险权重的不合理做法；四是把操作风险纳入资本监管。

（4）《巴塞尔协议Ⅲ》。次贷危机充分暴露出之前的银行业监管体系中存在的诸多不足。在原有的银行业监管规则中，对于核心资本充足率的要求过低，使得银行体系难以抵御突如其来的全球性金融系统风险。危机的深化和发展引起全球金融监管治理架构发生了重大变革，突出表现为基于金融稳定论坛（FSF）基础上成立了金融稳定理事会（FSB），且G20领导人峰会成为国际经济和金融治理的主导性平台。而正是在G20的倡议下，针对国际金融危机中银行业的种种不稳健表现，巴塞尔委员会在会员上两次扩容，并随即出台了银行资本和流动性方面的一些监管准则。2010年12月16日，巴塞尔委员会公布了《巴塞尔协议Ⅲ》的最终版本，拟从2013年开始在银行业金融机构引入该协议，并计划于2019年完全生效。

《巴塞尔协议Ⅲ》的核心内容在于提高了全球银行业的最低资本监管标准，主要的变化有：①一级资本充足率下限从原来的4%上调至6%，“核心”一级资本占银行风险资产的下限从原有的2%提高到4.5%。新的一级资本规定从2013年1月至2015年1月间执行。总资本充足率要求在2016年以前仍为8%。②增设总额不得低于银行风险资产的2.5%的“资本留存超额资本”，在2016年1月至2019年1月之间分阶段执行。此后，“核心”一级资本、一级资本、总资本充足率分别提升至7.0%、8.5%和10.5%。③提出了0～2.5%的逆周期资本缓冲区间，由各国根据情况自行安排。

2.证券业的国际监管

国际证监会组织（IOSCO）是证券监管领域最重要的国际组织，正式成立于1983年，其前身是成立于1974年的证监会美洲协会。目前，其总部设在西班牙的马德里市，共有170余个成员机构。

IOSCO国际组织的功能有：①共同制定高水平的规则以维持市场的高效、成功运作。②加强信息交流以促进国内市场的发展。③共同致力于建立国际证券交易的准则和有效监管。④严格适用准则并建立有效的违规者责任规范，以促进市场的一体化建设。

迄今为止，IOSCO共通过了近20项决议，并根据研究成果制定了120多个公开文件，其中最为重要的是两个里程碑式文件：《证券监管目标和原则》和《关于协商、合作及信息交流的多边备忘录》。《证券监管目标和原则》列出了作为证券监管基础的三项目标：保护投资者；确保市场公平、有效和透明；减少系统风险。文件同时还提出了具体实现这些目标的八个方面证券监管原则：①监管机构相关的原则。②自律的原则。③证券监管执行的原则。④监管合作的原则。⑤发行人的原则。⑥集合投资组合的原则。⑦市场中介机构的原则。⑧二级市场的原则。

3.保险业的国际监管

国际保险监督官协会（IAIS）是保险业监管的重要国际组织，成立于1994年，现有成员包括180个国家的保险监管组织。

2002年10月，IAIS颁布了《保险监管核心原则》，作为所有区域监管者的基本指导原则。该文件涉及一个监管系统有效运作的十个方面，共十七条原则。这十个方面的原则是：①关于保险监管者的组织结构（原则1）。②关于批准营业和公司控制权变更（原则2、原则3）。③关于公司治理（原则4）。④关于内部控制（原则5）。⑤关于谨慎性原则（原则6至原则10）。⑥关于市场行为（原则11）。⑦关于监控与现场检查（原则12、原则13）。⑧关于监管处罚（原则14）。⑨关于跨区经营（原则15）。⑩关于协调、合作与保密（原则16、原则17）。

## 六、中国的金融监管

中国现行的金融监管是以中国人民银行、银监会、证监会和保监会组成的“一行三会”为基本格局的金融监管体系。

（一）中国的银行业监管

1.银行监管的主要内容

（1）市场准入监管。市场准入监管是指银行监管当局根据法律、法规的规定，对银行机构进入市场、银行业务范围和银行从业人员素质实施管制的一种行为。银行监管当局对要求设立的新银行机构，主要是对其存在的必要性及其生存能力两个方面进行审查。具体的要求是银行必须有符合法律规定的章程，有符合最低额规定的注册资本，有具备任职专业知识和业务工作经验的高级管理人员，有健全的组织机构和管理制度，有符合要求的营业场所、安全防范措施和与业务有关的其他设施等。市场准入监管全面涵盖以下几个环节：审批注册机构；审批注册资本；审批高级管理人员的任职资格；审批业务范围。

（2）市场运营监管。市场运营监管是指对银行机构日常经营进行监督管理的活动。第一，资本充足性。银行资本主要包括核心资本和附属资本。资本充足性的最普遍定义是指资本对风险资产的比例，是衡量银行机构资本安全的尺度，一般具有行业的最低规范标准。其中，资本包括核心资本和附属资本。核心资本包括实收资本或普通股、资本公积、盈余公积、未分配利润和少数股权。附属资本包括重估储备、一般准备、优先股、可转换债券和长期次级债务。附属资本不得超过核心资本的100%；计入附属资本的长期次级债务不得超过核心资本的50%。根据《商业银行风险监管核心指标》，资本充足率必须大于等于8%、核心资本充足率必须大于等于4%。第二，资产安全性。国际通行的做法是分为五类：即正常贷款、关注贷款、次级贷款、可疑贷款、损失贷款，通常认为后三类贷款为不良贷款。资产安全性监管是监管当局对银行机构监管的重要内容。资产安全性监管的重点是银行机构风险的分布、资产集中程度和关系人贷款。资产安全性监管的具体内容主要有以下几个方面：其一，分析各类资产占全部资产的比例，以及各类不良资产占全部资产的比例。其二，监测银行机构对单个借款人或者单个相关借款人集团的资产集中程度，又称为大额风险暴露。其三，监测银行机构对关系人的贷款变化。其四，监测银行坏账和贷款准备金的变化。根据《商业银行风险监管核心指标》，在我国衡量资产安全性的指标为信用风险的相关指标，具体包括：①不良资产率，即不良信用资产与信用资产总额之比，不得高于4%。②不良贷款率，即不良贷款与贷款总额之比，不得高于5%。③单一集团客户授信集中度，即对最大一家集团客户授信总额与资本净额之比，不得高于15%。④单一客户贷款集中度，即最大一家客户贷款总额与资本净额之比，不得高于10%。⑤全部关联度，即全部关联授信与资本净额之比，不应高于50%。第三，流动适度性。银行机构的流动能力分为两部分：一是可用于立即支付的现金头寸，包括库存现金和在中央银行的超额准备金存款，用于随时兑付存款和债权，或临时增加投资；二是在短期内可以兑现或出售的高质量可变现资产，包括国库券、公债和其他流动性有保证的低风险的金融证券，主要应付市场不测时的资金需要。对银行机构的流动性监管主要有以下内容：银行机构的流动性应当保持在适度水平；监测银行资产负债的期限匹配；监测银行机构的资产变化情况，包括对银行的长期投资、不良资产和盈亏变化的监督。根据《商业银行风险监管核心指标》，我国衡量银行机构流动性的指标主要有：①流动性比例，即流动性资产与流动性负债之比，衡量商业银行流动性的总体水平，不应低于25%。②流动负债依存度，即核心负债与总负债之比，不应低于60%。③流动性缺口率，即流动性缺口与90天内到期表内外流动性资产之比，不应低于-10%。第四，收益合理性。对银行机构的财务监管主要有以下内容：对收入的来源和结构进行分析，对支出的去向和结构进行分析，对收益的真实状况进行分析。根据《商业银行风险监管核心指标》，我国关于收益合理性的监管指标包括：成本-收入比，即营业费用与营业收入之比，不应高于35%；资产利润率，即净利润与资产平均余额之比，不应低于0.6%；资本利润率，即净利润与所有者权益平均余额之比，不应低于11%。第五，内控有效性。商业银行内部控制体系是商业银行为实现经营管理目标，通过制定并实施系统化的政策、程序和方案，对风险进行有效识别、评估、控制、监测和改进的动态过程和机制。根据2005年2月1日起施行的《商业银行内部控制评价试行办法》，中国银监会对银行内部控制的评价应从充分性、合规性、有效性和适宜性四个方面进行。

（3）处理有问题银行及市场退出监管。第一，处理有问题银行。有问题银行是指因经营管理状况的恶化或突发事件的影响，有发生支付危机、倒闭或破产危险的银行机构。有问题银行的主要特征是：内部控制制度失效；资产急剧扩张和质量低下；资产过于集中；财务状况严重恶化；流动性不足；涉嫌犯罪和从事内部交易。监管当局处置有问题银行的主要措施有：①督促有问题银行采取有效措施，制订详细的整改计划，以改善内部控制，提高资本比例，增强支付能力。②采取必要的管制措施。③协调银行同业对有问题银行进行救助。④中央银行进行救助。⑤对有问题银行进行重组。⑥接管有问题银行。第二，处置倒闭银行。银行倒闭是指银行无力偿还所欠债务的情形。广义的银行倒闭有两种情况：一是银行的全部资产不足抵偿其全部债务，即资不抵债；二是银行的总资产虽然超过其总负债，但银行手头的流动资金不够偿还目前已到期债务，经债权人要求，由法院宣告银行破产。处置倒闭银行的措施主要包括以下内容：①收购或兼并。该措施不存在存款人损失的情况，因为所有存款都已经转到倒闭银行的收购或兼并方。②依法清算。存款人可能会面临存款本金和利息的损失。

2.银行业监管的基本方法

银行业监管的基本方法有两种，即非现场监督和现场检查。如果从银行的整体风险考虑，还应包括并表监管。在进行现场检查后，监管当局一般要对银行进行评级。

（1）非现场监督。非现场监督是监管当局针对单个银行在并表的基础上收集、分析银行机构经营稳健性和安全性的一种方式。非现场监督包括审查和分析各种报告和统计报表。这类资料应包括银行机构的管理报告、资产负债表、利润表、现金流量表及各种业务报告和统计报表。

（2）现场检查。现场检查内容一般包括合规性和风险性检查两个大的方面。

（3）并表监管。银行监管的一个关键因素，是监管当局要有能力在并表的基础上对银行进行监管。并表监管又称合并监管，是指在所有情况下，银行监管当局应具备了解银行和集团的整体结构，以及与其他监管银行集团所属公司的监管当局进行协调的能力。它包括境内外业务、表内外业务和本外币业务。

（4）监管评级。目前，国际上通行的是银行统一评级制度，即骆驼评级体系。检查主要是围绕资本充足性、资产质量、经营管理能力、盈利水平、流动性进行。我国《商业银行监管评级内部指引（试行）》是在借鉴国际通行的骆驼评级体系的基础上，结合我国股份制商业银行和银行监管队伍的实际情况设计出来的。它确定了具有中国特色的“CAMELS+”监管评级体系，即对商业银行的资本充足、资产质量、经营管理能力、盈利水平、流动性和市场风险状况六个单项要素进行评级，加权汇总得出综合评级，而后再依据其他要素的性质和对银行风险的影响程度，对综合评级结果作出更加细微的正向或负向调整。

（二）证券业监管

1.上市公司监管

它主要包括对拟公开发行股票公司的监管、对上市公司的监管、审计及评估业务监管。

2.证券公司监管

我国对于证券公司的监管框架主要包括证券公司市场准入、经营风险防范和退出、从业人员监管等机制。这部分主要的依据为2002年3月1日起施行的《证券公司管理办法》。该管理办法分别就证券公司的设立、变更与终止、证券从业人员管理、内部控制与风险管理和日常监管做了详细规定。第一，证券公司应当建立有关隔离制度。第二，证监会对证券公司财务及审计的监管制度。该制度要求对于证券公司流动性风险建立防范机制。《证券公司管理办法》规定了证券公司必须遵守“证券公司净资本不得低于其对外负债的8%”等财务风险监管指标。第三，内控制度的建设。第四，证券公司应当按照现代企业制度的要求，建立并健全符合公司法规定的治理结构，应当建立独立董事制度和对证券从业人员的监管机制。一是建立了对证券从业人员资格管理、年检制度。二是对证券公司高管人员进行任职资格审查，建立高管人员保荐推荐制度。三是《证券公司管理办法》第43条规定，中国证监会对证券公司高级管理人员实行谈话提醒制度，对证券公司在经营管理中出现的问题，中国证监会可以质询证券公司的高级管理人员，并责令其限期纠正。四是强化证券公司高级管理人员的持续培训。

3.资本市场监管

它主要包括保证证券交易所公平、公正地完成交易；推进交易透明度；发现阻止市场操控、内幕和欺诈交易等不公平交易。

（三）保险业监管的主要内容

2006年，国务院下发《国务院关于保险业改革发展的若干意见》，对保险监管体系进行明确规定：坚持把防范风险作为保险业健康发展的生命线，不断完善以偿付能力、公司治理结构和市场行为监管为支柱的现代保险监管制度。

1.偿付能力监管

偿付能力是保险公司的灵魂，也是保险监管的一个最为重要的方面。从国际保险业监管的发展趋势看，越来越多的国家都已经或者正在向以偿付能力监管为核心的模式发展。我国目前对偿付能力的监管标准使用的是最低偿付能力原则，中国保监会的干预界限是以保险公司的实际偿付能力与此标准的比较来确定。首先，保险公司开业之前对其最低资本加以规定（全国性公司为5亿元人民币，区域性公司为2亿元人民币），这是偿付能力监管的基石；在公司成立后，必须将其注册资本的20%作为法定保证金存入中国保监会指定银行，专用于公司清算时清偿债务，同时规定财产保险、人身意外伤害险、短期健康保险、再保险业务按当年自留保费收入的1%提取保险保障基金，直至达到总资产的6%。保证金和保险保障基金是最基本的风险缓冲基金。

2.公司治理监管

公司治理监管旨在建立股东大会、董事会、监事会和经理层之间各负其责、规范运作、相互制衡的公司治理结构，为公司内部控制目标的实现提供组织保证。公司治理监管强调规范关联交易，加强信息披露，提高透明度。

3.市场行为监管

通过现场、非现场检查，严厉查处保险经营中的违法违规行为，提高市场行为监管的针对性和有效性。重点关注以下几个方面：机构设立或变更事项的报批手续是否完备；资本金、出资额是否真实、足额；内部控制制度建设是否完善，包括是否根据有关法律和章程建立了完善的法人治理结构，是否建立了规范、完整的财务和业务管理等制度，是否制定了员工职业道德规范、保险中介服务规范等；规章制度执行情况；高级管理人员的任职资格和从业人员的持证情况；监管费是否及时上缴、是否按规定提取营业保证金或办理职业责任保险；业务经营状况和财务状况；向保险监管机构上报的各类报告、报表、资料等是否真实、及时。

（四）中国金融监管的国内协调

2003年，中国银监会的成立标志着中央银行的货币政策职能和金融监管职能分离，中国人民银行从此专注于制定和执行货币政策以实现对国民经济的宏观调控。而金融监管的职能主要由三大监管机构即银监会、证监会、保监会来执行。

从总体上看，分业监管的有效性取决于两方面的因素：一是金融监管与货币政策的关系，金融监管必须能够有效地配合货币政策从而服务于经济发展。二是金融监管体系内部各种关系的协调配合，包括银监会、证监会、保监会之间的分工和协调机制，这直接关系到金融监管的总体效果。

1.金融监管与货币政策的相互协调

（1）金融监管与货币政策之间的关系。将金融监管职能和货币政策职能相分离，是为了提高货币政策的独立性和金融监管的专业性。从根本上讲，两者是相辅相成的。首先，货币政策与金融监管的最终目标一致，货币政策的目标是保持人民币币值稳定，以此为宏观经济发展创造一个良好的货币金融环境，而作为货币创造主体的金融机构的稳定又是币值稳定的前提，因此，从这个角度来说，金融稳定促进币值稳定，进而促进经济发展，两者的目标是高度一致的。其次，金融监管是贯彻落实货币政策，实现货币政策目标的重要保证，有效的金融监管是货币政策传导机制顺畅、市场预期稳定的基础和保证。再次，金融监管信息的准确反馈又可以促进货币政策的制定和执行。金融监管如果不得力，金融机构和金融市场的风险和不稳定性就会加大，货币政策的传导机制就会滞后和扭曲，货币政策的中间目标比如信贷总量、货币供应量可能失真，从而货币政策对于最终目标的控制就会被弱化而无法保证。这反过来也不利于金融系统的稳定发展。因此，货币政策与金融监管辩证关系决定了两者需要相互协调和配合，以便实现金融业稳定、币值稳定、经济增长稳定的目标。

（2）金融监管与货币政策的协调。它主要包括：①对商业银行监管和微观传导机制运行的协调。当中央银行同时拥有货币政策和金融监管两种职能时，中央银行在货币政策传导上有比较大的控制力。当经济过热时，中央银行在通过再贴现、存款准备金、公开市场业务实行紧缩性货币政策调节时，还可以同时对金融机构提出行政要求，以配合货币政策的执行。现在，中央银行失去了金融监管职能，货币政策工具实施后，在金融机构和金融市场中如何传导，传导的时滞效应，中央银行都不能直接干预。这就要求中央银行对于金融业的发展和现状有动态把握和认识，对于可能出现的新情况有前瞻性的认识，而这必须有监管部门的密切配合。②统计数据和信息的协调。应进一步完善信息共享制度，组建统一的信息平台，实现监管数据的网络化、电子化共享。在数据获取和录入阶段，统一数据标准，制定类似的金融数据采集内容与格式、采集方式与方法，保证数据真实性和相容性，防止信息重复和冗余。此外，中国人民银行和三家监管机构应建立定期信息发布制度，通过多种手段向公众公开相关的金融信息，提高信息的透明度。③危机机构处理的协调。金融系统本身具有风险传播快的脆弱性，一家金融机构的问题可能引起整个金融系统的流动性风险。对于突发的紧急事件，如果没有应急反应机制将很难实现快速一致的行动。当前混业经营的趋势非常明显，金融控股公司下属某一金融子公司的问题如果不能及时处理可能引发连锁反应。应急机制作用的发挥需要金融机构救助政策的协调配合。在救助措施的配合上，对出现流动性不足问题的金融机构，可由中央银行提供一定的流动性支持，同时由金融监管机构介入，督促金融机构提高自身的流动性；对资不抵债的金融机构，中央银行要行使最后贷款人的职责，监管机构要对该金融机构采取接管或破产等措施。

2.不同金融监管机构之间的协调

分业监管体制下金融监管机构的协调主要有：①增强联席会议制度的权威，强化主监管方的权力。统一的监管制度相比分业监管最大的好处在于把不同部门之间的监管协调变为监管部门内部的协调，协调的权威性和正式性都得到了强化和保障，降低了监管协调成本。目前，我国三大监管机构签署了合作备忘录，在明确各自分工的基础上，建立了定期信息交流制度、经常联系机制和联席会议机制。但是，监管联席会议制度的实际运行和效果不尽如人意，原因之一是这种协调机制的制度性和权威性有待加强。需要进一步通过法律、法规的强制力保证其运作，明确规定联席会议的运行机制、各方的分工和合作等。另外，对于目前监管金融控股公司所采取的主监管制度，要进一步明确各自的权利和义务，主监管方可以拥有要求其他监管方配合的法律权力，这样当金融控股公司出现问题时，可以及时进行调查和处理，防止风险的暴露和扩散。②加强金融监管机构操作层面上的协调。除高层协调外，金融监管机构下属的职能部门应加强日常交流和协作。具体部门可加强沟通，共享信息，互相提供服务，联合进行检查，合作处理有问题的金融机构，促进监管机构之间的协调。③监管协作的具体内容。首先是信息共享，可建立统一的信息收集和处理中心，专门进行信息的收集、处理和提供，提高信息获取效率。其次是对混业经营中出现的监管真空和监管重复进行协调清理，鉴于目前金融监管法律框架仍然停留在分业经营的层面，三大监管机构可以根据出现的新情况、新问题联合制定规范文件，消除法律的空白地带。最后是金融控股集团的监管，要统一监管规范，共同制定金融控股集团资本大小、风险资产暴露、业务和信息防火墙设置的具体监管措施。

（五）中国金融监管的国际协调

随着金融全球化和中国经济金融国际化进程的推进，我国金融监管的国际协调与合作问题越来越具有重要意义。中国金融监管的国际协调与合作主要围绕以下领域开展活动：一是对人民币汇率、防范热钱、打击非法洗钱和资金外逃方面的协调；二是对跨国银行监管的协调；三是对证券业和保险业监管的协调；四是积极参与国际金融监管规则的制定，促进我国金融监管标准与国际标准接轨。

**课堂小讨论**

金融监管与货币政策之间如何相互协调?

## 本章小结

1.风险是客观存在的，它是指在特定情况下、特定期间内，某一事件导致最终损失的不确定性。这一定义强调风险具有客观性、损失性和不确定性三个特性。这里的不确定性包括以下三层含义：①发生与否不确定；②发生的时间不确定；③发生的空间不确定。

2.金融风险的特征是金融风险本质及其发生规律的外在表现。金融风险具有如下特征：扩散性、可控性、可测性、客观性、隐蔽性、迭加性或加速性、损失与收益的对立统一性。

3.由于角度不同，金融风险类型的划分也存在差别，为国际社会所普遍接受和采用的分类方法是将金融风险划分为信用风险、市场风险、流动性风险、操作风险、法律风险与合规风险、国家风险、声誉风险和系统风险。

4.金融危机的内涵极其丰富，因此要给金融危机下一个定义，并不是一件很容易的事。著名经济学家雷蒙德·戈德史密斯就曾经幽默地指出，金融危机如同西方文化中的美女一样难以定义，但一旦相遇却极易识别。他本人以及其他许多经济学家都曾对金融危机从不同角度进行了定义。在《新帕尔格雷夫经济学大辞典》中，金融危机是指全部或大部分金融指标——短期利率、资产（证券、房地产、土地）价格、商业破产数和金融机构倒闭数——的急剧、短暂、超周期的恶化。金融危机往往与金融风险不断累积但并未集中爆发的金融脆弱性紧密联系，两者通常被统称为金融不稳定。

5.金融监管是伴随着近代银行的产生而开始的。中央银行制度建立之前，金融监管主要体现在商业银行的内部管理上。中央银行制度建立后，金融监管成为其重要职责之一，在一定意义上说，正是金融监管的必要性促进了中央银行制度的诞生。早期的金融监管主要是对商业银行发行银行券和保证支付方面的监管，主要包括确定银行券的发行资格和发行准备，建立存款准备金制度等。现代的金融监管是随着各国经济和金融的发展，尤其是在实行不兑现的信用货币制度后，金融的作用和风险日益突出，金融监管的职能也逐步强化，其内容和范围大大扩展。

6.《巴塞尔协议Ⅲ》的核心内容在于提高了全球银行业的最低资本监管标准，主要的变化有：①一级资本充足率下限从原来的4%上调至6%，“核心”一级资本占银行风险资产的下限从原有的2%提高到4.5%。新的一级资本规定从2013年1月至2015年1月间执行。总资本充足率要求在2016年以前仍为8%。②增设总额不得低于银行风险资产的2.5%的“资本留存超额资本”，在2016年1月至2019年1月之间分阶段执行。此后，“核心”一级资本、一级资本、总资本充足率分别提升至7.0%、8.5%和10.5%。③提出了0～2.5%的逆周期资本缓冲区间，由各国根据情况自行安排。

## 关键概念

金融风险　利率风险　流动性风险　法律风险　声誉风险　系统风险　金融监管

## 综合训练

### 一、单项选择题

1.《巴塞尔协议》中为了清除银行间不合理竞争，促进国际银行体系的健康发展，规定银行的资本充足率应达到（　　）。

A.8%　B.4%　C.13%　D.5%

2.从金融期权的卖方来看，如果卖出看涨期权，在投资期内对应的金融基础产品价格将（　）。

A.上涨　B.不变　C.下降　D.不确定

3.如果一家银行的利率敏感性缺口为正值，说明它的利率敏感性资产（　）利率敏感性负债。

A.小于　B.大于　C.等于　D.不确定

4.有关主体在货币资金借贷中，因利率在借贷有效期中发生意外变动，而蒙受经济损失的可能性，这样的风险称为（　）。

A.流动性风险　B.利率风险　C.汇率风险　D.国家风险

5.不良资产率，即不良信用资产与信用资产总额之比，不得高于（　）。

A.3%　B.4%　C.5%　D.6%

二、多项选择题

1.风险是客观存在的，它是指在特定情况下、特定期间内，某一事件导致最终损失的不确定性。这一定义强调风险具有（　）特性。

A.客观性　B.损失性　C.不确定性　D.确定性

2.汇率风险分为（　）类型。

A.交易风险　B.折算风险　C.经济风险　D.国家风险

3.银行业监管的基本方法有（　）。

A.非现场监督　B.实物检查　C.现场检查　D.特定检查

4.法律风险与合规风险管理的主要机制和方法包括（　）。

A.加强文化建设　B.加强组织与制度建设

C.加强人力资源管理　D.加强过程管理

5.从金融监管的内容来看，金融监管主要分为（　）。

A.事前监管　B.事中监管　C.事后监管　D.事后查询

三、思考题

1.金融风险包含哪些类型与特征？

2.信用风险的防范包含哪些策略？

3.试述汇率风险管理的主要方法。

4.试述当代金融危机的基本特点。

5.试述金融监管的目标。

6.结合当前中国现状论述金融危机的防范与治理。

# 主要参考文献


[1]彭兴韵.金融学原理[M].5版，上海：格致出版社，2014.

[2]吕志平.金融学[M].武汉：湖北科学技术出版社，2014.

[3]杜云.现代金融学[M].北京：知识产权出版社，2014.

[4]徐立平.国际金融新编[M].北京：对外经贸大学出版社，2013.

[5]平狄克，鲁宾费尔德.微观经济学[M].8版.李彬，高远，等，译.北京：中国人民大学出版社，2013.

[6]李树生，冯瑞河.金融学概论[M].2版.北京：中国金融出版社，2013.

[7]蒋先玲.货币金融学[M].北京：机械工业出版社，2013.

[8]罗斯，赫金斯.商业银行管理[M].9版.刘园，译.北京：机械工业出版社，2013.

[9]周浩明，等.金融学[M].上海：上海交通大学出版社，2012.

[10]赵红.金融学[M].重庆：重庆大学出版社，2012.

[11]马正兵，黄蕾.金融学[M].上海：立信会计出版社，2012.

[12]黄达.金融学[M].3版.北京：中国人民大学出版社，2012.

[13]徐立平.货币银行学[M].北京：对外经贸大学出版社，2011.

[14]米什金.货币金融学[M].9版.郑艳文，荆国勇，译.北京：中国人民大学出版社，2011.

[15]艾洪德，范立夫.货币银行学[M].大连：东北财经大学出版社，2011.

[16]李健.金融学[M].北京：高等教育出版社，2010.

[17]姜波克.国际金融新编[M].4版.上海：复旦大学出版社，2008.

[18]唐旭，成家军.现代商业银行业务与管理[M].北京：中央广播电视大学出版社.2002.